普通高等教育“十五”国家级规划教材
面向21世纪课程教材

商事仲裁法学

（第二版）

主　编　谢石松
副主编　屈广清　王　瀚　邓瑞平
作　者（按撰写章节先后排序）
谢石松　史　飚　梁丹妮　邓瑞平
宋连斌　邓　杰　屈广清　王承志
王　瀚　徐伟功　刘晓红

高等教育出版社·北京

图书在版编目(CIP)数据

商事仲裁法学/谢石松主编. --2版. --北京:高等教育出版社,2022.3(2025.8重印)

ISBN 978-7-04-058228-4

Ⅰ.①商… Ⅱ.①谢… Ⅲ.①国际商事仲裁-法的理论-高等学校-教材 Ⅳ.①D997.4

中国版本图书馆CIP数据核字(2022)第027735号

Shangshi Zhongcai Faxue

策划编辑 姜 洁　　责任编辑 姜 洁 杨丽云　　封面设计 杨立新　　版式设计 王艳红

责任校对 窦丽娜　　责任印制 刘弘远

出版发行	高等教育出版社	网　　址	http://www.hep.edu.cn
社　　址	北京市西城区德外大街4号		http://www.hep.com.cn
邮政编码	100120	网上订购	http://www.hepmall.com.cn
印　　刷	北京宏伟双华印刷有限公司		http://www.hepmall.com
开　　本	787mm×1092mm 1/16		http://www.hepmall.cn
印　　张	25.5	版　　次	2003年2月第1版
字　　数	550千字		2022年3月第2版
购书热线	010-58581118	印　　次	2025年8月第3次印刷
咨询电话	400-810-0598	定　　价	52.00元

物 料 号 58228-00

作者简介

（以撰写章节先后为序）

谢石松 法学博士，中山大学法学院教授、国际法研究所所长，中国国际私法学会副会长；代表性论著有《论对外国法院判决的承认与执行》《票据法的理论与实务》《票据法学》《国际私法学》等；兼任中国国际经济贸易仲裁委员会、深圳国际仲裁院、广州仲裁委员会仲裁员及专家咨询委员会委员，上海国际仲裁中心和上海、海南、长沙、珠海、厦门、佛山、肇庆、惠州等仲裁委员会仲裁员。

史　飚 法学博士，中国政法大学民商经济法学院副教授、仲裁法研究院研究员，亚太仲裁专业委员会委员，中国民事诉讼法学会理事；代表性论著有《仲裁法学》《商事仲裁监督与制约机制研究》《民事诉讼法学》等；兼任北京、广州、武汉仲裁委员会仲裁员。

梁丹妮 法学博士，中山大学法学院副教授，中国国际经济法学会理事，以专家身份参加了中美双边投资协定谈判，作为中国政府代表团成员参加了联合国国际贸易法委员会《投资仲裁透明度规则》《毛里求斯公约》的制定工作和第三工作组关于投资争端解决机制改革议题的磋商；代表性论著有《〈北美自由贸易协定〉投资争端仲裁机制研究》《国际投资协定一般例外条款研究——与WTO共同但有区别的司法经验》《欧盟常设多边投资法院方案研究》等；兼任中国国际经济贸易仲裁委员会和北京、广州、珠海、佛山、惠州、肇庆等仲裁委员会仲裁员。

邓瑞平 法学博士，西南政法大学法学院教授、西南大学金砖国家法律研究院院长，中国法学会国际经济法学研究会副会长，中国海商法协会常务理事，中国仲裁法学研究会理事；代表性论著有《人身伤亡精神损害赔偿研究》《船舶侵权行为法基础理论问题研究》《国际商事仲裁法学》等；兼任中国海事仲裁委员会和深圳国际仲裁院及重庆、安阳、宁波、廊坊等仲裁委员会仲裁员。

宋连斌 法学博士，中国政法大学法学教授；代表性论著有《国际商事仲裁管辖权研究》《中国仲裁员制度改革初探》《再论中国国际私法实践困境及出路》等；兼任香港国际仲裁中心、新加坡国际仲裁中心、中华仲裁协会国际中心、吉隆坡亚洲国际仲裁中心、中国国际经济贸易仲裁委员会、中国海事仲裁委员会、北京仲裁委员会、深圳国际仲裁院、上海国际仲裁中心、上海仲裁委员会等多家仲裁机构仲裁员、专家咨询委员会委员、仲裁委员会委员。

邓　杰　法学博士，上海师范大学法学教授、国际法学科带头人，中国国际私法学会常务理事，中国仲裁法学研究会海事仲裁研究中心高级研究员，上海市法学会自贸区法治研究会副会长；代表性论著有《伦敦海事仲裁制度研究》《国际私法学》《电子商务法研究——以争议解决为中心》等；兼任上海仲裁委员会、上海国际仲裁中心、泉州仲裁委员会仲裁员。

屈广清　法学博士，泉州师范学院校长、法学教授，教育部法学教学指导委员会委员，中国国际私法学会副会长，中国法学会世界贸易组织法研究会副会长；代表性论著有《中国国际经济法学会2002年年会综述》《涉外海事关系法律适用法立法研究》和Study on the conflict and application of maritime law. 等；兼任中国国际经济贸易仲裁委员会、海峡两岸仲裁中心、福州仲裁委员会仲裁员。

王承志　法学博士，中山大学法学院副教授，中国国际私法学会、中国仲裁法学研究会理事；代表性论著有《美国冲突法重述之晚近发展》《涉外知识产权审判中的法律适用问题》《美国〈外国人侵权法〉诉讼中的普遍管辖权问题》等；兼任广州、佛山、珠海、肇庆、惠州、青岛、武汉、长沙、南京等仲裁委员会仲裁员。

王　瀚　法学博士，西北政法大学法学教授、丝绸之路区域合作与发展法律研究院院长、国际法研究中心主任、西北政法大学原副校长，中国国际私法学会副会长，《中国航空法评论》主编；代表性论著有《国际商事仲裁非当地化理论之探析》《论仲裁庭自裁管辖权原则》《国际航空运输责任法研究》等；兼任中国国际经济贸易仲裁委员会、深圳国际仲裁院、上海国际仲裁中心仲裁员，以及上海、西安、宝鸡、咸阳、天水等仲裁委员会仲裁员。

徐伟功　法学博士，中南财经政法大学法学院教授、国际法系主任，中国国际私法学会常务理事，中国国际法学会理事，湖北省仲裁法研究会常务理事；代表性论著有《冲突法的博弈分析》《国际商事仲裁理论与实务》《〈涉外民事关系法律适用法〉实施研究》等；兼任武汉仲裁委员会、青岛仲裁委员会仲裁员。

刘晓红　法学博士，上海政法学院校长、法学教授，中国国际私法学会副会长，华东政法大学原副校长；代表性论著有《国际商事仲裁协议的法理与实证》《国际商事仲裁专题研究》

和 Chinese Private International Law 等；兼任上海仲裁委员会主任，最高人民法院国际商事专家委员会委员，国际商会仲裁院“一带一路”委员会委员，中国国际商会仲裁与多元化争议解决委员会副主席，中国国际经济贸易仲裁委员会、中国海事仲裁委员会、上海国际仲裁中心、深圳国际仲裁院仲裁员，上海、珠海、青岛、沈阳、宁波、南通等仲裁委员会和埃及开罗地区国际商事仲裁中心、南部非洲仲裁基金会仲裁员。

目　　录

第一章　商事仲裁法学导论

商事仲裁作为解决商事法律争议的一种非常重要的法律解决方式和法律制度，是人类社会发展到一定阶段的产物，是随着商品经济的产生和发展而逐渐产生和发展起来的。随着中国商品经济的飞速发展，特别是1994年以后市场经济的逐步建立，以及《中华人民共和国仲裁法》在1995年的颁布实施，商事仲裁已逐渐得到各方面的充分肯定和普遍采用，在近10年来更是得到了长足发展，商事仲裁法也已逐渐发展成为一个独立的法律部门。习近平高度重视商事仲裁事业的发展，要求把非诉讼纠纷解决机制挺在前面，把涉外法治保障和服务工作做得更有成效。党的二十大报告强调，要适应新时代我国社会主要矛盾变化，落实以人民为中心的发展思想，坚持利民为本，加快建设现代公共法律服务体系，健全完善法律援助法配套规定，完善商事仲裁制度，提高法律服务的质量和公信力。商事仲裁法学作为研究商事仲裁法律制度及商事仲裁实务中所发生和存在的各种法律问题的一门法学学科，虽然在中国得到了一定程度的发展，但与商事仲裁实践发展的需求相比较，还有进一步全面、系统、深入发展的可能和必要。

第一节　商事仲裁的法学理念

商事仲裁的法学理念涉及商事仲裁的法学概念、法律特征、法律性质、法律价值及效力依据等问题，基于各个国家商事仲裁法制理念和商事仲裁法制传统的不同而各不相同。

一、商事仲裁的法学概念

商事仲裁（Commercial Arbitration），是指商事关系中的双方当事人通过合意，自愿将有关法律争议提交第三者，即仲裁员或公断人（Arbitrator, Referee）审理，由其依据法律或依公平原则作出裁决，并承诺自觉履行该裁决所确定的义务的一种制度。

由于对“商事关系”和“商事法律争议”理解的不同，关于商事仲裁的概念有三种不同的阐释。对于“商事关系”和“商事法律争议”的理解，在不同的国家各不相同。[①] 其中最为狭义的理解，是指严格意义上的商人与商人之间所进行的商品交换关系，以及在此商品交换

① 在法国、德国、日本等民商分立和瑞士等民商合一的国家之间不同，而且，即使在民商分立的国家，相互之间也不尽相同。

过程中所发生的法律争议；比这一理解较为广义的理解，是指商人与商人、商人与非商人、非商人与非商人之间所进行的商品交换关系，以及在此商品交换过程中所发生的法律争议；而最为广义的理解，是指商人与商人、商人与非商人、非商人与非商人之间所进行的商品生产与商品交换关系和他们在进行民事交往时所引起的财产关系，以及在此商品生产与商品交换和民事交往过程中所发生的法律争议。与此相对应，最为狭义的商事仲裁，是指就严格意义上的商事法律争议，即商人与商人之间的商事法律争议所进行的仲裁；较为广义的商事仲裁，是指就商人与商人、商人与非商人、非商人与非商人之间在商品交换过程中发生的法律争议所进行的仲裁；最为广义的商事仲裁，则是指就商人与商人、商人与非商人、非商人与非商人之间在商品生产与商品交换和民事交往过程中发生的、涉及财产内容的法律争议所进行的仲裁。

本书从最为广义的角度来理解"商事法律争议"一词，从最为广义的角度来理解商事仲裁的概念问题。就商事法律争议而言，一方面，本书所讲的"商事法律争议"，既包括"国内商事法律争议"，也包括"国际商事法律争议"。另一方面，本书所讲的"商事法律争议"，既包括严格意义上的"商事法律争议"，即商人与商人之间所发生的商事法律争议；也包括商人与非商人之间、非商人与非商人之间在进行商品生产和商品交换活动时所发生的商事法律争议；甚至包括商人与商人、商人与非商人以及非商人与非商人之间进行民事交往时所发生的、涉及财产内容、且有关国家法律又允许通过仲裁方式解决的法律争议。就商事仲裁而言，本书所探讨的商事仲裁，是指就有关国家法律允许提交仲裁解决的所有商事法律争议，或者更确切地说，是指就有关国家法律允许提交仲裁解决的所有民、商事法律争议所进行的仲裁。①《中华人民共和国仲裁法》（以下简称"中国《仲裁法》"）在第1条将这种"民商事法律争议"规定为"经济纠纷"，并在第2条进一步具体为"平等主体的公民、法人和其他组织之间发生的合同纠纷和其他财产权益纠纷"；②此外，中国司法部于2021年7月30日发布的《中华人民共和国仲裁法（修订）（征求意见稿）》（以下简称"中国《仲裁法（修订意见稿）》"）第2条第1款进一步修改为"自然人、法人和其他组织之间发生的合同纠纷和其他财产权益纠纷"，即删除了"平等主体的"这一定语，将"公民"修改成了"自然人"，更进一步扩大了这种"合同纠纷和其他财产权益纠纷"的主体范围。③

在实践中，虽然一些国家的商事仲裁立法直接、具体地规定了什么样的法律争议可以提

① 从严格意义上来讲，基于我们对"商事仲裁"所作的这样一种理解，我们如果将本书取名为《民商事仲裁法学》，可能会更为妥当。但考虑到目前国际社会的习惯用法，更考虑到在商事仲裁实务中经常发生的还是就有关当事人在商品生产和商品交换活动中的法律争议所进行的仲裁，所以，还是使用了《商事仲裁法学》这个书名。

② 如中国《仲裁法》第1条规定，"为保证公正、及时地仲裁经济纠纷，保护当事人的合法权益，保障社会主义市场经济健康发展，制定本法"。第2条规定，"平等主体的公民、法人和其他组织之间发生的合同纠纷和其他财产权益纠纷，可以仲裁"。

③ 中国《仲裁法（修订意见稿）》第2条第1款规定，"自然人、法人和其他组织之间发生的合同纠纷和其他财产权益纠纷，可以仲裁"。参见中国司法部官方网站。

交商事仲裁解决，[①]但也有一些国家的商事仲裁立法只笼统地规定了商事仲裁制度；[②]或者虽然对商事仲裁制度中的有关"商事关系"或"商事法律争议"作了明确的规定，但这种规定在不同的国家也不尽相同[③]。而且，正是由于各个国家在这一问题上所作的规定存在很大差异，目前国际社会所存在的、有关商事仲裁的几个国际公约，或是直接规定了商事仲裁的范围，[④]或是专门对有关"商事关系"或"商事法律争议"问题作了允许参加公约的有关国家声明保留的规定，[⑤]从而使得商事仲裁的法律含义，在不同国家、不同公约环境下都各不相

---

① 如德国《民事诉讼法典》第1030条第1款规定，"任何财产法上的请求都能成为仲裁协议的标的。关于非财产法上的请求的仲裁协议，以当事人就所争议的标的有权达成和解的为限，有法律效力"。参见谢怀栻译：《德意志联邦共和国民事诉讼法》，中国法制出版社2001年版，第275页。《瑞士联邦国际私法》在关于"国际仲裁"一章的第177条第1款规定，"一切具有财产性质的争议均可提交仲裁"。参见陈卫佐著：《瑞士国际私法法典研究》，法律出版社1998年版，第315页。此外，中国《仲裁法》第2条也明确规定，"平等主体的公民、法人和其他组织之间发生的合同纠纷和其他财产权益纠纷，可以仲裁"。

② 如加拿大于1986年8月10日生效的《商事仲裁法典》第1条第1款规定，"本法典适用于商事仲裁，但须遵守加拿大和任何其他国家之间有效的协议"。参见程德钧、王生长主编：《涉外仲裁与法律——第二辑》，中国统计出版社1994年版，第331～332页。

③ 如墨西哥《商法典》第1415条第1款规定，"当事人系商人时，他们可以约定将他们商业关系中发生的争议提交仲裁解决。仲裁协议可以采用订立在合同中的仲裁条款的格式，或采用独立的协议形式"。参见程德钧、王生长主编：《涉外仲裁与法律——第二辑》，中国统计出版社1994年版，第319～320页。而《美利坚合众国仲裁法案》在第1条就明确规定："本法案所谓'海事'是指如果发生争议，属于海事法庭管辖权之内的租船契约、海洋运输工具的提单、关于码头设备、供给船只用品或者船只修理的协议、碰撞和其他对外贸易方面的事务。所谓'商事'是指各州之间的或者和外国的贸易，在合众国属地或者哥伦比亚特区的贸易和各属地之间、属地同任何一州或者外国之间、哥伦比亚特区同任何一州、属地或者外国之间的贸易；但是本法案对海员、铁路员工和服务于对外贸易或者各州间贸易的各种工人的雇佣契约都不适用。"并在第2条规定："在任何海事或者商事契约中，为了用仲裁方式解决可能由于契约引起的或者由于拒绝履行契约全部或者部分引起的争议所作的书面规定，又或者将由于这种契约引起的、或者由于拒绝履行契约引起的现在的争议提交仲裁的书面协议，都是有效的、不可撤销的和有强制性的，但是具有法律或者衡平法所规定撤销契约的理由者除外。"参见赵秀文主编：《国际经济贸易仲裁法教学参考资料》，中国法制出版社1999年版，第240页。

④ 如1976年6月16日生效的《美洲国家国际商事仲裁公约》第1条明确规定："当事人把他们之间在商务活动方面可能发生的与已经发生的各种争议交付仲裁裁决的协议，是有效的。"参见赵秀文主编：《国际经济贸易仲裁法教学参考资料》，中国法制出版社1999年版，第25页。

⑤ 如1923年《日内瓦仲裁条款议定书》第1条，在第1款规定了"在各缔约国司法权下的契约当事人，签订一项关于现有或者将来的争议的协议，同意将由于契约所发生的一切争议，不论是商事问题或者其他可以用仲裁方式解决的问题，提交仲裁，不论仲裁是否在当事人无司法权的国家境内进行，缔约各国都承认协议是有效的"之后，在第2款规定"缔约各国保留权力，将上述义务限制于依照本国法律属于商事范围内的契约"。参见北京政法学院国际法教研室、中国人民大学法律系国际法教研室编：《国际私法参考资料（四）》，第352～353页。1958年《关于承认和执行外国仲裁裁决的公约》第1条第3款规定："任何缔约国在签署、批准或者加入本公约或者根据本公约第十条通知延伸适用时，可以在互惠的基础上声明"，"本国只对根据本国法律属于商事的法律关系，不论是不是契约关系，所引起的争议适用本公约"。参见韩健著：《现代国际商事仲裁法的理论与实践》，法律出版社2000年版，第531页。此外，1985年《联合国国际商事仲裁示范法》第1条第1款，在规定"本法适用于国际商事仲裁。但必须服从在本国与其他任何一国或多国之间有效力的任何协定"的同时，在该条注释中特别规定"对'商事'一词应作广义解释，使其包括不论是契约性或非契约性的一切商事性质的关系所引起的种种事情。商事性质的关系包括但不限于下列交易：供应或交换货物或服务的任何贸易交易；销售协议；商事代表或代理；代理；租赁；建造工厂；咨询；工程；许可证；投资；银行；保险；开发协议或特许；合营或其他形式的工业或商业合作；货物或旅客的天空、海上、铁路或公路的载运"。参见程德钧主编：《涉外仲裁与法律——第一辑》，中国人民大学出版社1992年版，第319～320页、第451页。

同。这就要求我们在商事交往中，特别是在国际商事交往中，注意由于各国家商事仲裁法律制度的不同所带来的法律问题，特别是其中涉及的有关法律争议事项能否提交商事仲裁解决的问题，会直接影响到包括商事仲裁协议的订立、仲裁的申请、仲裁程序的进行、商事仲裁裁决在有关国家的承认和执行等各个方面。如在目前参加 1958 年《关于承认和执行外国仲裁裁决的公约》（以下简称“1958 年《纽约公约》”）的 169 个国家中，就有包括中国在内的 52 个国家提出了商事保留（Commercial Reservation）①，强调只对按照本国法律属于契约性和非契约性商事关系所引起的法律争议适用该公约。② 中国最高人民法院还在 1987 年发布的《最高人民法院关于执行我国加入的〈承认及执行外国仲裁裁决公约〉的通知》中，就“契约性和非契约性商事法律关系”作了明确的界定，强调“所谓‘契约性和非契约性商事法律关系’，具体是指由于合同、侵权或者根据有关法律规定而产生的经济上的权利义务关系，例如货物买卖、财产租赁、工程承包、加工承揽、技术转让、合资经营、合作经营、勘探开发自然资源、保险、信贷、劳务、代理、咨询服务和海上、民用航空、铁路、公路的客货运输以及产品责任，环境污染，海上事故和所有权争议等，但不包括外国投资者与东道国政府之间的争端”。③

二、商事仲裁的法律特征

当商事关系发生法律争议时，除由双方当事人自行协商解决外，一般都是选择采用商事调解、商事仲裁和商事诉讼等方式来处理。这些商事法律争议解决方式当然各有其特点。就商事仲裁而言，与商事调解相比较，它具有必要的强制性；而与商事诉讼相比较，它又具有更大的自主性、灵活性和保密性等特点。具体来说，可以将商事仲裁的法律特征归纳为如下 8 个主要方面：

（一）商事仲裁中的当事人具有高度的自主性

商事仲裁最主要的法律特征是双方当事人在整个商事仲裁的过程中都具有高度的自主性。这种自主性主要表现在如下几个方面：

1. 商事关系中的双方当事人可以在有关国家法律所允许的范围内，自主地决定通过协议将他们之间已经发生或将来可能发生的有关商事法律争议提交仲裁解决。④ 而且，在有关国家法律所允许的范围内，双方当事人所签订的商事仲裁协议可以对抗有关国家法院的司

① 参见韩健著:《现代国际商事仲裁法的理论与实践》，法律出版社 2000 年版，第 537～544 页；伊拉克（Iraq）于 2021 年 11 月 11 日正式向联合国秘书长呈递了加入 1958 年《纽约公约》的申请文件，成为《纽约公约》的第 169 个缔约国。1958 年《纽约公约》于 2022 年 2 月 9 日正式对伊拉克（Iraq）生效。参见联合国公布的 1958 年《纽约公约》的缔约方名单（截至 2022 年 1 月 22 日）。

② 《中国最高人民法院关于执行我国加入的〈承认及执行外国仲裁裁决公约〉的通知》第 2 条规定，“根据我国加入该公约时所作的商事保留声明，我国仅对按照我国法律属于契约性和非契约性商事法律关系所引起的争议适用该公约”。参见《最高人民法院关于执行中国加入的〈承认及执行外国仲裁裁决公约〉的通知》第 2 条，载《中华人民共和国最高人民法院公报》，1987 年第 2 号，第 16 页。

③ 参见《最高人民法院关于执行我国加入的〈承认及执行外国仲裁裁决公约〉的通知》第 2 条，载《中华人民共和国最高人民法院公报》，1987 年第 2 号，第 16 页。

④ 如中国《仲裁法》第 2 条和第 3 条规定，“平等主体的公民、法人和其他组织之间发生的合同纠纷和其他财产权益纠纷，可以仲裁”；“下列纠纷不能仲裁：（一）婚姻、收养、监护、扶养、继承纠纷；（二）依法应当由行政机关处理的行政争议”。

法管辖权，甚至是专属管辖权。[①]

2. 双方当事人可以自主地选择商事仲裁机构。[②] 因为商事仲裁管辖中不存在地域管辖和级别管辖，[③] 有关商事仲裁机构的管辖权又完全依赖于双方当事人的商事仲裁协议，在双方当事人对商事仲裁机构作出选择之前，不存在任何具有法定管辖权的商事仲裁机构，所以，双方当事人可以选择任何地方的商事仲裁机构作为解决其商事法律争议的仲裁机构。而且，按照国际社会大多数国家的商事仲裁实践，在商事仲裁中，双方当事人既可以自主地决定将有关商事法律争议提交给常设仲裁机构处理或提交给临时仲裁机构解决[④]，也可以自主地决定将有关商事法律争议提交给任何国家和地区的任何商事仲裁机构进行仲裁。[⑤] 世界各国的商事仲裁立法一般也都没有给予任何意义的限制。

3. 双方当事人可以自主地选择仲裁地点。[⑥] 商事关系中的双方当事人在选择商事仲裁机构时，可以考虑仲裁地点的选择，即将商事仲裁机构的选择与仲裁地点的选择结合起来。而且，即使在选定了商事仲裁机构的情况下，双方当事人还可能就商事仲裁庭具体仲裁

---

① 如中国《仲裁法》第 5 条规定："当事人达成仲裁协议，一方向人民法院起诉的，人民法院不予受理，但仲裁协议无效的除外。"

② 仲裁机构的选择在商事仲裁实务中具有非常重要的意义。因为，在国际商事仲裁中，仲裁庭所必须遵循的仲裁程序法和实体法，在双方当事人没有作出明确选择时，一般都是依据商事仲裁机构所在地的法律来确定，甚至直接适用有关商事仲裁机构所在地的法律；同时，商事仲裁机构所在地也是确定商事仲裁裁决国籍的一个非常重要的因素，因而对有关商事仲裁裁决在相关国家的强制执行会产生非常重要的影响。而在国内商事仲裁中，以中国的商事仲裁为例，由于仲裁过程中的财产保全和证据保全都必须由商事仲裁机构所在地的人民法院来裁定实施，而且，商事仲裁裁决的撤销程序也是由仲裁机构所在地的中级人民法院来管辖，所以，基于中国目前的法制现状，当事人选择哪个地方的商事仲裁机构，对上述问题的解决同样会产生非常重要的影响。参见谢石松著：《国际民商事纠纷的法律解决程序》，广东人民出版社 1996 年版，第 164 ~ 175 页。

③ 如中国《仲裁法》第 6 条规定："仲裁委员会应当由当事人协议选定。仲裁不实行级别管辖和地域管辖。"

④ 不过，就中国目前的商事仲裁实践而言，由于中国目前的商事仲裁法制还没有明确规定临时仲裁这种商事仲裁方式，从而使得有关商事关系中的当事人，除了特定当事人在特定的区域以外（如外资企业在自贸区），还没办法在中国选择临时仲裁。当然，这也仅仅是就在中国进行的商事仲裁而言。中国目前的商事仲裁立法并没有明确限制在中国以外的地方通过临时仲裁的方式进行商事仲裁，也正是基于这一立法现状，1995 年 10 月 20 日，中国最高人民法院在给广东省高级人民法院《关于福建省生产资料总公司与金鸽航运有限公司国际海运纠纷一案中提单仲裁条款效力问题的复函》（法函〔1995〕135 号）中明确指出，"涉外案件，当事人事先在合同中约定或争议发生后约定由国外的临时仲裁机构或非常设仲裁机构仲裁的，原则上应当承认该仲裁条款的效力，法院不再受理当事人的起诉。本案上诉人福建省生产资料总公司虽然不是租船合同和海上货物运输合同的签约人，但其持有承运人签发的含有合并租约和仲裁条款的提单，并明示接受该仲裁条款，因此，该条款对承运人和提单持有人均有约束力。此案中，中国法院应承认该临时仲裁条款的效力"。此外，中国《仲裁法（修订意见稿）》第 91 条、第 92 条和第 93 条规定了在涉外商事仲裁中采用临时仲裁的制度。

⑤ 如在中国的某一含有国际因素的商事关系发生法律争议时，按照中国目前的商事仲裁法律制度，争议双方当事人既可以选择在中国的商事仲裁机构，也可以选择在其他国家或地区的商事仲裁机构进行仲裁；而且，在选择中国的商事仲裁机构进行仲裁时，既可以选择中国国际经济贸易仲裁委员会仲裁，也可以选择中国在 1995 年以后建立的其他仲裁委员会，如北京仲裁委员会、上海仲裁委员会、广州仲裁委员会、深圳国际仲裁院（深圳仲裁委员会）、武汉仲裁委员会、西安仲裁委员会、重庆仲裁委员会、长沙仲裁委员会、大连仲裁委员会等商事仲裁机构仲裁。

⑥ 仲裁地点的选择具有与仲裁机构的选择同样的意义。特别是像《联合国国际贸易法委员会仲裁规则》（1976 年），在第 16 条第 1 款规定仲裁地点原则上由双方当事人协商确定的同时，还在第 16 条第 4 款明确规定，"仲裁裁决应在仲裁地点作成"。此外，前述中国国际经济贸易仲裁委员会和华南国际经济贸易仲裁委员会的仲裁规则也都作了类似的规定。参见谢石松著：《国际民商事纠纷的法律解决程序》，广东人民出版社 1996 年版，第 164 ~ 175 页；程德钧主编：《涉外仲裁与法律——第一辑》，中国人民大学出版社 1992 年版，第 472 页。

案件的仲裁地点进行选择。因为虽然常设仲裁机构一般都是在其机构所在地进行仲裁活动,但也可以作些必要的变通,如根据 1995 年修订的《中国国际经济贸易仲裁委员会仲裁规则》(以下简称"中国贸仲《仲裁规则》")第 35 条的规定,选择中国国际经济贸易仲裁委员会(以下简称"中国贸仲")仲裁时,仲裁地点一般在仲裁委员会的所在地——北京,但在必要时,如果有关当事人提出请求,经过仲裁委员会秘书长或仲裁委员会分会秘书长同意,也可以在其他地方进行仲裁。1998 年修订的中国贸仲《仲裁规则》,更是在第 35 条明确增加了"当事人约定了仲裁地点的,仲裁案件的审理应当在约定的地点进行"这一内容。2000 年修订的中国贸仲《仲裁规则》对上述条款也作了充分的肯定。而 2014 年修订、自 2015 年 1 月 1 日起施行的中国贸仲《仲裁规则》第 7 条规定:"(一)当事人对仲裁地有约定的,从其约定。(二)当事人对仲裁地未作约定或约定不明的,以管理案件的仲裁委员会或其分会/仲裁中心所在地为仲裁地;仲裁委员会也可视案件的具体情形确定其他地点为仲裁地。(三)仲裁裁决视为在仲裁地作出。"2012 年 12 月 1 日起开始施行的《华南国际经济贸易仲裁委员会仲裁规则》第 4 条和 2020 年 10 月 1 日起开始施行的《深圳国际仲裁院仲裁规则》第 4 条也都对仲裁地作了明确规定:"(一)当事人对仲裁地有约定的,从其约定。(二)当事人对仲裁地未作约定的,以仲裁院所在地为仲裁地。仲裁院也可视案件的具体情形确定其他地点为仲裁地。(三)仲裁裁决应视为在仲裁地作出。"2021 年 7 月 1 日起施行的《广州仲裁委员会仲裁规则》第 7 条也明确规定,"除当事人另有约定外,以管理案件的本会、分会/南沙国际仲裁中心、各专业仲裁平台业务场所所在地为仲裁地。本会可以根据案件具体情况,确定其他地点为仲裁地;仲裁裁决视为在仲裁地作出"。很显然,该三个商事仲裁机构都已经把双方当事人选择仲裁地作为了确定仲裁地的一般原则。

4. 双方当事人可以自主地选择仲裁员。在已选择由某一常设仲裁机构进行仲裁时,双方当事人可以在该常设仲裁机构的仲裁员名册中自主选择一名仲裁员单独成立独任仲裁庭审理有关法律争议,也可以自主地选择几名仲裁员组成合议仲裁庭来对有关法律争议进行审理;甚至还有越来越多的常设仲裁机构允许双方当事人在其仲裁员名册外选定仲裁员。而在决定由临时仲裁机构审理有关法律争议时,双方当事人选择仲裁员的自由更是毫无限制,他们可以合意选择任何人作为仲裁员来审理他们之间的有关法律争议。

5. 双方当事人可以自主地选择商事仲裁程序。商事仲裁机构在进行仲裁审理的过程中,仲裁机构、当事人和其他参与人从事仲裁活动所必须遵循的程序,诸如仲裁申请的提出、仲裁员的指定、仲裁庭的组成、仲裁审理以及仲裁裁决的作出等,都可以由双方当事人在其商事仲裁协议中或者在以后的仲裁审理过程中自主确定。

6. 在国际商事仲裁中,双方当事人还可以自主选择仲裁庭进行裁决时所适用的法律。双方当事人不仅可以选择仲裁庭裁决有关法律争议时应当适用的实体法,还可以自主选择仲裁过程中应适用的程序法。如 2021 年 1 月 1 日起开始实施的《国际商会调解和仲裁规则》第 19 条规定,仲裁程序应当受本规则支配,遇到本规则不作规定的事项,受当事人所选定的程序法的规则支配,如果当事人没有选定有关的程序法,才可以适用仲裁所在地国家的有关仲裁程序法；第 21 条规定，双方当事人得自由确定仲裁员裁决争议所适用的法律。双方当事人未指明应适用的法律时，仲裁员应适用他认为合适的根据冲突法规则所确定的准据法。[①]

（二）商事仲裁能够实现真正的合议制

虽然在商事仲裁与商事诉讼中都设计有合议制这一审判制度，但是，由于仲裁庭除了首席仲裁员以外，其他两位仲裁员要么是由双方当事人亲自选定的，要么是仲裁委员会主任、仲裁院院长或法院院长（在西方国家的仲裁制度中）代某一方当事人指定的，而且，不管是首席仲裁员，还是另外两位仲裁员，都拥有一套完整的案卷材料，所以，从主观、客观方面他们更有责任，而仅仅从客观方面而言，他们也更有条件去认真阅读案卷材料，认真参与案件的审理和裁判。

虽然包括中国在内的很多国家的商事仲裁法和商事仲裁规则都特别强调，每一位仲裁员，不管是由双方当事人共同选定或者共同委托仲裁委员会主任指定或者仲裁委员会主任依法代为指定的首席仲裁员，还是由双方当事人各自选定的仲裁员或者由仲裁委员会主任依法代某一方当事人指定的仲裁员，一经接受选定或者指定，就都完全独立于双方当事人，都不代表任何一方当事人，都应该公正、公平地参与案件的审理和裁判；但是，事实上，无论是从哪一方面来讲，都没有办法完全排除一方当事人所选定的仲裁员或者为一方当事人指定的仲裁员，不去特别关注该方当事人在仲裁过程中的程序权利和实体权利。而这种特别的关注能够促使商事仲裁实现真正的合议制，这种特别的关注事实上也能够在某种程度上促进商事仲裁庭审理和裁判案件的公正与公平。

（三）商事仲裁具有充分的公开和透明

商事仲裁对于仲裁庭的每一位仲裁员和参与仲裁案件的任何一方当事人都具有充分的公开和透明。其主要体现为，从有关商事仲裁机构立案受理有关仲裁案件开始，到仲裁庭作出裁决的整个过程中，除了仲裁庭合议案件的过程不向双方当事人公开以外，其他所有程序和文件都在双方当事人及仲裁庭所有仲裁员之间公开，双方当事人提交的所有文件和商事仲裁机构及仲裁庭所制作的所有文件都会全部送达给双方当事人和各位仲裁员，整个商事仲裁程序对双方当事人和各位仲裁员完全透明。

各个商事仲裁机构的仲裁规则都明确规定，各方当事人在提交任何材料时，都必须按照能够确保仲裁机构、三位仲裁员以及每一方当事人都能够拥有一份的数量提交。例如，2015 年 1 月 1 日起施行的中国贸仲《仲裁规则》第 21 条，2017 年 11 月 16 日起施行的《广州仲裁委员会仲裁规则》第 21 条，以及 2021 年 7 月 1 日起施行的修订后的《广州仲裁委员会仲裁规则》第 25 条都明确规定：当事人提交申请书、答辩书、反请求申请书、证据材料以及其他书面材料，一式 5 份。当事人人数增加的，增加相应份数；当事人提出财产保全申请或者证据保全申请的，增加相应份数；仲裁庭组成人数为 1 人的，应相应减少 2 份。材料的

① 参见国际商会网站。

电子版本可以一并向委员会提供，从而能够确保上述材料仲裁庭成员、各位当事人、仲裁委员会及有关方面人手一份。

（四）商事仲裁具有严格的保密性

商事仲裁在对内具有充分的公开和透明的同时，对外具有非常严格的保密性。其主要体现为，有关国家的商事仲裁立法和有关商事仲裁机构的仲裁规则都明确规定，仲裁庭审理案件原则上不公开进行，如中国《仲裁法》第 40 条规定："仲裁不公开进行。当事人协议公开的，可以公开进行，但涉及国家机密的除外。" 2005 年修订的中国贸仲《仲裁规则》第 33 条和 2014 年修订的中国贸仲《仲裁规则》第 38 条都规定有专门的 "保密" 条款，强调 "（一）仲裁庭审理案件不公开进行。双方当事人要求公开审理的，由仲裁庭决定是否公开审理。（二）不公开审理的案件，双方当事人及其仲裁代理人、仲裁员、证人、翻译、仲裁庭咨询的专家和指定的鉴定人，以及其他有关人员，均不得对外界透露案件实体和程序的有关情况"。2017 年《广州仲裁委员会仲裁规则》第 54 条，2020 年《深圳国际仲裁院仲裁规则》第 66 条，以及 2021 年《广州仲裁委员会仲裁规则》第 10 条，也都明确规定了同样的保密条款和保密义务。

当然，这种保密性并不是绝对的，如果双方当事人主动要求或者征得双方当事人同意，仲裁可以公开进行。在一方当事人或其他方面有人员要求旁听案件的审理时，仲裁庭在征得对方当事人或双方当事人口头同意，并要求旁听人员严格遵守保密义务的情况下，也可以允许其旁听庭审程序。

（五）商事仲裁具有很大的灵活性

商事仲裁程序与商事诉讼程序不同，不需要受到各种各样严格的法律规范的约束，不需要拘泥于任何法定形式。如《联合国国际贸易法委员会仲裁规则》（2010 年）第 17 条第 1 款规定，"在不违反本规则的情况下，仲裁庭得以它认为适当的方式进行仲裁"。[①] 商事仲裁庭可以基于双方当事人的协议，按双方当事人所期望的形式由他们自主选定的仲裁员组成；商事仲裁庭可以按双方当事人所约定的程序进行审理，甚至包括仲裁庭开庭审理案件的具体时间也一般都会事先征询双方当事人的意见以后最终确定；而且，对于开庭的时间、地点、方式等即使是在庭审过程中，都可以基于双方当事人的合意而随时进行修改和调整。在国际商事仲裁中，还可以依据双方当事人合意选择的法律，甚至可以基于双方当事人的授权，依据公平原则对双方当事人之间的有关法律争议作出裁决。

不过，需要特别强调的是，因为商事仲裁比民事诉讼更注重程序的公正和公平，根据目前国际社会上所有国家的商事仲裁立法和所有国际商事仲裁立法的规定，商事仲裁机构或者仲裁庭在仲裁过程中，有任何违反商事仲裁程序的行为，都将直接导致商事仲裁裁决被撤销或被裁定不予执行或拒绝执行，所以，商事仲裁庭在采取任何灵活的做法时，都必须征得双方当事人的一致同意，并记录在案。

---

① 参见联合国国际贸易法委员会网站。

（六）商事仲裁是一种最为友好的法律解决方式

通过商事仲裁来解决商事关系中双方当事人之间所发生的法律争议，可以避免因商事诉讼程序的进行而引起心理障碍，使双方当事人能够继续保持友好的交易关系，从而真正实现维护和发展商事关系这一最终目的。而且，由于商事仲裁庭在开庭审理案件时，是以不公开审理作为原则的，从而在制度上保证了有关当事人不愿意将其相互之间的商事法律争议，特别是其中一方当事人不愿意将其与对方之间的商事法律争议公之于众的心理要求的实现。再加上商事仲裁的庭审过程所体现出来的，包括仲裁庭与双方当事人之间的平等性和庭审方式的灵活性等特点，[①] 能够将双方当事人之间因为商事法律争议的发生而产生的对立情绪降到最低限度，这不仅有利于有关当事人之间现有商事法律争议的友好和妥善解决，也有利于他们今后的继续交往与合作。

此外，在国际商事关系中，采用商事仲裁方式解决双方当事人之间所发生的商事法律争议，还可以调和不同法律制度之间的矛盾，可以避免双方当事人因不信任外国法院的公正性而产生的种种疑虑。而且，在国际商事关系中，基于 1958 年《纽约公约》的存在，通过约定商事仲裁还可以克服在内国境内执行外国法院判决的过程中所存在的各种障碍。如以中国为例，在商事仲裁裁决的执行方面，中国目前是 1958 年《纽约公约》的缔约国，该公约目前在全世界 169 个国家和地区发生法律效力，有关当事人将其在国际商事关系中发生的法律争议提交仲裁解决，所得到的商事仲裁裁决可以在 169 个国家和地区得到强制执行。而在法院判决的执行方面，中国目前只同 40 多个国家和地区签订有涉及相互承认和执行法院判决的司法协助协定，故有关当事人将其在国际商事关系中发生的商事法律争议提交诉讼解决时，所得到的法院判决就只能在 40 多个国家和地区得到强制执行。而且，这 40 多个与中国签订有民商事司法协助协定的国家，同样基于这些司法协助协定的规定而承担有相互承认和执行商事仲裁裁决的义务。

（七）商事仲裁迅速及时且费用低廉

首先，在商事仲裁关系中，一旦发生法律争议，双方当事人可以按照事先的约定选定仲裁员，并按照商事仲裁协议的规定组成仲裁庭而立即开始仲裁，从而不需要像商事诉讼那样，必须遵循繁琐的诉讼程序和各种各样的诉讼期间。其次，双方当事人所选定的仲裁员一般都是有关方面的知名人士和专家，对经济、贸易、运输和海事等各个方面的业务都比较熟悉，对于许多问题通过一定的调查就可以直接予以认定，从而大大加快了作出商事仲裁裁决的速度。最后，更为主要的是，由于商事仲裁是一裁终审，[②] 当事人选择仲裁后，不

---

① 在商事仲裁的庭审过程中，商事仲裁庭与双方当事人一般都是坐在一个平面、平等的位子上，商事仲裁庭与当事人之间以及双方当事人相互之间都保持着一种非常平和与友好的气氛。

② 中国目前所有的商事仲裁法论文和著作都把这一术语表述为“一裁终局”，就连 1995 年 9 月 1 日开始实施的中国《仲裁法》也在第 9 条明文规定，“仲裁实行一裁终局的制度。裁决作出后，当事人就同一纠纷再申请仲裁或者向人民法院起诉的，仲裁委员会或者人民法院不予受理”。不过，本书认为，“一裁终局”这一表述是不科学的。因为这里所要表达的意思，很显然是强调不允许有二审或二审以上的程序发生。而“终局”是相对于“中局”或“中间”而言的，即相对于仲裁程序进行过程中所作出的中间裁决或者部分裁决而言。

需要像商事诉讼那样，经过两审（在有些国家甚至需要三审）才能终审；也不需要因此而交纳几次诉讼费，或多次支付其他的费用。[①] 所以，由于简化了解决商事法律争议的程序，缩短了审理期间，加快了裁决速度，从而也就大大降低了解决商事法律争议所花的费用。

此外，根据很多商事仲裁机构的仲裁规则和商事仲裁实务中的惯例，作为胜诉一方当事人，还可以请求败诉一方当事人赔偿其为处理商事仲裁案件所支付的律师费及其他相关的法律服务费用，从而能够将其维权费用降到最低。例如，2015 年 1 月 1 日起施行的中国贸仲《仲裁规则》第 52 条第 2 款规定，"仲裁庭有权根据案件的具体情况在裁决书中裁定败诉方应补偿胜诉方因办理案件而支出的合理费用。仲裁庭裁定败诉方补偿胜诉方因办理案件而支出的费用是否合理时，应具体考虑案件的裁决结果、复杂程度、胜诉方当事人及 / 或代理人的实际工作量以及案件的争议金额等因素"。2020 年 10 月 1 日起施行的《深圳国际仲裁院仲裁规则》第 64 条第 4 款规定："仲裁庭有权根据当事人的请求在裁决书中决定败诉方补偿胜诉方因办理案件支出的合理费用，包括但不限于律师费、保全费、差旅费、公证费和证人作证费用等。仲裁庭在确定上述费用时，应考虑案件的裁决结果、复杂程度、当事人或代理人的实际工作量以及案件的争议金额等有关因素。"甚至还有一些商事仲裁机构的仲裁规则直接规定了仲裁庭可以支持当事人维权费用的具体比例，规定可以在其胜诉金额的 10% 或者 15% 以内予以支持。如 2021 年 7 月 1 日起施行的《广州仲裁委员会仲裁规则》第 88 条第 3 款规定："胜诉方要求败诉方承担其办理案件的律师服务费的，仲裁庭应当根据责任大小、胜诉比例，综合考虑案件的复杂程度、争议金额以及代理律师的实际工作量等有关因素，公平合理予以确定，但最多不超过胜诉金额的百分之十五；无法明确胜诉金额的，由仲裁庭根据案件具体情况予以确定。"

（八）商事仲裁具有必要的强制性

虽然商事仲裁机构是一种民间组织或者法定机构，不属于国家司法机关的范畴，商事仲裁庭的管辖依赖于争议双方当事人的协议，商事仲裁庭也大都是基于当事人的协议，按照当事人所约定的程序，依据当事人所选择的法律或依公平原则对有关争议进行审理，并作出裁决，但这并不能否定商事仲裁具有一定的强制性。首先，商事关系中的双方当事人一旦达成协议，约定将他们之间可能或已经发生的有关争议提交仲裁解决，则任何一方当事人都无权再向法院提起审理该有关争议的诉讼。而且，依照有关国家的法律和有关商事仲裁机构的仲裁规则，基于双方当事人的合意组成的商事仲裁庭，有权对当事人之间的有关商事法律争议进行严格的审理，并作出裁决，而不像调解人那样，只有提出解决有关商事法律争议建议的权利。其次，世界各国的商事仲裁立法和司法实践都明确承认通过商事仲裁方式解决有关商事法律争议的合法性，承认有关商事仲裁机构依争议双方当事人所签订的

---

① 虽然现在有一些学者在倡导"复裁程序"，甚至像深圳国际仲裁院还提供了"选择性复裁程序"的仲裁条款："凡因本合同引起的或与本合同有关的任何争议，均应提交深圳国际仲裁院仲裁。任何一方有权就仲裁庭作出的裁决向该院提请复裁并由复裁庭作出终局裁决。仲裁地为＿＿＿＿＿＿。（请填写不禁止复裁的国家或法域）。"但是，这种情况也只是例外情形，并没有得到仲裁界和商事关系中各方当事人的普遍认可和采用。

商事仲裁协议而作出的商事仲裁裁决的法律效力。而且都普遍规定，如果有关当事人不按照事先的约定自觉履行商事仲裁裁决所确定的义务，有关国家的法院可以、而且应该基于一定的条件采取必要的强制措施，以保证有关商事仲裁裁决在其所属国境内的适当执行。如中国《仲裁法（修订意见稿）》第10条规定："人民法院依法支持和监督仲裁。"

三、商事仲裁的法律性质

关于商事仲裁的法律性质问题，在理论界有着不同的理解，有不少学者是通过对司法权理论、契约理论、混合理论和自治理论的探讨来论及这一问题的。[①]不过，本书认为，不管是司法权理论、契约理论、混合理论，还是自治理论，所论及的应该是商事仲裁的效力依据，或者说是其效力渊源，而不应该是其性质问题。本书所理解的商事仲裁的性质主要是指商事仲裁的法律性质。而且，本书主要是从商事仲裁同行政仲裁和国际仲裁以及商事诉讼的关系的角度来探讨商事仲裁的法律性质问题，并且由此主张，商事仲裁既不同于商事诉讼程序，也不同于行政仲裁程序和国际仲裁程序，是商事交往中一种特殊的商事争议的法律解决方式。

（一）商事仲裁是一种法律解决方式

商事仲裁同商事诉讼、行政仲裁及国际仲裁一样，都属于一种处理相关争议的法律解决方式。其主要表现为：（1）各个国家的商事仲裁立法及有关的国际条约都对这种争议解决方式作了非常明确的规定。（2）通过这种方式解决民商事法律争议可以终结所有的争议解决程序。（3）通过这种方式解决民商事法律争议，可以完全确定争议双方当事人之间的实体权利义务内容。（4）通过这种方式作出的商事仲裁裁决具有既判力，可以得到各个国家执行机构的强制执行。

（二）商事仲裁不同于商事诉讼

虽然世界各国的立法都承认，商事仲裁和商事诉讼都是解决商事法律争议的法律解决方式，但商事仲裁与商事诉讼相比有着本质的差别。

就其严格的法律性质而言，商事仲裁只具有任意的和民间的性质，充其量也不过是一种"准司法"程序。商事仲裁机构也只具有民间团体的性质，其管辖权依赖于争议双方当事人自愿达成的商事仲裁协议，没有任何强制的意义。虽然商事仲裁庭的裁决在得不到当事人的自觉履行时，依据绝大多数国家的法律规定，可以得到国家法院的支持，但这种支持也主要是基于争议双方当事人的商事仲裁协议。如果是一方当事人以商事仲裁协议的不适当存在为理由，对国家法院的这种支持提出异议，法院就可能驳回强制执行的请求。

---

① 参见韩健著：《现代国际商事仲裁法的理论与实践》（修订本），法律出版社2000年版，第34～41页；朱克鹏著：《国际商事仲裁的法律适用》，法律出版社1999年版，第1～16页；宋连斌著：《国际商事仲裁管辖权研究》，法律出版社2000年版，第11～21页；李虎著：《国际商事仲裁裁决的强制执行——特别述及仲裁裁决在中国的强制执行》，法律出版社2000年版，第15～18页；黄进、徐前权、宋连斌编著：《仲裁法学》，中国政法大学出版社1999年版，第3～5页；毕武卿、毕方：《论仲裁的法律性质》，载《河北法学》1998年第5期。

而商事诉讼完全具有强制性和国家司法的性质。虽然基于多数国家的立法规定,商事法律争议中的双方当事人可以在一定范围内协议选择管辖法院,但这种协议选择管辖法院的行为所依据的是有关国家立法的明确规定以及有关商事关系的法律性质,而不像商事法律争议中双方当事人选择商事仲裁庭的管辖权那样,所依据的主要是商事仲裁管辖权本身的性质。而且在国际社会中,还有包括中国在内的一些国家的诉讼立法,同时还对有关当事人协议选择法院管辖权的行为作了不同程度的限制。[①] 这不像在商事仲裁制度中那样,在法律允许仲裁的整个商事关系领域,不管发生什么样的法律争议,有关当事人都可以用书面形式选择任何地方的任何商事仲裁机构进行仲裁。[②]

此外,基于商事诉讼程序所作出的判决,完全因为法律的强制性规定和商事诉讼程序的司法性质而应该由有关当事人自觉履行,否则,有关法院可以基于对方当事人或其他利害关系人的请求而采取强制措施,以保证有关判决的执行。

(三)商事仲裁不同于行政仲裁

如前所述,商事仲裁具有任意的和民间的性质;而行政仲裁是一种具有强制性和官方性质的仲裁制度。商事仲裁是一种"准司法"程序;而行政仲裁是一种完全的行政程序。商事仲裁机构也只具有民间团体的性质,即使像深圳国际仲裁院这样的法定机构,[③] 其管辖权完全依赖于争议双方当事人自愿达成的商事仲裁协议,没有任何强制的意义;而行政仲裁机构属于行政机关,其仲裁管辖权由法律明文规定,具有完全的强制性。[④] 以中国目前的仲裁制

---

① 如 2021 年修正后的《中华人民共和国民诉法》第 35 条规定:"合同或者其他财产权益纠纷的当事人可以书面协议选择被告住所地、合同履行地、合同签订地、原告住所地、标的物所在地等与争议有实际联系的地点的人民法院管辖,但不得违反本法对级别管辖和专属管辖的规定。"按照这一规定,在中国的民商事关系中,有关当事人要协议选择管辖法院,必须受到如下方面的限制:(1)在主体方面,必须是合同关系或其他财产关系中的双方当事人;(2)在形式方面,必须是通过书面协议的形式;(3)在选择的空间范围方面,强调只能在被告住所地、合同履行地、合同签订地、原告住所地、标的物所在地这 5 个与争议有实际联系的地点之间进行选择;(4)选择时还不能违反民事诉讼法关于级别管辖和专属管辖的规定。

② 当然,也有一些国家的诉讼立法对当事人协议选择管辖法院规定了与商事仲裁制度中一样宽松的条件。如法国的《民事诉讼法典》第 41 条第 1 款规定,"争议产生以后,诸当事人得始终协议其争议由某一法院裁判,即使按照请求的数额,该法院并无管辖权,亦同";参见罗结珍译:《法国新民事诉讼法典》,中国法制出版社 1999 年版,第 11 页。日本自 1998 年 1 月 1 日起实施的《民事诉讼法》第 11 条第 1 款规定,"当事人以第一审为限,可以以协议决定管辖法院";第 11 条第 2 款规定,"本条前款的协议,如果不是基于一定的法律关系而发生的诉讼,并且不是以书面形式进行协议的,则不产生其效力";参见白绿铉编译:《日本新民事诉讼法》,中国法制出版社 2000 年版,第 36 页。

③ 2012 年 11 月 6 日,深圳市政府五届七十一次常务会议审议通过《深圳国际仲裁院管理规定(试行)》,并于 2012 年 11 月 24 日以第 245 号市政府令公布试行。该规章作为中国第一个对商事仲裁机构作出的专门立法,确立了深圳国际仲裁院为法定机构,就深圳国际仲裁院的法人治理模式、职责范围、业务模式创新、加强与香港地区的合作、仲裁专业队伍建设与管理以及建立有效监督机制等方面作了明确规定。

④ 如在苏联时期,仲裁机关被认为是为解决社会主义组织之间的经济争议而专门设立的国家管理机关,仲裁机关的管辖权完全由《苏联国家仲裁法》规定,具有完全的强制性。参见[苏]A.T. 邦涅尔、B.D. 塔拉年科、M.C. 法里科维奇著,王振茹、陈绥、司马念媛译:《苏联仲裁制度》,法律出版社 1987 年版,第 44 ~ 58 页。

度为例[①]：

一方面，从仲裁程序的角度来说，商事仲裁程序没有行政仲裁程序那样强的强制性。商事仲裁是由有关商事仲裁当事人和商事仲裁机构依法任意进行的；而行政仲裁是由行政仲裁当事人和行政仲裁机构严格依照法律的规定强制进行的。在中国现行的行政立法中，明确规定了什么样的行政纠纷可以或者必须通过什么地方、什么级别的行政仲裁机构所主持的行政仲裁程序来处理。在发生了行政纠纷以后，当事人并不需要像商事仲裁制度中所规定的那样，要事先订立有仲裁协议，[②]而可以直接向法律所规定的特定的行政仲裁机构提请仲裁；行政仲裁机构也只需依据法律的强制性规定，而不是当事人的仲裁协议，来行使仲裁管辖权。也就是说，从行政仲裁的范围、行政仲裁的管辖，到行政仲裁程序的提起，都具有强制性。

另一方面，即从仲裁结果的角度来考虑，商事仲裁机构所作出的商事仲裁裁决却又具有比行政仲裁机构所作出的行政仲裁裁决强得多的强制性。商事仲裁裁决具有终审裁决的性质，能完全终结处理有关商事法律争议的所有程序；而行政仲裁裁决只能是行政部门处理行政纠纷或法律规定首先必须由行政部门处理的纠纷的结果，不具有终审裁决的性质，它不能终结处理纠纷的所有程序。[③]如 2010 年 1 月 1 日起施行的《中华人民共和国农村土地承包经营纠纷调解仲裁法》第 48 条规定，“当事人不服仲裁裁决的，可以自收到裁决书之日起三十日内向人民法院起诉”，2014 年 1 月 24 日起施行的《最高人民法院关于审理涉及农村土地承包经营纠纷调解仲裁案件适用法律若干问题的解释》第 3 条规定，“当事人在收到农村土地承包仲裁委员会作出的裁决书之日起三十日内，向人民法院提起诉讼，请求撤销仲裁裁决的，人民法院应当告知当事人就原纠纷提起诉讼”。

（四）商事仲裁不同于国际仲裁

商事仲裁，包括含有国际因素的国际商事仲裁，所要解决的争议是发生于个人（包括自然人和法人）之间以及个人与国家之间的商事法律争议，是商事仲裁法所规范的一种制度；商事仲裁，包括国际商事仲裁，所作出的裁决，基于一定的条件还可以得到有关国家法院的强制执行。而国际仲裁是指各主权国家之间发生争议时，由各当事国选出一个或几个仲裁员组成仲裁庭，依据国际法或依公平原则处理争议的一种仲裁制度，是国际社会和平解决国际争端的一条重要途径，属于国际公法范畴。国际社会不存在任何有权强制执行国际仲裁裁决的国内机构和国际机构，基于国际仲裁所作出的裁决完全依赖于各当事国的自觉履行。

此外，商事仲裁还具有一定的商业性质，商事仲裁机构在接受当事人的仲裁请求，立案

---

① 在 1995 年 9 月 1 日以前，中国的国内仲裁制度也与苏联的仲裁制度一样，属于完全的行政仲裁。到现行的中国《仲裁法》于 1995 年 9 月 1 日开始实施以后，才在国内仲裁中区分了商事仲裁与行政仲裁。如中国《仲裁法》在全面规定了商事仲裁制度的同时，于第 3 条和第 77 条明确规定，“婚姻、收养、监护、扶养、继承纠纷”和“依法应当由行政机关处理的行政争议”，不能仲裁；“劳动争议和农业集体经济组织内部的农业承包合同纠纷的仲裁，另行规定”。

② 当然也就没有通过仲裁协议自由选择仲裁机构和仲裁地点的权利和可能。

③ 行政仲裁程序终结以后，有关当事人对该有关的行政仲裁裁决有异议时，还可以向有管辖权的人民法院提起行政诉讼程序，以求得有关争议的最终解决。

审理商事法律争议时，可以依法向商事仲裁当事人收取一定的费用。[①] 而国际仲裁制度兼具法律性和政治性，很少有进行国际仲裁时向当事国收取仲裁费用的情况发生。

四、商事仲裁的法律价值

商事仲裁作为处理商事法律争议的一种法律解决方式，商事仲裁法律制度作为解决商事法律争议过程中一种重要的程序法律制度，是对商事诉讼方式和商事诉讼法律制度的重要补充。而且，商事仲裁是与商事诉讼平行的一种法律解决方式，商事仲裁法律制度是与商事诉讼法律制度平行的一种程序法制度。商事仲裁庭所享有的仲裁权与法院的审判权都属于国家裁判权的范畴，都是由国家法律直接规定的。

而且，本书认为，商事仲裁应该是一种与商事诉讼具有同样法律效力和法律地位，同时也具有同样重要性的法律解决方式。[②] 因为“商事仲裁”和“商事诉讼”审理和裁决的都是当事人之间的“私法争议”，特别是在国家仲裁立法所允许提交仲裁的商事法律争议范围内。也就是说，在商事仲裁的范围内，“商事仲裁”和“商事诉讼”所涉及的都是当事人可以“私法自治”的商事法律关系，采用其中任何一种争议解决方式，都不会损害国家和社会的根本利益。不管是“商事仲裁程序”，还是“商事诉讼程序”，只要能够严格依照法律所规定的程序来进行，不仅不会损害国家和社会的根本利益，也不会损害第三人的合法权益。而且，就处理这些商事法律争议而言，应该说法院与仲裁机构一样，都是属于社会的“服务性机构”；都是为个案中的当事人“服务”，处理他们之间所发生的“私法争议”。[③] 当然，它们也都是通过对商事法律争议的公正、妥善处理，维护商事关系的稳定，最终达到维护社会政治经济的稳定、促进社会政治经济健康发展的目的。例如，为深入贯彻落实中共中央办公厅、国务院办公厅《关于建立“一带一路”国际商事争端解决机制和机构的意见》，最高人民法院于 2018 年 6 月 29 日在深圳、西安分别设立第一、第二国际商事法庭，成立国际商事专家委员会，建立诉讼与调解、仲裁有机衔接的“一站式”国际商事纠纷多元化解决机制。2021 年 7 月 21 日，最高人民法院“一站式”国际商事纠纷多元化解决平台在国际商事法庭网站上线启动试运行。该平台的建成，是最高人民法院贯彻落实中央重大战略部署的又一重要举措。该机制首批纳入中国国际经济贸易仲裁委员会、中国海事仲裁委员会、北京仲裁委员会（北京国际仲裁中心）、上海国际经济贸易仲裁委员会（上海国际仲裁中心）、深圳国际仲裁院 5 家国际商事仲裁机构和中国国际贸易促进委员会调解中心、上海经贸商事调解中心 2 家国际商事调解机构，并特邀国际商事专家委员以调解员身份加入，为国际商事案件

---

① 如中国《仲裁法》第 76 条规定：“当事人应当按照规定交纳仲裁费用。收取仲裁费用的办法，应当报物价管理部门核准。”

② 参见谢石松：《论我国商事仲裁法制的价值取向》，载《上海仲裁》2011 年第 2 期。

③ 本书认为，这也是各个国家的法院在受理、审判民商事案件时，与受理、审判刑事案件时不同的原因所在，需要收取一定的案件受理费和处理费，以补偿国库开支。也是为什么作为国家司法审判机关的法院在受理民商事诉讼案件时，与作为民间机构的商事仲裁机构受理商事仲裁案件时一样，都要收取一定的费用，而且是差不多的费用的一个很重要的原因。参见谢石松：《论我国商事仲裁法制的价值取向》，载《上海仲裁》2011 年第 2 期。

当事人提供“一站式”便利、快捷、低成本的纠纷解决服务。[①]

五、商事仲裁的效力依据

商事仲裁的效力依据，是一个非常重要的基本理论问题，涉及商事仲裁制度存在的基础，更影响商事仲裁制度发展的方向。目前世界各国都制定有商事仲裁法律制度，都承认商事仲裁是处理商事法律争议的一种法律解决方式，都明确承认商事关系中的双方当事人通过仲裁方式解决有关商事法律争议的合法性，承认有关商事仲裁机构依争议双方当事人所签订的商事仲裁协议而作出的仲裁裁决的法律效力。不仅如此，世界各国都普遍规定，如果当事人不按照事先的约定自觉履行仲裁裁决所确定的义务，有关国家的法院可以、而且应当基于一定的条件采取必要的强制措施，以保证有关商事仲裁裁决在有关国家境内的强制执行。但是，为什么要制定这样的商事仲裁立法？为什么要赋予商事仲裁制度这样的法律效力？对于这些问题，在不同的国家，甚至在同一国家的不同时期，都有不同的理解和认识，从而形成了各种不同的观点和学说。其中影响最大的有契约论、司法权论、混合论和自治论四种。[②]

（一）契约论

契约论（contractual theory）者主张商事仲裁的效力来源于双方当事人之间的契约。其认为在将商事法律争议提交仲裁，到商事仲裁庭的组成、仲裁程序的进行，再到仲裁庭就法律争议作出实体裁决这一整个过程中，所依据的都是双方当事人之间所签署的商事仲裁协议。而且契约论者认为，由于仲裁员的权力来自双方当事人之间的协议，而不是来自法律或任何司法机构或其他公共机构，所以，仲裁员实际上是双方当事人的代理人，商事仲裁裁决是双方当事人授权仲裁员作出的，也就相当于作为代理人的仲裁员代表双方当事人订立的一种协议，从而具有契约的性质，其约束力也就属于契约约束力的范畴，约束力依据来自“当事人的合约必须守信执行”这一原则。

（二）司法权论

司法权论（jurisdictional theory）者主张商事仲裁的效力来源于仲裁进行地和仲裁裁决执行地国家的司法权。其认为在双方当事人通过商事仲裁协议将商事法律争议提交仲裁，到商事仲裁庭的组成、仲裁程序的进行、仲裁庭就法律争议作出实体裁决，乃至商事仲裁裁决的执行这一整个过程中，所依据的都是商事仲裁进行地国家和仲裁裁决执行地国家的法律。即商事仲裁的权限和效力都是基于国家司法权的让与。如果没有国家的法律承认双方

---

① 参见最高人民法院网站：《最高人民法院“一站式”国际商事纠纷多元化解决平台今天上线启动》。

② 参见韩健著：《现代国际商事仲裁法的理论与实践》（修订本），法律出版社2000年版，第34～41页；朱克鹏著：《国际商事仲裁的法律适用》，法律出版社1999年版，第1～16页；黄进、宋连斌、徐前权著：《仲裁法学》（1999年修订版），中国政法大学出版社1999年版，第3～5页；宋连斌著：《国际商事仲裁管辖权研究》，法律出版社2000年版，第11～21页；李虎著：《国际商事仲裁裁决的强制执行——特别述及仲裁裁决在中国的强制执行》，法律出版社2000年版，第15～18页；乔欣著：《仲裁权研究——仲裁程序公正与权利保障》，法律出版社2001年版，第28～43页。

当事人有权将争议提交商事仲裁，授权仲裁员审理和裁决争议，并使商事仲裁裁决具有强制性，商事仲裁就没有任何实际的意义，当然也是无效的。

（三）混合论

混合论（mixed or hybrid theory）者主张商事仲裁的效力来源于双方当事人的契约和国家的司法权这两个方面。其认为商事仲裁起源于双方当事人的契约，商事仲裁的提起、仲裁员的选定、仲裁庭的组成、仲裁程序的进行等都依赖于双方当事人之间的协议；但与此同时，商事仲裁又不能超越国家的法律，需要从商事仲裁协议执行地和仲裁裁决执行地国家获取司法效力。

（四）自治论

自治论（autonomous theory）者主张商事仲裁的效力来源于意思自治原则。其认为商事仲裁协议和仲裁裁决的强制效力，既不是基于双方当事人之间的契约，也不是基于相关国家司法权的让与，而是基于现实生活中处理商事关系、解决商事法律争议的实际需要。自治论者认为商事仲裁是一种独立的，而且是超国家的自治体系。

本书认为，以上四种理论都从某一个侧面反映了商事仲裁的特点，但都没有能够从整体上、根本上解决商事仲裁的效力依据问题。商事仲裁的效力应该来源于国家的法律规定；而国家是基于现实生活中调整商事关系、解决商事法律争议的实际需要制定相关的商事仲裁法律制度。

如前所述，本书认为，从性质上来说，商事仲裁是一种区别于商事诉讼的、特殊的、处理商事法律争议的法律解决方式。从法律价值的角度而言，商事仲裁法律制度与商事诉讼法律制度都属于一个国家解决商事法律争议的程序法律制度，具有同样的法律价值。而从效力依据方面来讲，在当前这样一个还存在国家划分的法治社会，任何社会制度的效力都应来源于一个国家的法律制度，而任何一个国家的任何一项法律制度都是基于其社会发展的客观需要制定出来的。所以，商事仲裁的效力依据当然只能是一个国家的商事仲裁法律制度，就像商事诉讼的效力依据只能是一个国家的商事诉讼法律制度一样。而且，从目前国际社会的商事仲裁法制现状来看，商事仲裁法律制度与商事诉讼法律制度一样，都是一个国家基于现实生活中调整商事关系、解决商事法律争议的实际需要而经过严格的立法程序制定出来的。

至于商事仲裁中的仲裁机构、仲裁当事人和其他仲裁参与人，在从通过商事仲裁协议将商事法律争议提交仲裁，到商事仲裁裁决的实际执行的整个过程中，都需要遵循一定的法律规定，这正是由商事仲裁作为一种商事法律争议的法律解决方式、商事仲裁法律制度作为一种程序法制度的性质所决定的。就目前国际社会的商事仲裁实践而言，没有任何一种社会制度可以超越国家和国家制定的法律。而在商事仲裁过程中，双方当事人所享有的、极为充分的自主权，也同样是商事仲裁作为一种区别于商事诉讼的、特殊的争议解决方式，商事仲裁法律制度作为一种区别于商事诉讼法律制度的、特殊的程序法制度所具有的特点。

第二节 商事仲裁法的历史演进

商事仲裁法作为一种上层建筑，是随着民商事关系的产生和发展而逐渐产生和发展起来的，主要包括起源和发展两个阶段。互联网的建立和完善，给商事仲裁法的发展带来了非常重要的影响。

一、商事仲裁法的起源

作为一种争议解决方式的仲裁制度的起源，可以追溯到古希腊时期。当时的古希腊人就已经开始采用仲裁方式来解决各种各样的争议。[①]

商事仲裁作为一种商事法律争议的解决方式，也有悠久的历史。自从有了商品交换活动，商人们就开始采用商事仲裁这样一种极为灵活、简便、高效的争议解决方式来解决他们之间在商事交往过程中所发生的各种各样的商事法律争议。特别是到了公元 11 世纪，随着商品交换活动在地中海北部沿岸、意大利各城邦国家之间的日益频繁，逐渐产生了专门用来调整商事关系的商人习惯法，而商事仲裁是其中一项极为重要的制度。在发生商事法律争议时，商人们通常都会自己选任中间人，采用较为简单的形式和程序，依照公平合理的原则来处理。后来，随着航海贸易的发展，这种商事仲裁方式也逐步扩展到了大西洋沿岸各主要国家。公元 14 世纪时，在地中海各港口所采用的《商事法典》就提到了用商事仲裁方式解决商事法律争议的情况；瑞典的一些地方法院也开始承认以商事仲裁方式解决商事法律争议的合法性，甚至在当时编纂的一部地方法典中还包含有承认商事仲裁是解决争议的一种方法的成文条款；英国在 1347 年的一部年鉴中也记载了有关于商事仲裁的问题；英国议会还在 1697 年通过了一个商事仲裁法案，正式承认了商事仲裁制度。[②]

不过，商事仲裁作为国际社会所普遍承认的、解决商事法律争议的一种常用方法，被赋予法律上的意义，从而成为一种法律解决方式，并使得商事仲裁制度成为一种程序法律制度，却在 19 世纪中期以后才实现。随着商品经济在西方社会的日益发达，商事仲裁这样一种争议解决方式也得到了很大的发展，并开始受到更加普遍的欢迎。当时的西方各国都开始顺应时代的要求，纷纷制定商事仲裁法律：一方面通过立法的方式正式赋予商事仲裁以应有的法律效力，将其纳入一个国家程序法律制度的范畴；另一方面也是希望通过国家法律的规定来严格规范商事仲裁活动，使其能够更加适应社会发展的需要。如法国在 1877 年修订

---

① 参见韩德培主编：《国际私法》（修订本），武汉大学出版社 1989 年版，第 450 页；陈焕文著：《国际仲裁法专论》，五南图书出版有限公司 1994 年版，第 3～5 页。

② 参见《瑞典的仲裁》，周子亚、卢绳祖、李双元等译，法律出版社 1984 年版，第 4 页；韩德培主编：《国际私法》（修订本），武汉大学出版社 1989 年版，第 450 页；杨荣新主编：《仲裁法理论与适用》，中国经济出版社 1998 年版，第 9 页；黄进、宋连斌、徐前权著：《仲裁法学》（1999 年修订版），中国政法大学出版社 1999 年版，第 9 页；林一飞著：《国际商事仲裁法律与实务》，中信出版社 2005 年版，第 2～3 页。

其《民事诉讼法》,德国在1877年制定其《民事诉讼法》时,都专章规定了商事仲裁法律制度。[①] 而瑞典在1887年制定了第一个专门的商事仲裁法令;英国于1889年制定了第一部专门的商事《仲裁法》。

也就是说,虽然商事仲裁这一争议解决方式自产生以来,在形式上一直到今天都没有什么太大的改变,如都是由商事关系中的双方当事人自主选任的仲裁员来居中裁决相关的商事法律争议,但从本质上来说,由于国家法律的介入,它变成了一种全新的法律解决方式,并使得商事仲裁制度成为一种全新的程序法律制度。而这些商事仲裁立法的颁布实施,就是作为一个国家的一种程序法律制度的商事仲裁制度在西方社会得以确立的标志。

二、商事仲裁法的发展

由于各个国家商品经济的发展速度和发展水平不同,其商事仲裁法律制度的发展速度和水平也存在很大的差异。

(一)西方国家商事仲裁法的发展

现代意义上的商事仲裁制度,即商事仲裁法律制度,自19世纪末在西方社会建立以来,随着西方国家商品经济的日益发达而得到了非常迅速的发展。

从19世纪末到20世纪20年代,商事仲裁法律制度在西方社会逐步建立。在这一阶段,西方各国都先后建立起自己的商事仲裁法律制度。瑞典在1887年通过了第一个商事仲裁法令以后,于1919年对该法令作了重要的修订;并于1929年,在该修订后的商事仲裁法令的基础上,结合瑞典所参加的1927年《关于执行外国仲裁裁决的公约》中的相关内容,制定了1929年《仲裁法》和《外国仲裁条例》。英国于1889年制定了第一部专门的商事《仲裁法》。法国于1925年通过国内立法的方式,第一次明确认可了商事仲裁条款的法律效力。芬兰也于1928年将商事仲裁程序纳入其民事诉讼法体系。在美国,纽约州于1920年制定了美国历史上第一个州的商事仲裁法律,之后,全美各州都相继制定了其各自的商事仲裁法律,并促使美国国会于1925年制定了美国《联邦仲裁法》。[②] 而且,西方各国在制定其自身的国内商事仲裁法律的同时,还通过共同努力,于1923年制定并通过了《仲裁条款议定书》,该议定书的各签字国于1927年又共同签署了《关于执行外国仲裁裁决的公约》,使得商事仲裁法律制度,特别是国际商事仲裁法律制度得以最终确立。

20世纪30年代以后,商事仲裁法律制度在西方社会逐步发展。在这一阶段,西方各国都根据其社会发展的需要,多次修改或重新制定了其各自的商事仲裁法律制度,使其商事仲裁法律制度日趋完善。瑞典在对其商事仲裁法律制度进行了多次修改以后,于1999年

① 参见《法国民事诉讼法》第4卷,载《法国新民事诉讼法典》,罗结珍译,中国法制出版社1999年版,第305~318页;《德国民事诉讼法》第10编,载《德意志联邦共和国民事诉讼法(2000年版)》,谢怀栻译,中国法制出版社2001年版,第274~289页。

② 参见《瑞典的仲裁》,周子亚、卢绳祖、李双元等译,法律出版社1984年版,第4页;陈焕文著:《国际仲裁法专论》,五南图书出版有限公司1994年版,第19页、第382~388页。

制定了新的商事仲裁法。法国在修订其《民事诉讼法》中有关商事仲裁法律制度的同时，于1980年颁布实施了《法兰西共和国仲裁法令》。"美国统一州法全国委员会"和"美国律师协会"于1955年共同制定并公布了《美利坚合众国统一仲裁法》，① 美国国会也于1970年对其1925年制定的《美国联邦仲裁法》作了修订。英国更是分别于1934年、1950年、1975年、1979年和1996年对其商事仲裁法律制度进行了5次大修改。

西方各国在日益完善其各自的国内商事仲裁立法的同时，也加快了商事仲裁的国际立法工作。这些商事仲裁的国际立法，既是西方社会国内商事仲裁立法发展的必然结果，也促进了各国国内商事仲裁立法的进一步完善。特别是国际社会签订的1958年《纽约公约》、于1965年签订的《解决国家与他国国民间投资争议的公约》（以下简称"1965年《华盛顿公约》"）、于1985年制定公布的《联合国国际贸易法委员会国际商事仲裁示范法》（以下简称"《联合国国际商事仲裁示范法》"），和欧洲国家于1961年签订的《关于国际商事仲裁的欧洲公约》，以及美洲国家于1975年签订的《美洲国家间关于国际商事仲裁的公约》等，都对西方社会的商事仲裁法律制度的进一步完善产生了非常重要的影响。

（二）中国商事仲裁法的发展

目前，中国商事仲裁制度共分为内地及港、澳、台四个不同的区域，而这四个地区的商事仲裁法律制度都有其各自的发展轨迹。

中国台湾地区的商事仲裁法律制度，最早可以追溯到1913年由北洋政府先后颁布的《商务公断处章程》和《商事公断处办事细则》。之后，北洋政府又于1921年颁布《民事公断暂行条例》；国民政府于1935年在作了重大修改的基础上继承了北洋政府的《民事公断暂行条例》。1961年，中国台湾地区政府在原有商事仲裁制度的基础上，参照英、美、德、日等国的商事仲裁立法，制定颁布了"商务仲裁条例"，从而使得中国台湾地区现代意义上的商事仲裁法律制度得以最终确立。这一"商务仲裁条例"，后来经过了1982年、1986年、1998年3次大的修改，一直施行于中国台湾地区，构成了中国台湾地区商事仲裁法律制度的核心。②1998年，台湾地区再度修订"商事仲裁条例"并将其更名为"仲裁法"。2002年，台湾地区又对1998年的"仲裁法"进行了修订，从而最终建立起了台湾仲裁制度的完整体系。

中国澳门地区的商事仲裁法律制度，在1996年以前，一直都依照葡萄牙《民事诉讼法典》中有关商事仲裁的条款来进行。澳门政府直到1996年，才以第29/96/M号法令颁布了澳门《仲裁法》，并于1998年以第55/98/M/号法令颁布了《涉外商事仲裁法》，从而确立了澳门地区自己的商事仲裁法律制度。

中国香港地区的商事仲裁法律制度，也是在相当长的一段时期，直接由英国商事仲裁法律制度来规范。直到1963年，香港政府才颁布实施了《仲裁条例》，从而确立了香港地区自

① 该法案公布后，得到了美国许多州的肯定和采用，许多州都以该法案为蓝本修改或重新制定了与其自身有关的商事仲裁立法，从而使得该法案在美国商事仲裁法律制度中占有相当重要的地位。

② 参见陈焕文著:《国际仲裁法专论》，五南图书出版有限公司1994年版，第265~274页。

己的商事仲裁法律制度。该《仲裁条例》由香港立法局根据英国 1950 年《仲裁法》制定通过，此后又经多次修改，构成了香港地区商事仲裁法律制度的核心。①

中国内地商事仲裁法律制度，明确区分为国内商事仲裁法律制度和国际商事仲裁法律制度两个方面，而有不同的发展过程。②

与国内商事仲裁法律制度的发展历程不同，自政务院于 1954 年 5 月通过《中央人民政府政务院关于在中国国际贸易促进委员会内设立对外贸易仲裁委员会的决定》，并于 1956 年建立中国历史上第一个现代意义上的商事仲裁机构起，在国际商事仲裁领域，一开始就确立起了现代意义上的商事仲裁法律制度。

对于国内商事仲裁法律制度的发展这一方面，则大致经历了 6 个阶段：

（1）第一个阶段，以各解放区政府法律制度为主要内容，如晋察冀边区政府于 1943 年 2 月公布实施的《晋察冀边区租佃债息条例》和 1943 年 4 月公布实施的《关于仲裁委员会的工作指示》。③《晋察冀边区租佃债息条例》明确规定：因执行本条例而发生的有关争议事项，任何一方当事人得请求调解，调解不成时，得提请仲裁解决；并在县一级，由县议会、县政府代表各 1 人，县抗联会代表 2 人，及县司法机关审判官 1 人组成仲裁委员会；在游击区、接敌区或特殊情况下，县政府得授权区公所设立仲裁委员会分会，由区公所代表 1 人和区抗联会代表 2 人组成。这里所规定的仲裁，属于法定仲裁，即规定有关争议不需要仲裁协议，即可提请仲裁；而且，也只能提请仲裁，当事人向县司法机关起诉的，司法机关不得受理，应发调解机关或函请仲裁机构调解或仲裁解决。仲裁委员会或其分会直接审理案件，并以多数意见作出裁决。此时的仲裁采用三级两裁终审制。对于分会的仲裁裁决不服的，得在裁决当场声明不服，向县申请重新仲裁；重新仲裁后作出的裁决，具有终审裁决的效力。对县仲裁委员会的裁决不服的，得于裁决书送达当事人后 5 日内声明不服，向专署以上行政机关请求复裁；该项复裁裁决具有终审裁决的效力。《关于仲裁委员会的工作指示》则进一步具体规定了仲裁所涉及的仲裁委员会的性质和任务、仲裁委员会的权限、仲裁委员会本身的工作制度等相关问题。

（2）第二个阶段，以新中国成立以后颁布的一系列涉及仲裁的条例和法规为主要内容。如 1961 年 9 月颁布的《国营工业企业工作条例（草案）》，1962 年 8 月发布的《关于各级经委仲裁国营工业企业之间拖欠债款的意见（草案）》和 1962 年 12 月发布的《关于严格执行基本建设程序、严格执行经济合同的通知》等，都明确规定：国家及地方各级经济委员会为合同仲裁的主管机关，有关当事人可以就其合同争议向仲裁主管机关提请仲裁。一般案件实行两裁终审；对于涉及重大项目合同的案件，则实行三裁终审制，即当事人不服省一级经

① 参见赵秀文著:《香港仲裁制度》，河南人民出版社 1997 年版，第 30～33 页。

② 需要特别强调的是，本书所探讨的中国内地商事仲裁法律制度，主要是指中国内地 1949 年以后的商事仲裁法律制度。

③ 如晋冀鲁豫边区政府于 1943 年 11 月公布的《土地使用暂行条例太行区实行细则草案》也在第 19 条规定了类似的仲裁法律制度。

济委员会的仲裁时,还可以向国家经济委员会上诉。

(3)第三个阶段,以国务院于1978年9月颁发的《关于成立工商行政管理总局的通知》和国家经济委员会、工商行政管理总局、中国人民银行于1979年8月发出的《关于管理经济合同若干问题的联合通知》为主要内容。上述通知规定:国家各级经济委员会、各级工商行政管理局、同一系统的各业务主管部门都是相关合同争议的仲裁机关。有关工业、农业、物资、交通运输、商业等部门系统内的经济合同争议,由同一系统内的各业务主管部门仲裁解决;不同工业部门之间,工业部门与除商业以外的其他部门及机关、团体、部队、事业单位之间,各部门之间的经济合同争议,由各级经济委员会的相应机关仲裁解决;不同商业部门之间,商业部门与其他部门及机关、团体、部队、事业单位之间的经济合同争议,由各级工商行政管理局仲裁解决。当事人对仲裁不服的,可以申请上一级机关复议,对复议不服的,可以向人民法院起诉,即实行的是两裁两审终审制。

(4)第四个阶段,以1982年7月实施的《中华人民共和国经济合同法》和国务院于1983年8月颁布的《中华人民共和国经济合同仲裁条例》为主要内容。废除了以往所实行的经济合同"多头分工仲裁"的体制,规定由国家各级工商行政管理局设立的经济合同仲裁委员会统一管辖经济合同争议的仲裁。而且规定经济合同关系中的当事人可以自由决定将有关争议提交仲裁,或者直接向人民法院提起诉讼。对于当事人提请仲裁的,实行一裁两审终审制。即当事人不服仲裁的,可以直接向人民法院提起诉讼,再经人民法院两审终审。

此外,对于技术合同争议、劳动合同争议的解决,还另外规定了专门的仲裁体制。根据1987年6月颁布的《中华人民共和国技术合同法》,原国家科技委员会经国务院批准于1988年3月发布的《技术合同管理暂行规定》、于1989年3月发布的《中华人民共和国技术合同法实施条例》,特别是原国家科技委员会经国务院批准于1991年1月发布的《技术合同仲裁机构管理暂行规定》,确立了技术合同争议的仲裁制度,规定有关技术合同发生争议时,双方当事人可以根据其事先达成的仲裁协议,交由各级科委内所设立的技术合同仲裁机构仲裁解决。而且,第一次赋予了仲裁裁决的强制执行效力,即第一次规定了一裁终审的仲裁制度。[①]

---

① 《中华人民共和国技术合同法》第51条规定:发生技术合同争议的,当事人可以依据合同中的仲裁条款或者事后达成的仲裁协议,向国家规定的仲裁机构申请仲裁。当事人一方在规定的期限内不履行仲裁机构的仲裁决定的,另一方可以申请人民法院强制执行。当事人没有在合同中订立仲裁条款,事后又没有达成书面仲裁协议的,可以向人民法院起诉。《技术合同管理暂行规定》第4条规定:技术合同发生争议,当事人可以向工商行政管理局仲裁机构或者其他仲裁机构申请仲裁。其中涉及发明权、发现权、技术成果权或者专利申请权、专利侵权争议的,仲裁机构应当委托当地科委或者专利管理机关做出结论后,再行处理。《技术合同仲裁机构管理暂行规定》第3条规定:"省级以上科学技术行政管理部门,省会城市、国务院批准的较大的市、计划单列市和经济特区的科学技术行政管理部门,以及全国性的科学技术社会团体或者工业行业协会,可以根据技术市场发展的需要和本规定成立技术合同仲裁机构。"第15条规定:"技术合同仲裁机构处理技术合同争议案件,实行一次裁决制度,仲裁决定即为终局裁决。当事人一方在仲裁决定规定的期限内不履行仲裁决定的,另一方可以通过作出该仲裁决定的仲裁机构向人民法院申请执行。"第21条规定:"经济合同仲裁机构可以仲裁技术合同争议"。

根据国务院于1987年7月发布的《国营企业劳动争议处理暂行规定》,确立了劳动争议的仲裁制度,在各级劳动管理部门设立了相应的劳动争议仲裁机构,规定有关当事人可以直接将其劳动争议提交仲裁解决,而且实行一裁两审终审制。[①]1993年7月,国务院发布《中华人民共和国企业劳动争议处理条例》,改变了以往的劳动仲裁制度。该条例规定:县、市、市辖区应当设立劳动争议仲裁委员会,负责裁处本行政区域内发生的劳动争议;发生劳动争议的企业与职工不在同一个仲裁委员会管辖地区的,由职工当事人工资关系所在地的仲裁委员会处理。仲裁委员会处理劳动争议,实行仲裁员、仲裁庭制度。该条例所规定的是法定仲裁制度,即有关当事人在其劳动关系发生争议时,可以依法直接提请仲裁,而且,也只能先提起仲裁,然后再提起诉讼。当事人可以委托1~2名律师或其他人代理参加仲裁活动;与劳动争议案件的处理结果有利害关系的第三人,可以申请参加或者由仲裁委员会通知其参加仲裁活动。仲裁申请的时效为6个月。仲裁庭处理劳动争议,必须先行调解;调解达成协议的,仲裁庭应当根据协议内容制作调解书,调解书自送达之日起具有法律效力。仲裁庭以多数意见裁决案件,实行一裁两审终审制。当事人对仲裁裁决不服的,可以自收到裁决书之日起15日内向人民法院起诉。

(5)第五个阶段,以1993年9月修正的《中华人民共和国经济合同法》为主要内容。《中华人民共和国经济合同法》规定经济合同关系中的双方当事人,可以且必须基于其事先达成的仲裁协议,将其合同关系中所发生的争议提交仲裁解决;双方当事人所事先达成的仲裁协议既是仲裁机构受理仲裁案件的依据,同时也具有排除人民法院诉讼管辖权的效力。而且,只有在双方当事人没有订立仲裁协议的情况下,才可以直接向人民法院提起诉讼。并明确规定了一裁终审的仲裁法律制度。

(6)第六个阶段,以1995年9月1日开始实施的中国《仲裁法》为主要内容。中国《仲裁法》将婚姻、家庭、继承方面的争议,以及劳动争议与行政争议以外的其他民商事法律争议的仲裁全部纳入商事仲裁的范畴,并在仲裁机构的性质和法律地位、仲裁协议及仲裁裁决的法律效力等方面都作了与现代商事仲裁法律制度的要求基本上一致的规定。特别是第一次将仲裁机构从国家行政机关的体制下独立出来,真正建立起了中国内地现代意义上的国内商事仲裁法律制度。它明确规定了商事仲裁机构的民间性质,确立了商事仲裁机构独立于其他任何机构或部门的法律地位,强调了商事仲裁协议所具有的确定仲裁机构的仲裁管辖权和排除法院诉讼管辖权的法律效力,明确了一裁终审的商事仲裁法律制度。此外,自2006年9月8日起施行的《最高人民法院关于适用〈中华人民共和国仲裁法〉若干问题的解释》,2018年1月1日起施行的《最高人民法院关于审理仲裁司法审查案件若干问题的规定》和《最高人民法院关于仲裁司法审查案件报核问题的有关规定》(2021年修正),2018年3月1日起施行的《最高人民法院关于人民法院办理仲裁裁决执行案件若干问题的规定》等司法解释,根据中国《仲裁法》和《中华人民共和国民事诉讼法》(以下简称"中国《民诉

① 《国营企业劳动争议处理暂行规定》第25条规定:"当事人一方或双方对仲裁不服的,可以在收到仲裁决定书之日起15日内向人民法院起诉"。

法》”）等法律的规定，对于人民法院审理涉及商事仲裁案件适用法律的若干问题，包括商事仲裁协议效力的认定、仲裁机构的确定、仲裁裁决的撤销和不予执行等问题又作了进一步的解释，推动了中国内地商事仲裁法律制度的进一步完善和发展。[①]

三、商事仲裁法与计算机网络

计算机网络的建立，特别是互联网（Internet）的建立和完善，正在极大地影响着人类社会生活的各个方面，当然也给商事仲裁法律制度带来了非常重要的影响。本书将这种影响归纳为两个方面：一方面是对传统商事仲裁模式和法律制度的影响；另一方面是导致了“网上商事仲裁”（Online Commercial Arbitration）这样一种新型的商事仲裁模式和商事仲裁法律制度的产生。

（一）计算机网络对传统商事仲裁法的影响

计算机网络，特别是互联网本身，以及因此而产生的网络经济，特别是电子商务的出现和迅猛发展，给商事仲裁法律制度所带来的影响也可以分成两个方面：一方面是计算机网络本身给传统的商事仲裁模式和商事仲裁法律制度所带来的影响；另一方面是因为计算机网络而产生的网络经济，特别是其中的电子商务，给传统的商事仲裁法律制度所带来的影响。

1. 计算机网络本身对传统商事仲裁法律制度的影响。随着计算机网络的建立和完善，特别是互联网的建立和完善，世界各国的商事仲裁机构纷纷建立了自己的网站，在网上介绍自己的商事仲裁机构、仲裁规则、仲裁员的情况和仲裁程序，甚至通过计算机网络来实施一些具体的商事仲裁活动。如通过网络立案，通过网络来传递和送达有关的仲裁文书；特别是在2020年初发生新冠肺炎疫情之后，很多常设仲裁机构，如深圳国际仲裁院、广州仲裁委员会等，都进行了大量的网上开庭审理程序。这就要求各有关国家的商事仲裁法律制度对这些商事仲裁活动的程序和法律效力作出规范和确认。

2. 网络经济对传统商事仲裁法律制度的影响。计算机网络的建立和完善，特别是互联网的建立和完善，导致了网络经济，特别是电子商务的产生和迅猛发展；而这样一种特殊的交往和交易方式所带来的一些新的法律问题又同时影响着传统的商事仲裁法律制度的实施和发展。如有关当事人在进行网络经济活动，特别是电子商务活动过程中所发生的各种商事法律争议，包括域名权与其他知识产权的争议，网上商事合同的成立、效力、履行等方面的争议等，上述争议的仲裁解决，涉及许多传统商事仲裁中所没有遇到过的问题。如对于域名权与商标权争议的解决，就会因为对域名权性质问题的分歧而涉及适用什么样的法律制度的问题；在涉及两个或者两个以上国家时，还会发生适用哪一个国家的哪一种法律制度来解决的问题。[②] 此外，有关网上商事仲裁协议的书面形式的确定，网上商事合同成立时间的确

---

① 此外，中国司法部于2021年7月30日发布《中华人民共和国仲裁法（修订）（征求意见稿）》，共8章98条，不仅吸收了之前所有司法解释的合理内容，还对中国《仲裁法》作了全面的修改和补充。

② 对于域名权这样一种新的权利形式的性质，特别是它是不是属于知识产权的范畴，以及它与商标权的关系等问题，在目前的法学理论和实践中都存在很大的分歧，因此更增加了解决这些问题的难度。

定等，亦是如此。不过，就这些问题本身而言，从其性质上来讲，应该是属于商事实体法上的问题，并不只是商事仲裁程序所需要面对的问题[①]。

（二）网上商事仲裁与商事仲裁法

网上商事仲裁是指从商事仲裁当事人提出仲裁申请、商事仲裁机构立案受理仲裁案件，到仲裁庭开庭审理并作出仲裁裁决的整个过程都在互联网上进行的商事仲裁活动。是随着计算机网络技术，特别是互联网的飞速发展，而产生的一种新型的商事仲裁模式。国际社会的一些网络公司和常设仲裁机构，如美国的萨博塞特商务网络公司（Cybersettle.com Inc.）、美国仲裁协会、世界知识产权组织仲裁与调解中心、中国贸仲、深圳国际仲裁院、广州仲裁委员会等，都在不同程度上建立了网上商事仲裁机制，并开始了这方面的实践。只是由于受到各方面条件的限制，目前的网上商事仲裁主要是用来解决网上商事法律争议。如中国贸仲，经中国国际贸易促进委员会批准，于 2000 年 12 月成立了中国贸仲域名争议解决中心，并制定了《中国国际经济贸易仲裁委员会域名争议解决中心域名争议解决程序规则》[②] 用以专门解决域名争议问题。此外，中国贸仲还同时与香港国际仲裁中心协商，共同成立了“亚洲域名争议解决中心”，并已经获得国际通用顶级域名管理机构美国互联网络名称和代码分配公司（ICANN）的授权，解决国际通用顶级域名争议。美国互联网络名称和代理分配公司已于 2001 年 12 月 3 日正式宣布该“亚洲域名争议解决中心”为国际通用顶级域名争议的解决机构。这是世界上第四家国际通用顶级域名争议解决机构，同时也是亚洲地区第一家国际通用顶级域名争议解决机构。它主要为亚太地区乃至世界范围内的当事人就国际通用顶级域名提供快捷的在线争议解决服务。

1. 网上商事仲裁的程序。网上商事仲裁的程序，一般是从网上商事仲裁机构收到由一方当事人按照一定格式提交的商事仲裁申请书开始。其具体的立案、组庭、审理、合议、裁决等程序，与传统的商事仲裁程序基本相同，只是这些程序中所涉及的相关行为都是在互联网上进行，不需要有关的商事仲裁当事人和包括仲裁员在内的商事仲裁机构的人员前往某一个传统意义上的仲裁地点。如 2020 年 10 月 1 日起施行的《深圳国际仲裁院仲裁规则》第 67 条规定：“除非当事人另有约定，仲裁院或仲裁庭可以决定全部或者部分仲裁程序借助信息技术进行，包括但不限于网上立案、送达、开庭、质证。”2021 年 7 月 1 日开始施行的《广州仲裁委员会仲裁规则》，除第 65 条规定了在符合互联网仲裁推荐标准即“广州标准”条件下进行的“视频远程庭审”方式及相关程序外，还特别在第十一章用 13 个条文的篇幅专门规定了“互联网争议专门程序”。中国《仲裁法（修订意见稿）》第 30 条第 3 款规定：“仲裁程序可以通过网络方式进行。”

2. 网上商事仲裁所存在的问题。与各有关商事仲裁机构只是借助计算机网络技术与互联网介绍和宣传商事仲裁制度及有关情况、传递和送达有关仲裁文书不同，网上商事仲裁

---

① 在商事诉讼程序中同样也需要面对这样一些问题。

② 该程序规则根据中国互联网络信息中心于 2000 年 11 月 1 日发布的《中文域名争议解决办法》的规定制定，于 2001 年 1 月 1 日起施行。

的所有活动都在互联网上进行，从而会产生一些在传统的商事仲裁模式中很难发生、甚至不可能发生的法律问题，因而需要有一种特殊的商事仲裁法律制度来予以调整。

对于网上商事仲裁所涉及的一些特殊的法律问题，关注这种商事仲裁制度发展的学者都作了一些归纳和探讨。[①] 本书认为，在网上商事仲裁程序中所涉及的、与传统商事仲裁程序不同的法律问题，主要是证据原件的提交和质证、仲裁地的确定、仲裁裁决书的签字等问题。至于其他有关通过电子方式订立的商事仲裁协议的书面形式的确定、商事仲裁庭审理案件所应适用的程序法和实体法等问题，则应该是在传统的商事仲裁程序中同样可能发生的法律问题。

对于有关证据原件的提交和质证，特别是对于非网络本身（即线下）所产生的证据原件的提交和质证，应该是网上商事仲裁所没有办法解决的问题。同时，也正是基于这一点，本书认为，就一般而言，事实上不可能存在完全意义上的网上商事仲裁程序，当然也就不可能存在完全意义上的网上商事仲裁。

至于仲裁地的确定，本书认为，考虑到网上商事仲裁的进行，实际上与传统意义上的商事仲裁方式并没有本质上的区别，因为虽然有关商事仲裁当事人及仲裁员不用去商事仲裁机构所在地，但有关的案件材料还是需要汇总到商事仲裁机构的网站上，各有关商事仲裁当事人和仲裁员都还是需要到商事仲裁机构所建立的网站进行审理、合议，并作出仲裁裁决；所以，网上商事仲裁实际上还是与网上商事仲裁机构所在地具有最为密切的联系，以有关网上商事仲裁机构所在地作为仲裁地较为合适。

在商事仲裁裁决书的签字问题上，本书认为，既然现在国际社会都已经通过国际立法和国内立法的方式，认可了电子签名的法律效力，商事仲裁裁决书当然也可以由各仲裁员采用电子方式签名。事实上，在中国贸仲、上海仲裁委员会、广州仲裁委员会和深圳国际仲裁院等常设仲裁机构的传统商事仲裁模式中，早就在《仲裁员声明书》和《仲裁裁决书》方面采用了仲裁员的电子签名方式。

第三节 商事仲裁法的现状

商事仲裁法律制度发展到今天，已经具备了非常完备的内容，成为国际社会一项重要的程序法律制度。不管是在世界各国分别制定的国内程序法律制度中，还是在国际社会共同制定的国际程序法律制度中，都已经占据有非常重要的法律地位。

一、西方国家的商事仲裁法

西方国家的商事仲裁法律制度，基于其法制传统的不同而有不同的形式和内容。从形

① 参见何易：《略论因特网上国际商事仲裁若干法律问题》，载《国际贸易问题》1999 年第 1 期；陶景洲：《略论网上仲裁》，载《法学》2000 年第 12 期；李虎：《国际电子商务争议解决机制的最新发展》，载《仲裁与法律》2000 年第 6 期；李虎：《在线仲裁初探》，载《仲裁与法律》2001 年第 2 期。

式上来看，德、法、日等一些国家主要是在其民事诉讼立法中规定有关商事仲裁程序方面的法律问题；而英、美、瑞典等一些国家主要是采用单行法规的形式来规范商事仲裁法律制度。从内容上来看，以瑞典和英国的商事仲裁法律制度最为完善，也最具有代表性。

（一）瑞典的商事仲裁法

瑞典现行的商事仲裁法律制度，以 2019 年 3 月 1 日生效的《仲裁法》为主要内容。其具体内容包括①：

1. 有关商事仲裁协议的问题

其规定当事人可以通过签订商事仲裁协议的方式，将有关法律允许和解解决的事项的法律争议提交商事仲裁解决；商事仲裁协议具有独立的法律效力；商事仲裁庭有权决定其解决争议的管辖权，但法院也可以基于当事人的请求而对该问题作出裁定。只是与 1999 年瑞典《仲裁法》的规定不同，除非当事人另有约定，一方当事人只能在启动商事仲裁之前就商事仲裁协议的存在提出宣告之诉；在商事仲裁庭决定其具有仲裁管辖权后，任何一方都可以在 30 日内向上诉法院提起上诉，在上诉法院作出裁决之前，商事仲裁可以继续进行。一方当事人就商事仲裁协议所涉及的争议事项向法院提起诉讼时，另一方当事人必须在向法院第一次陈述案件的实体问题时，主张商事仲裁协议的存在。不过，如果有关当事人曾经反对申请仲裁，或没有在适当的期限内选定仲裁员，或没有在适当的期限内提供其应分担的仲裁费的担保，该当事人应被视为放弃援引商事仲裁协议以排除法院程序的权利。而且，对于商业企业和消费者之间主要为私人使用的货物、服务或者其他产品而发生的法律争议，在争议发生之前签订的商事仲裁协议不能予以援引。

2. 有关仲裁员的问题

其规定任何具有完全行为能力的人都可以充任仲裁员，但仲裁员应当公正，如果存在可能减损对仲裁员公正性的信任的事由，经当事人请求，应替换该仲裁员。双方当事人可以决定仲裁员的数量和选任方式；不过，一般情况下，应该有 3 名仲裁员，双方当事人各自选定 1 名仲裁员，然后再由双方当事人所选定的仲裁员共同选定第 3 名仲裁员。如果一方当事人没有在规定的期限内选定仲裁员，另一方当事人可以请求地区法院代为指定。在多方当事人仲裁的情况下，如果各方当事人未能就多方当事人仲裁中的指定仲裁员程序达成一致意见，而且被申请人一方当事人无法就仲裁员的选定达成一致，地区法院将指定这个仲裁庭的仲裁员，包括解除申请人已经指定的任何仲裁员的职务。

3. 有关商事仲裁程序的问题

其规定商事仲裁程序自一方当事人收到仲裁申请书之日起开始。商事仲裁庭人数超过 1 人时，其中 1 人应被委任为首席仲裁员，除当事人或仲裁员另有约定，首席仲裁员应由其他仲裁员选任或地区法院代其他仲裁员委任。当事人应约定仲裁地，当事人未约定时，由仲裁庭决定仲裁地。仲裁庭应该给予当事人必要的机会书面或口头陈述案件。仲裁庭对于当

① 参见宋连斌、林一飞译编：《国际商事仲裁新资料选编》，武汉出版社 2001 年版，第 85 ~ 97 页；参见法制网。

事人提交仲裁的事项作出决定前，应该举行一次开庭。仲裁庭有权决定采用保全措施。

4. 有关商事仲裁裁决的问题

其规定除非双方当事人另有约定，商事仲裁庭可以基于多数意见作出裁决，形不成多数意见时，以首席仲裁员的意见作出裁决。双方当事人达成和解协议时，仲裁庭可以基于当事人的请求，以裁决书的形式加以确认；裁决书应以书面形式作出，并且由仲裁员签名；只有多数仲裁员签名时，应该在裁决书中注明原因；当事人也可以约定由首席仲裁员单独签署裁决书。

5. 有关商事仲裁裁决无效和撤销的问题

其规定当商事仲裁裁决对依瑞典法不得交付仲裁的事项作出决定，或裁决、作出裁决的方式与瑞典法律制度的基本原则明显不符，或裁决不符合商事仲裁法要求的书面形式和签名时，商事仲裁裁决无效。而当裁决超出商事仲裁协议的范围、或仲裁庭在当事人约定的期限届满后作出裁决、或仲裁庭超越其授权范围、且可能影响案件结果的情况下，或仲裁程序不应在瑞典进行，或仲裁员的委任与当事人的约定或商事仲裁法的规定不符，或非因当事人的过错而在商事仲裁程序上出现了可能影响案件结果的不当情况时，基于一方当事人请求，可以部分或全部撤销有关的商事仲裁裁决。

6. 有关仲裁费用的问题

其规定双方当事人应当对仲裁员的劳务及开支的补偿负连带责任。仲裁员可以要求当事人对补偿费用提供担保。除非当事人另有约定，经一方当事人的请求，商事仲裁庭可以命令对方当事人补偿该方当事人的费用及明确双方最终如何分担仲裁员的补偿费用。

7. 有关法院管辖与时效的问题

其规定对商事仲裁裁决提起的诉讼，由商事仲裁程序进行地的上诉法院审理；如商事仲裁裁决中未载明仲裁地，则诉讼可在斯维亚上诉法院提起；上诉法院的决定不得再行上诉。至于商事仲裁时效，则与诉讼时效相同。

8. 有关国际商事仲裁的问题

有关国际商事仲裁的规定如下：(1) 含有国际因素的商事仲裁协议以双方当事人约定的法律作为准据法；双方当事人未能作此约定时，以双方当事人约定的正在进行仲裁程序或将要进行仲裁程序的国家的法律作为准据法。而且，除非根据准据法，商事仲裁协议无效、失效或不可执行，或根据瑞典法律，有关争议事项不能交由商事仲裁解决，否则，适用外国法的商事仲裁协议同样具有排除法院诉讼管辖权的效力。(2) 在瑞典没有住所或营业地的双方当事人可以通过书面协议排除或者限制商事仲裁法中有关撤销裁决理由的适用。(3) 在国外作出的商事仲裁裁决应被视为外国商事仲裁裁决；且商事仲裁裁决应被视为在仲裁地所在国作出。(4) 承认和执行外国商事仲裁裁决的管辖法院为斯维亚上诉法院。(5) 法院认定外国商事仲裁裁决包含有对依瑞典法不得交付仲裁事项作出的决定，或承认和执行外国商事仲裁裁决违反瑞典法律的基本原则等情形时，应拒绝承认和执行该有关的外国商事仲裁裁决。(6) 如果被执行人举证证明外国商事仲裁裁决有下列任何一种情形，法院同样可以裁定拒绝承认和执行该有关的外国商事仲裁裁决：商事仲裁协议的当事人根据应适用的法律没有签订商事仲裁协议的能力，或没有被有效地代理，或根据当事人选择的法律，或没有这一选择时根据裁决作出国的法律，商事仲裁协议无效；被执行人没有得到选任仲裁员或进行商事仲裁程序的适当通知，或因其他原因未能陈述其案件；裁决涉及的争议不属于提交商事仲裁的范围，或包含有超出商事仲裁协议范围的决定（其中可以分割的范围内的决定除外）；商事仲裁庭的组成或商事仲裁程序违反当事人的约定或无此约定时违反仲裁地国的法律；商事仲裁裁决尚未对当事人产生约束力或已经被裁决作出国或裁决所依据的法律的国家有权机关撤销或中止；等等。

（二）英国的商事仲裁法

英国现行的商事仲裁法律制度，以 1996 年 6 月 17 日颁布的《仲裁法》为主要内容。其具体内容包括[①]：

1. 有关依据商事仲裁协议所进行的商事仲裁问题

主要包括：（1）商事仲裁协议必须是采用书面订立；商事仲裁条款具有独立性；商事仲裁协议具有排除法院诉讼管辖权的效力。（2）双方当事人可以自由约定仲裁员的人数，以及是否设立首席仲裁员或公断人；除非当事人另有约定，约定仲裁员人数为 2 名或其他偶数的，应理解为要求委任额外的 1 名仲裁员作为首席仲裁员；如果没有对仲裁员的人数作出约定，仲裁庭应由独任仲裁员组成。（3）一方当事人对仲裁庭缺乏实体管辖权的异议，必须在其进行实体答辩前提出；当事人已选任或参与选任仲裁员的事实，不影响其提出这种异议的权利；仲裁庭有权对其实体管辖权问题作出裁定。（4）仲裁庭应公平、公正地对待双方当事人，给予双方当事人合理的机会陈述案情，并就对方当事人的抗辩进行答辩。仲裁庭有权命令申请人对仲裁费用提供担保；有权命令一方当事人进行证据保全；有权在仲裁程序进行过程中作出临时裁定；有权在当事人无正当理由不到庭的情况下驳回申请人的请求或缺席审理。（5）仲裁庭应依据双方当事人所选择的法律，或在没有这种选择时依据其认为合适的间接规范[②]所指定的法律，对案件作出实体裁决。当事人对一国法律的选择，应视为对该国实体法而非冲突法的选择。（6）除非当事人另有约定，仲裁庭应以多数意见作出裁决；形不成多数意见时，以首席仲裁员的意见作出裁决；约定了公断人时，如果仲裁庭形不成多数意见，则应以公断人的意见作出裁决。裁决书应以书面形式作出，并由所有仲裁员或所有同意该裁决的仲裁员签名；除非是和解裁决或当事人另有约定，裁决书应附具理由。（7）法院可以基于仲裁庭缺乏实体管辖权、超越权限、仲裁程序不公正、裁决形式不符合要求、裁决因欺诈获取、裁决或获取裁决的方式违背公共秩序等有关情况的存在而裁定将裁决全部或部

① 参见宋连斌、林一飞译编：《国际商事仲裁新资料选编》，武汉出版社 2001 年版，第 3 ~ 53 页。

② 即其他国际私法和商事仲裁法论著中所称的“冲突规范”。本书将其他国际私法和商事仲裁法论著中的“实体规范”和“冲突规范”称为“直接规范”和“间接规范”。有关“实体规范”与“直接规范”和“冲突规范”与“间接规范”的关系问题，参见谢石松：《对国际私法中几个基本理论问题的反思》，中国国际私法学会 2000 年年会论文；谢石松著：《国际私法学》（第二版），高等教育出版社 2017 年版，第 7 页。

分发回重审，或全部或部分撤销裁决，或裁定全部或部分裁决无效。（8）问题的决定将实质性地影响一方或多方当事人的权利，或根据裁决书中认定的事实发现仲裁庭对问题的决定有明显错误、或对具有普遍的公共重要性的问题作出的决定存在重大疑问等情形，一方当事人可以就仲裁程序中所裁决的该有关法律问题向法院提起上诉。

2. 有关商事仲裁的其他问题

其规定当事人的国籍、惯常居所、设立地、主要经营控制中心，以及仲裁地都在联合王国的商事仲裁协议，属于国内商事仲裁协议；国内商事仲裁协议，除非是在有关法律问题产生以后或者裁决作出以后达成的，否则不能排除法院对商事仲裁程序中所裁决的有关法律问题的上诉管辖权。商事法院的法官或正式调停人可以在其认为合适的情况下，担任独任仲裁员或公断人。

3. 有关承认和执行外国商事仲裁裁决的问题

其规定在 1958 年《纽约公约》成员国境内作出的商事仲裁裁决，经法院准许，可依据执行具有相同效果的法院判决或裁定的方式予以执行；其他的外国商事仲裁裁决则仍然依据 1950 年英国《仲裁法》的相关规定承认和执行。

二、中国的商事仲裁法

中国社会目前存在着四个不同的法域，从而存在着四个不同的商事仲裁法制体系。

（一）中国内地的商事仲裁法

中国内地现行的商事仲裁法律制度，主要包括国内立法、国际条约和司法解释三个方面的内容。

1. 有关商事仲裁的国内立法

中国内地有关商事仲裁的国内立法，主要有国家立法机关制定的中国《仲裁法》和中国《民诉法》。此外，还包括国家立法机关和有立法权的国家行政机关在其他的一些民商事立法中所规定的一系列有关商事仲裁的条款。

（1）中国《仲裁法》。其于 1994 年 8 月 31 日由全国人民代表大会常务委员会第 9 次会议讨论通过，于 1995 年 9 月 1 日起开始施行，并于 2009 年 8 月 27 日和 2017 年 9 月 1 日两次修正。该法分 8 章，共 80 条，就商事仲裁中的法律问题作了非常全面、系统的规定。其主要内容包括：

第一，商事仲裁的范围是平等主体的公民、法人和其他组织之间发生的合同争议和其他财产权益方面的争议；[①] 有关婚姻、收养、监护、扶养、继承方面的争议和依法应当由行政机关处理的行政争议，不能提交仲裁；商事仲裁机构的管辖以双方当事人签订有合法有效的商事仲裁协议为依据，不实行级别管辖和地域管辖；存在合法有效的商事仲裁协议的情况下，一方当事人向人民法院起诉的，法院不予受理；仲裁依法独立进行，并实行一裁终审制度，裁决

---

① 中国《仲裁法（修订意见稿）》第 2 条将“平等主体的公民”修改成了“自然人”，扩大了商事仲裁主体的范围。

作出后，当事人就同一争议再申请商事仲裁或者向人民法院起诉的，商事仲裁机构或者人民法院不予受理[①]。

第二，依法组建的商事仲裁机构独立于行政机关，各商事仲裁机构之间也不存在隶属关系；[②] 商事仲裁机构应当从公道、正派的人员中聘任仲裁员；仲裁员应当符合从事商事仲裁工作满 8 年，或者从事律师工作满 8 年，或者曾任审判员满 8 年，或者从事法律研究、教学工作并具有高级职称，或者具有法律知识、从事经济贸易等专业工作并具有高级职称或同等专业水平等条件。[③]

第三，商事仲裁协议是指双方当事人在争议发生前或者争议发生后达成的请求商事仲裁的协议；商事仲裁协议应当具备请求商事仲裁的意思表示、仲裁事项、选定的商事仲裁机构等内容；[④] 约定的仲裁事项超出法律规定的仲裁范围，或者由无行为能力或限制行为能力人订立，或者是一方当事人采用胁迫手段迫使对方订立的商事仲裁协议，为无效的商事仲裁协议；商事仲裁协议对仲裁事项或者商事仲裁机构没有约定或者约定不明确的，当事人可以补充协议，达不成补充协议的，商事仲裁协议无效；合同中的商事仲裁条款具有独立于合同的效力，合同的变更、解除、终止或者无效，不影响商事仲裁条款的效力；当事人对商事仲裁协议的效力有异议的，应当在仲裁庭首次开庭前提出；当事人之间存在商事仲裁协议，一方当事人向人民法院起诉未声明有商事仲裁协议，人民法院受理后，另一方当事人在首次开庭前提交商事仲裁协议的，人民法院应当驳回起诉，没有在首次开庭前对人民法院受理该案提出异议的，视为放弃商事仲裁协议，人民法院应当继续审理。

第四，当事人申请仲裁，应当向商事仲裁机构提交商事仲裁协议、仲裁申请书及副本；商事仲裁机构应当在收到仲裁申请书之日起 5 天内作出是否受理的决定；当事人、法定代理人可以委托律师和其他代理人进行商事仲裁活动；一方当事人，在因另一方当事人的行为或者其他原因可能使商事仲裁裁决不能执行或难以执行而申请财产保全时，商事仲裁机构应当将当事人的申请依照民事诉讼法的有关规定提交人民法院；当事人申请证据保全时，商事仲裁机构应当将当事人的申请提交证据所在地的基层人民法院；商事仲裁庭可以由 3 名仲裁员或者 1 名仲裁员组成，由 3 名仲裁员组成的，设首席仲裁员；存在仲裁员是本案当事人

---

① 商事仲裁法规定的是“一裁终局”，但本书认为，这一表述不够准确，应该是“一裁终审”。因为“终审”是相对于“初审”“一审”“二审”而言的一个概念，而“终局”则是相对于“中局”“中间”而言的。既然立法的意图很明显，是要强调商事仲裁只存在“一审”，没有“二审”“三审”程序，其真实的含义应该是“一裁终审”。

② 中国《仲裁法（修订意见稿）》第 12 条第 3 款规定：“外国仲裁机构在中华人民共和国领域内设立业务机构、办理涉外仲裁业务的，由省、自治区、直辖市的司法行政部门登记，报国务院司法行政部门备案。”第 13 条规定：“仲裁机构是依照本法设立，为解决合同纠纷和其他财产权益纠纷提供公益性服务的非营利法人，包括仲裁委员会和其他开展仲裁业务的专门组织。仲裁机构经登记取得法人资格。”

③ 中国《仲裁法（修订意见稿）》第 18 条第 2 款规定：无民事行为能力或者限制民事行为能力的；受过刑事处罚的，但过失犯罪的除外；根据法律规定，有不能担任仲裁员的其他情形的，不得担任仲裁员。

④ 中国《仲裁法（修订意见稿）》第 21 条将上述规定修改为：“仲裁协议包括合同中订立的仲裁条款和以其他书面方式在纠纷发生前或者纠纷发生后达成的具有请求仲裁的意思表示的协议。一方当事人在仲裁中主张有仲裁协议，其他当事人不予否认的，视为当事人之间存在仲裁协议。”

或者当事人、代理人的近亲属，或者与本案有利害关系，或者与本案当事人、代理人有其他关系，可能影响公正仲裁的，或者私自会见当事人、代理人或接受当事人、代理人请客送礼等情况时，仲裁员必须回避；仲裁庭审理案件应当开庭但不公开进行；当事人协议不开庭的，仲裁庭可以进行书面审理。

第五，当事人申请仲裁后，可以自行和解，达成和解协议的，可以请求仲裁庭根据和解协议作出裁决书，也可以撤回仲裁申请；撤回仲裁申请后反悔的，可以根据商事仲裁协议重新申请仲裁；仲裁庭作出裁决前，可以先行调解；当事人自愿调解的，仲裁庭应当调解；调解达成协议的，仲裁庭应当制作调解书或者根据协议的结果制作裁决书，调解书与裁决书具有同等的法律效力；调解书由仲裁员签名，加盖商事仲裁机构印章，送达双方当事人签收后，即发生法律效力；在调解书签收前，当事人反悔的，仲裁庭应当及时作出裁决。

第六，仲裁庭依据多数意见作出裁决；不能形成多数意见时，应当按照首席仲裁员的意见作出裁决；仲裁庭在审理过程中，可以对事实已经清楚的部分先行裁决；裁决书应当写明仲裁请求、争议事实、裁决理由、仲裁费用的负担和裁决日期；当事人协议不愿写明争议事实和裁决理由的可以不写；裁决书由仲裁员签名，并加盖商事仲裁机构印章；对裁决持不同意见的仲裁员，可以在裁决书上签名，也可以不签名；裁决书自作出之日起发生法律效力。

第七，当事人提出证据证明商事仲裁裁决有下列情形之一时，可以向商事仲裁机构所在地的中级人民法院申请撤销裁决：没有商事仲裁协议；裁决的事项不属于商事仲裁协议的范围或者商事仲裁机构无权仲裁；商事仲裁庭的组成或者仲裁的程序违反法定程序；裁决所依据的证据是伪造的；对方当事人隐瞒了足以影响公正裁决的证据；仲裁员在仲裁该案时有索贿受贿、徇私舞弊、枉法裁决行为。人民法院经组成合议庭审查核实，应当裁定撤销。此外，人民法院认定商事仲裁裁决违背社会公共利益时，应当撤销该项裁决。人民法院应当在受理撤销裁决申请之日起 2 个月内作出撤销裁决或驳回申请的裁定。人民法院受理撤销裁决的申请后，认为可以由商事仲裁庭重新仲裁的，通知仲裁庭在一定期限内重新仲裁，并裁定中止撤销程序。商事仲裁庭拒绝重新仲裁的，法院应当裁定恢复撤销程序。

第八，一方当事人不履行商事仲裁裁决的，另一方当事人可以依照民事诉讼法的有关规定向法院申请执行，受理申请的人民法院应当执行。被申请人提出证据证明商事仲裁裁决有中国《民诉法》第 244 条第 2 款[①]规定的情形之一的，经人民法院组成合议庭审查核实，裁定不予执行。

第九，对中国国际商事仲裁机构的建立及其商事仲裁程序作了特别规定。强调国际商事仲裁中的证据保全由中级人民法院管辖；当事人提出证据证明国际商事仲裁裁决有中国《民诉法》第 281 条规定的情形之一的，经人民法院组成合议庭审查核实，裁定撤销；被申请人提出证据证明国际商事仲裁裁决有中国《民诉法》第 281 条规定的情形之一的，经人民法院

① 本书所引用的条款全部是现行民事诉讼法，即 2022 年 1 月 1 日开始施行的中国《民诉法》的条款。即使对于原有法律法规和司法解释中援引的修正前的《民诉法》条款，也都根据新颁布实施的《民诉法》的规定作了法条序号方面的相应修改。

院组成合议庭审查核实，裁定不予执行；对于中国国际商事仲裁机构发生法律效力的裁决，如果被执行人或者其财产不在中国境内，应当由有关当事人直接向有管辖权的外国法院申请承认和执行。

（2）中国《民诉法》。其于1991年4月9日由第7届全国人民代表大会常务委员会第4次会议通过，于同日开始施行，并于2007年10月28日、2012年8月31日、2017年6月27日、2021年12月24日四次修正。该法主要在第12章、第20章、第26章和第27章的有关条款中就商事仲裁机构的管辖权、仲裁程序以及商事仲裁裁决的承认与执行等方面的问题作了明确的规定。主要内容包括：

第一，对于双方当事人已自愿达成书面商事仲裁协议的案件，人民法院不应予以受理，并应告知原告向商事仲裁机构申请仲裁。

第二，对于商事仲裁机构作出的商事仲裁裁决，一方当事人不履行的，对方当事人可以向有管辖权的人民法院申请执行，受理申请的人民法院应当执行。被申请人提出证据证明商事仲裁裁决有下列情形之一时，人民法院经组成合议庭审查核实，应当裁定不予执行：当事人在合同中没有订立商事仲裁条款或者事后没有达成书面商事仲裁协议；裁决的事项不属于商事仲裁协议的范围或者商事仲裁机构无权仲裁；商事仲裁庭的组成或者仲裁的程序违反法定程序；裁决所根据的证据是伪造的；对方当事人向商事仲裁机构隐瞒了足以影响公正裁决的证据；仲裁员在仲裁该案时有贪污受贿，徇私舞弊，枉法裁决行为。此外，人民法院认定执行该裁决违背社会公共利益时，有权裁定不予执行。商事仲裁裁决被法院裁定不予执行的，当事人可以根据双方达成的书面仲裁协议重新申请仲裁，也可以向人民法院起诉。

第三，对于已自愿达成书面商事仲裁协议的国际商事案件，当事人不得向人民法院起诉。

第四，向中国国际商事仲裁机构提出的财产保全申请和由其作出的商事仲裁裁决的强制执行，都应当由被申请人住所地或者财产所在地的中级人民法院管辖。

第五，对于中国国际商事仲裁机构作出的商事仲裁裁决，被申请人提出证据证明商事仲裁裁决有下列情形之一，人民法院经组成合议庭审查核实，应当裁定不予执行：当事人在合同中没有订立商事仲裁条款或者事后没有达成书面商事仲裁协议；被申请人没有得到指定仲裁员或者进行仲裁程序的通知，或者由于其他不属于被申请人负责的原因未能陈述意见；商事仲裁庭的组成或者仲裁的程序与仲裁规则不符；商事仲裁裁决的事项不属于商事仲裁协议的范围或者仲裁机构无权仲裁。此外，人民法院认定执行该商事仲裁裁决违背社会公共利益时，有权裁定不予执行。商事仲裁裁决被法院裁定不予执行的，当事人可以根据双方达成的书面仲裁协议重新申请仲裁，也可以向人民法院起诉。

第六，对于中国国际商事仲裁机构作出的商事仲裁裁决，如果被执行人或者其财产不在中国境内，应当由当事人直接向有管辖权的外国法院申请承认和执行。而对于外国商事仲裁机构所作出的商事仲裁裁决，需要在中国法院承认和执行的，应当由当事人直接向被执行人住所地或者财产所在地的中级人民法院申请，人民法院应当依照中国缔结或者参加的国际条约,或者按照互惠原则办理。

2. 有关商事仲裁的国际条约

中国内地有关商事仲裁的国际条约,主要有20世纪80年代以后参加的1958年《纽约公约》[①]和1965年《华盛顿公约》[②]。

此外,中国在同世界各国进行国际商贸交往与法律合作过程中,签署了一系列涉及商事仲裁的双边贸易协定、投资保护协定和司法协助协定。在这些双边条约中,一般都规定了允许有关当事人将其彼此之间发生的商事法律争议提交商事仲裁解决的条款。特别是有关的司法协助协定,一般都将各缔约方之间的商事仲裁裁决的承认和执行问题作为一项主要内容,作了非常明确的规定。如1979年7月7日签订的《中华人民共和国和美利坚合众国贸易关系协定》第8条规定:"缔约双方对两国的商号、公司和贸易组织间签订的合同所引起的或与其有关的任何争议,鼓励其通过友好协商、调解或其他双方均可接受的方式,迅速公平解决。如果此类争议按上述方式之一不能迅速解决,争议双方可以根据合同规定的条款或仲裁协议,提请仲裁解决。此类仲裁可以由中华人民共和国、美利坚合众国或第三国的仲裁机构进行。仲裁采用各该仲裁机构的仲裁程序规则,也可以在争议双方和仲裁机构同意的情况下,采用联合国推荐的联合国国际贸易法委员会仲裁规则,或其他国际仲裁规则。缔约双方应设法保证由被申请执行仲裁裁决的国家的主管当局,根据适用的法律和规章,承认并执行仲裁裁决。"[③]

3. 有关商事仲裁的司法解释

为保证上述有关商事仲裁的国内立法和国际条约法律规范的准确和切实实施,最高人民法院作出了有关规定或解释。其主要内容包括:

(1)《最高人民法院关于执行中国加入的〈承认及执行外国仲裁裁决公约〉的通知》。该通知由最高人民法院于1987年4月10日发布实施,共有5条,主要就1958年《纽约公约》在中国的执行问题作了较为具体和明确的规定[④]:

第一,根据中国批准加入1958年《纽约公约》时所作的互惠保留,中国只在承认和执行其他缔约国领土内作成的商事仲裁裁决时才适用1958年《纽约公约》的规定。对于非缔约国境内作成的商事仲裁裁决只能按照中国《民诉法》的相关规定来确定是否承认和执行。

第二,根据中国批准加入1958年《纽约公约》时所作的商事保留,中国只对按照中国法律规定属于契约性和非契约性商事法律关系所引起的争议适用1958年《纽约公约》的规定。所谓"契约性和非契约性商事法律关系"是指由于合同、侵权或者根据有关法律规定而

---

① 该公约由第六届全国人民代表大会常务委员会第十八次会议于1986年12月2日决定加入,自1987年4月22日开始对中国生效。中国在加入该公约时,提出了"互惠"和"商事"两项保留。该公约的主要内容将在后文作系统的介绍。

② 该公约由中国代表于1990年2月9日在华盛顿签署,并由第七届全国人民代表大会常务委员会第二十六次会议于1992年7月1日决定批准。该公约的主要内容将在后文作系统的介绍。

③ 参见中华人民共和国外交部编:《中华人民共和国条约集》第26集(1979),世界知识出版社1983年版。

④ 参见谢石松著:《国际民商事纠纷的法律解决程序》,广东人民出版社1996年版,第40~41页。

产生的经济上的权利义务关系[1]，例如货物买卖、财产租赁、工程承包、加工承揽、技术转让、合资经营、合作经营、勘探开发自然资源、保险、信贷、劳务、代理、咨询服务，海上、民航、铁路、公路的客货运输，产品责任、环境污染、海上事故和所有权争议等，但不包括外国投资者与东道国政府之间的争议。

第三，在中国境内申请承认和执行外国商事仲裁裁决，应由有关当事人向被执行的自然人的户籍所在地或居所地，或被执行的法人的主要办事机构所在地，或在中国境内无住所、居所或主要办事机构的被执行人的财产所在地的中级人民法院提出书面请求。

第四，中国有管辖权的人民法院在收到有关当事人的申请后，应根据 1958 年《纽约公约》第 5 条的规定进行审查，对于不存在有关情况的，裁定承认其法律效力，并依据中国《民诉法》所规定的程序予以执行。否则，应驳回有关当事人的执行申请。

第五，只有在 1958 年《纽约公约》对中国生效以后所作出的有关商事仲裁裁决，才能在中国请求承认和执行。而且，提出申请的期限应该符合中国现行法律中有关期限的规定。

（2）《最高人民法院关于适用〈中华人民共和国民事诉讼法〉的解释》。[2] 该司法解释由最高人民法院审判委员会第 1636 次会议通过，自 2015 年 2 月 4 日起施行，并于 2020 年 12 月 23 日修正，主要是就中国《民诉法》中的有关规定，包括对有关商事仲裁的法律规范作了更加具体的规定：

第一，当事人之间存在合法有效的商事仲裁协议时，一方当事人向人民法院起诉的，人民法院应当告知原告向商事仲裁机构申请仲裁，其坚持起诉的，裁定不予受理，但商事仲裁条款或者商事仲裁协议不成立、无效、失效、内容不明确无法执行的除外。

第二，在人民法院首次开庭前，被告以有书面仲裁协议为由对受理民事案件提出异议的，人民法院应当进行审查。经审查符合下列情形之一的，人民法院应当裁定驳回起诉：其一，商事仲裁机构或者人民法院已经确认商事仲裁协议有效的；其二，当事人没有在商事仲裁庭首次开庭前对商事仲裁协议的效力提出异议的；其三，商事仲裁协议符合中国《仲裁法》第 16 条规定且不具有中国《仲裁法》第 17 条规定情形的。此外，根据中国《民诉法》第 35 条和第 273 条规定，属于中华人民共和国法院专属管辖的案件，当事人不得协议选择外国法院管辖，但协议选择商事仲裁的除外。

第三，当事人申请诉前保全后没有在法定期间申请商事仲裁，给被申请人、利害关系人造成损失引起的诉讼，由采取保全措施的人民法院管辖。当事人申请诉前保全后在法定期间内申请商事仲裁，被申请人、利害关系人因保全受到损失提起的诉讼，由受理起诉的人民法院或者采取保全措施的人民法院管辖。依照中国《民诉法》第 279 条的规定，中华人民共和国涉外商事仲裁机构将当事人的保全申请提交人民法院裁定的，人民法院可以进行审查，裁定是否进行保全。裁定保全的，应当责令申请人提供担保，申请人不提供担保的，裁定驳

① 本书认为，在此处，最为科学的表述应该是，或者根据有关法律规定而产生的“财产方面”的权利义务关系，而不应该是“经济上”的权利义务关系。

② 参见最高人民法院网站。

回申请。当事人申请证据保全,人民法院经审查认为无需提供担保的,申请人可以不提供担保。

第四,对于已为商事仲裁机构生效裁决所确认的事实,当事人无须举证证明。

第五,中国《民诉法》第 231 条第 2 款规定的由法院执行的其他法律文书,包括商事仲裁裁决书、公证债权文书。

第六,商事仲裁机构裁决的事项,部分有中国《民诉法》第 244 条第 2 款、第 3 款规定情形的,人民法院应当裁定对该部分不予执行。应当不予执行部分与其他部分不可分的,人民法院应当裁定不予执行商事仲裁裁决。

第七,当事人请求不予执行商事仲裁裁决或者公证债权文书的,应当在执行终结前向执行法院提出。依照中国《民诉法》第 244 条第 2 款、第 3 款规定,人民法院裁定不予执行商事仲裁裁决后,当事人对该裁定提出执行异议或者复议的,人民法院不予受理。当事人可以就该民事纠纷重新达成书面仲裁协议申请仲裁,也可以向人民法院起诉。

第八,在执行中,被执行人通过商事仲裁程序将人民法院查封、扣押、冻结的财产确权或者分割给案外人的,不影响人民法院执行程序的进行。

第九,申请人向人民法院申请执行中华人民共和国涉外商事仲裁机构的裁决,应当提出书面申请,并附裁决书正本。如申请人为外国当事人,其申请书应当用中文文本提出。人民法院强制执行涉外商事仲裁机构的仲裁裁决时,被执行人以有中国《民诉法》第 281 条第 1 款规定的情形为由提出抗辩的,人民法院应当对被执行人的抗辩进行审查,并根据审查结果裁定执行或者不予执行。

第十,对临时仲裁庭在中华人民共和国领域外作出的商事仲裁裁决,一方当事人向人民法院申请承认和执行的,人民法院应当依照中国《民诉法》第 290 条规定处理。

第十一,对外国商事仲裁裁决,需要中华人民共和国法院执行的,当事人应当先向人民法院申请承认。人民法院经审查,裁定承认后,再根据中国《民诉法》第三编的规定予以执行。当事人仅申请承认而未同时申请执行的,人民法院仅对应否承认进行审查并作出裁定。

第十二,当事人申请承认和执行外国商事仲裁裁决的期间,适用中国《民诉法》第 246 条的规定。承认和执行外国商事仲裁裁决的案件,人民法院应当组成合议庭进行审查。

（3）最高人民法院关于实施中国《仲裁法》的司法解释。

在中国《仲裁法》颁布实施以后,最高人民法院曾经为该法的正确实施,发布了一系列的司法解释,其中最为重要的包括:

1996 年 12 月 12 日以法函〔1996〕176 号发布的《最高人民法院关于同时选择两个仲裁机构的仲裁条款效力问题的函》。[①] 其主要规定:当事人在其合同中同时选择了两个商事仲裁机构的商事仲裁条款,对商事仲裁机构的约定是明确的,也是可以执行的;当事人只要选择约定的商事仲裁机构之一即可进行仲裁;根据中国《民诉法》第 127 条第 2 项的规定,

① 参见深圳仲裁委员会主办《深圳仲裁简讯》1998 年第 3 期(总第 23 期),第 14 页。

应由当事人提交商事仲裁解决，人民法院没有管辖权。

1997 年 3 月 26 日以法发〔1997〕4 号发布的《最高人民法院关于实施〈中华人民共和国仲裁法〉几个问题的通知》。[①] 其主要规定：中国《仲裁法》施行前当事人依法订立的商事仲裁协议的法律效力；在商事仲裁过程中，当事人申请财产保全的，国内案件由被申请人住所地或者财产所在地的基层人民法院管辖，国际案件由被申请人住所地或者财产所在地的中级人民法院管辖；对于依照新仲裁法组建的商事仲裁机构所作出的商事仲裁裁决，当事人申请执行的，人民法院应当依法受理。

1998 年 4 月 23 日以法〔1998〕第 40 号发布的《最高人民法院关于撤销涉外仲裁裁决有关事项的通知》。[②] 其主要规定：一方当事人申请撤销中国国际商事仲裁裁决，受诉法院经审查认为该有关商事仲裁裁决具有中国《民诉法》第 281 条规定的情形之一，在裁定撤销裁决或通知仲裁庭重新仲裁之前，须报请本辖区所属高级人民法院进行审查；如果高级人民法院同意撤销裁决或通知仲裁庭重新仲裁，应将其审查意见报最高人民法院；待最高人民法院答复同意后，方可裁定撤销裁决或通知仲裁庭重新仲裁。而且，为严格执行中国《仲裁法》第 60 条的规定，受诉法院应在受理申请后 30 日内报其所属的高级人民法院；该高级人民法院应在 15 日内报最高人民法院。

1998 年 11 月 5 日以法释〔1998〕27 号发布施行的《最高人民法院关于确认仲裁协议效力几个问题的批复》。[③] 其主要规定：在中国《仲裁法》实施后重新组建商事仲裁机构前，当事人达成的商事仲裁协议只约定了仲裁地点，未约定商事仲裁机构，双方当事人不能就选定该地点新组建的商事仲裁机构达成补充协议的，商事仲裁协议无效；在中国《仲裁法》实施后重新组建商事仲裁机构前，当事人在商事仲裁协议中约定了商事仲裁机构，一方当事人申请仲裁，另一方当事人向人民法院起诉，经人民法院审查，按照有关规定能够确定新的商事仲裁机构的，商事仲裁协议有效，对当事人的起诉，人民法院不予受理；当事人对商事仲裁协议的效力有异议，一方当事人申请商事仲裁机构确认商事仲裁协议的效力，只要商事仲裁机构还没有作出决定，另一方当事人请求人民法院确认商事仲裁协议的效力，人民法院都应当受理，同时通知商事仲裁机构终止仲裁；一方当事人就合同争议或者其他财产权益争议申请商事仲裁，另一方当事人对商事仲裁协议的效力有异议，请求人民法院确认商事仲裁协议无效并就该有关合同争议或者其他财产权益争议起诉的，人民法院受理后应当通知商事仲裁机构中止仲裁，在人民法院就该有关商事仲裁协议的效力问题作出裁定，并将裁定书副本送达商事仲裁机构后，由该有关的商事仲裁机构根据人民法院的裁定恢复仲裁或者撤销仲裁案件；人民法院对商事仲裁协议作出无效的裁定后，另一方当事人拒不应诉的，人民法院可以缺席判决。

2000 年 1 月 24 日以法释〔2000〕3 号发布的《最高人民法院关于内地与香港特别行政

① 参见《中华人民共和国最高人民法院公报》1997 年第 2 期。

② 参见《中华人民共和国最高人民法院公报》1998 年第 2 期。

③ 参见《中华人民共和国最高人民法院公报》1998 年第 4 期。

区相互执行仲裁裁决的安排》。[①] 其主要规定：在内地或者香港特别行政区作出的商事仲裁裁决，一方当事人不履行的，另一方当事人可以向被申请人住所地或者财产所在地的有关法院申请执行；该有关法院，在内地为中级人民法院，在香港特别行政区为香港特别行政区高等法院；被申请人的住所地或者财产所在地既在内地，又在香港特别行政区，或在内地不同的中级人民法院辖区内时，申请人只能向其中一个地方的法院申请执行；只有在一地法院执行不足以偿还其债务时，才可以就不足部分向另一地法院申请执行。同时，对于在内地或者香港特别行政区申请执行的商事仲裁裁决，被申请人提出证据证明有下列情形之一的，经审查核实，有关法院可裁定不予执行：不存在合法有效的商事仲裁协议；被申请人未接到指派仲裁员的适当通知，或因他故未能陈述意见；裁决所处理的争议不是交付仲裁的标的或者不在商事仲裁协议条款之内，或者商事仲裁裁决载有关于交付仲裁范围以外事项的决定[②]；商事仲裁庭的组成或者仲裁程序与当事人之间的协议不符，或者在有关当事人没有这种协议时与仲裁地的法律不符；裁决对当事人尚无约束力，或者业经仲裁地的法院或按仲裁地的法律撤销或者停止执行。而且，有关法院认定依执行地法律，争议事项不能以商事仲裁解决；或内地法院认定在内地执行该商事仲裁裁决违反内地社会公共利益，或者香港特别行政区法院认定在香港特别行政区执行该商事仲裁裁决违反香港特别行政区的公共政策，则可以不予执行该有关商事仲裁裁决。此外，最高人民法院于 2020 年 11 月 26 日以法释〔2020〕13 号发布的《最高人民法院关于内地与香港特别行政区相互执行仲裁裁决的补充安排》，[③] 对上述规定作了修改和补充，包括：第一，该补充安排所指执行内地或者香港特别行政区商事仲裁裁决的程序，应解释为包括认可和执行内地或者香港特别行政区商事仲裁裁决的程序。第二，内地人民法院执行按香港特别行政区《仲裁条例》作出的商事仲裁裁决，香港特别行政区法院执行按中国《仲裁法》作出的商事仲裁裁决，适用本安排。第三，被申请人在内地和香港特别行政区均有住所地或者可供执行财产的，申请人可以分别向两地法院申请执行。应对方法院要求，两地法院应当相互提供本方执行商事仲裁裁决的情况。两地法院执行财产的总额，不得超过商事仲裁裁决确定的数额。第四，有关法院在受理执行商事仲裁裁决申请之前或者之后，可以依申请并按照执行地法律规定采取保全或者强制措施。该补充安排于 2021 年 5 月 18 日完成了香港特别行政区政府的相关程序。[④]

2006 年 8 月 23 日以法释〔2006〕7 号公布，并自 2006 年 9 月 8 日起施行的《最高人民法院关于适用〈中华人民共和国仲裁法〉若干问题的解释》（以下简称“《〈仲裁法〉司法解释》”）。[⑤] 其主要规定了人民法院在审理涉及商事仲裁案件时适用法律的若干问题，对包括商事仲裁协议效力的认定、商事仲裁机构的确定、仲裁裁决的撤销和不予执行等问题作了进

---

① 参见《中华人民共和国最高人民法院公报》2000 年第 2 期。

② 但交付仲裁事项的决定可与未交付仲裁的事项划分时，裁决中关于交付仲裁事项的决定部分应当予以执行。

③④⑤ 参见最高人民法院网站。

一步的解释。具体如下:第一,中国《仲裁法》第16条规定的“其他书面形式”的商事仲裁协议,包括以合同书、信件和数据电文(包括电报、电传、传真、电子数据交换和电子邮件)等形式达成的请求商事仲裁的协议。第二,当事人概括约定仲裁事项为合同争议的,基于合同成立、效力、变更、转让、履行、违约责任、解释、解除等产生的纠纷都可以认定为商事仲裁事项。第三,商事仲裁协议仅约定纠纷适用的仲裁规则的,视为未约定商事仲裁机构,但当事人达成补充协议或者按照约定的商事仲裁规则能够确定商事仲裁机构的除外[①]。第四,商事仲裁协议约定由某地的商事仲裁机构仲裁且该地仅有一个商事仲裁机构的,该商事仲裁机构视为约定的商事仲裁机构;该地有两个以上商事仲裁机构的,当事人可以协议选择其中的一个商事仲裁机构申请仲裁;当事人不能就商事仲裁机构选择达成一致的,商事仲裁协议无效。第五,当事人约定争议可以向商事仲裁机构申请仲裁也可以向人民法院起诉的,商事仲裁协议无效;但一方当事人向商事仲裁机构申请仲裁,另一方当事人未在中国《仲裁法》第20条第2款规定期间内提出异议的除外。第六,合同约定解决争议适用其他合同、文件中的有效商事仲裁条款的,发生合同争议时,当事人应当按照该商事仲裁条款提请仲裁;涉外合同应当适用的有关国际条约中有商事仲裁规定的,发生合同争议时,当事人应当按照国际条约中的商事仲裁规定提请仲裁。第七,依照中国《仲裁法》第20条第2款的规定,当事人在商事仲裁庭首次开庭前没有对商事仲裁协议的效力提出异议,而后向人民法院申请确认商事仲裁协议无效的,人民法院不予受理;商事仲裁机构对商事仲裁协议的效力作出决定后,当事人向人民法院申请确认商事仲裁协议效力或者申请撤销商事仲裁机构决定的,人民法院不予受理。第八,中国《仲裁法》第26条规定的“首次开庭”是指答辩期满后人民法院组织的第一次开庭审理,不包括审前程序中的各项活动。第九,对涉外商事仲裁协议的效力审查,适用当事人约定的法律;当事人没有约定适用的法律但约定了仲裁地的,适用仲裁地法律;没有约定适用的法律也没有约定仲裁地或者仲裁地约定不明的,适用法院地法律。第十,当事人以不属于中国《仲裁法》第58条或者中国《民诉法》第281条规定的事由申请撤销商事仲裁裁决的,人民法院不予支持。第十一,中国《仲裁法》第58条第1款第1项规定的“没有仲裁协议”是指当事人没有达成商事仲裁协议;商事仲裁协议被认定无效或者被撤销的,视为没有商事仲裁协议。第十二,中国《仲裁法》第58条规定的“违反法定程序”,是指违反商事仲裁法规定的商事仲裁程序和当事人选择的商事仲裁规则可能影响案件正确裁决的情形。第十三,当事人向人民法院申请撤销商事仲裁裁决被驳回后,又在执行程序中以相同理由提出不予执行抗辩的,人民法院不予支持。第十四,当事人在商事仲裁程序中未对商事仲裁协议的效力提出异议,在商事仲裁裁决作出后以商事仲裁协议无效为由主张撤销商事仲裁裁决或者提出不予执行抗辩的,人民法院不予支持。第十五,当事人请求不予执行商事仲裁调解书或者根据当事人之间的和解协议作出的商事仲裁裁决书的,人民法院不予支持。

① 如2012年5月1日起施行的中国贸仲《仲裁规则》第4条第4款规定:“当事人约定按照本规则进行仲裁但未约定仲裁机构的,视为同意将争议提交仲裁委员会仲裁。”

2017年12月26日以法释〔2017〕21号公布、自2018年1月1日起施行，于2021年11月15日修正的《最高人民法院关于仲裁司法审查案件报核问题的有关规定》。[①] 其主要规定了如下内容：第一，各中级人民法院或者专门人民法院办理涉外涉港澳台商事仲裁司法审查案件，经审查拟认定商事仲裁协议无效，不予执行或者撤销中国内地商事仲裁机构的商事仲裁裁决，不予认可和执行香港特别行政区、澳门特别行政区、台湾地区商事仲裁裁决，不予承认和执行外国商事仲裁裁决，应当向本辖区所属高级人民法院报核；高级人民法院经审查拟同意的，应当向最高人民法院报核。待最高人民法院审核后，方可依最高人民法院的审核意见作出裁定。第二，各中级人民法院或者专门人民法院办理非涉外涉港澳台商事仲裁司法审查案件，经审查拟认定商事仲裁协议无效，不予执行或者撤销中国内地商事仲裁机构的商事仲裁裁决，应当向本辖区所属高级人民法院报核；待高级人民法院审核后，方可依高级人民法院的审核意见作出裁定。第三，上述提及的非涉外涉港澳台仲裁司法审查案件，高级人民法院经审查，拟同意中级人民法院或者专门人民法院以违背社会公共利益为由不予执行或者撤销我国内地仲裁机构的仲裁裁决的，应当向最高人民法院报核，待最高人民法院审核后，方可依最高人民法院的审核意见作出裁定。第四，依据该规定第2条第2款由高级人民法院审核的案件，高级人民法院应当在作出审核意见之日起15日内向最高人民法院报备。第五，在民事诉讼案件中，对于人民法院因涉及商事仲裁协议效力而作出的不予受理、驳回起诉、管辖权异议的裁定，当事人不服提起上诉，第二审人民法院经审查拟认定商事仲裁协议不成立、无效、失效、内容不明确无法执行的，须按照本规定相关规定逐级报核，待上级人民法院审核后，方可依上级人民法院的审核意见作出裁定。

2017年12月26日以法释〔2017〕22号公布，自2018年1月1日起施行的《最高人民法院关于审理仲裁司法审查案件若干问题的规定》。[②] 其主要规定了如下内容：第一，申请确认商事仲裁协议效力的案件，由商事仲裁协议约定的商事仲裁机构所在地、商事仲裁协议签订地、申请人住所地、被申请人住所地的中级人民法院或者专门人民法院管辖；涉及海事海商纠纷商事仲裁协议效力的案件，由商事仲裁协议约定的商事仲裁机构所在地、商事仲裁协议签订地、申请人住所地、被申请人住所地的海事法院管辖；上述地点没有海事法院的，由就近的海事法院管辖。第二，外国商事仲裁裁决与人民法院审理的案件存在关联，被申请人住所地、被申请人财产所在地均不在中国内地，申请人申请承认外国商事仲裁裁决的，由受理关联案件的人民法院管辖。受理关联案件的人民法院为基层人民法院的，申请承认外国商事仲裁裁决的案件应当由该基层人民法院的上一级人民法院管辖。受理关联案件的人民法院是高级人民法院或者最高人民法院的，由上述法院决定自行审查或者指定中级人民法院审查；外国商事仲裁裁决与中国内地商事仲裁机构审理的案件存在关联，被申请人住所地、被申请人财产所在地均不在中国内地，申请人申请承认外国商事仲裁裁决的，由受理关联案件的商事仲裁机构所在地的中级人民法院管辖。第三，当事人协议选择确认涉外商事仲裁

①② 参见最高人民法院网站。

协议效力适用的法律,应当作出明确的意思表示,仅约定合同适用的法律,不能作为确认合同中商事仲裁条款效力适用的法律。第四,人民法院根据《中华人民共和国涉外民事关系法律适用法》(以下简称"中国《法律适用法》")第 18 条的规定,确定确认涉外商事仲裁协议效力适用的法律时,当事人没有选择适用的法律,适用商事仲裁机构所在地的法律与适用仲裁地的法律将对商事仲裁协议的效力作出不同认定的,人民法院应当适用确认商事仲裁协议有效的法律。第五,商事仲裁协议未约定商事仲裁机构和仲裁地,但根据商事仲裁协议约定适用的商事仲裁规则可以确定商事仲裁机构或者仲裁地的,应当认定其为中国《法律适用法》第 18 条中规定的商事仲裁机构或者仲裁地。第六,人民法院适用 1958 年《纽约公约》审查当事人申请承认和执行外国商事仲裁裁决案件时,被申请人以商事仲裁协议无效为由提出抗辩的,人民法院应当依照该公约第 5 条第 1 款第 1 项的规定,确定确认商事仲裁协议效力应当适用的法律。第七,人民法院对申请执行中国内地商事仲裁机构作出的非涉外商事仲裁裁决案件的审查,适用中国《民诉法》第 244 条的规定;人民法院对申请执行中国内地商事仲裁机构作出的涉外商事仲裁裁决案件的审查,适用中国《民诉法》第 281 条的规定。第八,中国《仲裁法》第 58 条第 1 款第 6 项和中国《民诉法》第 244 条第 2 款第 6 项规定的仲裁员在仲裁该案时有索贿受贿、徇私舞弊、枉法裁决行为,是指已经由生效刑事法律文书或者纪律处分决定所确认的行为。第九,人民法院受理的申请确认涉及香港特别行政区、澳门特别行政区、台湾地区商事仲裁协议效力的案件,申请执行或者撤销中国内地商事仲裁机构作出的涉及香港特别行政区、澳门特别行政区、台湾地区商事仲裁裁决的案件,参照适用涉外商事仲裁司法审查案件的规定审查。

2018 年 2 月 23 日发布、自 2018 年 3 月 1 日起施行的《最高人民法院关于人民法院办理仲裁裁决执行案件若干问题的规定》。[①] 其主要规定了如下内容:第一,当事人对商事仲裁机构作出的商事仲裁裁决或者商事仲裁调解书申请执行的,由被执行人住所地或者被执行的财产所在地的中级人民法院管辖。第二,商事仲裁裁决或者商事仲裁调解书执行内容具有下列情形之一导致无法执行的,人民法院可以裁定驳回执行申请;导致部分无法执行的,可以裁定驳回该部分的执行申请;导致部分无法执行且该部分与其他部分不可分的,可以裁定驳回执行申请:权利义务主体不明确,金钱给付具体数额不明确或者计算方法不明确导致无法计算出具体数额,交付的特定物不明确或者无法确定,行为履行的标准、对象、范围不明确。商事仲裁裁决或者商事仲裁调解书仅确定继续履行合同,但对继续履行的权利义务,以及履行的方式、期限等具体内容不明确,导致无法执行的,依照上述规定处理。第三,案外人向人民法院申请不予执行商事仲裁裁决或者商事仲裁调解书的,应当提交申请书以及证明其请求成立的证据材料,并符合下列条件:有证据证明商事仲裁案件当事人恶意申请仲裁或者虚假仲裁,损害其合法权益;案外人主张的合法权益所涉及的执行标的尚未执行终结;自知道或者应当知道人民法院对该标的采取执行措施之日起 30 日内提出。第四,被执

① 参见最高人民法院网站。

行人申请不予执行商事仲裁裁决，对同一商事仲裁裁决的多个不予执行事由应当一并提出。不予执行商事仲裁裁决申请被裁定驳回后，再次提出申请的，人民法院不予审查，但有新证据证明存在中国《民诉法》第244条第2款第4、6项规定情形的除外。第五，下列情形经人民法院审查属实的，应当认定为中国《民诉法》第244条第2款第2项规定的“裁决的事项不属于仲裁协议的范围或者仲裁机构无权仲裁的”情形：裁决的事项超出商事仲裁协议约定的范围；裁决的事项属于依照法律规定或者当事人选择的商事仲裁规则规定的不可仲裁事项；裁决内容超出当事人仲裁请求的范围；作出裁决的商事仲裁机构非商事仲裁协议所约定。第六，违反商事仲裁法规定的商事仲裁程序、当事人选择的仲裁规则或者当事人对仲裁程序的特别约定，可能影响案件公正裁决，经人民法院审查属实的，应当认定为中国《民诉法》第244条第2款第3项规定的“仲裁庭的组成或者仲裁的程序违反法定程序的”情形。适用的商事仲裁程序或仲裁规则经特别提示，当事人知道或者应当知道法定仲裁程序或选择的仲裁规则未被遵守，但仍然参加或者继续参加商事仲裁程序且未提出异议，在商事仲裁裁决作出之后以违反法定程序为由申请不予执行商事仲裁裁决的，人民法院不予支持。第七，被执行人申请不予执行商事仲裁调解书或者根据当事人之间的和解协议、调解协议作出的商事仲裁裁决书，人民法院不予支持，但该商事仲裁调解书或者商事仲裁裁决违背社会公共利益的除外。第八，当事人向人民法院申请撤销商事仲裁裁决被驳回后，又在执行程序中以相同事由提出不予执行申请的，人民法院不予支持；当事人向人民法院申请不予执行被驳回后，又以相同事由申请撤销商事仲裁裁决的，人民法院不予支持。第九，人民法院裁定不予执行商事仲裁裁决、驳回或者不予受理不予执行商事仲裁裁决申请后，当事人对该裁定提出执行异议或者申请复议的，人民法院不予受理；人民法院基于案外人申请裁定不予执行商事仲裁裁决或者商事仲裁调解书，当事人不服的，可以自裁定送达之日起10日内向上一级人民法院申请复议；人民法院裁定驳回或者不予受理案外人提出的不予执行商事仲裁裁决、商事仲裁调解书申请，案外人不服的，可以自裁定送达之日起10日内向上一级人民法院申请复议。

（二）中国香港的商事仲裁法

中国香港现行的商事仲裁法律制度，包括有关商事仲裁的各种判例、成文法规、在香港地区适用的有关商事仲裁的国际条约等三个部分。香港地区有关商事仲裁的判例法散见于香港地区司法审判机关长期的司法审判实践中，目前还缺乏系统的整理和编纂。目前在香港地区适用的国际条约，最主要的还是于1977年1月就开始在香港地区适用的1958年《纽约公约》[①]。此外，经香港《仲裁条例》所援引，《联合国国际商事仲裁示范法》作为香港《仲裁条例》的一部分在香港地区适用。而有关商事仲裁的成文法规，主要也是香港地区现行的《仲裁条例》。在此，主要就该《仲裁条例》的内容作介绍。

---

① 1997年6月6日和6月10日，中国政府和英国政府根据《中华人民共和国政府和大不列颠及北爱尔兰联合王国政府关于香港问题的联合声明》的有关规定分别致函联合国秘书长，在1997年7月1日以后，该公约继续适用于香港地区。

香港地区现行的《仲裁条例》,由1990年的《仲裁条例》、1996年《仲裁(修订)条例》、2000年《仲裁(修订)条例》和2011年6月1日生效的香港《仲裁条例》组成①,其主要内容包括②:

(1)明确界定了香港地区商事仲裁法中所使用的一些概念:"商事仲裁协议"与《联合国国际商事仲裁示范法》所规定的商事仲裁协议具有相同的意义,且强调必须采用书面形式;商事仲裁协议的内容以任何形式记录下来的,即为书面形式,无论该商事仲裁协议或合同是以口头方式、行为方式还是其他方式订立的;另外,商事仲裁协议如载于相互往来的索赔声明和抗辩声明中,且一方当事人声称有协议而另一方当事人不予否认的,即为书面协议;在合同中提及载有商事仲裁条款的任何文件的,只要此种提及可使该商事仲裁条款成为该合同一部分,即构成书面形式的商事仲裁协议。"公约裁决"(convention award)是指在中国或其任何部分以外的1958年《纽约公约》缔约方所作出的商事仲裁裁决。"内地"(the mainland)是指不包括港、澳、台在内的中国其他任何部分。"内地裁决"(mainland award)是指由经认可的内地商事仲裁当局按照中国《仲裁法》在内地作出的商事仲裁裁决。"经认可的内地仲裁当局"(recognized mainland arbitral authority)是指在中国国务院法制办公室③为本定义的目的,而不时经港澳事务办公室提供给香港特别行政区政府的内地商事仲裁机构名单中指明的商事仲裁机构。

(2)规定了商事仲裁协议中有关调解的约定及其实施,包括有关调解人的指定,特别是仲裁员作为调解人的权力与和解协议的效力等问题。强调和解协议具有与商事仲裁裁决,乃至法院判决同样的执行效力。同时,还规定商事仲裁程序及相关资料原则上不予公开;商事仲裁裁决具有与法院判决相同的执行效力。

(3)除必须遵守为公共利益所需的保障措施以外,当事人有权就其有关争议的解决方法自主地作出约定;只有在商事仲裁法有明确规定的情况下,法院才能对商事仲裁进行干预。

(4)商事仲裁庭享有对其管辖权限作出裁定的权力;商事仲裁庭在进行商事仲裁程序和行使法律所赋予的权力时,应平等地对待各方当事人,给他们以充分表达各自意见的机会;商事仲裁庭有权就对商事仲裁争议标的的金额提供担保,以及对临时禁令的发布及其他临时措施的实施等问题作出决定,有权下令对商事仲裁程序中任何一方当事人所有或占有的财产以及与商事仲裁程序有关的财产由仲裁庭、仲裁程序中的任何一方当事人或任何专家检查、拍摄、保存、保管、扣留或出售;商事仲裁庭及其雇员在履行与商事仲裁有关的职责时,与法官一样享有豁免权。

---

① 该条例于2011年6月1日生效,按照条例本身的规定,本条例可以引称为"《仲裁条例》",参见香港国际仲裁中心网站。

② 参见程德钧、王生长主编:《涉外仲裁与法律——第二辑》,中国统计出版社1994年版,第158~183页;杨良宜著:《国际商务仲裁》,中国政法大学出版社1997年版,第653~677页;中国国际经济贸易仲裁委员会等主办:《仲裁与法律》,2000年第2期,第64~67页。

③ 2018年国务院机构改革中,将司法部和国务院法制办公室的职责整合,重新组建司法部,作为国务院组成部门。不再保留国务院法制办公室。

（5）商事仲裁协议具有排除法院管辖权的效力。一方当事人就有关争议向法院提起诉讼后，任何诉讼方都可以在提交诉状或进行其他诉讼程序前向法庭申请中止该诉讼程序。法院应让当事人诉诸商事仲裁，除非法院认定商事仲裁协议无效、不能实行或不能履行。提起前述诉讼后，在法院对该问题未决期间，仍然可以开始或继续进行商事仲裁程序，并可作出商事仲裁裁决。

（6）除非商事仲裁协议中另有规定，所有商事仲裁协议在没有规定提交仲裁方式的情形下，应被视为含有商事仲裁将由 1 名或者 3 名仲裁员进行的条款。除非当事人另有协议，不应以所属国籍为由排除任何人担任仲裁员。在仲裁员为 3 名的仲裁中，由一方当事人指定 1 名仲裁员，并由如此指定的 2 名仲裁员指定第 3 名仲裁员；一方当事人在收到对方当事人提出指定仲裁员的要求后 30 天内未指定仲裁员的，或 2 名仲裁员在被指定后 30 天内未就第 3 名仲裁员达成协议的，经一方当事人请求，由法律规定的法院或其他机构加以指定。在独任仲裁员的仲裁中，当事人未就仲裁员达成协议的，经一方当事人请求，由法律规定的法院或其他机构加以指定。除非各方另有协议，否则在仲裁员人数为双数的商事仲裁中，仲裁员可在本身获委任后，随时委任 1 名公断人。各方有就公断人的职能为何达成协议的自由。如各方没有任何上述协议，或在各方没有任何上述协议的范围内，各仲裁员有就公断人的职能达成协议的自由。

（7）除商事仲裁法规定不许上诉的情形以外，法院基于仲裁申请人一方的申请，并得到进行该项商事仲裁的 1 名仲裁员或首席仲裁员或商事仲裁各方的同意，对商事仲裁程序中的任何法律问题都有管辖权。

（8）商事仲裁庭应当依照当事人选择的实体法律规则对争议作出决定。除非另有表明，指定适用某一国家的法律或法律制度应认为是直接指该国的直接规范（即实体规范）而不是其间接规范（即法律冲突规范）；当事人没有指定适用法律的，商事仲裁庭应当适用其认为适用的法律冲突规范所确定的法律；商事仲裁庭只有在各方当事人明示授权的情况下，才应当依照公平善意原则或作为友好仲裁员作出决定；在任何情况下，商事仲裁庭都应当按照合同条款并考虑到适用于该项交易的贸易惯例作出决定。

（9）除非商事仲裁协议中有相反的规定，如果商事仲裁由 3 名仲裁员进行，由 2 名仲裁员作出裁决；而如果没有 2 名仲裁员就裁决达成一致，由仲裁员指定的首席仲裁员作出裁决。除非商事仲裁协议另有规定，仲裁员或首席仲裁员可以作出非终局裁决（或称中间裁决）。除非商事仲裁协议中另有规定，商事仲裁裁决为终审裁决。

（10）在符合法律特别规定的条件下，或者如果根据商事仲裁协议作出的商事仲裁裁决确实存在法律问题，法院应该允许上诉；并且，可以在决定是否允许该项上诉时，发出确认、更改、撤销该项商事仲裁裁决，或将该案发回仲裁庭重审。

（11）内地商事仲裁裁决在香港地区具有强制执行的效力。但如果有关当事人已经在内地法院提出强制执行的申请，就不能在香港法院提请强制执行；只有在有关商事仲裁裁决并没有基于内地法院的强制执行而完全履行时，有关当事人才能就该未能履行的部分，在香港法院提请强制执行。

（12）在香港法院提请强制执行内地商事仲裁裁决的一方当事人，必须提交：经认证的商事仲裁裁决正本或经核证的裁决副本；有关商事仲裁协议的正本或经核证的协议副本；在商事仲裁裁决和商事仲裁协议不是以两种法定语文或其中一种作成时，由官方或经宣誓的翻译人员，或外交或领事人员所核证的其中一种法定语文译本等证据材料。

（13）如果另一方当事人能证明有下列情形之一的，可以拒绝强制执行该项商事仲裁裁决：根据适用于有关商事仲裁协议的一方的法律，该方缺乏某方面的行为能力；有关商事仲裁协议，根据双方当事人为其选择的准据法为无效的协议，或在没有选择这种准据法时根据内地的法律为无效的协议；他没有获得关于选定仲裁员或关于仲裁程序的适当通知，或因为其他原因而未能提出其论据；有关裁决所处理的争议，不属于商事仲裁协议所确定的争议，或超出商事仲裁协议的范围，或该项裁决包含有对交付仲裁范围以外事项的决定；有关商事仲裁机构的组成或商事仲裁程序不符合商事仲裁协议的约定，或在没有这种约定时不符合内地的法律；该项商事仲裁裁决尚未生效，或已经由内地的主管当局或已根据内地的法律，予以作废或暂时中止。此外，如果内地商事仲裁裁决所处理的事项根据香港地区的法律不能通过商事仲裁方式解决，或强制执行该项商事仲裁裁决将违反香港地区的公共政策，也可以拒绝强制执行该项商事仲裁裁决。

（14）如果内地的商事仲裁裁决同时包含有交付商事仲裁范围内的事项和交付商事仲裁范围以外的事项的决定，而且这两类决定能够被分开，对于交付商事仲裁范围内的事项的裁决仍然可以强制执行。

（15）对于1958年《纽约公约》所规定的商事仲裁裁决在香港地区法院的强制执行，作了与内地商事仲裁裁决在香港地区法院的强制执行相类似的规定。

（三）中国澳门的商事仲裁法

中国澳门现行的商事仲裁法律制度，主要以澳门地区政府于1996年颁布的《澳门仲裁法》和1998年颁布的《涉外商事仲裁法》为内容。1998年的《涉外商事仲裁法》几乎完全采用了1985年《联合国国际商事仲裁示范法》中的内容，在此不再赘述。1996年《澳门仲裁法》，对澳门区域内的商事仲裁作了较为系统的规定，其主要内容包括：①

（1）不涉及不可处分权利的任何争议都可以成为商事仲裁的标的。但特别法规定应提交法院诉讼或法定仲裁处理的，不能提交商事仲裁。

（2）商事仲裁协议应采用书面形式，以商事仲裁条款形式订立的商事仲裁协议具有独立于有关商事合同的效力。商事仲裁协议应明确争议标的和指定仲裁员，或约定仲裁员的指定方式；应明确指出可能发生的争议所涉及的法律关系。发生仲裁员死亡、自行回避或长期不能担任职务，或仲裁员的指定无效且未按法定程序予以替换，或裁决未能在商事仲裁协议或随后协议所规定的期限或法定期限内作出等情况时，商事仲裁协议对其所涉及的争议

① 参见澳门法律汇编编委会：《澳门法律汇编》，中国社会科学出版社1996年版，第1788～1793页。

失效。

（3）商事仲裁庭由独任仲裁员或为单数的数名仲裁员组成。当事人没有明确商事仲裁庭的组成人数时，由 3 名仲裁员组成仲裁庭。当事人指定双数仲裁员时，由被指定的仲裁员协议选定另一名仲裁员组成仲裁庭。

（4）商事仲裁庭有权就其自身的管辖权问题作出决定，并可以为此而对商事仲裁协议或其所属合同的存在、有效及其效力进行审查。

（5）在商事仲裁程序中，商事仲裁庭应平等对待仲裁双方当事人，保证任何一方当事人都有充分行使其权利、支持其主张、表达其观点的机会。

（6）商事仲裁庭可以应一方当事人的请求，下令双方遵守仲裁庭作出的对争议标的为适当的临时措施或保全措施的决定，或要求任何一方当事人作出与该等措施有关的适当担保。而且，当商事仲裁庭的该项决定得不到遵守时，仲裁庭可以要求普通管辖法院下令执行仲裁庭的裁决。

（7）商事仲裁庭可以基于一方当事人的申请或依职权，要求普通管辖法院协助收集证据。

（8）商事仲裁庭应依据现有法律进行审理和裁决；同时，基于双方当事人的明确授权，可以依据衡平原则进行仲裁。

（9）商事仲裁庭应依据多数意见作出裁决，形不成多数意见时，依首席仲裁员的意见作出裁决。裁决书应有多数仲裁员的签名，并应注明其他仲裁员没有签名的原因。商事仲裁裁决具有与普通管辖法院判决相同的执行效力。

（10）当发生有关争议不能通过商事仲裁方式解决；或有关当事人没有得到合法传唤，且没有参与有关程序；或商事仲裁庭审理了不属于其管辖范围内的事项或没有对应该审理的事项进行审查；或裁决违反公共秩序原则等情况时，有关的商事仲裁裁决无效。但当商事仲裁裁决中仲裁范围内的事项与仲裁范围外的事项能够明确划分时，只有属于仲裁范围外事项的部分裁决无效。有关当事人对于就商事仲裁裁决无效所作出的裁判，可以向高等法院提起上诉。

（11）当发生任何一方当事人无订立商事仲裁协议的能力，或裁决是由无管辖权或不符合规则设立的商事仲裁庭作出，对裁决没有说明理由等情况时，有关当事人可以自商事仲裁裁决送达之日起 30 天内，请求普通管辖法院撤销有关的商事仲裁裁决。对于该项撤销之诉的裁判，可以向高等法院提起上诉。

（四）中国台湾的商事仲裁法

中国台湾地区现行的商事仲裁法律制度，主要以 1998 年颁布实施的“仲裁法”为内容。该“仲裁法”对中国台湾地区的商事仲裁法律制度作了较为系统的规定。其主要内容包括：

（1）商事仲裁机构的组织、设立、仲裁费用、调解的程序和费用，由台湾地区行政管理机构会同台湾地区司法机构确定。各级团体都可以设立或者联合设立商事仲裁机构，以负责仲裁员的登记及办理商事仲裁案件。

（2）当事人可以通过书面形式，将其现在或将来可能发生的依法可以和解解决的商事法律争议，提交由 1 名仲裁员或单数的数名仲裁员组成的商事仲裁庭仲裁解决。

（3）商事仲裁条款具有独立于有关商事合同的效力。订立有商事仲裁协议的一方当事人将有关争议提起诉讼时，法院应依相对方当事人的请求，停止诉讼程序，并命原告在一定期限内提请商事仲裁。

（4）商事仲裁程序由双方当事人选定或依法申请法院或常设仲裁机构指定的仲裁员组成商事仲裁庭来主持进行。

（5）仲裁地由当事人约定；没有约定的，由商事仲裁庭决定。

（6）商事仲裁程序自被申请人收到申请人书面提出的提交商事仲裁的通知时开始。当事人对商事仲裁庭的商事仲裁管辖权有异议时，可以在进行实体答辩前向仲裁庭提出。仲裁庭有权就其自身的商事仲裁管辖权问题作出决定。

（7）商事仲裁庭审理案件所必须遵循的商事仲裁程序规则依双方当事人的约定；当事人没有约定的，适用该“仲裁法”的规定；该“仲裁法”没有规定的，仲裁庭可以准用“民事诉讼法”或依其认为适当的程序进行。商事仲裁程序不公开进行。当事人知道或者可以知道商事仲裁程序违反该“仲裁法”或商事仲裁协议而继续进行商事仲裁程序时，不得对该程序提出异议。

（8）商事仲裁庭应于接到被选定为仲裁员的通知或争议发生的通知之日起 10 日内，决定仲裁处所及询问日期，通知双方当事人，并于 6 个月内作出裁决书；必要时可以延长 3 个月。商事仲裁庭逾期没有作出裁决书时，除强制商事仲裁的案件以外，当事人可以径行起诉，商事仲裁程序视为终结。

（9）商事仲裁庭经双方当事人明示授权，可以适用衡平原则作出裁决。

（10）合议仲裁庭以过半数意见作出裁决。合议仲裁庭的意见不能过半数时，除当事人另有约定外，商事仲裁程序视为终结，并应将其事由通知当事人。

（11）应由参加合议的仲裁员签名作成仲裁裁决书原本。仲裁员拒绝签名或因故不能签名时，由签名的仲裁员附记其事由。商事仲裁庭应该以商事仲裁裁决书正本，送达给双方当事人。并应另备正本，连同送达证书，送请仲裁地法院备查。

（12）商事仲裁裁决在当事人之间，具有与法院确定判决同样的法律效力。不过，商事仲裁裁决必须经申请法院为执行裁定后，才能得到强制执行。只有当有关裁决以给付金钱或其他替代物或有价证券的一定数量为标的；或以给付特定的动产为标的，并经双方当事人以书面约定商事仲裁裁决无须法院裁定即为强制执行时，可以不经法院裁定，即可强制执行。

（13）当商事仲裁裁决与作为商事仲裁协议标的的争议无关；或商事仲裁裁决超越商事仲裁协议的范围；或商事仲裁裁决命令当事人为法律上所不允许的行为时，法院应驳回当事人提出的执行裁定的申请。

（14）有驳回当事人执行裁定申请的情形；商事仲裁协议不成立、无效，或在仲裁庭庭审程序终结时尚未生效或已经失效；仲裁庭在庭审程序终结前未使当事人陈述，或当事人于商事仲裁程序未合法代理；商事仲裁庭的组成或仲裁程序，违反商事仲裁协议或法律规定；作为商事仲裁裁决基础的证据、翻译内容属伪造、变造或有其他虚伪情事等情形之一时，有关当事人可以提起撤销有关商事仲裁裁决的诉讼。撤销商事仲裁裁决的诉讼，应该自裁决书交付或送达之日起 30 日内提起；并应由仲裁地的地方法院管辖。

（15）商事仲裁裁决被法院裁定撤销后，除另有商事仲裁合意外，当事人可以就该项争议提起诉讼。

（16）商事仲裁案件，在作出商事仲裁裁决前，可以和解；和解成立，由仲裁员作成和解书。没有依法订立商事仲裁协议时，商事仲裁机构可以依当事人的申请，经他方同意后，由双方选定仲裁员进行调解；调解成立，由仲裁员作成调解书。和解书和调解书与商事仲裁裁决书具有同样的法律效力，但必须申请法院为执行裁定后，方可强制执行。

（17）申请承认“外国商事仲裁裁决”时，应向法院提出申请书，并附具商事仲裁裁决书的正本或经驻外机构认证的善本；商事仲裁协议的原本或经驻外机构认证的善本；商事仲裁裁决适用“外国法规”、“外国商事仲裁机构”仲裁规则或国际组织仲裁规则时，其全文也必须一并附上。

（18）当商事仲裁裁决的承认或执行，有悖于台湾地区公共秩序或善良风俗；或商事仲裁裁决的争议事项依台湾地区法律不能以商事仲裁方式解决；或商事仲裁裁决地国或商事仲裁裁决适用的商事仲裁法规所属国不承认台湾地区的商事仲裁裁决时，法院应依职权裁定驳回承认“外国商事仲裁裁决”的申请。当商事仲裁协议无效；或者当事人一方，就仲裁员的选定或商事仲裁程序应通知的事项未受适当通知，或有其他情事足以认定商事仲裁欠缺正当程序；或者商事仲裁裁决与作为商事仲裁协议标的的争议无关，或超越商事仲裁协议的范围；或者商事仲裁庭的组成或仲裁程序违反当事人的约定，当事人无约定时违反仲裁地法；或者商事仲裁裁决对当事人尚无拘束力，或经管辖机关撤销或停止其效力时，他方当事人可以在收到通知后 20 日内，请求法院驳回有关承认“外国商事仲裁裁决”的申请。

三、商事仲裁的国际立法

国际社会从 20 世纪初开始，经过不懈的努力，先后制定了一系列有关商事仲裁的国际条约和国际法律文件。既有专门规定商事仲裁法律制度的国际条约，也有包含有关商事仲裁法律制度的国际条约。既有全球范围内的普遍性国际条约，也有一定地区范围内的区域性国际条约，还有各有关国家之间所签订的双边条约。本书主要介绍目前国际社会影响较大的几个国际条约和国际法律文件。

（一）1958 年《纽约公约》

1958 年《纽约公约》，是目前国际社会在商事仲裁方面一个最具普遍性的国际公约，至 2022 年 2 月已经拥有 169 个缔约方。其在联合国主持下于 1958 年 6 月 10 日在纽约签订，所以通常被简称为《纽约公约》。该公约于 1959 年 6 月 7 日生效，共 16 条。其主要内容包括：

（1）各缔约方承认有关当事人为将其彼此间所已经发生或可能发生的一切契约性或非契约性法律争议提交仲裁所签订的商事仲裁协议。除非该项商事仲裁协议被法院认定为无效、失效或不能实施，否则，各缔约方法院应依据一方当事人的请求，驳回另一方当事人就该项商事仲裁协议所约定的事项提起的诉讼，并命令有关当事人提交商事仲裁。

（2）各缔约方应承认商事仲裁裁决具有约束力，并应按照公约所规定的条件和执行地国家的程序规范予以执行。而且，各缔约方在按照公约的规定承认和执行有关外国商事仲裁裁决时，不得附加比执行内国商事仲裁裁决更苛刻的条件，也不得征收较承认和执行内国商事仲裁裁决更多的费用。

（3）提出承认和执行请求的一方当事人，应提交书面请求书，并附具有关商事仲裁协议和商事仲裁裁决书的正本或经证明无误的副本。而且，当应提交的上述文书是由非执行国官方文字的其他文字作成时，还应提交经认证无误的用该执行国官方文字作成的译文文本。

（4）各缔约方的主管机关可以基于一方当事人的请求，在有关外国商事仲裁裁决存在该公约第5条第1款所规定的5种情形之一时，拒绝承认和执行该项外国商事仲裁裁决。同时，也可以在有关裁决所裁决的事项依该执行国的法律不能通过商事仲裁方式解决，或承认和执行该项裁决有违该执行国的公共秩序时，依职权直接拒绝该项外国商事仲裁裁决的承认和执行。

（5）各缔约方的主管机关在收到有关当事人要求拒绝承认和执行某项外国商事仲裁裁决的请求书时，可以在其认为适当时，延缓关于执行该项裁决的决定；并可以基于请求承认和执行该项裁决的一方当事人的请求，命令该请求拒绝承认和执行该项裁决的一方当事人提供适当的担保。

（6）各缔约方在签署、批准或加入该公约时，可以提出互惠保留和商事保留。而且，该公约的规定也不影响各缔约方之间就相互承认和执行商事仲裁裁决所签订的多边条约或双边条约的效力，也不剥夺任何利害关系人基于执行地国家的法律或该国所签订的国际条约所能援引的任何权利。

（二）1965年《华盛顿公约》

1965年《华盛顿公约》，是目前国际社会专门规范通过仲裁方式解决国家与他国国民间投资争议的一个国际公约。在世界银行的倡导和主持下，该公约于1965年3月18日在华盛顿签订，所以通常被简称为《华盛顿公约》。该公约自1966年10月14日开始生效，分10章，共75条。除有关解决投资争议国际中心、有关调解程序和公约本身的一些事项的规定以外，主要在第2章和第4至7章对有关投资争议的仲裁解决问题作了较为详细而又明确的规定，就仲裁解决有关投资争议而言，公约的主要内容包括：

（1）基于公约的规定而建立的解决投资争议国际中心（以下简称“中心”），是解决国家与他国国民间投资争议的常设仲裁机构。中心受理某一缔约国与另一缔约国国民——包括具有该另一缔约国国籍的自然人和法人——之间直接因投资而产生的任何法律争议案件。

各缔约国保证对于其本国国民和另一缔约国根据该公约已同意交付或已交付中心仲裁的争议,不再给予外交保护或提出国际要求,除非该另一缔约国未能遵守和履行对此项争议所作出的裁决。

（2）双方当事人可以通过签订同意将其彼此之间将来可能发生或业已发生的有关投资争议提交中心仲裁的书面协议,来将有关争议提交仲裁解决。[①] 而且,该项书面协议一经签署,任何一方当事人都不得单方面予以撤销。

（3）仲裁程序自任何一方当事人,基于其与另一方当事人所签订的仲裁协议,并依据该公约的规定,向中心秘书长提出书面请求时开始。该项请求书应附具公约所规定的有关材料。

（4）双方当事人可以自行约定仲裁庭的组成及仲裁员的选定。如果双方当事人未能就仲裁员的人数和仲裁员的选定方法达成协议,应由 3 名仲裁员组成合议仲裁庭来进行仲裁,并应由双方当事人各自选定 1 名仲裁员和协议选定第 3 名仲裁员。如果有关当事人未能在公约所规定的期限内选定仲裁员,或未能就有关独任仲裁员或第 3 名仲裁员的选定达成协议,可以由任何一方当事人出面请求中心行政理事会主席依公约的规定指定该有关的仲裁员。不过,虽然双方当事人合意选定的有关仲裁员可以不受国籍的限制,但中心行政理事会主席基于有关当事人的请求指定的仲裁员不能是争议一方缔约国的国民或其国民是争议一方的缔约国国民。

（5）仲裁庭有权就其是否具有管辖权的问题作出裁决。并应在审理终结后依双方当事人所选择适用的法律,或在没有该项选择时,依作为争议一方缔约国的法律（包括其间接规范）,以及可适用的国际法原则,或在有双方当事人明确授权的情况下,依"公平和善良原则",对有关争议事项作出实质性裁决。仲裁庭不得借口有关法律无明文规定或含义不清而暂不作出裁决。该项裁决应依据多数仲裁员的意见作成,并应说明理由。任何仲裁员,不管其是否同意该项裁决,都可以在该裁决书上签署其个人意见。

（6）如果双方当事人对有关仲裁裁决的含义或范围发生争议,任何一方当事人都可以向中心秘书长提出书面申请,要求对该项裁决作出解释。如果任何一方当事人在作出裁决后发现有作出裁决时仲裁庭及该有关当事人本人都不了解,且对裁决有决定性影响的事实,可以向中心秘书长提出书面申请,要求修改该项裁决。不过,提出该项修改申请的当事人不知道该有关事实不能是由于其本身的疏忽所致。而且,该项申请应该在发现该项事实之日起 90 天内,且无论如何应该在作出裁决之日起 3 年内提出。此外,任何一方当事人还可以依据该公约第 52 条所规定的理由和期限,向中心秘书长提出书面申请,要求撤销有关的仲裁裁决。如有可能,上述要求对有关裁决作出解释和修改某项裁决的申请应提交作出该有关裁决的仲裁庭;如果没有这种可能,则应按照原来组成仲裁庭的同样程序组成新的仲裁庭,以便对该有关申请事项作出裁决。仲裁庭认为有此必要时,可以在就有关申请事项作出

① 也就是说,中心对有关具体的争议案件的管辖,必须以双方当事人之间的仲裁协议为要件。不能仅仅由于某一缔约国批准、接受或认可该公约这一事实,而不经其同意,就认为该缔约国具有将任何特定的争议交付中心仲裁的义务。

裁决前，停止执行有关的仲裁裁决。如果申请人在提出修改裁决的申请书中要求停止执行裁决，则应暂时停止执行。至于关于要求撤销有关仲裁裁决的申请，则应提交给中心行政理事会主席依公约规定任命组成的专门委员会来处理。而在裁决被撤销后，经任何一方当事人的请求，应将有关争议事项提交给依公约规定组建的新的仲裁庭来审理，并由该重新组建的仲裁庭依法作出新的裁决。

（7）任何一方当事人可以根据如下一个或几个理由，向秘书长提出要求撤销裁决的书面申请：① 仲裁庭的组成不适当；② 仲裁庭显然超越其权力；③ 仲裁庭的成员有受贿行为；④ 有严重的背离基本程序规则的情况；⑤ 裁决未陈述其所依据的理由。申请应在作出裁决之日起 120 天内提出；但以受贿为理由而要求撤销裁决的申请除外，应在发现受贿行为后 120 天内，并且无论如何应该在作出裁决之日起 3 年内提出。

（8）依据公约所作成的仲裁裁决对双方当事人都有约束力。任何一方当事人都不得提起上诉或寻求除该公约规定以外的其他补救办法。各缔约国都应承认该有关仲裁裁决具有与其本国法院确定判决同样的法律效力，并应在必要时，依据本国有关法律的规定，按照执行本国法院确定判决同样的方式和程序执行该项仲裁裁决。

（三）《联合国国际商事仲裁示范法》

《联合国国际商事仲裁示范法》，是联合国国际贸易法委员会为进一步协调世界各国规范国际商事仲裁的国内立法，进一步统一世界各国有关国际商事仲裁的程序，并使国际社会的商事仲裁不再集中于伦敦、巴黎等几个有限的城市，为各国制定和修改其本国的商事仲裁立法提供一个统一的范本，而主持制定，并于 1985 年 6 月 21 日讨论通过的一个商事仲裁方面的示范法典。虽然与前述国际公约相比较，其有着本质上的区别，不具有严格意义上的法律效力，但它对世界各国商事仲裁立法体系的建立和完善产生了非常重要的影响，是商事仲裁方面一个非常重要的国际法律文件。《联合国国际商事仲裁示范法》分 8 章，共 36 条，主要内容包括：

（1）该法的适用范围是国际商事仲裁，即商事仲裁协议的双方当事人签订商事仲裁协议时其营业地处于不同的国家境内；或由商事仲裁协议确定或依商事仲裁协议确定的仲裁地，或商事关系中重要债务的履行地，或与争议标的联系最为密切的地方等不在当事人营业所所在国境内；或双方当事人已明确表示提交仲裁的协议的标的与一个以上的国家有关的商事仲裁。

（2）商事仲裁协议可以有仲裁条款和专门的书面协议这两种形式。如果一方当事人就商事仲裁协议所约定的事项向法院提起诉讼，受诉法院除认定该项商事仲裁协议无效、失效或无法实施以外，应该责令有关当事人将该有关争议事项提交仲裁。而且，即使受诉法院正在进行审理，也仍然可以基于有关的商事仲裁协议而开始或继续进行有关的商事仲裁程序，并作出裁决。

（3）商事仲裁庭的组成人数及有关仲裁员的选定都由当事人自行约定。当事人未约定商事仲裁庭组成人数的，应由 3 名仲裁员组成合议仲裁庭。当事人未就仲裁员的选定达成协议的，由 3 人组成合议仲裁庭时，应由双方当事人各自选定 1 名仲裁员，然后再由该被选定的 2 名仲裁员协商选定第 3 名仲裁员；该被选定的 2 名仲裁员不能就第 3 名仲裁员的选定达成协议，或双方当事人约定由 1 名仲裁员组成独任仲裁庭时，应由有关国家为适用本法而指定的某一特定法院或其他有权机构来依法指定仲裁员。

（4）有关当事人需在提交答辩陈述之前提出有关商事仲裁庭无管辖权的抗辩。而且，一方当事人的这种抗辩权利并不因为其已选定仲裁员或已参与选定仲裁员这一事实而受影响。商事仲裁庭可以对其本身有无管辖权的问题作出裁决。如果商事仲裁庭裁定其具有管辖权，有关当事人可以在法定期限内就该项裁决向有关法院提出请求，但在该项请求未获该有关法院裁决之前，有关商事仲裁庭可以继续有关的仲裁程序，并作出裁决。

（5）商事仲裁审理程序由商事仲裁庭依据双方当事人所约定的规则来主持进行。如果双方当事人未就该项程序规则作出约定，则包括商事仲裁程序规则、仲裁地点、仲裁程序中所使用的语言、是否进行口头审理等问题在内的所有程序性问题都应由仲裁庭来决定。商事仲裁庭应保证双方当事人享有平等的地位，并拥有陈述其事实的充分机会。在商事仲裁审理过程中，商事仲裁庭或经仲裁庭同意的任何一方当事人可以向主管法院提出协助取证的请求。

（6）商事仲裁审理终结后，商事仲裁庭应依据双方当事人所选择适用的有关国家的法律；或者在双方当事人未作该项法律选择时，依据其认为可适用的有关间接规范所确定的法律；或者在双方当事人明确授权的情况下，依据“公允及善良原则”或作为和解者的身份，并按照有关合同中的条款，参照可适用于该有关交易的国际贸易惯例，对有关争议的实质性问题作出裁决。在双方当事人选择有商事仲裁庭应予适用的法律时，除存在相反的约定以外，其所选择的法律是指有关国家的直接规范，而非间接规范。

（7）商事仲裁庭依法作出裁决以后，可以由有关主管法院依据其中一方当事人的请求，或依职权依法撤销该项裁决。即当存在该法第 34 条第 2 款第 1 项所规定的 4 种情形之一时，有关主管法院可以基于一方当事人的请求而撤销有关的商事仲裁裁决；而当依据裁决地国家法律的规定，有关争议的标的不能通过商事仲裁来解决，或有关商事仲裁裁决与裁决地国家的公共秩序相抵触时，该有关国家的主管法院可以依职权而裁定撤销该项商事仲裁裁决。不过，在有关当事人收到有关商事仲裁裁决时起，或在收到该项裁决后，就该项裁决依法提出修正、解释或作出补充裁决的请求，并由仲裁庭对该项请求作出处理时起，3 个月以后不能再提出撤销该项商事仲裁裁决的请求。

（8）除存在该法第 36 条所规定的几种情形之一外，有关的商事仲裁裁决，不管是在哪个国家作成，都应承认其约束力，并应基于有关当事人的书面申请，由有权限的法院依法予以执行。有关当事人在请求承认和执行有关商事仲裁裁决时，除应该提交书面的申请以外，还应该提交已完全生效的有关商事仲裁裁决书和作出该项裁决所依据的有关商事仲裁协议的正本或经证明无误的副本。而且，当上述文件不是用执行国的官方文字作成时，还应该提交用该执行国官方文字作成并经认证无误的译本。

（四）《关于国际商事仲裁的欧洲公约》

《关于国际商事仲裁的欧洲公约》，是欧洲国家为了尽可能克服阻碍不同欧洲国家自然人和法人之间的国际商事仲裁的组织和实施的某些困难，以促进欧洲贸易的发展，在联合国欧洲经济委员会的主持下，于 1961 年 4 月 21 日在日内瓦签订的，一个有关商事仲裁的地区性国际公约。该公约自 1964 年 1 月 7 日开始生效，共 10 条，并有 1 个附则。其主要内容包括：

（1）公约适用于达成将其国际商事争议提交商事仲裁解决的商事仲裁协议时，有其惯常居所地或所在地在不同缔约国境内的自然人和法人之间的商事仲裁程序，以及因此而作成的商事仲裁裁决。当事人之间所达成的商事仲裁协议，包括书面的商事仲裁条款和专门签署的独立的商事仲裁协议，以及有关国家法律所认可的用非书面形式所达成的将商事争议提交仲裁的协议。

（2）当事人可自行决定将其商事法律争议提交常设仲裁机构或临时仲裁机构仲裁。当事人约定交常设仲裁机构仲裁的，商事仲裁程序中的有关问题都完全依该常设仲裁机构的仲裁程序规则来处理。如果当事人只约定将其争议提交商事仲裁解决，却未就商事仲裁方式作出约定，且无法达成一致的协议，仲裁申请人可以请求双方所约定的仲裁地的商会会长；或在没有约定仲裁地时请求被申请人惯常居所地或所在地的主管商会会长；或依公约附则所设立的特别委员会，就该项商事仲裁的方式作出决定。该主管商会会长或特别委员会有权要求当事人请求常设仲裁机构仲裁。如果当事人只约定由常设仲裁机构仲裁，但没有确定该有关的常设仲裁机构，同样可以由申请人请求上述商会会长或特别委员会确定。当事人约定由临时仲裁机构仲裁时，有关仲裁员的选定或选定仲裁员的方式、仲裁地的确定、仲裁必须遵循的程序等问题都必须由双方当事人自行约定。如果当事人未能在法定期限内就仲裁员的选定达成一致协议或当事人未能在法定期限内选定仲裁员，同样应请求上述主管商会会长或特别委员会作出指定。

（3）当事人有权在商事仲裁过程中以商事仲裁协议不存在、无效或已失效为理由而就商事仲裁庭的管辖权提出抗辩，但该项抗辩应在送达就争议的实质问题作成的请求书或答辩书之前提出，最迟不得迟于送达该项请求书或答辩书的时间。商事仲裁庭有权就其有无管辖权的问题作出裁决。但商事仲裁庭所作出的当事人抗辩延迟的裁定应接受法院的审查。只是在主管法院就该项商事仲裁庭的管辖权问题作出裁定之前，该商事仲裁庭可以继续其已经开始的商事仲裁程序。

（4）如果签订有商事仲裁协议的一方当事人就该项商事仲裁协议所涉及的事项向有关国家的法院提起诉讼，被告方当事人应依据受诉法院地国家的法律规定，在就争议事项提出实质性抗辩之前或同时，以存在商事仲裁协议为理由对该受诉法院的管辖权提出抗辩，否则，将受到禁止翻供的惩罚。在被告一方当事人依法提出抗辩时，受诉法院应依据当事人所选择适用的法律，或者在没有该项选择时依据作出裁决地国家的法律或依受诉法院国的间接规范所规定的有效法律，对有关商事仲裁协议的存在与否或是否有效的问题作出裁定。

不过，如果商事仲裁协议中的一方当事人在以任何方式诉诸法院之前已经提请商事仲裁，该受诉法院应中止对该有关商事仲裁庭有无管辖权问题的审查。

（5）商事仲裁审理终结后，商事仲裁庭应根据当事人所选择适用的法律；或在没有该项选择时，适用其认为可以适用的间接规范所规定的准据法；或在基于当事人的明确授权，且在有关国家法律允许的前提下，以"友好调解人"的身份，参照有关的合同条款和国际贸易惯例，就当事人所争议的事项作出实质性裁决。除非存在相反的约定或法律规定，裁决应附具理由。

（6）只有当商事仲裁裁决在仲裁地国家或裁决据以作成的法律所属国，基于该公约第 9 条第 1 款所规定的 4 种理由之一被撤销时，其他缔约国才能以该项撤销决定为理由拒绝承认和执行该项商事仲裁裁决。

（五）《美洲国家间关于国际商事仲裁的公约》

《美洲国家间关于国际商事仲裁的公约》，是美洲国家为统一其有关国际商事仲裁的立法，在美洲国家组织的主持下，于 1975 年 1 月 30 日在巴拿马城签订的一个有关商事仲裁的地区性国际公约。该公约自 1976 年 6 月 16 日开始生效，共 13 条。其主要内容包括：

（1）双方当事人应以书面形式订立将其将来可能发生或已经发生的争议提交商事仲裁的商事仲裁协议。

（2）当事人可以自行约定仲裁员的选定方式，可以委托任何第三者代为指定仲裁员，而不问该第三者是自然人还是法人。

（3）当事人可以自行约定商事仲裁程序所依据的仲裁规则。如果当事人未作该项约定，则应依据美洲国家间商事仲裁委员会程序规则进行仲裁。

（4）如果根据商事仲裁所适用的有关国家的法律或商事仲裁程序规则，有关的商事仲裁裁决是不得上诉的裁决，则其具有与法院确定判决同样的法律效力，需由有关国家的法院依法予以承认和执行。而且，该国家的法院只有在存在该公约第 5 条第 1 款所规定的 5 种情况之一时，才能基于当事人的请求，或在依其所属国的法律，该争议不能用商事仲裁方式解决，或承认和执行该项裁决将有损该国的公共秩序时，依职权拒绝承认和执行该项商事仲裁裁决。

第四节　商事仲裁法与商事仲裁法学

商事仲裁法和商事仲裁法学是两个既有本质区别，又有密切联系的概念，不管是从事商事仲裁法方面的实务工作，还是进行商事仲裁法学方面的学习与研究，都离不开这两个方面的内容。

一、商事仲裁法与商事仲裁法学的区别

商事仲裁法和商事仲裁法学是两个完全不同的概念，具有本质上的区别。商事仲裁法

是一个法律部门,是立法部门制定或有立法权的部门依法确定的调整商事仲裁关系的所有法律制度的总称。它所规范的是商事仲裁实务中所发生和存在的各种社会关系,所要处理的是商事仲裁过程中所发生和存在的各种法律问题。商事仲裁法对社会各方面都具有法律约束力,是商事仲裁关系中各方当事人及相关的商事仲裁机构、司法机关等进行商事仲裁活动及相关活动的行为准则。而商事仲裁法学是一个法学部门,是法学理论界和实务界研究商事仲裁法律制度和相关法律问题的所有理论学说的总称。它所研究的是商事仲裁法律制度本身,既包括对现行的商事仲裁法律制度的研究,也包括对以往和以后的商事仲裁法律制度的研究。即使其对现行的商事仲裁法律制度所作的研究,对现行商事仲裁法律制度所作的解释,也只能是学理上的解释,不具有法律约束力。

二、商事仲裁法与商事仲裁法学的联系

商事仲裁法和商事仲裁法学又是两个具有密切联系的相关概念,具有逻辑上的关联性。商事仲裁法是商事仲裁法学的研究对象,是商事仲裁法学得以存在和发展的基础。同时,商事仲裁法学又可以通过对商事仲裁法的研究,推动商事仲裁法律制度的不断完善和发展,使得商事仲裁法律制度更加科学、更加符合社会发展的需要。此外,商事仲裁法和商事仲裁法学都受一定的社会经济发展条件所制约;且又都服务于一定的社会经济发展需要。所以,不管是制定有关的商事仲裁法律制度,还是进行相关的商事仲裁法学的研究,都必须考虑到一定的社会经济发展状况和水平,即充分考虑到国家的国情。

第二章　商事仲裁机构

商事仲裁制度的形成和发展经历了一个漫长的历史过程，商事仲裁的形态在不同的历史时期也存在着差异。早期的商事仲裁多为临时仲裁，很少有常设性仲裁机构。随着商事关系的飞速发展，世界各国普遍将商事仲裁作为解决商事法律争议的一种有效方法，于是纷纷制定或修改其商事仲裁法，设立常设仲裁机构，受理商事仲裁案件。商事仲裁是国际通行的商事纠纷解决方式，是中国营商环境建设和涉外法治建设的重要组成部分，商事仲裁机构是党的二十大报告强调需要加快建设的现代公共法律服务体系的重要组成部分。

第一节　商事仲裁机构的概念

商事仲裁机构是依据有关的国际条约或相关国家的商事仲裁立法而设立的商事仲裁管理机构。商事关系中的双方当事人可以自主约定由某个商事仲裁机构来解决其商事法律争议。

一、商事仲裁机构的含义

商事仲裁机构是由商事关系中的双方当事人自主选择，通过商事仲裁方式解决他们之间的合同争议或其他财产权益争议的民间性机构，有临时仲裁机构和常设仲裁机构之分。

不同于商事仲裁庭，商事仲裁机构只是商事仲裁的管理机构，本身并不直接审理和裁判具体的商事仲裁案件。例如，作为常设仲裁机构，商事仲裁机构与在其内部根据有关国家的商事仲裁法和有关的商事仲裁规则所成立的商事仲裁庭之间，特别是在具体审理和裁判有关的商事仲裁案件时，彼此独立，互不影响。商事仲裁机构，只有商事仲裁的管理权，而没有商事仲裁的审理权和裁判权。即使是在采用临时仲裁机构进行仲裁时，虽然从表面上看，临时仲裁机构和临时仲裁庭同时产生、同时存在，形式上也基本相似，但二者之间还是有着本质的区别。作为由仲裁员和临时聘用的工作人员组成的临时仲裁机构，只有商事仲裁的管理职能；而由仲裁员组成的临时仲裁庭，依法享有商事仲裁的审理职能和裁判职能。可见，商事仲裁机构和商事仲裁庭是两个不同的概念。商事仲裁庭是指由当事人选定，或者其他有权机构依据当事人的授权或依据法律或仲裁规则的规定所指定的仲裁员组成的，负责对商事法律争议事项进行审理，并作出裁决的组织，是具有准司法性质的裁判组织。而商事仲裁机构是仲裁事务的管理机构，是为商事仲裁庭行使商事仲裁权提供服务的机构。

二、商事仲裁机构的性质

基于商事仲裁与商事仲裁机构的发展历史，商事仲裁机构与法院的关系，以及商事仲裁机构与商事仲裁庭的关系，可以将商事仲裁机构的性质概括为如下两个方面。

（一）商事仲裁机构具有民间性

虽然商事仲裁是一种法律认可的，对当事人在商事活动中产生的法律争议进行审理，并且可以作出裁决的争议解决方式，具有"准司法"的功能，但商事仲裁的前提还是当事人的自愿，没有任何的国家强制性因素，因此，商事仲裁的本质属性是民间性。组织、主持进行商事仲裁活动的机构，即商事仲裁机构也只具有民间团体的性质，其管辖权完全依赖于争议双方当事人自愿达成的商事仲裁协议，没有任何强制的意义。即使是像深圳国际仲裁院，虽然被认定为法定机构，但也既不属于行政机构，更不属于司法机构，摆脱不了其"民间性"这一属性。虽然商事诉讼也是一种法定的争议解决方式，但在性质上完全不同于商事仲裁，具有完全的强制性和国家司法的性质。法院是进行商事诉讼的国家机构，自始至终都是国家通过立法赋予审判权力的机构，即国家审判机构，其管辖权主要来源于法律规定，不完全以当事人的意志为转移，具有完全的强制性。

商事仲裁机构的民间性与商事仲裁的发展历史密切相关。早在古罗马时期，人们就开始采用一种灵活、高效、便捷的方式来解决他们在商品交换过程中所产生的争议，这种解决商事争议的方式就是商事仲裁。从古罗马的《十二铜表法》开始，到 19 世纪中期，商事仲裁完全是一种民间性的争议解决方式。当事人依照自己的意愿选择商事仲裁方式和仲裁员，商事仲裁裁决的履行也全靠当事人的自觉。[①] 与之对应，商事仲裁机构也就是纯粹的民间性机构。直到 19 世纪中期以后，随着商事关系的发展，西方各国顺应时代的要求，纷纷制定其商事仲裁法律，将商事仲裁纳入法制的轨道，赋予了法律上的意义。商事仲裁才在本质上发生了变化，由一种完全民间性的争议解决方式变成了一种全新的法律解决方式，具有了"准司法"的性质。但世界各国的商事仲裁立法和国际社会的国际商事仲裁立法，同时又都尽可能地保留和发展了商事仲裁作为一种争议解决方式本身所具有的优势，即在赋予其商事仲裁裁决强制执行力的同时，给予当事人高度的自主性和灵活性，充分保留了商事仲裁的民间性特征。而且，绝大多数国家的商事仲裁立法还非常明确地将商事仲裁机构规定为民间性团体。这是因为商事仲裁机构的民间性能够在很大程度上保持和发展商事仲裁灵活、高效、便捷、经济的优势，同时能够最大限度地维护商事仲裁的公正性和独立性，使商事仲裁不受国家政策的支配和干预。国际上著名的商事仲裁机构，如伦敦国际仲裁院、瑞士苏黎世商会仲裁院、瑞典斯德哥尔摩商会仲裁院、美国仲裁协会等都是纯粹的民间商事仲裁机构，独立于政府和法院，依靠公正和效率赢得声誉。

在中国《仲裁法》颁布实施之前，中国除中国贸仲和中国海事仲裁委员会（以下简称

① 参见肖永平:《也谈我国法院对仲裁的监督范围》，载《法学评论》1998 年第 1 期。

"中国海仲")以外的商事仲裁机构都隶属于行政机关,如经济合同仲裁委员会隶属于各级工商行政管理部门,技术合同仲裁委员会隶属于各级科学技术委员会。这些仲裁委员会的行政机关属性十分突出,在这些仲裁委员会所进行的商事仲裁也具有非常浓厚的行政色彩,与国际上通行的商事仲裁机构和商事仲裁的民间性大相径庭。中国《仲裁法》在总结中国以往商事仲裁实践的基础上,参考国际社会的通行做法,废除了商事仲裁机构和行政机关之间的隶属关系,明确认可了商事仲裁机构的民间性,从法律上确保了商事仲裁机构和商事仲裁的独立性和民间性,建立起了完全意义上的商事仲裁法律制度。① 依据中国《仲裁法》的规定,原来各地方建立的隶属于各行政管理部门的商事仲裁机构,必须与行政机关脱钩,依法重新组建。② 中国《仲裁法(修订意见稿)》第 13 条规定:"仲裁机构是依照本法设立,为解决合同纠纷和其他财产权益纠纷提供公益性服务的非营利法人,包括仲裁委员会和其他开展仲裁业务的专门组织。仲裁机构经登记取得法人资格。"

当然,由于在中国各商事仲裁机构的组建过程中,有关政府机关发挥了主导作用,各地多由政府的法制办公室或法制局筹备当地仲裁委员会的组建,③ 从而使得依靠行政力量重新组建的各商事仲裁机构,至今仍有不少商事仲裁机构未能完全摆脱行政权的干预。有些行政机构利用行政权,要求合同当事人必须选择当地的商事仲裁机构;还有一些地方将仲裁委员会按行政模式定编定级,将商事仲裁机构定性为政府所属的一个行政机构或为其确定一个行政主管部门,使得商事仲裁机构成为受制于行政机关的"第二审判机关",严重损害了商事仲裁机构的独立性和民间性。④ 这与中国商事仲裁立法的初衷是相违背的。特别是从长远的发展看,随着中国进一步全方位开放,商事仲裁机构应该尽快脱离行政权的干预,成为真正的纯民间性机构。而且,能否坚持商事仲裁机构的民间性,已成为中国商事仲裁机构和商事仲裁机制能否得到迅速发展,能否在国际社会保持一定竞争实力的关键所在。

(二)商事仲裁机构具有管理性和服务性

商事仲裁机构是依法建立的民间性团体,特别是各常设商事仲裁机构,都制定有专门的章程,而且都在其章程中明确地将本机构的职能定位于为商事仲裁事务提供管理,为商事仲裁庭进行裁判活动提供服务。具体来讲,商事仲裁机构本身并不直接进行商事仲裁审理和裁判活动,无权对当事人提交商事仲裁的商事法律争议进行审理和裁决,而只是接受商事仲

---

① 中国《仲裁法》第 8 条规定:"仲裁依法独立进行,不受行政机关、社会团体和个人的干涉";第 14 条规定:"仲裁委员会独立于行政机关,与行政机关没有隶属关系,仲裁委员会之间也没有隶属关系"。

② 中国《仲裁法》第 10 条规定:"仲裁委员会可以在直辖市和省、自治区人民政府所在地的市设立,也可以根据需要在其他设区的市设立,不按行政区划层层设立。仲裁委员会由前款规定的市的人民政府组织有关部门和商会统一组建。新设立的仲裁委员会,应当经省、自治区、直辖市的司法行政部门登记。"为了做好重新组建商事仲裁机构的工作,国务院办公厅先后发布了关于指导全国各地商事仲裁机构重新组建工作的一些规范性文件,明确了仲裁委员会的组成方式、受案范围、登记办法和收费办法,并为中国新组建的仲裁委员会提供了示范章程文本和暂行仲裁规则文本。最高人民法院也先后发布司法解释,对重新组建仲裁委员会所涉及的司法问题予以规范。

③ 参见张斌生主编:《仲裁法新论》,厦门大学出版社 2002 年版,第 581 页。

④ 参见陈治东著:《国际商事仲裁法》,法律出版社 1998 年版,第 47 页。

裁申请,并在其主持下,帮助争议双方选任仲裁员组成仲裁庭,提供商事仲裁场所及其他管理上的服务。例如,1994 年《意大利仲裁协会国际仲裁规则》第 1 条第 1 款规定:仲裁院并不解决争议,仅依据本规则管理仲裁程序。1997 年《美国仲裁协会国际仲裁规则》第 1 条第 3 款规定:美国仲裁协会可以利用本会的设施或者与之有合作协议的仲裁机构的设施,提供服务。2021 年《国际商会仲裁规则》第 1 条第 2 款规定:仲裁院自身并不解决争议。仲裁院根据国际商会仲裁规则(“仲裁规则”)对争议解决实施管理,由仲裁庭解决争议。仲裁院是唯一经授权对仲裁规则项下仲裁活动实施管理的机构,包括对按照仲裁规则所作出的裁决进行核阅、批准。仲裁院制定自己的内部规则,见附件二(“内部规则”)。[①] 商事仲裁庭才是具体审理商事法律争议,并且作出商事仲裁裁决的组织。也就是说,从严格意义上来讲,只有商事仲裁庭才具有“准司法”机构的性质。

三、商事仲裁机构的分类

依据商事仲裁机构组成形式和持续时间的不同,可以将其区分为临时仲裁机构和常设仲裁机构。

(一)临时仲裁机构

临时仲裁机构是指根据当事人的商事仲裁协议,在争议发生后由双方当事人选任的仲裁员及其他行政管理人员临时组成,负责裁断当事人之间的争议,并在审理终结作出裁决后即行解散的商事仲裁机构。临时仲裁机构是进行临时仲裁的组织形式。临时仲裁,在 19 世纪中期机构仲裁出现之前,一直是唯一的商事仲裁的形式。目前,仍然有很多国家的商事仲裁立法确认这种商事仲裁形式。临时仲裁机构设立的目的在于专门解决当事人之间某一特定的商事法律争议。

临时仲裁机构的特点是它的临时性,即没有固定的组织机构、仲裁规则、工作人员以及办公地点。据此而建立的临时仲裁庭,在审理商事仲裁案件时,所依据的是双方当事人共同协议自行创立的一套商事仲裁程序规则,或共同选定或委托某一机构确定的某一商事仲裁规则,如联合国国际贸易法委员会的仲裁规则。

与常设仲裁机构相比,临时仲裁机构有其自身的优势:

(1)当事人在选任仲裁员、决定商事仲裁程序和适用法律等方面具有更强的自主性和灵活性。双方当事人可以按照其共同的意愿自行创立一套商事仲裁程序规则,也可以共同选定适用某一商事仲裁规则。有关的临时仲裁庭也可以完全按照双方当事人的愿望和约定来对争议事项进行审理并作出裁决。

(2)仲裁费用较低。临时仲裁机构没有固定的办公场所、没有固定的管理人员,因此,当事人在仲裁费用方面就节约了对这几项管理费用的支出。

(3)临时仲裁机构能在最短的时间内作出商事仲裁裁决,大大节省了当事人的时间。临时仲裁庭在处理商事仲裁案件时,是与双方当事人共同协商或裁决争议,没有管理上的监

① 《国际商会仲裁规则》(2021 年 1 月 1 日起生效),参见国际商会网站。

督，也不受常设仲裁机构固定商事仲裁程序时限的限制，还可以不必填写审理案件的各种仲裁文书和文件材料等，这些都为当事人节约了时间。因此，在国际商事仲裁中，临时仲裁机构仍占有极为重要的地位。如当事人对一些争议金额不大，而且希望尽快了结争议的案件，就可以通过协议选择临时仲裁机构，以通过临时仲裁的方式尽快审理和解决他们之间的争议。这种通过临时仲裁机构解决争议的方式，不仅可以为当事人节省更多的费用，也能在最短的时间内作出商事仲裁裁决。在国际商事仲裁实践中，临时仲裁机构仲裁受到了普遍的欢迎，特别是在一些海事案件和国家作为争议当事人一方的国际商事案件中被广泛采用。

当然，虽然临时仲裁机构有其自身的优势，但也存有明显的缺陷，如商事仲裁程序的进行必须有双方当事人更充分的合作，对商事仲裁过程及商事仲裁裁决缺乏像常设仲裁机构仲裁时那样必要的监督和管理等。常设仲裁机构的出现正好弥补了临时仲裁机构的不足。

在中国《仲裁法》以及相关的法律、法规中，还没有可以在中国进行临时仲裁的规定。在中国《仲裁法》的起草过程中，对于是否采用临时仲裁和机构仲裁并存的制度曾进行过充分讨论，最后形成比较一致的意见是：尽管在历史上临时仲裁早于机构仲裁出现，但考虑到中国当事人对于临时仲裁还不熟悉，需要一个了解和适应的过程，因此对临时仲裁没有作出规定，只规定了机构仲裁。[①] 中国《仲裁法》第 16 条和第 18 条明确规定，在商事仲裁协议中必须订明“选定的仲裁委员会”，即商事仲裁必须有一个商事仲裁机构，否则，商事仲裁协议无效。[②] 不过，在中国的商事仲裁立法中，只是不承认在中国的临时仲裁机构及其作出的商事仲裁裁决，并不意味着对外国临时仲裁机构及其商事仲裁裁决的否定。因为中国是 1958 年《纽约公约》的缔约方，根据 1958 年《纽约公约》的规定，我国对机构仲裁与临时仲裁的商事仲裁裁决均应予以承认和执行。[③] 如果相关当事人持有 1958 年《纽约公约》各缔约方的临时仲裁机构所作出的商事仲裁裁决到中国法院申请承认与执行，中国法院不能以中国商事仲裁立法中没有对临时仲裁的规定，即不能以有关商事仲裁协议中没有订明商事仲裁机构为由否认该有关商事仲裁协议的有效性，从而拒绝承认和执行该项临时仲裁裁决。从这个角度讲，中国并不完全否认临时仲裁机构的存在和适用。

随着共建“一带一路”倡议的推行，中国相应的商事纠纷解决方式也在和国际接轨。2016 年 12 月 30 日，最高人民法院印发《最高人民法院关于为自由贸易试验区建设提供司法保障的意见》，其中第 9 条第 3 款建立了“有限的”临时仲裁。[④] 这为临时仲裁在中国的

① 参见赵健著：《国际商事仲裁的司法监督》，法律出版社 2000 年版，第 61 页。

② 中国《仲裁法》第 16 条第 2 款：“仲裁协议应当具有下列内容：（一）请求仲裁的意思表示；（二）仲裁事项；（三）选定的仲裁委员会。”第 18 条：“仲裁协议对仲裁事项或者仲裁委员会约定不明确的，当事人可以补充协议；达不成补充协议的，仲裁协议无效。”

③ 参见 1958 年《纽约公约》第 1 条第 2 款：“仲裁裁决”一词不仅指专案选派的仲裁员所作裁决，亦指当事人提请仲裁的常设仲裁机关所作裁决。国务院法制办公室政府法制协调司编：《中国仲裁机构概览》，中国物价出版社 2001 年版，第 56 页。

④ 《最高人民法院关于为自由贸易试验区建设提供司法保障的意见》第 9 条第 3 款：在自贸试验区内注册的企业相互之间约定在内地特定地点、按照特定仲裁规则、由特定人员对有关争议进行商事仲裁的，可以认定该商事仲裁协议有效。人民法院认为该商事仲裁协议无效的，应报请上一级法院进行审查。上级法院同意下级法院意见的，应将其审查意见层报最高人民法院，待最高人民法院答复后作出裁定。

展开提供了合法性基础，然而其对临时仲裁要件的表述较为模糊，使得这一制度在实践中难以得到有效实施。有鉴于此，国内各商事仲裁机构和组织开始积极制定符合中国现状的临时仲裁规则，推动中国临时仲裁进入实践阶段。珠海横琴新区管委会和珠海仲裁委员会于2017年3月率先在珠海横琴自贸区正式发布了《横琴自由贸易试验区临时仲裁规则》（以下简称"《横琴临时仲裁规则》"），该规则于2017年4月正式生效。作为中国首部临时仲裁规则，其颁布对中国临时仲裁的切实展开具有重要意义。从条文结构来看，《横琴临时仲裁规则》分8章共61条，分别规定了总则、仲裁协议、仲裁程序的开始、仲裁庭、审理程序、裁决、送达与期限、附则等。此外，中国《仲裁法（修订意见稿）》第91条、第92条和第93条规定了在涉外商事仲裁中采用临时仲裁的制度："具有涉外因素的商事纠纷的当事人可以直接约定由专设仲裁庭仲裁""专设仲裁庭仲裁的仲裁程序自被申请人收到仲裁申请之日开始""专设仲裁庭仲裁的案件，裁决书经仲裁员签名生效""仲裁庭应当将裁决书送达当事人，并将送达记录和裁决书原件在送达之日起30日内提交仲裁地的中级人民法院备案"。

（二）常设仲裁机构

常设仲裁机构是指依据国际条约或国内法设立的具有固定的名称、地点、组织形式、组织章程、仲裁程序规则和仲裁员名单，并且具有完整的办事机构和行政管理制度的用于解决商事法律争议的永久性的商事仲裁机构。常设仲裁机构是与临时仲裁机构相对而言的。由于临时仲裁机构具有临时性的特点，它不能适应案情复杂、涉及面广、需要有行政管理等案件审理的要求；不能适应日益发展且日趋复杂化的经济、贸易以及科学技术合作等社会生活的要求。因此，在19世纪中期，常设仲裁机构应运而生，且在国际范围内迅速发展，成为当今国际社会解决商事法律争议的主要机构。

常设仲裁机构的特点是它的稳定性，即有固定的名称、地点、组织形式、组织章程、仲裁程序规则和仲裁员名单，以及完整的办事机构和行政管理制度。正因为如此，常设仲裁机构可以更加有效地组织商事仲裁，保障商事仲裁程序的顺利进行，以及为当事人提供许多更为便利的条件；也可以在解决争议标的金额较大、案情较为复杂的商事仲裁案件中发挥着更为积极的作用。

与临时仲裁机构相比，常设仲裁机构有其自身的优势：

（1）各常设仲裁机构一般都有自己的商事仲裁规则和建议当事人采用的标准仲裁条款。当事人可以通过将其商事法律争议合意交由某一常设仲裁机构解决从而适用其商事仲裁规则的方式，来避免由于商事仲裁协议内容的不完善而导致的不必要的麻烦。因为常设仲裁机构的商事仲裁规则对商事仲裁所涉及的具体程序问题都有专门而详细的规定，如对仲裁地点的确定、仲裁庭的组成、仲裁程序的进行、仲裁适用的法律（包括商事仲裁所适用的程序法和作出商事仲裁裁决所依据的实体法）、仲裁所使用的语言以及仲裁的收费标准等都有专门的规定。

（2）常设仲裁机构都专门备有仲裁员名册供当事人使用。一方面，可以避免当事人在选择仲裁员问题上达不成一致意见而造成时间的拖延；另一方面，也可以保证双方当事人所选定的仲裁员在知识水平、道德品质、资格、能力等方面都比较相当。因为仲裁员自身知识水平、道德品质、能力和资格是商事法律争议得以公正、独立解决的关键，是商事仲裁裁决公正性的保障，也是商事仲裁裁决能够由当事人自觉履行的基础。而常设仲裁机构仲裁员名册中的仲裁员，都是从各领域内具有丰富的解决商事法律争议经验的专家、学者和品德优秀的人士中选聘的，这不仅有效的弥补了各国商事仲裁立法中未对仲裁员资格进行规定可能带来的风险，同时也可以保障争议能够公正、独立、及时、迅速地得到解决。

（3）常设仲裁机构都设有专门的办事机构，负责商事仲裁管理和日常管理事务。如常设仲裁机构都会根据商事仲裁的发展状况及时修订本机构的商事仲裁规则；会接受当事人的委托或按照商事仲裁规则的规定指定仲裁员、决定仲裁员的回避及指定替代仲裁员①、决定商事仲裁管辖权②等。此外，常设仲裁机构中还设有秘书处（局）：负责整个机构的日常管理事务；为商事仲裁庭配备有专门的工作人员负责商事仲裁庭与当事人之间的联系、沟通和协调，直至商事仲裁裁决的作出③；协助当事人选择仲裁员组成仲裁庭；负责管理、协助和保障商事仲裁程序的顺利进行。

（4）常设仲裁机构具有一整套管理商事仲裁程序的制度，包括商事仲裁规则、内部规章以及其办事机构和工作人员的管理办法等，在长期的商事仲裁实践中积累了丰富的经验，树立了良好的信誉，因此，由常设仲裁机构管理下的商事仲裁庭作出的商事仲裁裁决更容易得到外国法院的承认和执行。

同样，尽管常设仲裁机构有其自身的优势，但也存在一定的不足，如与临时仲裁机构相比，其商事仲裁程序过分严格、仲裁时间过长、仲裁费用过高等。

此外，依据常设仲裁机构的隶属关系，可将其分为国家性的商事仲裁机构和国际性的商

① 参见赵秀文著：《国际商事仲裁及其适用法律研究》，北京大学出版社 2002 年版，第 340 ~ 341 页；宋朝武著：《中国仲裁制度：问题与对策》，经济日报出版社 2002 年版，第 64 页。

② 国际社会的有关国际条约和世界各国的商事仲裁立法及相关的商事仲裁规则，一般都认可商事仲裁管辖权自裁原则，即确定商事仲裁管辖权的主体为商事仲裁庭，但从中国《仲裁法》第 20 条有关“当事人对仲裁协议的效力有异议的，可以请求仲裁委员会作出决定或者请求人民法院作出裁定”这一规定来看，中国商事仲裁法并不认可商事仲裁管辖权自裁原则，将确定商事仲裁管辖权的权力赋予仲裁委员会和法院，这与国际上的普遍做法并不一致。仲裁委员会和仲裁庭是完全不同的概念，对于中国确定商事仲裁管辖权的主体为仲裁委员会而不是仲裁庭的规定，商事仲裁法学理论界已经有了质疑，这种规定违背了商事仲裁管辖权自裁原则，事实上剥夺了商事仲裁庭对案件的自裁管辖权，使得商事仲裁庭依附于仲裁委员会，商事仲裁庭仲裁案件的独立性和公正性受到了怀疑。为与国际商事仲裁规范接轨，中国商事仲裁实践中采用了一种变通的方式，即通过仲裁委员会授权的方式，将商事仲裁管辖权的实质认定权交由商事仲裁庭，在一定程度上体现了商事仲裁管辖权自裁原则的精神。例如，中国贸仲《仲裁规则》（2015 年版）第 6 条规定：“对仲裁协议及 / 或管辖权的异议：（一）仲裁委员会有权对仲裁协议的存在、效力以及仲裁案件的管辖权作出决定。如有必要，仲裁委员会也可以授权仲裁庭作出管辖权决定。（二）仲裁委员会依表面证据认为存在由其进行仲裁的协议的，可根据表面证据作出仲裁委员会有管辖权的决定，仲裁程序继续进行。仲裁委员会依表面证据作出的管辖权决定并不妨碍其根据仲裁庭在审理过程中发现的与表面证据不一致的事实及 / 或证据重新作出管辖权决定……”《北京仲裁委员会仲裁规则》（2022 年版）第 6 条管辖权异议也有类似的规定。本书认为，中国应当引入商事仲裁管辖权自裁原则，应该将对商事仲裁管辖权的认定机构确定为商事仲裁庭，而非仲裁委员会。

③ 如中国各商事仲裁机构的秘书处都具有该项工作职能。

事仲裁机构。[①]国家性的商事仲裁机构是指由某一国家依据国内法设立的常设仲裁机构。它通常隶属于国内某一个机构,如商会,受理包括涉及国内商事法律争议和国际商事法律争议的案件。例如,瑞典斯德哥尔摩商会仲裁院、伦敦国际仲裁院、瑞士苏黎世商会仲裁院、美国仲裁协会、新加坡国际仲裁中心、日本商事仲裁协会以及中国贸仲等,都是国家性的商事仲裁机构。国际性的商事仲裁机构是指依据国际组织的决议或国际条约成立的,附设于某一国际组织内而不隶属于任何国家的常设仲裁机构。这种常设仲裁机构或者是全球性的,如国际商会国际仲裁院、解决投资争议国际中心;或者是地区性的,如美洲国家间商业仲裁委员会。

依据常设仲裁机构受理案件的性质,可将其分为单一性常设仲裁机构、专业性常设仲裁机构和综合性常设仲裁机构。单一性常设仲裁机构是指只受理国际商事仲裁案件,不受理国内商事仲裁案件的商事仲裁机构。专业性常设仲裁机构又有开放性与密闭性之分。开放性常设仲裁机构是指可以受理本专业或行业团体成员和非团体成员的案件的商事仲裁机构;密闭性常设仲裁机构是指仅受理本专业或行业团体成员的案件的商事仲裁机构,如英国伦敦橡胶交易所的商事仲裁机构、荷兰咖啡贸易仲裁委员会。综合性常设仲裁机构是指可以受理不同种类的商事仲裁案件的商事仲裁机构,如美国仲裁协会、伦敦国际仲裁院等。[②]

依据常设仲裁机构在商事仲裁程序中的不同职能,可将其分为全面管理型常设仲裁机构和宣传与协助型常设仲裁机构。全面管理型常设仲裁机构,最为典型的有国际商会国际仲裁院和中国贸仲。全面管理商事仲裁是该类型常设仲裁机构的主要工作,其主要经济来源是管理的收费,因此他们非常重视对商事仲裁案件从头到尾的管理。如在国际商会国际仲裁院中,当事人提交的所有材料和仲裁庭向当事人发出的任何通知都必须交给秘书处一份;申请人必须按照一定的格式和内容,向秘书处提交足够份数的仲裁申请书和预交确定的管理费后,秘书处才会立案;秘书长可以确认当事人提名的仲裁员或根据当事人协议提名的人士担任仲裁员;组成仲裁庭后,在对案件进行实体审查前,仲裁员应把争议的范围、仲裁请求的摘要以及其他的仲裁事项提交仲裁院;商事仲裁庭作出商事仲裁裁决,在签署裁决前,应将其草案提交仲裁院;仲裁院可以对裁决书的形式进行修改,并且在不影响仲裁员的自主决定权的前提下,提请仲裁庭注意实体问题;在裁决书形式经仲裁院批准之前,商事仲裁庭不得作出裁决。宣传与协助型常设仲裁机构,其职能在于宣传商事仲裁或在适当的时候给予当事人一定的协助。如香港国际仲裁中心的主要职能就是在我国香港地区推广商事仲裁,并协助商事仲裁程序的进行。具体如提供推荐和指定仲裁员、提供开庭地点、传递仲裁文件、提供翻译等方面的服务。如果当事人申请临时仲裁,该中心可以作为指定机构为临时仲裁指定仲裁员。[③]

---

① 参见谢石松著:《国际民商事纠纷的法律解决程序》,广东人民出版社 1996 年版,第 49 ~ 51 页。

② 参见张斌生主编:《仲裁法新论》,厦门大学出版社 2002 年版,第 179 ~ 180 页。

③ 参见杨良宜著:《国际商务仲裁》,中国政法大学出版社 1997 年版,第 137 页;张斌生主编:《仲裁法新论》,厦门大学出版社 2002 年版,第 182 页。

第二节　外国国家性商事仲裁机构

由某一国家依据其国内商事仲裁立法所设立的国家性商事仲裁机构，属于常设仲裁机构的范畴。它们通常都隶属于一个国家国内的某个民间性机构（如商会），受理涉及国际、国内商事法律争议的案件。很多国家，特别是一些发达国家都建立了这样的国家性商事仲裁机构，如下都是在国际社会具有较大影响，同时又与中国有着较密切关系的国家性商事仲裁机构。

一、英国伦敦国际仲裁院

伦敦国际仲裁院（London Court of International Arbitration，简称 LCIA），成立于 1892 年，是国际社会历史最悠久的常设仲裁机构，成立时被称为“伦敦仲裁会”（London Chamber of Arbitration），1903 年改名为“伦敦仲裁院”，由伦敦城市和伦敦商会各派 12 名代表组成的联合委员会进行管理。1975 年，伦敦仲裁院与皇家特许仲裁员协会合并，1981 年改称为“伦敦国际仲裁院”，由伦敦城市、伦敦商会和皇家特许仲裁员协会共同组成的联合管理委员会管理。1986 年起，伦敦国际仲裁院改组成为有限责任公司，由董事会管理其活动。

伦敦国际仲裁院的日常工作由皇家特许仲裁员协会负责，仲裁员协会的会长兼任伦敦国际仲裁院的执行主席。伦敦国际仲裁院备有供当事人选择的仲裁员名单，这些仲裁员来自世界多个国家，具有丰富的专业知识、法律知识以及国际商事仲裁经验。该院在选任仲裁员时，注重强调专业知识，如是否为某一技术领域的专家，而对是否接受过法律教育或是否为法律专家不十分注重。伦敦国际仲裁院的仲裁规则未对仲裁员的人数进行限制，可以由仲裁院指定仲裁员，也可以由当事人选定，还可以由（包括法院在内的）其他机构指定。

伦敦国际仲裁院可以受理提交给它的任何性质的国际争议，在国际社会享有很高的声望。特别是国际海事仲裁案件，大多都诉诸该院。争议双方当事人将争议事项提交该院仲裁时，应向仲裁院的书记员提交书面的《仲裁申请书》；在仲裁院已实际收到仲裁费的情况下，以书记员收到《仲裁申请书》之日为仲裁开始之日。[①] 当事人可以自由约定组成仲裁庭的仲裁员人数以及是否设首席仲裁员或公断人，同时可以约定委任仲裁员（包括首席仲裁员和公断人）的程序；仲裁员的委任权属于仲裁院，仲裁院在委任仲裁员时，会适当考虑当事人书面同意的选择仲裁员的特定方法或标准；在选择仲裁员时，会考虑交易的性质、争议的性质与事实、当事人的国籍、所在地及语言以及当事人数目。若当事人已同意仲裁员由一

---

① 1.1 Any party wishing to commence an arbitration under the LCIA Rules（the “Claimant”）shall deliver to the Registrar of the LCIA Court（the “Registrar”）a written request for arbitration（the “Request”）.

1.4 The date of receipt by the Registrar of the Request shall be treated as the date upon which the arbitration has commenced for all purposes（the “Commencement Date”）, subject to the LCIA’s actual receipt of the registration fee. 详见《伦敦国际仲裁院仲裁规则》。

方或多方当事人委任或任何第三人委任，若该提名仲裁员符合条件[①]，则由仲裁院委任为仲裁员；若仲裁庭认为该提名仲裁员不合适、不独立或不公正，可以拒绝委任为仲裁员。

伦敦国际仲裁院于1981年制定的《伦敦国际仲裁院仲裁规则》，赋予了当事人较大的自主权利。除按照伦敦国际仲裁院的仲裁规则进行仲裁程序外，当事人还可约定按《联合国国际贸易法委员会仲裁规则》规定的商事仲裁程序进行仲裁，但要求指定该院为商事仲裁机构。而1998年1月1日起开始实施的《伦敦国际仲裁院仲裁规则》赋予了当事人更大的自主权利，当事人可以约定适用的商事仲裁规则、解决实体问题所适用的法律规范等。伦敦国际仲裁院现行的是2020年10月1日起生效的《伦敦国际仲裁院仲裁规则》。依据《伦敦国际仲裁院仲裁规则》，当事人适用该商事仲裁规则进行商事仲裁时，当事人不可采用撤回方式放弃他们向任何国家的法院或其他司法机关提起任何形式的上诉权（第26条第8款），除非这种放弃被任何适用法律所禁止。[②]

不过，由于受到“司法至上”思想的影响，在英国，商事仲裁程序一直受到英国法院的严格监控，法院享有广泛的监督权和复审权。一直到1979年《仲裁法》制定之后，这种情况才有所改变，该法基本上确立了当事人意思自治这一原则，并抛弃了许多司法监控的做法。如在对商事仲裁的实体司法监督方面，该法规定，不能再对存有事实错误的商事仲裁裁决提起上诉；而对于存有法律错误的商事仲裁裁决，也必须在特定条件下才能提起上诉。[③]现行的1996年《仲裁法》，大大减弱了法院对商事仲裁的司法监控，增强了法律和法院对商事仲裁的保护；开始充分尊重当事人的意思自治，并赋予了商事仲裁庭对其商事仲裁管辖权的自裁权力等。但该法中仍然保留有“司法至上”思想的痕迹，如仍然保留有在委任程序未进行时，法院有权指令商事仲裁庭应由已委任的仲裁员组成；有权撤销已作出的委任；有权自行作出必要的委任等；有权撤免行为失当或没有以应有的速度进行商事仲裁并作出裁决的仲裁员；有权撤销商事仲裁协议等条款。[④]

中国是一个海运大国，中国当事人跟国际社会许多国家的当事人都有着非常密切的海事海商关系。而在这些国际海事海商关系中，有很大一部分当事人都选择了伦敦国际仲裁院作为解决其相互之间将来可能发生的海事海商法律争议的仲裁机构。

---

① 此处仲裁员所符合的条件是指2020年《伦敦国际仲裁院仲裁规则》第5条第3款至第5款的规定。见7.1 If the parties have agreed howsoever that any arbitrator is to be appointed by one or more of them or by any third person (other than the LCIA Court), that agreement shall be treated under the Arbitration Agreement as an agreement to nominate an arbitrator for all purposes. Such nominee may only be appointed by the LCIA Court as arbitrator subject to that nominee's compliance with Articles 5.3 to 5.5; and the LCIA Court shall refuse to appoint any nominee if it determines that the nominee is not so compliant or is otherwise unsuitable.

② 26.8 Every award (including reasons for such award) shall be final and binding on the parties. The parties undertake to carry out any award immediately and without any delay (subject only to Article 27); and the parties also waive irrevocably their right to any form of appeal, review or recourse to any state court or other legal authority, insofar as such waiver shall not be prohibited under any applicable law. 详见《伦敦国际仲裁院仲裁规则》。

③ 参见齐树洁主编:《民事司法改革研究》，厦门大学出版社2000年版，第479页。

④ 参见英国1996年《仲裁法》第18条、第23～25条。

二、瑞士苏黎世商会仲裁院

苏黎世商会仲裁院(Court of Arbitration of the Zurich Chamber of Commerce,简称ZCC),成立于1911年,是瑞士苏黎世商会下设的一个全国性常设仲裁机构。

苏黎世商会仲裁院设有秘书处,主要负责审查仲裁申请是否符合条件、协助组织仲裁庭、收取保证金、收受及送达有关文件等具体事务。苏黎世商会仲裁院任命机构的职能由会长承担。

苏黎世商会仲裁院受理并仲裁瑞士境内的商事仲裁案件和有关当事人提交的国际商事仲裁案件。争议双方当事人将争议事项提交该院仲裁时,应向仲裁院提交书面的仲裁申请书。此时,由苏黎世商会会长从商会理事会成员中或其他适当的人选中指定仲裁庭主席或独任仲裁员。如果当事人约定由3名仲裁员组成仲裁庭,可由双方当事人各自指定1名仲裁员。

苏黎世商会仲裁院非常重视调解的作用,制定有《苏黎世商会仲裁院调解与仲裁规则》,除规定有独立进行的调解程序外,商事仲裁庭还可以在听证时或裁决前的任何时候进行调解,并设法促成当事人的和解,甚至还可以在正式作出裁决前同双方当事人讨论其审议的结果,以便使他们能在此基础上不经裁决而以协议方式解决有关争议。

商事仲裁庭在商事仲裁过程中,必须严格依照现行的《苏黎世商会仲裁规则》进行,在实体法的适用上,可依据双方当事人合意选择的法律或法律规则;如果当事人未作选择,则依据瑞士国际私法规则指定的法律或与当事人有关的国际公约所确定的法律对有关案件作出实质性裁决。在双方当事人授权的情况下,商事仲裁庭还可以依“公平合理”的原则进行友好仲裁。仲裁院对争议作出的实质性裁决具有终审裁决的效力,当事人必须自觉履行。

瑞士在政治上处于中立地位,这就使得苏黎世商会仲裁院的裁决比较容易被有关国家和双方当事人所接受,从而逐渐成为处理国际民商事法律争议的一个很重要的中心,在国际商事仲裁机构中具有一定的地位。在涉及中国当事人的有关国际商事关系中,也有相当一部分选择了苏黎世商会仲裁院作为仲裁解决有关商事法律争议的商事仲裁机构。

三、瑞典斯德哥尔摩商会仲裁院

斯德哥尔摩商会仲裁院(The Arbitration Institute of Stockholm Chamber of Commerce,简称SCC),成立于1917年,总部设在瑞典首都斯德哥尔摩,是隶属于但又独立于瑞典斯德哥尔摩商会的一个商事仲裁机构。其宗旨是:根据仲裁院本身的商事仲裁规则或仲裁院采用的其他规则协助解决国内和国际商事法律争议;[①] 由仲裁院决定,协助以部分或全部不同于仲裁院规则规定的方式进行商事仲裁程序;提供有关根据仲裁院规则解决商事法律争议的

---

① 仲裁院已采用《加速仲裁规则》《保险仲裁规则》《调解规则》及《联合国国际贸易法委员会仲裁规则》下的程序和服务。

咨询和指令；提供有关商事仲裁和调解事宜的信息；按照仲裁院就每个案件作出的决定，协助进行与上述规则规定不同的审理程序；提供有关商事仲裁事务的咨询。

斯德哥尔摩商会仲裁院由理事会和秘书处组成。理事会由1名主席、2～3名副主席以及最多12名其他成员组成。他们来自瑞典国内外，并且均为国际商事争议解决领域声望卓著和专业水平高超的专家。理事会的职能是根据斯德哥尔摩商会仲裁院仲裁规则做出决定，这些决定的范围涵盖了初步管辖权、仲裁员任命、仲裁员资格异议和仲裁费用等方面。秘书处由秘书长领导，其9名成员掌握多种语言。秘书处的职责包括日常案件管理、活动组织和出版物制作等。秘书处下设三个分部，每个分部设一名法律顾问和一名办案秘书，可使用英语、瑞典语、俄语、西班牙语或德语来管理案件的进行。当事人也可以在商事仲裁庭组成之后，在商事仲裁程序中约定使用其他的语言。①

斯德哥尔摩商会仲裁院可以受理世界上任何国家当事人所提交的商事仲裁案件。案件中的争议双方当事人将争议事项提交该院仲裁时，必须向该院提交书面的仲裁申请书。该院审查后认为有管辖权的，即协助筹设仲裁庭。当事人可以约定仲裁员的人数，约定仲裁庭的指定程序。当事人在指定仲裁员时可以不受仲裁员名单的限制，也可以不受国籍的限制。但被指定的仲裁员必须同当事人没有利害关系。② 仲裁地点，除当事人已另有约定外，一般都由仲裁院决定。③

商事仲裁庭在进行商事仲裁程序时，既可适用斯德哥尔摩商会仲裁院的商事仲裁规则，也可以适用当事人选定的其他商事仲裁程序规则。在实体法的适用上也相当灵活，原则上按当事人约定的法律或法律规则解决争议的实体问题；如当事人未约定适用的法律或法律规则，商事仲裁庭应适用其认为最为合适的法律或法律规则。当事人选择的某个国家的法律应视为选择该国的直接规范，而非间接规范。非经当事人明确授权，商事仲裁庭不能依公允及善良原则或作为友好仲裁员裁决案件。④ 商事仲裁庭作出的实质性裁决具有终审裁决的效力，当事人应自动予以履行。

由于瑞典的商事仲裁制度历史悠久，又有一套完整的商事仲裁规则和一大批精通国际商事仲裁的专家，因此，其商事仲裁的公正性在国际社会享有很高的声誉。斯德哥尔摩商会仲裁院现已发展成为国际社会一个非常重要的国际商事仲裁中心。再加上瑞典先后参加了

---

① 参见2017年《斯德哥尔摩商会仲裁院仲裁规则》附件一："组织机构"中第1～8条。

② 参见2017年《斯德哥尔摩商会仲裁院仲裁规则》第16～18条。

③ 参见2017年《斯德哥尔摩商会仲裁院仲裁规则》第25条：仲裁地。（1）除非当事人已有约定，理事会应当决定仲裁地。（2）仲裁庭经与当事人协商后，可以在其认为合适的任何地点进行开庭审理。仲裁庭可以在其认为合适的任何地点召开会议，对案件进行合议。即使庭审、会议或合议在仲裁地以外的地点进行，仲裁应当视为在仲裁地发生。（3）裁决应当视为在仲裁地做出。

④ 参见2017年《斯德哥尔摩商会仲裁院仲裁规则》第27条：适用法律。（1）仲裁庭应当根据当事人约定的法律或法律规则裁决案件。如果没有约定，仲裁庭应当适用其认为最为合适的法律或法律规则。（2）当事人所约定的特定国家的法律均视为是指该国的直接规范（即实体法），而并非其间接规范（即冲突法规则）。（3）只有经当事人明示授权，仲裁庭才能以公允善良的原则或以友好调和人的身份裁决争议。

1927年在日内瓦订立的《关于执行外国仲裁裁决公约》和1958年《纽约公约》，与许多国家存在相关条约关系，所以，斯德哥尔摩商会仲裁院仲裁庭所作出的裁决在世界范围内得到了广泛的承认和执行。也正是由于这许多方面的原因，国际商事关系中的中国当事人，在外方当事人要求选择在非中国商事仲裁机构进行仲裁时，大都会考虑选择在斯德哥尔摩商会仲裁院进行仲裁。

四、美国仲裁协会

美国仲裁协会（American Arbitration Association，简称AAA），成立于1926年，是一个独立的、非政府性的、非营利性的民间性组织，是美国最主要的商事仲裁常设机构。其总部设在纽约，并在全美24个主要城市设有分支机构。其目的是在法律许可的范围内，以商事仲裁方式解决商事法律争议。

美国仲裁协会受协会理事会领导，其理事会由从全国各行业和各社会团体中所选举出的成员组成，该仲裁协会由精通仲裁和法律的专家组成的常设机构进行管理。美国仲裁协会备有仲裁员名册，拥有来自世界很多国家的仲裁员达数千人。该协会在选任仲裁员时，不限制国籍，但仲裁员必须公正无私，且为各行业中享有声誉并具有一定的专业技能和知识的人士。仲裁协会内部设有专门负责教育和培训的部门，定期对仲裁员进行仲裁知识和技能的培训，使他们能够在实践中更充分地发挥作用，并保证商事仲裁裁决的质量。

仲裁协会采用列名的方式向当事人推荐仲裁员，由当事人双方进行选择。但当事人对仲裁员的选择不受仲裁员名册的限制，可以在仲裁员名册之外指定仲裁员。如果一方当事人对仲裁员的公正性有合理的怀疑而提出异议，该协会将为此指定一个由3人组成的特别委员会对仲裁员的公正性作出决定。仲裁地点由各方当事人约定，如果各方当事人未能就仲裁地点达成一致，美国仲裁协会可初步确定仲裁地点，仲裁庭有权在成立后60日内确定最终仲裁地点。

美国仲裁协会的受案范围非常广泛，可以受理全美各地以及外国的当事人提交给它的除法律和公共政策禁止仲裁的事项以外的任何法律争议，包括国际经济贸易争议、劳动争议、消费者争议以及证券法律争议等。并为此制定有很多类型的仲裁规则。如美国仲裁协会制定有自己的商事仲裁规则，该规则于1981年进行了修订；美国仲裁协会于2000年修改并生效的《美国仲裁协会国际仲裁规则》，适用于处理国际性商事仲裁案件；另外，对有关纺织业、建筑业、谷物、香料贸易、汽车事故索赔、劳工争议等行业和特定种类的争议，还分别制定了很多特殊规则。该协会一般都是依据自己的商事仲裁规则进行仲裁，但也可以根据双方当事人的要求，适用《联合国国际贸易法委员会仲裁规则》规定的商事仲裁程序规则进行仲裁。至于实体法的适用，则依据双方当事人合意选择的法律。如果双方当事人未就法律适用问题达成协议，则几乎都是自动地选择仲裁地的法律作为仲裁依据的法律。如果双方当事人就仲裁地有异议，通常由该协会指定其在纽约市的分支机构，依纽约市现行的法律对有关案件进行商事仲裁审理，并作出实质性裁决。

由于美国仲裁协会能提供完备的行政管理和服务设施，商事仲裁较少受到司法干预，因此，近年来受理的案件持续上升，成为世界上受案量最高的民间商事仲裁机构。随着中美当事人之间商事关系的日益频繁，有关的商事法律争议越来越多，选择美国仲裁协会来仲裁解决有关商事法律争议的情形也会随之增多。

五、日本商事仲裁协会

日本商事仲裁协会（Japan Commercial Arbitration Association，简称 JCAA），于 1950 年成立，是依据日本《民法典》第 34 条的规定而成立的社团法人。[①] 日本商事仲裁协会设立的宗旨是通过商事仲裁和调解的方式，解决国内和国际商事法律争议，以促进本国的国内经济和对外经济贸易的发展。

日本商事仲裁协会的主要工作是对国内和国际商事争议进行商事仲裁和调解，同时提供避免商事争议的法律咨询。该仲裁协会设有仲裁员名单，由东京总部及各分会秘书处保管，以供当事人选定仲裁员时使用。

双方当事人可以通过书面协议，选定 1 名或 1 名以上的仲裁员，或确定仲裁员人数以及委任仲裁员的方式或期限，并通知协会。如果双方当事人在法定或约定期限内未能就选定仲裁员的期限达成一致意见或通知协会，则应由仲裁协会委任仲裁员。一般情况下，如果当事人没有将就仲裁员人数达成的协议通知协会，应由 1 名仲裁员进行仲裁。如果当事人在规定期限内以书面方式请求由 3 名仲裁员组成仲裁庭，经协会许可，可由 3 名仲裁员组成仲裁庭进行仲裁。仲裁协会可以撤换任何不履行职责、或在履行职责时不适当拖延、或法律上或事实上已不能履行职责的仲裁员。[②]

日本商事仲裁协会制定有《日本商事仲裁协会商事仲裁规则》[③]《互动式仲裁规则》以及由该协会予以补充的《联合国国际贸易法委员会仲裁规则》。仲裁庭在仲裁过程中，一般应适用《日本商事仲裁协会商事仲裁规则》，除非当事人明确约定适用《互动式仲裁规则》或《联合国国际贸易法委员会仲裁规则》。上述明确约定适用，包括：事先约定适用，以及在日本商事仲裁协会受理案件后，确认或委任任何仲裁员之前，所有当事人达成书面意见同意适用《互动式仲裁规则》或者《联合国国际贸易法委员会仲裁规则》进行仲裁，并通知日本商事仲裁协会的情形；仲裁申请人在其申请中请求适用《互动式仲裁规则》或者《联合国国际贸易法委员会仲裁规则》进行商事仲裁，且在商事仲裁机构确认或委任任何仲裁员之前，被申请人接受该请求的情形。[④]

---

① 参见王书江译：《日本民法典》，中国人民公安大学出版社 1999 年版，第 8 页。该法典第 34 条为有关“公益法人的设立”的规定：有关祭祀、宗教、慈善、学术、技艺及其他公益的社团或财团且不以营利为目的者，经主管官署许可，可以成为法人。

② 参见 2021 年《日本商事仲裁协会商事仲裁规则》第 26～28 条。

③ 现行的《日本商事仲裁协会商事仲裁规则》于 2021 年 7 月 1 日修订并实施。

④ 参见 2021 年《日本商事仲裁协会商事仲裁规则》第 3 条。

依据《日本商事仲裁协会商事仲裁规则》总则的规定,当事人各方订立书面仲裁协议或仲裁条款,将争议提交该协会,则被视为接受了该规则规定的条款。不过,在征得商事仲裁庭同意的情况下,当事人可以达成与该规则不同的协议。

日本商事仲裁协会设有秘书处,负责执行大会、董事会等决定的事项;负责协助仲裁及仲裁庭的工作。东京总部和大阪办事处设有专属的秘书处工作人员,负责对商事仲裁和调停案件、交易及合同相关的磋商、论坛和研讨会的举办、证书发行、入会手续等所有相关询问的答复。此外,神户、名古屋及横滨三个办事处,得到了各个商会在人力、物力上的协助。部分服务包括不同地区的办事处有些许差异,主要包括:商事仲裁和调解案件向东京或者大阪办事处的送达、交易;合同相关的咨询;论坛和研讨会的举办;等等。

中日两国之间有着非常密切的商贸往来,两国当事人之间有着非常密切的商事关系,同时也发生非常频繁的商事法律争议,在选择争议解决方式时,也有不少当事人选择在日本商事仲裁协会通过商事仲裁方式解决。

六、新加坡国际仲裁中心

新加坡国际仲裁中心(Singapore International Arbitration Centre,简称 SIAC),于 1990 年成立,是依据新加坡《公司法》成立的担保有限公司。该仲裁中心的宗旨是:为国际和国内的商事法律争议进行商事仲裁和调解提供服务;促进商事仲裁和调解在解决商事法律争议中的广泛应用;培养一批熟知国际商事仲裁法律和商事仲裁实务的仲裁员和专家。

新加坡国际仲裁中心可以受理来自国际的和国内的商事法律争议案件,但主要以解决建筑工程、航运、银行和保险方面的争议见长。仲裁中心备有仲裁员名册,仲裁员都是来自世界各国的知名人士和专家。

当事人可以约定仲裁员人数,如果双方当事人没有就仲裁员人数达成一致协议,则应委任 1 名仲裁员,即独任仲裁员。当事人可以约定独任仲裁员人选,如果双方当事人在规定期限内没有就仲裁员人选达成协议,则该独任仲裁员由当事人约定的委任机构委任;如未约定委任机构,或约定的委任机构在规定的期限内拒绝或不委任仲裁员,中心主席应尽快作出委任;如果任何一方当事人均不提议独任仲裁员人选,中心主席在接到任何一方当事人的委任独任仲裁员的请求时,应尽快委任独任仲裁员。如果约定由 3 名仲裁员组成仲裁庭进行仲裁,各方当事人应各自选定 1 名仲裁员,然后由该 2 名仲裁员共同选定第 3 名仲裁员作为仲裁庭的首席仲裁员。如果一方当事人在规定期限内没有选定其仲裁员,另一方当事人可要求双方事先指定的委任机构委任仲裁员;如事先未约定委任机构,或约定的委任机构在规定的期限内拒绝或不委任仲裁员,另一方当事人可以要求中心主席委任该第 2 名仲裁员。如果委任的 2 名仲裁员在规定期限内未就首席仲裁员的人选达成一致,首席仲裁员应由委任机构委任,如未约定委任机构或约定的委任机构在规定的期限内拒绝或不委任仲裁员,首席仲裁员由中心主席委任。当事人可以约定仲裁地。如无约定,除仲裁庭根据具体情况认为其他地点更为合适外，仲裁地应为新加坡。[①]

商事仲裁庭在商事仲裁过程中，适用《新加坡国际仲裁中心仲裁规则》[②]。该商事仲裁规则主要是以联合国国际贸易法委员会的商事仲裁规则为基础制定的，故赋予了仲裁当事人很大的自主权。双方当事人可以约定商事仲裁程序，如果没有约定，或该规则也无此规定，则仲裁庭在应适用法律所允许的范围内决定。在由3名仲裁员组成仲裁庭的情况下，首席仲裁员在与其他仲裁员进行协商后，可以自行就程序性事项作出决定。

仲裁中心可以应当事人或仲裁庭的要求，为当事人提供一系列的服务，如适当的安排进行商事仲裁程序所需要的设施以及协助，包括仲裁庭在审理案件期间合适的膳宿、文秘和翻译。仲裁中心还协助当事人登记裁决，以便该商事仲裁裁决能在1958年《纽约公约》缔约方之间得到承认与执行。

由于中国与新加坡之间在很多方面都有着很深的渊源，有着很密切的商贸往来，两国当事人之间有着非常密切的商事关系，自然也会有不少当事人选择新加坡国际仲裁中心作为解决中新当事人之间商事法律争议的商事仲裁机构。

第三节 国际性商事仲裁机构

这里所探讨的国际性商事仲裁机构，也只是就常设仲裁机构而言，即只涉及依据某一国际组织的决议或国际条约成立的，附设于某一国际组织内而不隶属于任何国家的常设仲裁机构，是国际商事关系中的双方当事人自主选择用以解决其国际商事法律争议的民间性机构。本书只就目前国际社会具有最大影响，同时又与中国有着较密切关系的两个全球性的国际性常设仲裁机构作些简单的介绍。

一、国际商会国际仲裁院

国际商会国际仲裁院（International Chamber of Commerce International Court of Arbitration，简称ICC），成立于1923年，是附属于国际商会的一个全球性的常设仲裁机构，总部设在巴黎，1989年更名为“国际仲裁院”。该仲裁院的宗旨是：根据其商事仲裁规则，通过商事仲裁的方式处理国际性的商事争议，以促进国际商业活动的正常进行。该仲裁院最初受理的案件主要是有关货物买卖合同和许可证贸易中所发生的法律争议。后来其受案范围发生了重大变化，几乎包括因契约关系而发生的任何法律争议。任何国家的当事人，包括自然人、法人，甚至是国家、政府及其相关机构，都可以通过商事仲裁协议将有关争议提交国际商会国际仲裁院仲裁。该仲裁院是当今国际商事仲裁领域中最具影响力的常设仲裁机构。

国际仲裁院根据法国法律设立，但独立于任何国家，审理的案件所涉及的当事人及审理

① 参见2016年《新加坡国际仲裁中心仲裁规则》第9～13条、第21条。

② 现行有效的是2016年8月1日起施行的《新加坡国际仲裁中心仲裁规则》。

案件的仲裁员可能来自任何一个国家，是典型的国际性商事仲裁机构。同时，它也是一个国际性民间组织，具有很大的独立性。该仲裁院总部设在巴黎，理事会由来自 40 多个国家和地区的具有国际法专长和解决国际争端经验的成员组成。其成员首先由国际商会各国委员会根据一国一名的原则提名，然后由国际商会大会决定，任期 3 年。仲裁院成员独立于其国家和地区行事。仲裁院设院长 1 名，副院长 8 名。该仲裁院在国际商会总部设有秘书处，秘书处由来自 10 多个国家的人员组成，设秘书长 1 名。秘书处的工作由秘书长主持，秘书处分 5 个小组，每组由 3 人组成，1 名顾问、1 名助理、1 名秘书。顾问一般是律师，并至少应当懂英语与法语。这 5 个小组负责处理案件管理中的日常事务。除以上 5 个小组以外，秘书处还设有 1 名特别顾问、1 名档案管理员、1 名行政助理和几名秘书。[①]

国际商会国际仲裁院现行的仲裁规则是于 2021 年 1 月 1 日生效的《国际商会仲裁规则》。依该规则，当事人约定将有关争议提交该院仲裁时，应通过其所属国的国际商会国家委员会或直接向仲裁院秘书处提交仲裁申请书。在后一种情况下，秘书处应将此申请通知有关国家的国际商会国家委员会。当事人可以约定仲裁庭的组成方式及仲裁员人数。如果没有约定，仲裁院将委任 1 名独任仲裁员，除非其认为争议应由 3 人审理。当事人约定争议由独任仲裁员审理的，可以共同提名 1 名仲裁员供仲裁院确认；争议由 3 名仲裁员审理时，各方当事人应分别在申请书或答辩书中提名 1 名仲裁员供仲裁院确认，第 3 名仲裁员由仲裁院委任并担任首席仲裁员。如果不能共同提名且各方当事人不能就仲裁庭组成方式达成一致的，仲裁院将委任全部仲裁员，并指定首席仲裁员。仲裁院在委任或确认仲裁员时，应当考虑各位仲裁员的国籍、住址、与当事人或其他仲裁员国籍国相同的其他关系，以及仲裁员适用本规则进行仲裁的时间和精力。[②]

仲裁庭在审理案件的过程中，其程序应适用《国际商会仲裁规则》；该仲裁规则无规定时，可依当事人约定的规则；当事人未约定时，可依仲裁庭确定的规则。当事人可以约定仲裁庭处理案件实体问题所适用的法律，当事人没有约定的，仲裁庭应适用其认为适当的法律。仲裁庭有权充任友好仲裁员或依公允及善良原则作出裁决。仲裁庭作出裁决时应说明裁决所依据的理由。裁决书具有终审的性质，对双方当事人都有拘束力。

自国际商会中国国家委员会加入国际商会以后，中国与国际商会和国际商会国际仲裁院有了更加密切的联系。国际商会中国国家委员会积极参与了国际商会和国际商会国际仲裁院的工作，在 2002 年 10 月 15 日还与国际商会联合在北京主办了“仲裁与全球化论坛”，对全球化环境下商事仲裁法律制度的发展问题进行了深入的研究和探讨。2016 年 6 月 8 日，国际商会国际仲裁院在上海自贸区设立代表处，为中国企业有效地参与国际争议解决，提升国际话语权带来了重要契机，同时也促进了中国商事仲裁的国际化进程。2018 年 3 月 5 日，国际商会国际仲裁院又成立一个委员会，以应对“一带一路”倡议可能带来的潜

① 参见 2021 年《国际商会仲裁规则》附件一：国际商会仲裁院章程，第 1 ~ 3 条；附件二：国际商会国际仲裁院内部规则，第 6 条。

② 参见 2021 年《国际商会仲裁规则》第 12 ~ 13 条。

在争议解决机会。可见,国际商会国际仲裁院越来越重视中国的商事仲裁市场,同时对中国社会也将产生更为广泛和积极的影响。

二、解决投资争议国际中心

解决投资争议国际中心(International Center for The Settlement of Investment Disputes,简称ICSID),是世界银行(即国际复兴开发银行)下的一个独立机构。它是于1966年根据1965年《华盛顿公约》设立的一个专门处理国际投资争议的全球性的常设仲裁机构,总部设在美国的华盛顿。该中心的宗旨是:用调停和仲裁的方法,解决该公约缔约国和其他缔约国国民之间的投资争议,促进和鼓励私人资本的国际流动。

解决投资争议国际中心设有1个行政理事会,1个秘书处,1个调停人小组和1个仲裁人小组。

行政理事会是该中心的主要机构之一。它由各缔约国各委派代表1人组成。如无相反的任命,缔约国所指派的银行董事和候补董事当然为该国的代表和候补代表。世界银行行长是行政理事会的当然主席,但无表决权。行政理事会对中心的重要事项,如调停和仲裁的程序规则、确定秘书长和任何副秘书长的服务条件等,有表决权。行政理事会可以设立它认为必要的委员会,同时应执行它确定为履行公约规定所必需的其他权利和任务。

秘书处由秘书长1人、副秘书长1人或数人以及工作人员组成,负责中心的日常行政事务。秘书长和副秘书长均由行政理事会主席提名,经行政理事会2/3多数票选举产生,任期6年,可以连任。秘书长和副秘书长除经行政理事会批准外,不得受雇于任何人或从事任何其他职业,以保证中心的正常工作不受任何外来因素的影响。秘书长是中心的法定代理人和主要官员,负责中心的行政事务,包括任命工作人员。同时,他还执行书记的任务,并有权认证根据本公约作出的仲裁裁决以及核证其副本。

调停人小组和仲裁人小组,其成员由各缔约国和行政理事会主席指派。各缔约国指派的人员并不限于该缔约国国民,但该人员应具有高尚的道德品质,在法律、商务、工业或金融方面有公认的资格。对仲裁人小组的人员而言,在法律方面的资格尤为重要。由行政理事会主席指派人员时,还要注意保证世界上各种主要法律体系和主要的经济活动方式在小组中具有代表。小组成员的服务期限为6年,可以连任,1个成员可以在两个小组服务。

解决投资争议国际中心具有不同于任何其他商事仲裁机构的特殊法律地位。它具有完全的国际法律人格;具有缔结契约、取得和处理动产和不动产及起诉的能力;中心在完成其任务时,在各缔约国领土内享有1965年《华盛顿公约》所规定的特权和豁免权;中心及其财产享有豁免一切法律诉讼的权利;中心的资产、财务和收入以及1965年《华盛顿公约》许可的业务活动和交易,应免除一切税捐和关税;中心及其所有官员和工作人员,享有政府间国际组织及其人员所享有的特权和豁免权。而且,依据1965年《华盛顿公约》,作为当事人、代理人、法律顾问、律师、证人或专家以及在仲裁中出席的人在进行仲裁的往返途中或在仲裁地停留，也享有该公约第 21 条规定的豁免权。[①]

解决投资争议国际中心的管辖权严格遵守属人管辖的原则，即只受理缔约国或缔约国指派到中心的该国的任何组成部分或机构，与另一缔约国国民之间直接因投资而产生的任何法律争议。可见，该中心受理的案件并不是一切因国际投资引发的争议，不同国家的个人或法人之间、国家政府之间、一个国家同本国国民之间或不受外国控制的本国法人之间发生的投资争议，都不属于中心管辖的范围。双方当事人一旦同意将争议交付中心后，不能单方面撤销其同意。秘书长在收到仲裁申请书后，经审查，如认为中心对该有关争议具有管辖权，在登记此项请求后，就可着手组织仲裁庭。仲裁庭由双方同意任命的唯一的仲裁员或任何非偶数的仲裁员组成。如果双方当事人对仲裁员的人数和任命方法不能取得一致，则仲裁庭应由 3 名仲裁员组成，由每一方各任命 1 名仲裁员，第 3 人由双方协议任命并担任首席仲裁员。如果双方当事人不能在规定或约定的期限内组成仲裁庭，行政理事会主席应该在任何一方当事人的请求下，并尽可能与双方当事人磋商后，任命尚未指定的仲裁员，但仲裁员必须是当事人所属缔约国以外的第三国国民。行政理事会主席可以任命仲裁人小组以外的人为仲裁员。

仲裁庭的权限由仲裁庭自行决定。在适用法律方面，仲裁庭首先应适用双方当事人合意选择的法律规则；如果当事人无此种协议，仲裁庭可以适用争端一方的缔约国的法律（包括其关于冲突的规则）以及可适用的国际法规则。在双方当事人授权时，仲裁庭还可依“公平和善意”的原则进行友好裁决。在适用仲裁程序方面，除非双方当事人另有协议，均应依照双方提交仲裁之日有效的仲裁规则进行。如发生公约或仲裁规则或双方同意的规则均未作规定的程序问题，则由仲裁庭决定。在进行仲裁时，中心所作出的裁决是终审裁决，除依照公约的规定存在可以暂停执行或可以撤销的情况外，双方当事人都应遵守和履行。如果一方当事人拒不履行有关裁决所确定的义务，另一方当事人可以依法请求有关国家的法院协助予以强制执行。具有联邦宪法的缔约国可以在联邦法院或通过该法院执行该裁决。任何缔约国对于它本国的国民和另一缔约国根据公约已同意提交或已提交仲裁的争议，不得给予外交保护或提出国际要求。[②]

中国是 1965 年《华盛顿公约》的缔约国，基于加入公约时所作的声明，中国也承认解决投资争议国际中心的仲裁管辖权，如果发生有关外国的投资者与中国国家之间的投资法律争议，或者是中国投资者与有关外国国家之间的投资法律争议，基于他们彼此之间所达成的仲裁协议，可以提交该中心仲裁解决。

---

① 参见 1965 年《华盛顿公约》第 1 章第 1 ~ 4 节，第 6 节，载国务院法制办公室政府法制协调司编：《中国仲裁机构概览》，中国物价出版社 2001 年版，第 74 ~ 76 页。

② 参见 1965 年《华盛顿公约》第 25 条、第 28 ~ 31 条，第 37 ~ 42 条，第 5 ~ 6 节。

第四节　中国商事仲裁机构

中国商事仲裁机构包括中国内地、中国香港、中国澳门、中国台湾的商事仲裁机构。虽然中国香港、澳门和台湾地区都承认临时仲裁,但在商事仲裁中,最具影响力的还是各地的常设仲裁机构。

一、中国内地商事仲裁机构

中国内地的商事仲裁机构一般称为仲裁委员会或仲裁院。在1995年中国《仲裁法》实施之前,中国内地的商事仲裁机构,除两个国际商事仲裁机构,即中国贸仲和中国海仲外,基本上都是设在行政机关内部,同时按行政级别分别设立,如过去的经济仲裁委员会,设在各级政府内部,并且分为国家级、省级、地区级和县级,带有浓厚的行政色彩。直至1995年中国《仲裁法》实施以后,才有所改变,该法规定:仲裁委员会是独立于行政机关的民间性机构。据此,各地都重新组建了仲裁委员会。

根据中国《仲裁法》的规定,仲裁委员会可以在省、自治区和直辖市人民政府所在地的市设立,也可以根据需要在其他设区的市建立,不按行政区划层层设立。仲裁委员会由直辖市和省、自治区人民政府所在地的市人民政府组织有关部门和商会统一组建。各仲裁委员会之间是平行的,没有隶属关系。设立仲裁委员会,应经省、自治区和直辖市的司法行政部门登记。仲裁委员会应当有自己的名称、住所和章程;有必要的财产;有该委员会的组成人员和有聘任的仲裁员。仲裁委员会由主任1人、副主任2~4人和委员10~11人组成,由法律、经济贸易专家和有实际工作经验的人员担任。[①]中国内地目前在各主要城市都设立了仲裁委员会,如北京仲裁委员会、上海仲裁委员会、广州仲裁委员会、深圳国际仲裁院等。

(一)中国国际经济贸易仲裁委员会

中国国际经济贸易仲裁委员会(China International Economic and Trade Arbitration Commission,简称CIETAC),亦称中国国际商会仲裁院(The Court of Arbitration of China Chamber of International Commerce,简称CCOIC),是中国国际经济贸易促进委员会(简称贸促会,2000年10月同时启用“中国国际商会”的名称)根据我国政务院相关决定于1956年4月设立的,是目前世界上最主要的常设商事仲裁机构之一。其核心职能是以商事仲裁方式,独立、公正地解决国际国内的经济贸易争议及国际投资争端。其成立时名称为“对外贸易仲裁委员会”,1980年改称为“对外经济贸易仲裁委员会”,1988年改称为“中国国际经济贸易仲裁委员会”(以下简称“中国贸仲”),2000年10月1日起,在使用“中国国际经济贸易仲裁委员会”的同时,启用了“中国国际商会仲裁院”的名称。中国贸仲作为中国国际经济贸易促进委员会下设的一个民间性的常设仲裁机构,总会设在北京,并在深圳、上海、天津、重庆、

① 参见中国《仲裁法》第10~12条。

杭州、武汉、福州、南京、成都、济南、海口、雄安分别设有华南分会、上海分会、天津国际经济金融仲裁中心（天津分会）、西南分会、浙江分会、湖北分会、福建分会、江苏仲裁中心、四川分会、山东分会、海南仲裁中心和雄安分会。为配合“一带一路”经济合作战略，中国贸仲于2017年9月8日在西安设立中国贸仲“丝绸之路仲裁中心”。为了给仲裁当事人提供优质高效的多元化争议解决服务，其于2018年5月18日成立了中国贸仲调解中心。此外，中国贸仲先后在香港特别行政区设立了香港仲裁中心，在加拿大温哥华设立了北美仲裁中心，在奥地利维也纳设立了欧洲仲裁中心。

中国贸仲及其分会是统一的仲裁委员会，适用相同的《仲裁规则》和《仲裁员名册》。1993年中国贸仲《章程》即规定，分会是中国贸仲的派出机构，此后历部《章程》均延续此规定。为了适应和促进中国国际贸易事业的发展，中国贸仲曾先后多次修订其仲裁规则，受案范围不断扩大。如根据1956年的《中国国际贸易促进委员会对外贸易仲裁委员会仲裁程序暂行规则》，中国贸仲受案范围仅限于涉外贸易契约以及交易中可能发生的争议，特别是外国商号、公司或者其他经济组织与中国商号、公司或者其他经济组织间的争议；1988年6月21日制定、1989年1月1日生效的中国贸仲《仲裁规则》，将其受理案件的范围扩大到了根据当事人的仲裁协议而提交给它的任何国际经济贸易争议的案件；经多次修订，于2012年5月1日起施行的中国贸仲《仲裁规则》，将受案范围扩大至契约性或非契约性的经济贸易等争议案件，包括国际或涉外争议、涉港澳台争议及国内争议案件。2015年1月1日起实施的《仲裁规则》沿用了该受案范围。①

根据商事仲裁业务发展的需要，以及就近为当事人提供商事仲裁咨询和程序便利的需要，中国贸仲先后设立了29个地方和行业办事处。为满足当事人的行业商事仲裁需要，中国贸仲在国内推出首家独具特色的行业争议解决服务机构，为不同行业的当事人提供适合其行业需要的商事仲裁法律服务，如粮食行业争议、商业行业争议、工程建设争议、金融争议以及羊毛争议解决服务等。此外，中国贸仲还为当事人提供域名争议解决服务，积极探索电子商务的网上争议解决方式。针对快速解决电子商务纠纷及其他经济贸易争议的需要，中国贸仲还于2009年5月1日推出《中国国际经济贸易仲裁委员会网上仲裁规则》。该规则在“普通程序”之外根据案件争议金额大小分别规定了“简易程序 ”和“快速程序”，以真正适应在网上快速解决经济纠纷的需要。针对“一带一路”经济合作战略的需要，中国贸仲借鉴国际投资仲裁的经验，融入中国特色，制定了《中国国际经济贸易仲裁委员会国际投资仲裁规则》，并于2017年10月1日正式实施，为中国企业提供解决与东道国投资争端的制度化保障，平等保护投资双方当事人的合法权益，服务国家“一带一路”建设。

除传统的商事仲裁服务外，中国贸仲还为当事人提供多元争议解决服务，包括域名争议解决、网上仲裁、调解、投资争端解决、建设工程争议评审等。

中国贸仲设名誉主任1人、顾问若干人。中国贸仲的权力机构由主任1人、副主任若

① 参见中国贸仲《仲裁规则》（2015年）第3条。

干人和委员若干人组成。主任履行中国贸仲《仲裁规则》赋予的职责，副主任受主任的委托可以履行主任的职责。中国贸仲在组织机构上实行委员会制度，仲裁委员会委员由仲裁委员会聘请有关方面的知名人士担任，其通过仲裁委员会委员会议来行使职责。仲裁委员会委员会议每年召开1次，主要研究解决仲裁委员会组织机构及业务发展等方面的重大问题。仲裁委员会下设专家咨询委员会、案例编辑委员会、仲裁员资格审查考核委员会和发展委员会。专家咨询委员会负责对仲裁程序和实体上的重大疑难问题的研究和提供咨询意见；对仲裁规则的修改提供意见；负责仲裁员的培训和经验交流等。案例编辑委员会负责已审理终结案例的编辑和仲裁委员会年刊的编辑工作。仲裁员资格审查考核委员会按照《仲裁法》和《仲裁规则》的规定，对仲裁员的资格和表现进行审查和考核，并对仲裁员的续聘和解聘提出建议。发展委员会负责就仲裁事业发展等问题进行研究，提出意见和建议。此外，中国贸仲设秘书局，主要负责中国贸仲行政管理事务，并负责中国贸仲应参与、组织及协调的公共法律服务事务。

仲裁委员会设有仲裁院，在授权的副主任和仲裁院院长的领导下，履行中国贸仲《仲裁规则》规定的职责。仲裁委员会各分会/仲裁中心作为仲裁委员会的派出机构，根据仲裁委员会的授权，接受仲裁申请，管理仲裁案件。分会/仲裁中心设仲裁院，在分会/仲裁中心仲裁院院长的领导下履行中国贸仲《仲裁规则》规定的由仲裁委员会仲裁院履行的职责。案件由分会/仲裁中心管理的，中国贸仲《仲裁规则》规定由仲裁委员会仲裁院院长履行的职责，由仲裁委员会仲裁院院长授权的分会/仲裁中心仲裁院院长履行。当事人可以约定将争议提交仲裁委员会或仲裁委员会分会/仲裁中心进行仲裁；约定由仲裁委员会进行仲裁的，由仲裁委员会仲裁院接受仲裁申请并管理案件；约定由分会/仲裁中心仲裁的，由所约定的分会/仲裁中心仲裁院接受仲裁申请并管理案件。约定的分会/仲裁中心不存在、被终止授权或约定不明的，由仲裁委员会仲裁院接受仲裁申请并管理案件。如有争议，由仲裁委员会作出决定。

中国贸仲可以受理当事人通过商事仲裁协议书面提交解决的任何契约性或非契约性的商事法律争议。中国贸仲设有仲裁员名册供当事人选择。现行的《仲裁员名册》有1 698名仲裁员，均为国内外商事仲裁界或其他行业的知名专家，最大程度地为当事人提供更多选择。其中，中国内地仲裁员有1 215名，实现了中国内地各省市区的全覆盖；港澳台及外籍仲裁员有483名，分别来自85个国家和地区。当事人约定在中国贸仲《仲裁员名册》之外选定仲裁员的，当事人选定的或根据当事人之间的协议指定的人士经仲裁委员会主任依法确认后可以担任仲裁员。[①]在商事仲裁规则的适用方面，当事人约定将争议提交中国贸仲仲裁的，视为同意按照该规则进行仲裁，但当事人对该规则有关内容进行变更或者约定适用其他商事仲裁规则的，从其约定，但其约定无法实施或与仲裁程序适用法强制性规定相抵触者除外。当事人约定适用其他商事仲裁规则的，由仲裁委员会履行相应的管理职责。当事

① 参见中国贸仲《仲裁规则》（2015年）第26条。

人约定按照该规则进行仲裁但未约定商事仲裁机构的，视为同意将争议提交中国贸仲仲裁。当事人约定适用中国贸仲制定的专业仲裁规则的，从其约定，但其争议不属于该专业仲裁规则适用范围的，适用该规则。[①] 关于仲裁地点，当事人对仲裁地有约定的，从其约定。当事人对仲裁地未作约定或者约定不明的，以管理案件的仲裁委员会或者其分会 / 中心所在地为仲裁地；仲裁委员会也可视案件的具体情形确定其他地点为仲裁地。[②]

经过 60 多年的努力，中国贸仲以其独立、公正、快速、高效的工作在当今国际社会享有广泛的声誉，并被誉为“中国仲裁的国际品牌，国际仲裁的中国经验”，现已成为世界上最重要的商事仲裁机构之一，受案量也早已跃居世界前列。

中国贸仲香港仲裁中心是中国贸仲在中国内地以外设立的第一家分支机构，也是目前在中国内地以外的中国贸仲分支机构中唯一履行管理仲裁案件职能的分支机构。中国香港地区一直被认为是处理复杂跨境争议的理想地点。就内地当事人而言，在香港地区仲裁，更是一个与外方当事人谈判时选择争议解决方式和仲裁地点的折中选择。香港仲裁中心受理当事人约定提交“中国国际经济贸易仲裁委员会香港仲裁中心仲裁”的案件和当事人约定“提交中国国际经济贸易仲裁委员会在香港仲裁”的案件。除非当事人另有约定，香港仲裁中心管理的仲裁案件的仲裁地为中国香港地区，仲裁程序法应适用中国香港地区相关法律规定，仲裁程序规则统一适用中国贸仲《仲裁规则》。香港仲裁中心的仲裁裁决加盖中国贸仲香港仲裁中心印章，是香港地区裁决。2016 年 12 月 13 日江苏省南京市中级人民法院（2016）苏 01 认港 1 号“民事裁定书”中，有关“执行香港特别行政区中国国际经济贸易仲裁委员会香港仲裁中心［2015］中国贸仲港裁字第 003 号仲裁裁决第 3 项”的内容，明确认定中国贸仲香港仲裁中心系香港特别行政区仲裁机构。在香港仲裁中心仲裁的主要特点包括：（1）仲裁庭可以只依据书面材料进行审理，仲裁庭可以根据案件的具体情况采用询问式或辩论式审理案件，仲裁庭认为必要时可以发布程序令、发出问题单、制作审理范围书、举行庭前会议等。（2）香港仲裁中心受理案件后，会指定一名案件秘书协助仲裁案件的程序管理工作，该秘书可以用中、英文解答当事人关于在香港仲裁中心仲裁的任何程序性问题，包括仲裁协议的起草与效力、仲裁员的选定、仲裁程序注意事项、香港《仲裁条例》的注意事项、执行问题等，从而保障当事人的仲裁活动或商事活动的效率。（3）仲裁庭可以对其管辖权作出裁定；仲裁庭有权裁定其组成是否恰当，以及决定哪些事宜已按照商事仲裁协议递交仲裁；该规定为强制性规定，商事仲裁协议当事人必须从其规定。（4）仲裁庭可直接作出证据保全、财产保全等命令；在法庭许可后，这些命令可以强制执行。（5）香港《仲裁条例》明确规定了紧急仲裁员程序，并赋予了紧急仲裁员决定的法律效力。

（二）北京仲裁委员会

北京仲裁委员会设立于 1995 年 9 月 28 日，是独立、公正、高效地解决平等主体自然人、法人和其他组织之间发生的合同纠纷和其他财产权益纠纷的常设仲裁机构，是中国内地依

① 参见中国贸仲《仲裁规则》（2015 年）第 4 条。

② 参见中国贸仲《仲裁规则》（2015 年）第 7 条。

据中国《仲裁法》最早设立的 7 家国内商事仲裁机构之一，于 2007 年同时启用北京国际仲裁中心的名称。北京仲裁委员会秉承“独立、公正、专业、高效”的价值理念，是一个集仲裁、调解、建设工程评审等在内的多元争议解决实践中心，一个关于多元争议解决的信息交流、培训研究和宣传推广的中心，是推动中国多元化争议解决发展的重要力量。

北京仲裁委员会下设北京仲裁委员会办公室和北京仲裁委员会调解中心，办公室是北京仲裁委员会的常设办事机构，由秘书长领导，负责执行委员会决议和处理日常事务。办公室下设综合处（人事处）、业务拓展处（国际案件处）、案件一处和案件二处。

为了适应仲裁市场的需求和推进仲裁的国际化，北京仲裁委员会先后数次修订其仲裁规则，不断引入国际化的商事仲裁制度。2021 年 2 月 1 日起实行的《北京仲裁委员会仲裁规则》体现了与国际的接轨，例如：明确规定当事人可以约定仲裁适用的法律和语言；可约定在北京以外的地点开庭；明确规定开庭方式包括网上开庭，同时规定仲裁庭有权根据案件具体情况确定开庭方式可以申请合并仲裁、追加仲裁当事人；国际商事仲裁案件的当事人可以在北京仲裁委员会的仲裁员名册之外选定仲裁员，也可选择不同的仲裁收费办法，在商事仲裁程序中调解不成功，可以要求更换仲裁员。此外，《北京仲裁委员会仲裁规则》明确规定了仲裁员披露程序，与申请回避制度相衔接；在国际商事仲裁中，首次对紧急仲裁员、临时措施作了规定①，同时对友好仲裁等也作出了规定。2021 年 11 月 27 日，第七届北京仲裁委员会第十一次会议审议通过了《北京仲裁委员会仲裁规则》及附录收费标准。该规则于 2022 年 2 月 1 日正式实施，更是体现了与国际的接轨，并且对中国现行仲裁费用制度具有突破性的贡献。该规则首次将仲裁费用明确区分为仲裁员报酬和机构费用，但并明确规定当事人约定情况下仲裁员报酬可以按小时计费，实现了仲裁费用方面的国际化。中国目前通行的做法是仲裁费用中包括了仲裁受理费和处理费，但并未明确仲裁员报酬及其所占比例，仲裁员报酬所占费用比例由各机构自行确定，并且是不公开的。受理费和处理费的划分，是特定历史条件下的产物，随着商事仲裁实践的发展，对这一分类的质疑声音越来越多。从当事人角度看，受理费和处理费范围内容不清楚，与仲裁员报酬和机构管理费是否存在对应性不明确，缺乏透明性，与国际上通行做法也不一致。为部分解决这一问题，北京仲裁委员会在 2015 年仲裁规则中，通过附录 2 规定了国际商事仲裁案件收费办法，将机构管理费和仲裁员报酬分开规定，供国际商事仲裁案件当事人选择适用。但实际上，国内案件当事人同样希望了解费用的具体构成。为彻底解决这一问题，新仲裁规则将 2015 年仲裁规则中的附录 1 和附录 2 合并修订为全新的附录 1《北京仲裁委员会案件收费标准》，明确将仲裁费用分为仲裁员报酬和机构费用。这样划分，对当事人而言，有利于清楚了解仲裁费用的具体用途；对仲裁员而言，有利于提高仲裁员的积极性，激励仲裁员更好地为当事人服务；对机构而言，则有利于提升机构的管理服务水平。而按小时计费是国际仲裁实践中常用的一种仲裁员报酬计费方式，这种方式可以更加准确地反映仲裁员为案件

① 北京仲裁委员会在 2017 年受理了中国首例适用紧急仲裁员程序的案件，紧急仲裁员作出的临时措施决定在中国香港地区法院得到顺利执行。

付出的时间和精力。对一些争议金额较大但事实比较简单的案子而言，如果双方当事人约定采取小时计费方式，可以有效控制争议解决成本。为给当事人提供更多选择，充分尊重当事人意思自治，新仲裁规则收费标准在仲裁员报酬计算方面，也引入了小时费率，只要当事人有约定，即可按小时费率计算仲裁员报酬。小时费率的引入有利于推动国内仲裁进一步接轨国际实践，也让当事人在确定费用、控制费用方面有更多的选择权和话语权。[①] 此外，新仲裁规则明确规定当事人可以就多份合同项下的争议在同一案件中合并申请仲裁；[②] 在紧急仲裁员条款中明确了当事人提交的临时措施申请书需包含哪些内容，明确了紧急仲裁员程序中电子送达方式的优先性。[③] 与此同时，新仲裁规则实施了全新的《关于指定紧急仲裁员及申请临时措施的收费标准》，取代了 2015 年仲裁规则附录 3 的收费标准。[④]

在商事仲裁规则的适用方面，当事人协议将争议提交北京仲裁委员会仲裁的，视为同意适用其仲裁规则。当事人就商事仲裁程序事项或者仲裁适用的规则另有约定的，从其约定，但由北京仲裁委员会履行相应的管理职责。当事人约定适用北京仲裁委员会仲裁规则但未约定商事仲裁机构的，视为当事人同意将争议提交北京仲裁委员会仲裁。[⑤] 北京仲裁委员会制定有仲裁员名册，国内案件的当事人需要从仲裁员名册中选任仲裁员，国际商事仲裁案件则不受仲裁员名册限制，可以在仲裁员名册以外选定仲裁员。[⑥]

北京仲裁委员会对其管理制度也在不断地创新，在国内商事仲裁机构中率先制定了《仲裁员聘用管理办法》，采用公开、透明、注重专业素养的选聘标准，同时创设了仲裁员培训制度，确保仲裁员的专业化、精英化。北京仲裁委员会率先制定了《提高仲裁效率规定》和一系列办案规范，就仲裁员在接受选定或指定、信息披露、庭前准备、开庭审理、制作文书、延长审限、鉴定等各个程序环节上的时间和重要事项提出明确要求，确保为当事人提供更加优秀的服务。并且，北京仲裁委员会首先实行仲裁员暂不列入名册制度，对具有违反《仲裁员

---

① 参见 2022 年《北京仲裁委会仲裁规则》附录 1《北京仲裁委员会案件收费标准》：6. 在当事人约定的情况下，仲裁员报酬可以按照小时费率计算：（1）当事人选定的仲裁员，其适用费率由仲裁员和选定该仲裁员的当事人协商确定；（2）独任仲裁员或首席仲裁员适用费率由仲裁员和各方当事人协商确定；（3）如当事人未能在约定或本会通知的期限内协商确定仲裁员适用费率，可由本会确定；（4）无论通过何种方式确定，仲裁员小时费率原则上不得超过人民币 5 000 元；（5）当事人约定按小时费率计算仲裁员报酬的情况下，本会可以根据案件程序进展情况要求当事人预交适当金额的仲裁员报酬；（6）当事人就仲裁员报酬的支付承担连带责任，无论该仲裁员由哪方当事人选定。

② 2022 年《北京仲裁委员会仲裁规则》第 8 条：1. 在满足以下各项条件时，当事人可以就多份合同项下的争议在同一案件中合并申请仲裁。（1）多份合同的仲裁协议内容相同或相容；（2）多份合同存在主从合同关系；或多份合同存在相同当事人且仲裁标的为同一种类或有关联。2. 当事人就多份合同合并申请仲裁的，由本会根据实际情况决定是否同意。

③ 参见 2022 年《北京仲裁委员会仲裁规则》第 63 条。

④ 2022 年《北京仲裁委员会仲裁规则》附录 2《关于指定紧急仲裁员及申请临时措施的收费标准》：首先区分机构费用和紧急仲裁员费用，机构费用为固定金额人民币 10 000 元。由于紧急仲裁员程序系在国际案件中采用，而本会针对国际案件并未像其他机构一样，收取固定金额（通常在人民币 10 000 元左右）的登记费（或称为注册费或受理费），所以，在紧急仲裁员程序中收取人民币 10 000 元机构费用并未增加国际案件当事人的费用负担。

⑤ 参见 2022 年《北京仲裁委员会仲裁规则》第 2 条。

⑥ 参见 2022 年《北京仲裁委员会仲裁规则》第 19 条、第 64 条。

守则》《仲裁员聘用管理办法》中有关公正、独立规定嫌疑的仲裁员，在查证核实前，暂时不列入仲裁员名册。

北京仲裁委员会不断致力于发展多元化纠纷解决机制，在国内首先制定单独的《调解规则》并设置《调解员名册》，创设独立于商事仲裁程序的调解程序。2009 年 3 月 1 日，《北京仲裁委员会建设工程争议评审规则》开始施行，北京仲裁委员会在这方面进行的积极探索，为该领域的当事人解决商事争议提供了多样选择，也有利于促进整个建设工程行业的健康发展。

（三）上海仲裁委员会

上海仲裁委员会，是根据中国《仲裁法》，经上海市人民政府批准成立和上海市司法局核准登记的常设仲裁机构，于 1995 年 9 月 18 日正式对外办公，地址设在上海市，是中国内地依据中国《仲裁法》最早设立的 7 家国内商事仲裁机构之一。上海仲裁委员会是在原行政仲裁机构的基础上发展起来的。在中国《仲裁法》颁布实施以前，上海的商事仲裁机构附设于行政机关内部，如房屋合同争议仲裁机构设在房地产管理局；经济合同争议仲裁机构设在工商行政管理局；技术合同争议仲裁机构设在科学技术委员会。中国《仲裁法》颁布实施之后，重新组建的上海仲裁委员会成为独立于行政机关的民间性机构。其宗旨是：以商事仲裁的方式解决平等主体的自然人、法人、其他组织之间发生的合同争议以及其他财产权益争议。

上海仲裁委员会由主任 1 人、副主任 4 人和委员 10 人组成，他们均为法律、经济贸易等方面的专家或知名人士。仲裁委员会成员每届任期 3 年，任期届满，更换 1/3 组成人员。新一届仲裁委员会组成人员由上一届仲裁委员会主任会议商议，经市人民政府有关部门、商会提名。仲裁委员会在组织机构上实行委员会制度，委员会会议由主任或主任委托的副主任主持，主要研究解决仲裁委员会组织机构及业务发展等方面的重大问题。仲裁委员会设有专家咨询委员会，为仲裁委员会和仲裁员提供对疑难问题的咨询意见。

上海仲裁委员会可以受理平等主体的公民、法人和其他组织之间，根据商事仲裁协议提交它解决的合同争议和其他财产权益争议。但其以解决合同争议、房地产争议、工程项目争议、金融争议（包括保险、期货、证券、融资等争议）、质量责任争议、知识产权争议（包括专利、版权、商标等争议）、海事海商争议、运输争议和国际贸易、国际代理、国际工程项目、国际投资以及国际技术合作等民商事经济贸易争议见长。仲裁委员会设有仲裁员名册供当事人选定。仲裁员由仲裁委员会从具有法律、经济贸易等方面专门知识和实际经验的中外人士中聘任。仲裁员的聘任期为 3 年，期满可以继续聘任。当事人对仲裁员的选定受仲裁委员会仲裁员名册的限制。但当事人可以约定仲裁庭的组成人数。约定 3 名仲裁员组成仲裁庭的，应当在仲裁员名册中各自选定或者各自委托仲裁委员会主任指定 1 名仲裁员，同时共同选定或者共同委托仲裁委员会主任指定 1 名首席仲裁员；约定由 1 名仲裁员成立仲裁庭的，应当在仲裁员名册中共同选定或者共同委托仲裁委员会主任指定 1 名仲裁员。当事人未约定仲裁庭的组成人数或者未选定仲裁员，又未委托仲裁委员会主任指定仲裁员的，由仲裁委员会主任指定。仲裁庭在进行仲裁过程中,应适用《上海仲裁委员会仲裁规则》,但当事人另有约定并且经仲裁委员会同意的,适用其约定。

上海仲裁委员会下设秘书处,设秘书长1人。秘书处是仲裁委员会的办事机构,内设5个部门,即立案部、仲裁一部、仲裁二部、仲裁三部和行政部。行政部主要负责组织人事、劳动工资、财务、档案、总务后勤、办公自动化等服务保障工作;立案部主要负责案件咨询、立案审查登记、测算收费以及发放受理通知等工作;仲裁一部、仲裁二部和仲裁三部主要负责案件审理工作,即组庭、开庭、评议、制作文书、与仲裁员和当事人联系沟通等程序保障工作。上述5个部门各司其职,互相合作,在秘书长的领导下负责处理日常事务。

(四)广州仲裁委员会

广州仲裁委员会,是根据中国《仲裁法》,经广州市人民政府批准和广州市司法局核准登记的常设仲裁机构,于1995年8月29日正式成立,地址设在广州市,是中国内地依据中国《仲裁法》最早设立的7家国内商事仲裁机构之一。2007年同时启用广州仲裁委员会国际仲裁院的名称。为适应商事仲裁业务量的不断增多以及促进专业仲裁的发展,广州仲裁委员会还设立了东莞分会和中山分会;并与政府各相关部门、行业机构联合,成立了广州知识产权仲裁院、广州金融仲裁院、广州国际航运仲裁院以及广州建设工程仲裁院等专业商事仲裁平台。

广州仲裁委员会于2005年和2006年分别设立了东莞分会和中山分会,两个分会作为广州仲裁委员会的组成部分,主要负责分会所在地商事仲裁纠纷案件的解决,两个分会使用与总会相同的商事仲裁规则和仲裁员名册。广州仲裁委员会与广东省社会科学院合作,于2008年成立了中国内地第一家商事仲裁研究院。仲裁研究院的职能是聘请相关领域知名的专业人员进行理论研究以及定期开展各类学术交流活动。该仲裁研究院自成立以来,已经出版了《仲裁研究》《仲裁大事记》《仲裁案例选编》等多类刊物。广州仲裁委员会与政府各相关部门、行业机构联合,于2011年7月,先后成立了广州金融仲裁院和广州知识产权仲裁院,专门处理金融以及知识产权领域的争议。广州金融仲裁院与广州知识产权仲裁院均采用行业共建、民主管理的模式,设有理事会(决策机构)、监督委员会(监督机构)和秘书处(执行机构),负责仲裁院的日常工作。广州金融仲裁院专门制定了《广州仲裁委员会金融仲裁规则》,并设立了《金融专业仲裁员名册》供当事人选择。

为顺应和促进商事仲裁的国际化,广州仲裁委员会联合中国香港和中国澳门等地的商事仲裁机构,于2012年设立南沙国际仲裁中心。南沙国际仲裁中心由理事会决策、监事会监督、仲裁庭独立行使裁决权,理事会和监事会成员及仲裁员均由中国粤、港、澳三地推荐及选聘的法律、经贸领域专家学者担任。基于南沙国际仲裁中心这一国际商事仲裁平台,广州仲裁委员会创新制定了《中国南沙国际仲裁中心仲裁通则》,对应中国特色社会主义法律体系、英美法系、大陆法系,同步运行中国内地、中国香港、中国澳门三套庭审模式,当事人可以自主选择,从而更好适应"一带一路"沿线尤其是英联邦、葡语国家当事人的法律背景。南沙国际仲裁中心提供中国粤、港、澳三地的仲裁规则及《联合国国际贸易法委员会仲裁规则》供当事人自主选择适用;当事人还可自主选择适用的仲裁语言,可以自主选择中国香港、中国澳门的仲裁员及选择不同的开庭地点来处理商事仲裁事务。

为适应"互联网+"时代的需求,应对软件与数据洪流的冲击,广州仲裁委员会致力于互联网商事仲裁的推进,于2015年9月24日牵头,联合全国百余家商事仲裁机构,成立互联网商事仲裁联盟;于2015年10月1日起实施《广州仲裁委员会网络仲裁规则》,并针对网贷纠纷、小额网购纠纷以及信用卡纠纷制定了网络商事仲裁专门规则,同时建立网络商事仲裁云平台以配合网络商事仲裁。广州仲裁委员会牵头的互联网商事仲裁联盟以构建互联网商事仲裁新生态为宗旨,促进各商事仲裁机构之间在互联网纠纷解决方面的合作和共享,为商事仲裁在"互联网+"时代焕发新活力做出贡献。2019年11月20日,广州仲裁委员会开创了国际商事仲裁案件远程庭审的先例,入选中国(广东)自由贸易试验区第四批制度创新案例。目前,广州仲裁委员会的网上立案、在线交费、远程庭审、批量智审已经实现了常态化,大大降低了不同国家和地区当事人为解决纠纷而需要付出的高昂交通、时间和人力成本。2020年9月10日,以中国商事仲裁法学研究会为技术支持,广州仲裁委员会制定发布《互联网仲裁推荐标准》(按照以发布地城市命名国际惯例简称为"广州标准"),成为全球首个正式发布的互联网商事仲裁标准。截至2021年9月,已有100多家中国内地商事仲裁机构和20多家境外商事仲裁机构签约认可并共同推广"广州标准",包括中国港澳台地区商事仲裁机构以及新加坡、韩国、泰国、印度、匈牙利、埃及、南非、墨西哥、巴西等国商事仲裁机构。

广州仲裁委员会总会由主任1人、副主任2人和委员11人组成,他们均为法律、经济贸易等方面的专家或知名人士。仲裁委员会在组织机构上实行委员会制度,委员会会议由主任或主任委托的副主任主持,主要研究解决仲裁委员会组织机构及业务发展等方面的重大问题。仲裁委员会设有专家咨询委员会,负责对重大疑难案件提出意见和建议。

根据2021年7月1日起实施的《广州仲裁委员会仲裁规则》第3条的规定,广州仲裁委员会及其分会受理平等主体的自然人、法人和其他组织之间发生的合同纠纷和其他财产权益纠纷。具体包括国内商事仲裁案件,涉及中国香港特别行政区、澳门特别行政区及台湾地区的商事仲裁案件,以及国际商事仲裁案件。广州仲裁委员会受理案件数量连续多年居中国内地商事仲裁机构第一,案件类型覆盖金融、建设工程、房地产、投资、航运、互联网等各行各业;受理涉港澳台及涉外案件数量常年位居前三,当事人国籍遍及除南极以外的六大洲。

仲裁委员会设有仲裁员名册供当事人选定。仲裁员由仲裁委员会从具有专门知识和经验的人士中聘任。仲裁委员会可根据需要按专业设定仲裁员名册,按专业设定的仲裁员名册仅用于说明仲裁员的专业优势。当事人对仲裁员的选定受仲裁委员会仲裁员名册的限制,但不受按专业设定的仲裁员名册的限制。当事人可以约定仲裁庭的组成人数。约定3名仲裁员组成仲裁庭的,应当在仲裁员名册中各自选定或者各自委托仲裁委员会主任指定1名仲裁员,同时共同选定或者共同委托仲裁委员会主任指定1名首席仲裁员;约定由1名仲裁员成立仲裁庭的,应当在仲裁员名册中共同选定或者共同委托仲裁委员会主任指定1名仲裁员。当事人未约定仲裁庭的组成人数或者未选定仲裁员,又未委托仲裁委员会主任指定仲裁员的,仲裁庭由3名仲裁员组成,仲裁员由仲裁委员会主任指定。仲裁庭在进行仲裁过程中,应适用《广州仲裁委员会仲裁规则》,但当事人就商事仲裁程序事项或者仲裁适用的规则另有约定且经本会或者分会同意的,可从其约定。仲裁委员会根据需要可以制定专门规则,专门规则与仲裁规则具有同等效力。

广州仲裁委员会总会下设5个工作部门,分别为办公室(人事部)、案件受理部、仲裁秘书部、国际仲裁部和仲裁发展部。办公室(人事部)作为总会的中枢行政机构,主要负责信息的上传下达、统筹全委的行政工作。案件受理部作为总会的对外服务窗口,其工作职责主要包括:接待当事人;仲裁案件的立案受理及送达立案材料;办理案件的财产保全手续;处理当事人的管辖异议;受理当事人的信访材料。仲裁秘书部及国际仲裁部作为总会的主要业务部门,主要负责协助仲裁庭处理案件的各类程序性工作,其工作职能主要包括:跟进案件的部分程序性事项,负责办案秘书的培训管理;组织及承办专家咨询会议。仲裁发展部作为总会的开拓性部门,主要负责对外宣传开拓及仲裁的学术研究。

(五)深圳国际仲裁院

深圳国际仲裁院(又称“深圳仲裁委员会”和“华南国际经济贸易仲裁委员会”,简称“深国仲”“华南国仲”“SCIA”),其前身是1983年在中国深圳设立的对外经济贸易仲裁委员会深圳办事处,1989年更名为中国国际经济贸易仲裁委员会深圳分会,2004年更名为中国国际经济贸易仲裁委员会华南分会,2012年更名为华南国际经济贸易仲裁委员会和深圳国际仲裁院,并同时启用新的仲裁规则和仲裁员名册,[①]2017年12月25日与1995年成立的深圳仲裁委员会[②]正式合并,命名为深圳国际仲裁院(深圳仲裁委员会),是解决境内外自然人、法人和其他组织之间发生的合同纠纷和其他财产权益纠纷的常设仲裁机构。

深圳国际仲裁院是中国内地第一个通过地方立法方式确立法人治理模式的商事仲裁机构,根据2012年《深圳经济特区前海深港现代服务业合作区条例》和《深圳国际仲裁院管理规定(试行)》,引入国际商事仲裁的先进制度,实行以理事会为核心的决策、执行和监督有效制衡的管理模式,保障商事仲裁机构运作和仲裁庭办案的独立性。

当事人约定由华南国际经济贸易仲裁委员会及其前称(中国国际经济贸易仲裁委员会华南分会、中国国际经济贸易仲裁委员会深圳分会)或深圳仲裁委员会仲裁、调解或进行谈判促进的案件,均由合并后的深圳国际仲裁院负责受理。

深圳国际仲裁院理事会共有13名理事,主要由中国粤港地区法律界和工商界的代表性人士组成,包括7名境外理事和6名内地理事,其中11名为外部理事。理事会内设规则修订委员会、仲裁员资格与操守考察委员会、薪酬委员会3个专门委员会。2019年2月21日起启用的《深圳国际仲裁院仲裁员名册》聘任的仲裁员分别来自77个国家和地区,形成了

---

① 自2012年12月1日起正式启用《华南国际经济贸易仲裁委员会仲裁规则》和《华南国际经济贸易仲裁委员会仲裁员名册》,之前一直使用中国贸仲《仲裁规则》和中国贸仲《仲裁员名册》。

② 深圳仲裁委员会也是依据中国《仲裁法》最早设立的7家国内商事仲裁机构之一。

中国内地国际化程度最高的仲裁员结构，能够满足不同国家和地区当事人的不同需求。

通过近40年的努力，深圳国际仲裁院积累了丰富的仲裁经验和国际公信力。其案件类型涉及境内外的制造业和服务业，如金融与资本市场、国内及国际贸易、外商对华投资、中国对外投资等；仲裁当事人遍及中国内地的所有省、自治区、直辖市，中国港澳台地区和全球119个国家和地区。并且，在中国内地商事仲裁机构中，深圳国际仲裁院率先建立了国际化的法人治理机制、率先聘请了境外仲裁员、率先创造了中国内地商事仲裁裁决在境外执行的先例、率先创设了辐射全球的国际贸易和知识产权纠纷解决机制、率先创设了粤港澳商事调解合作机制和中国自贸区商事仲裁合作机制、率先探索了中国资本市场纠纷解决的"四位一体"新机制、率先引入了投资仲裁及选择性复裁程序、率先设立了中国第一个国际商事仲裁海外庭审中心、率先设立了中国第一个谈判促进中心、率先探索了互联网商事仲裁。

为适应产业发展的需要，深圳国际仲裁院根据《国务院关于前海深港现代服务业合作区总体发展规划的批复》和《粤港合作框架协议》，加大粤港合作力度，持续创新，探索符合境内外当事人需求的多元化争议解决机制（ADR），已在中国粤港地区建立起"商会调解＋仲裁""展会调解＋仲裁"和"香港调解＋深国仲仲裁"的专业化争议解决业务体系，为境内外当事人提供多元化的争议解决服务。如2013年7月，深圳国际仲裁院与深圳证监局及深圳证券业协会、期货同业协会、投资基金同业公会共同成立"深圳证券期货业纠纷调解中心"，采取调解与仲裁相结合的创新机制，预防和解决前海资本市场纠纷，保护投资者合法权益；2013年12月，深圳国际仲裁院调解中心联合深圳证券期货业纠纷调解中心、中国对外贸易中心（广交会投诉站）、广东省工商联调解仲裁中心（广东省民营企业投诉中心）、深圳外商投资企业协会商事调解委员会、深圳市总商会调解仲裁中心、香港中国企业协会商事调解委员会、香港联合调解专线办事处、香港国际仲裁中心香港调解会、香港仲裁司学会、香港测量师学会、香港和解中心等中国粤港澳地区12家主要的商事调解机构，共同创立了中国粤港澳商事调解联盟，建立起了中国粤港澳商事调解与前海国际商事仲裁紧密结合的多元化争议解决平台。2021年，深圳国际仲裁院加挂"粤港澳大湾区国际仲裁中心"牌子，新设"中国（深圳）知识产权仲裁中心""深圳国际仲裁院海事仲裁中心"和"中国（深圳）证券仲裁中心"三个分支机构，其中，"中国（深圳）证券仲裁中心"为深圳国际仲裁院与深圳证券交易所共建。

二、中国香港商事仲裁机构

香港国际仲裁中心（Hong Kong International Arbitration Centre，英文简称HKIAC），于1985年9月成立，是一所根据香港《公司条例》第32章成立的非营利有限担保公司，机构设在中国香港地区。香港国际仲裁中心受理的商事仲裁案件，包括国际商事仲裁案件和香港地区内当事人之间的商事仲裁案件。随着中国的经济发展和加入世界贸易组织，香港国际仲裁中心开始在中国内地推广其商事仲裁服务，其受案范围随之扩展，增加了对中国内地的当事人之间的商事仲裁案件的管辖。

香港国际仲裁中心在理事会指导下进行工作，理事会由全球拥有各种经验和技能的商界人士及专业人士组成。香港国际仲裁中心设有一个国际咨询委员会，为香港国际仲裁中心的政策和未来发展提供意见。执行委员会是根据理事会批准的政策指引香港国际仲裁中心活动的核心机构，其下设 3 个常设委员会，即程序委员会、指定委员会、财政委员会。这些委员会负责香港国际仲裁中心的业务运作，以及《香港国际仲裁中心的仲裁规则》和《香港仲裁条例》（第 609 章）授权香港国际仲裁中心履行的职能。香港国际仲裁中心下设秘书处，由秘书长领导，处理各类日常争议解决事宜。香港调解会（即以前香港国际仲裁中心调解组）于 1994 年 1 月成立，隶属于香港国际仲裁中心，旨在推广以调解方式解决纠纷。调解会下设 4 个调解组，即商事调解组、建筑调解组、家事调解组和综合调解组，分别专注于专业领域的调解活动。

香港国际仲裁中心成立后，取代了原香港商会仲裁委员会的工作职能，除满足东南亚地区商事仲裁服务的需要外，还为商事仲裁案件的当事人提供并推荐仲裁员。该中心备有国际仲裁员和本地仲裁员名册，当事人可以从中选定其所需的仲裁员。在香港国际仲裁中心审理或由香港国际仲裁中心管理的商事仲裁中，当事人可自由选择程序规则。香港国际仲裁中心为本地仲裁、证券仲裁、简易形式仲裁、小额索偿仲裁、书面仲裁和电子交易仲裁制定了相应的规则，当事人可自由选用。2018 年 11 月 1 日施行的《香港国际仲裁中心机构仲裁规则》也提供了英文、中文、韩文、西班牙文、葡萄牙文等不同语言的版本。该商事仲裁规则在本地商事仲裁和国际商事仲裁中都可选用。中心设有调解机构，调解包括家庭争议在内的各种法律争议。当前香港国际仲裁中心的工作语言为英语和汉语两种，由当事人自由选择其中一种作为解决争议时使用的语言。

香港国际仲裁中心虽然成立较晚，但借助于香港地区的地理优势，现已发展成为亚洲地区具有较大影响的国际商事仲裁中心。

三、中国澳门商事仲裁机构

中国政府对澳门恢复行使主权前后设立了 4 个仲裁中心，即澳门消费者委员会下设的"民事或商事小额消费争议自愿仲裁中心""澳门律师公会自愿仲裁中心""澳门世界贸易中心自愿仲裁中心"和澳门金融管理局下设的"保险及私人退休基金争议自愿仲裁中心"。

1998 年 2 月，经澳门总督批示，在澳门消费者委员会下设"民事或商事小额消费争议自愿仲裁中心"，主要解决消费方面的问题，只受理在澳门地区发生的、争议标的不超过澳门币 5 万元的商事仲裁案件。当事人自愿将争议提交仲裁中心仲裁，无需为有关程序承担费用。

1998 年 3 月，由澳门总督以批示形式，批准澳门律师公会设立的"澳门律师公会自愿仲裁中心"，是一个专门处理律师与律师之间的争议、律师与顾客之间的争议，以及民事、行政事宜或商事争议的常设性仲裁机构。当事人必须依据其事先签署的商事仲裁协议，将相关争议提交该中心仲裁解决。

1998 年 6 月，经澳门总督批示，在澳门世界贸易中心下设"澳门世界贸易中心自愿仲裁中心”，主要受理澳门世界贸易中心有限公司各会员之间、与其他世界贸易中心会员之间及/或与美国特拉华州世界贸易中心协会会员之间的纠纷，以及前述各世界贸易中心会员与第三者之间的纠纷，还包括其他任何第三者之间有关民事、行政或商贸事务等纠纷的商事仲裁案件。该仲裁中心的运作由《自愿仲裁中心内部规章》进行规范。

2001年9月，经中国澳门特别行政区行政长官批示，批准澳门金融管理局设立“保险及私人退休基金争议自愿仲裁中心”。作为一个专门性质的商事仲裁中心，其主要受理澳门地区发生的有关保险及私人退休基金方面不超过澳门币5万元的民事或商事法律争议商事仲裁案件，同样进行自愿仲裁。

上述自愿仲裁中心的设立，为中国澳门地区居民提供了除诉诸法院以外的又一个法律争议解决途径，可以减轻澳门地区法院处理民商事争议的压力，保护澳门地区居民的合法权益，推动澳门地区商事活动的顺利进行。不过，尽管如此，澳门地区的几家商事仲裁机构仍然面临着商事仲裁案件数量不多、受案范围局限性较大等问题。

四、中国台湾商事仲裁机构

“中华仲裁协会”，于1955年9月5日在中国台北市成立，为中国台湾地区首家具有准司法功能的公益社团法人，受理依法可以通过和解或调解方式解决的法律争议。

“中华仲裁协会”总部设在中国台北市，为了便于拓展业务，分别在中国台中市和高雄市设立了办事处，受理商事仲裁案件；仲裁协会设有会员大会，会员通过会员大会行使其职权。会员大会是仲裁协会的最高权力机构，每年召开1次，有权管理仲裁协会的一切事务。“中华仲裁协会”下设理事会，由会员代表通过会员大会选举的31名理事组成，在理事中又选出理事长1人和常务理事9人，主要负责监督仲裁业务以及为仲裁业务的发展方向提供建议。“中华仲裁协会”下设监事会，由会员代表通过会员大会选举的9名监事组成，在监事中推选监事会召集人1人、常务监事3人，主要负责监督仲裁协会的财务。理事会和监事会是会员大会下设的常务机构，对会员大会负责，向会员大会汇报其工作。仲裁协会设有秘书处，依照执行业务类别分为3组。秘书长全面负责仲裁协会的行政事务和业务工作。

此外，“中华仲裁协会”还设有各种专业委员会，包括仲裁技术及法规研究委员会、仲裁人研习委员会、仲裁人登记资格审查委员会、仲裁人伦理委员会、仲裁人选定委员会、国际事务委员会、仲裁标的价额及仲裁费争议审议委员会、工程委员会、仲裁调解策略发展委员会等，各委员会根据专业的不同，负责各自领域内的商事仲裁研究和拓展。

“中华仲裁协会”的服务包括：(1) 受理调解与商事仲裁的案件，即受理凡当事人因有关契约或违反有关契约引起的与工程、技术合作、海事、证券、保险、国际贸易、智慧财产权以及房地产等相关的任何法律争议；(2) 提供完善的现代化软硬体设备；(3) 提供商事仲裁法律咨询；(4) 举办调解、仲裁及其他相关研讨会、座谈会；(5) 举办仲裁人训练与讲习；(6) 建立专业仲裁人推荐名册，便利业界利用；(7) 进行仲裁人评价问卷调查，完善替代争议解决方式制度；(8) 建立听打同步书记机制。

第三章　商事仲裁规则

商事仲裁,必须依照一定的规则来进行。规范商事仲裁的具体程序以及这些程序中相应的仲裁法律关系的规则,就是商事仲裁规则(arbitration rules)。商事仲裁规则直接制约商事仲裁活动的进行,甚至影响商事仲裁裁决的效力。同时,商事仲裁规则对商事仲裁效率至关重要,也是外界衡量商事仲裁作为纠纷解决方式价值的重要标志。

第一节　商事仲裁规则的概念

商事仲裁规则是规定如何通过商事仲裁方法解决当事人之间商事法律争议的程序规则,具有契约性、强制性和局限性,其内容包括商事仲裁协议的订立及其法律效力、商事仲裁庭的管辖权、商事仲裁的申请和受理、商事仲裁的通知和答辩、商事仲裁庭的组成、商事仲裁案件的审理、商事仲裁裁决的作出及商事仲裁费用等内容。

一、商事仲裁规则的含义

商事仲裁规则,是指商事仲裁机构、商事仲裁庭和有关仲裁当事人及其他仲裁参与人在进行具体的商事仲裁活动时所必须遵循的程序规则。[①] 在商事仲裁立法和司法实践中,商事仲裁规则是一个常用的关键词,其本身也非常重要。然而,在商事仲裁法学理论上,很少有人去探讨商事仲裁规则的定义,商事仲裁立法也很少明确规定商事仲裁规则的产生程序及必备内容。这种情况的出现并不意味着商事仲裁规则不重要,而是因为,鉴于商事仲裁规则的性质,只要不违背法律的强制性规定,商事仲裁程序中的当事人和仲裁员、仲裁庭、仲裁机构在确定商事仲裁规则时具有充分的自由裁量权。

在最初的商事仲裁实务中,都是临时仲裁,并不存在法典化的商事仲裁规则。只是随着机构仲裁的出现和商事仲裁机构的不断发展,各商事仲裁机构纷纷制定了自己法典化的商事仲裁规则,以供仲裁当事人在本机构进行商事仲裁时选用,甚至直接采用。目前国际社会各常设仲裁机构和中国现存的所有商事仲裁机构,都制定有自己的商事仲裁规则。此外,联合国国际贸易法委员会为了推动国际社会商事仲裁制度的发展,专门制定了法典化的《联合国国际贸易法委员会仲裁规则》,供国际社会各个国家国内商事关系和国际商事关系中的

---

① 参见谢石松著:《国际民商事纠纷的法律解决程序》,广东人民出版社 1996 年版,第 64～66 页。

当事人选择商事仲裁方式、特别是选择临时仲裁方式解决其商事法律争议时选用。

二、商事仲裁规则的特点

商事仲裁规则作为相关方面参与商事仲裁活动时所必须遵循的程序规则，与商事仲裁程序法相比较，具有如下特征：

（一）契约性

基于商事仲裁本身的特征和属性，各国商事仲裁法都普遍认可当事人自行确定商事仲裁规则的权利。商事仲裁规则构成当事人之间商事仲裁协议的一部分。当事人既可以在商事仲裁协议中明确约定进行商事仲裁所应遵循的程序规则，也可以直接援引一套既定的商事仲裁规则。当事人还可以通过选定商事仲裁机构或商事仲裁庭的方式来确定所需要适用的商事仲裁规则。各个常设仲裁机构的商事仲裁规则一般都规定，当事人选择该常设仲裁机构仲裁，在未作出相反约定的情况下，视为同意适用该常设仲裁机构的商事仲裁规则。

（二）强制性

商事仲裁规则具有契约性，但一经确定，即对仲裁当事人、仲裁机构、仲裁庭及仲裁员产生法律约束力，并且这种法律约束力获得了各国商事仲裁立法的普遍认可。任何违背或不遵守商事仲裁规则的情形，均可能产生严重的法律后果。法院在对商事仲裁进行司法监督时，也必须充分尊重商事仲裁规则。如 1958 年《纽约公约》第 5 条第 4 项规定，如果有关商事仲裁庭的组成或有关商事仲裁程序的进行与仲裁当事人的协议不符，或在仲裁当事人没有协议时与仲裁地所属国的法律不符，有关国家的法院就可以基于其中一方当事人的请求，裁定拒绝承认和执行有关的外国商事仲裁裁决。

（三）局限性

商事仲裁规则从本质上说，与国家立法机关或有立法权的机关制定的法律规范不同，是任意性较强的程序规范。商事仲裁规则既可以由当事人在意思自治的基础上进行约定，也可以由商事仲裁机构自行制定；而且，当事人还可以根据自身需要，合意对其所选定的商事仲裁规则进行修改和补充；此外，商事仲裁规则产生法律效力需要获得有关国家法律的认可和有关当事人的明确选定。更为重要的是，商事仲裁规则不得与商事仲裁程序应适用的法律或者法院地法的强行性规范相抵触。

三、商事仲裁规则的性质

如前所述，商事仲裁规则是当事人直接或间接制定的文件，虽然可以包括法律的相关内容，但它本身并不是法律法规，不具有严格的法律效力。有关的商事仲裁规则如果与强制性的商事仲裁法规相抵触，则无效。从商事仲裁规则对仲裁当事人的约束力这一层面来说，其属于合同的性质。而仲裁员、仲裁庭、仲裁机构和法官尊重商事仲裁规则的效力，则是出于尊重当事人意思自治的需要。

但是，与此同时，由于有世界各国商事仲裁立法和司法实践的明确认可和规定，商事仲裁规则又具有"一定的"或者"相对的"法律效力。[①] 商事仲裁规则一经各有关的商事仲裁当事人确定下来,无论是对商事仲裁机构、仲裁庭、仲裁员,还是对仲裁当事人,任何不遵守商事仲裁规则的情形,都有可能产生严重的法律后果,甚至影响到商事仲裁裁决的效力。同时,法院在依法监督商事仲裁程序时,商事仲裁规则亦是其行使权力的重要基准。

商事仲裁规则用于调整商事仲裁的内部程序,是商事仲裁参与者的"内部法"。商事仲裁庭在进行商事仲裁活动时是否遵守正当程序,当事人是否享有其天赋正义(nature justice),商事仲裁规则是一个主要的参考标准。商事仲裁规则是否得当,对商事仲裁效率的提高至关重要,是外界衡量商事仲裁影响力的一个重要标志。因此,在商事仲裁实践中,商事仲裁机构、仲裁庭、仲裁员和仲裁当事人以及相关的法院,都十分重视商事仲裁规则的作用。

正确认识商事仲裁规则的性质,有助于各方在商事仲裁实践中维护商事仲裁程序的正当性,积极推进和管理商事仲裁程序;对提高商事仲裁效率及有效解决当事人之间的商事法律争议具有重要意义。因此,各国际知名常设仲裁机构都会定期修订其商事仲裁规则,以顺应不同历史时期商事仲裁发展的趋势。

四、商事仲裁规则的主要内容和作用

尽管商事仲裁规则的契约性决定了其内容缺乏统一的标准和规范,但从商事仲裁实践来看,商事仲裁规则的主要内容应包括:(1)商事仲裁协议的订立及其法律效力,以及因此而确定的商事仲裁机构对有关商事仲裁案件的仲裁管辖权;(2)商事仲裁的申请、受理及仲裁通知和答辩;(3)仲裁员的选定或指定,以及商事仲裁庭的组成;(4)商事仲裁案件的审理;(5)商事仲裁裁决;(6)仲裁费用,[②] 以及近年来出现的有关紧急仲裁员、临时措施等内容。尽管不同常设仲裁机构的商事仲裁规则各有特点,但总体而言,从商事仲裁规则的内容来看,趋同化也较为明显。

商事仲裁规则作为调整商事仲裁活动的内部程序规范,其作用主要体现在以下几方面:

(1)为商事仲裁参与者通过商事仲裁方式解决商事法律争议提供了一套系统、便捷的程序规范。一经当事人选择或授权仲裁庭选择适用,只要该商事仲裁规则不与有关国家法律的强行性规范相抵触,商事仲裁机构、仲裁当事人和其他仲裁参与人都应严格按照该项商事仲裁规则进行商事仲裁活动。同时,商事仲裁规则也是商事仲裁机构和商事仲裁庭高效管理并有序推进商事仲裁程序的依据,有利于当事人之间商事法律争议的有效解决。

(2)为商事仲裁参与人提供了程序上的权利义务规范。商事仲裁规则对有关商事仲裁机构、仲裁庭和仲裁当事人及其他仲裁参与人进行具体商事仲裁活动时,提供了严格的具有法律约束力的程序规范,确定了各方在商事仲裁程序中的权利义务,有利于仲裁当事人程序正义的实现,并有助于进一步确定仲裁当事人实体法上的权利义务关系。

---

① 参见谢石松著:《国际民商事纠纷的法律解决程序》,广东人民出版社 1996 年版,第 66 ~ 70 页。

② 参见谢石松:《论国际商事仲裁规则的有关法律问题》,载《国际商务研究》1999 年第 1 期。

（3）为商事仲裁的司法监督提供法律依据。商事仲裁的顺利进行，特别是对商事仲裁裁决法律效力的维护，与有关国家法院对商事仲裁的支持和监督密不可分。而商事仲裁机构、仲裁庭和有关仲裁当事人及其他仲裁参与人在进行商事仲裁活动时，是否严格遵守了其所适用的商事仲裁规则，是法院对商事仲裁行使司法监督权时的重要考量因素。例如，仲裁当事人提出证据证明商事仲裁庭的组成或商事仲裁程序的进行，违反了其所适用的商事仲裁规则，则相关的商事仲裁裁决很可能被有关法院裁定不予执行，甚至被裁定撤销。

五、商事仲裁规则的确定

商事仲裁规则既可以由常设商事仲裁机构制定，也可以由国际组织（包括政府间国际组织和非政府间国际组织）或民间性的社会团体或组织制定，甚至可以由仲裁当事人在签署商事仲裁协议时自行约定。而且，具体到某一特定的商事仲裁程序，基于其所处的国家不同、商事仲裁类型不同、商事仲裁机构的性质不同，其所应适用的商事仲裁规则的确定方式和确定原则也都各不相同，主要可以分为以下几种情况：

（1）由仲裁当事人协商一致确定商事仲裁规则。各国商事仲裁法律制度均认可，无论是机构仲裁还是临时仲裁，双方当事人都可以经合意确定商事仲裁规则，但当事人合意确定的商事仲裁规则不得违反公共秩序或强制性法律规定。当事人既可以通过协商一致，在商事仲裁协议中明确规定商事仲裁所应遵循的程序规则，也可以援引一套已有的商事仲裁规则。当事人还可以通过选定商事仲裁机构的方式确定商事仲裁所应适用的程序规则，也可以根据需要对所选定商事仲裁机构的仲裁规则进行相应修改。例如，2015 年中国贸仲《仲裁规则》第 4 条第 3 款规定，“当事人约定将争议提交仲裁委员会仲裁但对本规则有关内容进行变更的，从其约定”；2020 年《深圳国际仲裁院仲裁规则》第 3 条第 3 款规定，“当事人约定对本规则有关内容进行变更的，从其约定”。

（2）由商事仲裁机构确定商事仲裁规则。常设仲裁机构一般均自行制定了本机构的商事仲裁规则，如当事人在商事仲裁协议中仅指定了常设仲裁机构，但未明确选择商事仲裁规则，则该常设仲裁机构可适用自己的商事仲裁规则。例如，2021 年《美国仲裁协会国际仲裁规则》规定，当事人约定由国际争议解决中心或美国仲裁协会进行国际商事法律争议的仲裁但未指定特定仲裁规则，则视为已授权由国际争议解决中心管理该商事仲裁，程序应按照仲裁开始之日有效的《美国仲裁协会国际仲裁规则》进行；2015 年中国贸仲《仲裁规则》第 4 条第 2 款规定，“当事人约定将争议提交仲裁委员会仲裁的，视为同意按照本规则进行仲裁”；2020 年《深圳国际仲裁院仲裁规则》第 3 条第 1 款规定，“当事人同意由仲裁院进行仲裁的，除非另有约定，应视为同意按照本规则进行仲裁”；2021 年《广州仲裁委员会仲裁规则》第 4 条第 1 款规定，“当事人同意由本会仲裁的，视为同意适用本规则”。

当然，也有更多的常设仲裁机构只是规定，只有在当事人没有明确选择商事仲裁规则的情况下，才适用其自身的商事仲裁规则，即允许当事人选择其他的商事仲裁规则。例如，2020 年《深圳国际仲裁院仲裁规则》第 3 条第 3 款规定，“当事人约定适用其他仲裁规则，从其约定”；2021 年《广州仲裁委员会仲裁规则》第 4 条第 2 款规定，“当事人就仲裁适用的规则另有约定的，从其约定”。

（3）由商事仲裁庭确定商事仲裁规则。商事仲裁庭组成后，仲裁当事人也可以授权仲裁庭确定商事仲裁规则，或者当可适用的商事仲裁规则缺乏明文规定时，由商事仲裁庭来确定仲裁所应适用的程序规则。例如，2015 年中国贸仲《仲裁规则》第 4 条第 3 款规定，“当事人约定将争议提交仲裁委员会仲裁但约定适用其他仲裁规则的，从其约定”；2020 年《深圳国际仲裁院仲裁规则》第 3 条第 7 款规定，“本规则未明确规定的事项，仲裁院或者仲裁庭有权按照其认为适当的方式处理”；2021 年《广州仲裁委员会仲裁规则》第 4 条第 3 款规定，“本规则未明确规定的事项，仲裁庭可以按照有利于公正、及时解决纠纷的原则推进仲裁程序”。

六、商事仲裁规则与商事仲裁法的关系

商事仲裁规则是商事仲裁机构和仲裁当事人在进行具体的商事仲裁活动时所必须遵循的程序规则，既可以由当事人自行约定，也可以由商事仲裁机构、国际组织、民间性的社会团体或组织制定，在不违反公共秩序和法律强制性规定的前提下，是任意性较强的程序规范。而商事仲裁法，是指由国家制定或认可的，规范和调整商事仲裁程序法律关系的法律规范的总称。狭义的商事仲裁法，仅指商事仲裁法典，如中国《仲裁法》。广义的商事仲裁法除包括单独制定的商事仲裁法典外，还包括其他法律制度中与商事仲裁程序有关的法律规范，如德国《民事诉讼法》中有关商事仲裁程序的规定。商事仲裁法既是规范商事仲裁机构或商事仲裁庭的内部程序规定，也是确定进行商事仲裁程序的外部标准，如商事仲裁管辖权的确立、争议事项的可仲裁性、商事仲裁协议及其效力、仲裁员的资格条件及选定方法、商事仲裁的法律适用、商事仲裁程序的最低正当性要求，商事仲裁裁决的承认和执行以及裁决的撤销，等等。

商事仲裁规则与商事仲裁法既有密切的联系又有本质的区别。其密切联系主要表现在：一方面，商事仲裁规则通常都是依据可适用的商事仲裁法制定的，是商事仲裁法在商事仲裁程序中的具体化；而且，当商事仲裁适用的商事仲裁规则对特定事项缺乏明文规定时，商事仲裁法还可以起到补充作用。另一方面，商事仲裁规则和商事仲裁法是有关商事仲裁当事人、商事仲裁机构和仲裁庭进行具体商事仲裁活动时必须遵循的行为规范，前述主体既不能违反所应适用的商事仲裁规则，更不能违反所应适用的商事仲裁法。

商事仲裁规则与商事仲裁法的本质区别，则主要体现在以下三个方面：

（1）制定主体和法律性质不同。商事仲裁法是由国家立法机关制定的法律。而商事仲裁规则是由仲裁当事人依法自行制定的，或由商事仲裁机构、国际组织、民间性的社会团体或组织，依据有关国家的商事仲裁法或者国际商事仲裁条约制定，并供当事人选择适用的商事仲裁程序规范，商事仲裁规则具有契约性。

（2）法律效力不同。商事仲裁法具有普遍性、绝对的法律效力。而商事仲裁规则的法

律效力具有相对性，仅及于选择适用相关商事仲裁规则的特定商事仲裁机构、仲裁庭、仲裁员和当事人以及其他仲裁参与人；而且，该商事仲裁规则的适用，不得违反所应适用的商事仲裁法。

（3）作用和功能不同。商事仲裁法是法院对商事仲裁进行司法监督的重要法律依据，是法院对商事仲裁协议、商事仲裁管辖权和商事仲裁程序进行司法监督的法律依据，还是法院根据当事人的请求对商事仲裁裁决是否应当获得承认和执行，或者裁决是否应当被撤销作出裁判的法律依据。而商事仲裁规则所规范的是商事仲裁机构、仲裁庭及有关仲裁当事人之间的内部程序关系，法院在对商事仲裁进行司法监督时，对所适用的商事仲裁规则主要考虑其是否被商事仲裁机构、仲裁庭和有关仲裁当事人所遵守。

第二节 外国主要商事仲裁规则

外国主要商事仲裁机构一般都自行制定了本机构的商事仲裁规则。近年来，为顺应信息技术在商事仲裁程序中的广泛应用、进一步提升商事仲裁效率、确保商事仲裁的公正性以及防止滥用商事仲裁程序权利行为的出现，外国主要商事仲裁机构都修订了本机构的商事仲裁规则。

一、2012 年《瑞士国际仲裁规则》

为了统一商事仲裁规则，巴塞尔商会、伯尔尼商业与工业协会、日内瓦商业、工业与服务协会、纳沙泰尔商业与工业协会、提契诺商业与工业协会、沃州商业与工业协会及苏黎世商会，于 2004 年起决定采用《瑞士国际仲裁规则》（简称"瑞士规则"），以取代各商会以前的商事仲裁规则。各商会共同成立瑞士商会仲裁院（Swiss Chambers' Arbitration Institution，简称 SCAI）以提供商事仲裁服务。为了在瑞士规则下管理好商事仲裁案件，瑞士商会仲裁院成立了由在国际商事仲裁领域具有丰富经验的从业人员组成的仲裁委员会。瑞士规则的最新版本于 2012 年 6 月 1 日生效，主要内容如下：

（一）商事仲裁的开始

提请商事仲裁的当事人应向仲裁委员会秘书处提交仲裁通知，商事仲裁程序自秘书处收到仲裁通知之日起开始。仲裁通知中应包括：（1）将争议提交仲裁的要求，写明当事人及其代理人的名称、地址、电话等；（2）所引述的商事仲裁条款或单独的商事仲裁协议文本；（3）指明引起纠纷或与纠纷有关的合同或其他法律文件；（4）仲裁请求的基本性质、所涉金额（如有）的说明以及所要求的救济或赔偿；（5）对仲裁员人数、仲裁语言和仲裁地的建议，若各方当事人事先未对此达成协议；（6）根据商事仲裁协议，申请人对仲裁员的指定；如未能选定仲裁员，则由仲裁委员会指定；（7）确认已按规定支付案件受理费。

（二）商事仲裁庭的组成

如果当事人未就仲裁员人数达成协议，仲裁委员会应在考虑所有相关情形后，决定应把案件交由独任仲裁员还是交由3人仲裁庭进行审理。通常而言,仲裁委员会应将案件交由独任仲裁员审理,除非争议事项的复杂性或争议金额较大使得将案件交由3人仲裁庭审理更合适。如果为争议金额不超过100万瑞士法郎且商事仲裁协议并未规定交由3人仲裁庭审理的案件,则应交由独任仲裁员审理。多方当事人的案件,则应交由3人仲裁庭审理。

如果各方当事人同意将纠纷交由独任仲裁员审理,则当事人应在被申请人收到仲裁通知之日起30日内共同指定独任仲裁员,除非当事人在协议里另有约定。如果当事人未能在规定的期限内指定独任仲裁员,仲裁委员会应自行任命。

如果双方当事人约定争议将由3人仲裁庭仲裁,双方应各自指定1名仲裁员,除非双方另有约定。如果一方当事人未能在规定期限内指定仲裁员,仲裁委员会应任命仲裁员。在第2名仲裁员获得确认之日起30日内,已获任命的2名仲裁员应指定第3名仲裁员,由其担任首席仲裁员,如果未能作出该项指定,则由仲裁委员会任命首席仲裁员。

在多方当事人的商事仲裁程序中,如果一方当事人或各方当事人全体未能指定仲裁员,仲裁委员会可以任命全部仲裁员并确定首席仲裁员。

如果存在对仲裁员公正或独立产生合理怀疑的情形,当事人可以申请该名仲裁员回避。如果回避申请提出之日起15日内,未能被所有当事人同意,或被申请回避的仲裁员拒绝回避,则仲裁委员会应对回避请求作出决定,该决定为终局决定,且仲裁委员会无义务说明决定的理由。

如果仲裁员不顾其他仲裁员或仲裁委员会的书面警告而没能履行其职责,仲裁院可以撤销对该仲裁员的任命。在仲裁员需要被替换的情况下,新替换的仲裁员应按原程序指定或任命。在特殊情况下,与当事人和其他仲裁员协商后,仲裁委员会可以直接任命替换的仲裁员;或在程序终结后,授权其余仲裁员进行仲裁并作出裁决。仲裁员被替换的,商事仲裁程序通常应继续进行,除非仲裁庭另有决定。

在仲裁庭组成之前,如果一方当事人需要紧急救济措施,可以向秘书处申请紧急救济程序,在接到申请、受理费和紧急救济程序的预存费用后,仲裁委员会应立即指定紧急仲裁员。紧急仲裁员作出的商事仲裁裁决效力等同于商事仲裁庭的裁决。除非当事人另有约定,紧急仲裁员不得在其参与过的、与争议有关的商事仲裁程序中担任仲裁员。

(三)商事仲裁程序的进行

商事仲裁庭在保证各方当事人受到平等对待,并保证当事人陈述其主张的权利的前提下,可以按照其认为合理的方式进行商事仲裁审理。采用开庭审理的,仲裁庭应提前足够的时间通知各方当事人开庭日期、时间和地点。在商事仲裁程序进行的任何阶段,仲裁庭可以安排听取证人(包括专家证人)的证言陈述,或听取口头辩论。经与各方当事人协商后,仲裁庭也可以决定根据文件及其他材料进行审理。如果当事人同意,仲裁庭可以进行调解。

合并仲裁由仲裁委员会与当事人及已确认的仲裁员协商后决定,追加当事人则由仲裁庭在与当事人协商并综合考虑后决定。

当事人可以指定在瑞士或在其他任何国家的仲裁地。如果各方当事人并未确定仲裁地,应由仲裁委员会或仲裁庭确定仲裁地。在不影响确定仲裁地的前提下,仲裁庭可以自行决定商事仲裁审理的地点以及听取证人证言和举行仲裁庭内部会议的任何地点,在符合当事方协议的前提下,仲裁庭应决定在商事仲裁程序中使用一种或几种语言。

应一方当事人的申请,商事仲裁庭可以临时裁决的形式作出准予任何其认为必要或适当的临时措施,并有权要求当事人提供适当的担保。

除非当事人另有协议,庭审不公开进行。仲裁庭的合议应保密。经秘书处同意且当事人无异议的条件下,商事仲裁裁决或命令可以全部或部分公开。

(四)商事仲裁庭的管辖权

商事仲裁庭有权对任何针对其商事仲裁管辖权的异议作出裁定,包括对商事仲裁条款或单独商事仲裁协议的存在所产生的异议。通常而言,对商事仲裁庭管辖权的异议应在对仲裁通知的回复中提起,最迟应在答辩书中提起;或者,如果存在仲裁反请求,最迟应在对仲裁反请求的答辩中提出。商事仲裁庭可以将针对管辖权的异议作为先决问题作出裁定,也可以继续进行商事仲裁程序,在对争议实体的裁决中对此作出裁定。

(五)法律适用与裁决

商事仲裁庭应根据各方当事人约定的法律裁决案件,如果当事人并未作出法律选择,则应适用与纠纷有最密切联系的法律。只有得到当事人明示的授权,商事仲裁庭才能根据公平原则(作为友好公断人或依公允善良的原则)作出裁决。在任何情况下,商事仲裁庭应根据合同约定,并考虑交易所适用的商业惯例作出裁决。

商事仲裁裁决应被视为在仲裁地作出。仲裁裁决应以书面形式作出,并且应为终局的且对各方当事人均具有约束力。仲裁庭应说明裁决所依据的理由,除非各方当事人同意不说明理由。在作出最终裁决之外,商事仲裁庭可以作出临时裁决、中间裁决或部分裁决。商事仲裁庭也在非最终裁决中对费用作出裁决。裁决应由所有仲裁员签署并注明作出裁决的日期和仲裁地,未署名的仲裁员应说明其没有签署的理由。

(六)因和解或其他原因终止商事仲裁

如果在裁决作出之前,各方当事人针对纠纷达成和解,商事仲裁庭应作出决定终止商事仲裁程序,应各方当事人请求,商事仲裁庭可以以商事仲裁裁决的形式记录当事人协商同意的和解内容。如果因各方当事人达成和解,或其他没有列明的任何原因使得继续商事仲裁程序成为不必要或不可能时,商事仲裁庭应提前通知各方当事人将决定终止商事仲裁程序。除非当事人提出正当的理由反对,商事仲裁庭应有权作出该等决定。

二、2020年《伦敦国际仲裁院仲裁规则》

伦敦国际仲裁院(London Court of International Arbitration,简称LCIA)是世界领先的国际商事仲裁机构之一,历史悠久,享有良好国际声誉,在机构设置、仲裁规则、国际合作等方面也颇有特色。凡以书面形式（无论是否签署）作出或证明有书面形式的任何协议或提交商事仲裁或委托商事仲裁的协议以任何方式规定根据伦敦国际仲裁院规则进行仲裁的，应视为当事人已书面同意，当事人之间的商事仲裁应按照《伦敦国际仲裁院仲裁规则》或按照伦敦国际仲裁院其后采纳并于商事仲裁开始之前已经生效的经修改的规则进行，《伦敦国际仲裁院仲裁规则》构成当事人间协议的一部分（统称“商事仲裁协议”）。该规则的最新版本于2020年10月1日起生效，主要内容如下：

（一）商事仲裁申请和答辩

提请商事仲裁的一方当事人即申请人，应向仲裁院登记员提交书面仲裁申请。如仲裁院已收到仲裁登记费，则登记员收到以电子方式送达的仲裁申请书（包括所有附件）之日应视为商事仲裁启动之日。如登记费是其后收到，则商事仲裁启动日为实际收到登记费之日。仲裁申请书应包括以下内容：（1）仲裁当事人及其代理人的全称、国籍和所有联系方式（包括电子邮件地址、邮寄地址和联系电话）；（2）申请人所依据的商事仲裁协议，以及载有商事仲裁条款并与申请人的请求有关的任何合同或其他文件的副本；（3）简述商事法律争议的性质和案情、预估货币金额或价值、争议交易，明确仲裁请求；（4）当事人已书面同意的或申请人根据商事仲裁协议建议的任何关于商事仲裁程序事项，如仲裁地、仲裁语言、仲裁员人数、仲裁员的资格和身份的陈述；（5）如果商事仲裁协议要求当事人提名仲裁员，应提供申请人提名仲裁员的全称、电子邮件地址、邮寄地址和联系电话；（6）确认费用表中规定的案件登记费已经或正在支付给仲裁院；（7）确认仲裁申请书副本（包括所有附件）已经或正在通过经确认的送达方式向其他仲裁当事人送达。

在商事仲裁启动日起28日内（或仲裁院根据任何一方的申请或自行决定的较短或较长的期限内），被申请人应向登记员提交仲裁答辩书。未在期限内提交仲裁答辩书，不应自动排除被申请人在商事仲裁中否认任何请求或提出任何答辩、仲裁反请求或交叉请求的权利。仲裁答辩书应包括以下内容：（1）被申请人的全称、国籍和所有联系方式；（2）确认或否认申请人在仲裁申请书中提出的全部或部分请求；（3）如果没有全部确认，则简述该商事法律争议的性质和案情等和被申请人提出的答辩，并陈述被申请人针对申请人提出的仲裁反请求以及针对其他被申请人提出的交叉请求；（4）针对申请书中所载明商事仲裁程序事项的答辩；（5）如果商事仲裁协议要求当事人提名仲裁员，应提供被申请人所提名仲裁员的全称和联系方式；（6）确认仲裁答辩书副本（包括所有附件）已经或正在按照确认的送达方式向其他仲裁当事人送达。

上述商事仲裁申请和商事仲裁答辩均应按照规则规定的电子方式提交给登记员。以任何其他方式提交商事仲裁申请书和商事仲裁答辩书的，应事先取得代表仲裁院的登记员的书面批准。

（二）商事仲裁庭的组成

“商事仲裁庭”一词包括独任仲裁员（紧急仲裁员），或多于1名仲裁员时的全体仲裁员。仲裁申请书不完整或未提供仲裁答辩书、迟延提供仲裁答辩书或仲裁答辩书不完整的，不影响商事仲裁程序的进行。仲裁院应于登记员收到仲裁答辩书之后立即组成商事仲裁庭，如未收到仲裁答辩书，则在商事仲裁启动日后 28 日届满时，立刻组成商事仲裁庭。任何一方当事人或第三人无法根据商事仲裁协议指定仲裁员，只有仲裁院有权指定仲裁员。除非当事人另有书面约定，或者仲裁院依据案情确定组成 3 人仲裁庭是合适的（或在例外情况下，超过 3 人），否则应指定独任仲裁员。仲裁院在指定仲裁员时，应对当事人书面协议的任何具体选择方式或标准予以适当考虑。此外，还应考虑有关商事法律争议交易、争议性质与案情、涉案金额或价值、当事人的地点和语言、当事人的数量以及其他与本案有关的所有因素。

只有各方当事人以书面形式同意提名仲裁院主席为独任或首席仲裁员时，其才有资格被任命为仲裁员；仲裁院副主席和仲裁院董事会主席则只有在当事人或其他候选人或仲裁员以书面方式提名的情况下才有资格被任命为仲裁员，但此类被提名人不得参与仲裁院与本案有关的任何职能。

所有仲裁员在任何时候都应保持公正且独立于当事人；仲裁员不得在商事仲裁中充当当事人的辩护人或授权代表，不得就商事法律争议或商事仲裁行为或结果为当事人提供建议。在仲裁院任命前，仲裁员候选人应提供本人的资格和专业职务的简要书面履历，并以书面形式同意符合仲裁费用表的收费标准。此外，仲裁员候选人应签署一份书面声明，说明以下事项：（1）候选人是否知悉存在可能使任何一方当事人对其独立性或公正性产生合理怀疑的情况，如有，则充分说明该情况；（2）候选人是否已经做好准备、愿意并能够投入足够时间、审慎勤勉，以确保商事仲裁迅速有效进行。

在商事仲裁最终结束前，仲裁员应持续承担披露义务，对于在提交书面声明之后知悉的存在可能引起任何一方当事人对其公正性或独立性产生合理怀疑的任何情况，应立即以书面形式披露并提交给仲裁院、仲裁庭的其他成员以及全体当事人。

若商事仲裁协议赋予每一当事人提名一名仲裁员的权利，而商事法律争议当事人数量为两方以上且各方并未就商事法律争议组成仲裁庭的两个单独的“当事人”（一方为申请人，另一方为被申请人，每一方提名一位仲裁员）达成书面协议的，仲裁院应组成商事仲裁庭，且无需考虑任何一方当事人的权利和提名。

如遇特别紧急情况，任何一方当事人可以向仲裁院申请快速组成商事仲裁庭。如果申请得到仲裁院批准，则仲裁院可以设定或缩短当事人在商事仲裁协议或其他协议中约定的任何时限。如果在商事仲裁庭组成或快速组庭之前任何时候发生紧急情况，任何一方当事人均可向仲裁院申请立即指定一名临时独任仲裁员在商事仲裁庭组庭或快速组庭期间进行紧急程序（即“紧急仲裁员”）。

（三）商事仲裁程序的进行

根据商事仲裁协议，商事仲裁庭在仲裁期间的基本职责包括：（1）在各方当事人之间公平公正处事，给予当事人合理机会陈述其案情并回应对方的陈述；（2）采用适合商事仲裁情形的程序，避免不必要的延误及开支，提供公正、高效、快速的方法最终解决当事人之间的争议。商事仲裁庭应具有最大裁量权履行上述基本职责，但不得违反所适用法律规则的强制性规定。各方当事人可以就进行商事仲裁的共同提议达成协议，交由商事仲裁庭审议。

当商事仲裁庭为非独任仲裁员时，经其他商事仲裁庭成员及所有各方当事人事先同意，首席仲裁员可以单独作出程序性决定。

商事仲裁庭可以就商事仲裁事宜获得仲裁庭秘书的协助。但商事仲裁庭在任何情况下都不能将其决策职能授权于某个仲裁秘书。商事仲裁庭只有在秘书得到所有各方当事人批准后才能获得其协助。商事仲裁庭对仲裁庭秘书的免职有自由裁量权。

商事仲裁庭组庭前的任何时候，各方当事人可以书面约定仲裁地；但商事仲裁庭组庭后，需事先经商事仲裁庭书面同意，各方当事人方可以书面约定仲裁地。未作出此种约定的，仲裁地应为伦敦。如果要当面举行庭审，商事仲裁庭经与当事人协商，可以在任何地理位置便利的地点举行庭审。商事仲裁庭可以自行选择任何地点进行会面审议。如果在仲裁地以外的其他地点或以非现场的方式进行庭审或审议，则该商事仲裁仍应被视为在仲裁地进行的仲裁，同时商事仲裁庭作出的任何命令或裁决应被视为在该仲裁地作出。

商事仲裁的初始语言（商事仲裁庭组庭前）应为商事仲裁协议的语言或通行语言，但当事人另有书面约定的除外。在商事仲裁中，任何一方当事人均可由一名或多名授权代表人代表其在商事仲裁庭出庭。商事仲裁庭可自行决定在任何阶段举行庭审，除非各方当事人已书面同意只进行书面仲裁。庭审可以当面举行，也可以通过电话会议、视频会议或其他通信技术等非现场方式进行。商事仲裁庭应以书面形式合理通知各方当事人有关庭审的日期、时间、形式、程序和地点等。所有庭审均应不公开进行，除非当事人另有书面约定。

在紧急程序中，紧急仲裁员应尽快对紧急救济请求作出决定，不得晚于指定紧急仲裁员后 14 日。紧急仲裁员应以书面形式作出命令并说明理由。紧急仲裁员作出的裁决应符合规则规定，一经作出，即作为裁决生效，紧急仲裁员对其作出的命令或裁决负责。商事仲裁庭可以依据任何一方当事人的申请或主动作出命令或裁决，全部或部分确认、更改、终止或撤销紧急仲裁员作出的任何命令或裁决。

（四）商事仲裁庭的管辖权

商事仲裁庭有权对其自身的仲裁管辖权及权限作出决定，包括对商事仲裁协议是否自始或持续存在、有效性、效力及范围提出的任何异议作出决定。就此情形而言，构成或拟构成另一协议一部分的商事仲裁条款，应视为独立于该另一协议的商事仲裁协议，商事仲裁庭裁定该另一协议不存在、无效或不具有效力不应自动导致该商事仲裁条款不存在、无效或不具有效力。

被申请人对商事仲裁庭管辖权的异议，应在提交仲裁答辩书之前尽快提出。对商事仲裁庭越权的异议，应在商事仲裁庭已经初步处理当事人声称商事仲裁庭越权的事项后尽快提出。但是，如果商事仲裁庭认为有正当理由，可以接受延期提出的仲裁管辖权异议或仲裁庭权限异议。

商事仲裁庭在其认为合适的情形下，可以在关于仲裁管辖权或仲裁庭权限的裁决中，或其后在关于实体问题的裁决中，对其仲裁管辖权异议或仲裁庭权限异议作出裁定。各方当事人同意依照商事仲裁协议进行仲裁，在商事仲裁庭组庭后，应视为各方当事人已经同意不向任何国家法院或其他法律机关就商事仲裁庭的仲裁管辖权或权限事项申请救济，除非全体仲裁当事人事先书面约定、商事仲裁庭事先授权或在商事仲裁庭已经对其仲裁管辖权异议或权限异议作出裁定之后提出。

（五）法律适用与仲裁裁决

商事仲裁协议和商事仲裁的准据法应为仲裁地适用的法律，除非双方已就适用其他法律达成书面协议，且该协议不为仲裁地适用的法律所禁止。《伦敦国际仲裁院仲裁规则》应根据上述法律进行解释。

商事仲裁庭可以对不同问题在不同时间分别作出裁决。裁决应以书面方式作出，除非当事人另有书面约定，商事仲裁庭应当说明其裁决所依据的理由，并载明作出裁决的日期以及仲裁地；仲裁裁决书应当由商事仲裁庭成员或同意该裁决内容的商事仲裁庭成员签名。除非各方当事人另有约定，或商事仲裁庭或仲裁院另有指示，裁决可以电子方式签署。如果商事仲裁庭成员未能就任何问题达成一致，裁决应当以商事仲裁庭多数意见作出。未能形成多数意见的，应当由首席仲裁员作出决定。如果任何仲裁员拒绝或未能在裁决书中签名，有多数仲裁员或（未能形成多数意见时）首席仲裁员的签字即足够，但仲裁裁决书中应说明其他仲裁员未签名的原因。

所有商事仲裁裁决均为终局裁决，并对各方当事人具有约束力。各方当事人承诺立即且毫不延迟地执行任何商事仲裁裁决；各方当事人不可撤销地放弃其向任何国家法院或其他法律机关提起上诉、请求再审或追索的权利，只要这种权利放弃不受任何适用法的禁止。

在收到商事仲裁裁决书的 28 日内，当事人可以以书面方式通知登记员，请求商事仲裁庭补正裁决书中的任何计算错误、笔误或印刷错误，任何歧义或任何类似性质的错误。商事仲裁庭也可以在商事仲裁裁决作出后的 28 日内，经与各方当事人协商后，主动以商事仲裁裁决书附录的形式补正任何前述错误。

保密作为商事仲裁的一般原则，除非为了保护或追索合法权利，或为了商事仲裁裁决的执行或对商事仲裁裁决提出异议，法律职责要求当事人进行披露外，各方当事人承诺对商事仲裁过程中的所有裁决和一切材料予以保密。未经各方当事人和商事仲裁庭事先书面同意，仲裁院不得公布任何商事仲裁裁决或裁决的任何部分。

仲裁院对个人数据的任何处理都应符合适用的数据保护立法的规定。仲裁院和商事仲裁庭可以就信息安全或数据保护作出指令，该指令对各方当事人和商事仲裁庭成员均具有约束力。

（六）临时措施和保全措施

应一方当事人申请，商事仲裁庭依据一定情形下其认为适当的条件有权从事下列行为，但应事先给予所有其他各方当事人合理机会对该申请作出回应。(1)命令任何仲裁请求、仲裁反请求或交叉请求的被申请人一方,以保证金或银行保证或其他任何方式,为全部或部分争议金额提供担保;(2)命令保管、仓储、拍卖、或以其他方式处置任何一方当事人控制下的,且与商事仲裁标的相关的任何货币、文件、货物、样品、财产、场所或物品;(3)在不违反商事仲裁裁决书中最终裁定的情况下,作出其有权在裁决书中准许的任何临时救济,包括在任何当事人之间支付金钱或处置财产。一方当事人也可以向有管辖权的国家法院或其他法律机关申请采取上述临时或保全措施,直至作出最终裁决,该申请既可以在商事仲裁庭组庭前提出,也可以在特殊情况下经商事仲裁庭授权后,在商事仲裁庭组庭后提出。

各方当事人已经根据商事仲裁协议进行仲裁的,应被视为已经同意不得向任何国家法院或其他法律机关申请对法律费用或仲裁费用提供担保作出命令。

三、2017年《斯德哥尔摩商会仲裁院仲裁规则》

《斯德哥尔摩商会仲裁院仲裁规则》的最新版本由斯德哥尔摩商会采用,于2017年1月1日起生效。除非当事人另有约定,凡商事仲裁协议指明适用《斯德哥尔摩商会仲裁院仲裁规则》的,均视为当事人同意适用仲裁开始之日或指定紧急仲裁员申请提交之日开始生效的规则或其修订本。该规则的主要内容如下:

(一)商事仲裁申请和答辩

商事仲裁应视为于仲裁院收到仲裁申请书之日开始。仲裁申请书应包括以下内容:(1)仲裁当事人及其法律顾问的名称、地址、电话号码和电子信箱;(2)商事法律争议要点;(3)申请人索赔要求的初步说明,包括所涉请求金钱价值的估算;(4)据以解决争议的商事仲裁协议或商事仲裁条款的副本或说明;(5)有关仲裁员人数和仲裁地的意见,以及申请人指定的仲裁员的姓名、地址、电话号码以及电子信箱。当事人在提交商事仲裁申请书的同时,应支付注册费,如未在秘书处规定期限内缴纳注册费,秘书处应撤销仲裁申请。

秘书处应将仲裁申请书及其所附文件的副本发送至被申请人,并规定被申请人提交仲裁答辩书的时限。仲裁答辩书应包括以下内容:(1)对商事仲裁协议的存在、有效性或可适用性的异议;(2)对商事仲裁申请书中的索赔要求接受或予以拒绝;(3)对仲裁反请求或抵销仲裁请求的初步说明,包括对其金钱价值的估算;(4)对仲裁员人数和仲裁地的意见以及被申请人指定的仲裁员的姓名、地址、电话号码和电子信箱。秘书处将仲裁答辩书发送至申请人,并可根据案件的具体情况给予申请人就仲裁答辩书提交意见的机会。被申请人不予仲裁答辩并不妨碍商事仲裁程序的进行。

理事会可要求一方当事人就其向仲裁院提交的书面文件提交详细说明。如果申请人未遵守该要求,理事会可决定撤销案件;如果被申请人未遵守该要求就其仲裁反请求或抵销仲裁请求提交详细说明,理事会可决定撤销仲裁反请求或抵销仲裁请求。此外,被申请人未能遵守提交详细说明的要求并不妨碍商事仲裁程序的进行。

如果仲裁院对商事法律争议显然缺乏商事仲裁管辖权或者商事仲裁规则所规定的预付费用未予支付,理事会应全部或部分地撤销案件。

（二）商事仲裁庭的组成

当事人可以约定仲裁员的人数。如果当事人未作约定,理事会应根据案件的复杂性、争议金额或其他相关情形决定商事仲裁庭应当由 1 名或 3 名仲裁员组成。当事人可以约定仲裁员的指定程序,如果当事人未作出约定或未能在约定期限内指定仲裁员,理事会应当指定仲裁员。如果商事仲裁庭由一名以上仲裁员组成,每一方当事人应指定同等人数的仲裁员,并由理事会指定首席仲裁员。如果当事人为多方,且商事仲裁庭由一名以上仲裁员组成,申请人各方和被申请人各方均应各自共同指定同等人数的仲裁员。如果一方未能共同指定,则整个商事仲裁庭可以由理事会予以指定。

如果当事人双方具有不同国籍,独任仲裁员或首席仲裁员的国籍应不同于双方当事人的国籍,除非双方当事人另有约定或理事会认为合适。

仲裁员必须独立公正。在被指定前,仲裁员候选人应当披露可能对其独立公正性产生合理怀疑的任何情形。如果被指定,仲裁员应当向秘书处提交经签署的"独立公正以及时间保证和接受指定的声明书",披露可能对其独立公正性产生合理怀疑的任何情形。在商事仲裁程序中如果出现可能对其独立公正性产生合理怀疑的任何情形,仲裁员应当立即书面通知当事人和其他仲裁员。

如果存在以下情形,理事会应当解除对仲裁员的指定:(1)仲裁员辞职;(2)当事人对仲裁员的回避申请得到支持;(3)仲裁员由于其他原因不能或没有履行仲裁员的职责。如果仲裁员被解除指定或者死亡,理事会应当指定新的仲裁员。如果仲裁员被替换,新组成的商事仲裁庭应当决定在多大范围内重复先前程序。

（三）商事仲裁程序的进行

如果商事仲裁庭已经指定,且预付费用已支付,秘书处应当将案件移交至商事仲裁庭。在遵守商事仲裁规则和当事人约定的前提下,商事仲裁庭可以其认为适当的方式进行商事仲裁程序。在任何情况下,商事仲裁庭均应当公正、高效而快捷地进行商事仲裁程序,给予各方当事人平等、合理的机会陈述案件。

除非当事人已有约定,理事会应当决定仲裁地。商事仲裁庭经与当事人协商后,可以在其认为合适的任何地点进行开庭审理或召开会议对案件进行合议。商事仲裁应当视为在仲裁地发生,商事仲裁裁决应视为在仲裁地作出。

除非当事人已有约定,商事仲裁庭应决定仲裁语言。

案件移交商事仲裁庭后,商事仲裁庭应及时与当事人召开案件管理会议,以组织、安排和确定商事仲裁案件进行的程序。如果一方当事人提出申请,或者商事仲裁庭认为适当,案件应当开庭审理。商事仲裁庭经与当事人协商后决定庭审的日期、时间和地点,并合理地通知当事人。除非当事人另有约定,庭审不公开进行。一方当事人可以申请商事仲裁庭以简易程序的方式就一个或多个事实或法律问题作出决定,而不必执行商事仲裁案件所采取的每一项程序步骤。在决定是否准予简易程序申请时,商事仲裁庭应考虑案件具体情况,包括在何种范围内简易程序更有利于高效和快捷地解决商事法律争议。

在案件移交商事仲裁庭前,当事人一方可以申请指定紧急仲裁员。理事会应在收到申请后 24 小时内指定紧急仲裁员。除非当事人另有约定,紧急仲裁员不在以后与争议相关的商事仲裁案件中担任仲裁员。有关临时措施的紧急决定应当不晚于案件移交紧急仲裁员之日起 5 日内作出。紧急决定一经作出即对当事人具有约束力。商事仲裁庭不受紧急仲裁员所做决定及其理由的约束。

(四)法律适用与仲裁裁决

商事仲裁庭应根据当事人约定的法律或法律规则裁决案件。如果没有约定,则仲裁庭应当适用其认为最为合适的法律或法律规则。当事人所约定的特定国家的法律均视为是指该国的实体法,而并非其冲突法规则。只有经当事人明示授权,商事仲裁庭才能以公允善良的原则或以友好仲裁员的身份裁决商事法律争议。

当商事仲裁庭由 1 名以上仲裁员组成时,商事仲裁裁决或决定应当根据多数仲裁员的意见作出,或者不能形成多数意见时,根据首席仲裁员的意见作出。商事仲裁庭可以决定由首席仲裁员单独作出程序指令。商事仲裁裁决应当以书面形式作出。除非当事人另有约定,商事仲裁庭应当说明裁决的理由。商事仲裁裁决应当由仲裁员签署。即使一名仲裁员未予签署,由多数仲裁员签署,或不能形成多数意见时由首席仲裁员签署的商事仲裁裁决仍为有效,只要在裁决中说明未予签署的原因即可。

商事仲裁庭应当毫不延迟地将裁决书文本送达各方当事人和仲裁院。最终裁决应当在不迟于案件移交商事仲裁庭之日起 60 日内作出,理事会基于商事仲裁庭合理的请求或者认为另有必要,可以延长该时限。

收到商事仲裁裁决后 30 日内,一方当事人经通知另一方当事人,可以请求商事仲裁庭就裁决中的书写、打印或计算错误进行更正,或者就裁决的具体事项或特定部分提供解释。商事仲裁庭也可以在裁决作出之日起 30 日内自行对前述错误予以更正。

四、2021 年《美国仲裁协会国际仲裁规则》

国际争议解决中心(International Centre for Dispute Resolution,简称 ICDR)作为美国仲裁协会(American Arbitration Association,简称 AAA)的国际业务部,成立于 1996 年,负责美国仲裁协会所有国际仲裁案件的管理。当事人同意按照《美国仲裁协会国际仲裁规则》仲裁解决争议的,或者约定由国际争议解决中心或美国仲裁协会进行国际争议的仲裁但未指定特定规则的,则商事仲裁程序应按照商事仲裁开始之日有效的《美国仲裁协会国际仲裁规则》进行,并遵从当事人以书面作出的修改。国际争议解决中心为《美国仲裁协会国际仲裁规则》的管理人,该商事仲裁规则的最新版本于 2021 年 3 月 1 日起生效,主要内容如下:

（一）商事仲裁申请和答辩

申请人应将书面的仲裁通知发送至仲裁管理人和被申请人，也可通过仲裁管理人的在线申请系统（www.icdr.org）或邮箱（casefiling@adr.org）启动商事仲裁程序。商事仲裁应视为于仲裁管理人收到仲裁通知之日开始。

仲裁通知应包括下列信息：（1）将商事法律争议提交仲裁的要求；（2）各方当事人及其代理人的名称、地址、电话号码、传真号码和电子邮件地址；（3）案件所涉及的完整商事仲裁条款或商事仲裁协议副本；（4）说明引起商事法律争议或与争议有关的合同；（5）请求的说明和支持请求的事实；（6）要求的救济或补救办法及任何索赔的金额；（7）可以依照各方事先约定提议仲裁员指定方式、仲裁员人数、仲裁地和仲裁语言，以及是否有意在商事仲裁前或商事仲裁中对争议进行调解；（8）提交仲裁通知应同时缴纳相应的申请费。仲裁管理人收到仲裁通知后，应立即就商事仲裁事宜与各方当事人联系，并应确认商事仲裁程序的开始。

被申请人应于仲裁管理员确认收到仲裁通知后30日内，就仲裁通知向申请人和任何其他当事人以及仲裁管理人提交书面答辩，并可就商事仲裁协议范围内的任何索赔提出仲裁反请求或抵销要求；对此，申请人应于30日内向被申请人和其他当事人以及仲裁管理人就仲裁反请求或抵销要求提交书面答辩。对申请人提出的关于仲裁员指定的方式、仲裁员人数、仲裁地、仲裁语言以及是否接受商事仲裁前或商事仲裁中调解的任何提议，被申请人应在仲裁管理员确认收到仲裁通知后30日内向申请人和其他任何当事人以及仲裁管理人提交答复。商事仲裁庭或仲裁管理人（如商事仲裁庭尚未组成）如认为有正当理由，可延长上述时限。被申请人未提交答复的，不影响商事仲裁程序的进行。

（二）商事仲裁庭的组成

当事人对于仲裁员的人数没有约定的，应指定1名独任仲裁员，除非因案件规模、案情复杂程度或案件有其他情形，仲裁管理人决定由3位仲裁员组成商事仲裁庭更为适当。

当事人可以约定指定仲裁员的程序，并应将约定的程序告知仲裁管理人。当事人对此没有约定或当事人未选择仲裁员且未就其他方式指定仲裁员达成合意的，仲裁管理人可自行决定使用国际争议解决中心名单方式通过以下方法指定仲裁员：仲裁管理人应同时向各方当事人发送一份相同的可作为仲裁员人选的名单。鼓励当事人从该名单中选择仲裁员并达成合意，当事人应将协商结果告知仲裁管理人。如果当事人未能达成合意，各方应在文件寄出的15日内删去反对的人名，将剩余人名按照优先顺序编号，并将名单回交仲裁管理人。不要求当事人之间交换选择名单。当事人在规定时间内未回交名单的，该名单上所有人选视为已被接受。仲裁管理人应从当事人已经认可的名单中，依照双方指定的优选顺序，邀请仲裁员。当事人未能就名单中列明的任何人选达成合意的，或已被接受的仲裁员不能或无法接受指定的，或出于任何其他原因使得无法从已提交的名单中指定仲裁员的，仲裁管理人应有权作出指定，无需再次提交名单。如确有需要，仲裁管理人应在与已经指定的仲裁员协商后指定首席仲裁员。

仲裁员应是公正和独立的,在接受指定时,应在仲裁管理人提供的《仲裁员指定通知》上签字确认其可接受指定,并且是公正和独立的。仲裁员应向仲裁管理人披露可能对其公正性和独立性产生正当怀疑的任何情形,以及仲裁员希望提起当事人注意的其他相关事实。如果在商事仲裁程序的任何阶段,出现可能引起正当怀疑的情形,仲裁员或当事人应立即向所有当事人和仲裁管理人披露该信息。

如出现对仲裁员的公正性和独立性产生正当怀疑或仲裁员不能履行职责的情形,当事人可要求该仲裁员回避。除当事人约定、法律规定或仲裁管理员决定更短的期限外,要求仲裁员回避的当事人应在收到指定该仲裁员的通知 15 日内、或在其得知出现要求回避的情形后 15 日内,向仲裁管理人发出要求回避的书面通知。要求回避应书面说明回避的理由。当事人不得将此通知发送给商事仲裁庭的任何成员。一方当事人要求仲裁员回避时,另一方或其他各方当事人可同意接受该回避要求,如果同意,该仲裁员应当回避。被要求回避的仲裁员,在与仲裁管理人协商后,也可自行回避。在上述两种情况下的回避均不意味承认回避理由的有效性。如果另一方当事人不同意回避理由或要求回避的仲裁员未自行回避,仲裁管理人应有权对回避要求作出决定。仲裁管理人可主动将不履行职责的仲裁员免职。

(三)商事仲裁程序的进行

商事仲裁庭可以按照其认为适当的任何方式进行仲裁,但应平等对待当事人,而且每一方当事人应有权被听取意见、有公平的机会进行陈述。商事仲裁庭应本着迅速解决争议的目的进行商事仲裁程序。商事仲裁庭可对初步问题作出决定,将程序分阶段审理。商事仲裁庭应当经济、有效地管理当事人之间的信息交换。商事仲裁庭和当事人应尽力避免不必要的延迟和费用支出,同时力争避免突然袭击、保证平等待遇,保障每一方当事人均有平等的机会提交商事仲裁请求和答辩。

商事仲裁庭应将任何开庭审理的日期、时间和地点合理通知各方当事人。开庭审理不公开进行,除非当事人另有协议或者法律另有规定。

应任何一方当事人请求,商事仲裁庭可指令或裁决采取其认为必要的任何临时或保全措施,包括禁令和财产保护或保全措施。此种临时措施可以采用临时指令或裁决的方式,商事仲裁庭可以要求为临时措施的费用提供担保。

如果当事人未能在仲裁管理人规定的期限内就仲裁地达成一致,仲裁管理人可以初步确定仲裁地,但商事仲裁庭有权在其组成后 45 日内最后确定。商事仲裁庭可以在其任何适当的任何地点为各种目的会面,包括开庭审理、举行会议、询问证人、检验财产、查阅文件或合议。如果在仲裁地以外的地点进行,商事仲裁视为在仲裁地进行,且商事仲裁裁决视为在仲裁地作出。

如果当事人未另行约定,仲裁语言应为含有商事仲裁协议的文件所使用的语言,但商事仲裁庭有权另行作出决定。商事仲裁庭可要求就提交的其他语言文件附具仲裁语言的译本。

（四）商事仲裁庭的仲裁管辖权

商事仲裁庭有权就其仲裁管辖权作出裁定，包括：对争议事项的可仲裁性以及商事仲裁协议的存在、范围或效力提出的任何异议；有关商事仲裁中的所有仲裁请求、仲裁反请求和抵销是否可在同一商事仲裁程序中进行仲裁，而无需先通过法院予以确定。商事仲裁庭有权决定包含商事仲裁条款的合同是否存在或具有效力。商事仲裁条款应视为独立于合同其他条款的协议。商事仲裁庭判定合同无效的决定本身不足以构成商事仲裁条款无效的理由。

当事人对商事仲裁庭的仲裁管辖权或有关仲裁请求、仲裁反请求或抵销的可受理性提出异议的，必须在提交仲裁答辩前提出，商事仲裁庭可将这种异议作为初步事项作出决定，或者作为最终裁决的一部分作出裁定。

在商事仲裁庭成立前产生的关于仲裁管辖权的问题，不应妨碍仲裁管理人进行商事仲裁管理程序，相关问题应在商事仲裁庭成立后提交仲裁庭。

（五）法律适用与仲裁裁决

商事仲裁庭应适用当事人约定的争议适用的实体法或法律规则。如当事人无此约定，商事仲裁庭应适用其认为适当的法律或法律规则。在涉及合同适用的商事仲裁中，商事仲裁庭应根据合同条款作出决定，并应考虑对合同适用的行业惯例。

商事仲裁庭不得作为友好调停人或以公平合理原则作出裁定，除非各方当事人对此明确授权。

商事仲裁裁决应由商事仲裁庭以书面方式作出，是终局的且对各方当事人具有约束力。最终裁决应在开庭审理终结后不迟于 60 日内作出，除非当事人另有约定、法律另有规定或仲裁管理人另有决定。商事仲裁裁决书应由仲裁员签字，仲裁员为多人时，如果任何仲裁员不签署裁决书，则该裁决书中应包括或附具不签名的原因说明。只有在所有各方当事人同意或法律要求时，商事仲裁裁决书才可以公开，但是仲裁管理人可选择性地公布或以其他方式向公众提供在执行过程中或以其他方式已经公之于众的裁决、指令、裁定和决定；除非一方当事人自裁决作出之日起 6 个月内书面反对公开，仲裁管理人可选择性地公布经编辑已隐去当事人姓名和其他可用于识别身份细节的裁决、指令裁定和决定。

任何一方当事人在收到商事仲裁裁决书后 30 日内，经通知其他当事人，可以请求商事仲裁庭对裁决作出解释或更正任何书写、打字或计算上的错误，或者要求对已经提出但漏裁的仲裁请求、仲裁反请求或抵销作出补充裁决。商事仲裁庭可在仲裁裁决日起 30 日内，自行更正前述错误或对已经提出但漏裁的仲裁请求作出补充裁决。

第三节 国际主要商事仲裁规则

本节介绍的是国际商事仲裁中较有影响的非国别性的商事仲裁规则。限于篇幅，本节选取了最具典型意义的《联合国国际贸易法委员会仲裁规则》和《国际商会仲裁规则》予以介绍。

一、2013年《联合国国际贸易法委员会仲裁规则》

《联合国国际贸易法委员会仲裁规则》于1976年4月28日由联合国国际贸易法委员会通过，同年12月15日第31届联合国大会通过。该规则对各常设仲裁机构的商事仲裁规则、临时仲裁以及各国国内仲裁立法，均产生了深远影响。2006年，联合国国际贸易法委员会决定修订该规则，以适应商事仲裁实践在过去30年间的变化，修订的目的是提高商事仲裁的效率，并保持该规则的结构、精神和文体不变。此次修订后的《联合国国际贸易法委员会仲裁规则》自2010年8月15日起生效。2013年，《联合国国际贸易法委员会投资者与国家间基于条约仲裁透明度规则》通过后，在2010年《联合国国际贸易法委员会仲裁规则》案文的基础上新增第1条第4款，以便将根据2014年4月1日或此后订立的投资条约启动的仲裁纳入该透明度规则。除此之外，在所有其他方面，2013年《联合国国际贸易法委员会仲裁规则》与2010年修订版本相比保持不变。其主要内容如下：

（一）商事仲裁申请和答辩

申请人应将仲裁通知书送交被申请人，商事仲裁程序应视为自被申请人收到仲裁通知之日起开始。仲裁通知应包括下列内容：（1）将商事法律争议提交仲裁的要求；（2）各方当事人的名称和联系方式；（3）所依据的商事仲裁协议；（4）引起商事法律争议或与争议有关的合同或其他法律文书，无此类合同或文书的，简要说明相关关系；（5）关于商事仲裁请求的简要说明，涉及金额的，指明其数额；（6）寻求的救济或损害赔偿；（7）各方当事人事先未就仲裁员人数、仲裁语言和仲裁地达成协议的，提出这方面的建议。被申请人应在收到仲裁通知30日内向申请人递送对仲裁通知的答复。

此外，申请人应在商事仲裁庭确定的期间内，以书面形式将仲裁申请书送达被申请人和每一位仲裁员，申请人也可将上述仲裁通知当作仲裁申请书对待，只要仲裁通知同时载明如下内容：（1）各方当事人名称和联系方式；（2）支持本仲裁请求的事实陈述；（3）争议点；（4）寻求的救济或损害赔偿；（5）支持本仲裁请求的法律依据或观点。此外，引起商事法律争议或与争议有关的任何合同或其他法律文书副本，商事仲裁协议副本，以及申请人所依据的所有文件和其他证据，或注明这些文件和证据的来源出处，应附于仲裁申请书之后。

被申请人应在商事仲裁庭确定的期间内，以书面形式将仲裁答辩书送达申请人和每一名仲裁员。被申请人也可选择将其对仲裁通知的答复当作仲裁答辩书对待，只要其载明对仲裁申请书所列事项的答复。仲裁答辩书应尽可能附具被申请人所依据的所有文件和其他证据，或注明这些文件和证据的来源出处。被申请人如有仲裁反请求或抵销要求，既可在仲裁答辩书中提出，也可在商事仲裁程序的稍后阶段提出，只要商事仲裁庭对此拥有仲裁管辖权。

（二）指派和指定机构

除非各方当事人已就选择指定机构达成约定，否则一方当事人可随时提名一个或数个机构或个人（包括海牙常设仲裁院秘书长），由其中之一担任指定机构。在其他各方当事人收到前述提名后30日内，如果各方当事人未能就选择指定机构达成约定，任何一方当事人均可请求常设仲裁院秘书长指派指定机构。指定机构应注意到任何可能保证指定独立、公正仲裁员的考虑，并应考虑到指定一名与各方当事人国籍不同的仲裁员的可取性。

（三）商事仲裁庭的组成

各方当事人未事先约定仲裁员人数，并且在被申请人收到仲裁通知后30日内，各方当事人未就只应指定1名仲裁员达成约定的，应指定3名仲裁员。如果一方当事人提出指定独任仲裁员的提议而其他各方当事人未在规定时限内作出答复，且有关的一方或多方当事人未指定第2名仲裁员的，经一方当事人请求，指定机构根据案情可指定独任仲裁员。

各方当事人已约定将指定独任仲裁员，但在规定时限内各方当事人未就选择独任仲裁员达成约定的，经一方当事人请求，应由指定机构指定独任仲裁员。指定机构应尽速指定独任仲裁员，除非当事人约定不使用名单法，或指定机构依其裁量权决定该案件不宜使用名单法，否则指定机构应使用名单法：（1）指定机构应将至少列有3个人名的相同名单分送给每一方当事人；（2）收到名单后15日内，每一方当事人可删除其反对的1个或数个人名并将名单上剩余的人名按其选择顺序排列之后，将名单送还指定机构；（3）期限届满后，指定机构应从送还名单上经认可的人名中，按各方当事人所标明的选择顺序指定1人为独任仲裁员；（4）由于任何原因，无法按这一程序进行指定的，指定机构可行使其裁量权指定独任仲裁员。

指定3名仲裁员的，每一方当事人应各指定1名仲裁员。第3名仲裁员应由已被指定的2名仲裁员选定，担任首席仲裁员。如果指定第2名仲裁员后30日内，2名仲裁员未就首席仲裁员人选达成约定的，应由指定机构按照指定独任仲裁员的方式，指定首席仲裁员。未能根据本规则组成商事仲裁庭的，经任何一方当事人请求，指定机构应组成商事仲裁庭，并可为此撤销任何已作出的指定，然后指定或重新指定仲裁员，并指定其中1人担任首席仲裁员。

可能被指定为仲裁员的人，应披露可能对其公正性和独立性产生有正当理由怀疑的任何情况。仲裁员应自其被指定之时起，并在整个商事仲裁程序期间，毫无延迟地向各方当事人以及其他仲裁员披露此种情况。如果存在可能对仲裁员的公正性和独立性产生任何有正当理由怀疑的情况，均可要求该仲裁员回避。一方当事人只能根据其指定仲裁员之后才得知的理由，对其所指定的仲裁员要求回避。仲裁员不作为，或者仲裁员因法律上或事实上的原因无法履行职责的，应适用规则规定的程序申请仲裁员回避。一方当事人对仲裁员提出回避，其他所有当事人可以附议，该名仲裁员也可在回避提出后辞职。但上述任何一种情况均不表示提出回避的理由成立。自回避通知发出起15日内，如果其他当事人不同意该回避，或者当事仲裁员不辞职，提出回避的当事人可以坚持要求回避，在这种情况下，该当事人应自回避通知发出之日起 30 日内，请求指定机构就回避申请作出决定。

如果商事仲裁程序进行期间有必要替换仲裁员，应适用前述指定或选定被替换仲裁员的程序，指定或选定 1 名替代仲裁员。如果 1 名仲裁员被替换，应从被替换的仲裁员停止履行职责时所处的阶段继续进行程序，除非商事仲裁庭另有决定。

（四）商事仲裁程序的进行

在不违反《联合国国际贸易法委员会仲裁规则》的情况下，商事仲裁庭可以其认为适当的方式进行仲裁，但须平等对待各方当事人，并在商事仲裁程序适当阶段给予每一方当事人陈述案情的合理机会。商事仲裁庭行使裁量权时，商事仲裁程序的进行应避免不必要的延迟和费用，并为解决当事人争议提供公平有效的程序。商事仲裁庭一经组成，在请各方当事人发表意见后，商事仲裁庭即应根据实际情况尽快确定商事仲裁临时时间表，商事仲裁庭可酌情对该时间表予以延长或缩短。

如果任何一方当事人在商事仲裁程序的适当阶段请求开庭审理，商事仲裁庭应开庭审理，由证人包括专家证人出示证据或进行口头辩论。未提出此种请求的，商事仲裁庭应决定是进行开庭审理，还是根据书面文件和其他资料进行程序。

各方当事人未另外约定的，审理不公开进行。

各方当事人未事先约定仲裁地的，商事仲裁庭应根据案情确定仲裁地。商事仲裁庭也可以在其认为适当的任何地点进行合议或开庭审理。商事仲裁裁决应视为在仲裁地作出。

在不违反各方当事人约定的情况下，商事仲裁庭应在其被指定后迅速确定商事仲裁程序中所使用的一种或数种语言。

经一方当事人请求，商事仲裁庭可准予临时措施，包括且不限于：（1）商事法律争议未决之前维持或恢复现状；（2）采取行动防止，或者避免采取行动造成当前或即将发生的损害或对商事仲裁过程本身的妨碍；（3）为其后使用资产执行商事仲裁裁决提供一种资产保全手段；（4）保全与解决争议可能有关的实质性证据。一方当事人提出临时措施请求，商事仲裁庭可要求其为该措施提供适当担保。任何一方当事人向司法当局提出临时措施要求，不得视为与商事仲裁协议不符，或视为放弃商事仲裁协议。

（五）商事仲裁庭的仲裁管辖权

商事仲裁庭有权力对其自身管辖权作出裁定，包括对与商事仲裁协议的存在或效力有关的任何异议作出裁定。为此目的，构成合同一部分的商事仲裁条款，应视为独立于合同中其他条款的一项协议。商事仲裁庭作出合同无效的裁定，不应自动造成商事仲裁条款无效。对商事仲裁庭无仲裁管辖权的抗辩，至迟应在仲裁答辩书中提出，涉及仲裁反请求或抵销要求的，至迟应在对仲裁反请求或对抵销要求提出的答复中提出。一方当事人已指定或参与指定 1 名仲裁员，不妨碍其提出此种抗辩。对商事仲裁庭超出其职权范围的抗辩，应在所指称的越权事项在商事仲裁程序中出现后尽快提出。如商事仲裁庭认为延迟是正当的，可准许迟延提出抗辩。商事仲裁庭既可以把上述有关仲裁管辖权的抗辩作为先决问题作出裁定，也可以在实体裁决书中一并作出裁定。即使法院审理对其商事仲裁管辖权的任何异议待决,商事仲裁庭仍然可以继续进行商事仲裁程序并作出商事仲裁裁决。

(六)法律适用与仲裁裁决

商事仲裁庭应适用各方当事人指定适用于实体争议的法律规则。各方当事人没有指定的,商事仲裁庭应适用其认为适当的法律。只有在各方当事人明确授权的情况下,商事仲裁庭才应作为友好和解人或按照公平合理的原则作出裁决。所有案件中,商事仲裁庭均应按照所订立的合同条款作出商事仲裁裁决,并应考虑到适用于有关交易的任何商业惯例。

商事仲裁庭由 3 名仲裁员组成时,商事仲裁庭的任何裁决或其他决定均应以多数意见作出,出现程序问题时,不能形成多数意见的,或经商事仲裁庭授权时,首席仲裁员可单独作出决定,但商事仲裁庭有权作出任何必要修订。商事仲裁庭可在不同时间对不同问题分别作出裁决。所有裁决均应以书面形式作出,商事仲裁裁决是终局的,对各方当事人均具有拘束力。各方当事人应毫不迟延地履行所有商事仲裁裁决。商事仲裁庭应说明裁决所依据的理由,除非各方当事人约定无须说明理由。商事仲裁裁决书应由仲裁员签名,任何一名仲裁员未签名时,裁决书应说明未签名的理由。

商事仲裁裁决可经各方当事人同意之后予以公布,为了保护或实施法定权利,或者涉及法院或其他主管机关法律程序的,也可在法定义务要求一方当事人披露的情况和限度内予以公布。

商事仲裁裁决作出之前,各方当事人就商事法律争议达成和解协议的,商事仲裁庭应下令终止商事仲裁程序,或者经各方当事人请求并经商事仲裁庭接受,应记录此项和解协议并按照和解协议条款作出商事仲裁裁决。商事仲裁庭无须对此项裁决说明理由。

当事人可在收到商事仲裁裁决书后 30 日内,在通知其他各方当事人后,请求商事仲裁庭对裁决书作出解释,或更正裁决书中的计算错误、笔误或排印错误,或对遗漏事项作出补充裁决,商事仲裁庭也可在发送商事仲裁裁决书后 30 日内,自行主动作出上述更正。更正决定、解释和补充裁决均构成裁决书的一部分。

二、2021 年《国际商会仲裁规则》

国际商会国际仲裁院的仲裁规则,即《国际商会仲裁规则》,是国际上最具有代表性的商事仲裁规则之一,其最新修订版本于 2021 年 1 月 1 日生效。此次修订主要包括顺应信息技术在商事仲裁中的应用、改进复杂的商事仲裁程序、提高商事仲裁效率、提高商事仲裁透明度以及修改投资仲裁条款五个方面。其主要内容如下:

(一)商事仲裁申请和答辩

当事人依据该规则申请仲裁,应向秘书处提交商事仲裁申请书。秘书处应通知申请人和被申请人已收到申请书及收到的日期,该日期视为商事仲裁开始的日期。仲裁申请书应包含以下内容:(1)各方当事人及其代理人的全称、基本情况、地址和其他联系信息;(2)请求仲裁的商事法律争议的性质及情况,以及提出请求的依据;(3)所请求的救济,已量化的请求数额以及对其他请求可能得出的金额估值;(4)列明有关协议,特别是商事仲裁协议;(5)有关仲裁员人数及选任方式的说明及意见或建议,以及提名的仲裁员人选;(6)关于仲裁地、适用的法律规则和仲裁语言的说明、意见或建议。申请人提交仲裁申请书时应支付申请费。

一旦收到足够份数的仲裁申请书和申请费,秘书处应立即向被申请人发送仲裁申请书及附件材料。被申请人应在收到仲裁申请书之日起30日内提交仲裁答辩书,包括如下内容:(1)被申请人及其代理人的全称、基本情况、地址和其他联系信息;(2)对据以提出仲裁请求的商事法律争议的性质、情况以及仲裁请求依据的意见;(3)对于所请求救济的答复;(4)对申请人有关仲裁员人数和选任方式的意见,并按要求提名仲裁员;(5)关于仲裁地、适用的法律规则和仲裁语言的意见。如被申请人有仲裁反请求,应与仲裁答辩书一并提交。

(二)商事仲裁庭的组成

商事法律争议由1名独任仲裁员或3名仲裁员裁决。当事人未约定仲裁员人数的,仲裁院应任命1名独任仲裁员,除非仲裁院认为案件争议需要指定3名仲裁员。在第二种情况下,申请人应在收到仲裁院决定的通知之日起15日内提名1名仲裁员,被申请人应在收到申请人提名仲裁员的通知之日起15日内提名另一名仲裁员,当事人未提名仲裁员,由仲裁院任命。

当事人约定由1名独任仲裁员解决争议的,他们可以协议提名独任仲裁员供仲裁院确认。如果他们在申请人的仲裁申请书为对方当事人收到之日起30日内,或在秘书处许可的延长期内,未能提名1名独任仲裁员,仲裁院将任命1名独任仲裁员处理案件。当事人约定争议由3人仲裁庭审理的,每一方当事人均应各自在其仲裁申请书或仲裁答辩书中提名1名仲裁员以供确认,当事人未提名的,由仲裁院任命,此外,首席仲裁员亦由仲裁院任命,除非当事人另有约定。

如果追加仲裁当事人,且争议由3人仲裁庭审理的,追加当事人可与申请人或被申请人一起提名仲裁员,以供确认。如果存在多方当事人且当事人不能按照规定共同提名仲裁员,也不能就商事仲裁庭的组成方式达成一致意见,则由仲裁院任命商事仲裁庭全部成员并指定其中一人担任首席仲裁员。

在这一阶段,2021年《国际商会仲裁规则》赋予了仲裁院更大的权力,即尽管各方当事人就商事仲裁庭的组成方式达成了协议,但在特殊情况下,仲裁院仍然可以任命商事仲裁庭的全部成员,以避免可能影响裁决效力的不平等待遇和不公平情况的重大风险。

(三)商事仲裁程序的进行

商事仲裁庭一经组成,秘书处在收到有关仲裁预付费后,应立即将案卷移交商事仲裁庭,商事仲裁庭及当事人应考虑商事法律争议的复杂性及价值,尽最大努力以快捷和具有成本效益的方式进行仲裁。商事仲裁庭审理案件的程序受2021年《国际商事仲裁规则》管辖;规则没有规定的,受当事人约定的或当事人没有约定时商事仲裁庭确定的规则管辖,不论是否因此援引了适用于该商事仲裁的某一国内法的程序规则。在任何情形下,商事仲裁庭应当公平和中立行事，确保各方当事人均有合理的陈述机会。

收到秘书处转来的案卷后，商事仲裁庭即应根据书面材料会同当事人，并按照当事人提交的文件，拟定审理范围书（terms of reference）。审理范围书应包括以下内容：（1）仲裁当事人及其代理人的全称和基本情况；（2）在仲裁过程中的通知或通信可送达的地址；（3）当事人各自的请求和所请求的救济的摘要，已量化的请求金额；（4）待决事项清单，但商事仲裁庭认为不适宜的除外；（5）仲裁员的全名、地址和其他联系信息；（6）仲裁地；（7）关于可适用的程序规则的详细说明，如当事人授权商事仲裁庭充当友好仲裁员或以公平合理原则作出裁决的，应予注明。商事仲裁庭在收到案卷之日起 30 日内向仲裁院提交经当事人和仲裁员签署的审理范围书。若任何当事人拒绝参与拟定或签署审理范围书，该范围书应提交仲裁院批准。审理范围书一经签署或经仲裁院批准后，任何当事人均不得提出超出审理范围书的新要求，除非商事仲裁庭准许。

此外，在拟定审理范围书时，或在拟订后尽可能短的时间内，商事仲裁庭应召集案件管理会议，并制定程序时间表。该程序时间表及其任何修改均应通知仲裁院和各方当事人。

商事仲裁庭应采用一切适当的方法在尽可能短的时间内确定案件事实，可以仅根据当事人提交的书面材料裁决案件，但当事人请求开庭审理的除外。案件决定开庭审理的，商事仲裁庭应当以适当方式通知当事人在其确定的时间和地点出席开庭。商事仲裁庭经与各方当事人磋商后，根据案件的有关事实和情况，决定开庭是现场进行或通过视频会议、电话或其他适当的通信方式进行。这是 2021 年《国际商会仲裁规则》为了适应网络时代发展而增加的远程开庭方式。

除非当事人另有约定，案卷移交商事仲裁庭后，经当事人申请，商事仲裁庭可裁令实施其认为适当的临时措施或保全措施，商事仲裁庭可要求提出保全请求的当事人提供适当的担保。

一方当事人需要在商事仲裁庭组成前采取紧急措施的，可根据紧急仲裁员规则，请求采取该等措施，不论申请人是否已提交仲裁申请书，只要秘书处在将案卷移交商事仲裁庭之前收到该请求，应予受理。但在下列情况下，紧急仲裁员规定不予适用：商事仲裁规则项下的商事仲裁协议在 2012 年 1 月 1 日前订立；当事人约定排除适用紧急仲裁员规定；条约仲裁。

当事人同意按照商事仲裁规则进行仲裁，即同意其中的快速程序规则应优先于商事仲裁协议的任何相反条款。根据 2021 年《国际商会仲裁规则》，可适用快速程序规则的争议标的额从 200 万美元增至 300 万美元。

经一方当事人要求，并符合以下条件之一，仲裁院可将商事仲裁规则项下未决的两项或多项商事仲裁案合并为单个仲裁案：（1）当事人已经同意进行该合并；（2）各商事仲裁案的所有仲裁请求依据同一份商事仲裁协议提出；（3）若各商事仲裁案不是依据同一商事仲裁协议提出，但各商事仲裁案当事人相同且各争议所涉及的法律关系相同，且仲裁院认为各商事仲裁协议彼此相容。合并仲裁的，除非全体当事人另有约定，否则各商事仲裁案并入最先提起的仲裁案。

当事人没有约定仲裁语言的，商事仲裁庭应当在考虑包括合同所用语言在内的所有情况后决定使用一种或数种语言进行仲裁。

仲裁地由仲裁院确定，但当事人另有约定的除外。与各方当事人协商后，商事仲裁庭可在其认为适当的任何地点开庭和举行会议。商事仲裁庭可在其认为适当的任何地点进行合议。

（四）商事仲裁庭的仲裁管辖权

对于任何仲裁管辖权问题，或各项仲裁请求是否可以在该次商事仲裁中作出共同裁定的问题，除仲裁院决定有关当事人或仲裁请求不能进行仲裁外，均由商事仲裁庭直接决定。

除非另有约定，否则，只要商事仲裁庭认为商事仲裁协议有效，商事仲裁庭不因任何合同不存在或合同无效的主张而停止对案件的仲裁管辖权。即使合同可能不存在或者无效，商事仲裁庭仍继续享有仲裁管辖权，以决定当事人各自的权利并对其请求和抗辩作出裁定。

（五）法律适用与仲裁裁决

当事人有权自由约定商事仲裁庭处理案件实体问题时所应适用的法律规则。当事人对此没有约定的，商事仲裁庭将决定适用其认为适当的法律规则。商事仲裁庭应考虑当事人之间的合同约定以及有关的贸易惯例。只有当事人同意授权商事仲裁庭担当友好仲裁员或依公平合理原则作出裁决时，商事仲裁庭才有此权力。

商事仲裁庭必须作出终局裁决的期限为 6 个月。该期限自仲裁庭成员或当事人在审理范围书上最后一个签名之日起算，或在秘书处通知仲裁庭审理范围书已获仲裁院批准之日起算。仲裁院也可基于程序时间表另行确定一个期限。仲裁院可依据商事仲裁庭说明理由的请求，或其认为必要时自行决定延迟该期限。

商事仲裁庭由数名仲裁员组成的，应根据多数意见作出裁决。如果不能形成多数意见，裁决将由首席仲裁员独自作出。商事仲裁裁决应说明其所依据的理由。商事仲裁裁决应视为在仲裁地并于裁决书中载明的日期作出。若当事人在案卷移交商事仲裁庭之后达成和解，经当事人要求并经仲裁庭同意，应将其和解内容以和解裁决的形式录入仲裁裁决书。

商事仲裁庭应在签署商事仲裁裁决书之前，将其草案提交仲裁院。仲裁院可以对裁决书的形式进行修改，并且在不影响商事仲裁庭自主决定权的前提下，提醒商事仲裁庭注意实体问题。商事仲裁裁决书形式未经仲裁院批准，商事仲裁庭不得作出裁决。

商事仲裁庭可以自行更正商事仲裁裁决书中的誊抄、计算、打印错误，并在秘书处将裁决书发送给当事人之日起 30 日内提交仲裁院批准。商事仲裁庭也可应当事人要求对此等错误予以更正或对商事仲裁裁决书作出解释。若商事仲裁庭遗漏处理当事人在商事仲裁程序中提出的请求，当事人要求商事仲裁庭对此作出附加裁决（additional award），当事人应在收到商事仲裁裁决书后 30 日内向秘书处提出。

凡商事仲裁裁决书对当事人均有约束力，当事人负有毫无延迟地履行裁决的义务，并且在法律许可范围内放弃了任何形式的追索权，但以该放弃为有效作出为条件。

由仲裁院根据该规则管理的商事仲裁程序产生的或与之相关的任何请求，均受法国法律管辖，并由法国巴黎法院（Tribunal Judiciaire de Paris）解决，该法院具有专属管辖权。

（六）第三方资助

鉴于商事仲裁实践中第三方资助日益增多，信息披露是否充分将直接影响商事仲裁程序的正当性，2021 年《国际商会仲裁规则》在第 11 条（一般规定）中对有关第三方资助信息披露作出规定，即为了确保仲裁员候选人和仲裁员的中立性或独立性，每一方当事人都必须立即将以下情况通知秘书处、商事仲裁庭及其他当事人：是否存在为仲裁请求或仲裁答辩提供资金而进行的安排，以及据此对商事仲裁结果具有经济利益的任何非当事人及其身份。

第四节 中国主要商事仲裁规则

知名的常设仲裁机构通常都有几套商事仲裁规则，以满足不同类型案件仲裁当事人的需求。如中国贸仲，作为世界上最主要的常设仲裁机构之一，除适用于一般案件的中国贸仲《仲裁规则》外，还制定了《中国国际经济贸易仲裁委员会金融争议仲裁规则》《中国国际经济贸易仲裁委员会国际投资争端仲裁规则（试行）》。本节主要介绍中国几个具有代表性的常设仲裁机构经常使用的商事仲裁规则。就中国内地知名常设仲裁机构的商事仲裁规则，主要介绍中国贸仲、上海仲裁委员会、广州仲裁委员会和深圳国际仲裁院的商事仲裁规则。此外，香港国际仲裁中心对于国际商事仲裁案件进行机构仲裁时主要适用《香港国际仲裁中心机构仲裁规则》，对于各类本地争议，适用《香港国际仲裁中心本地仲裁规则》；而对于临时仲裁适用《联合国国际贸易法委员会仲裁规则》。2019 年 12 月 11 日，中国澳门特别行政区政府制定的《仲裁机构的设立与运作制度》正式生效，当地法务局随后公布了许可进行商事仲裁的机构名单，包括澳门消费争议仲裁中心、澳门世界贸易中心仲裁中心等，限于篇幅，本节只介绍《澳门世界贸易中心仲裁中心内部规章》中第三章所规定的商事仲裁规则。

一、中国内地主要商事仲裁规则

以下介绍的是中国内地几个主要商事仲裁机构的商事仲裁规则。限于篇幅，主要介绍中国贸仲《仲裁规则》、《北京仲裁委员会仲裁规则》、《上海仲裁委员会仲裁规则》、《广州仲裁委员会仲裁规则》、《深圳国际仲裁院仲裁规则》。

（一）中国贸仲《仲裁规则》

现行的中国贸仲《仲裁规则》于 2015 年 1 月 1 日起施行，分为“总则”“仲裁程序”“裁决”“简易程序”“国内仲裁的特别规定”“香港仲裁的特别规定”和“附则”7 章，共 84 条。按照该规则，除非当事人另有约定，凡争议金额不超过人民币 500 万元的案件，或争议金额超过人民币 500 万元但经一方当事人书面申请并征得另一方当事人书面同意的，或双方当事人约定适用简易程序的，适用简易程序。其他争议金额超过人民币500万元的案件，适用普通程序。当事人约定将争议提交仲裁委员会仲裁的，视为同意按照该商事仲裁规则进行仲裁。如当事人约定将商事法律争议提交仲裁委员会仲裁但对该商事仲裁规则有关内容进行变更或约定适用其他商事仲裁规则的，从其约定，但其约定无法实施或与商事仲裁程序适用法中的强制性规定相抵触者除外。当事人约定适用其他商事仲裁规则的，由仲裁委员会履行相应的管理职责。当事人约定适用仲裁委员会专业仲裁规则的，从其约定，但其争议不属于该专业仲裁规则适用范围的，适用中国贸仲《仲裁规则》。该规则的主要内容如下：

1. 受案范围及仲裁管辖

仲裁委员会根据当事人的约定受理契约性或非契约性的经济贸易等商事法律争议案件。具体包括：（1）国际或涉外商事法律争议案件；（2）涉及香港特别行政区、澳门特别行政区及台湾地区的商事法律争议案件；（3）内地商事法律争议案件。

当事人对商事仲裁协议或商事仲裁案件管辖权的异议，应当在商事仲裁庭首次开庭前书面提出；书面审理的案件，应当在第一次实体答辩前提出。对商事仲裁协议或仲裁案件管辖权提出异议不影响商事仲裁程序的继续进行。仲裁委员会有权对商事仲裁协议的存在、效力以及商事仲裁案件的仲裁管辖权作出决定。如有必要，仲裁委员会也可以授权商事仲裁庭作出管辖权决定。仲裁委员会依表面证据认为存在有效仲裁协议的，可根据表面证据作出仲裁委员会有仲裁管辖权的决定，商事仲裁程序继续进行。仲裁委员会依表面证据作出的仲裁管辖权决定，并不妨碍其根据商事仲裁庭在审理过程中发现的与表面证据不一致的事实或证据重新作出仲裁管辖权决定。商事仲裁庭依据仲裁委员会的授权作出仲裁管辖权决定时，可以在商事仲裁程序进行中单独作出，也可以在商事仲裁裁决书中一并作出。仲裁委员会或经仲裁委员会授权的商事仲裁庭作出无管辖权决定的，应当作出撤销案件的决定。撤案决定在商事仲裁庭组成前由仲裁委员会仲裁院院长作出；在商事仲裁庭组成后，由商事仲裁庭作出。

2. 商事仲裁申请和答辩

当事人申请仲裁时应提交仲裁申请书，并完成必备的申请手续。仲裁申请书应写明：（1）双方当事人的名称和基本情况；（2）申请所依据的商事仲裁协议；（3）案情和争议要点；（4）申请人的仲裁请求；（5）仲裁请求所依据的事实和理由。申请人提交仲裁申请书时一并附具申请人仲裁请求所依据的证据材料及其他证明文件。申请人还应按照仲裁委员会制定的仲裁费用表的规定预缴仲裁费。商事仲裁程序自仲裁委员会仲裁院收到仲裁申请书之日起开始。被申请人应自收到仲裁通知后45天内（如果是国内商事仲裁案件，该期限为20天）提交仲裁答辩书。被申请人如有仲裁反请求，应自收到仲裁通知后45天内（如果是国内商事仲裁案件，该期限为20天）以书面形式提交。被申请人确有正当理由请求延长仲裁答辩期限或提交仲裁反请求期限的，由商事仲裁庭决定是否延长答辩期限或提交仲裁反请求期限；商事仲裁庭尚未组成的，由仲裁委员会仲裁院作出决定。

3. 保全及临时措施

当事人依据中国法律申请保全的，仲裁委员会应当依法将当事人的保全申请转交当事人指明的有管辖权的法院。根据所适用的法律或当事人的约定，当事人可以依据中国贸仲《紧急仲裁员程序》向仲裁委员会仲裁院申请紧急性临时救济。紧急仲裁员可以决定采取必要或适当的紧急性临时救济措施。紧急仲裁员的决定对双方当事人具有约束力。经一方当事人请求，商事仲裁庭依据所适用的法律或当事人的约定，可以决定采取其认为必要或适当的临时措施，并有权决定由请求临时措施的一方当事人提供适当的担保。

4. 商事仲裁庭的组成

商事仲裁庭由 1 名或 3 名仲裁员组成。除非当事人另有约定或商事仲裁规则另有规定，商事仲裁庭由 3 名仲裁员组成。适用简易程序的案件，由独任仲裁庭审理案件。当事人从仲裁委员会制定的仲裁员名册中选定仲裁员，当事人约定从名册之外选定的仲裁员，需经仲裁委员会主任确认后才能担任仲裁员。申请人和被申请人应各自在收到仲裁通知后 15 天内选定或委任仲裁委员会主任指定 1 名仲裁员。当事人未能在期限内指定的，由仲裁委员会主任指定。第 3 名仲裁员由双方当事人在被申请人收到仲裁通知后 15 天内共同选定或共同委托仲裁委员会主任指定。第 3 名仲裁员为仲裁庭的首席仲裁员。双方当事人可以各自推荐 1 ~ 5 名候选人作为首席仲裁员人选，双方当事人的推荐名单中有 1 名人选相同的，该人选为双方当事人共同选定的首席仲裁员；有 1 名以上人选相同的，由仲裁委员会主任根据案件的具体情况在相同人选中确定 1 名首席仲裁员，该名首席仲裁员仍为双方共同选定的首席仲裁员；推荐名单中没有相同人选时，由仲裁委员会主任指定首席仲裁员。仲裁委员会主任根据该仲裁规则的规定指定仲裁员时，应考虑争议的适用法律、仲裁地、仲裁语言、当事人国籍，以及仲裁委员会主任认为应考虑的其他因素。被选定或被指定的仲裁员应签署声明书，披露可能引起对其公正性和独立性产生合理怀疑的任何事实或情况。

5. 商事仲裁程序的进行

除非当事人另有约定，商事仲裁庭可以按照其认为适当的方式审理案件。在任何情形下，商事仲裁庭均应公平和公正地行事，给予双方当事人陈述与辩论的合理机会。商事仲裁庭应开庭审理案件，但双方当事人约定并经仲裁庭同意或仲裁庭认为不必开庭审理并征得双方当事人同意的，可以只依据书面文件进行审理。除非当事人另有约定，商事仲裁庭可以根据案件的具体情况采用询问式或辩论式的庭审方式审理案件。商事仲裁庭审理案件不公开进行。双方当事人要求公开审理的，由仲裁庭决定是否公开审理。申请人无正当理由开庭时不到庭的，或在开庭审理时未经仲裁庭许可中途退庭的，可以视为撤回仲裁申请；被申请人提出仲裁反请求的，不影响仲裁庭就仲裁反请求进行审理，并作出商事仲裁裁决。被申请人无正当理由开庭时不到庭的，或在开庭审理时未经商事仲裁庭许可中途退庭的，商事仲裁庭可以进行缺席审理并作出裁决；被申请人提出仲裁反请求的，可以视为撤回仲裁反请求。商事仲裁庭认为必要时，可以调查事实，收集证据。商事仲裁庭调查收集的证据，应转交当事人,给予当事人提出意见的机会。商事仲裁庭也可以就案件中的专门问题向专家咨询或指定鉴定人进行鉴定。专家和鉴定人可以是中国或外国的机构或自然人。双方当事人共同或分别请求中止商事仲裁程序,或出现其他需要中止商事仲裁程序的情形的,商事仲裁程序可以中止。

双方当事人有调解愿望的,或一方当事人有调解愿望并经商事仲裁庭征得另一方当事人同意的,商事仲裁庭可以在商事仲裁程序中对案件进行调解。双方当事人也可以自行和解。当事人经调解达成或自行达成和解协议的,可以撤回仲裁请求或仲裁反请求,也可以请求仲裁庭根据当事人和解协议的内容作出商事仲裁裁决书或制作商事仲裁调解书。调解不成功的,商事仲裁庭应当继续进行商事仲裁程序并作出裁决。

6. 法律适用和仲裁裁决

商事仲裁庭应当根据事实和合同约定,依照法律规定,参考国际惯例,公平合理、独立公正地作出裁决。当事人对于案件实体适用法有约定的,从其约定。当事人没有约定或其约定与法律强制性规定相抵触的,由商事仲裁庭决定案件实体的法律适用。

商事仲裁庭应在组庭后 6 个月内(国内商事仲裁案件,该期限为 4 个月;适用简易程序的商事仲裁案件,该期限为 3 个月)作出裁决书。经商事仲裁庭请求,仲裁委员会仲裁院院长认为确有正当理由和必要的,可以延长该期限。商事仲裁庭在仲裁裁决书中应写明仲裁请求、争议事实、裁决理由、裁决结果、仲裁费用的承担、裁决的日期和地点。当事人协议不写明争议事实和裁决理由的,以及按照双方当事人和解协议的内容作出仲裁裁决书的,可以不写明争议事实和裁决理由。商事仲裁庭有权在商事仲裁裁决书中确定当事人履行裁决的具体期限及逾期履行所应承担的责任。裁决书应加盖“中国国际经济贸易仲裁委员会”印章。由 3 名仲裁员组成的商事仲裁庭审理的案件,商事仲裁裁决依全体仲裁员或多数仲裁员的意见作出。少数仲裁员的书面意见应附卷,并可以附在裁决书后,该书面意见不构成商事仲裁裁决书的组成部分。除非裁决依首席仲裁员意见或独任仲裁员意见作出并由其署名,商事仲裁裁决书应由多数仲裁员署名。持有不同意见的仲裁员可以在裁决书上署名,也可以不署名。作出裁决书的日期,即为裁决发生法律效力的日期。商事仲裁裁决是终局的,对双方当事人均有约束力。

商事仲裁庭应在签署裁决书之前将裁决书草案提交仲裁委员会核阅。在不影响仲裁庭独立裁决的情况下,仲裁委员会可以就裁决书的有关问题提请仲裁庭注意。当事人应依照裁决书写明的期限履行仲裁裁决;裁决书未写明履行期限的,应立即履行。一方当事人不履行仲裁裁决的,另一方当事人可以依法向有管辖权的法院申请强制执行。

(二)《北京仲裁委员会仲裁规则》

最新修订的《北京仲裁委员会仲裁规则》于 2022 年 2 月 1 日起正式施行,分“总则”“仲裁协议”“仲裁申请、答辩与反请求”“仲裁庭”“审理”“决定和裁决”“简易程序”“国际商事仲裁的特别规定”和“附则”9 章,共 75 条。当事人协议将争议提交仲裁委员会仲裁的,适用该规则。当事人就仲裁程序事项或者仲裁适用的规则另有约定的,从其约定,但该约定无法执行或者与仲裁地强制性法律规定相抵触的除外。当事人约定适用其他仲裁规则的,由仲裁委员会履行相应的管理职责。除非当事人另有约定,凡案件争议金额不超过人民币 500 万元的,适用简易程序。案件争议金额超过人民币 500 万元,当事人约定或者同意的,也可适用简易程序,仲裁费用予以减收。新规则主要修订内容包括:明确开庭方式包括网上开庭,并规定商事仲裁庭有权根据案件情况确定开庭方式;增加了首席仲裁员的产生方式,在双方当事人未能共同选定首席仲裁员的情况下,可由两位仲裁员共同选定首席仲裁员;明确电子送达方式的效力,规定本会或商事仲裁庭有权根据案件情况采取适当的送达方式;调低机构收费封顶金额;等等。该规则的主要内容如下:

1. 仲裁管辖权

当事人对仲裁协议的存在、效力或者仲裁案件的管辖权有异议,可以向仲裁委员会提出管辖权异议。管辖权异议应当在首次开庭前以书面形式提出,当事人约定书面审理的,应当在首次答辩期限届满前以书面形式提出。当事人未按照上述规定提出管辖权异议的,视为承认仲裁委员会对仲裁案件的管辖权。当事人向仲裁委员会提出管辖权异议不影响仲裁程序的进行。仲裁委员会或者仲裁委员会授权的商事仲裁庭有权就仲裁案件的管辖权作出决定。商事仲裁庭的决定可以在仲裁程序进行中作出,也可以在裁决书中作出。仲裁委员会或者经仲裁委员会授权的商事仲裁庭对仲裁案件作出无管辖权决定的,案件应当撤销。商事仲裁庭组成前,撤销案件的决定由仲裁委员会作出;商事仲裁庭组成后,撤销案件的决定由商事仲裁庭作出。当事人知道或者理应知道该规则或仲裁协议中规定的任何条款或条件未被遵守,但仍参加或者继续参加仲裁程序且未对上述不遵守情况及时向仲裁委员会或商事仲裁庭提出书面异议的,视为其放弃提出异议的权利。

2. 商事仲裁协议效力的认定

在仲裁申请书和答辩书的交换中,一方当事人声称有仲裁协议而另一方当事人不作否认表示的,视为存在书面仲裁协议。仲裁协议独立存在,其效力应单独判断,无论合同是否成立、变更、解除、终止、无效、失效、未生效、被撤销,均不影响仲裁协议的效力。

3. 商事仲裁申请和答辩

当事人申请仲裁应提交仲裁协议、仲裁申请书、仲裁申请所依据的证据或者其他证明文件、申请人身份证明文件。仲裁申请书应写明:(1)双方当事人的名称和基本情况;(2)申请所依据的商事仲裁协议;(3)仲裁请求;(4)仲裁请求所根据的事实、理由。申请人还应当照仲裁委员会制定的仲裁费用表的规定预缴仲裁员报酬和机构费用。收到仲裁申请后,仲裁委员会认为符合受理条件的,自当事人预缴仲裁费用之日起 10 日内予以受理。仲裁程序自仲裁委员会受理仲裁申请之日开始。仲裁委员会自受理案件之日起 10 日内,将受理通知、仲裁规则和仲裁员名册发送申请人;将答辩通知连同仲裁申请书及其附件、仲裁规则、仲裁员名册发送被申请人。被申请人应当自收到答辩通知之日起 15 日内提交仲裁答辩书。被申请人如有仲裁反请求,应当自收到答辩通知之日起 15 日内提交仲裁反请求申请书。逾期提交的,商事仲裁庭组成前由仲裁委员会决定是否受理;商事仲裁庭组成后由商事仲裁庭决定是否受理。

4. 商事仲裁庭的组成

当事人从仲裁委员会制定的仲裁员名册中选择仲裁员。除非当事人另有约定或仲裁规则另有规定,商事仲裁庭由 3 名仲裁员组成。双方当事人应当自收到仲裁通知之日起 15 日内分别选定或者委托仲裁委员会主任指定 1 名仲裁员。当事人未在上述期限内选定或者委托仲裁委员会主任指定仲裁员的,由仲裁委员会主任指定。双方当事人应当自被申请人收到仲裁通知之日起 15 日内共同选定或者共同委托仲裁委员会主任指定首席仲裁员。双方当事人也可以在上述期限内,各自推荐 1 ~ 3 名仲裁员作为首席仲裁员人选;经双方当事人申请或者同意,仲裁委员会也可以提供 5 ~ 7 名首席仲裁员候选名单,由双方当事人在仲裁委员会规定的期限内从中选择 3 ~ 4 名仲裁员作为首席仲裁员人选。推荐名单或者选择名单中有 1 名相同的,为双方当事人共同选定的首席仲裁员;有 1 名以上相同的,由仲裁委员会主任根据案件具体情况在相同人选中确定,确定的仲裁员仍为双方当事人共同选定的首席仲裁员;推荐名单或者选择名单中没有相同的人选,由仲裁委员会主任在推荐名单或者选择名单之外指定首席仲裁员。双方当事人未能按照上述规定共同选定首席仲裁员的,仲裁委员会主任可以根据案件情况决定由按照上述规定方式产生的仲裁员共同选定首席仲裁员。该两位仲裁员应当自收到仲裁委员会通知之日起 10 日内共同选定首席仲裁员。未能按照上述规定选定首席仲裁员的,由仲裁委员会主任指定。适用简易程序的案件,由独任仲裁员审理。

5. 商事仲裁程序的进行

仲裁规则未明确的事项,仲裁委员会或者商事仲裁庭有权按照其认为适当的方式推进仲裁程序,以促使当事人之间的争议得到高效和公平的解决。仲裁委员会、商事仲裁庭、当事人及其代理人均应当本着诚信、善意、合作及妥善解决纠纷的原则适用该仲裁规则。商事仲裁庭应当开庭审理案件,开庭方式包括现场开庭和网上开庭。网上开庭指仲裁活动的一方、多方或各方利用电话会议、视频会议或使用其他通信技术(或者组合形式)参与商事仲裁庭审活动。商事仲裁庭有权根据案件具体情况确定开庭方式。当事人约定不开庭,或者商事仲裁庭认为不必要开庭审理,并征得各方当事人同意的,可以根据当事人提交的文件进行书面审理。无论采取何种审理方式,商事仲裁庭都应当公平、公正地对待各方当事人,给予各方当事人陈述和辩论的合理机会。仲裁不公开审理。当事人协议公开的,可以公开,但涉及国家秘密、第三人商业秘密或者商事仲裁庭认为不适宜公开的除外。不公开审理的案件,当事人及其代理人、证人、仲裁员、商事仲裁庭咨询的专家和指定的鉴定人、仲裁委员会的有关人员,均不得对外界透露案件实体和程序进行的情况。

在满足以下各项条件时,商事仲裁庭可以将两个或两个以上的仲裁案件合并审理:(1)仲裁标的为同一种类或者有关联;(2)经一方当事人申请并征得其他当事人同意;(3)商事仲裁庭组成均相同。商事仲裁庭可以根据情况决定合并审理的具体程序。

经各方当事人同意,或者一方当事人申请且仲裁委员会认为必要,仲裁委员会可以决定将根据该规则进行的两个或两个以上的仲裁案件合并为一个仲裁案件进行审理。除非当事人另有约定,合并的仲裁案件应合并于最先开始仲裁程序的仲裁案件中。在决定是否进行上述合并时,仲裁委员会将考虑相关仲裁案件所依据的仲裁协议的具体情况、案件之间的关联性、案件程序进行的阶段以及已经组成商事仲裁庭的案件仲裁员的指定或者选定等情况。

商事仲裁庭可以根据当事人的请求或者在征得当事人同意的情况下按照其认为适当的方式进行调解。调解达成协议的,当事人可以撤回仲裁申请,也可以请求商事仲裁庭根据调解协议的内容制作调解书或者裁决书。案件审理过程中,当事人可以自行和解或者依据《北京仲裁委员会调解中心调解规则》的规定向仲裁委员会调解中心申请由调解员进行调解。调解达成和解协议的,当事人可以共同要求组成商事仲裁庭依据该和解协议的内容制作调解书或者裁决书。由此产生的相关费用,由当事人承担。

6. 商事仲裁决定和裁决

商事仲裁庭有权在案件审理过程中,就涉及的程序事项作出决定。由 3 名仲裁员组成商事仲裁庭的,任何决定均应当按照多数意见作出。如未能形成多数意见,则应当按照首席仲裁员的意见作出。经当事人同意或者商事仲裁庭授权,首席仲裁员也可以就程序事项作出决定。商事仲裁庭应当自组庭之日起 4 个月内作出裁决,有特殊情况需要延长的,由首席仲裁员提请秘书长批准,可以适当延长。适用简易程序的案件则应自商事仲裁庭组成之日起 75 日内作出裁决。由 3 名仲裁员组成商事仲裁庭的,裁决应当按照多数仲裁员的意见作出,少数仲裁员的不同意见可以记入笔录。不能形成多数意见时,裁决应当按照首席仲裁员的意见作出。裁决书应当写明仲裁请求、争议事实、裁决理由、裁决结果、仲裁费用的承担和裁决日期、仲裁地。当事人另有约定的,以及按照当事人的和解协议作出裁决的,可以不写明争议事实和裁决理由。裁决书由仲裁员签名。对裁决持不同意见的仲裁员,可以签名,也可以不签名;不签名的仲裁员应当针对裁决出具个人意见。仲裁委员会将其个人意见随裁决书送达当事人,但该意见不构成裁决书的一部分。裁决书经仲裁员签名后,加盖仲裁委员会印章。

该规则还对国际商事仲裁作了特别规定。当事人对案件是否具有国际因素有争议的,由商事仲裁庭决定,其决定不影响此前已经进行的仲裁程序。商事仲裁庭决定案件具有国际因素后,案件适用该特别规定的程序进行审理。国际商事仲裁特别规定还就临时措施、紧急仲裁员等事项进行了规定。在国际商事仲裁程序中,商事仲裁庭应当根据当事人选择适用的法律对争议作出裁决。除非当事人另有约定,选择适用的法律系指直接规范,而非间接规范。当事人未选择的,商事仲裁庭有权根据案件情况确定适用的法律。根据当事人的约定,或者在仲裁程序中当事人一致同意,商事仲裁庭可以依据公平合理的原则作出裁决,但不得违背法律的强制性规定和社会公共利益。在任何情况下,商事仲裁庭都应当根据有效的合同条款并考虑有关交易惯例作出裁决。

(三)《上海仲裁委员会仲裁规则》

现行有效的《上海仲裁委员会仲裁规则》是 2018 年 10 月 1 日起施行的文本,分为“总则”“仲裁协议及管辖权异议”“仲裁申请、答辩及反请求”“仲裁庭的组成”“证据”“开庭审理”“调解与和解”“决定和裁决”“简易程序”“国际商事仲裁的特别规定”“关于名册外仲裁员的特别规定”和“附则”12章,共90条。仲裁委员会特设金融仲裁院、知识产权仲裁院以及国际航运仲裁院3个专业仲裁院,专门处理金融、知识产权以及国际航运方面的商事仲裁案件。当事人约定发生商事法律争议由仲裁委员会设立的上述仲裁院处理的,由仲裁委员会予以受理。仲裁委员会可以将相关案件交由上述仲裁院对案件的商事仲裁程序进行管理。争议金额在人民币100万元以下的案件,适用简易程序,但当事人另有约定由3名仲裁员组成商事仲裁庭进行仲裁的除外;争议金额超过人民币100万元的案件,当事人在商事仲裁协议中约定适用简易程序仲裁或一方当事人书面申请并征得另一方当事人书面同意的,也可以适用简易程序。该规则的主要内容如下:

1. 受案范围和仲裁管辖

仲裁委员会受理平等主体的自然人、法人和非法人组织之间发生的合同争议和其他财产权益争议,不受理婚姻、收养、监护、扶养、继承纠纷,劳动争议,行政争议以及农村集体经济组织内部的农业承包合同纠纷。当事人对商事仲裁协议的存在、商事仲裁协议的效力或者对商事仲裁案件的仲裁管辖权有异议的,可以向仲裁委员会提出仲裁管辖权异议或向人民法院提出商事仲裁协议效力异议。当事人向仲裁委员会提出仲裁管辖权异议不影响商事仲裁程序的进行。仲裁委员会或商事仲裁庭有权对仲裁管辖权异议作出决定。商事仲裁庭对仲裁管辖权异议的决定可以在商事仲裁程序进行中单独作出,也可以在商事仲裁裁决书中一并作出。

2. 商事仲裁申请和答辩

当事人可以通过现场登记、邮寄或网上登记等方式向仲裁委员会立案部门递交仲裁申请材料。申请人提交的申请材料包括:商事仲裁协议及载明包括申请人和被申请人基本情况、仲裁请求及所依据的事实和理由的仲裁申请书;提交相关的证据材料、证据文件;当事人主体资格证明文件及授权委托书和委托代理人的身份证明文件。此外,申请人还应预缴仲裁费。被申请人应当在仲裁通知书送达之日起15日内,向仲裁委员会提交仲裁答辩书及相关的材料,同时提交主体资格的证明文件。被申请人未提交仲裁答辩书的,不影响商事仲裁程序的进行。被申请人有权提出仲裁反请求。仲裁请求案与仲裁反请求案合并审理。

3. 商事仲裁庭的组成

除该规则另有规定外,当事人应当从仲裁委员会制定的仲裁员名册中选择仲裁员。除当事人另有约定或该规则另有规定外,商事仲裁庭由3名仲裁员组成。双方当事人应当在仲裁受理通知书或者仲裁通知书规定的期限内,从仲裁员名册中各自选定或委托主任指定1名仲裁员作为商事仲裁庭的组成人员。当事人未能按前述规定选定或委托主任指定商事仲裁庭的组成人员的,由主任指定。商事仲裁庭组成后,仲裁委员会应及时将仲裁庭组成通知书发送双方当事人及仲裁庭。

4. 商事仲裁程序的进行

商事仲裁庭应当开庭审理案件。当事人约定不开庭的,可以根据当事人提交的文件进行书面审理并作出裁决。除非当事人另有约定，商事仲裁庭可以根据案件的具体情况按照其认为适当的方式审理案件。商事仲裁庭为提高案件的审理质效，可以发布程序指令、发出问题清单、举行庭前会议、召开预备庭、制作审理范围书等，也可以就证据材料的交换、核对等作出相应的安排。商事仲裁不公开审理。当事人协议公开的，可以公开，但涉及国家秘密、第三人商业秘密或者商事仲裁庭认为不适宜公开的除外。除非当事人另有约定，仲裁委员会所在地为仲裁地。仲裁委员会也可以根据案件具体情况确定其他地点为仲裁地。商事仲裁庭组成人员应当在首次开庭时当庭承诺将遵循商事仲裁法和该规则的规定，独立、公正、及时地履行仲裁员职责。

商事仲裁庭可以根据当事人的请求或者在征得当事人同意的情况下主持调解。调解过程中，任何一方当事人提出终止调解，或商事仲裁庭认为已无调解成功可能或调解时间过长影响商事仲裁程序正常进行的，应终止调解。调解达成的协议内容不得损害国家、集体或者第三人利益。调解达成的协议内容超出仲裁请求范围的，应当准许。经双方当事人及案外人同意，案外人可以参加调解。达成调解协议的，经商事仲裁庭准许且双方当事人及案外人一致书面同意的，该案外人可增加为案件的当事人，并按照调解协议的内容承担相应的民事责任或享有相应的民事权利。

5. 商事仲裁决定和裁决

商事仲裁庭有权就涉及的程序事项作出决定。商事仲裁庭应在组成之日起 4 个月内作出裁决，适用简易程序的案件则应自商事仲裁庭组成之日起 2 个月内作出裁决。有特殊情况需要延长仲裁期限的，由商事仲裁庭提出延长审限申请，经仲裁委员会主任批准的，可以适当延长。商事仲裁庭由 3 名仲裁员组成的，裁决按照多数仲裁员的意见作出，少数仲裁员的意见记入评议记录。商事仲裁庭不能形成多数意见时，裁决按照首席仲裁员的意见作出。商事仲裁庭由 1 名仲裁员组成的，裁决由仲裁员直接作出。仲裁裁决应由负责审理的商事仲裁庭独立作出。商事仲裁庭应对作出的裁决负责，包括但不限于在司法审查中予以积极配合、对结案后当事人提出的问题进行必要的接待或书面回复等。

商事仲裁庭应在签发商事仲裁裁决书前将裁决书草案提交秘书处校核。在保证商事仲裁庭独立裁决的前提下，秘书处可以对商事仲裁裁决书的有关问题提请仲裁庭注意。秘书处的建议意见供仲裁庭参考。案件的最终裁决由商事仲裁庭作出。商事仲裁庭可向秘书处申请召开商事仲裁专业联席会议，并由秘书处决定是否同意召开。该会议主要讨论商事仲裁庭审理的重大、疑难、复杂案件的法律适用问题、同类案件的各商事仲裁庭适用法律统一问题，以及其他与商事仲裁业务有关的重大法律问题。会议讨论的倾向性意见供商事仲裁庭参考。案件的最终裁决由商事仲裁庭独立作出。

《上海仲裁委员会仲裁规则》还就国际商事仲裁和名册外仲裁员作出了特别规定。仲裁当事人对商事仲裁案件是否具有国际因素有争议的，由仲裁委员会或商事仲裁庭决定，其决定不影响此前已经进行的商事仲裁程序。国际商事仲裁特别规定还就临时措施、紧急仲裁员、友好仲裁等事项进行了规定。此外，双方当事人均注册在国务院批复成立的自由贸易试验区内，且当事人约定可以在仲裁委员会名册外各自选定仲裁员的，适用关于名册外仲裁员的特别规定。

（四）《广州仲裁委员会仲裁规则》

最新修订的《广州仲裁委员会仲裁规则》于2021年7月1日开始正式施行，分为“总则”“仲裁协议”“申请和受理”“仲裁庭”“证据”“期间与送达”“调解与和解”“审理”“决定和裁决”“简易程序”“互联网交易争议专门程序”“金融仲裁特别规定”“国际商事仲裁特别规定”和“附则”14章，共132条。根据该规则，在2021年7月1日之后受理的案件，原则上将适用2021年版的《广州仲裁委员会仲裁规则》，即争议金额不超过人民币300万元的案件适用简易程序，除非当事人另有约定。2021年版的《广州仲裁委员会仲裁规则》还就互联网交易法律争议专门程序、金融仲裁和国际商事仲裁作出了特别规定。该规则的主要内容如下：

1. 受案范围及仲裁管辖权

依照我国仲裁法的规定，仲裁委员会根据国内外当事人的约定和申请，受理自然人、法人和其他组织等平等主体之间发生的合同纠纷和其他财产权益纠纷。商事仲裁庭审理后认定不属于商事仲裁受案范围的，经向当事人释明，仍不撤回仲裁申请的，依法决定驳回仲裁申请。主要在互联网上形成、完成的交易，当事人约定发生法律争议提交仲裁委员会仲裁的，视为同意按照“互联网交易争议专门程序”规定的程序进行仲裁。除当事人另有约定外，仲裁委员会受理的适用中国内地法律的银行借款及其担保合同争议、信用卡争议仲裁案件适用“金融仲裁特别规定”。此外，国际商事仲裁案件和涉及中国香港、澳门或者台湾地区的案件，适用或参照适用“国际商事仲裁特别规定”。

当事人因商事仲裁协议的存在、效力或者其他问题对商事仲裁案件的仲裁管辖权有异议的，应当在首次开庭前以书面形式提出；约定不开庭审理的，应当在仲裁答辩期限届满前以书面形式提出。当事人未在规定期限内提出仲裁管辖权异议的，视为承认仲裁委员会对案件的仲裁管辖权。当事人对商事仲裁协议效力有异议的，可以请求仲裁委员会作出决定或者请求人民法院作出裁定。一方当事人请求仲裁委员会作出决定，另一方请求人民法院作出裁定的，由人民法院裁定。仲裁委员会先于人民法院接受请求并已作出决定的，决定具有法律效力。当事人向人民法院申请裁定商事仲裁协议效力的，应当同时向仲裁委员会提交商事仲裁协议效力异议申请书副本和人民法院的立案通知书。当事人向仲裁委员会提出仲裁管辖权异议，仲裁委员会认为通过开庭审理才能作出决定的，可以授权商事仲裁庭对仲裁管辖权异议作出决定。商事仲裁庭的决定可以在商事仲裁程序中单独作出，也可以在商事仲裁裁决书中作出。仲裁委员会依据表面证据作出对案件有仲裁管辖权的决定，不影响商事仲裁庭组成后根据审理过程中查明的事实或者证据重新作出与原决定不一致的仲裁管辖权决定。当事人向仲裁委员会提出仲裁管辖权异议的，不影响商事仲裁程序的进行。仲裁委员会或者仲裁委员会授权的商事仲裁庭作出无仲裁管辖权决定的，应当驳回仲裁申请。

2. 商事仲裁协议效力的认定

有关商事仲裁协议的效力认定有如下情况:(1)商事仲裁协议约定的商事仲裁机构名称不准确,但能够确定具体的商事仲裁机构是仲裁委员会或其分会/南沙国际仲裁中心、各专业仲裁平台的,视为同意将争议提交仲裁委员会或其分会/南沙国际仲裁中心、各专业仲裁平台仲裁。(2)当事人约定按照该规则进行商事仲裁但未约定商事仲裁机构的,视为同意将争议提交仲裁委员会仲裁。(3)除非当事人另有约定,否则当事人订立商事仲裁协议后合并、分立的,商事仲裁协议对其权利义务的继受人有效;当事人订立商事仲裁协议后死亡的,商事仲裁协议对承继其商事仲裁事项中的权利义务的继承人有效。(4)债权债务全部或者部分转让的,商事仲裁协议对受让人有效,但当事人另有约定或者在受让债权债务时受让人明确反对或者不知有单独商事仲裁协议的除外。(5)法人的分支机构订立商事仲裁协议的,商事仲裁协议对法人及其分支机构有效。(6)主合同的商事仲裁协议对主体相同的从合同有效,但从合同另有约定的除外。

3. 商事仲裁申请和答辩

当事人申请仲裁时应提交商事仲裁协议和仲裁申请书,并按照规定预缴仲裁费用。仲裁申请书应包含以下内容:(1)当事人的姓名(名称)、住所、邮政编码、电话号码、传真号码、电子邮箱或者其他电子通信方式,法人或者其他组织还应当列明其法定代表人或者主要负责人的姓名、职务;(2)仲裁请求和所依据的事实、理由;(3)证据或者其他证明材料;(4)申请人和被申请人的身份证明文件。当事人提交被申请人的身份证明文件确有困难的,经当事人申请,仲裁委员会可以出具《补充身份证明文件通知》。当事人可以持该通知向有关单位调取被申请人的身份证明文件。

被申请人应当在收到仲裁通知之日起15日内向仲裁委员会提交仲裁答辩书、证据或者其他证明材料、被申请人的身份证明文件。被申请人未提交仲裁答辩书的,不影响商事仲裁程序进行。被申请人可以依据同一商事仲裁协议提出仲裁反请求。仲裁反请求的当事人限于仲裁请求的当事人。同一案件中的仲裁请求和仲裁反请求应当合并审理。

4. 商事仲裁庭的组成

当事人可以约定商事仲裁庭由3名仲裁员或者1名仲裁员组成,也可以约定商事仲裁庭的组成方式或者具体的仲裁员。当事人没有约定的,商事仲裁庭由3名仲裁员组成,该规则另有规定的除外。适用3人仲裁庭的,申请人、被申请人可以自收到受理通知或仲裁通知之日起15日内各自选定或者委托仲裁委员会主任指定1名仲裁员。逾期未选定也未委托仲裁委员会主任指定仲裁员的,由仲裁委员会主任指定。申请人、被申请人可以自收到受理通知或仲裁通知之日起15日内共同选定或者共同委托仲裁委员会主任指定1名仲裁员作为仲裁庭的首席仲裁员。在上述期限内,申请人、被申请人也可以各自提名1~5名仲裁员作为首席仲裁员人选。申请人、被申请人提名的首席仲裁员名单中有1名仲裁员相同的,该仲裁员为共同选定的首席仲裁员;存在1名以上仲裁员相同的,由仲裁委员会主任根据案件具体情况在相同人选中确定1名为申请人、被申请人共同选定的首席仲裁员。申请人、被申请人未能按照前述规定共同选定首席仲裁员的，由仲裁委员会主任在当事人提名名单之外指定首席仲裁员。

当事人约定商事仲裁庭由1名仲裁员组成的，适用独任仲裁庭；但仲裁委员会基于争议金额、案件复杂程度及其他相关因素认为有必要适用3人仲裁庭的除外。

5. 商事仲裁程序的进行

商事仲裁程序自仲裁委员会受理仲裁申请之日开始。商事仲裁不公开进行。当事人约定公开的，经仲裁委员会或者商事仲裁庭审查认为不涉及国家秘密、案外人商业秘密和隐私的，可以公开进行。商事仲裁庭应当开庭审理案件，该规则另有规定的除外。当事人约定不开庭审理的，商事仲裁庭可以进行书面审理。除当事人另有约定外，开庭审理、书面审理可以采取线上、线下或者两者相结合的方式进行。在符合互联网仲裁推荐标准即"广州标准"的条件下，商事仲裁庭可以采用视频方式远程庭审，便利参与各方，当事人也有权以视频方式远程参与庭审。除一方当事人明确表示反对外，商事仲裁庭可以采用在线异步庭审和问题清单式庭审方式，当事人可以在指定期限内自主选择时间登录本会争议在线解决平台，完成陈述、答辩、举证、质证、接受询问并充分发表意见。在审理过程中，商事仲裁庭发现书面审理方式、简化的庭审模式不利于争议解决，或者当事人提出申请，仲裁庭可以根据实际情况决定从书面审理转变为开庭审理，或者从更简化的庭审模式切换为较简化的庭审模式、传统开庭审理模式。转变审理方式、切换审理模式，不影响当事人在审理过程中已经作出的陈述、发表的意见的效力。

涉及多份合同的争议，同时符合下列条件的，当事人可以在单个商事仲裁案件中合并提出商事仲裁申请：(1) 多份合同系主从合同关系，或者多份合同所涉当事人相同且法律关系性质相同；(2) 商事法律争议源于同一交易或者互不可分的同一系列交易；(3) 多份合同的商事仲裁协议内容相同或者彼此兼容。

商事仲裁庭在审理过程中发现案件处理结果可能涉及案外人权益的，可以通知案外人。是否接受案外人申请加入商事仲裁程序，商事仲裁庭组成前由仲裁委员会决定，商事仲裁庭组成后由仲裁庭决定。同一商事仲裁协议的案外人申请成为共同申请人的，还须经申请人同意。此外，无商事仲裁协议的案外人加入商事仲裁程序成为当事人的，应当经案外人及各方当事人一致同意。

商事仲裁调解应当在当事人自愿基础上，遵循公正、合法、保密、高效的原则，并可以通过仲裁委员会争议在线解决平台进行，当事人也有权自行和解。当事人达成的调解协议或和解协议，不得损害案外人利益、公共利益。经当事人、案外人一致同意，案外人可以参加调解。达成调解协议或和解协议的，经商事仲裁庭准许且当事人、案外人一致同意，该案外人可增加作为案件的当事人，并按照调解协议或和解协议的内容承担民事责任或者享有相应的民事权利。

6. 保全

一方当事人因另一方当事人的行为或者其他原因，可能使商事仲裁裁决不能执行、难以执行或者造成其他损害的，可以申请财产保全、行为保全。在证据可能灭失或者以后难以取得的情况下，当事人可以申请证据保全。因情况紧急，不立即申请保全将会使其合法权益受到难以弥补的损害或者证据可能灭失、以后难以取得的，当事人可以在申请仲裁前提出保全申请。申请人应当在人民法院采取保全措施后 30 日内依法申请仲裁。当事人申请解除保全的，仲裁委员会将当事人的申请提交有管辖权的人民法院。

7. 虚假仲裁的防范

商事仲裁庭在审理过程中发现当事人存在恶意串通，通过虚构法律关系、捏造案件事实获取非法利益的嫌疑，仲裁庭应当立即向仲裁委员会报告，并将有关情况予以记载附卷。商事仲裁庭在审理过程中发现案件存在虚假仲裁嫌疑的，可以采取以下措施：通知当事人到庭参加仲裁审理程序；通知当事人提交相关证据；通知证人出庭作证；向利害关系人询问有关情况；依职权调查取证；要求当事人、代理人签署保证书以及依法可以采取的其他措施。

8. 法律适用和仲裁裁决

商事仲裁庭应当根据事实，符合法律规定，公平合理地解决纠纷。为合理解决纠纷，商事仲裁庭可以参照商事习惯、行业标准、交易规则，但不得损害案外人利益、公共利益或者违反仲裁地法律法规的强制性规定。在国际商事仲裁案件中，当事人选择了应该适用的法律的，无论是否与争议涉及的法律关系有实际联系，商事仲裁庭均应依据当事人选择适用的法律作出裁决。当事人选择适用的法律，包括国际条约、国际惯例，但不包括法律适用法。如果当事人选择适用的法律无法查明、对争议涉及的法律关系没有规定，或者适用当事人选择适用的法律将损害仲裁地的公共利益、与仲裁地法律法规的强制性规定相抵触，商事仲裁庭应当适用仲裁地的法律作出裁决。当事人没有选择适用的法律，商事仲裁庭可以根据最密切联系原则确定应当适用的法律，或者根据仲裁地的法律适用法确定应当适用的法律。当事人在商事仲裁协议中约定，或者在商事仲裁程序中经协商一致书面提出请求的，商事仲裁庭可以进行友好仲裁。商事仲裁庭可以根据公平合理、诚实信用的原则作出裁决，但不得违背仲裁地法律法规的强制性规定，也不得损害案外人利益、仲裁地的公共利益。

除该规则另有规定外，普通程序案件的商事仲裁庭应当在组成后 4 个月内作出裁决，简易程序案件的裁决期限为组庭后 75 日，而国际商事仲裁案件的裁决期限则为组庭后 6 个月。商事仲裁裁决书自作出之日起发生法律效力。商事仲裁庭由 3 名或者超过 3 名仲裁员组成的，作出决定、裁决应当进行合议，并按照多数仲裁员意见作出；不能形成多数意见的，应当按照首席仲裁员的意见作出。合议应当制作合议笔录。仲裁员的不同意见应当记入合议笔录。商事仲裁庭由 1 名仲裁员组成的，决定、裁决由独任仲裁员作出。商事仲裁庭签发结案文书前，应当提请仲裁委员会对结案文书草案的形式规范性进行核阅。

（五）《深圳国际仲裁院仲裁规则》

最新修正的《深圳国际仲裁院仲裁规则》自 2020 年 10 月 1 日起施行，分为“总则”“仲裁协议和管辖权”“仲裁程序的开始”“临时措施”“仲裁庭”“审理”“调解与和解”“裁决”“快速程序”和“附则”10章，共72条。根据该规则，凡争议金额不超过人民币300万元的，或争议金额超过人民币300万元但经当事人书面同意的，或当事人约定适用快速程序或简易程序的，适用快速程序。当事人同意由仲裁院进行仲裁的，除非另有约定，应视为同意按照该规则进行仲裁。当事人约定按照该规则或者仲裁院制定的特别规则进行仲裁，即视为同意将争议提交仲裁院仲裁。当事人约定适用其他商事仲裁规则，或约定对该规则有关内容进行变更的，从其约定。但其约定无法实施或与商事仲裁程序所适用法律的强制性规定相抵触的除外。当事人约定适用的其他商事仲裁规则规定由商事仲裁机构履行的职责，由仲裁院履行。国际或涉外商事仲裁案件当事人约定适用《联合国国际贸易法委员会仲裁规则》的，仲裁院按照该规则及《深圳国际仲裁院关于适用〈联合国国际贸易法委员会仲裁规则〉的程序指引》管理案件。《深圳国际仲裁院仲裁规则》未明确规定的事项，仲裁院或者商事仲裁庭有权按照其认为适当的方式处理。该规则的主要内容如下：

1. 受案范围及仲裁管辖权

仲裁院受理当事人之间发生的合同争议和其他财产权益争议商事仲裁案件，包括：国际或涉外商事仲裁案件；涉及中国香港、澳门或台湾地区的商事仲裁案件；中国内地商事仲裁案件。此外，仲裁院还受理一国政府与他国投资者之间的投资争议仲裁案件。

当事人就商事仲裁协议的存在、效力或者其他问题对商事仲裁案件的仲裁管辖权有异议的，可以向仲裁院提出。仲裁管辖权异议应当在首次开庭前以书面形式提出；书面审理的，应当在首次仲裁答辩期限届满前或在收到书面审理通知之日起10日内以书面形式提出。当事人未依照上述规定提出仲裁管辖权异议的，视为承认仲裁院对商事仲裁案件的仲裁管辖权。仲裁院或者仲裁院授权的商事仲裁庭有权就商事仲裁案件的仲裁管辖权作出决定。商事仲裁庭的决定可以在商事仲裁程序进行中作出，也可以在商事仲裁裁决书中作出。当事人向仲裁院提出仲裁管辖权异议不影响商事仲裁程序的进行。仲裁院或者仲裁院授权的商事仲裁庭对商事仲裁案件作出无仲裁管辖权决定的，案件应当撤销。在商事仲裁庭组成前，撤销案件的决定由仲裁院作出；在商事仲裁庭组成后，撤销案件的决定由仲裁庭作出。

2. 商事仲裁申请和答辩

当事人申请仲裁应提交仲裁申请书，并完成必备的申请手续。仲裁申请书应包括以下内容：(1) 各方当事人及其代理人的名称和地址、电话号码、传真号码、电子邮箱及其他联络方式；(2) 申请仲裁所依据的商事仲裁协议；(3) 仲裁请求；(4) 仲裁请求所依据的事实和理由；(5) 申请人或申请人授权的代理人的签名或印章。仲裁申请书应当附具仲裁请求所依据的证明材料以及申请人的主体资格证明材料。申请人还应按照该规则的规定预缴仲裁费。商事仲裁程序自仲裁院收到仲裁申请书之日开始。被申请人应在收到仲裁通知之日起30日内提交仲裁答辩书，并附具仲裁答辩意见所依据的证明材料以及被申请人的主体资格证明材料。被申请人如有仲裁反请求，应当自收到仲裁通知之日起30日内以书面形式提出。逾期提交的，商事仲裁庭组成前由仲裁院决定是否受理，商事仲裁庭组成后由仲裁庭决定是否受理。

3. 临时措施及紧急仲裁员

因情况紧急，不立即申请保全将会使其合法权益受到难以弥补的损害的，或担心因对方的行为或者其他原因可能使商事仲裁裁决不能执行或者难以执行的，当事人可以在申请仲裁前或商事仲裁程序中申请财产保全或行为保全。在证据可能灭失或者以后难以取得的情况下，当事人可以在申请仲裁前或商事仲裁程序中申请证据保全。如果仲裁地在中国内地，当事人在商事仲裁程序开始前申请保全的，可以将其申请直接提交有管辖权的法院；当事人在商事仲裁程序中申请保全的，仲裁院应将其申请提交有管辖权的法院。如果仲裁地在其他国家或地区，当事人申请保全的，应按照适用的法律将其申请提交有管辖权的法院裁定或商事仲裁庭决定。

在商事仲裁程序适用法律允许的情况下，从商事仲裁程序开始后至商事仲裁庭组成之前，当事人因情况紧急需要申请临时措施的，可以向仲裁院提出指定紧急仲裁员的书面申请。是否同意，由仲裁院决定。除非当事人另有约定，紧急仲裁员不得担任与该临时措施申请有关的商事仲裁案件的仲裁员，并于指定之日起 14 日内作出相关决定并说明理由。当事人应当遵守紧急仲裁员作出的相关决定。当事人对紧急仲裁员作出的相关决定有异议的，有权自收到相关决定之日起 3 日内向紧急仲裁员提出修改、中止或撤销相关决定的申请，是否同意，由紧急仲裁员决定。商事仲裁庭组成后，可以修改、中止或撤销紧急仲裁员作出的相关决定。

4. 商事仲裁庭的组成

仲裁员应当独立于当事人，并应公平地对待当事人。当事人可以约定商事仲裁庭人数为 1 名或 3 名。当事人应从《深圳国际仲裁院仲裁员名册》中指定仲裁员。适用《联合国国际贸易法委员会仲裁规则》或《深圳国际仲裁院海事物流仲裁规则》的商事仲裁案件，当事人既可以从前述名册中指定仲裁员，也可以在前述名册之外提出仲裁员人选。在前述名册之外提出仲裁员人选的，该人选经仲裁院确认后方可担任该案仲裁员。除非当事人另有约定，申请人和被申请人应当各自在收到仲裁通知之日起 15 日内指定或委托仲裁院院长指定 1 名仲裁员；当事人未能按照上述规定指定或委托仲裁院院长指定的，由仲裁院院长指定。除非当事人另有约定，首席仲裁员由当事人在被申请人收到仲裁通知之日起 15 日内共同指定或共同委托仲裁院院长指定。当事人未能按照上述规定共同指定或共同委托仲裁院院长指定的，首席仲裁员由仲裁院院长指定；一方当事人书面表示放弃与对方当事人共同指定或共同委托仲裁院院长指定的，首席仲裁员由仲裁院院长指定，并不受上述期限限制。此外，当事人可以约定，仲裁院院长也可以决定，首席仲裁员由根据商事仲裁规则已确定的两名仲裁员共同指定。

仲裁员在法律上或事实上不能履行其职责，或者没有按照该规则的要求履行职责的，仲裁院院长有权决定将其替换，并给予各方当事人和商事仲裁庭全体成员提出书面意见的机会。最后一次开庭结束后，3 人仲裁庭中的 1 名仲裁员由于特定原因不能继续参加商事仲裁程序，仲裁院院长可以按照该规则规定替换该仲裁员；但在征得各方当事人及仲裁院院长同意后，其他 2 名仲裁员也可以继续进行商事仲裁程序，作出决定或裁决。

5. 商事仲裁程序的进行

商事仲裁不公开进行。如果当事人同意公开审理，由商事仲裁庭作出是否公开审理的决定。除非当事人另有约定，商事仲裁庭有权决定程序事项，并按照其认为适当的方式审理案件。在任何情形下，商事仲裁庭均应保持独立和中立，公平、公正地对待各方当事人，给予各方当事人陈述和辩论的合理机会。商事仲裁庭对程序事项意见不一致时，商事仲裁程序按照商事仲裁庭的多数意见进行；商事仲裁庭不能形成多数意见时，商事仲裁程序按照首席仲裁员的意见进行。商事仲裁庭认为必要时，可以发布程序指令、发出问题清单、举行庭前会议、议定审理范围、要求当事人进行庭前证据交换、要求当事人披露相关文件、要求当事人共同拟定争议焦点问题、在适用法律许可的范围内行使释明权。除非该规则另有规定，商事仲裁庭应当开庭审理案件；商事仲裁庭认为不必开庭审理，并经征得当事人同意的，商事仲裁庭可以依据书面文件进行审理。当事人约定书面审理的，从其约定；但商事仲裁庭认为有必要开庭审理的，可以开庭审理。

当事人对自己的主张承担举证责任。商事仲裁庭有权决定当事人的举证责任。当事人应当在商事仲裁庭指定的举证期限内提交证据。逾期提交的，商事仲裁庭有权拒绝接受。当事人对证据规则有特别约定的，从其约定，但其约定无法实施或与商事仲裁程序适用法律强制性规定相抵触的除外。当事人提供伪造的证据的，应承担相应的后果，商事仲裁庭有权据此驳回该方当事人提出的仲裁请求或仲裁反请求。

如果各方当事人有调解意愿，商事仲裁庭可以在商事仲裁程序中按照其认为适当的方式进行调解。当事人同意由商事仲裁庭调解的，主持调解的仲裁员在其后的商事仲裁程序中可以继续履行仲裁员职责，除非当事人另有约定或者适用法律另有规定。一方当事人申请案外人参加调解，所有当事人以及该案外人书面同意的，商事仲裁庭可以通知案外人参加调解。当事人经调解达成和解的，可以撤回仲裁请求或仲裁反请求，也可以请求仲裁庭依照和解协议的内容作出商事仲裁裁决书或商事仲裁调解书。当事人可以对其争议自行达成和解，可以向仲裁院调解中心或仲裁院认可的其他调解机构申请调解，也可以向仲裁院谈判促进中心申请谈判促进。

除非当事人另有约定，仲裁院或商事仲裁庭可以决定全部或者部分商事仲裁程序借助信息技术进行，包括但不限于网上立案、送达、开庭、质证。

6. 法律适用和仲裁裁决

当事人对于实体适用法律有约定的，从其约定；当事人没有约定或其约定与仲裁地法律强制性规定相抵触的，由商事仲裁庭决定。

商事仲裁庭应当基于事实，依据可适用的法律及公认的法律原则，参考商业惯例，公平合理、独立公正地作出商事仲裁裁决。适用普通程序的国际或涉外商事仲裁案件，商事仲裁庭应在组庭之日起 6 个月内作出裁决；适用普通程序的中国内地商事仲裁案件，该期限为

4个月；适用快速程序的商事仲裁案件，该期限为2个月。由3名仲裁员组成商事仲裁庭审理的案件，商事仲裁裁决依全体仲裁员或多数仲裁员的意见作出。少数仲裁员的书面意见应附卷，并可以和商事仲裁裁决书一同发送给当事人，该书面意见不构成商事仲裁裁决书的组成部分。商事仲裁裁决是终局的，对各方当事人均有约束力，除非当事人约定适用选择性复裁程序。

商事仲裁庭应在签署商事仲裁裁决书之前将裁决书草案提交仲裁院核阅。仲裁院可以提出形式上的修改建议，也可以提示商事仲裁庭注意实体问题，但不影响仲裁庭独立作出裁决。

7. 重新仲裁

有管辖权的法院按照法律规定通知重新仲裁的，案件由原商事仲裁庭审理。原商事仲裁庭组成人员由于回避、主动退出或者其他特定原因不能履行职责的，按照该规则规定替换仲裁员。具体商事仲裁程序由商事仲裁庭决定。商事仲裁庭根据该规则重新作出的商事仲裁裁决书取代原裁决书，当事人应当履行重新仲裁的商事仲裁裁决书。

8. 选择性复裁程序

在仲裁地法律不禁止的前提下，当事人可以约定任何一方可就商事仲裁庭作出的商事仲裁裁决向仲裁院提请复裁。但适用快速程序的商事仲裁案件除外。选择性复裁程序按照《深圳国际仲裁院选择性复裁程序指引》的规定进行。

9. 责任的限制

仲裁员、仲裁院及其相关人员均不就依该规则进行的商事仲裁中的任何作为或不作为承担任何民事责任，除非是不诚实的作为或不作为。

二、中国香港主要商事仲裁规则

香港国际仲裁中心为当事人提供机构仲裁、临时仲裁和本地仲裁的争议解决方式。《香港国际仲裁中心本地仲裁规则》为寻求香港地区临时仲裁程序的当事人提供了一套正式和便捷的程序框架，以解决范围广泛的本地商事法律争议，该规则最新版本自2014年起施行。同时，香港国际仲裁中心建议如当事人希望更为规范的商事仲裁，可考虑适用《香港国际仲裁中心机构仲裁规则》，该规则在以2006年《瑞士国际仲裁规则》为蓝本的“轻微管理”的框架下，采纳和发展了最佳实践，在更为“放手”的联合国国际贸易法委员会仲裁规则模式和其他机构常见的更具规范的机构管理模式之间，寻求平衡。这种“轻微管理”模式尊重当事人意思自治，这也一直是香港地区商事仲裁的根本特征，同时令当事人专注于商事法律争议的实质问题，而非程序的技术细节。由于本地商事仲裁案件中的绝大部分裁决来源于机构仲裁，以下仅介绍2018年《香港国际仲裁中心机构仲裁规则》。该规则于2018年11月1日起生效，主要内容如下：

（一）商事仲裁申请和答辩

申请人应向香港国际仲裁中心和被申请人送交仲裁通知。商事仲裁程序自香港国际仲裁中心收到仲裁通知之日起启动。仲裁通知应包括:(1)将商事法律争议提交仲裁的请求;(2)当事人及其代理人的名称、地址等情况;(3)所援引的商事仲裁协议的副本;(4)引发商事法律争议或与争议有关的一份或多份合同或其他法律文件的副本,或指明该合同或其他法律文件;(5)仲裁请求的基本性质的描述及所涉金额;(6)寻求的救济或补救;(7)若当事人事先未约定仲裁员人数,建议的仲裁员人数(即1名或3名);(8)申请人有关仲裁员的提议或提名;(9)披露是否存在资助协议或任何出资第三方的身份;(10)确认仲裁通知及其所附材料的副本已经或正在依注明的方式向被申请人传送。申请人提交仲裁通知的同时,应按规定向香港国际仲裁中心缴纳受理费。仲裁通知可包含仲裁申请书。仲裁申请书应包括以下内容:(1)对请求所依据的事实的陈述;(2)争议事项;(3)支持请求的法律论证;(4)寻求的救济或补救。仲裁申请书应附具所依据的相关材料。

被申请人应自收到仲裁通知后30日内向香港国际仲裁中心和申请人送交对仲裁通知的答复。答复内容应包括:(1)被申请人及其代理人的有关信息;(2)对商事仲裁庭缺乏仲裁管辖权的任何抗辩;(3)对申请人所提出仲裁请求及涉及金额的意见;(4)对申请人所寻求的救济或补救的答复;(5)有关仲裁员人数的建议和相关提名;(6)披露是否存在资助协议或任何出资第三方的身份;(7)确认仲裁通知的答复及其所附材料的副本正向商事仲裁所有其他当事人传送。仲裁答辩书可载于对仲裁通知的答复内,否则被申请人应在商事仲裁庭设定的期限内,提交仲裁答辩书。仲裁答辩书应对载于仲裁申请书中的各项予以答复,若被申请人对商事仲裁庭的仲裁管辖权或其组成提出异议,仲裁答辩书还应包含提出该异议的事实和法律依据。被申请人也可在仲裁答辩书中提出仲裁反请求、抵销答辩或交叉请求,并附具相应材料。

(二)商事仲裁庭的组成

如在商事仲裁启动前或被申请人收到仲裁通知后30日内,当事人未约定仲裁员人数,香港国际仲裁中心应考虑案件具体情况,决定将案件提交独任仲裁员或3位仲裁员。无论是由当事人还是仲裁员提名的仲裁员,均须得到香港国际仲裁中心的确认。提名一经确认即为有效指定。依该规则被确认的商事仲裁庭应始终保持公正及独立于当事人。作为一般原则,若在依该规则仲裁中的当事人国籍不同,独任或首席仲裁员不得持有与任何一方当事人相同的国籍,除非当事人另有特别约定。若存在可导致对仲裁员的公正性或独立性产生合理怀疑的情况,或仲裁员不具备当事人约定的资格,或仲裁员在法律上或事实上不能履行职责或因其他原因行事不当迟延,当事人可提出回避请求,由香港国际仲裁中心对此作出决定,在决定作出前,商事仲裁庭(包括被请求回避的仲裁员)可继续仲裁。

(三)商事仲裁程序的进行

在符合该规则规定的前提下,商事仲裁庭应考虑商事法律争议的复杂程度、争议金额和科技的有效使用,采用适当的程序进行仲裁,以避免不必要的延误和费用,但该程序须保证各方得到平等的对待,且各方得到合理的机会陈述案情。在商事仲裁程序的早期,经与当事人商议，商事仲裁庭应为商事仲裁制备一份暂行时间表，提供给当事人和香港国际仲裁中心。商事仲裁庭可指定1名秘书，秘书应始终保持公正及独立于当事人。商事仲裁庭和当事人应尽所能确保商事仲裁公平而有效率地进行。

当事人可约定仲裁地。若未约定，仲裁地则为中国香港，除非商事仲裁庭根据案件具体情况决定另一仲裁地更为合适。商事仲裁庭可在仲裁地之外的其认为适当的任何地点进行仲裁庭内部讨论等，但商事仲裁仍应被视为在仲裁地进行。商事仲裁应以仲裁语言进行，若当事人事先未就此予以约定，在商事仲裁庭尚未决定仲裁语言前，任何一方当事人应以英文或中文进行通信。

（四）商事仲裁庭的仲裁管辖权

商事仲裁庭有权决定其仲裁管辖权，包括针对商事仲裁协议的存在、效力或范围提出的任何异议。如果仲裁管辖权异议在商事仲裁庭组成前提出，只有当香港国际仲裁中心根据表面证据认为该规则下的商事仲裁协议可能存在或商事仲裁已启动，商事仲裁程序才应继续，任何对商事仲裁管辖权的异议，应由商事仲裁庭在其组成后作出决定。对商事仲裁管辖权的抗辩，应在对仲裁通知的答复中提出，最晚应在仲裁答辩书中提出；就仲裁反请求而言，最晚应在对仲裁反请求的仲裁答辩中提出。当事人提名或指定仲裁员的事实不妨碍其提出仲裁管辖权抗辩。有关商事仲裁庭越权的抗辩，当事人应尽快在所谓已超越商事仲裁庭权限的事件在商事仲裁程序中发生之后提出。商事仲裁庭认为有正当理由可允许迟延提出的抗辩。

（五）商事仲裁裁决

商事仲裁庭或紧急仲裁员应尽合理努力确保商事仲裁裁决的有效性。商事仲裁庭的任何裁决或其他决定应按多数仲裁员的意见作出。若未能形成多数意见，裁决应按首席仲裁员的意见作出。经商事仲裁庭所有成员事先同意，首席仲裁员可独自作出程序指令。商事仲裁庭可就不同事项、在不同时间、就各方当事人作出单个或多个分别的临时裁决、中间裁决、部分裁决或最终裁决。仲裁裁决应以书面形式作出并说明其所依据的理由，除非当时约定无须说明理由。商事仲裁裁决应由商事仲裁庭签署，并载明作出仲裁裁决的日期和仲裁地。商事仲裁裁决应视为在仲裁地作出。若是3人仲裁庭，而有仲裁员未签署，商事仲裁裁决应说明未签署的理由。

（六）免责

香港国际仲裁中心理事会成员、秘书处秘书长和其他成员、商事仲裁庭、紧急仲裁员、商事仲裁庭指定的专家和仲裁庭秘书，除不诚实的作为或不作为外，均不就该规则进行的商事仲裁中的任何作为或不作为承担任何责任。商事仲裁裁决一旦作出，且依据该规则更正、解释和补充裁决期限已过或者已全部完成，上述人员均无义务向任何人，就商事仲裁裁决的任何事项，作任何说明。当事人也不得要求上述人员在因商事仲裁引起的任何法律或其他程序中作证人。

三、中国澳门主要商事仲裁规则

中国澳门特别行政区的商事仲裁立法起步较晚，为了在该地区推广并发展商事仲裁和调解这两种非司法性质的纠纷解决程序，澳门特别行政区政府于1998年6月5日核准设立澳门世界贸易中心仲裁中心，其最新修订的《澳门世界贸易中心仲裁中心内部规章》于2021年3月22日经澳门世贸董事会决议通过，仲裁中心受理的商事仲裁案件，适用该规章。其中第三章“仲裁”规定了该仲裁中心的商事仲裁规则，主要内容如下：

（一）商事仲裁申请和答辩

申请人应向仲裁中心提交仲裁申请书，申请书应包含以下内容：（1）将商事法律争议提交仲裁的请求；（2）各方当事人及其代理人的基本信息；（3）所援引的商事仲裁协议的副本；（4）指明引发商事法律争议或与争议有关的合同或法律文件；（5）请求及所涉金额（如有）；（6）有关仲裁员人数和人选的建议；（7）仲裁中心要求提交的其他资料。申请人应同时向仲裁中心缴付仲裁申请费。仲裁中心须立即把仲裁申请书副本送交或寄送给被申请人，并传唤被申请人于10日内作出书面回应。回应须包含以下内容：（1）被申请人及其代理人的基本信息；（2）认为商事仲裁庭缺乏仲裁管辖权的抗辩；（3）对仲裁请求及所涉金额的意见；（4）有关仲裁员人数和人选的建议；（5）仲裁中心要求提交的其他资料。

申请人应自收到组成商事仲裁庭的通知后15日内，向仲裁中心提交包含以下内容的请求书：（1）各方当事人的基本信息；（2）仲裁请求所依据的事实和理由；（3）具体、明确的仲裁请求；（4）指出及提供有关证据。仲裁中心应于3日内将请求书送交被申请人及商事仲裁庭。被申请人应自收到仲裁请求书后15日内，向仲裁中心提交仲裁答辩书。仲裁答辩书应包含以下内容：（1）被申请人的基本信息；（2）仲裁答辩所依据的事实和理由；（3）指出及提供有关证据。如果被申请人拟提出仲裁反请求，应在仲裁答辩书中一并提出。

对于申请人提交的仲裁申请，仲裁中心应在收到被申请人提交的仲裁答辩书或在被申请人提交仲裁答辩书的期限届满后10日内作出是否受理的决定。商事仲裁协议不存在或明显无效，仲裁中心应拒绝受理并通知各方当事人。

（二）商事仲裁庭的组成

当事人可自由约定组成商事仲裁庭的仲裁员人数。如协议约定商事仲裁庭由多名仲裁员组成，应设首席仲裁员。如当事人无事先约定仲裁员人数，应自收到案件受理通知书之日起5日内约定商事仲裁庭的组成方式，如未能在期限内达成约定，商事仲裁庭由3名仲裁员组成。如当事人约定由独任仲裁员审理案件，应在收到案件受理通知书起15日内共同选定或委托仲裁中心指定仲裁员。如当事人约定由多名且为单数的仲裁员组成商事仲裁庭，应在上述期限内各自选定相同数目的仲裁员，并由被选定的仲裁员共同选定最后一名仲裁员，或委托仲裁中心指定全部仲裁员。如当事人约定由多名且为双数的仲裁员组成商事仲裁庭，应在上述期限内各自选定相同数目的仲裁员，或委托仲裁中心指定全部仲裁员。首席仲裁员由当事人共同选定或委托仲裁中心指定。由当事人或仲裁员提名的未载于名册的仲裁员，均须经仲裁中心确认方可担任仲裁员或组成商事仲裁庭。

（三）商事仲裁程序的进行

除非当事人另有约定，商事仲裁程序自仲裁申请书送达被申请人之日开始。当事人对争议标的意见不一时，由商事仲裁庭经听取当事人意见后，确定有关争议标的。商事仲裁庭应根据事实，符合法律规定，尊重当事人约定，参考国际惯例，公平合理、独立公正地解决商事法律争议。当事人可自由选定仲裁地，如未达成约定，由商事仲裁庭根据案件的情况，包括当事人的便利，选定仲裁地。当事人可自由约定商事仲裁程序中使用一种或多种语言，如未达成约定，则由商事仲裁庭选定。

如当事人以书面方式授予调停权，组成商事仲裁庭的一名或多名仲裁员可尝试调停当事人，商事仲裁程序应中止。行使调停权的仲裁员可与当事人单独或共同沟通；应对从一方当事人获得的资料保密，除非获该当事人同意。如调停程序终止时仍未就商事法律争议的解决达成约定，商事仲裁庭应披露对程序具有重要价值的保密资料。当事人可在任何时候就仲裁员行使调停权共同或单方面提出反对。

商事仲裁庭须决定商事仲裁程序应否举行听证，以便调查证据或进行口头陈述，又或仅应以文件及其他证据资料为基础进行商事仲裁程序，但当事人另有约定者除外。商事仲裁听证原则上不公开进行，且商事仲裁庭、仲裁庭秘书、当事人及其代理人以及其他仲裁参与人不得向外界透露案件实体和程序方面的任何情况。

（四）商事仲裁庭的仲裁管辖权

仲裁中心可根据表面证据认定存在商事仲裁协议并作出具有仲裁管辖权的决定，但该决定不妨碍商事仲裁庭根据审理过程中发现的有别于表面证据的事实及证据而重新作出有关仲裁管辖权的决定。商事仲裁庭有权决定自身的仲裁管辖权，包括对商事仲裁协议是否存在、有效或产生效力的任何抗辩作出决定。对商事仲裁庭无仲裁管辖权的抗辩，仅可在提交仲裁答辩书前或在提交仲裁答辩书时一并提出。一方当事人曾指定或参与指定仲裁员，不剥夺其提出商事仲裁庭无仲裁管辖权的抗辩的权利。对商事仲裁庭越权的抗辩，应在商事仲裁程序中出现认为越权的问题时立即提出。商事仲裁庭可将对有关仲裁管辖权或越权的抗辩作为先决问题作出决定，也可以在裁决案件实体问题时作出决定。如商事仲裁庭将抗辩作为先决问题而决定其自身有仲裁管辖权，则任一方当事人可以在收到该决定后 30 日内请求法院就此事项作出裁判，对此裁判不得提起上诉。

（五）商事仲裁裁决

商事仲裁裁决应在商事仲裁庭组成之日起 6 个月内作出，如因特殊情况需要延长审理期限，经仲裁中心批准可适当延长，该规则规定的审理期限不包括鉴定期间。如商事仲裁庭由多名仲裁员组成，商事仲裁裁决应依多数仲裁员的意见作出，少数仲裁员的不同意见应记入笔录。如不能形成多数意见，依首席仲裁员的意见作出裁决。商事仲裁庭须根据当事人指定的适用于案件实体问题的法律规则对商事法律争议作出裁决。商事仲裁庭仅在当事人明示许可的情况下,可根据衡平原则,或以平衡争议利益的方式作出裁决。在任何情况下,商事仲裁庭应按合同的约定并考虑适用于该具体案件的惯例作出商事仲裁裁决。

四、中国台湾主要商事仲裁规则

最新修订的中国台湾地区“中华仲裁协会仲裁规则”,于2020年4月28日实施,分“总则”“仲裁的申请及答辩”“仲裁员的选定”“询问程序”“仲裁裁决”“简易仲裁程序”和“附则”7章,共52条。“中华仲裁协会”受理的商事仲裁案件,除当事人另有约定或法律另有规定外,适用该规则的规定,而当事人约定按照该规则进行仲裁,除当事人另有约定外,表示同意将争议提交该仲裁协会仲裁。该商事仲裁规则的主要内容如下:

(一)商事仲裁申请和答辩

当事人申请仲裁应缴纳仲裁费用,并送交下列文件:(1)仲裁申请书,并按仲裁员及他方人数提供足够副本;(2)商事仲裁协议或载有商事仲裁条款的合同;(3)有仲裁代理人的,提交授权委托书;(4)已选定仲裁员的,提交仲裁员声明书,应载有仲裁员的姓名、住所或居所及应告知的事项。

仲裁申请书应载明下列事项:(1)当事人姓名、住所或居所,当事人为法人或其他团体或机关的,其名称及事务所、营业所或公务所;(2)有法定代理人、仲裁代理人的,其姓名、住所或居所;(3)商事仲裁标的及其金额或价款;(4)要求裁决事项的声明及其事实和理由;(5)商事仲裁受理机构,并载明日期。

仲裁协会收到仲裁申请后,应审查是否符合上述规定。如不符合,应尽快通知当事人补正;如符合,则应向被申请人送达这些文件的副本,并通知其答辩和迅速选定仲裁员。被申请人应在收到仲裁通知后10日内向仲裁协会提交以下文件:(1)仲裁答辩书,并按仲裁员和他方人数提交副本;(2)有仲裁代理人的,提交授权委托书;(3)已选定仲裁员的,其选定同意书,应载有仲裁员姓名、住所或居所及应告知的事项。已选定仲裁员的申请人催告被申请人选定仲裁员时,被申请人应于受催告之日起14日内选定仲裁员,并书面通知申请人及仲裁员,同时书面通知仲裁协会。

仲裁答辩书应载明下列内容:(1)当事人姓名及住所或居所,当事人为法人或其他团体或机关者,其名称及公务所、事务所或营业所;(2)有法定代理人、仲裁代理人的,姓名、住所或居所;(3)要求裁决事项的声明及其事实与理由;(4)商事仲裁受理机构,并载明日期。仲裁答辩书及副本应附有相关证据及其他资料。

被申请人可以提出仲裁反请求,有关仲裁反请求按提出仲裁请求的方式对待,商事仲裁庭将原仲裁请求和仲裁反请求进行合并审理。除非经原申请人同意,否则仲裁反请求不得超出商事仲裁协议的范围。当事人意图延滞商事仲裁程序而提出仲裁反请求的,商事仲裁庭可不予准许。

（二）商事仲裁庭的组成

商事仲裁庭的组成方式及仲裁员都可以由当事人约定。未约定仲裁员及其选定方法的，应由双方当事人各选任1名仲裁员，再由双方选定的仲裁员共同推选第3名仲裁员作为首席仲裁员，并由仲裁协会书面通知当事人。如果双方当事人各自选定的仲裁员，未能在收到仲裁协会通知30日内，共同推选出首席仲裁员；或者商事仲裁协议约定由独任仲裁员仲裁，而一方当事人在收到他方选定仲裁员的书面要求后30日内未能达成协议的，则由仲裁协会委任仲裁员。当事人也可以委托仲裁协会选任仲裁员。由仲裁协会选定仲裁员的，应于收到当事人代为选任仲裁员的书面申请14日内选定，并通知双方当事人及仲裁员。在应由仲裁协会选任仲裁员的情形下，当事人可催告协会，协会在规定时间内不选任仲裁员的，催告人可申请法院选任仲裁员。仲裁员应独立、公正处理商事仲裁案件。

（三）商事仲裁程序的进行

仲裁协会可根据商事仲裁程序的进行核定商事仲裁标的的金额和仲裁费，由商事仲裁庭以书面形式核定并送达当事人。当事人不服该项核定的，应于收到送达后5日内向仲裁协会提出审议申请书并附具理由，由仲裁协会转送"仲裁标的金额及仲裁费争议审议委员会"审议，该委员会应于15日内将审议意见书送交商事仲裁庭及当事人。商事仲裁庭应于5日内据此重新核定，并送达当事人。当事人不得申请不服或请求退还依本规则所缴纳的仲裁费。当事人不按照上述核定缴纳仲裁费的，商事仲裁庭可以就未缴纳部分驳回其请求。

商事仲裁庭应给予当事人充分陈述的机会，并就当事人所提出的主张进行必要的调查。商事仲裁程序不公开进行，除非当事人另有约定。一方当事人经合法通知无正当理由不到庭的，不影响商事仲裁程序的进行。商事仲裁庭可根据当事人申请或依职权通知证人或鉴定人到场说明。商事仲裁文书的送达，适用中国台湾地区"民事诉讼法"的有关规定。

仲裁协会应就仲裁询问程序录音，并据以作成商事仲裁询问笔录。当事人经协会允许，可在指定的时间和地点听取该录音，并可支付费用请求协会予以复制。

商事仲裁庭在商事仲裁裁决作出前，可劝导双方当事人尝试进行和解。如果双方当事人达成和解，商事仲裁庭应制作仲裁和解书，并由当事人或其代理人、仲裁员签署。仲裁和解书应载明：当事人姓名、住所或居所，当事人为法人或其他团体或机关的，其名称及事务所、营业所或公务所；有法定代理人、仲裁代理人的，其姓名、住所或居所；出席仲裁员的姓名、住所或居所；和解事由；和解内容；和解成立的场所；和解成立的时间。商事仲裁庭应于和解成立之日起5日内，将仲裁和解书报知仲裁协会，原本应保存20年。

商事仲裁标的物易于败坏或有紧急保存必要的，一方当事人得向商事仲裁庭申请，经双方同意后，将其变卖或交由第三人保管或采取其他必要的保全措施。

仲裁协会可根据商事法律争议的性质和标的的金额或价值，劝导双方当事人协议以简易仲裁程序进行，双方当事人可约定由商事仲裁庭依据双方所提交的书面陈述和证据作成商事仲裁裁决书。

（四）商事仲裁庭的仲裁管辖权

当事人对商事仲裁庭的仲裁管辖权提出异议的，商事仲裁庭应尽速作出决定。

（五）商事仲裁裁决

商事仲裁裁决书，应于宣告询问终结之日起10日内作出。合议仲裁庭应于询问终结后，就商事仲裁裁决进行评议。评议应作成书面形式，由参与评议的仲裁员签名。持不同意见的仲裁员，可以在评议簿附具意见。合议仲裁庭以过半数意见形成裁决，如果仲裁员意见达不到过半数时，除非当事人另有约定，商事仲裁程序视为终结，并应通知当事人。商事仲裁裁决的评议，不得公开。

商事仲裁裁决书应记载下列事项：（1）当事人姓名、住所或居所，当事人为法人或其他团体或机关的，其名称及事务所、营业所或公务所；（2）有法定代理人、仲裁代理人的，其姓名、住所或居所；（3）有翻译的，其姓名、国籍及住所或居所；（4）主文；（5）事实及理由。但经双方当事人同意无需记载或仅记载要旨的，从其约定；（6）时间及仲裁裁决作成地。商事仲裁裁决书的原本，应由参与评议的仲裁员签名；仲裁员拒绝签名或因故不能签名的，由签名的仲裁员附记其事由。商事仲裁裁决书原本，应自作成之日起保存20年。商事仲裁裁决书应以中文作成。但当事人另有约定的，从其约定。简易仲裁程序的商事仲裁裁决书，其事实和理由得仅记载要旨，但经当事人约定无需记载的，从其约定。

除作出终局裁决外，商事仲裁庭还可以作出中间裁决、部分裁决。经当事人在商事仲裁庭宣告询问结束前明示授权（该项授权不以书面为限），商事仲裁庭可依衡平原则作出商事仲裁裁决。

第四章　商事仲裁协议

当事人自愿达成的将其商事法律争议提交仲裁解决的商事仲裁协议，是商事仲裁程序得以开始和进行的基础。在整个商事仲裁立法和实务中，商事仲裁协议都处于核心地位。它既是任何一方当事人将商事法律争议提交仲裁解决而不付诸司法解决的先决条件，又是商事仲裁机构受理商事法律争议案件、仲裁庭审理裁决争议事项的法定根据，还是商事仲裁裁决得以承认和执行的依据。因此，商事仲裁协议是整个商事仲裁制度的基石。

第一节　商事仲裁协议的概念

通过商事仲裁方式解决商事法律争议，必须存在由争议双方当事人达成的商事仲裁协议。这种协议是通过商事仲裁方式解决争议的法定依据和先决条件。完备的商事仲裁协议不仅是对当事人权益的重要保障，更与党的二十大报告所提出的"营造市场化、法治化、国际化一流营商环境"目标的实现密切相关。

一、商事仲裁协议的含义

考虑到商事仲裁协议的含义与仲裁协议的含义密切相关，各国仲裁立法、相关国际条约、各常设仲裁机构的仲裁规则和仲裁法学理论主要是对仲裁协议进行定义，而很少专门提及商事仲裁协议的定义问题；也考虑到目前国际社会的相关立法和司法实践以及相关的法学理论所定义的仲裁协议，实质上主要是商事仲裁方面的仲裁协议；更考虑到本书第一章已经就本书所理解和界定的"商事争议""商事法律争议"以及"商事仲裁"等概念，作了较为深入的探讨，因此本节主要是通过仲裁协议的法律定义来探讨商事仲裁协议的概念问题。

对仲裁协议，有关国际公约、示范法或统一法以及各主要国家（地区）立法、各著名商事仲裁机构仲裁规则和国际组织仲裁规则尚未作出一个完全统一、较完善的定义。有关国际公约规定如：1958 年《纽约公约》对仲裁协议、商事仲裁协议的含义和种类作了较为明确的规定；1961 年《欧洲国际商事仲裁公约》只规定了仲裁协议的种类和形式；1975 年《美洲国家间国际商事仲裁公约》间接规定了仲裁协议的含义和直接规定了仲裁协议的形式；1987 年《阿拉伯商事仲裁公约》较明确地规定了仲裁协议的含义；2017 年《非洲商事法协调组织统一仲裁法》规定了仲裁协议的种类与种类的含义。主要国家的国内商事仲裁立法如：中国《仲裁法》只规定了仲裁协议的种类；英国 1996 年《仲裁法》只规定了仲裁协议的书面形式和仲裁协议的种类；瑞典1999年《仲裁法》只笼统规定了仲裁协议的适用范围；比利时1998年《司法法典》只规定了仲裁协议的标的；美国2000年《统一仲裁法》未规定仲裁协议的定义；日本2004年《仲裁法》只规定了仲裁协议的种类和形式；法国2011年《民事诉讼法典》第4编“仲裁”（亦称2011年《仲裁法》）只规定了仲裁协议的种类。各著名商事仲裁机构仲裁规则和有关国际组织的仲裁规则，如《美洲国家商事仲裁委员会仲裁规则》（1978年）、《德国仲裁协会仲裁规则》（1998年）、《印度仲裁委员会仲裁规则》（1998年）、《斯德哥尔摩商会仲裁院仲裁规则》（2017年）、《国际商会仲裁规则》（2021年）、《瑞士国际仲裁规则》（2012年）、《香港国际仲裁中心机构仲裁规则》（2013年）、《新加坡国际仲裁中心仲裁规则》（2013年）、《伦敦国际仲裁院仲裁规则》（2020年）、《联合国国际贸易法委员会仲裁规则》（2010年）等，未明确规定仲裁协议的定义，中国贸仲《仲裁规则》（2015年）和中国海仲《仲裁规则》（2018年）实际上仅规定了仲裁协议的种类。目前仅世界知识产权组织《仲裁规则》（2014年）和《加速仲裁规则》（2014年）规定了仲裁协议的含义。

综观有关仲裁公约、立法和仲裁规则对仲裁协议的定义，具有代表性的表述如下。

（一）国际公约和示范法及统一法的定义

（1）1958年《纽约公约》。当事人以书面协议承允彼此间所发生或可能发生的一切或任何争议，如关涉可以仲裁解决事项的特定法律关系，不论是否契约性质，应当提交仲裁时，各缔约方应当承认此项协议。称“书面协议”者，谓当事人所签订或在交换函电中载明的契约仲裁条款或仲裁协定。①

（2）1961年《欧洲国际商事仲裁公约》。“仲裁协议”一词既指合同中的仲裁条款，也指仲裁协议；该合同或仲裁协议，经当事人签订，或包括在当事人交换的书信和电报或电传通信中。②

（3）1975年《美洲国家间国际商事仲裁公约》。当事人将他们之间在商务活动方面可能发生的和已发生的各种争议交付仲裁裁决的协议是有效的；协议应书面订立并由各当事人签名，或者采用交换信件、电报或电传的通信方式。③

（4）1987年《阿拉伯商事仲裁公约》。“仲裁协议”是指当事人在争端产生之前或之后同意诉诸仲裁的书面协议。④

（5）1985年《联合国国际商事仲裁示范法》。“仲裁协议”是指当事各方同意将他们之间的契约性或非契约性的特定法律关系上已经发生或可能发生的一切或某些争议提交仲裁的协议。⑤

（6）2017年《非洲商事法协调组织统一仲裁法》。仲裁协议可以是仲裁条款或提交协议的形式；仲裁条款是当事人同意将可能产生于或因合同关系引起的争端提交仲裁的协议，

① 1958年《纽约公约》第2条第1、2款。

② 1961年《欧洲国际商事仲裁公约》第1条第2款第1项。

③ 1975年《美洲国家间国际商事仲裁公约》第1条。

④ 1987年《阿拉伯商事仲裁公约》第1条第9项。

⑤ 1985年《联合国国际商事仲裁示范法》第7条第1款。

提交协议是现存争端当事人同意据此通过仲裁方式解决该争端的协议。仲裁协议必须由书面或证明其存在的任何其他方式作成，特别是采取述及包含该协议的文件的方式。[①]

（二）主要国家（地区）仲裁立法的定义

（1）美国。在任何海事或商事契约中当事人订立的、自愿将由契约引起的或者由于拒绝履行契约而引起的争议提交仲裁的书面条款，以及在上述争议发生后当事人达成的将争议事项提交仲裁的书面协议，都是有效的、不可撤销的和可执行的。但是依照法律或衡平法的规定，属无效协议的情况除外。[②]

（2）英国。“仲裁协议”系指将现在或将来的争议（不论是不是契约性的）提交仲裁的协议。[③]

（3）比利时。已产生于或可能产生于特定法律关系且允许和解的任何争议，均得成为仲裁协议的标的；能够或有权订立合同者，均可缔结仲裁协议。[④]

（4）法国。仲裁协议可以是仲裁条款或提交协议的形式。仲裁条款是一个或多个合同的当事人承诺将可能产生的与此合同有关的争议提交仲裁的协议。提交协议是某争议当事人凭此将该争议提交仲裁的协议。为了有效，仲裁协议应当是书面的。它可能产生于书面通信交换或包含在主协议所作援引的某文件中。为了有效，提交协议应当界定争议的主题。[⑤]

（5）瑞典。当事人得以和解解决的事项争议，可以通过协议提交给 1 名或数名仲裁员予以解决。此协议可用于因协议中特定的法律关系引起的将来争议。争议可以涉及特定事实存在与否。除解释合同外，填补合同空白的问题也可以提交仲裁。[⑥]

（6）瑞士。仲裁协议应当以契约或仲裁条款的形式缔结。在契约中，当事人将现存争议提交仲裁。仲裁条款可以仅规定产生于特定法律关系的未来争议。[⑦]

（7）日本。“仲裁协议”应指当事人达成的将已经产生的或可能产生的、与被确定的法律关系（不论契约存在与否）有关的全部或某些民事法律争议提交 1 名或数名仲裁员解决并遵守其裁决的协议。[⑧]

（8）德国。仲裁协议指当事人将他们之间所涉特定的法律关系（不论是不是合同性的）已经产生或可能产生的全部或某些争端提交仲裁的协议，可以是单独仲裁协议形式（单独仲裁协议）或合同中的条款形式（仲裁条款）。[⑨]

---

① 2017 年《非洲商事法协调组织统一仲裁法》第 3–1 条。

② 美国《联邦仲裁法》（1999 年修订）第 2 条。

③ 英国 1996 年《仲裁法》第 6 条。

④ 比利时 1998 年《司法法典》（2013 年修正）第 1676 条第 1、2 款。

⑤ 法国《民事诉讼法典》第 4 编“仲裁”（亦称“法国《仲裁法》”，截至 2011 年修正）第 1442 ~ 1445 条。

⑥ 瑞典 1999 年《仲裁法》第 1 条。

⑦ 瑞士 1969 年《国际仲裁公约》第 4 条。

⑧ 日本 2004 年《仲裁法》第 2 条第 1 款。

⑨ 德国《民事诉讼法典》第十编“仲裁程序”（亦称“德国《仲裁法》”）（经 2001 年 7 月 27 日德国《民事诉讼改革法案》和 2001 年 11 月 26 日德国《合同改革法案法》修正），第 1029 条。

（9）南非。仲裁协议是指规定将与其载明事项有关的任何现存或未来争端提交仲裁的书面协议，不论是否在其中指明或指定仲裁员。[①]

（10）阿联酋。仲裁协议指当事人之间在争端发生之前或之后作出的提交仲裁的协议。[②]

（11）印度。"仲裁协议"指双方当事人在他们之间就某种确定法律关系（不论是不是合同性的）方面已经或将产生的全部或部分争端提交仲裁的安排，其可以是合同中的仲裁条款形式或者独立协议形式。[③]

（12）中国。中国四地的商事仲裁立法，对仲裁协议作了不同的表述。① 中国《仲裁法》规定，仲裁协议包括合同中订立的仲裁条款和以其他书面方式在纠纷发生前或者纠纷发生后达成的请求仲裁的协议。[④] ② 中国香港 2011 年《仲裁条例》规定的定义[⑤]与《联合国国际商事仲裁示范法》的规定相同。③ 中国澳门 1996 年《核准仲裁制度》规定，当事人将争议提交 1 名或数名仲裁员解决所依据的仲裁协议得以下列任一形式为之：第一，约定以现存的争议为标的，包括正受司法法院审理的争议，以仲裁协议形式；第二，约定以某一特定法律关系可能产生的争议为标的，不论是否属于合同关系，以仲裁条款形式。[⑥] 此外，中国澳门 1998 年《涉外商事仲裁专门制度》规定的定义与《联合国国际商事仲裁示范法》相同。[⑦] ④ 中国台湾地区 1998 年"仲裁法"规定，有关现在或将来的争议，当事人得订立仲裁协议，约定由仲裁员 1 人或单数的数人成立仲裁庭仲裁之。[⑧]

（三）仲裁规则中的定义

1. 主要国家商事仲裁机构仲裁规则中的定义

绝大多数国家仲裁机构的仲裁规则，因本国仲裁立法已有相应规定而不再规定仲裁协议的定义。有定义者如：在荷兰仲裁协会 1998 年《仲裁规则》中，仲裁协议是指当事人约定将产生于特定法律关系（无论契约性与否）的现存或将来的争议提交仲裁的协议（分别称协议或仲裁协议和仲裁条款）；[⑨] 在中国贸仲《仲裁规则》（2015 年）中，仲裁协议指当事人在合同中订明的仲裁条款或以其他方式达成的提交仲裁的书面协议；[⑩] 在《广州仲裁委员会仲裁规则》（2021 年）中，仲裁协议是指当事人同意将其确定的契约性或者非契约性的法律

---

① 南非 1965 年《仲裁法》（截至 2002 年修正）第 1 节。

② 阿拉伯联合酋长国 2018 年第 6 号《关于仲裁的联邦法》，第 1 条。

③ 印度 1996 年《仲裁和调解法》（经 2015 年《仲裁和调解（修正）法》修正），第 7 节。

④ 中国《仲裁法》第 16 条第 1 款。不过，中国《仲裁法（修订意见稿）》第 21 条第 1 款，将仲裁协议作了修改，规定为"仲裁协议包括合同中订立的仲裁条款和以其他书面方式在纠纷发生前或者纠纷发生后达成的具有请求仲裁的意思表示的协议。"

⑤ 中国香港 2011 年《仲裁条例》第 19 条。

⑥ 中国澳门 1996 年《核准仲裁制度》第 4 条第 1 款。

⑦ 中国澳门《涉外商事仲裁专门制度》（1998 年 11 月 13 日核准），第 7 条。

⑧ 中国台湾地区 1998 年"仲裁法"第 1 条第 1、2 款。

⑨ 1998 年《荷兰仲裁协会仲裁规则》第 1 条。

⑩ 中国贸仲《仲裁规则》（2015 年）第 5 条第 1 款。

关系中已经发生或者将来可能发生的一切争议或者某些争议提交仲裁的协议。①

2. 世界知识产权组织仲裁规则的定义

"仲裁协议"是指当事人将他们之间已经产生的或将产生的全部或某些争议提交仲裁的协议；仲裁协议可以是合同中的仲裁条款形式或单独合同形式。②

从上述各定义可以看出，有关的仲裁公约、统一法和立法、仲裁规则在定义仲裁协议时，对内涵的强调和侧重各不相同，体现出其仲裁协议的定义在内涵与外延上的差异性。尽管《联合国国际商事仲裁示范法》的定义得到了世界各国的普遍认同，并被较多国家（地区）的商事仲裁立法所接受或仿效，③ 但它与其他的定义一样，仍然不够完善。

本书认为，较为完善的仲裁协议定义必须同时具备上述定义的内在性质。综合分析上述定义后，仲裁协议的定义应当具有以下内在性质：（1）仲裁协议是当事人之间自愿达成的一种协议，具有契约性和自治性。（2）仲裁协议是争议双方当事人之间一致同意采取仲裁方式解决其争议的一种意思表示，具有真实合意性。（3）仲裁协议当事人具有缔约能力，这种能力为能够或有权缔结商事合同和仲裁协议。（4）仲裁协议的标的是当事人之间在某种特定法律关系中已经产生或将来可能产生的所有或某些争议。其中，某种特定法律关系是指那些具有权利义务内容的社会关系，它可以是契约性质的，也可以是非契约性质的。（5）能够提交仲裁解决的争议并不是所有的争议，它受一定程度的法律限制，如争议具有法律性质、争议的可仲裁性与可和解性等。在特定情况下，争议可以涉及特定事实是否存在。对此项内在性，不同的法律有不同的具体要求。（6）仲裁协议的表现形式为仲裁条款、仲裁协议书和其他形式的仲裁协议。

根据仲裁协议的上述内在性质，就仲裁协议作如下定义：仲裁协议是指双方当事人合意签订的自愿将他们之间业已发生或将来可能发生的法律争议交付某仲裁机构仲裁解决的一种书面协议书或协议条款。

基于仲裁协议的上述定义，本书认为：商事仲裁协议是指商事关系中的双方当事人合意签订的自愿将他们之间业已发生或将来可能发生的商事法律争议交付某商事仲裁机构仲裁解决的一种书面文件。④

二、商事仲裁协议的法律特征

在大多数国家的立法和实践中，"协议"与"合同""契约"的含义是相同的，被认为是合同的一种，具有一般合同所普遍具有的法律特征。但是，商事仲裁协议作为一种特殊的"协

① 《广州仲裁委员会仲裁规则》（2021 年）第 14 条第 1 款。

② 2014 年《世界知识产权组织仲裁规则》第 1 条、2014 年《世界知识产权组织加速仲裁规则》第 1 条。

③ 如德国、新加坡、中国澳门、中国香港、印度、南非的仲裁立法对仲裁协议定义的规定与《联合国国际商事仲裁示范法》的规定相同或相似。见德国 2001 年《民事诉讼法典》第 1 029 条、新加坡 2002 年《国际仲裁法》第 2 条第 1 款、中国澳门 1998 年《涉外商事仲裁专门制度》第 7 条、中国香港 2000 年《仲裁（修订）条例》（已废止）第 2 条和 2011 年《仲裁条例》第 19 条第 1 款、印度 1996 年《仲裁和调解法》第 7 节、南非 2017 年《国际仲裁法》第 1 节等。

④ 参见谢石松著：《国际民商事纠纷的法律解决程序》，广东人民出版社 1996 年版，第 94 页。

议”或者“合同”,又具有与一般合同所不同的法律特征。商事仲裁协议具有以下法律特征:

(1)商事仲裁协议是双方当事人一致的、真实的意思表示。当事人之间一致同意将有关法律争议提交仲裁解决的意思表示是商事仲裁的基本要素,没有当事人的一致同意,则不存在有效的商事仲裁。

(2)商事仲裁协议确定双方当事人解决商事法律争议的仲裁途径。商事仲裁协议为双方当事人之间已经或将来可能发生的有关商事法律争议规定一种解决办法,通过该办法间接实现双方当事人之间的实体权利和义务,但它不能直接确认双方当事人之间的实体权利和义务。

(3)商事仲裁协议的效力及于双方当事人和有关第三人。有效商事仲裁协议的效力不仅及于双方当事人,而且约束第三人,并且主要约束第三人。这里的第三人是指商事仲裁协议所指定的商事仲裁机构和仲裁员、被商事仲裁协议排除了司法管辖权的法院,以及承认与执行商事仲裁裁决的法院。商事仲裁协议的履行不仅要求有相关当事人的作为或不作为,还需借助商事仲裁机构的商事仲裁活动和通过法院的司法协助与监督才能实现。

(4)商事仲裁协议的效力具有独立性。无论是单独的商事仲裁协议书还是体现于商事合同中的商事仲裁条款,或者其他形式的商事仲裁协议,一经有效成立,即具有独立性,不因主合同无效而无效。

(5)商事仲裁协议具有严格的形式要求。商事仲裁协议在形式有效性上,不同于普通商事合同。大多数国家民商事立法和有关国际条约规定商事关系中的双方当事人可以采用任何形式订立普通商事合同,但几乎所有国家(或地区)的商事仲裁立法,有关商事仲裁的国际公约、示范法、统一法,大多数商事仲裁规则都对商事仲裁协议作了非常严格的形式要求,即要求采用书面形式。

三、商事仲裁协议的种类

如前所述,在商事仲裁立法和商事仲裁规则中,仲裁协议的含义大都是有关仲裁协议基本种类的规定,但在理论与实践中,存在着不同类型的商事仲裁协议。商事仲裁协议的主要划分标准与种类如下:

(一)国内商事仲裁协议与国际商事仲裁协议

以商事仲裁协议是否含有国际因素为标准可以将其分为国内商事仲裁协议和国际商事仲裁协议。这种分类的法律意义和必要性在于:国内商事仲裁协议与国际商事仲裁协议决定了商事仲裁的类型为国内商事仲裁还是国际商事仲裁。在许多国家的商事仲裁立法和司法实践以及商事仲裁实务中,国内商事仲裁与国际商事仲裁分别适用不同的法律或商事仲裁规则,分别由不同的常设仲裁机构行使商事仲裁管辖权。例如,中国澳门地区对国际商事仲裁适用《涉外商事仲裁专门制度》;中国内地曾经的商事仲裁法律法规规定,国内商事仲裁主要由各地仲裁委员会和中国海仲依其仲裁规则行使商事仲裁管辖权,国际商事仲裁主要由中国贸仲和中国海仲行使商事仲裁管辖权。目前,中国内地已废止此种商事仲裁管辖权划分。

对国内商事仲裁协议的规定，英国 1996 年《仲裁法》具有典型性。其规定，国内商事仲裁协议是指任何一方当事人均无下列事由，且其仲裁地应位于英国：（1）国籍或惯常居所位于联合王国以外的个人；（2）设立地或主要经营控制中心位于联合王国以外的法人团体。[①] 本书认为，国内商事仲裁协议是指不具有任何国际或涉外因素的商事仲裁协议。具体言之，是指当事人、仲裁机构或仲裁地、争议标的和导致争议产生的法律关系均在一国境内的商事仲裁协议。

有关商事仲裁的国际公约、示范法、国内立法和仲裁规则，对国际商事仲裁协议的界定标准存在分歧，主要有以下三种标准：

1. 以主体或仲裁地含有国际因素为标准

此种标准是以商事仲裁协议中当事人的国籍、住所或居所，法人注册地或公司管理中心所在地，仲裁地点等连结因素之一含有国际因素来确定。依此标准确定的商事仲裁协议即为国际商事仲裁协议。采用这一标准的有英国、荷兰、丹麦、瑞典、瑞士、埃及、叙利亚、印度等国家。例如，依英国 1996 年《仲裁法》规定，国际商事仲裁协议意指不属于国内商事仲裁协议的仲裁协议。依 1998 年《荷兰仲裁协会仲裁规则》规定，在商事仲裁程序开始时至少有一方当事人在荷兰之外居住或有住所或在荷兰之外有实际居住地的商事仲裁协议，为国际商事仲裁协议。[②]

这种标准虽然具体、明确，但其连结点仅以仲裁地，或以当事人的国籍、住所、居所、注册地或营业地、管理中心所在地、控制地等具有国际性为标准，存在很大的局限性。因为在当今国际社会经济贸易活动中，具有相同国籍、住所或营业地等的当事人从事国际经济贸易活动的情形大量存在，仅以主体或仲裁地含有国际因素为标准，远不能适应国际经贸形势发展的要求。

2. 以争议性质为标准

依据此种标准，引起争议的法律关系具有国际商事性质，或有关法律争议发生在国际商事领域，或涉及当事人国际商事利益的商事仲裁协议为国际商事仲裁协议。按照此标准，即使当事人的国籍相同，或其住所、营业地、惯常居所位于同一国家（地区），仲裁地位于该国境内或商事仲裁机构为该国常设仲裁机构，若法律争议涉及国际商事利益或发生在国际经济贸易领域，其商事仲裁协议也可以被认定为国际商事仲裁协议。采用这一标准的有法国、美国、加拿大等国家商事仲裁立法和有关国际公约。例如：依法国 2011 年《民事诉讼法典》中“若国际贸易利益处于利害关系中，仲裁是国际性的”[③] 这一规定，包含国际贸易利益的商

① 参见英国 1996 年《仲裁法》第 85 条第 2 款。已经被废止的中国香港 2000 年《仲裁（修订）条例》第 2 条第 1 款规定，本地商事仲裁协议是指非属国际商事仲裁协议的仲裁协议。

② 1998 年《荷兰仲裁协会仲裁规则》第 1 条第 7 款。

③ 法国 2011 年《民事诉讼法典》第 1504 条。

事仲裁协议，即为国际商事仲裁协议；依 1961 年《欧洲国际商事仲裁公约》相关规定[①]，国际商事仲裁协议即为自然人、法人为解决其相互之间在国际贸易中发生的法律争议而缔结的商事仲裁协议。

这项标准仅限于国际经济贸易领域或涉及国际商业利益，虽然可以适应复杂的国际经济发展需要，但它没有地理因素标准那样明确具体。因此，在国际商事仲裁实践中，若要确定或判断争议的性质，仍然需要考虑当事人的国籍、住所地或惯常居所地、法人的营业地、合同订立地或履行地、主要财产所在地等因素。

3. 混合标准

上述两种标准都存在一定的局限性，而商事仲裁实践要求国际社会对商事仲裁的国际性作出较为准确的界定，需要建立起切合实际的标准，并以此界定国际商事仲裁协议的定义。国际社会为此作了不懈努力。如《联合国国际商事仲裁示范法》为界定国际商事仲裁和国际商事仲裁协议确立了一项新标准，即一项商事仲裁如有下列情形之一的，为国际商事仲裁：（1）商事仲裁协议的当事人在签订协议时，他们的营业地点位于不同国家；（2）下列地点之一位于当事各方营业地点所在国之外，一是商事仲裁协议中确定的或根据商事仲裁协议而确定的仲裁地点，一是履行商事关系中大部分义务的任何地点或与争议标的关系最密切的地点；（3）各当事方明确同意，商事仲裁协议的标的与一个以上的国家有关。此项关于国际商事仲裁定义标准的规定可以用作界定国际商事仲裁协议定义的标准。第（1）项和第（2）项第一点以当事人的营业地和仲裁地为标准，第（2）项第二点和第（3）项主要以争议的性质和涉及的国际商业利益为标准。显然，该示范法所确立的标准，实际上是前两种标准的综合，具有明显的优点，容易为各国商事仲裁立法和司法实践、仲裁法学理论所接受。

有些国家的商事仲裁立法也采此标准。如新加坡 2002 年《国际仲裁法》规定，商事仲裁如有下列情况之一即为国际商事仲裁：（1）商事仲裁协议的当事各方在缔结协议时至少有一方的营业地点位于新加坡以外的国家；（2）下列地点之一位于当事各方营业地点所在国以外：商事仲裁协议中确定的或根据商事仲裁协议而确定的仲裁地点，履行商事关系中大部分义务的任何地点或与争议标的关系最密切的地点；（3）当事各方明确同意，商事仲裁协议的标的与一个以上的国家有关。[②] 又如西班牙 2003 年《仲裁法》规定，具有下列情形之一的，商事仲裁为国际商事仲裁：（1）当事人在缔结商事仲裁协议时在不同国家拥有法定住所；（2）商事仲裁协议中规定的或按商事仲裁协议确定的仲裁地点、导致争议发生的法律义务的实质部分履行地或者与争议有最密切联系的地点，位于当事人拥有法定住所的国家之外；（3）产生争议的法律关系影响国际贸易利益。[③]

① 1961 年《欧洲国际商事仲裁公约》第 1 条第 1 款规定："本公约适用于自然人或法人为解决其相互间在国际贸易中发生的争议而缔结的仲裁协议，但以签订协议时，该自然人或法人的惯常居住地或所在地在各缔约国为限"。

② 新加坡 2002 年《国际仲裁法》（截至经 2012 年第 12 号法修正）第 5 条第 2 款。

③ 西班牙 2003 年《仲裁法》第 3 条第 1 款。

（二）不同书面表现形式的商事仲裁协议

商事仲裁协议以其书面表现形式的不同为标准，分为商事仲裁条款、商事仲裁协议书和其他形式的商事仲裁协议。

1. 商事仲裁条款

商事仲裁条款是指当事人签订有关商事合同或协议时在其中约定的将可能发生的商事法律争议提交仲裁解决的条款。商事仲裁条款是现代国际、国内商事领域最常见和最重要的一种商事仲裁协议，是构成商事合同或协议的一个重要组成部分。在当代商事交易领域所使用的各种格式合同中，大都订有商事仲裁条款。但是，在19世纪初期，对于商事仲裁条款的有效性与否还存有争议，因为当时许多国家的商事仲裁立法只允许将现有商事法律争议提交仲裁，不允许将未来可能发生的商事法律争议提交仲裁，所以不承认商事仲裁条款的效力。①

2. 商事仲裁协议书

商事仲裁协议书是指当事人在争议发生之前或之后订立的独立于商事合同或协议的一种书面仲裁协议。它是当事人按平等协商原则共同签署的将有关商事法律争议提交仲裁解决的专门性文件，通常在争议发生之前或之后达成。商事仲裁协议书是一种传统的商事仲裁协议，但它在当今商事领域特别是国际商事领域已少见，原因有二：一是绝大多数商事合同中订有商事仲裁条款；二是在争议发生后订立商事仲裁协议书的可能性很小，双方当事人在争议发生后通常因其利益与立场的不同，很难达成商事仲裁协议。

3. 其他书面文件中的商事仲裁协议

其他书面文件中的商事仲裁协议是指在双方当事人针对有关商事合同关系而相互往来的信函、电传、电报、传真、电子邮件和其他书面材料中所包含的商事仲裁条款，以及证明当事人之间存在商事合同关系的有关商业单据中载明的商事仲裁条款。

在国际、国内商事交易中，双方当事人通常要为订立或履行交易合同而来往书面函电，通过这些书面材料的交换与接受，可以共同约定将他们之间已经或可能发生的商事法律争议提交仲裁解决。这类商事仲裁协议不同于前述两种形式的商事仲裁协议，主要表现为双方当事人将争议提交仲裁解决的意思表示不是集中在一个合同文本或一个单独协议书中，而是分散在双方当事人往来的函电中，甚至体现在其他有关文件中。这种形式的商事仲裁协议常见于国际商事仲裁中。原因在于，国际商事活动的跨国性，使在地理上相距很远的双方当事人共同签订一份商事仲裁协议书具有交通与经济上的不便，而国际通信的高速发展又使双方当事人的距离缩小，因此，在国际商事仲裁中，常见双方当事人以函电形式达成商事仲裁协议。中国司法实践承认此种商事仲裁协议，中国《仲裁法》第16条规定的“其他书面形式”的商事仲裁协议，包括以合同书、信件和数据电文（包括电报、电传、传真、电子数据交换和电子邮件）等形式达成的请求仲裁的协议。②

---

① 参见赵威主编：《国际仲裁法理论与实务》，中国政法大学出版社1995年版，第67页。

② 《〈仲裁法〉司法解释》第1条。

此外，证明当事人之间存在商事合同关系的有关商业单据诸如货运单据、保险单据中所载的商事仲裁条款，也是常见的商事仲裁协议。

值得特别提及的是，中国《仲裁法（修订意见稿）》第21条第2款规定，“一方当事人在仲裁中主张有仲裁协议，其他当事人不予否认的，视为当事人之间存在仲裁协议”。从这一规定可以看出，这里并没有强调仲裁协议的书面形式，只要一方当事人主张有仲裁协议，其他当事人不否认即可，应当是提出该修改意见稿的“立法者”有意承认口头仲裁协议的效力。

除上述基本分类外，在商事仲裁法理论和实践中还有其他的分类。例如：按商事法律争议的性质可分为契约性商事法律争议的商事仲裁协议和非契约性商事法律争议的商事仲裁协议；按提交仲裁解决的商事法律争议所涉及的领域可分为一般商事仲裁协议和特殊商事仲裁协议；按选择的商事仲裁机构是常设的还是特设的可分为常设机构商事仲裁协议和临时机构商事仲裁协议；等等。

第二节 商事仲裁协议的形式

商事仲裁协议作为一种特殊合同，其形式不同于一般民商事合同，具有特殊的法定形式要求，属于要式合同。根据各国及国际社会的商事仲裁立法，不符合形式要求的商事仲裁协议不发生法律效力。

一、商事仲裁协议有效成立的形式要件

各国商事仲裁立法、司法实践、有关商事仲裁国际条约和商事仲裁实务，均要求商事仲裁协议必须采用书面形式，否则该协议无效。

（一）国内商事仲裁立法与实务的要求

1. 国内商事仲裁立法的要求

在国内商事仲裁立法方面，如：瑞士1969年《联邦国际仲裁公约》规定，商事仲裁协议必须用书面形式订立[①]；瑞士1989年《联邦国际私法》第178条规定，“关于商事仲裁协议的形式，如果以电报、电传、传真或任何其他通讯方式，其内容可作为证据的书面形式作成，商事仲裁协议应为有效”[②]；俄罗斯1993年《联邦国际商事仲裁法》规定，商事仲裁协议应是书面的[③]；中国《仲裁法》规定，商事仲裁协议包括合同中订立的商事仲裁条款和以其他书面方式达成的请求仲裁的协议[④]；英国1996年《仲裁法》规定，商事仲裁协议必须采用书面形

---

① 瑞士1969年《联邦国际仲裁公约》第6条第1款。

② 瑞士1989年《联邦国际私法》第178条。

③ 俄罗斯1993年《联邦国际商事仲裁法》第7条第2款。

④ 中国《仲裁法》第16条第1款。

式[①]；印度 1996 年《仲裁与调解法》规定，商事仲裁协议应当是书面的[②]；德国 1998 年《民事诉讼法典》规定，商事仲裁协议须采用书面形式[③]；新加坡 2002 年《国际仲裁法》规定，商事仲裁协议是指《联合国国际商事仲裁示范法》第 7 条所述的书面协议[④]；日本 2004 年《仲裁法》规定，无论何种形式的商事仲裁协议，均应当是书面的[⑤]；法国 2011 年《民事诉讼法典》规定，商事仲裁协议应当是书面的，如果商事仲裁条款无效，则该条款应视为非书面的。[⑥] 中国澳门 1996 年《核准仲裁制度》、中国台湾地区 1998 年“仲裁法”、中国香港 2011 年《仲裁条例》也有严格要求，商事仲裁协议必须采用书面形式。[⑦] 在西班牙、葡萄牙、哥伦比亚等国的商事仲裁立法中，甚至要求商事仲裁协议必须以公证文书的形式作成。

当然，也有一些国家的商事仲裁立法对商事仲裁协议的书面形式作了一些例外规定。有的国家没有对商事仲裁协议的书面形式提出强制性要求，有的国家甚至允许以口头形式订立商事仲裁协议。希腊、瑞典、丹麦等国的商事仲裁立法对商事仲裁协议虽然有书面形式的要求，但同时规定，在特殊情况下可以是其他非书面的形式。例如，希腊《民事诉讼法典》规定，若协议双方当事人都已出席并在仲裁员面前毫无保留地进行商事仲裁程序，可不要求书面文件。[⑧] 而从前述中国《仲裁法（修订意见稿）》第 21 条第 2 款的规定来看，提出该修改意见稿的“立法者”除了在该条第 1 款强调仲裁协议的书面形式以外，也有意作为例外而承认口头形式的仲裁协议。[⑨]

2. 商事仲裁实务的要求

在商事仲裁的司法实践与商事仲裁实务中，大多数国家和地区要求商事仲裁协议是书面形式。例如，在中国，《〈仲裁法〉司法解释》规定，中国《仲裁法》第 16 条规定的“其他书面形式”的商事仲裁协议包括以合同书、信件和数据电文（含电报、电传、传真、电子数据交换和电子邮件）等形式达成的请求仲裁的协议；中国贸仲《仲裁规则》（2015 年）、中国海仲《仲裁规则》（2018 年）、《深圳国际仲裁院仲裁规则》（2020 年）和《广州仲裁委员会仲裁规则》（2021 年）都明确要求商事仲裁协议“应当采用书面形式”[⑩]。又如，《香港国际仲裁中心机构仲裁规则》（2013 年）规定，申请人申请仲裁时需提交所援引的一个或多个商事仲裁协

---

① 英国 1996 年《仲裁法》第 5 条第 1 款。

② 印度 1996 年《仲裁与调解法》第 7 条第 3 款。

③ 德国 1998 年《民事诉讼法典》第 1031 条第 1～5 款。

④ 新加坡 2002 年《国际仲裁法》第 2 条第 1 款。

⑤ 日本 2004 年《仲裁法》第 13 条第 2～5 款。

⑥ 法国 2011 年《民事诉讼法典》第 1443 条和第 1447 条第 2 款。

⑦ 中国澳门 1996 年《核准仲裁制度》第 6 条、中国台湾地区 1998 年“仲裁法”第 1 条第 3 款、中国香港 2011 年《仲裁条例》第 19 条。

⑧ 希腊《民事诉讼法典》第 869 条。

⑨ 参见中国《仲裁法（修订意见稿）》第 21 条的规定。

⑩ 中国贸仲《仲裁规则》（2015 年）第 5 条第 2 款、《深圳国际仲裁院仲裁规则》（2020 年）第 8 条第 3 款和《广州仲裁委员会仲裁规则》（2021 年）第 14 条第 3 款。

议复本。[①]

在其他国家商事仲裁机构的仲裁规则中，大多数都规定商事仲裁协议为书面形式，或要求申请人提交商事仲裁协议副本或以书面文件证明。例如：《伦敦国际仲裁院仲裁规则》1998年版、2014年版和2020年版都要求申请人提交书面的商事仲裁协议副本；[②]《印度仲裁委员会仲裁规则》（1998年）要求提交书面仲裁协议并提交协议副本或其他书面资料；[③]《美国仲裁协会国际仲裁规则》（2009年）规定，提交商事仲裁需双方当事人已经达成书面协议；[④]《斯德哥尔摩商会仲裁院仲裁规则》（2017年）规定，仲裁申请书应当包括据以解决争端的商事仲裁协议或商事仲裁条款的副本或说明；[⑤]《瑞士国际仲裁规则》（2012年）规定，申请人申请仲裁时需提交商事仲裁协议或商事仲裁条款的副本；[⑥]《新加坡国际仲裁中心仲裁规则》（2013年）规定，当事人提起商事仲裁时需提交所提及的商事仲裁条款或分离的商事仲裁协议及其副本。

（二）商事仲裁国际法治的要求

1. 商事仲裁国际公约与示范法的要求

商事仲裁国际公约和示范法对商事仲裁协议形式的要求因时代不同而异。早期的国际仲裁公约对商事仲裁协议的形式没有明确的要求。如1923年日内瓦《仲裁条款议定书》和1927年日内瓦《关于执行外国仲裁裁决的公约》，对商事仲裁协议的形式没有作出明确的规定，而是要求各缔约国根据其国内法确定商事仲裁协议在形式上的有效性。自第二次世界大战以后，随着国际商事仲裁的发展和商事仲裁法的国际统一化不断加强，与商事仲裁有关的国际公约和《联合国国际商事仲裁示范法》对商事仲裁协议的形式要求趋于严格。如1958年《纽约公约》要求商事仲裁协议必须是书面的，并以此作为各缔约国承认和执行其他缔约国商事仲裁裁决的条件之一；[⑦]1975年《美洲国家间国际商事仲裁公约》、1987年《阿拉伯商事仲裁公约》和1985年《联合国国际商事仲裁示范法》均要求商事仲裁协议必须采用书面形式。[⑧]

2. 国际组织商事仲裁规则的要求

重要国际组织的商事仲裁规则关于商事仲裁协议书面形式的规定有两种情形，一是明确要求，二是未明确要求但需提交或指明所援引的商事仲裁协议。前者如《美洲国家商事仲裁委员会仲裁规则》（1978年）规定：合同当事人双方书面同意将与该合同有关争议按该规则提交商事仲裁时，该争议应按该规则解决；当事人申请仲裁时应提交所援引的商事仲裁

① 《香港国际仲裁中心机构仲裁规则》（2013年）第4条第3款。

② 《伦敦国际仲裁院仲裁规则》（2020年）前言、第1条第1款第2项。

③ 《印度仲裁委员会仲裁规则》（1998年）第1条第2款、第14条第3款。

④ 《美国仲裁协会国际仲裁规则》（2009年）第1条第1款。

⑤ 《斯德哥尔摩商会仲裁院仲裁规则》（2017年）第6条第4项。

⑥ 《瑞士国际仲裁规则》（2012年）第3条第3款第4项。

⑦ 1958年《纽约公约》第2条第1款。

⑧ 1975年《美洲国家间国际商事仲裁公约》第1条、1987年《阿拉伯商事仲裁公约》第1条第1款。

条款或单独订立的商事仲裁协议。[①] 后者如《联合国国际贸易法委员会仲裁规则》(2010年)规定,申请人的仲裁通知中应指明所援引的商事仲裁协议;[②]《国际商会仲裁规则》(2021年)规定,仲裁申请书中列明任何有关协议特别是商事仲裁协议。[③]

二、商事仲裁协议书面形式的认定

商事仲裁协议书面形式,通常是指当事人在主合同书中订立的商事仲裁条款和在争议发生之前或之后共同签署的一份单独的商事仲裁协议书。这两种书面形式是国际和国内商事仲裁法治所普遍认可的、最基本的书面形式。但是,随着国际、国内商事关系的不断发展,便于谈判的格式合同不断涌现,体现一方当事人而非双方当事人意志并证明合同关系存在的商业单据广泛运用。现代通信技术不断革新,导致商事关系中双方当事人以上述两种方式之外的其他方式签订商事仲裁协议的现象越来越普遍。从而使得上述情况下当事人所达成的商事仲裁协议,是否可以构成书面形式,以及如何认定的问题,在当代商事仲裁立法、司法实践和商事仲裁实务中,显得越来越重要。

(一)以通信方式达成的商事仲裁协议或商事仲裁条款的认定

双方当事人通过互换或往来信函、电报、电传、传真和电子邮件订立的合同中所包含的商事仲裁条款或专门达成的商事仲裁协议,在国际、国内商事仲裁法律制度和商事仲裁实务中,普遍被视为书面形式的一种。

在一些国家和地区的商事仲裁立法方面,瑞士1989年《联邦国际私法》规定,关于商事仲裁协议的形式,若以电报、电传、传真或其他通信方式,其内容可作为证据的书面形式作成,商事仲裁协议应为有效;[④] 俄罗斯1993年《联邦国际商事仲裁法》规定,若商事仲裁协议包括在互换信函、电报、电传或其他通信方式中,即为书面形式;[⑤] 德国1998年《民事诉讼法典》规定,商事仲裁协议应当包括在交换的信件、电传、电报或其他可提供协议记录的电讯中,如商事仲裁协议已经包括在一方传递给另一方或第三方传递给双方的文件中,且(在有效期内没有被提出异议)其内容根据惯例被视为合同的一部分,应被认为已经符合上述形式要件;[⑥] 中国澳门1996年《核准仲裁制度》规定,能证明商事仲裁协议存在于往来书信、专线电报、电报、图文传真或其他电讯方式的文件内的,都应该被视为具有书面形式;[⑦] 日本2004年《仲裁法》规定,当事人之间互换的信件、电子工具(包括传真装置和其他装置

---

① 《美洲国家商事仲裁委员会仲裁规则》(1978年)第1条第1款、第3条第3款第3项。

② 《联合国国际贸易法委员会仲裁规则》(2010年)第3条第3款第3项。

③ 《国际商会仲裁规则》(2021年)第4条第3款第5项。

④ 瑞士1989年《联邦国际私法》第178条第1款。

⑤ 俄罗斯1993年《联邦国际商事仲裁法》第7条第2款。印度1996年《仲裁与调解法》第7条第4、5款的规定与此相似。

⑥ 德国1998年《民事诉讼法典》第1031条第1、2款。

⑦ 中国澳门1996年《核准仲裁制度》第6条第3款。

发送和接收的）和其他书面文书，以及电磁记录达成的商事仲裁协议，都是书面形式的；[①] 法国 2011 年《民事诉讼法典》规定，商事仲裁协议可能产生于双方当事人的通信。[②] 中国香港 2011 年《仲裁法》规定：商事仲裁协议的内容以任何形式记录下来的，即为书面形式，无论该商事仲裁协议或合同是以口头方式、行为方式还是其他方式订立的；电子通信所含信息可以调取以备日后查用的，即满足了商事仲裁协议的书面形式要求；“电子通信”是指当事人以数据电文方式发出的任何通信；“数据电文”是指经由电子手段、磁化手段、光学手段或类似手段生成、发送、接收或储存的信息，这些手段包括但不限于电子数据交换、电子邮件、电报、电传或传真。[③]

在商事仲裁的司法实践中，《〈仲裁法〉司法解释》确认了以合同书、信件和数据电文（包括电报、电传、传真、电子数据交换和电子邮件）等形式达成的商事仲裁协议为书面协议。[④] 意大利、瑞士、奥地利、德国、保加利亚等国的法院判例确认了函电形式仲裁协议的书面性质。如意大利最高法院在 1980 年 10 月的一个判决中认为，1958 年《纽约公约》第 2 条第 2 款的规定构成了一项特别法，它不仅优先于意大利《民事诉讼法典》的一般原则，而且优先于意大利《民事诉讼法典》的具体规定。[⑤]

一些国家的商事仲裁实务对此也持肯定的态度，如荷兰皮毛和皮革交易协会在其裁决的一个案件中对此作了充分的肯定。在该案件中，一荷兰公司通过其在意大利的代理人向意大利一家公司发出出售 5 000 张牛皮的函电，并在同一日亲自向意大利公司寄出了有鉴别号的售货确认书，该确认书中提及“在鹿特丹按荷兰皮毛和皮革交易协会条件”仲裁。意大利公司对这份确认书没有向荷兰公司发回副本，但在约 1 个月后向荷兰公司的意大利代理人发出了一份专电，并提到售货确认书上的鉴别号码，还要求将发货时间在原来的基础上再延迟 2 个月。后来意大利公司拒绝收货，理由是没有向卖方发回售货确认书，故不受其约束。该案仲裁员认为，售货确认书中的商事仲裁条款应当被认为是双方当事人已经通过互换函件或电文的方式订立的商事仲裁条款，根据 1958 年《纽约公约》第 2 条第 2 款规定，该商事仲裁条款是书面形式的仲裁条款，应该具有法律效力。[⑥]

在国际商事仲裁国际法治中，1958 年《纽约公约》规定，书面仲裁协议包括在互换函电中所载明的契约商事仲裁条款和商事仲裁协议。[⑦]1985 年《联合国国际商事仲裁示范法》规定，若协议载于往来的书信、电传、电报或提供协议记录的其他电讯手段中，即为书面协议。[⑧]

---

① 日本 2004 年《仲裁法》第 13 条第 2、4 款。

② 法国 2011 年《民事诉讼法典》第 1 443 条。

③ 中国香港 2011 年《仲裁条例》第 19 条第 1 款。

④ 《〈仲裁法〉司法解释》第 1 条。

⑤ 参见赵威主编：《国际仲裁法理论与实务》，中国政法大学出版社 1995 年版，第 98 页。

⑥ 参见赵威主编：《国际仲裁法理论与实务》，中国政法大学出版社 1995 年版，第 101 页。

⑦ 1958 年《纽约公约》第 2 条第 2 款。

⑧ 《联合国国际商事仲裁示范法》第 7 条第 2 款。

需要特别强调的是，在认定通过函电方式达成的商事仲裁协议的书面性质时，这种书面形式无需以双方当事人签名为条件。在信函中，存在有关当事人的亲笔签名，但在电报、电传、传真或电子邮件等电子通信方式中，由当事人原始亲笔签名是不可能的，只能以其他方式确认。以互换或往来函电方式达成的商事仲裁协议，通常是当事人将自己的具体仲裁意见告知对方，如果双方意见一致，互换或往来的函电本身即构成双方当事人对商事仲裁的意思表示一致，证明当事人之间的共同认可或一方接受另一方的意见。

（二）在被合同援引的文件中包含的商事仲裁条款的认定

双方当事人无论采取直接签署，还是采取互换函电方式订立合同，都有可能存在该合同中提及或援引含有商事仲裁条款的其他有关文件的情形。这种提及或援引是否表明当事人认可了有关的商事仲裁条款，达成了一项书面的商事仲裁协议？本书认为，由于合同所提及或援引的有关文件是合同的组成部分，双方当事人一致同意合同的内容，也就同意了体现该商事仲裁条款的文件，因而当事人之间存在商事仲裁协议无疑。但是，该商事仲裁协议是不是书面协议，则有不同的规定。目前典型的法律制度规定，必须符合一定的条件，即合同必须是书面的，该商事仲裁条款必须是书面合同的组成部分。《联合国国际商事仲裁示范法》规定，在合同中援引载有商事仲裁条款的一项文件，即构成商事仲裁协议，但该合同必须是书面的，且这种援引足以使该商事仲裁条款构成该合同的一部分。[①] 俄罗斯 1993 年《联邦国际商事仲裁法》规定，合同中提及包括构成商事仲裁协议的仲裁条款的文件，只要该合同是书面的，该提及使该条款成为合同的一部分，则商事仲裁协议是书面的。[②] 英国 1996 年《仲裁法》规定，若当事人以非书面形式同意援引某书面条款，则其达成书面协议。[③] 德国 1998 年《民事诉讼法典》规定，符合签署文件和函电文件形式要件的合同中援引包含商事仲裁条款的文件，若该援引是为了使该商事仲裁条款成为合同的一部分，则该援引构成商事仲裁协议。[④] 日本 2004 年《仲裁法》规定，书面合同提及包含商事仲裁条款的文件且该提及是使该条款成为该合同的一部分，则商事仲裁协议是书面的。[⑤] 中国香港 2011 年《仲裁条例》规定：在合同中提及载有商事仲裁条款的任何文件，只要此提及可使该商事仲裁条款成为该合同的一部分，即构成书面形式的商事仲裁协议；若协议中提述书面形式的商事仲裁条款，而该项提述的效果是使该条款成为该协议的一部分，该提述即构成商事仲裁协议。[⑥] 法国 2011 年《民事诉讼法典》规定，包含在主协议所援引的文件中的商事仲裁协议是书面的。[⑦]

---

① 《联合国国际商事仲裁示范法》第 7 条第 2 款。

② 俄罗斯 1993 年《联邦国际商事仲裁法》第 7 条第 2 款。印度 1996 年《仲裁与调解法》第 7 条第 5 款的规定与此规定相似。

③ 英国 1996 年《仲裁法》第 5 条第 3 款。

④ 德国 1998 年《民事诉讼法典》第 1031 条第 3 款。

⑤ 日本 2004 年《仲裁法》第 13 条第 3 款。

⑥ 中国香港 2011 年《仲裁条例》第 19 条第 1、3 款。

⑦ 法国 2011 年《民事诉讼法典》第 1443 条。

一些国家的商事仲裁司法实践和商事仲裁实务，也将这种形式的商事仲裁协议认定为有效的商事仲裁协议。例如，加拿大高等法院于1999年在反向器跨国公司等诉斯泰特国际公司案（Corporacion Transnacinal de Inversioners, S.A.de C.V. et al. v. STET International, S.p.A. et al.）[①]中认为，仲裁庭对所有被申请人（本案撤销仲裁裁决的申请人——4家墨西哥公司）都有仲裁管辖权，因为《联合国国际商事仲裁示范法》第7条和墨西哥法律都规定，当事人可以通过签订参照了规定商事仲裁的另一份文件的合同的方式达成一项有效的商事仲裁协议。中国司法实践也认定这类商事仲裁协议是有效的商事仲裁协议。例如，1996年12月14日，最高人民法院在给内蒙古自治区高级人民法院的函件中认为，中外双方当事人订立的外贸合同中约定了未尽事宜适用中国与蒙古国之间的交货共同条件，因该交货共同条件即《中华人民共和国对外经济贸易部与蒙古人民共和国对外经济供应部关于双方对外贸易机构之间相互交货共同条件的议定书》，其规定了因合同所发生或者与合同有关的一切争议在双方达不成协商解决的协议时，应以仲裁方式解决，并规定了具体办法，故应当认定当事人自愿选择通过商事仲裁方式解决其纠纷，人民法院不应受理因该类合同引起的纠纷。[②]又如，最高人民法院关于适用《仲裁法》的司法解释中规定：合同约定解决争议适用其他合同、文件中的有效商事仲裁条款的，发生合同争议时，当事人应当按照该商事仲裁条款提请仲裁；涉外合同应当适用的有关国际条约中有商事仲裁规定的，发生合同争议时，当事人应当按照国际条约中的商事仲裁规定提请仲裁。[③]

（三）商业单据中记载或援引的商事仲裁条款的认定

在商事交易，特别是国际商事交易中，与交易有关的商业单据，诸如货运单据（特别是提单）、保险单据（特别是保险单）、信用证等，都是非常重要的书面文件。在这些文件中，一般都具体规定了商事仲裁条款或援引了包含有商事仲裁条款的另一单独文件。这些单据是由一方当事人单方面制作，体现制作单据方的意志而非交易双方当事人共同意志的书面文件。相对方当事人接受这些单据后，凭其办理提货、结汇、发货等相关后续事项。接受这些单据的一方当事人不能互换，也不能提出异议，要么全部接受，要么全部拒绝。虽然这些单据的形式和签署过程不符合一般的合同形式和缔约程序，但这些单据在法律性质上是合同或合同关系存在和合同履行的书面证明。因此，在理论上，如果这些文件载有商事仲裁条款或提及包含有商事仲裁条款的另一文件，只要经过有关当事人的认可，或按商业习惯已经成为交易惯例的一部分，该有关的商事仲裁条款完全可以构成书面形式的商事仲裁协议。

但在实践中，对于这些文件中所包含的商事仲裁条款是否可以被认定为当事人所达成的、书面的商事仲裁协议这一问题，不同国家的商事仲裁立法和司法实践所持的意见并不相

---

① 45 O.R.（3d）183；（2000）49 O.R.（3d）414, O.J. No.3408（C.A., Catzman, Abelle & Rosenberg JJ.A.）；[2000] S.C.C.A. No.581. 案件简况又见 A/CN.9/SER.C/ABSTRACTS/34, p.10。

② 《最高人民法院关于涉蒙经济合同未直接约定仲裁条款如何认定案件管辖权的复函》（法函〔1996〕177号）。

③ 《〈仲裁法〉司法解释》第11条。

同。有些国家确认这些商事仲裁条款为书面的商事仲裁协议；有些国家规定应该具备一定条件，即构成合同的一部分，才能成为有效的书面仲裁协议；还有一些国家（地区）认为，这些商事仲裁条款不能构成约束双方当事人的有效的书面仲裁协议。

持肯定说或有条件肯定说的立法如：德国 1998 年《民事诉讼法典》规定，"如海运提单明确援引了租船合同的商事仲裁条款，则提单的签发也可以达成商事仲裁协议"。[①] 按英国 1996 年《仲裁法》有关"商事仲裁协议有书面证据证实者为书面仲裁协议"的规定，[②] 如果对包含或援引商事仲裁条款的商业单据的使用，当事人之间有协议并有书面证据证明，这些单据即构成书面仲裁协议，据此单纯的商业单据不构成书面仲裁协议。新加坡 2002 年《国际仲裁法》规定，在提单中提出参照载有商事仲裁条款的租船合同或含有商事仲裁条款的其他文件应构成商事仲裁协议，如果这种参照足以使该商事仲裁条款构成该提单的一部分。[③]

持肯定说的司法与仲裁实践案例如：英国海事法院曾经在一个判例中认为，提单的关联条文特别提及商事仲裁条款，租船合同中的商事仲裁条款已经有效合并在提单中，有关提单的争议应当提交仲裁解决。[④] 在波比 · 布鲁克斯公司诉拉尼费卡罗 · 沃尔特 · 班克公司案（Bobbie Brooks Inc. v. Lanificio Walter Banci S.a.S.）中，美国仲裁协会仲裁庭认为，提及定货单中商事仲裁条款的发货票构成有效的书面仲裁协议。意大利佛罗伦萨上诉法院认为，当事人拉尼费卡罗 · 沃尔特 · 班克公司（Laniffcio Walter Banci S.a.S.）在发货票中专门提及订货单号码，已经构成 1958 年《纽约公约》第 2 条第 2 款意义内的文件交换，发货票上号码的提示为一种充分的书面证明，当事人拉尼费卡罗 · 沃尔特 · 班克公司（Laniffcio Walter Banci S.a.S.）已经接受了订货单中列明的包括商事仲裁条款在内的各种条款。[⑤]

持否定说的司法实践有中国香港和中国内地。中国香港地区法院于 1992 年在汉生贸易公司诉奥肯船运公司（Hissan Trading Co. v. Orkin Shipping Corp.）[⑥] 一案中，根据 1958 年《纽约公约》第 2 条第 2 款和《联合国国际商事仲裁示范法》的规定，对商事仲裁协议的书面要求作了非常严格的解释，判决提单中的商事仲裁条款无效。理由是提单既没有双方当事人签字，也没有通过书面互换方式来达成商事仲裁协议的证明。中国内地的司法实践遵

---

① 德国 1998 年《民事诉讼法典》第 1031 条第 4 款。

② 英国 1996 年《仲裁法》第 5 条第 2 款第 3 项。

③ 新加坡 2002 年《国际仲裁法》第 2 条第 4 款。

④ 参见赵威主编:《国际仲裁法理论与实务》，中国政法大学出版社 1995 年版，第 101 页。

⑤ 在该案中，美国公司（Bobbie Brooks Inc.）通过订货单从意大利公司（Laniffcio Walter Banci S.a.S.）进口一批纺织品，订单包含有在俄亥俄依美国仲裁协会仲裁规则进行仲裁的条款，意大利公司在给美国公司开具的发货票中特别提及订货单上的号码，后双方因货物的数量、质量发生争议，美国仲裁协会仲裁庭基于上述观点作出了有利于美国公司的裁决，败方（Laniffcio Walter Banci S.a.S.）对美国（Bobbie Brooks Inc.）向意大利法院申请执行裁决提出异议，理由是他没有同意仲裁。转引自赵威主编:《国际仲裁法理论与实务》，中国政法大学出版社 1995 年版，第 100 页。

⑥ 参见杨良宜著:《国际商事仲裁》，中国政法大学出版社 1997 年版，第 122 ~ 123 页。

循书面形式的严格解释,即当事人同意。最高人民法院于 2008 年在一海上货物运输合同商事仲裁条款效力案的复函中确认:提单正面记载的"本次运输依照船东与租家订立的租约条款进行,该租约中所有条款、条件与免责都将适用并管辖本次运输"这一并入条款未明确记载租约中含有商事仲裁条款;该租约中的商事仲裁条款未能有效并入提单,对提单持有人无约束力;海事法院对本案享有管辖权。[①] 最高人民法院于 2009 年在一海上货物运输合同货损赔偿商事仲裁条款效力案的复函中确认:涉案提单为租船合同项下的格式提单,其正面载明"与租船合同合并使用",但没有明确记载被并入提单的租船合同当事人名称及订立日期;由于并入提单的租船合同记载不明确,提单背面条款约定"租船合同中的所有条件、条款、权利和免责,包括法律适用和商事仲裁条款,已经并入本提单"也就失去了事实依据;涉案提单正面记载和提单背面条款约定不产生租船合同商事仲裁条款并入提单并约束提单持有人的效力;本案货物运输目的港的海事法院具有管辖权。[②]

(四)有关书面记录中的商事仲裁协议的认定

双方当事人谈判商事仲裁协议或谈判交易事项时,若双方当面口头谈判或通过电话谈判,涉及将争议提交仲裁解决,可能只是作了书面记录,而没有签署书面形式的商事仲裁协议。对于这种情形下,双方当事人授权一方当事人或第三方将谈判的内容进行记录,该记录是否构成书面形式的问题,世界各国的商事仲裁立法和司法实践总趋势是持肯定的态度。例如,英国 1996 年《仲裁法》规定:书面形式包括商事仲裁协议得以记录的任何方式;若是以非书面形式达成的协议,由协议双方当事人授权的一方当事人或第三方予以记录,该协议被证明具备书面形式。[③] 中国香港 2011 年《仲裁条例》规定,该协议虽不是以书面订立,但在该协议的每一方授权下,由该协议中的一方或由第三方记录下来的,属于书面订立。[④]

(五)默示接受的书面仲裁协议的认定

一方当事人以信函或其他书面形式向另一方表示商事仲裁意愿,另一方当事人没有明确回复时,是否构成默示接受?如果是,是否可以认定为已达成书面的商事仲裁协议?

对于上述问题,在理论上,按照订立合同的法律原则和一般程序,除非要约人在要约中明确规定,在要约规定的有效期限内受要约人默示接受即视为订立合同,否则受要约人默示或不作为本身不等于接受,因而不能订立合同。因此在一般情况下,不应该存在书面仲裁协议的默示接受。就 1958 年《纽约公约》规定的书面形式仲裁协议的类型而论,商事仲裁协议的书面形式表现为当事人签署书面文件形式和互换函电形式。在双方当事人签署书面文

---

① 参见《最高人民法院关于杭州龙达差别化聚酯有限公司诉永吉海运有限公司、舟山市永吉船务有限公司海上货物运输合同仲裁条款效力问题的请示的复函》(〔2008〕民四他字第 33 号,2008 年 11 月 25 日)。

② 参见《最高人民法院关于中国中石化集团公司诉海里公司海上货物运输合同货损赔偿纠纷所涉仲裁条款效力问题的请示的复函》(〔2009〕民四他字第 12 号,2009 年 4 月 24 日)。类似的司法实践见最高人民法院 2009 年 2 月 24 日给湖北省高级人民法院的复函(〔2008〕民四他字第 50 号)、2009 年 4 月 28 日给天津高级人民法院的复函(〔2009〕民四他字第 13 号)。

③ 英国 1996 年《仲裁法》第 5 条第 6、4 款。

④ 中国香港 2011 年《仲裁条例》第 19 条第 2 款(b)。

件形式的情形下，另一方当事人不可能默示接受。在互换函电的情形下，在严格意义上，当事人必须对商事仲裁协议或提交仲裁的意思进行书面互换，即一方以书面形式明确提出，另一方以书面形式明确回复。因此在此意义上，一方以书面形式提出，另一方缄默或不作为，则不能构成函电的互换，据此不能达成商事仲裁协议。

当然，如果事后发生了有关当事人接受了相关文件内容的事实行为，是否构成默示接受有关商事仲裁协议的问题，应该另当别论。

对此问题持肯定态度的司法实践有德国、荷兰等。根据德国法，默示接受的商事仲裁协议，为有效的商事仲裁协议。德国法院和荷兰法院都作了这样一些肯定的判决。例如，在一桩国际货物买卖中，以色列买方向荷兰卖方发出订货单，卖方接到订货单后向买方发出一份含有特别条件的合同确认这项交易，但买方收到合同后未按要求返回合同副本。后来双方对货物质量发生争议，买方向鹿特丹初审法院提起诉讼，要求解除合同并赔偿损失，卖方以已经寄给买方的合同中有商事仲裁条款为由，要求法院放弃司法管辖权，将争议提交仲裁。该法院认为，买方对商事仲裁条款的沉默应当被视为对商事仲裁条款的接受，因为买方在收取货物后 2 个月才对商事仲裁条款提出异议，这足以证明买方已经接受了商事仲裁条款。[①]

对此问题持否定态度的司法实践有意大利等。意大利法院仅承认有明确回复的商事仲裁协议有效，不承认默示接受的商事仲裁协议。例如，那不勒斯上诉法院在 1974 年判决的一个案件中，将默示接受与书面接受相区别，对有回复的商事仲裁协议确认有效，确认没有回复的商事仲裁协议无效。在该案中，4 家奥地利公司各自按合同将木材出售给一家意大利公司，4 份合同都规定了商事仲裁条款，约定在维也纳商品交易所仲裁。意大利公司只回签了其中的 2 份合同。4 家出口商因进口商未及时支付货款而发生纠纷后，向维也纳商品交易所提起商事仲裁，并获得了 4 项有利的裁决。申请人的理由是，已经回签的 2 份合同中的商事仲裁条款构成有效的书面仲裁协议，另 2 份没有回签的合同中的商事仲裁条款构成默示接受，同样属于有效的商事仲裁协议。仲裁庭认为，没有回签的 2 份合同中的商事仲裁条款构成有效商事仲裁协议，理由是：买方已经收取木材，等于默示接受，2 份没有回签的合同已经有效成立，这一推论也适用于商事仲裁条款。在申请承认和执行该 4 项商事仲裁裁决时，那不勒斯上诉法院只同意承认和执行 2 项有回签的裁决，拒绝承认和执行另外 2 项没有回签的商事仲裁裁决，理由是：没有回签合同中的商事仲裁条款，当事人间不存在书面文件的互换或往来，该商事仲裁协议不符合 1958 年《纽约公约》第 2 条第 2 款规定的书面要求。[②]

在商事仲裁实践中还会遇到此种情形，即：一方当事人在商事仲裁程序的文件交换阶段，声称存在商事仲裁协议，而另一方当事人缄默，不反对也不肯定。对于这种情形是否构成有效接受，能否认定存在有效的商事仲裁协议，并因此认定是书面形式的商事仲裁协议这些问题，目前总体趋势是持肯定态度，即推定存在有效的书面仲裁协议。持此态度的有《联

① 参见赵威主编：《国际仲裁法理论与实务》，中国政法大学出版社 1995 年版，第 106 页。

② 参见赵威主编：《国际仲裁法理论与实务》，中国政法大学出版社 1995 年版，第 105～106 页。

合国国际商事仲裁示范法》和根据或参照该示范法进行商事仲裁立法的国家和地区，如俄罗斯、英国、新加坡、日本、中国香港等。《联合国国际商事仲裁示范法》规定，在申诉书和答辩书的交换中，一方当事人声称有商事仲裁协议而他方当事人不否认，即为有书面协议。[①] 俄罗斯 1993 年《联邦国际商事仲裁法》规定，若在交换申请和答辩的声明中，一方主张存在商事仲裁协议且另一方不否认，商事仲裁协议是书面的。[②] 英国 1996 年《仲裁法》规定，在仲裁或法律程序的文件交换中，一方当事人宣称存在非书面形式的协议，且对方当事人在其答复中不作反对，该文件交换即构成具有所宣称效力的书面协议。[③] 新加坡 2002 年《国际仲裁法》规定，在商事仲裁或法律程序中，若一方当事人在诉讼文书、申请书或任何其他文件中声称存在商事仲裁协议，在该声称必须回应而他方当事人未予以否认的情况下，应视为各方当事人之间存在有效的商事仲裁协议。[④] 日本 2004 年《仲裁法》规定，商事仲裁程序当事人交换书面陈述时，一方当事人在陈述中主张存在商事仲裁协议而另一方当事人不予以否认的，商事仲裁协议应是书面的；[⑤] 中国香港 2011 年《仲裁条例》规定，商事仲裁协议若载于相互往来的索赔声明和抗辩声明中，且一方当事人声称有协议而另一方当事人不予否认的，即为书面协议。[⑥]

第三节 商事仲裁协议的内容

一项有效、可执行的商事仲裁协议应当包括哪些基本内容，各国商事仲裁立法的规定不尽相同。例如，中国《仲裁法》规定，一项有效的商事仲裁协议应当具备请求仲裁的意思表示、仲裁事项和选定的仲裁委员会三项基本内容。根据中国澳门的法律规定，商事仲裁协议的基本内容包括：明确订出争议标的，指定仲裁员或规定指定仲裁员的方式，明确指出可能发生的争议所涉及的法律关系。按法国 2011 年《民事诉讼法典》规定，商事仲裁协议应当包括指定（包括援引仲裁规则）仲裁员或规定其任命的程序、确定仲裁事项两项基本内容。综合多数国家的商事仲裁立法、司法实践及商事仲裁实务，一项有效并具可执行性的商事仲裁协议主要应当包括以下基本内容：提交商事仲裁的事项、仲裁机构、仲裁地点、仲裁规则和裁决的效力。

一、提交商事仲裁的事项

提交商事仲裁的事项是指当事人提交商事仲裁解决的争议内容，具有两项决定性意义：

---

① 《联合国国际商事仲裁示范法》第 7 条第 2 款。

② 俄罗斯 1993 年《联邦国际商事仲裁法》第 7 条第 2 款。

③ 英国 1996 年《仲裁法》第 5 条第 5 款。

④ 新加坡 2002 年《国际仲裁法》第 2 条第 3 款。

⑤ 日本 2004 年《仲裁法》第 13 条第 5 款。

⑥ 中国香港 2011 年《仲裁条例》第 19 条第 1 款第 5 项。

一是争议事项是否具有可仲裁性，即当事人间的争端是否可以通过商事仲裁方式进行解决，如果不能通过商事仲裁解决，则商事仲裁协议无效；二是争议事项是否属于当事人选择的商事仲裁机构或仲裁庭管辖范围，即商事仲裁机构或商事仲裁庭是否超越自己的管辖权，如果超越，则超越部分的商事仲裁无效或被撤销或拒绝承认和执行。

（一）提交商事仲裁的事项具有可仲裁性

关于双方当事人的法律争议是否具有可仲裁性，有关国际公约、示范法和各国商事仲裁立法的规定各不相同。

（1）各商事仲裁国际公约与示范法的界定。在国际公约和示范法方面，1961 年《欧洲国际商事仲裁公约》限定为，自然人或法人相互间在国际贸易中发生的争议；①1965 年《华盛顿公约》限定为，缔约国与其他缔约国国民之间直接或间接产生于投资的法律争议；②1975 年《美洲国家间国际商事仲裁公约》限定为，当事人之间在商务活动方面发生的争议；③1987 年《阿拉伯商事仲裁公约》限定为，自然人或法人与一缔约国或其一国民或其主要总部位于一缔约国的国民之间发生的、与商事交易有关的商事争议，即国际商事争议；④《联合国国际商事仲裁示范法》适用于国际商事仲裁，虽未明确界定争议范围，但从第 1 条可以推断其争议的范围，即当事人之间发生的国际商事争议。⑤

（2）国家（地区）商事仲裁立法的界定。南非 1965 年《仲裁法》（2004 年修订）规定，任何婚姻问题或附属于婚姻的问题、与身份有关的任何事项，均不允许仲裁。⑥ 俄罗斯 1993 年《联邦国际商事仲裁法》将争议限定为，因对外贸易或其他形式的国际经济关系过程形成的合同关系或其他民事关系所产生的争议，以及企业之间的涉及外国投资的争议、在俄联邦领域内设立的国际协会之间的争议、这些实体的参与人之间的争议、这些实体与俄联邦其他主体之间的争议。⑦ 中国《仲裁法》将争议限定为：平等主体的公民、法人和其他组织之间发生的合同纠纷和其他财产权益纠纷；有关婚姻、收养、监护、扶养、继承纠纷和依法应当由行政机关处理的行政争议不能仲裁；约定的仲裁事项超越法律规定的仲裁范围的，商事仲裁协议无效。⑧ 巴西 1996 年《仲裁法》（2015 年修正）规定，有缔约能力的人可以通过商事仲裁解决与他们可自由处置的财产权利（patrimonial rights）有关的争议。⑨ 瑞典 1999 年《仲裁法》将争议限定为：当事人得以和解解决的事项的争议，填补合同空白的问题（合同解释除外），当事人之间在竞争法具有民法效力的问题；但关于商业企业和消费者之间主要为私

---

① 1961 年《欧洲国际商事仲裁公约》第 1 条第 1 款。

② 1965 年《华盛顿公约》第 25 条第 1 款。

③ 1975 年《美洲国家国际商事仲裁公约》第 1 条。

④ 1986 年《阿拉伯商事仲裁公约》第 2 条。

⑤ 《联合国国际商事仲裁示范法》第 1 条第 1、3 款。

⑥ 南非 1965 年《仲裁法》（2004 年修订）第 2 条。

⑦ 俄罗斯 1993 年《国际商事仲裁法》第 1 条第 2 款。

⑧ 中国《仲裁法》第 2 条、第 17 条第 1 项。

⑨ 巴西 1996 年《仲裁法》（2015 年修正）第 1 条。

人使用的货物、服务或者其他产品而发生的争议，在争议发生前签订的商事仲裁协议不得援引。[①] 日本 2004 年《仲裁法》将争议限定为，与特定法律关系（无论契约性或非契约性）有关的民事争议。[②]

（二）提交仲裁事项属商事仲裁机构的管辖范围

提交仲裁事项属于商事仲裁机构的管辖范围有两层含义：一是当事人提交仲裁的事项虽然可以通过商事仲裁方式进行解决，但是根据商事仲裁机构的职能分工，当事人选择的商事仲裁机构对约定的争议事项有无管辖权；二是对提交仲裁的事项有管辖权的商事仲裁机构或仲裁庭具体管辖范围即管辖权的大小。

（1）提交商事仲裁的事项决定了特定商事仲裁机构是否具有管辖权。如果一个国家的法律法规划定了不同类型商事仲裁机构的管辖权，当事人协议提交商事仲裁的事项只能由特定的商事仲裁机构管辖，否则其约定可能无效。例如，根据有些国家的国际商事仲裁立法和商事仲裁规则，当事人之间的非国际性争议不得交由国际商事仲裁机构仲裁解决。又如，在中国，中国海仲及其分会一般管辖有关海事海商争议案件，各地方商事仲裁机构一般管辖与本地域有密切联系的国内或国际商事纠纷案件。

（2）提交商事仲裁的事项决定了商事仲裁机构的具体管辖范围。具有法定管辖权的商事仲裁机构及其仲裁庭具体管辖权源自双方当事人达成的商事仲裁协议。当事人请求仲裁的事项与反请求事项只限于商事仲裁协议所规定的争议事项。仲裁庭审理和裁决的事项也只限于商事仲裁协议规定的提交仲裁的事项。如果当事人在商事仲裁协议中未约定仲裁事项，仲裁庭即无权审理案件和作出裁决，否则仲裁庭就超越了权限，会导致其作出的裁决全部或部分无效。如果当事人在商事仲裁协议中约定仲裁事项的范围太窄，可能导致仲裁庭无管辖权或虽有管辖权但可能超越管辖权，对当事人未约定的事项作出裁决，致其作出的裁决部分无效。因此当事人在商事仲裁协议中必须明确提交仲裁解决的争议事项的范围。按中国商事仲裁立法的规定，商事仲裁协议对仲裁事项没有约定或者约定不明确的，当事人可以达成补充协议；达不成补充协议的，商事仲裁协议无效。[③]

对于仲裁事项范围的规定，当事人可以视具体情况而定。如果双方当事人在争议发生前甚至在签订合同时决定将他们之间将来可能发生的商事争议提交仲裁解决，但又无法预料以后将会发生何种具体争议，即提交仲裁的争议事项具有不确定性，一般应采取较为概括、抽象地规定争议范围的方法。其文字表述方式有二种，其一为“因本合同所产生的一切争议，提交 ×××（仲裁机构）仲裁解决”；其二为“因本合同所产生的或与本合同有关的一切争议，提交 ×××（仲裁机构）仲裁解决”。这样规定的好处在于，事前赋予了仲裁庭较为广泛的权力，仲裁庭可以裁决有关合同本身的争议，也可以裁决有关合同是否存在、合同是否有效、合同解释、当事人一方是否违约与违约程度及责任、合同终止等方面的争议。

① 瑞典 1999 年《仲裁法》第 1 条、第 6 条第 1 款。

② 日本 2004 年《仲裁法》第 2 条第 1 款。

③ 中国《仲裁法》第 18 条。

按中国《〈仲裁法〉司法解释》，当事人概括约定仲裁事项为合同争议的，基于合同成立、效力、变更、转让、履行、违约责任、解释、解除等产生的纠纷都可以认定为仲裁事项。[①]

以下引述的两个国外案例，从相反方面说明了这种比较概括、抽象地规定争议范围的方法所体现出来的优越性。在米切尔·艾莫拉索及辉格里诉渔业开发者开发公司案（Michele Amoruso & Figli v. Fisheres Development Corporation）中，意大利商业捕鱼者与纽约一家公司缔结了一项合同，规定“产生于本协议的无论任何性质的任何争议应在纽约按纽约州法仲裁”。后来意大利方声称该协议的陈述中存在欺诈，法院也判令该争议由法院解决，理由是仲裁条款仅提及“产生于本协议的争议”而没有规定“与本协议有关的争议”。[②] 另一个案件是，一法国人与一西班牙人在西班牙签订了一份前者许可后者采用某种工艺检修汽车的合同，并约定“任何关于合同解释的争议最后应当由人数为奇数的若干名仲裁员按《国际商会调解与仲裁规则》解决”。后来取得许可证的西班牙人决定终止合同，法国人提起仲裁并获得了西班牙人向其赔偿损失的裁决。西班牙人向法国法院起诉要求撤销裁决，理由是商事仲裁条款中规定提交仲裁的只限于“对合同解释的争议”，仲裁庭关于损害赔偿的裁决超越了商事仲裁协议约定的范围。法国法院采纳了西班牙人的主张。[③]

当然，如果双方当事人在争议发生后订立商事仲裁协议，通常情形下可采取比较明确、具体地规定争议范围的方法，将较为明确、具体的商事法律争议提交仲裁。其文字表述可为：“因 ××× 合同所产生的 ××× 争议提交 ×××（仲裁机构）仲裁解决。”

二、商事仲裁机构

在商事仲裁协议中规定商事仲裁机构或仲裁员，是多数国家的商事仲裁立法、司法实践和商事仲裁实务中所规定的要求。这是由各国法律要求商事仲裁协议对商事仲裁机构或仲裁庭的约定具有确定性所决定的。在商事仲裁中，商事仲裁机构分为常设仲裁机构和临时仲裁机构两种。

（一）常设仲裁机构的选择

在常设仲裁机构方面，一个国家可能有多个常设仲裁机构，并对各商事仲裁机构的仲裁案件管辖权进行了明确的划分，每一个或每一类型的商事仲裁机构有其自身的仲裁规则。例如，中国常设仲裁机构有 3 类：（1）中国贸仲，按其仲裁规则，主要是对国际经济贸易法律争议进行仲裁；（2）中国海仲，按其仲裁规则，主要是对国际、国内的海事、海商法律争议进行仲裁；（3）各地方仲裁委员会，按其仲裁规则，主要是对国内经济贸易法律争议进行仲裁。按照中国法律，当事人必须在商事仲裁协议中明确约定由哪个常设仲裁机构仲裁，否则，商事仲裁协议无法执行。同时，当事人在选择常设仲裁机构仲裁时，只能选择一个商事仲裁机构，并采取规范性的约定方法。下列约定方法都是不规范的，会影响商事仲裁协议的效力：

① 《〈仲裁法〉司法解释》第 2 条。

② 参见赵威主编：《国际仲裁法理论与实务》，中国政法大学出版社 1995 年版，第 86 页。

③ 参见赵威主编：《国际仲裁法理论与实务》，中国政法大学出版社 1995 年版，第 87 页。

“凡本合同所产生的或与本合同有关的一切争议，提交中国仲裁机构仲裁解决”；“凡因本合同所发生的一切争议，提交中国国际经济贸易仲裁委员会仲裁或双方同意的任何中立国家的国际商事仲裁机构仲裁”；“凡因本合同所发生的或与本合同有关的一切争议，提交中国海事仲裁委员会或英国伦敦国际仲裁院仲裁解决”等。

在中国商事仲裁立法和司法实践中，对当事人不约定或约定不明确或不规范约定常设仲裁机构的，分不同情形进行处理。中国《仲裁法》规定：商事仲裁协议对仲裁委员会没有约定或者约定不明确的，当事人可以补充协议；达不成补充协议的，商事仲裁协议无效。① 《〈仲裁法〉司法解释》规定：商事仲裁协议约定的商事仲裁机构名称不准确，但能够确定具体的商事仲裁机构的，应当认定选定了商事仲裁机构；商事仲裁协议仅约定纠纷适用的商事仲裁规则的，视为未约定商事仲裁机构，但当事人达成补充协议或者按照约定的仲裁规则能够确定商事仲裁机构的除外；商事仲裁协议约定两个以上商事仲裁机构的，当事人可以协议选择其中的一个商事仲裁机构申请仲裁，当事人不能就商事仲裁机构选择达成一致的，商事仲裁协议无效；商事仲裁协议约定由某地的商事仲裁机构仲裁且该地仅有一个商事仲裁机构的，该商事仲裁机构视为约定的商事仲裁机构，该地有两个以上商事仲裁机构的，当事人可以协议选择其中的一个商事仲裁机构申请仲裁，当事人不能就商事仲裁机构选择达成一致的，商事仲裁协议无效；当事人约定争议可以向商事仲裁机构申请仲裁也可以向人民法院起诉的，商事仲裁协议无效，但一方当事人向商事仲裁机构申请仲裁，另一方当事人未在仲裁庭首次开庭前提出异议的除外。② 在一些具体案件中，司法实践对约定常设仲裁机构不规范、不明确和有违中国仲裁法的约定，作出部分无效、全部无效的处理。例如，广东省深圳市中级人民法院在中国长江动力公司申请确认商事仲裁条款无效案中判定，申请人与被申请人之间所签订的合资合同中订有商事仲裁条款，对在合资中所发生的争议应提交仲裁解决的意思是十分明确的，即双方当事人是自愿地选择了仲裁的方式解决双方之间的争议，且在商事仲裁条款中明确提出了双方若因执行该合同发生争议协商解决不成，就提交中国贸仲仲裁，该商事仲裁条款中对该商事仲裁机构的约定是明确的，亦是可以执行的，当事人可以在该选定的商事仲裁机构进行仲裁。双方当事人在商事仲裁条款中所约定的“若败诉方不服，可以向瑞典斯德哥尔摩仲裁院提请仲裁，仲裁裁决为终局的，对双方均有约束力”的部分，由于与中国有关法律相冲突，因而是无效的。但该部分的无效并不影响双方就其争议在中国贸仲进行仲裁，因而该合资合同中的商事仲裁条款部分有效，且是可以执行的，申请人申请法院裁定商事仲裁条款无效的理由不充分，该院不予支持。③ 又如，最高人民法院在韩国新湖商社与四川省欧亚经贸总公司信用证欺诈纠纷管辖权异议案中确认，买卖合同中“因双方引起的所有争议应由第三国商业仲裁委员会依商业仲裁条款而最终裁决”属约定

---

① 中国《仲裁法》第18条。不过，中国《仲裁法（修订意见稿）》中已经没有了这一要求。

② 《〈仲裁法〉司法解释》第3～7条。

③ “中国长江动力公司申请裁定仲裁条款无效案”，载于林一飞主编：《商事仲裁法库（软件）》，法律出版社2004年版。

不明确的、无法执行的商事仲裁条款,需要当事人重新协商,且欧亚公司选择向法院起诉,已经采取了诉讼的方法解决该案争议,表明其放弃了仲裁的愿望,该商事仲裁条款无效。[①]

（二）临时仲裁机构的约定

1961 年《欧洲商事仲裁公约》允许商事仲裁协议的当事人自由决定将其争议提交临时仲裁,并由当事人自行决定以下事项:指派仲裁员或确定指派仲裁员的方法,确定仲裁地点,约定仲裁员遵循的程序。[②]

中国商事仲裁的司法实践承认国际商事关系中的双方当事人对国外临时仲裁机构的约定。[③] 如 1995 年最高人民法院在给广东省高级人民法院的函件中确认:当事人事先在合同中约定或争议发生后约定由国外的临时仲裁机构或非常设仲裁机构仲裁的,中国法院应当承认该临时仲裁条款的效力。[④]

在当事人选择临时仲裁机构仲裁时,必须在商事仲裁协议中特别就商事仲裁庭的组成方法作出约定。商事关系中的双方当事人不能就选择某一常设仲裁机构仲裁达成协议而又期望通过仲裁方式解决其争议时,通常会选择临时仲裁,并在商事仲裁协议中明确选定仲裁员或约定指定仲裁员的方法、组建仲裁庭、约定仲裁规则。在商事仲裁庭的组成方法上,主要有 3 种:（1）由 1 名仲裁员组成独任仲裁庭。（2）由双方当事人各选定 1 名仲裁员组成 2 人仲裁庭。当 2 人在裁决中达不成一致意见时,由该 2 名仲裁员或双方当事人共同推选 1 名公断人审理并作出裁决。（3）由 3 名仲裁员组成仲裁庭。双方当事人各选定 1 名,第 3 名仲裁员由双方当事人共同推选;或由当事人选定的 2 名仲裁员共同推选;或由双方当事人共同申请有关仲裁机构或任何有管辖权的法院代为指定。

比较而言,常设仲裁机构的仲裁是国际、国内商事仲裁中较为普遍采用的商事仲裁方式,比临时仲裁机构的仲裁具有更多的优越性。常设仲裁机构在受理争议案件后,都会按其适用的法律和仲裁规则的规定,对争议的可仲裁性、仲裁协议的可执行性等进行严格审查,以确保商事仲裁的合法性。

三、商事仲裁地点

当事人选择常设仲裁机构仲裁时,如果没有其他约定,通常以所选定的常设仲裁机构的所在地作为仲裁地点。但是,一些常设仲裁机构在不同的地方设立有分支机构,而且更为重要的是,大多数常设仲裁机构不禁止当事人选择其机构所在地以外的地方作为仲裁地点。在选择临时仲裁机构仲裁时,由于临时仲裁机构没有机构所在地,所以当事人在商事仲裁协

---

① “韩国新湖商社与四川省欧亚经贸总公司信用证欺诈纠纷管辖权异议案”,载中国法院网。

② 1961 年《欧洲国际商事仲裁公约》第 4 条第 1 款第 2 项。

③ 此外,根据中国《仲裁法（修订意见稿）》第 91～93 条的规定,“立法者”希望在中国所进行的涉外商事仲裁中,可以选择临时仲裁的形式。

④ 《最高人民法院关于福建省生产资料总公司与金鸽航运有限公司国际海运纠纷一案中提单仲裁条款效力问题的复函》（法函〔1995〕135 号,1995 年 10 月 20 日）。

议中必须明确约定仲裁地点。

在国际商事仲裁中，仲裁地点更是一个至关重要的因素，对商事仲裁协议效力的确定、仲裁所适用的实体法的确定、商事仲裁裁决的承认与执行等都具有极为重要的影响。

（一）仲裁地点影响商事仲裁协议的效力

由于各国对商事仲裁协议有效成立的条件规定不一，在国际商事仲裁中，在商事仲裁协议效力的确定问题上存在法律冲突。在确定商事仲裁协议的效力时，除当事人另有约定外，一般是以仲裁地国家的法律作为准据法。如前所述，中国《仲裁法》规定，当事人无行为能力和限制行为能力、一方胁迫另一方而订立商事仲裁协议、商事仲裁协议不具备《仲裁法》规定的基本内容，商事仲裁协议无效。有些国家法律规定的商事仲裁协议无效的事由比中国《仲裁法》规定的事由更为宽泛，当然，更多国家法律的规定比中国《仲裁法》的规定狭窄。在中国签订的有效仲裁协议，在其他国家仲裁时，依仲裁地法该商事仲裁协议可能无效。反之，在中国签订的无效仲裁协议，在其他国家仲裁时，依仲裁地法可能有效。例如，依中国《仲裁法》的规定，选定仲裁委员会是商事仲裁协议应当具备的基本内容之一，因而是商事仲裁协议有效条件之一，没有选定仲裁委员会的商事仲裁协议在中国属无效仲裁协议；但是，如果仲裁地为英国，依英国法律，没有选定仲裁委员会的商事仲裁协议因没有违反英国法律而有效。又如，根据美国《联邦仲裁法》的规定，商事仲裁协议有效的实质要件是仲裁意愿，没有规定具体商事仲裁机构或缺少除仲裁意愿以外的内容，并不影响商事仲裁协议的效力。

（二）仲裁地点影响商事仲裁程序的进行

在商事仲裁实务中，当事人没有明确约定商事仲裁程序法时，一般适用仲裁地国家的法律。即使当事人选择了商事仲裁程序法，审理其案件的商事仲裁程序也不能违反仲裁地国家商事仲裁程序法的规定。此外，如果当事人在商事仲裁协议中没有约定解决争议所适用的商事仲裁规则，或者约定不明确，有关商事仲裁机构更有可能直接适用仲裁地国家的商事仲裁程序法来进行相关的商事仲裁程序。例如，1958 年《纽约公约》规定，当事人可以确定商事仲裁程序所适用的法律，如果没有确定，适用仲裁地法律。① 适用仲裁地法会对商事仲裁案件产生实质性的影响，因为仲裁地法控制着商事仲裁规则和当事人在有关合同中未涉及的某些具体问题。而且，仲裁地的民事诉讼程序也不同程度地控制着商事仲裁程序。例如，在大陆法系国家，诉讼时效是属于实体法的问题，而在英美法系国家属程序法问题，如果某一个大陆法系国家对产生争议的法律关系没有规定诉讼时效，但仲裁是在一个普通法系国家进行，该普通法国家的诉讼时效法将适用于商事仲裁程序，从而决定当事人的权利是否受到时效制度的保护。又如，虽然多数国家的商事仲裁立法对仲裁监督的规定较为宽松，但英国法的规定非常严格，所以在英国仲裁相较于在其他国家进行仲裁，会受到更为严格的监督。

---

① 1958 年《纽约公约》第 5 条第 2 款。

（三）仲裁地点影响解决争议所适用的实体法

在国际商事仲裁中，当事人一般会就解决争议所适用的实体法作出选择。但是，如果当事人对解决争议所适用的实体法没有作出明确选择，仲裁庭一般会根据国际惯例，按仲裁地国家的国际私法规则确定所应适用的实体法，或直接适用仲裁地国家的实体法。即使当事人明确选择了解决争议所适用的实体法，也有可能发生仲裁地国家法律不允许当事人作出某种选择，仲裁庭最终适用仲裁地国家法律的情况。

（四）仲裁地点影响商事仲裁裁决的承认和执行

仲裁地决定了作出国际商事仲裁裁决的国家。在仲裁地国家作出的裁决若在该国以外的国家申请承认和执行，就会产生外国商事仲裁裁决的承认与执行的问题。如果商事仲裁裁决作出国与承认和执行国都是1958年《纽约公约》的成员国，该仲裁地国家的裁决，可以按照该公约的规定在该有关外国得到承认和执行。因为在1958年《纽约公约》169个成员中，有80个国家按公约的规定提出了互惠保留：即本国仅对在另一缔约国领土内所作的商事仲裁裁决的承认与执行适用本公约。[①] 如果在商事仲裁裁决作出地国家与承认和执行国之中，有任何一国不是该公约的缔约国，甚至不是其他有关国际条约的缔约国，则只能按互惠原则予以承认和执行。如果不存在互惠，在仲裁地国家所作出的商事仲裁裁决有可能得不到有关国家的承认和执行。

仲裁地点还会影响商事仲裁裁决的可执行性。根据1958年《纽约公约》规定，如果依据仲裁地国家的法律，裁决对当事人尚未发生效力或被主管机关撤销或停止执行，被请求承认或执行裁决的主管机关可根据当事人的请求拒绝承认和执行该裁决。

因仲裁地点在国际商事仲裁中具有重要影响，中国的当事人应当在签订国际商事仲裁协议时对仲裁地点的选择特别注意。在国际商事交往中，中方当事人与外方当事人协商仲裁地点，主要采用以下3种方式：（1）在中国贸仲或中国海仲总部所在地即北京仲裁，如果仲裁地对双方当事人便利，可以选择中国贸仲和中国海仲分支机构所在地仲裁，或选择在其他地方仲裁。在中方当事人与外方当事人签订的国际商事仲裁协议中，大多数选择在中国仲裁。（2）在被申请人一方所在国仲裁。（3）在第三国仲裁。选择在第三国仲裁时，通常选择与中国有友好关系、其商事仲裁规则公平、在国际上享有很高声誉的国家商事仲裁机构或国际商事仲裁机构，并在该商事仲裁机构所在地进行仲裁。前者如瑞典斯德哥尔摩商会仲裁院、瑞士苏黎世商会仲裁院、英国伦敦国际仲裁院、新加坡国际仲裁中心等，后者如国际商会国际仲裁院等。

四、商事仲裁规则

商事仲裁规则直接涉及当事人双方实体权利和仲裁程序权利的保护，不同的商事仲裁规则会产生不同的裁决。鉴于商事仲裁规则的重要性，当事人在订立商事仲裁协议时，应当

① UNCITRAL, Status: Convention on the Recognition and Enforcement of Foreign Arbitral Awards (New York, 1958).

明确约定仲裁所适用的程序规则。

当事人在约定商事仲裁规则时，基于其选择仲裁方式的不同而不同。

在选择常设仲裁机构仲裁的情况下，当事人通常在商事仲裁协议中约定“按该商事仲裁机构的仲裁规则进行仲裁”。理由在于，各国和国际社会所设立的常设仲裁机构都制定有自己的商事仲裁规则，如《国际商会仲裁规则》、中国贸仲《仲裁规则》、中国海仲《仲裁规则》等。在通常情况下，当事人选择在某一常设仲裁机构仲裁，也就自然地选择按该机构的商事仲裁规则进行仲裁，因为各常设仲裁机构一般对在仲裁时适用其仲裁规则作了原则性的规定，实行商事仲裁机构与仲裁规则一体化制度。例如，中国的地方常设仲裁机构在过去一般采用商事仲裁机构与仲裁规则一体化制度。因中国《仲裁法》没有规定当事人可以选择商事仲裁机构以外的仲裁规则，所以各地方常设仲裁机构的仲裁规则一般不允许当事人选择其他的商事仲裁规则。中国的国际商事仲裁机构曾经也是实行一体化制度，规定选择中国常设仲裁机构进行仲裁，也就选择了该有关机构的商事仲裁规则。如中国贸仲和中国海仲 1995 年的《仲裁规则》第 7 条都规定：“凡当事人同意将其争议提交仲裁委员会仲裁的，均视为同意按照本仲裁规则进行仲裁。”

但是，有的常设仲裁机构，诸如瑞典斯德哥尔摩商会仲裁院、新加坡国际仲裁中心、中国香港国际仲裁中心等，都允许当事人自行另外选择他们认为合适的商事仲裁规则，实行商事仲裁机构与仲裁规则分离制。例如，《新加坡国际仲裁中心仲裁规则》（2016 年）规定，除非当事人另有约定，本规则应适用于在 2016 年 8 月 1 日及此后进行的所有仲裁案件。①《香港国际仲裁中心机构仲裁规则》（2018 年）规定，本规则不妨碍争端或商事仲裁协议的当事人只选择香港国际仲裁中心为指定机构或请求其提供某些管理服务而不选择适用本规则，本规则不适用于选择按照其他规则（包括香港国际仲裁中心不时采纳的其他规则）仲裁的商事仲裁协议。② 自 2000 年起，中国贸仲、中国海仲的商事仲裁规则开始实行商事仲裁机构与仲裁规则分离制，一些地方商事仲裁机构也纷纷效仿。中国贸仲和中国海仲新近仲裁规则都规定：当事人约定将争议提交仲裁委员会仲裁但约定适用其他商事仲裁规则的，从其约定，但其约定无法实施或与仲裁程序适用法强制性规定相抵触者除外；当事人约定适用其他商事仲裁规则的，由仲裁委员会履行相应的管理职责。③《上海仲裁委员会仲裁规则》（2013 年）规定，当事人将争议提交仲裁委员会仲裁的，均视为同意按照本规则进行仲裁，但当事人就商事仲裁程序事项或者仲裁适用的规则另有约定且经仲裁委员会同意的，从其约定。④《广州仲裁委员会仲裁规则》（2021 年）和《重庆仲裁委员会仲裁规则》（2018 年）规定：当事人就商事仲裁程序事项或者仲裁适用的规则另有约定的，从其约定，但该约定无法执行或者与法律、行政法规的强制性规定相抵触的除外；当事人约定适用其他商事仲裁规则的，由

① 《新加坡国际仲裁中心仲裁规则》（2016 年）第 1 条第 2 款。

② 《香港国际仲裁中心机构仲裁规则》（2018 年）第 1 条第 3 款。

③ 中国贸仲《仲裁规则》（2015 年）和中国海仲《仲裁规则》（2018 年）第 4 条第 3 款。

④ 《上海仲裁委员会仲裁规则》（2013 年）第 8 条第 1 款。

本会履行相应的管理职责。[①]《深圳国际仲裁院仲裁规则》(2020年)的规定与广州、重庆仲裁委员会的上述规则的规定相同。[②] 在上述情况下,当事人可以自行另外制定或选择对其最适合的商事仲裁规则。在国际商事仲裁中,当事人自行拟定商事仲裁规则时,一般以《联合国国际贸易法委员会仲裁规则》为蓝本,加入适合双方的内容,因为该商事仲裁规则允许当事人在适用该规则时对其补充。

在选择临时仲裁机构仲裁的情况下,商事仲裁庭与仲裁规则是分离的,双方当事人必须在商事仲裁协议中选择或制定商事仲裁规则,或者指明确定商事仲裁规则的方法。当事人可以选择一方当事人所属国家或仲裁地国家的某一套商事仲裁规则;或者选择国际组织的商事仲裁规则,如《联合国国际贸易法委员会仲裁规则》;或者自行制定一套商事仲裁规则;甚至可以授权仲裁员选择一套商事仲裁规则。

五、商事仲裁裁决的效力

商事仲裁裁决的效力是指商事仲裁裁决的法律效力,即商事仲裁裁决具有终审性质、对双方当事人有约束力,任何一方当事人不得向法院或其他权威机构申请变更裁决的内容。

商事仲裁制度最为重要的法律特性是一裁终审。绝大多数国家的商事仲裁立法和司法实践以及商事仲裁实务都确认,商事仲裁机构所作出的裁决具有终审效力,对双方当事人具有法律约束力,任何一方当事人不得上诉或申诉。

各国商事仲裁立法如:南非1965年《仲裁法》(2004年修订)规定,"除非商事仲裁协议另有规定,裁决按照本法应是终审的,不得上诉,每位相关当事人应当服从、履行裁决"。[③] 中国《仲裁法》规定,"仲裁实行一裁终局的制度。裁决作出后,当事人就同一纠纷再申请仲裁或向人民法院起诉的,仲裁委员会或者人民法院不予受理"。[④] 巴西1996年《仲裁法》规定,"商事仲裁裁决对当事人及其继承者的效力与国家法院作出的判决相同,如果裁决包含支付义务,其应构成可执行的法律文书"。[⑤] 德国1998年《民事诉讼法典》规定,"商事仲裁裁决在当事人之间产生的效力等同于终审的、具有约束力的法院判决"。[⑥]

各国商事仲裁规则如:《伦敦国际仲裁院仲裁规则》(2020年)规定,"每项商事仲裁裁决(包括该裁决的理由)是终局的并约束当事人。当事人承诺立即和无拖延地履行任何裁决;当事人不可撤回地放弃向任何国家法院或其他司法机构提出任何形式的上诉、再审或追诉的权利"。[⑦]《斯德哥尔摩商会仲裁院仲裁规则》(2017年)规定,"裁决是终局的,一经做出即对当事人具有约束力。同意根据本规则进行仲裁,当事人即承诺毫不迟延地履行裁

① 《广州仲裁委员会仲裁规则》(2021年)第4条,《重庆仲裁委员会仲裁规则》(2018年)第4条。

② 《深圳国际仲裁院仲裁规则》(2020年)第3条第3款。

③ 南非1965年《仲裁法》(2004年修订)第28条。

④ 中国《仲裁法》第9条第1款。

⑤ 巴西1996年《仲裁法》第31条。

⑥ 德国1998年《民事诉讼法典》第1055条。

⑦ 《伦敦国际仲裁院仲裁规则》(2020年)第26条第8款。

决”。[①] 瑞士《国际仲裁规则》(2012 年)规定,“裁决应为终审并对各方当事人均具有约束力”。[②] 中国贸仲《仲裁规则》(2015 年)和中国海仲《仲裁规则》(2018 年)规定,“裁决是终局的,对双方当事人均有约束力。任何一方当事人均不得向法院起诉,也不得向其他任何机构提出变更仲裁裁决的请求”。[③]

国际商事仲裁规则如:《美洲国家商事仲裁委员会仲裁规则》(1978 年)规定,“对裁决不得不服,裁决对当事人双方有约束力。双方承担立即履行裁决的义务”[④]。《联合国国际贸易法委员会仲裁规则》(2010 年)规定,“所有裁决……应是终审的,并对当事人有拘束力。当事人应毫不迟延地履行全部裁决”[⑤]。《国际商会仲裁规则》(2021 年)规定,“凡裁决书对当事人均有约束力。通过将争议提经本仲裁规则仲裁,各当事人负有毫无迟延地履行裁决的义务,并且在法律许可的范围内放弃了任何形式的追索权,但以该放弃为有效作出为条件”。[⑥]

但是,有些国家的商事仲裁立法允许当事人对商事仲裁裁决提出上诉。例如,沙特阿拉伯 1983 年《仲裁法》规定:仲裁员作出的所有裁决,均应在 5 日内向有权审理争端的原主管机关备案,并应将副本发送给双方当事人;当事人在得到仲裁员的裁决通知之日起 15 日内,可就仲裁员的裁决向已备案的主管机构提出异议;如果一方或双方当事人在前述规定的期限内就仲裁员的裁决提出了异议(其他情况上述裁决是终局的),原主管机构应当审理该异议,或者决定驳回异议并作出执行裁决的命令,或者接受异议并就案件另行决定。[⑦] 尽管英国 1996 年《仲裁法》确认了商事仲裁裁决的终审效力,但又确认了当事人对商事仲裁裁决通过上诉、复审程序提出异议的权利,商事仲裁裁决的终审效力“不影响任何人依据可利用的上诉或复审的程序或本编(即第一编‘依据商事仲裁协议的仲裁’)的规定,对裁决书提出异议的权利”。[⑧]

综上所述,世界各国的商事仲裁立法、司法实践和商事仲裁实务,对商事仲裁裁决的终审效力,在总体上持肯定态度,但裁决的终审效力的实际效用在很大程度上取决于当事人在商事仲裁协议中对商事仲裁裁决终审性质的明确约定。当事人在商事仲裁协议中约定了商事仲裁裁决的终审效力,通常可以避免一方当事人就已定案的问题重新提交法院审理的风险,这种约定的效力被绝大多数国家的商事仲裁立法、司法实践和商事仲裁实务所承认。即使按有关国家法律规定,当事人有权对具有终审效力的商事仲裁裁决提出上诉,也只能是对商事仲裁裁决的一种救济措施,商事仲裁裁决的终审效力和对终审裁决的上诉是两种不同

---

① 《斯德哥尔摩商会仲裁院仲裁规则》(2017 年)第 46 条。

② 《瑞士国际仲裁规则》(2012 年)第 32 条第 2 款。

③ 中国贸仲《仲裁规则》(2015 年版)第 49 条第 9 款和中国海仲《仲裁规则》(2018 年)第 54 条第 9 款。

④ 《美洲国家商事仲裁委员会仲裁规则》(1978 年)第 32 条第 2 款。

⑤ 《联合国国际贸易法委员会仲裁规则》(2010 年)第 34 条第 2 款。

⑥ 《国际商会仲裁规则》(2021 年)第 35 条第 6 款。

⑦ 沙特阿拉伯 1983 年《仲裁法》第 18、19 条。

⑧ 英国 1996 年《仲裁法》第 58 条第 2 款。新加坡 2002 年《国际仲裁法》第 19B 条第 1、4 款的规定与英国相似。

的法律制度，两者之间并没有实质性的冲突。总之，当事人在商事仲裁协议中约定“商事仲裁裁决是终审的，并对双方都有约束力，任何一方当事人不得向法院起诉或向其他任何机构提出变更仲裁裁决的请求”是必要的。

六、商事仲裁协议中的示范仲裁条款

在商事仲裁实务中，各常设仲裁机构和其他有关组织为了便于当事人在商事合同中订立较为完善的商事仲裁条款，使之更为顺利地通过商事仲裁方式解决他们之间已经发生或将来可能发生的商事法律争议，一般都制定有供有关当事人参照使用的示范仲裁条款。

（一）中国商事仲裁实务中的示范仲裁条款

中国贸仲的示范仲裁条款（一）：凡因本合同引起的或与本合同有关的任何争议，均应提交中国国际经济贸易仲裁委员会，按照申请仲裁时该会现行有效的仲裁规则进行仲裁。仲裁裁决是终局的，对双方均有约束力。仲裁示范条款（二）：凡因本合同引起的或与本合同有关的任何争议，均应提交中国国际经济贸易仲裁委员会__________分会（仲裁中心），按照仲裁申请时中国国际经济贸易仲裁委员会现行有效的仲裁规则进行仲裁。仲裁裁决是终局的，对双方均有约束力。

广州仲裁委员会的示范仲裁条款为：“凡因本合同引起的或与本合同有关的任何争议，均提请广州仲裁委员会按照该会现行仲裁规则进行仲裁。仲裁裁决是终局的，对双方均有约束力。”“凡因本合同引起的或与本合同有关的争议，双方均同意提请广州仲裁委员会，按照申请仲裁时该会现行有效的网络仲裁规则进行网络仲裁并进行书面审理。仲裁裁决是终局的，对双方均有约束力。”

重庆仲裁委员会的示范仲裁条款有两种。一种适用于签订合同时，为：凡因本合同引起的或与本合同有关的任何争议，均提交重庆仲裁委员会，按照该会的仲裁规则进行仲裁。仲裁裁决是终局的，对双方均有约束力。另一种适用于发生合同争议时，为：甲、乙双方因××合同发生争议，现提交重庆仲裁委员会，按照该会的仲裁规则进行仲裁。仲裁裁决是终局的，对双方均有约束力。

（二）外国重要常设仲裁机构的示范仲裁条款

伦敦国际仲裁院对希望按《伦敦国际仲裁院仲裁规则》将未来争议提交仲裁的当事人，推荐以下示范仲裁条款：因本合同发生的或与本合同有关的任何争议，包括有关合同的存在、有效性或终止的任何问题，均应按《伦敦国际仲裁院仲裁规则》提交仲裁并作出最终解决，该规则应视为已被并入了本条款。仲裁员应为（1名或3名）。仲裁地或法定地点应为（城市和/或国家）。仲裁程序所使用的语言应为（英语）。支配本合同的法律应为（英国）的实体法。

瑞典斯德哥尔摩商会仲裁院的示范仲裁条款为：任何因本合同而产生的或与本合同有关的争议、纠纷或索赔，或者有关违约、终止合同或合同无效的争议，均应根据《斯德哥尔摩商会仲裁院仲裁规则》通过仲裁方式最终解决。当事人可视需要对本条款作如下补充：仲裁庭应由____名仲裁员（1名独任仲裁员）组成。仲裁地应为____。仲裁程序应当使用的语言为____。本合同应当由____（填入管辖区域）实体法管辖。

美国仲裁协会的示范仲裁条款为：因本合同产生的或与本合同有关的或者违反本合同而发生的任何争议或请求，均应由争议解决国际中心按照其国际仲裁规则进行管理，以仲裁方式解决。或者因本合同产生的或与本合同有关的或者违反本合同而发生的任何争议或请求，均应由美国仲裁协会按照其国际仲裁规则进行管理，以仲裁方式解决。当事人可增加下列内容：（1）仲裁员的数量应为____（1名或3名）；（2）仲裁地应为____（城市和/或国家）；（3）仲裁的语言应为____。

（三）国际组织的示范仲裁条款

国际商会的标准仲裁条款为：凡产生于本合同或与本合同相关的一切争议，均应按照国际商会仲裁规则，由依据该规则指定的1名或数名仲裁员终审裁决。[①]

解决投资争议国际中心提供了多种示范条款，以下两种为基本示范条款：（1）未来争议的同意：缔约国[政府名称]/[下属单位或机构名称]（简称“东道国”）和投资者[名称]（简称“投资者”）特此同意将产生于本协议或与本协议有关的任何争议提交解决投资争议国际中心（简称“中心”）依据《国家与他国国民间投资争议公约》（简称“公约”）以[调解]/[仲裁]/[经调解，若争议在调解委员会递交给当事人的报告规定的期限内仍未解决，以仲裁]方式解决。（2）已发生争议的同意：缔约国[政府名称]/[下属单位或机构名称]（简称“东道国”）和投资者[名称]（简称“投资者”）特此同意将已产生于下列所述投资的下列争议提交解决投资争议国际中心（简称“中心”）依据《国家与他国国民间投资争议公约》（简称“公约”）以[调解]/[仲裁]/[经调解，若争议在调解委员会递交给当事人的报告规定的期限内仍未解决，以仲裁]方式解决：…[描述投资与争议]。

联合国国际贸易法委员会的示范仲裁条款为：因本合同产生的或与本合同有关的任何争议或请求，或有关本合同的违约、终止、无效，应按《联合国国际贸易法委员会仲裁规则》予以仲裁解决。双方当事人应考虑加入以下内容：（1）委任机构应为____（机构或个人的名称）；（2）仲裁员人数应为____（1名或3名）；（3）仲裁地点应为____（城镇和国家）；（4）仲裁进程中所使用的语言应为____。[②]

（四）临时仲裁的示范仲裁条款

当事人选择采用临时仲裁方式解决他们之间的争议时，必须制定比较详细、具体、容易执行的商事仲裁协议或条款，其内容应当包括提交商事仲裁的意愿、仲裁事项、仲裁庭的组成、仲裁地点、仲裁规则、仲裁所适用的实体法律、仲裁裁决的效力、仲裁裁决的执行、仲裁员的费用等。

---

① 国际商会国际仲裁院：《仲裁规则调解规则》（中文），第69页。

② UNCITRAL, UNCITRAL Arbitration Rules (as revised in 2010), New York, 2011, p.29; UNCITRAL, UNCITRAL Arbitration Rules (with new article 1, paragraph 4, adopted in 2013), United Nations, New York, 2014, p.31.

第四节 商事仲裁协议的效力

商事仲裁协议的效力不仅影响到商事关系中的双方当事人是否有权将其有关商事法律争议提交仲裁解决,更关涉商事仲裁机构是否具有商事仲裁管辖权以及整个商事仲裁程序,甚至影响到商事仲裁裁决是否具有法律效力。

一、商事仲裁协议有效成立的实质要件

综观各国商事仲裁立法、有关国际条约和商事仲裁实务,可以将商事仲裁协议有效成立的实质性要件概括为如下几项:当事人具有签订商事仲裁协议的民事行为能力;当事人将争议提交商事仲裁解决的意思表示真实一致;商事仲裁协议的标的具有可仲裁性;商事仲裁协议的内容合法。

(一)当事人具有签订商事仲裁协议的民事行为能力

商事关系中的双方当事人具有民事行为能力,是保证其签订的商事仲裁协议合法有效的前提。根据各国的相关立法和司法实践,商事仲裁协议的双方当事人在签订商事仲裁协议时必须具有民事行为能力,否则他们不能签订合法有效的商事仲裁协议。

1. 自然人签订商事仲裁协议的民事行为能力

对于自然人签订商事仲裁协议的民事行为能力要求,世界各国的商事仲裁立法和有关的国际条约以及《联合国国际商事仲裁示范法》等都有非常严格的规定,强调欠缺民事行为能力的自然人所签订的商事仲裁协议无效。如中国《仲裁法》规定,无民事行为能力或者限制行为能力人签订的商事仲裁协议无效。[①]1958年《纽约公约》规定,商事仲裁协议的当事人依对其适用的法律确定有某种无民事行为能力情形者,被申请承认和执行的外国商事仲裁裁决的国家可依一方当事人的请求,拒绝承认和执行。[②]中国澳门1996年《核准仲裁制度》规定,具有民事行为能力的人都有订立商事仲裁协议的能力。[③]《联合国国际商事仲裁示范法》规定,商事仲裁协议的一方当事人欠缺民事行为能力,可以拒绝承认和执行商事仲裁裁决,不论该裁决在何国作出。[④]

2. 法人签订商事仲裁协议的民事行为能力

法人通常分为私法人和公法人两种基本类型。私法人有权签订商事仲裁协议,为各国法律所确认,因而没有疑问。

对于公法人是否有权签订商事仲裁协议,能签订何种商事仲裁协议,各国立法与实践、国际公约情况不一。在国内法中,总体上有三种模式。其一,经国家立法授权或经主管机关

---

① 中国《仲裁法》第17条第2项。

② 1958年《纽约公约》第5条第1款第1项。

③ 中国澳门1996年《核准仲裁制度》第5条第1款。

④ 《联合国国际商事仲裁示范法》第36条第1款第1项。

批准,公法人可以签订商事仲裁协议,但对商事仲裁协议的签订设立了限制条件。采取这种模式的有比利时、英国、美国、日本、丹麦、荷兰、意大利、德国、挪威、瑞典、瑞士等国家。其中比利时的法律规定具有代表性。比利时 1998 年《司法法典》规定:“除法律另有规定外,公法法人仅可就有关合同成立或履行的争议的解决订立商事仲裁协议。这种商事仲裁协议的签订条件与其履行属仲裁事项的合同相同。而且公法人得就法律或部长会议通过的法令所确定的事项签订商事仲裁协议。这种法令亦得确定有关协议成立的条件和规则。”① 其二,禁止公法人订立商事仲裁协议。采取这种模式的有利比亚、印度尼西亚、伊朗、乌拉圭、沙特阿拉伯、委内瑞拉等国。其三,原则上不允许公法人通过商事仲裁协议将其争议提交商事仲裁解决,但允许其将国际经济贸易领域的争议提交仲裁。例如,法国不允许将国家合同争议提交仲裁解决,而应由法院予以解决,但 1986 年颁布的一项法令中规定,允许国家和公共实体将国际经济贸易中产生的争议提交仲裁。

在国际公约中,1961 年《欧洲国际商事仲裁公约》和 1965 年《华盛顿公约》允许公法人签订商事仲裁协议。前者规定,“依对其适用的法律被认为是‘公法人’的法人有权签订有效的商事仲裁协议”。② 后者规定,解决投资争议国际中心的管辖权适用于缔约国指派到该中心的该国任何下属单位或机构与另一缔约国国民之间的投资争议,缔约国可以自由指派适合的公共实体为该中心的程序的当事人,将这类争议提交中心仲裁需经缔约国批准。③

(二)当事人将争议提交商事仲裁解决的意思表示真实一致

当事人将其有关商事法律争议提交商事仲裁解决,须有明确请求商事仲裁解决的意思表示,这是商事仲裁协议的基本要素。请求商事仲裁的意思表示须明确、肯定,并符合当代商事仲裁制度一裁终审、排除司法管辖权的特性。如果当事人在协议中约定既可提交商事仲裁又可提起诉讼,该商事仲裁协议违反了商事仲裁法所规定的“或裁或审”的基本法律原则,因而属无效仲裁协议。

当事人请求仲裁的意思表示还必须真实、一致,即双方当事人都同意将其争议提交仲裁解决,而不是一方当事人的意思。这是商事仲裁协议作为协议的一种基本要求。以欺诈、胁迫等违背当事人真实意思的手段迫使一方当事人订立的商事仲裁协议无效。对此,各国商事仲裁立法与司法实践都确立了这一制度。如中国《仲裁法》规定,一方采取胁迫手段,迫使对方订立商事仲裁协议的,该商事仲裁协议无效。④

① 比利时 1998 年《司法法典》第 1676 条第 2 款第 2 项。中国澳门 1996 年《核准仲裁制度》也允许公法人签订商事仲裁协议,其第 5 条第 2 款规定:“特别法允许或仲裁协议以涉及民事商事性质法律关系的争议标的时,澳门地区及其他公法人均有签订仲裁协议的能力。”

② 1961 年《欧洲国际商事仲裁公约》第 2 条。

③ 1965 年《华盛顿公约》第 25 条第 1 款。

④ 中国《仲裁法》第 17 条第 3 项。

在实践中,商事仲裁协议通常是体现于格式合同或商业单据中的商事仲裁条款。这些格式合同与商业单据通常是由一方当事人(或其所属专业协会)制定的,体现的是一方当事人的意志。对这类商事仲裁条款要视情形而确定是否符合合意与真实。就格式合同而论,它通常是一方当事人提交给对方当事人作为双方谈判商事合同的基础与草案文本,接受格式合同的一方可以对格式合同的有关条款作进一步的删除、修改、补充,双方当事人最终达成的正式合同是在变更格式合同的基础上订立的,也体现了接受格式合同一方的意志,因而是双方当事人的真实意思表示。对于商业单据,如提单、保险单、信用证等,其签发与接受在国际、国内的商事交易中已成为商事惯例,凡参与这类商事交易的当事人,特别是接受单据的当事人都接受时,一般认为同意了商事仲裁条款。况且这些单据的签发与接受通常是以相关合同存在为前提,往往构成相关合同的组成部分,因此只要这些单据的签发者没有采取法律禁止的胁迫手段迫使接受方接受,接受方接受了这些单据,应当认定双方当事人对单据中的商事仲裁条款达成了真实、一致的意思表示。

(三)商事仲裁协议的标的具有可仲裁性

商事仲裁协议的标的是指双方当事人在特定商事交易中已经或可能发生的争议事项。当事人协议提交仲裁解决的争议事项具有可仲裁性,是商事仲裁协议有效的一项重要条件。所谓标的具有可仲裁性,亦即争议事项具有可仲裁性,是指当事人提交具有一裁终审效力的商事仲裁机构解决的争议事项,必须是法律允许采取商事仲裁方式处理的事项。

各国基于本国社会公共利益、习惯和法律政策,在其商事仲裁立法中,并不允许当事人将其所有争议事项提交具有一裁终审效力的商事仲裁机构解决,而是明确规定哪些争议事项可以由这类商事仲裁机构解决,哪些争议事项不得提交这类商事仲裁机构解决。瑞典 1999 年《仲裁法》规定,提交商事仲裁解决的争议是可以和解解决的事项的争议、涉及特定事实存在与否的争议、填补合同空白的问题(解释合同除外)、当事人之间有关竞争法的民法效力的问题。① 德国 1998 年《民事诉讼法典》规定,提交商事仲裁的可以是涉及经济利益的任何请求,如不涉及经济利益,则以当事人就争议问题能缔结和解协议的范围为限,其他成文法规定的只在特定情况下才可提交仲裁的争议,有关德国境内住宅租赁合同关系存在与否的争议不得提交仲裁(但涉及《德国民法典》第 556-1 条第 8 款所指的住宅种类除外)。② 美国相关的立法和司法实践,一直将工业产权和反托拉斯问题的争议事项排除在可仲裁范围之外,但近年来其通过司法判例确认,反托拉斯法、证券法、知识产权法、侵权法等方面的纠纷可以提交仲裁解决,甚至认为国有化是否有效也可通过仲裁解决。③

① 瑞典 1999 年《仲裁法》第 1 条。

② 德国 1998 年《民事诉讼法典》第 1030 条。

③ A. Redfern and M. Hunter, *Law and Practice of International Commercial Arbitration*, Sweet & Maxwell, London, 1986, p.107.

中国《仲裁法》对可仲裁和不可仲裁的争议事项都作了规定。该法规定，平等主体的公民、法人和其他组织之间发生的合同纠纷和其他财产权益纠纷，可以仲裁。但下列纠纷不能仲裁：(1) 婚姻、收养、监护、抚养、继承纠纷；(2) 依法应由行政机关处理的行政纠纷。[①] 此外，根据我国相关法律规定，劳动争议、农村土地承包争议等，虽然涉及合同纠纷和财产权益纠纷，但不具有《仲裁法》意义上的可仲裁性，而只具有行政法、劳动法等法律领域的可仲裁性。

对争议事项的可仲裁性问题，国际商事仲裁条约也有明确规定，但这些国际条约允许缔约国对这些规定予以保留。1923 年《仲裁条款议定书》规定，商事仲裁协议仅限于商业事项或任何其他可以通过仲裁解决的事项，任何缔约国有权将这些争议保留在依其国内法被认为是商事合同的范围内。1958 年《纽约公约》虽然没有明确规定商事仲裁协议标的的可仲裁性，但从其有关条文，可以认定其默示规定了可仲裁性。依据是，1958 年《纽约公约》规定：任何国家可以声明，本国仅对根据本国法属于商事法律关系的争议适用本公约，无论其是否为契约性质；依被要求承认和执行国的法律，仲裁的争议事项系不能以仲裁解决者，承认和执行国可以拒绝承认和执行。[②] 可见，1958 年《纽约公约》允许各缔约国按其本国法将可以提交仲裁的争议限于商事法律争议，承认与执行国可以拒绝承认和执行就本国不具有可仲裁性的争议事项所作出的外国商事仲裁裁决。

（四）商事仲裁协议的内容合法

商事仲裁协议内容合法同样是有效商事仲裁协议所必须具备的基本要素。所谓内容合法，是指商事仲裁协议的各项约定符合法律要求，不得违反强制性规定。具体言之，商事仲裁协议要具有法律所要求的基本内容，而且该内容不得与强制性法律规定相违背。各国商事仲裁立法都对这项条件作了具体的要求和规定。除规定其内容涉及不具有可仲裁性的争议事项的商事仲裁协议无效外，各国法律还规定有其他要求。例如，英国 1996 年《仲裁法》规定，当事人对列于该法附录一的强制性规定有相反约定者，不影响这些强制性规定的效力。[③] 比利时 1998 年《司法法典》规定，商事仲裁协议给予一方当事人委任仲裁员的特权地位者，应为无效。[④] 中国澳门 1996 年《核准仲裁制度》规定：商事仲裁协议没有规定争议的标的、指定仲裁员或指定仲裁员的方式、争议所涉及的法律关系的，商事仲裁协议无效；商事仲裁协议中约定一方当事人在指定仲裁员方面有任何特权时，视为无此约定。[⑤] 中国台湾 1998 年“仲裁法”规定，商事仲裁协议非关于一定法律关系及由该法律关系所生的争议而为者，不生效力。[⑥]

① 中国《仲裁法》第 2、3 条。

② 1958 年《纽约公约》第 1 条第 3 款、第 5 条第 2 款第 1 项。

③ 英国 1996 年《仲裁法》第 4 条第 1 款。

④ 比利时 1998 年《司法法典》第 1678 条第 1 款。

⑤ 中国澳门 1996 年《核准仲裁制度》第 7 条第 1、2、4、5 款。

⑥ 中国台湾 1998 年“仲裁法”第 2 条。

二、商事仲裁协议的失效

商事仲裁协议的失效是指商事仲裁协议因某种原因而失去拘束力。它与商事仲裁协议无效不同，后者是指商事仲裁协议缺乏某种有效条件或具备法律禁止事项而缺乏拘束力。一般言之，失效的商事仲裁协议，在失效前是有效的，具有拘束力，在失效后无拘束力；而无效商事仲裁协议，无论其无效是整个商事仲裁协议无效还是某一部分无效，其无效部分自始无拘束力。

根据有关国家的商事仲裁立法、司法实践和国际商事仲裁规则，商事仲裁协议失效的主要情形有：

1. 商事仲裁庭作出终局裁决。当事人依其达成的商事仲裁协议提起仲裁，商事仲裁庭按商事仲裁协议的约定和有关法律对商事仲裁协议中所包含的所有争议作出最终裁决后，该商事仲裁协议因已经履行完毕而失去效力。中国《仲裁法》规定，裁决作出后，当事人就同一纠纷再申请仲裁的，仲裁委员会不予受理。① 这里的裁决是指终局裁决。如果仲裁庭的裁决是中间裁决或部分裁决，商事仲裁协议仍然继续有效，仲裁程序继续进行，直到仲裁庭作出终局裁决。

2. 商事仲裁裁决被撤销或不予执行。商事仲裁庭按有效商事仲裁协议进行仲裁并对该协议包含的所有争议作出终局裁决后，如果其裁决因某种原因而被法院撤销或不予执行，商事仲裁协议失效。原因是仲裁解决争议的基本原则为“一个仲裁协议即一轮仲裁程序”，仲裁庭作出终局裁决后，当事人在商事仲裁协议中赋予仲裁员或仲裁庭解决纠纷的使命已经结束，整个案件的仲裁程序已经完成。除非当事人重新达成一项有效商事仲裁协议，并依该协议发起新一轮仲裁程序，否则，当事人不得再申请仲裁。在法律上，仲裁庭已经审理案件并作出终局裁决与裁决被撤销或不予执行分别属于两个不同的法律制度和法律程序。各国商事仲裁立法和司法实践都特别规定，商事仲裁裁决被撤销或不予执行，商事仲裁协议失效。如中国《仲裁法》规定，裁决被人民法院依法裁定撤销或不予执行的，当事人就该纠纷可以根据双方重新达成的商事仲裁协议申请仲裁，也可以向人民法院起诉。②

3. 仲裁期限届满。仲裁期限届满，导致商事仲裁协议失效，为一些国家的商事仲裁立法和司法实践及商事仲裁实务所认同。这是法律对仲裁期限的限制，以防止仲裁庭久审不结。对这项事由导致商事仲裁协议失效，以当事人、仲裁规则和法律未对延长仲裁期限另有规定为条件。如瑞典《仲裁法》规定，自受理仲裁申请之日起6个月内作出裁决，当事人延长期限除外。中国商事仲裁实践对仲裁期限也有要求。中国贸仲《仲裁规则》（2015年）和中国海仲《仲裁规则》（2018年）规定，“仲裁庭应当在组庭后6个月内作出仲裁裁

① 中国《仲裁法》第9条第1款。
② 中国《仲裁法》第9条第2款。

决书"。[①]《重庆仲裁委员会仲裁规则》(2018年)规定,"仲裁庭应当在组庭之日起120日内作出裁决。有特殊情况需要延长的,由仲裁庭报经本会批准","适用简易程序的案件,应在组庭之日起60日内作出裁决。有特殊情况需要延长的,由仲裁庭报经本会批准"。[②]《重庆仲裁委员会两江国际仲裁中心仲裁规则》(2016年)规定,仲裁庭应当在组庭之日起6个月内作出裁决。[③]《深圳国际仲裁院仲裁规则》(2020年)规定,对国际或涉外、涉港澳台和内地商事仲裁案件,仲裁庭应当分别在组庭之日起6个月内、4个月内或2个月内作出裁决。[④]

4. 主合同的权利义务全部实现。商事仲裁协议失效的最主要事由是主合同全部义务已经履行完毕。尽管商事仲裁协议在效力上独立于主合同,但它毕竟因主合同而生,对主合同具有依附性。当事人根据商事仲裁协议提起仲裁、发动仲裁程序的根本原因是当事人在主合同上发生纠纷。如果当事人在主合同上没有发生任何纠纷,主合同中所约定的当事人全部权利义务已经实现,自无提起仲裁的必要,商事仲裁协议赖以存在的基础已经不存在,其效力自然失去。

5. 当事人和解。当事人之间自己通过协商谈判,对主合同的有关法律争议达成了和解协议,并完全履行了和解协议所规定的义务,主合同项下的权利义务已经全部实现,主合同的目标已经完全实现,商事仲裁协议的效力也就当然丧失。在商事仲裁立法、司法实践中,商事仲裁协议并不能仅仅因为和解而失效。例如,法国巴黎上诉法院在1986年3月4日科斯亚克诉康索兹·鲁切提案(Cosiac v. Consorts Luchetti)[⑤]的判决中就持这一主张。但是这种主张实际上适用于因和解协议所产生的争议,例如一方当事人主张和解协议失效或不恰当地执行,即使和解协议中没有包括商事仲裁条款,因和解协议所产生的争议也可以提交仲裁。但是如果和解协议取代了主合同,并明确废除主合同中的商事仲裁条款,因和解协议所生争议提交仲裁的基础已不存在,则不能再提起仲裁。瑞士联邦最高法院在1996年9月6日的一项判决中主张:当事人之间对产生于包含商事仲裁条款的合同的请求达成和解,这一般不会导致商事仲裁协议失效;事实上,任何与和解有关的争议还是受商事仲裁协议的支配,除非当事人之间使该商事仲裁条款失效的意图是明确、清楚的。[⑥]

6. 当事人废除商事仲裁协议。双方当事人协商一致,废除以前达成的商事仲裁协议,原商事仲裁协议的效力丧失。但是如果双方当事人只是约定解除或废除主合同,而没有明确废除主合同中的商事仲裁条款,按商事仲裁条款独立原则,主合同中的商事仲裁条款仍然有效,除非该商事仲裁条款具有无效的条件。法国最高法院在1966年11月25日奥拜格矿

---

① 中国贸仲《仲裁规则》(2015年)第48条第1款和中国海仲《仲裁规则》第53条第1款。

② 《重庆仲裁委员会仲裁规则》(2018年)第72条第1款、第76条。

③ 《重庆仲裁委员会两江国际仲裁中心仲裁规则》(2016年)第52条第1款。

④ 《深圳国际仲裁院仲裁规则》(2020年)第50条。

⑤ CA Paris, Mar. 4, 1986, Cosiac v. Consorts Luchetti, 1987 REV. ARB. 167.

⑥ Fed. Trib., Sept. 6, 1996, X v. Y, 1997 BULL. ASA 68.

产协会诉福莱·托克案(Société des minies d'Orbagnoux v. Fly Tox, Dalloz)[①]的判决中主张，废除合同的效力仅仅终止未来当事人的义务，上诉法院有权考虑没有放弃商事仲裁协议的当事人有权将与合同有关的争议提交仲裁，即使这些争议是在废除合同以后产生的。瑞士联邦最高法院在1990年3月15日宋纳泰奇诉K.C.A钻井有限公司案(Sonatrach v. K.C.A. Drilling Ltd.)[②]的判决中也持相似的观点，主张当事人经相互协议终止主合同，商事仲裁协议仍然适用，一般而言，人们应当接受这样的观念：只要当事人之间没有明示的相反约定，他们仍然意图对因有关终止合同的后果所产生的争议保留他们之间已有的商事仲裁协议。

三、商事仲裁协议有效性的认定机构

对于认定商事仲裁协议有效性与否的机构，在不同国家的商事仲裁立法和商事仲裁实务中有不同的规定和做法。

（一）商事仲裁机构

在目前的国际社会，有些国家的商事仲裁立法和商事仲裁规则，甚至有些国际商事仲裁规则，规定了商事仲裁机构认定商事仲裁协议有效性的权力。

在国内商事仲裁立法和实践方面，最为典型的是中国《仲裁法》和中国的司法与商事仲裁实务。中国《仲裁法》规定，“当事人对仲裁协议的效力有异议的，可请求仲裁委员会作出决定”。[③]最高人民法院根据《仲裁法》确定：商事仲裁机构有确认商事仲裁协议效力的权力，规定当事人在仲裁庭首次开庭前没有对商事仲裁协议的效力提出异议，而后向人民法院申请确认商事仲裁协议无效的，人民法院不予受理；商事仲裁机构对商事仲裁协议的效力作出决定后，当事人向人民法院申请确认商事仲裁协议效力或者申请撤销商事仲裁机构的决定的，人民法院不予受理。[④]中国贸仲、中国海仲的商事仲裁规则也采取了这种做法。中国贸仲《仲裁规则》(2015年)和中国海仲《仲裁规则》(2018年)规定，仲裁委员会有权对商事仲裁协议的存在、效力以及商事仲裁案件的管辖权作出决定。[⑤]中国内地各地方仲裁委员会的商事仲裁规则规定仲裁委员会或其授权的仲裁庭拥有认定商事仲裁协议效力的权力。例

① Cass 2e civ., Nov. 25, 1966, Société des minies d'Orbagnoux v. Fly Tox, Dalloz, Jur. 359(1967); 1967 RTD CIV. 680.

② Swiss Fed. Trib., Mar. 15, 1990, Sonatrach v. K.C.A. Drilling Ltd., 1990 REV. ARB 921.

③ 中国《仲裁法》第20条第1款。

④ 《〈仲裁法〉司法解释》第13条。不过，中国《仲裁法(修订意见稿)》在第28条对这一问题作了非常重要的修改，规定：“当事人对仲裁协议是否存在、有效等效力问题或者仲裁案件的管辖权有异议的，应当在仲裁规则规定的答辩期限内提出，由仲裁庭作出决定”“仲裁庭组成前，仲裁机构可以根据表面证据决定仲裁程序是否继续进行”“当事人未经前款规定程序直接向人民法院提出异议的，人民法院不予受理”“当事人对仲裁协议效力或者管辖权决定有异议的，应当自收到决定之日起十日内，提请仲裁地的中级人民法院审查。当事人对仲裁协议无效或者仲裁案件无管辖权的裁定不服的，可以自裁定送达之日起十日内向上一级人民法院申请复议。人民法院应当在受理复议申请之日起一个月内作出裁定”“人民法院的审查不影响仲裁程序的进行”。

⑤ 中国贸仲《仲裁规则》(2015年)第6条第1款和中国海仲《仲裁规则》(2018年)第6条第1款。

如,《上海仲裁委员会仲裁规则》(2012 年)规定,仲裁委员会有权根据当事人的申请,对商事仲裁协议的存在、效力以及商事仲裁案件的管辖作出决定;[①]《重庆仲裁委员会仲裁规则》(2018 年)和《深圳国际仲裁院仲裁规则》(2020 年)均规定,商事仲裁机构或商事仲裁机构授权的仲裁庭有权就商事仲裁案件的管辖权作出决定。[②] 对中国规定由商事仲裁机构而不是由仲裁庭来认定商事仲裁协议是否有效的问题,商事仲裁法学界已经有了质疑,认为这种规定事实上剥夺了仲裁庭的案件管辖权,使仲裁庭无权决定自己的管辖权而依附于仲裁委员会,从而使得商事仲裁的独立性与公正性受到怀疑。[③]

在国际商事仲裁方面,一些商事仲裁规则规定商事仲裁机构有初步确认商事仲裁协议效力的权力。如《国际商会仲裁规则》(2021 年)规定,若仲裁院基于表面所见,认为一个商事仲裁规则要求的商事仲裁协议可能存在,则仲裁应继续进行。[④]

(二)商事仲裁庭

商事仲裁庭有权对一项商事仲裁协议是否有效予以认定。许多国家的商事仲裁立法和商事仲裁规则明确规定,商事仲裁庭有权就商事仲裁协议有效与否作出管辖权决定或中间裁决。因为商事仲裁协议的有效与否直接关系到案件的商事仲裁管辖权,如果有效,仲裁庭就有管辖权,否则,仲裁庭就没有管辖权。因此有关商事仲裁立法和商事仲裁规则通常赋予商事仲裁庭对商事仲裁协议有效性进行认定的权力,使商事仲裁庭将其决定商事仲裁管辖权的权力与决定商事仲裁协议有效性的权力结合在一起,有助于当事人间的争议能顺利解决。

在各国的商事仲裁立法和商事仲裁规则方面,如:德国 1998 年《民事诉讼法典》规定,商事仲裁庭可以决定自己的管辖权并同时对商事仲裁协议的存在或效力作出决定。[⑤] 英国 1996 年《仲裁法》规定,除当事人另有约定外,商事仲裁庭可以裁定其实体管辖权,包括是否存在有效的商事仲裁协议。[⑥] 在中国,有的仲裁委员会已将仲裁委员会确定商事仲裁协议效力的权力授权给了仲裁庭,如中国贸仲《仲裁规则》(2015 年)、中国海仲《仲裁规则》(2018)、《重庆仲裁委员会仲裁规则》(2018 年)和《深圳国际仲裁院仲裁规则》(2020 年)的规定。

国际商事仲裁方面的法律文件和有关国际商事仲裁规则明确赋予了商事仲裁庭这一权力。如:《美洲国家商事仲裁委员会仲裁规则》(1978 年)规定,商事仲裁庭有权对无管辖权的异议,包括对商事仲裁条款或单独的商事仲裁协议的存在和效力所提出的任何异议,进行裁决,商事仲裁庭有权决定包括商事仲裁条款在内的合同的存在和效力。[⑦]《联合国国际商

① 《上海仲裁委员会仲裁规则》(2012 年)第 4 条。
② 《重庆仲裁委员会仲裁规则》(2018 年)第 12 条第 1 款,《深圳国际仲裁院仲裁规则》(2020 年)第 10 条第 3 款。
③ 参见高菲著:《中国海事仲裁的理论与实践》,中国人民大学出版社 1998 年版,第 102 页。
④ 《国际商会仲裁规则》(2021 年)第 6 条第 4 款。
⑤ 德国 1998 年《民事诉讼法典》第 1040 条第 1 款。
⑥ 英国 1996 年《仲裁法》第 30 条第 1 款。
⑦ 《美洲国家商事仲裁委员会仲裁规则》(1978 年)第 21 条第 1、2 款。

事仲裁示范法》规定，“商事仲裁庭有权就对其管辖权包括对商事仲裁条款或单独的商事仲裁协议的存在或效力所提出的任何异议，作出裁决”[①]。《联合国国际贸易法委员会仲裁规则》（2010 年）也有类似的规定。[②]《国际商会仲裁规则》（2021 年）将商事仲裁协议效力的主要审查权赋予仲裁庭。[③]

值得注意的是，有些公约、商事仲裁立法和商事仲裁规则将这项权力赋予组成仲裁庭的仲裁员，而不是直接赋予商事仲裁庭。例如，1961 年《欧洲国际商事仲裁公约》规定，仲裁员有权决定商事仲裁协议是否存在或有无效力；[④]瑞典 1999 年《仲裁法》规定，仲裁员可以决定其解决争议的管辖权。[⑤]《国际商会调解与仲裁规则》（1975 年）在这一方面具有典型性，其对仲裁员的权力作了比较详细、具体的规定：“如果一方当事人对就商事仲裁协议的存在或效力提出一种或多种理由，而仲裁院确信存在这种协议时，在不影响对这种或多种理由的可接受性和实质性的条件下，仲裁院得决定继续仲裁。在此情况下，有关仲裁员的管辖权应当由该仲裁员自己决定。”“如无另外规定，仲裁员不因有人主张合同无效或不存在而丧失管辖权，如果仲裁员认定商事仲裁协议有效……仲裁员仍应继续行使其管辖权，以确定当事人各自的权利。”[⑥]《国际商会仲裁规则》（2021 年）基本上保持了这一规定的内容。[⑦]可见，在上述规定下，仲裁院对商事仲裁协议的有效性作出初步决定以决定仲裁是否继续进行，如继续进行，则由仲裁员对管辖权问题作出裁定。

（三）法院

法院对商事仲裁协议的存在与否、效力和对其效力提出的异议享有管辖权，并借此确定商事仲裁机构或仲裁庭是否具有商事仲裁管辖权，得到了世界各国有关商事仲裁立法和司法实践以及商事仲裁实务的普遍承认。如英国 1996 年《仲裁法》规定，应商事仲裁程序一方当事人的申请，法院可决定有关商事仲裁庭实体管辖权的任何问题。[⑧]德国 1998 年《民事诉讼法典》规定：法院有权认定商事仲裁协议绝对无效或相对无效或不可执行；经当事人申请，法院有权决定是否允许仲裁。[⑨]中国《仲裁法》也采取法院享有最终决定权的立法例。该法规定：“当事人对仲裁协议的效力有异议的，可以请求仲裁委员会作出决定或者请求人民法院作出裁定。一方请求仲裁委员会作出决定，另一方请求人民法院作出裁定的，由人民

① 《联合国国际商事仲裁示范法》第 16 条第 1 款。

② 《联合国国际贸易法委员会仲裁规则》（2010 年）第 23 条第 1 款。

③ 《国际商会仲裁规则》（2021 年）第 6 条第 3、9 款。

④ 1961 年《欧洲国际商事仲裁公约》第 5 条。

⑤ 瑞典 1999 年《仲裁法》第 2 条第 1 款。

⑥ 《国际商会调解与仲裁规则》（1975 年）“仲裁”部分第 8 条第 3、4 款。

⑦ 《国际商会仲裁规则》（2021 年）第 6 条第 3、4、9 款。

⑧ 英国 1996 年《仲裁法》第 32 条第 1 款。虽然中国《仲裁法（修订意见稿）》第 28 条规定了仲裁庭对商事仲裁管辖权的前置、独立裁判权，但还是规定了人民法院的最终审查权。

⑨ 德国 1998 年《民事诉讼法典》第 1032 条第 1、2 款。

法院裁定。”[①]

国际商事仲裁法对法院享有认定商事仲裁协议效力管辖权的规定，主要体现在有关商事仲裁公约和《联合国国际商事仲裁示范法》中。1958年《纽约公约》规定，当事人就诉讼事项订有商事仲裁协议者，缔约方法院在受理该诉讼时，应依当事人一方的请求，命当事人提交仲裁，但商事仲裁协议经法院认定无效、失效或不可执行者不在此限。[②]1961年《欧洲国际商事仲裁公约》规定，商事仲裁协议的一方根据存在商事仲裁协议这一事实向法院就仲裁员管辖权提出抗辩的，法院应根据其法律认为是程序上或不是实质上的抗辩而作出决定。[③]《联合国国际商事仲裁示范法》规定，如果商事仲裁庭对有关商事仲裁协议的存在或效力的异议，作为一个初步问题作出裁定，并认定它具有管辖权，当事人任何一方都可以在收到裁定通知后30天内要求法院对这一问题作出决定。

四、无效和不完善商事仲裁协议的补救与处理

根据国际社会的商事仲裁立法和商事仲裁实务，一般都区分无效的商事仲裁协议和不完善的商事仲裁协议，并对其进行不同的补救和处理。

（一）无效商事仲裁协议的补救与处理

前面对商事仲裁协议基本内容的阐述，强调的是在理论与实践中一项有效、可执行的、较完善的商事仲裁协议一般应该具备的内容，并不是指不具备这些内容的商事仲裁协议就当然无效。一项商事仲裁协议应当具备的有效条件与商事仲裁协议所具备的基本内容是两个完全不同的概念。一项商事仲裁协议，具备前述所有基本内容，并不一定就是一项有效的商事仲裁协议；不完全具备前述基本内容或只具备前述一部分基本内容的商事仲裁协议也并不一定就是一项无效的商事仲裁协议。如前所述，一项商事仲裁协议具备以下条件即为有效：当事人具有行为能力、明确表示当事人仲裁的意愿、仲裁协议的达成没有受到一方当事人的胁迫、提交仲裁的争议事项具有可仲裁性。如果商事仲裁协议不具备这些条件，则整个协议无效。至于商事仲裁协议的内容或某些条款违反有关国家的其他强制性法律规定，在理论上和按有关国家立法与司法实践，并不一定导致整个商事仲裁协议无效，而可能导致商事仲裁协议中的部分无效，即违反强制性法律规定的条文无效。

综观有关立法与实践，具体为下列情形之一的商事仲裁协议无效：缔约当事人无民事行为能力或限制行为能力；当事人之间对仲裁解决争议无真实合意；对仲裁事项没有约定或约定不明确或约定的仲裁事项不具可仲裁性；对商事仲裁机构没有约定或约定不明确或不存在；商事仲裁协议的形式不合法。

对无效商事仲裁协议的补救与处理，需区别整个商事仲裁协议无效与商事仲裁协议部分无效以及基于什么原因无效，分别进行。中国的商事仲裁立法虽对整个无效商事仲裁协

---

① 中国《仲裁法》第20条第1款。

② 1958年《纽约公约》第2条第3款。

③ 1961年《欧洲国际商事仲裁公约》第6条第1款。

议的处理办法有规定，但本书认为，一项商事仲裁协议没有达到法定最低有效要件，该商事仲裁协议即构成一项不可补救的无效商事仲裁协议，应按整体无效处理，否则，该商事仲裁协议构成一项可补救的商事仲裁协议，应按部分无效处理，由法院、仲裁机构或仲裁员、当事人进行补救，但主要由当事人进行补救。因此，商事仲裁协议具有当事人无签订商事仲裁协议的行为能力、提交仲裁的争议事项不具有可仲裁性、当事人间无仲裁解决争议的真实合意等情形之一的，按整体无效处理；其他有关事项，如没有选定商事仲裁机构或选定的商事仲裁机构不明确或不存在、没有约定仲裁事项或约定不明确、仲裁协议为口头形式等，可以允许当事人进一步补充协商，以达成形式和内容符合法律规定的商事仲裁协议，并按补充完整的商事仲裁协议进行仲裁；如果当事人达不成补充完整的商事仲裁协议或者一方当事人已经起诉到法院且不愿意仲裁，应按司法程序处理。

中国《仲裁法》第 18 条规定："仲裁协议对仲裁事项或仲裁委员会没有约定或约定不明确的，当事人可以补充协议；达不成补充协议的，仲裁协议无效。" 这条规定实际上是对因缺乏重要内容而又无法执行的商事仲裁协议的处理，即允许当事人对商事仲裁协议所缺乏的两项内容进行补充，达成补充协议。如果当事人达不成补充协议，该商事仲裁协议整体无效。但是，中国的司法实践对没有指定仲裁委员会或者指定仲裁委员会不明确或不存在的商事仲裁协议，一般不进行补救，直接按整体无效处理。1996 年 10 月 10 日最高人民法院在给四川省高级人民法院的复函中认为，当事人在合同中约定的商事仲裁机构不存在，由法院对案件行使管辖权。[①]1996 年 9 月 9 日、1996 年 11 月 3 日最高人民法院在分别给浙江省高级人民法院、福建省高级人民法院的复函中认为，合同中的商事仲裁条款约定商事仲裁机构不明确，无法执行，该商事仲裁条款无效，由法院行使管辖权。[②]1996 年 12 月 20 日最高人民法院在给海南省高级人民法院的复函中认为，当事人合同中的商事仲裁条款因无明确的商事仲裁机构而无法执行，法院对案件有管辖权。[③]1997 年 3 月 19 日最高人民法院在给浙江省高级人民法院的复函中认为，仅约定仲裁地点而没有约定商事仲裁机构的商事仲裁条款，事后当事人就商事仲裁机构达不成补充协议的，商事仲裁协议无效，由法院行使管辖权。[④] 自 2006 年最高人民法院发布《〈仲裁法〉司法解释》后，有关无效商事仲裁协议的认定与处理更加规范，即具有下列情形之一的，商事仲裁协议无效：商事仲裁协议仅约定商事仲裁规则，当事人未就商事仲裁机构达成补充协议或依该商事仲裁规则不能确定商事仲裁机构的；商事仲裁协议约定两个以上商事仲裁机构，当事人不能就商事仲裁机构选择其一达成一致的；商事仲裁协议约定由某地的商事仲裁机构，该地有两个以上商事仲裁机构，当事人不能就商事仲裁机构选择其一达成一致的；当事人约定争端可以向商事仲裁机构申请仲裁

---

① 1996 年 10 月 10 日最高人民法院（1996）经他字第 26 号。

② 1996 年 9 月 9 日最高人民法院法函〔1996〕141 号，1996 年 11 月 3 日最高人民法院（1996）经他字第 27 号。

③ 1996 年 12 月 20 日最高人民法院法经〔1996〕449 号。

④ 1997 年 3 月 19 日最高人民法院法函〔1997〕36 号。

也可以向法院起诉的。[①]

（二）不完善商事仲裁协议的补救与处理

不完善商事仲裁协议，又称有缺陷的商事仲裁协议，是指具备法律规定的有效条件，但缺乏法律所要求的基本内容，或执行上有一定问题或困难的商事仲裁协议。对不完善的商事仲裁协议，应当针对不同情况分别处理。如果商事仲裁协议因为缺乏法律所要求的基本内容而导致该协议不可执行或者违反商事仲裁制度基本原则的，可以允许当事人进行补救，达不成补充协议，该商事仲裁协议无效，即按前述处理无效商事仲裁协议的方式处理。如果商事仲裁协议的内容不完备，但是可执行，可通过商事仲裁机构或法院依法进行补救，完善其内容。

在中国的商事实务特别是国际商事实务中，经常会出现当事人因各种原因在商事仲裁协议中规定了一些内容相互矛盾、含义模糊或约定不明的条文，因而导致商事仲裁协议不完善的情况。以下阐述不完善商事仲裁协议的主要情形及其处理。

（1）对同时选择两个商事仲裁机构的处理。当事人基于某种原因，虽愿意仲裁，但同时选择了两个商事仲裁机构，如“合同争议应提交中国国际贸易促进委员会对外经济贸易仲裁委员会或瑞典斯德哥尔摩商会仲裁院仲裁”。对此种情况的商事仲裁协议，一些国家和地区的商事仲裁立法和司法实践采取肯定态度，而有的采否定态度。中国的商事仲裁立法和司法实践，在国内商事仲裁方面，大都要求当事人达成补充协议，否则就认定这种商事仲裁协议无效。但本书认为，这类商事仲裁协议虽然赋予了两个或两个以上的商事仲裁机构对争议享有管辖权，但有关商事仲裁机构及其管辖权是完全可以确定的，因而该类商事仲裁协议是可以执行的，应该是有效的。因为这类约定是选择性规定，对当事人而言，只可以选择其中一个商事仲裁机构仲裁，至于选择哪一个商事仲裁机构，由当事人视情况自由决定。在商事仲裁制度较为发达的国家和地区，一般会规定商事仲裁机构对这类商事仲裁协议项下的争议案件享有商事仲裁管辖权。中国的司法实践，在国际商事仲裁方面，也确认这类商事仲裁协议的效力，排除法院对争议案件的司法管辖权，并将争议案件交由先向其提起仲裁的商事仲裁机构管辖。例如，1996 年 12 月 12 日最高人民法院在给山东省高级人民法院的复函中，对“齐鲁制药厂诉美国安泰国际贸易公司”合资合同纠纷一案商事仲裁条款效力问题所作的司法解释认为，商事仲裁条款对商事仲裁机构的约定是明确的，也是可执行的，当事人只要选择约定的商事仲裁机构之一即可进行仲裁，该案纠纷应由当事人提交仲裁解决，人民法院对该案无管辖权。[②]

（2）对选定的商事仲裁机构与其适用的商事仲裁规则不一致的处理。在当代国际商事仲裁中存在一种趋势，即商事仲裁机构与商事仲裁规则分离，故存在商事仲裁协议选择的商事仲裁机构与其选择适用的商事仲裁规则不一致，如“合同争议应提交上海仲裁委员会按国际商会国际仲裁院仲裁规则仲裁”。对此情形的商事仲裁协议，历史上，一些国家和地

① 参见《〈仲裁法〉司法解释》第 4～7 条。

② 1996 年 12 月 12 日最高人民法院法函〔1996〕176 号。

区的商事仲裁机构是不允许的。在这些商事仲裁机构的仲裁规则中，一般都对当事人的这种约定作了明确的规定，强调当事人选择了该机构仲裁，也就选定了该机构的仲裁规则。如中国一些地方仲裁委员会在过去原则上不允许当事人选择其他的商事仲裁规则。但随着时代的发展，中国的一些商事仲裁机构及其商事仲裁规则开始对此持肯定态度。如中国贸仲《仲裁规则》（2015 年）和中国海仲《仲裁规则》（2018 年）规定，当事人约定适用其他商事仲裁规则的，从其约定。[①]《重庆仲裁委员会仲裁规则》（2018 年）、《深圳国际仲裁院仲裁规则》（2020 年）、《广州仲裁委员会仲裁规则》（2021 年）等，都允许当事人另选其他商事仲裁规则。[②] 中国现行的司法实践对这类商事仲裁协议的效力也明确予以承认。如 1999 年 6 月 21 日最高人民法院在给湖北省高级人民法院的复函中认为，当事人在合同的商事仲裁条款中约定在我国香港地区依据国际商会仲裁规则进行仲裁，该商事仲裁条款按香港地区法律是有效的、可执行的，人民法院无管辖权。[③]

（3）对选定商事仲裁机构但没有约定商事仲裁规则的处理。有时当事人在商事仲裁协议中选择了商事仲裁机构但没有选择商事仲裁规则，如“因本合同所产生的一切争议应提交国际商会国际仲裁院仲裁”。对此种情形的商事仲裁协议，各国法律和实践均认为是有效的、可执行的商事仲裁协议，其缺陷可由商事仲裁机构或商事仲裁庭或法院协助当事人补充完善。各商事仲裁机构的通行作法是，如果当事人选择了特定的商事仲裁机构仲裁，视为当事人选择了该商事仲裁机构的仲裁规则。例如，中国贸仲《仲裁规则》（2015 年）和中国海仲《仲裁规则》（2018 年）规定，当事人约定将争议提交仲裁委员会仲裁的，视为同意按照本规则进行仲裁。[④]《国际商会仲裁规则》（2021 年）规定，当事人协议按国际商会仲裁规则提交仲裁的，应当视为他们事实上愿意按照仲裁开始之日有效的仲裁规则进行仲裁。[⑤] 中国的司法实践也认定这类商事仲裁协议是有效的商事仲裁协议。如 1996 年 5 月 16 日最高人民法院在给福建省高级人民法院的复函中认为，国际商会国际仲裁院是执行国际商会仲裁规则的唯一商事仲裁机构，双方当事人合同中的商事仲裁条款实际约定了由国际商会国际仲裁院依据国际商会仲裁规则对案件当事人之间的合同纠纷进行仲裁，该商事仲裁条款有效，当事人应按商事仲裁条款进行仲裁。[⑥]

（4）对选定商事仲裁规则但没有选择商事仲裁机构的处理。在现实中存在当事人选择了商事仲裁规则但未选择商事仲裁机构的商事仲裁协议。对此情形的处理，以所选择的商事仲裁规则能否确定商事仲裁机构而定。如果所选择的商事仲裁规则是非常设仲裁机构的商事仲裁规则而无法确定商事仲裁机构，例如当事人约定“所有争端按《联合国国际贸易法

---

① 中国贸仲《仲裁规则》（2015 年）和中国海仲《仲裁规则》（2018 年）各自第 4 条第 3 款。

② 例如，《重庆仲裁委员会仲裁规则》（2018 年）第 4 条第 2 款，《广州仲裁委员会仲裁规则》（2021 年）第 4 条第 2 款，《深圳国际仲裁院仲裁规则》（2020 年）第 3 条第 3、4 款。

③ 1999 年 6 月 21 日最高人民法院法经（1999）143 号。

④ 中国贸仲《仲裁规则》（2015 年）和中国海仲《仲裁规则》（2018 年）各自第 4 条第 2 款。

⑤ 《国际商会仲裁规则》（2021 年）第 6 条第 1 款。

⑥ 1996 年 5 月 16 日最高人民法院法函〔1996〕78 号。

委员会仲裁规则》(2010年)仲裁解决",此种商事仲裁协议属无法执行,当事人不能就商事仲裁机构达成补充协议时,应按无效商事仲裁协议处理。如果所选择的商事仲裁规则是常设仲裁机构的仲裁规则,而按该商事仲裁规则能够确定商事仲裁机构,则按有效商事仲裁协议处理,原因在于几乎每个常设仲裁机构的仲裁规则与该常设仲裁机构的商事仲裁管辖权相匹配。例如,中国贸仲《仲裁规则》(2015年)和中国海仲《仲裁规则》(2018)都规定,当事人约定按照本规则进行仲裁但未约定商事仲裁机构的,视为同意将争议提交仲裁委员会仲裁。[①]《重庆仲裁委员会两江国际仲裁中心仲裁规则》(2016年)、[②]《深圳国际仲裁院仲裁规则》(2020年)等也都规定,当事人约定按照本规则进行仲裁但未约定商事仲裁机构的,视为同意将争议提交本会(仲裁院)仲裁。[③]

(5)对选定商事仲裁机构的名称不准确的处理。当事人因各种原因,对提交仲裁的商事仲裁机构名称表述不准确,如"本合同的一切争议应交由中国对外贸易仲裁委员会仲裁解决","因本合同所产生的或与本合同有关的一切争议,应提交中国国际贸易仲裁委员会重庆分会按其有效仲裁规则仲裁解决"等。对此情形的商事仲裁协议,[④]如果商事仲裁机构与仲裁地紧密地联系在一起,或能够进行同一认定,则该商事仲裁协议应该是可执行的,若一方当事人对商事仲裁协议的效力提出异议,该异议不应当成立。例如,如果当事人在商事仲裁协议中规定,"因本合同所发生的一切争议交由上海市仲裁委员会在上海仲裁解决",那么上海仲裁委员会就有管辖权。再如,如果当事人在协议中约定由中国对外贸易仲裁委员会仲裁,则中国贸仲对当事人间的争议享有管辖权,因为中国贸仲的前身就是中国对外贸易仲裁委员会。又如,前述的中国贸仲重庆分会,可以认定是中国贸仲设在重庆的西南分会,故应由中国贸仲西南分会仲裁。需注意的是,必须将这种情形的商事仲裁协议与约定的商事仲裁机构根本不存在的商事仲裁协议相区分。按中国的立法和司法实践,后者是无效商事仲裁协议而非不完善的商事仲裁协议。

(6)对约定仲裁地点与商事仲裁机构但未明确商事仲裁机构名称的处理。当事人在订立合同时基于某种原因,在商事仲裁条款中约定了仲裁地点与商事仲裁机构但未确定商事仲裁机构的名称,如"双方因执行本合同发生争议,任何一方均可向甲方所在地商事仲裁机构申请仲裁"。对此种情形的商事仲裁协议,只要商事仲裁机构是明确的,应该认定为有效。中国的司法实践也承认这类商事仲裁协议的效力。例如,在"石家庄东方城市广场有限公司与中国香港拓能有限公司管辖异议案"中,最高人民法院在给河北省高级人民法院的复函中认为,虽然合同未写明仲裁委员会的名称,仅约定商事仲裁机构为"甲方所在地的仲裁机关",但鉴于在甲方当地只有一个仲裁委员会,即石家庄仲裁委员会,故该约定是明确的,

---

① 中国贸仲《仲裁规则》(2015年)和中国海仲《仲裁规则》(2018年)各自第4条第4款。

② 《重庆仲裁委员会两江国际仲裁中心仲裁规则》(2016年)第2条第2款。

③ 《深圳国际仲裁院仲裁规则》(2020年)第3条第2款。

④ 此种情形在国际、国内的商事仲裁实务中普遍存在。当事人可能因商事仲裁机构名称的经常改变、仲裁机构的合并或分离等情形而无法准确表述商事机构的名称。

该商事仲裁条款合法有效。[①]

(7)对其他方面约定较完整但指定具体商事仲裁机构不能进行仲裁的处理。对当事人约定“如发生争议,以在巴黎的国际商会按国际商会仲裁规则所作的仲裁裁决为准”之类的商事仲裁协议的处理,应当视案件具体情况而定。虽然当事人指定商事仲裁机构有错误,或未明确指定具体的商事仲裁机构,或所指定的商事仲裁机构不可能进行仲裁,但如果从当事人在商事仲裁协议中的其他约定,或从有关语言文字和其他情形中,能够合理地认定当事人在订立商事仲裁协议时的真实意图包含了某个商事仲裁机构,或能合理地推定进行仲裁的机构,则该商事仲裁协议有效。否则,应由当事人达成补充商事仲裁协议;如果不能达成补充协议,应按商事仲裁协议无效处理。如在上述例子中,能合理地推断出进行仲裁的机构应是国际商会国际仲裁院,而不是国际商会。

五、商事仲裁协议法律效力的表现

一项有效的商事仲裁协议,对双方当事人及相关机构都具有严格的法律约束力,双方当事人及相关机构都必须严格按照该商事仲裁协议的约定进行商事仲裁活动或对该商事仲裁活动给予支持。

(一)对双方当事人的效力

商事仲裁协议既然是由双方当事人达成的同意将其现存的或未来的有关争议提交仲裁而不是提交法院解决的一种协议,它自然首先直接对双方当事人发生效力。

商事仲裁协议对双方当事人最主要的法律效力为:任何一方当事人都有义务将争议提交仲裁解决。商事仲裁协议一旦有效订立,双方当事人都要受其约束,都要履行协议规定的义务,任何一方都应当将他们之间的特定争议提交仲裁解决,而不得提交法院解决。这是因为,一项有效的商事仲裁协议排除了任何一方当事人将争议提交法院解决的权利,使双方当事人承担了将争议提交仲裁解决的义务。如果一方当事人违反商事仲裁协议规定的这一义务而向法院起诉,另一方当事人就有权依据商事仲裁协议要求法院终止司法诉讼程序,并将争议交给商事仲裁机构解决。

各国的商事仲裁立法和司法实践及有关国际条约都明确规定了商事仲裁协议对双方当事人的这一法律效力。如中国《仲裁法》规定,当事人达成有效商事仲裁协议,一方向法院起诉的,法院不予受理。[②] 前述中国司法实践的有关规定和做法也说明了这一原则在中国司法实践中的运用。在法国国际商事仲裁实践中,法国法院在主张商事仲裁协议对当事人的法律效力时,拒绝适用不承认商事仲裁协议有约束力的外国法律,即使是因当事人的国籍或争议的标的或支配争议实质问题的法律而使该争议与该国法律有联系的情况。[③]1923 年《日

① 1998 年 7 月 6 日最高人民法院法经(1998)287 号。

② 中国《仲裁法》第 5 条。

③ 法国司法实践的案例可见 CA. Paris, Apr. 20, 1988, Clark International Finance v. Sud Matériel Service, 1988 REV. ARB. 570. 这一方法因法国最高法院于 1993 年 12 月 20 日在 Comité populaire de la municipalité de Khoms El Mergeb v. Dalico Contractors 案(121 J.D.I. 432[1994])的判决而普遍化。

内瓦商事仲裁条款议定书》也默示确认了这项原则，规定分别属于不同缔约国管辖区域的合同当事人之间同意将可能产生的、涉及商事事项或能通过仲裁予以和解的任何其他事项的、与合同有关的所有或任何分歧提交仲裁的协议，无论是有关现存分歧还是未来分歧的协议，也不论仲裁是否在当事人所属管辖区域的国家进行，每一缔约国均承认其有效性。[①]1958年《纽约公约》在第2条也作了类似的规定。

（二）对商事仲裁机构和仲裁庭的效力

商事仲裁协议是商事仲裁机构和仲裁庭对争议案件行使商事仲裁管辖权的根据，受理、审理、裁决争议案件必须以有效的商事仲裁协议为基础。它还进一步决定商事仲裁机构和仲裁庭与当事人之间的关系，以及仲裁员和仲裁庭的权利义务。没有有效的商事仲裁协议，当事人一方无权将争议交由仲裁解决，商事仲裁机构也无权受理该争议案件。任何一方当事人有权以不存在商事仲裁协议或商事仲裁协议无效为由，对商事仲裁机构和仲裁庭的管辖权提出异议。商事仲裁协议对商事仲裁机构和仲裁庭的法律效力主要表现在以下两个方面：

（1）决定仲裁管辖权的范围。商事仲裁协议决定仲裁管辖权的范围。具体而言：其一，它赋予仲裁庭审理当事人提交仲裁的争议，并作出裁决的权力。其二，它决定仲裁庭可以审理和裁决何项争议或何种问题。例如，商事仲裁协议只规定了一项争议，在商事仲裁程序的进行过程中，如果无进一步的商事仲裁协议，仲裁庭就无权审理其他争议。如果仲裁庭审理其他争议，就会出现超越仲裁管辖权范围的问题。

（2）确定仲裁庭具有决定自身管辖权的权力。商事仲裁协议还可以确定仲裁庭是否具有决定自身管辖权的权力。如果商事仲裁协议合法有效，即使没有明确规定这项授权，根据有关国家的商事仲裁立法和司法实践及相关的商事仲裁规则，也可以基于商事仲裁协议的存在来确定仲裁庭所具有的该项权力[②]。

商事仲裁庭所拥有的决定自身管辖权的权力，在国际社会被称为“权限－权限”（competence-competence）规则或原则。该规则最先起源于德国，后被法国和其他欧洲大陆法系国家的理论界与司法实践所采用。联合国国际贸易法委员会在制定《联合国国际商事仲裁示范法》时的工作文件和评述中也提到了这一规则。目前该规则已经得到了国际社会各主要的国际商事仲裁公约、各主要国家的商事仲裁立法和司法实践、各主要常设商事仲裁机构的商事仲裁规则的普遍承认。

在商事仲裁国际公约和示范法方面，1961年《欧洲国际商事仲裁公约》规定，按仲裁庭所在地国家的法律规定，仲裁庭受对其管辖权提出异议的任何后续司法管制的约束，但它应该有权继续仲裁程序，决定其管辖权并决定商事仲裁协议或包含商事仲裁协议的合同的存在或效力。[③]1965年《华盛顿公约》也有类似的规定。[④]1985年《联合国国际商事仲裁示范

① 1923年《日内瓦商事仲裁条款议定书》第1条。

② 有些国家的商事仲裁立法规定，仲裁员享有这一权力。如西班牙2003年《仲裁法》第22条。

③ 1961年《欧洲国际商事仲裁公约》第5条第3款。

④ 1965年《华盛顿公约》第41条。

法》规定，“仲裁庭可以对有关仲裁庭没有管辖权的抗辩,作为一个初步问题或在实体裁决中,进行裁定”,即使发生要求撤销有关管辖权裁决的诉讼,“仲裁庭仍然可以继续仲裁程序,并作出裁决”。[①]

在当代各国商事仲裁立法中,这类规定极为普遍。[②] 如法国 2011 年《民事诉讼法典》规定,仲裁庭对其管辖异议的决定享有排他性管辖权。[③] 在法国的国际商事仲裁中,如果仲裁受法国法支配,上述规定同样适用。[④] 基于 1981 年法令的规定,这项原则在法国的国际商事仲裁法律制度中具有普遍性。[⑤] 按照法国的立法和司法实践,“审理案件的仲裁庭具有决定自身管辖权的权力,这项权力来源于当事人的协议,仲裁庭对这类协议拥有审查其存在和有效性的管辖权”。

在国际商事仲裁规则中,《联合国国际贸易法委员会仲裁规则》(2010 年)、《国际商会仲裁规则》(2021 年)、英国《伦敦国际仲裁院仲裁规则》(2020 年)、《美国仲裁协会国际仲裁规则》(2021 年)等,都作了类似的规定。[⑥]

(三)对法院的效力

商事仲裁协议以当事人的自由意志排除了法院的司法管辖权,这是商事仲裁协议的法律效力所产生的主要的、也是最直接的效果之一。这种效果不仅能够排除法院一般的司法管辖权,甚至能够排除法院的专属管辖权。如果一方当事人在争议发生后不按商事仲裁协议将争议提交仲裁解决,而诉诸法院,法院因其无管辖权会要求当事人将争议交由仲裁解决。如果法院已经受理了有关当事人所提起的诉讼,另一方当事人有权以他们之间存在商事仲裁协议、法院无管辖权为由,要求法院终止有关的诉讼程序、驳回该当事人的起诉。

商事仲裁协议排除法院的司法管辖权,已经得到了各国商事仲裁立法和司法实践以及国际商事仲裁立法的普遍认可,并已经成为商事仲裁法律制度中的一项基本原则。

在各国商事仲裁立法和司法实践方面,如法国 2011 年《民事诉讼法典》规定:“按商事仲裁协议提交仲裁解决的争议在法院起诉的,法院应拒绝管辖。”[⑦] 法国最高法院在殴迪福诉伊朗伊斯兰共和国案(Eurodif v. République Islamique d’Iran)[⑧] 的判决中确认,这条规定不仅

① 《联合国国际商事仲裁示范法》第 16 条第 3 款。

② 如荷兰 1986 年《民事诉讼法典》第 1052 条第 1 款、葡萄牙 1986 年《关于自愿仲裁的法律》第 21 条第 1 款、瑞士 1989 年《联邦国际私法》第 186 条、土耳其 1993 年《仲裁法典》第 61 条、英国 1996 年《仲裁法》第 30 条、德国 1998 年《民事诉讼法典》第 1040 条、比利时 1998 年《司法法典》第 1 697 条第 1 款、西班牙 2003 年《仲裁法》第 22 条第 1 款。

③ 法国 2011 年《民事诉讼法典》第 1465 条。

④ 法国 2011 年《民事诉讼法典》第 1506 条。

⑤ 法国在此以前的重要案例有:Cass. com., Feb. 22, 1949, Caulliez-Tibergien v. Caulliez-Hannart, JCP, Ed. G., Pt. II, No. 4899(1949); Trib. civ. Seine, Oct. 17, 1956, Kohorn v. Dimitrov, JCP, Ed. G., Pt. II, No.9647(1956); CA. Colmar, Nov. 29, 1968, Impex v. P.A.Z., Ed. G., Pt. II, No. 16246(1970).

⑥ 《联合国国际贸易法委员会仲裁规则》(2010 年)第 23 条第 1 款、《国际商会仲裁规则》(2021 年)第 6 条第 3 款、《伦敦国际仲裁院仲裁规则》(2020 年)第 23 条第 1 款,《美国仲裁协会国际仲裁规则》(2021 年)第 15 条第 1 款。

⑦ 法国 2011 年《民事诉讼法典》第 1448 条第 1 款。

⑧ 1989 Bull. Civ. I, No. 255.

适用于国内商事仲裁，而且也适用于国际商事仲裁。英国1996年《仲裁法》规定，“如诉讼针对商事仲裁协议的一方当事人提出（无论是本诉还是反诉），所涉及的事项依商事仲裁协议应当提交仲裁，该方当事人（经向对方发出通知后）可向诉讼进行地法院提出申请，要求法院中止上述事项的程序”。[①] 美国1990年《联邦仲裁法》也有类似的规定。[②] 中国《仲裁法》规定，当事人达成商事仲裁协议，一方当事人向人民法院起诉未声明有商事仲裁协议，人民法院受理后，另一方在首次开庭前提交商事仲裁协议的，人民法院应当驳回起诉，但商事仲裁协议无效的除外。[③] 中国《民诉法》规定，依照法律规定，双方当事人达成书面仲裁协议、不得向人民法院起诉的，应告知原告向商事仲裁机构申请仲裁。[④] 目前，其他各主要国家的商事仲裁立法也确认了存在有效商事仲裁协议的情况下法院无管辖权的原则。[⑤]

在有关商事仲裁的国际公约和示范法方面：1923年《日内瓦商事仲裁条款议定书》规定，缔约国的法院在受理第1条所适用的当事人之间产生的与其缔结的合同有关的争议时，如该当事人之间订立有商事仲裁协议，根据一方当事人的请求，应当命令双方当事人提请仲裁解决。[⑥]1958年《纽约公约》的规定与此相似：缔约国法院受理一个案件，而对该案件所涉及的事项，双方当事人之间已经达成本条意义内的协议，除非该法院查明该协议无效、未生效或不可执行，应当根据一方当事人的请求，令当事人提交仲裁。[⑦]1961年《欧洲国际商事仲裁公约》则间接承认了存在有效商事仲裁协议时法院无管辖权这一原则，其明确规定：“如商事仲裁协议一方当事人在向法院起诉之前，已经提请仲裁，缔约国的法院以后在审理该商事仲裁协议是否存在或无效、或已失效等问题时，在商事仲裁裁决作出之前，应停止对仲裁员的管辖权作出裁决，有正当而真实的相反理由者除外。”[⑧]《联合国国际商事仲裁示范法》规定：“就商事仲裁协议的标的向法院提起诉讼时，如果一方当事人在不迟于其就争议实体问题提出第一次申述时要求仲裁，法院应当让当事各方交付仲裁，除非法院认定商事仲裁协议无效、不能实行或不能履行。”[⑨]

但是，有必要强调的是，根据各国商事仲裁立法和司法实践以及有关国际商事仲裁法律制度，商事仲裁协议排除法院司法管辖权的规定并不是绝对的。各有关的商事仲裁法律制度实际上对法院的有关管辖权给予了不同程度的保留。其中最为主要的保留是，规定了法院对商事仲裁协议的存在与否、有效性和可执行性进行审查和裁判的权力。当法院认定商

① 英国1996年《仲裁法》第9条第1款。

② 美国1990年《联邦仲裁法》第3条。

③ 中国《仲裁法》第26条第1款。

④ 中国《民诉法》第127条第2项。

⑤ 如荷兰1986年《民事诉讼法典》第1022条、瑞士1987年《联邦国际私法》第7条、德国1998年《民事诉讼法典》第1032条、比利时1998年《司法法典》第1679条、西班牙2003年《仲裁法》第11条。

⑥ 1923年《商事仲裁条款日内瓦议定书》第4条第1款。

⑦ 1958年《纽约公约》第2条第3款。

⑧ 1961年《欧洲国际商事仲裁公约》第6条第3款。

⑨ 《联合国国际商事仲裁示范法》第8条第1款。

事仲裁协议不存在、无效或无法执行时,法院即对案件享有司法管辖权。从上述的引证即可略见一斑。此外,根据一些国家法律的规定,一方当事人向法院起诉,而另一方当事人应诉,且对法院的管辖权在法定时间内不提出异议,即使存在有效的商事仲裁协议,也视为该有关当事人默示接受了法院的司法管辖权,法院对争议案件享有管辖权。

(四)对商事仲裁裁决的效力

商事仲裁协议是商事仲裁裁决得以执行的根据,包括当事人自动履行和法院强制执行。商事仲裁协议对商事仲裁裁决的效力更侧重于后者。在通常情形下,仲裁败诉的一方当事人会以种种理由为借口,不主动、自觉地履行商事仲裁裁决所确定的实体义务。此时,胜诉的一方当事人可以依据有效的商事仲裁协议和商事仲裁裁决书依法请求法院强制执行,迫使败诉方履行义务,以实现自己的权利。例如,中国《仲裁法》和中国《民诉法》规定,一方当事人不履行商事仲裁裁决,另一方当事人可以按民事诉讼法的有关规定向人民法院申请执行,受理申请的人民法院应当执行。①《联合国国际商事仲裁示范法》规定,商事仲裁裁决不论在何国境内作出,都应该被承认为具有约束力,且经向有管辖权的法院提出书面申请,即应按本法的有关规定予以执行。②

在当事人向法院申请强制执行时,商事仲裁协议的存在与否、有效与否是申请成功与否的重要条件。如果存在合法有效的商事仲裁协议,强制执行申请就有可能成功;否则,法院就会以商事仲裁协议不存在、无效为由撤销该商事仲裁裁决或裁定不予执行该商事仲裁裁决。例如,中国《仲裁法》和中国《民诉法》规定:一方当事人提出证据证明商事仲裁裁决具有无商事仲裁协议的情形的,可以向人民法院申请撤销裁决,人民法院经组成合议庭审查核实不存在商事仲裁协议的,应当裁定撤销商事仲裁裁决;被申请人提出证据证明商事仲裁裁决具有无商事仲裁条款或没有达成书面商事仲裁协议的情形的,经法院组成合议庭审查核实,裁定不予执行。③

第五节 商事仲裁协议的自治权理论

商事仲裁协议自治权理论(doctrine of autonomy of commercial arbitration agreement),又称商事仲裁协议的独立性(independence)、可分离性(separablity)或可分割性(severability)理论或学说,是指商事仲裁协议在同包含它或与它相关的主合同的关系问题上的自治或相分离。

一、商事仲裁协议自治权理论的产生及其基本内容

合同中的商事仲裁条款本身是合同的一部分。争议发生前后由当事人达成的其他形式

① 参见中国《仲裁法》第 62 条,中国《民诉法》第 244 条第 1 款、第 280 条。

② 《联合国国际商事仲裁示范法》第 35 条第 1 款。

③ 参见中国《仲裁法》第 58 条第 1 款第 1 项和第 2 款、第 63 条,中国《民诉法》第 244 条第 2 款、第 281 条。

的商事仲裁协议是对主合同中关于争议解决条款的补充或重新达成的协议,仍然是主合同的组成部分,至少是因主合同而生,对主合同具有依附性。正是因为考虑到除商事仲裁条款以外的商事仲裁协议形式与有关商事合同之间,同样有着这种实质性的联系,本书在这里将一般的商事仲裁法论著中所探讨和表述的"商事仲裁条款自治权理论"表述为"商事仲裁协议自治权理论"。

(一)商事仲裁协议自治权理论的产生

合同有效,商事仲裁协议因为主合同有效而有效,自然容易理解,不存在太多争议。但是如果主合同不存在、无效、解除、终止或不可执行,是否导致商事仲裁条款或商事仲裁协议具有当然相同或相应的效果,则存有争议。商事仲裁条款是合同的组成部分,合同的效力自然对其产生影响。事后达成的商事仲裁协议因它是达成的一个新协议,可以视为一个单独的合同,其有效性可以不受主合同的影响,但从其对主合同的依附性而言,则应受主合同的影响。因此,如果按照一般的、传统的合同法理论和司法观念,商事仲裁条款是合同的一部分,事先或事后达成的商事仲裁协议具有附属性,合同不存在、无效、解除、终止或不可执行,商事仲裁协议也应该因此而具有这些效果。英美法系国家以前的立法和司法实践、早期的国际商事仲裁立法持这种观点,特别是对合同中的商事仲裁条款。按照传统的合同法理论和司法观念,商事仲裁协议是针对合同的法律关系而起作用的,主合同不存在,附属于合同的商事仲裁协议因此丧失了存在的基础,主合同无效,商事仲裁协议尤其是合同中的商事仲裁条款当然应该归于无效。因此当事人对合同的存在、效力提出异议时,如果当事人试图以商事仲裁方式解决合同纠纷,首先应当由法院对合同和商事仲裁协议的效力作出决定,仲裁庭对商事仲裁协议的有效性问题无管辖权。在这方面,英国以前的司法实践最为典型。英国上诉法院在 1942 年海曼诉达尔文有限公司案(Heymann v. Darwins Ltd)[①] 的判决中认为,如果根本不存在一项合同,就完全不存在作为该合同一部分的商事仲裁协议。英国法院判例确认,下列三个方面的争议不属于商事仲裁协议的范围,仲裁庭无管辖权:有关包括商事仲裁条款的合同是否有效的争议;有关包含商事仲裁协议的主合同自始无效的争议;这类合同是否反映当事人真实意思的争议。[②]

随着时代的发展和商事仲裁法律制度的发达,商事仲裁协议的效力依附于主合同的传统理论和司法观念受到了新的理论与司法实践的挑战。新的理论和实践认为,无论商事仲裁协议的表现形式是商事仲裁条款还是其他形式的商事仲裁协议,虽然它们对主合同具有附属性,但都体现了当事人的自由意志,是当事人缔约自由、当事人意思自治的法律原则在以商事仲裁方式解决合同纠纷方面的体现,其法律效力当然应该独立于主合同的效力,主要理由如下:

首先,当事人在争议发生前或争议发生后自愿达成的专门仲裁协议,体现了当事人不愿意将争议诉诸司法程序而自愿交付仲裁解决的意志,从商事仲裁协议的订立、形式、内容等

① Heymann v. Darwins Ltd., 363 CA(1942).

② 参见赵威主编:《国际仲裁法的理论与实践》,中国政法大学出版社 1995 年版,第 126 页。

各有关方面来看，都与主合同相独立，是当事人之间达成的一项新的、独立的协议。因此，主合同的存在与否、有效与否、可执行与否，都不应该影响这种商事仲裁协议的有效性。

其次，合同中的商事仲裁条款虽然是构成该合同内容的一部分，但是它具有与合同中的其他条款完全不同的性质，它不仅是双方当事人协商一致的结果，是一方当事人对另一方当事人承担将争议提交仲裁解决的一项义务；而且，它还反映了双方当事人彼此同意授权第三方解决其争议，一方当事人向另一方当事人承担了将争议提交共同约定的商事仲裁机构解决的义务。[①] 如果商事仲裁条款的效力仅仅因为它是合同的一部分而受主合同效力的影响，实质上剥夺了或者歪曲了当事人在争议解决方法上的共同自治意志，同时对有权解决当事人争议的商事仲裁机构产生影响，即剥夺了商事仲裁机构对争议案件的管辖权，这对双方当事人和商事仲裁机构都是不合理的。如果商事仲裁条款的效力不受合同的制约，合同无效、不存在、不可执行并不影响商事仲裁条款本身的效力，则实质上承认了双方当事人在争议解决方式问题上的自由意志及其独立性，并有利于双方当事人之间的有关法律争议的解决，也有助于商事仲裁制度的发展。因此商事仲裁协议的自治权理论与实践也就应运而生了。

（二）商事仲裁协议自治权理论的基本内容

普通法系国家的学者长期不愿意接受这一“自治权理论”，[②] 而将其称为“可分割性”或“可分离性”原则；大陆法系国家的学者也经常使用“可分离性”“独立性”或“超然性”（detachment）这样的表述。但是，由于在欧洲大陆各主要国家的商事仲裁立法和司法实践中，在确定商事仲裁协议的效力独立于主合同的效力时，通常是依据自治权理论来援引法律规则，故使得自治权理论得以牢固地确定下来。

无论商事仲裁协议自治权理论在理论上是否得到了普遍的接受，其表述方式如何，在现代商事仲裁立法和司法实践中，其都已经得到了充分的肯定和普遍的认同，法律含义也有了大体上较为一致的认识。综观国际社会有关商事仲裁立法和司法实践的相关规定，商事仲裁协议自治权理论，一般是指商事仲裁协议的效力不因合同不存在、无效、失效或不可执行而受影响，合同中的商事仲裁条款是与合同相分离的、独立存在的条款，仲裁庭依据有效的商事仲裁协议或商事仲裁条款对争议案件享有管辖权，排除法院管辖权。

根据这一含义，商事仲裁协议自治权理论的基本内容为：商事仲裁协议是与主合同或其他合同条款相分离的、各自独立的契约，其效力不受主合同效力的影响，即使主合同不成立、不存在、无效、失效或不可执行，商事仲裁协议的效力都不能因此而受任何影响；当事人对主合同存在与否、有效与否的异议，应当由仲裁庭而不是法院来裁决。

---

① 参见谢石松著：《国际民商事纠纷的法律解决程序》，广东人民出版社 1996 年版，第 116～118 页。

② Pierre Mayer, L'autonomie de l'arbitre international dans l'appréciation de sa proper compétence, in Collected Courses of Hague Academy of International Law, vol. 217, 1989, part 5 s10 ; Pierre Mayer, The Limits of Severability of the arbitration Clause, in ICCA Congress Series No. 9, 1998 REV. ARB. 359.

二、商事仲裁协议自治权理论在实践中的运用

商事仲裁协议自治权理论，最早是在法国的司法判例中得到肯定，并被作为一项非常重要的法律原则确定下来。这一原则，最初是由法国法院将其适用于国际商事仲裁，后来扩展到了国内商事仲裁实践中。法国最高法院于1963年在雷蒙德·哥斯特诉卡拉贝里案（Ets. Raymond Gosset v. Carapelli）[①]中主张："在国际商事仲裁中，无论商事仲裁协议是分别订立的，还是包括在与它相关的合同中，在特殊情形下应当得以保留，并应当具有完全的法律自治，不应当受合同无效这一事实的影响。"这一法律原则一经确定，在法国上诉法院以后的许多判决中得到了广泛的适用，并在法国最高法院得到了再次肯定。在法国，商事仲裁协议的效力独立于主合同效力的原则是商事仲裁法律制度中的一项实质性规则，法国法院在考虑与主合同相独立的商事仲裁协议时，不考虑适用于该合同和支配商事仲裁协议本身的任何外国法律。而且，商事仲裁协议自治权理论在法国法院得到肯定的适用以后，迅速得到了世界各国和国际社会的广泛认同，并迅速发展成为商事仲裁法律制度中的一项基本原则。

（一）在主要商事仲裁立法中的运用

在各国商事仲裁立法中，普遍确认商事仲裁协议自治原则。例如，荷兰1986年《民事诉讼法典》规定，"应当将商事仲裁协议作为一项分离的协议加以考虑和决定"，"仲裁庭应当有权决定商事仲裁协议为其构成部分或与商事仲裁协议有关的合同的有效性"。[②]瑞士1989年《联邦国际私法》规定，"不得基于主合同无效对商事仲裁协议的有效性提出异议"。[③]比利时1998年《司法法典》规定，"合同无效的裁决不应当在法律上导致其中的商事仲裁协议无效"。[④]德国1998年《民事诉讼法典》规定，"仲裁庭可以决定自己的管辖权，并同时对商事仲裁协议的存在或效力作出决定。为此，构成合同一部分的商事仲裁条款应被视为独立于合同其他条款的协议"。[⑤]瑞典1999年《仲裁法》规定，"构成其他协议一部分的商事仲裁协议，其效力如必须和仲裁庭的管辖权同时确定，则商事仲裁协议视为独立的协议"。[⑥]日本2004年《仲裁法》规定："即使在包括商事仲裁协议的特定合同中，合同条款的任何或全部被判定无效、撤销或因其他原因无效，商事仲裁协议不应必然受影响。"[⑦]法国2011年《民事诉讼法典》规定："商事仲裁协议独立于与其相关的合同，不应受合同无效的影响。"[⑧]

---

① Cass. 1e civ., May 7, 1963, Ets. Raymond Gosset v. Carapelli, JCP, Ed. G., Pt. II, No. 13405（1963）; 91 J.D.I. 82（1964）; 1963 REV. CRIT. DIP 615; Jur. 545（1963）.

② 荷兰1986年《民事诉讼法典》第1053条。

③ 瑞士1989年《联邦国际私法》第178条第3款。

④ 比利时1998年《司法法典》第1697条第2款。

⑤ 德国1998年《民事诉讼法典》第1040条第1款。

⑥ 瑞典1999年《仲裁法》第3条。

⑦ 日本2004年《仲裁法》第13条第6款。

⑧ 法国2011年《民事诉讼法典》第1447条第1款。

中国在20世纪80年代的有关合同立法中,间接承认了商事仲裁协议自治权原则。如1985年的《中华人民共和国涉外经济合同法》(已失效)曾经规定:“合同约定的争议解决条款,不因合同的解除或终止而失去效力。”[①] 不过,按当时的立法体制,该法的规定只适用于中国的涉外经济合同,不适用于国内合同。故该项规定不适用于对国内商事仲裁协议的效力的确定,这决定了中国当时只部分承认商事仲裁协议自治权原则。到了20世纪90年代,才改变了这一局面,中国《仲裁法》和《中华人民共和国合同法》(已失效)都明确承认了商事仲裁协议自治权原则,并同时适用于国内和国际商事仲裁协议。中国《仲裁法》规定,“仲裁协议独立存在,合同的变更、解除、终止或者无效,不影响仲裁协议的效力”。[②]《中华人民共和国合同法》(已失效)曾经规定:“合同无效、被撤销或者终止的,不影响合同中独立存在的有关解决争议方法的条款的效力。”[③]

(二)在主要商事仲裁规则中的运用

当事人在商事仲裁协议中约定商事仲裁规则,就产生了当事人的授权。如果当事人所约定的商事仲裁规则规定了商事仲裁协议自治权原则,就可以因此推定当事人有使商事仲裁协议与主合同相分离的意图。这种推定在商事仲裁实务和司法实践中具有重要作用。由于存在着支配商事仲裁协议但不承认商事仲裁协议自治权原则的法律,在这种情形下,如果涉及的法律既不明确反对也不明确承认商事仲裁协议自治权原则,仲裁庭或法院可以通过以当事人意图为基础的决定,将仲裁协议与其主合同相分离。从而也使商事仲裁规则对商事仲裁协议自治权原则的确认具有了非常重要的意义。

国际商会在其1955年的仲裁规则中确认了商事仲裁协议自治权原则。《国际商会仲裁规则》(1998年)规定:“除非有相反的约定,只要仲裁庭认为商事仲裁协议有效,不应因合同被指无效或不存在而终止对仲裁案件行使管辖权。即使合同本身可能不存在或无效,仲裁庭仍然应该继续行使管辖权,以决定当事人的权利,并对其请求和主张作出裁判。”[④] 这项规定清楚地肯定了商事仲裁协议的自治性。《国际商会仲裁规则》(2021年)仍沿袭原有规定:强调除非另有约定,否则,只要仲裁庭认为商事仲裁协议有效,仲裁庭不因任何合同不存在或合同无效的主张,而停止对案件的管辖权;即使合同可能不存在或者无效,仲裁庭仍继续享有管辖权,以决定当事人各自的权利并对其请求和抗辩作出裁定。[⑤] 按照上述规定,仲裁庭只能在它认为商事仲裁协议本身无效或不存在的情况下才拒绝管辖。

《联合国国际贸易法委员会仲裁规则》(1976年)明确规定了商事仲裁协议自治权原则:“为第二十一条(仲裁庭决定自己管辖权)的目的,构成合同的组成部分和规定按本规则

① 1985年《中华人民共和国涉外经济合同法》第35条。

② 中国《仲裁法》第19条第1款。

③ 参见原《中华人民共和国合同法》第57条。2021年1月1日《中华人民共和国民法典》正式实施后,《中华人民共和国合同法》已被《中华人民共和国民法典》“合同编”取代。

④ 《国际商会仲裁规则》(1998年)第6条第4款。

⑤ 参见《国际商会仲裁规则》(2021年)第6条第9款。

提交仲裁的商事仲裁条款应当作为一种与合同其他条款相独立的协议。仲裁庭对合同无效的决定不应当在法律上导致商事仲裁条款无效。”[①]《联合国国际贸易法委员会仲裁规则》（2010 年）沿袭商事仲裁协议自治权原则，规定“构成合同一部分的商事仲裁条款，应视为独立于合同中其他条款的一项协议。仲裁庭作出合同无效的裁定，不应自动造成商事仲裁条款无效”。[②]

普通法系国家的常设仲裁机构的商事仲裁规则采纳了商事仲裁协议自治权原则。其中典型者如，《伦敦国际仲裁院仲裁规则》（2020 年）规定，“为此目的，形成或打算构成另一个协议一部分的仲裁条款应被视为独立于其他协议的仲裁协议。仲裁庭关于其他协议不存在、无效或无效的裁决，不应（本身）涉及仲裁条款的不存在、无效或无效”。[③]《美国仲裁协会国际仲裁规则》（2009 年）规定，“商事仲裁条款应被视为独立于合同其他条款的一项协议，仲裁庭不得仅因合同无效而认定商事仲裁条款无效”。[④] 英美两国商事仲裁机构的仲裁规则都承认商事仲裁协议自治权原则，具有特别的重要意义，因为在历史上，普通法系国家并不愿承认这一原则。

中国各商事仲裁机构的仲裁规则都明确承认商事仲裁协议自治权原则。例如，中国贸仲《仲裁规则》（2015 年）和中国海仲《仲裁规则》（2018 年）都规定：“合同中的仲裁条款应视为与合同其他条款分离的、独立存在的条款，附属于合同的仲裁协议也应视为与合同其他条款分离的、独立存在的一个部分；合同的变更、解除、终止、转让、失效、无效、未生效、被撤销以及成立与否，均不影响仲裁条款或仲裁协议的效力。”[⑤] 又如，《重庆仲裁委员会仲裁规则》（2018 年）规定，商事仲裁协议独立存在，无论合同是否成立、变更、解除、终止、无效、失效、未生效、被撤销，均不影响商事仲裁协议的效力。[⑥] 再如，《深圳国际仲裁院仲裁规则》（2020 年）规定：合同中的商事仲裁条款或附属于合同中的商事仲裁协议相对于合同独立存在；合同的成立与否、未生效、无效、失效、被撤销、变更、解除、中止、终止、转让或不能履行，均不影响商事仲裁协议的效力。[⑦]

（三）在司法实践中的运用

在各国商事仲裁司法实践中，如前所述，法国最高法院于 1963 年在雷蒙德·哥斯特诉卡拉贝里案（Ets. Raymond Gosset v. Carapelli）中确认了这项原则，并使其在法国司法实践中得到了普遍的认可。美国联邦最高法院在其于 1967 年斐玛·派特诉福德·科克林公司案（Prima Paint v. Food & Conklin）[⑧] 的判决中宣布，商事仲裁条款与包含这一商事仲裁条款的合

---

① 参见《联合国国际贸易法委员会仲裁规则》（1976 年）第 21 条第 2 款。

② 参见《联合国国际贸易法委员会仲裁规则》（2010 年）第 23 条第 1 款。

③ 参见《伦敦国际仲裁院仲裁规则》（2020 年）第 23 条第 2 款。

④ 参见《美国仲裁协议国际仲裁规则》（2009 年）第 15 条第 2 款。

⑤ 参见中国贸仲《仲裁规则》（2015 年）和中国海仲《仲裁规则》（2018 年）各自第 5 条第 4 款。

⑥ 《重庆仲裁委员会仲裁规则》（2018 年）第 9 条。

⑦ 《深圳国际仲裁院仲裁规则》（2020 年）第 9 条。

⑧ Prima Paint v. Food & Conklin Mfg Co., 388 U.S. 395（1967）.

同相分离。美国其他法院和美国的商事仲裁机构对这一原则也给予了充分的肯定。[①] 而德国、意大利、日本等国家的法院在其国家颁布采纳这一原则的仲裁立法之前,也采取了同样的态度。[②] 中国目前的司法实践也普遍接受了这一原则,如前述最高人民法院有关司法解释说明了这一事实,即遵循商事仲裁协议自治权原则。

第六节 商事仲裁协议的法律适用

任何一项商事仲裁协议的有效性都涉及当事人缔约能力、协议形式、协议成立、协议的内容等几个方面,在确定商事仲裁协议有效性的准据法时,首先得考虑确定准据法的方法,即是将商事仲裁协议作为一个整体来确定其准据法,还是将商事仲裁协议分解成若干个不同方面而分别确定其准据法。纵观国内外商事仲裁理论与实践,在这一问题上,一直存在着"统一论"和"分割论"两种不同的方法论。

一、商事仲裁协议法律适用中的"统一论"

"统一论"主张将一项商事仲裁协议看作一个整体,将其所涉及的所有问题都统一地由一种法律来支配。持"统一论"的根据是:(1)商事仲裁协议属于契约范畴,国际私法中决定国际商事契约的准据法的"统一论"方法,同样适用于确定国际商事仲裁协议的准据法。[③](2)无论是从经济学的角度还是从法学的角度,一项商事仲裁协议都应当是一个整体,为了保持商事仲裁协议的整体协调性,也应当坚持一项商事仲裁协议只适用一种法律的原则。(3)就当事人的主观意志而论,他们并不希望将商事仲裁协议分解为许多方面而分别适用不同的法律。(4)将一项商事仲裁协议的各方面严格区分开,对不同的问题适用不同的法律,在实践中会遇到诸多困难,只有对商事仲裁协议的所有问题都统一适用一种法律,才是现实的做法。[④]

"统一论"的观点主要源于国际私法中关于合同法律适用的"统一论",因而在商事仲裁协议法律适用领域,这一观点通常被合同法律适用的"统一论"者用于确定商事仲裁协议的准据法。中国有少数学者持这一观点。[⑤] 此外,中国《仲裁法(修订意见稿)》在第90条规定,"涉外仲裁协议的效力认定,适用当事人约定的法律;当事人没有约定涉外仲裁协议适

---

① 如:Belship Navigation, Inc. v. Sealift, Inc., No.95 CIV. 2748(RPP), 1995 WL 447656(S.D.N.Y. July 28, 1995); 1996 A.M.C. 209; 6 World ARB. & RRP. 226(1995); 10 INT'L ARB. REP Al(Aug. 1995).

② 日本的案例见 Kokusan Kinzoku Kōgyō K.K. v. Guard-Life Corp., 29 MINSHŪ 1061(Sup. Ct., July 15, 1975); IV Y.B. COM. ARB. 122(1979)。德国的案件见 Landgericht Hamburg, Mar.16, 1977, Italian company v. German(F.R.) firm, III Y.B. COM. ARB. 274(1978)。

③ 参见赵秀文著:《国际商事仲裁及其适用法律研究》,北京大学出版社 2002 年版,第 34 页。

④ 参见杨树明主编:《国际私法》,中国政法大学出版社 2000 年版,第 222 页。

⑤ 从其论著中推测出持"统一论"者有如郭寿康、赵秀文主编:《国际经济贸易仲裁法》,中国法制出版社 1995 年版;赵秀文著:《国际商事仲裁及其适用法律研究》,北京大学出版社 2002 年版,第 32~40 页。

用法律的，适用仲裁地法律；对适用法律和仲裁地没有约定或者约定不明确的，人民法院可以适用中华人民共和国法律认定该仲裁协议的效力"，由此可以确定，提交该修改意见稿的"立法者"应该是从"统一论"的角度来规范"涉外仲裁协议应该适用的法律"。

二、商事仲裁协议法律适用中的"分割论"

"分割论"主张对商事仲裁协议涉及的各个要素进行分割，使商事仲裁协议的不同方面分别受不同的法律支配。持"分割论"的根据是：（1）在商事仲裁协议中，当事人缔约资格与能力、争议的可仲裁性、协议的形式、协议的成立、协议的内容与效力、协议的解释、协议的转让等问题分别具有不同的性质，对不同性质的问题，可以分别适用不同的法律。（2）商事仲裁协议在本质上属于契约范畴，国际私法中有关合同法律适用的"分割论"方法可以作为确定商事仲裁协议准据法的方法。（3）在商事仲裁实践中，"分割论"方法有利于仲裁机构和法院较准确地确定当事人在商事仲裁协议中不同方面的具体权利义务。

在中外商事仲裁理论界，许多学者持"分割论"的观点。① 在有关法律、司法实践和仲裁实务中，"分割论"方法得到了比较广泛的体现。② 有鉴于此，本书主要是从"分割论"的角度来阐述商事仲裁协议的法律适用。

（一）商事仲裁协议本身的法律适用

商事仲裁协议本身的法律适用，是指确定商事仲裁协议本身内容的有效性、解释方法、效力和适用范围等问题时应该适用的法律，它不同于支配商事仲裁协议当事人的行为能力和争议事项的可仲裁性的法律。

综观各国商事仲裁立法、司法实践和商事仲裁实务，支配商事仲裁协议本身的法律存在如下趋势。如果当事人明示选择了支配其商事仲裁协议的具体法律，按照当事人意思自治原则，当事人所选择的法律应当适用于商事仲裁协议。如果当事人没有选择，准据法的确定以当事人在商事仲裁程序的不同阶段对商事仲裁协议本身的态度为基础，具体适用于商事仲裁协议的法律，取决于下列四个阶段：当事人向内国法院请求执行商事仲裁协议；当事人向商事仲裁机构或仲裁庭提出管辖异议；当事人申请撤销有关商事仲裁裁决；当事人请求拒绝承认和执行有关商事仲裁裁决。

1. 当事人向内国法院请求执行商事仲裁协议

当事人向内国法院请求执行商事仲裁协议时，准据法的确定取决于内国法院所依据的

---

① 在中国学者中，持"分割论"者有如赵威主编：《国际仲裁法理论与实务》，中国政法大学出版社 1995 年版，第 135 ~ 137 页；韩健著：《现代国际商事仲裁法的理论与实践》，法律出版社 1993 年版，第 89 ~ 93 页；高菲著：《中国海事仲裁的理论与实践》，中国人民大学出版社 1998 年版，第 86 ~ 99 页；宋连斌：《国际商事仲裁管辖权研究》，法律出版社 2000 年版，第 82 ~ 91 页；葛缨：《论国际商事仲裁的法律适用》，西南政法大学 2001 年硕士学位论文，第 2 ~ 9 页。在外国学者中，持"分割论"者有如：A. Redfern and M. Huter: *Law and Practice of International Commercial Arbitration* (2nd *ed.*), Sweet & Maxwell, 1991, pp.74–146; Emmanuel Gaillard and John Savage (ed): Fouchard, *Gaillard and Goldman on International Commercial Arbitration*, Kluwer Law International, 1999, pp.218–318。

② 例如 1958 年《纽约公约》第 5 条对当事人行为能力、仲裁协议本身、争议事项可仲裁性等的法律适用进行了分割。

该内国国际私法中的间接规范。[①] 根据各国有关国际私法的立法和司法实践，本国法院都有义务适用其所在地的间接规范。按各国国际私法的一般原则，适用于商事仲裁协议的法律有二：一为当事人自己合意选择的法律；二为当事人没有明示选择时，商事仲裁程序举行地国家的法律。如澳大利亚高等法院主张，除当事人订立商事仲裁协议的资格外，除非当事人另有协议，商事仲裁协议的有效与否必须按裁决作出地国家的法律决定。1961 年《欧洲国际商事仲裁公约》明确规定：缔约国法院在作出关于商事仲裁协议是否存在或有效的决定时，应从各方面审查这一协议的有效性，除当事人能力外的其他问题，应当根据当事人确定的商事仲裁协议所应依据的法律，如未确定时，依据裁决地国家的法律；若无当事人的商事仲裁协议所依据的法律而向法院提出问题时还不能确定将在哪国作出裁决，适用受理争议的法院所属国的间接规范所决定的法律；按法院地国家的法律，该争议不能通过仲裁解决的，法院可以拒绝承认商事仲裁协议。[②] 在中国，立法与司法实践都有规定。2011 年 4 月 1 日开始实施的中国《法律适用法》规定：当事人可以协议选择商事仲裁协议适用的法律；当事人没有选择的，适用商事仲裁机构所在地法律或者仲裁地法律。[③] 在司法实践中，最高人民法院的司法解释规定：对涉外商事仲裁协议的效力审查，适用当事人约定的法律；当事人没有约定适用的法律但约定了仲裁地的，适用仲裁地法律；没有约定适用的法律也没有约定仲裁地或者仲裁地约定不明的，适用法院地法律；[④] 当事人没有选择涉外商事仲裁协议适用的法律，也没有约定商事仲裁机构或者仲裁地，或者约定不明的，人民法院可以适用我国法律认定该商事仲裁协议的效力。[⑤]

在决定适用于商事仲裁协议的法律时，允许当事人选择所应该适用的法律与提交仲裁解决争议的协商一致及意思自治原则相符；但将仲裁举行地国家的法律作为支配商事仲裁协议的法律的一种选择性和决定性标准，则存在一定的缺陷。如果当事人自己选择了仲裁地，将仲裁地法当作一种选择性标准，有其合理的基础，原因在于仲裁地与当事人的商事仲裁协议有密切联系。但是，如果仲裁地是由第三人选择的，适用仲裁地国家的法律就会造成赋予不是当事人的第三人有权力决定支配当事人的商事仲裁协议的法律这样一种情况。而且，还有可能发生，在当事人向法院请求执行商事仲裁协议时，可能不知道仲裁地位于何处的情况。例如，商事仲裁协议规定由仲裁庭来选择仲裁地。很显然，这种规定不利于当事人在选择仲裁庭之前执行商事仲裁协议。

2. 当事人向仲裁庭或法院提出管辖异议

在当事人向仲裁庭提出管辖异议时，也会出现应如何确定支配商事仲裁协议的法律的

---

① 其他国际私法论著中的冲突规范，参见谢石松著：《国际私法学》，高等教育出版社 2007 年版，第 7 页。

② 1961 年《欧洲国际商事仲裁公约》第 6 条第 2 款。

③ 参见中国《法律适用法》第 18 条。

④ 《〈仲裁法〉司法解释》第 16 条。

⑤ 《最高人民法院关于适用〈中华人民共和国涉外民事关系法律适用法〉若干问题的解释（一）》（法释〔2012〕24 号）第 14 条。

问题，如一方当事人主张他受欺诈性误导而同意或该协议按选定的法律是无效的。在确定这一问题时，仲裁庭或法院都会首先适用当事人明示选择的支配其商事仲裁协议的法律。如果当事人没有明示选择法律，有关国际公约、各国法律、司法或仲裁实践采取了各不相同的做法，可以主要概括为如下五种：

（1）商事仲裁协议受仲裁地或法院地法支配。如1961年《欧洲国际商事仲裁公约》规定，依据存在商事仲裁协议这一事实，商事仲裁协议的一方当事人向法院就该法院无管辖权提出的抗辩，应该根据该法院的法律认为该抗辩是程序上的还是实质性的，而后决定。[①]又如在1965年比利时工商会仲裁院的一项裁决中，仲裁庭主张商事仲裁协议受仲裁地法支配，而不是受适用于有关商事争议实质问题的法律支配。[②]

（2）商事仲裁协议受适用于商事争议实质问题的法律支配。例如，在1977年的某荷兰私人公司诉某伊朗私人公司的案件中，双方当事人在合同中约定，合同受瑞士法律支配，当事人之间所发生的所有争议交由荷兰油脂与油籽贸易联合会仲裁解决。荷兰油脂与油籽贸易联合会仲裁庭在确定仲裁条款的有效性问题时，适用了支配争议实质问题的法律（即适用于主合同的法律）。[③]在1991年某埃及销售商诉某塞内加尔购买商的案件中，[④]国际商会国际仲裁院第（1991）6840号裁决认为，当事人没有明示适用于商事仲裁协议和主合同的法律时，适用于商事仲裁条款的法律与适用于主合同的法律相同。[⑤]

（3）商事仲裁协议受当事人所选择的商事仲裁机构的商事仲裁规则支配。在国际商会国际仲裁院第5486号案件[⑥]中，某比利时公司与某西班牙公司的一项合营企业协议中包括了商事仲裁条款，该条款规定在马德里、巴黎或纽约仲裁，由提起商事仲裁程序的一方当事人确定。在确定支配该项商事仲裁条款的法律时，仲裁庭认为，“为了本案仲裁程序的目的，当事人已经明示地同意适用国际商会国际仲裁院仲裁规则而不是某一国家的程序法……这类特别提及某一国际商事仲裁机构的规则的行为将这些规则转化为支配商事仲裁协议的法源……因此对商事仲裁条款有效性的评价必须根据国际商会国际仲裁院的仲裁规则作出”。[⑦]

（4）商事仲裁协议受依据国际社会所普遍接受的合同关系的法律适用原则所确定的法律支配。在国际商会国际仲裁院1982年第3572号案件中，仲裁庭采用了这一做法。[⑧]

---

① 1961年《欧洲国际商事仲裁公约》第6条第1款。

② Case No.52/65. 1 Y. B. Com. Arb. 123（1976）.

③ The Award of the Arbitral Tribunal of the Netherlands Oil, Fats and Oilseed Trade Association, September 5, 1977;（1979）4 Y. B. Comm. Arb. 219.

④ 119 J.D.I. 1030（1992）.

⑤ 采此作法的类似案件有：1977年国际商会国际仲裁院处理的某一德国公司诉某一意大利公司案，见国际商会1977年第2626号裁决，105 J.D.I. 980（1978）；1978年德国汉堡法院处理的某一意大利公司诉某一联邦德国公司案，5 Y.B. Com. Arb. 262（1980）。

⑥ [1989] 14 Y. Comm. Arb. 156.

⑦ Ibid. at 161.

⑧ ICC Case No. 3572 of 1982,（1989）14 Y Comm. Arb. 111 at 116.

（5）商事仲裁协议受能使其保持有效的法律支配。在当前的国际商事仲裁中，出现了一种有利于通过仲裁解决纠纷的法律适用规则，即在双方当事人没有选择法律时，按“与其使之无效，不如使之有效”的原则，适用能使商事仲裁协议保持有效的法律。在法国，司法实践的普遍作法是尽量使商事仲裁协议有效，排除使商事仲裁协议无效的任何外国法的适用。例如，巴黎上诉法院于1975年在迈尼库塞诉马赫案（Menicucci v. Mahieux）中认为，“就订立国际合同适用当事人意思自治原则而论，其中规定仲裁解决争议的条款的有效性是独立的，可以不适用任何国家的法律”。① 国际商会国际仲裁院1984年第1415号、1985年第4966号案件的仲裁庭，在当事人选择法律不明确时，推定当事人在起草合同时就期望保持合同和商事仲裁条款有效，适用瑞士法律。② 在这一方面，瑞士1989年《联邦国际私法》成为立法典范。按其规定，商事仲裁协议符合下列法律，即为有效：第一，双方当事人选定的法律；第二，支配争议事项的准据法，特别是支配主合同的准据法；第三，符合瑞士法。③

3. 当事人请求撤销商事仲裁裁决

基于有关商事仲裁裁决所依据的商事仲裁协议无效而请求撤销该有关商事仲裁裁决时，支配商事仲裁协议的法律一般是裁决地国家法律或申请地国家的法律。例如，1961年《欧洲国际商事仲裁公约》规定，适用当事人选择的法律，当事人没有选择时，受裁决地国家的法律支配。④ 但《联合国国际商事仲裁示范法》的规定有所不同，它允许当事人选择法律，当事人没有选择时，受对撤销裁决的申请有管辖权的法院所属国法律支配。⑤ 这项规定与请求执行商事仲裁协议的情形有着显著的不同。在请求执行商事仲裁协议的情况下，大多数国家法院所适用的法律是仲裁地法。

4. 当事人请求拒绝承认和执行商事仲裁裁决

1958年《纽约公约》、1975年《美洲国家国际商事仲裁公约》、《联合国国际商事仲裁示范法》都规定了可以拒绝承认和执行外国商事仲裁裁决的情形。根据这些规定，在一方当事人基于商事仲裁协议的效力问题，而向有关国家的法院请求拒绝承认和执行某一商事仲裁裁决时，商事仲裁协议所适用的法律是当事人选择的法律，当事人没有选择时，适用裁决作出地国家的法律。⑥

（二）商事仲裁协议当事人行为能力的法律适用

商事仲裁协议的有效性直接取决于当事人缔结商事仲裁协议的民事行为能力。如前所述，对于当事人订立商事仲裁协议时的民事行为能力问题，有关国际条约和各国立法有非常

---

① Menicucci v. Mahieux, Cour d'appel de Paris, 13 Dec. 1975, 65; Revue critique de droit international prive 507（1976）.

② ICC Case No. 1415/1984, No. 4966/1985; M. Rubino-Sammartano: International Arbitration Law, Kluwer, 1990, pp. 149-150.

③ 参见瑞士1989年《联邦国际私法》第178条第2款。

④ 参见1961年《欧洲国际商事仲裁公约》第9条第1款第1项。

⑤ 参见《联合国国际商事仲裁示范法》第34条第2款第1项。

⑥ 1958年《纽约公约》第5条第1款、1975年《美洲国家国际商事仲裁公约》第5条第1款第1项和《联合国国际商事仲裁示范法》第34条第2款。

明确的规定。有关商事仲裁的国际公约和示范法都强调，当事人双方在签订商事仲裁协议时，必须是依据某个国家的法律，具有民事行为能力。1961 年《欧洲国际商事仲裁公约》规定：商事仲裁协议的当事人按对其适用的法律为无行为能力者，商事仲裁协议无效；依据一方当事人的请求，可以拒绝承认与执行商事仲裁裁决。[①]1975 年《美洲国家国际商事仲裁公约》规定，依因裁决而受到不利的一方当事人的申请并证明，协议双方当事人依所适用的法律是无民事行为能力人，可以拒绝承认和执行。[②]1958 年《纽约公约》规定，商事仲裁协议的当事人依据对其适用的法律有某种无民事行为能力的情形者，申请承认与执行所在地的主管机关可以依据一方当事人的请求，拒绝承认与执行。[③]《联合国国际商事仲裁示范法》也有相似的规定。[④]不过，对于在确定商事仲裁协议当事人的民事行为能力时，到底应该适用哪一个国家法律的问题，在目前的国际社会中，并不存在统一的认识，也不存在明确、统一的规定，从而发生了有关商事仲裁协议当事人民事行为能力的法律适用问题。根据目前有关国际公约、《联合国国际商事仲裁示范法》和各国商事仲裁立法，决定当事人是否具有民事行为能力的法律，既不是当事人选择的适用于商事仲裁协议的法律，也不是仲裁地法或商事仲裁裁决作出地法，而是专门适用于当事人民事行为能力的法律。由于有关国际公约、《联合国国际商事仲裁示范法》，以及各国商事仲裁法都没有对此作出专门、具体的规定，需按照国际私法的一般规则来确定。

1. 自然人民事行为能力的法律适用

根据国际私法中一般的法律适用原则，自然人的民事行为能力适用当事人的属人法，包括国籍国法、住所地法和惯常居所地法。在大陆法系国家，当事人的属人法主要是指当事人的国籍国法，或称本国法；在英美法系国家，当事人的属人法主要是指当事人的住所地法；在一些国际条约和一些国家的国际私法立法中，为了避免因为国籍国法和住所地法之间所发生的冲突，也越来越多地采用惯常居所地法作为自然人的属人法。

由于在当事人属人法的确定问题上存在冲突，而且还会发生属人法与当事人缔结商事仲裁协议的所在地法之间的冲突，为了保证国际商事关系的稳定和促进国际商事仲裁制度的发展，自 20 世纪 60 年代以来，许多国家还确定了另一个冲突法规则，即以行为地法来支配当事人的民事行为能力。因此，商事仲裁协议当事人的民事行为能力，除了可以依据当事人国籍国法、住所地法和惯常居所地法以外，还可以依据行为地法来确定。这里所指的行为地法，主要是指商事仲裁协议缔结地法。

中国的国际私法立法和司法实践规定，主要依据当事人的属人法来决定当事人的民事行为能力，但同时又兼采行为地法。在立法方面，1986 年《中华人民共和国民法通则》（已

---

① 1961 年《欧洲国际商事仲裁公约》第 9 条第 1 款第 1 项。

② 1975 年《美洲国家国际商事仲裁公约》第 5 条第 1 款第 1 项。

③ 1958 年《纽约公约》第 5 条第 1 款第 1 项。

④ 《联合国国际商事仲裁示范法》第 36 条第 1 款第 1 项。

失效)曾经规定,中华人民共和国公民定居国外的,其民事行为能力可以适用定居国法律。[①]中国《法律适用法》规定:自然人的民事行为能力,适用经常居所地法律;自然人从事民事活动,依照经常居所地法律为无民事行为能力,依照行为地法律为有民事行为能力的,适用行为地法律,但涉及婚姻家庭、继承的除外。[②]在司法实践方面,1988年《最高人民法院关于贯彻执行〈中华人民共和国民法通则〉若干问题的意见(试行)》曾经规定:定居国外的中国公民的民事行为能力,如其行为是在中国境内所为,适用中国法律,在定居国所为,可以适用定居国法律;外国人在中国领域内进行民事活动,如依其本国法为无民事行为能力,而依中国法律为有民事行为能力,应当认定为有民事行为能力。[③]无国籍人的民事行为能力,一般适用其定居国法律;如未定居的,适用其所在地国家的法律。有双重或多重国籍的外国人,以其现有住所或者与其有最密切联系国家的法律为其本国法;当事人的住所不明或不能确定的,以其经常居住地为住所,当事人有几个住所或不能确定的,以其经常居住地为住所,当事人有几个住所的,以与产生纠纷的民事关系有最密切联系的住所为住所。[④]中国上述立法和司法实践的规定,可以适用于确定商事仲裁协议当事人行为能力的准据法。因为签订商事仲裁协议的行为,具有民事行为、特别是契约行为的性质,当事人签订商事仲裁协议的行为属于缔约行为的一种。

2. 法人民事行为能力的法律适用

根据国际私法的一般原则,法人的民事行为能力主要也是依据其属人法来确定。而法人的属人法主要是指法人的国籍国法。所以,法人的民事行为能力主要是依据法人的国籍国法来确定。

至于法人国籍的确定,在世界各国的有关国际私法立法和司法实践中,都作了各不相同的规定。综观世界各国的相关规定,确定法人国籍的标准,主要有以下几个方面:(1)法人成立地或注册登记地标准;(2)法人成员的国籍标准;(3)住所地标准;(4)资本控制标准。中国确定法人国籍时,主要采取注册登记地标准。如1988年《最高人民法院关于贯彻执行〈中华人民共和国民法通则〉若干问题的意见(试行)》曾经规定,外国法人以其注册登记国的法律为其本国法,法人的民事行为能力依其本国法确定。[⑤]中国《法律适用法》规定,法人的权利能力、民事行为能力,适用登记地法律。[⑥]2012年《最高人民法院关于适用〈中华人民共和国涉外民事关系法律适用法〉若干问题的解释(一)》规定,法人的设立登记地认定

---

① 参见原1986年《中华人民共和国民法通则》第143条。2021年1月1日《中华人民共和国民法典》正式施行后,《中华人民共和国民法通则》已被《中华人民共和国民法典》总则编取代。

② 中国《法律适用法》第12条。

③ 1988年《最高人民法院关于贯彻执行〈中华人民共和国民法通则〉若干问题的意见(试行)》第179、180条。

④ 1988年《最高人民法院关于贯彻执行〈中华人民共和国民法通则〉若干问题的意见(试行)》第181、182、183条。

⑤ 1988年《最高人民法院关于贯彻执行〈中华人民共和国民法通则〉若干问题的意见(试行)》第184条。

⑥ 中国《法律适用法》第14条。

为涉外民事关系法律适用法规定的法人的登记地。[①]

法人按其国籍不同可分为内国法人和外国法人。对于外国法人的民事行为能力，除由该外国法人的属人法确定以外，在某些情况下，还要由外国法人从事跨国活动的所在国内国法律，即外国法人的行为地法来确定。

在当代国际经济活动中，以国家或其政府或政府机构（即公法人）作为一方当事人的"国家契约"已经大量存在。为了解决主权国家与他国自然人或法人间的法律争议，国家一方当事人能否签订商事仲裁协议，将争议交付仲裁解决，在各国间存在很大分歧。一些国家的法律对公法人签订商事仲裁协议不加限制，而另一些国家的法律予以禁止，还有一些国家的法律对此予以限制。[②]针对这三种不同的法律规定，理论界与实务界只达成一个共识：公法人在缔约商事仲裁协议后不得援引本国法的规定对其同意提交仲裁的事实提出异议。但是在排除当事人本国法后应适用何种法律决定公法人的缔约能力，理论界与仲裁实践中主要有三种学说：仲裁地法说（Doctrine of Lex Arbitri）、合同准据法说和国际商事仲裁普通法说（Doctrine of the Common Law of International Arbitration）。仲裁地法说认为，在公法人根据其本国法不具备提交仲裁的能力时，应当适用仲裁地法来决定这种无行为能力的范围与效力。[③]合同准据法说认为，应当依据合同的准据法确定公法人的能力。[④]国际商事仲裁普通法说认为，国际商事仲裁实践中已经形成大量的具有实质意义的国际商事仲裁法原则，可以作为"普通法"加以适用。持此说的典型案例是国际商会国际仲裁院 1971 年第 1939 号仲裁案。[⑤]

（三）争议事项可仲裁性的法律适用

争议事项可仲裁性与争议事项不可仲裁性相对，其法律意义都在于确定当事人之间的争议事项是否可以提交仲裁解决，它们直接决定当事人之间所签订的商事仲裁协议是否有效、商事仲裁机构是否具有管辖权，还决定商事仲裁裁决是否可以得到承认和执行。因此，对于争议事项是否具有可仲裁性的问题，在各国商事仲裁立法、有关国际条约、《联合国国际商事仲裁示范法》中都有非常明确的规定。但是，与此同时，有关商事仲裁立法对于具体哪

---

① 《最高人民法院关于适用〈中华人民共和国涉外民事法律适用法〉若干问题的解释（一）》（法释〔2012〕24 号）第 16 条。

② 英国、德国、瑞士、荷兰等国家对公法人缔结商事仲裁协议的能力不加限制，沙特阿拉伯等国家禁止公法人与外国自然人、法人缔结商事仲裁协议，美国、意大利、澳大利亚、印度、比利时等国家要求公法人缔结商事仲裁协议时须事先获得批准或特别授权。详细资料分别参见：Switzerland（1987）3 Y. Comm. Arb. 181; U.K.（1997）2 Y. Comm. Arb. 90; India（1997）2 Y. Comm. Arb. 31; Aramco Case; A. Redfern and M. Huter, op.cit., p.74; 比利时 1998 年《司法法典》第 1 676 条第 2、3 款。另可参见葛缨：《国际商事仲裁的法律适用》，西南政法大学 2001 年硕士论文，第 3 ~ 4 页。

③ F. A. Mann, State Contracts and International Arbitration,（1996）42 B. Y. I. L.36; 葛缨：《国际商事仲裁的法律适用》，西南政法大学 2001 年硕士论文，第 4 页。

④ Benteler v. Belgium,（1985）European Economic Cases 109; 葛缨：《国际商事仲裁的法律适用》，西南政法大学 2001 年硕士论文，第 4 页。

⑤ ICC Award No.1939, Doc. No. 410/2021, 22 September 1971; 葛缨：《国际商事仲裁的法律适用》，西南政法大学 2001 年硕士论文，第 4 页。

一些争议事项可以提交仲裁解决，即具有可仲裁性的争议事项的范围问题，所作的规定各不相同。在国际商事仲裁中就会产生这一问题上的法律冲突。为解决这一冲突，也就产生了争议事项可仲裁性的法律适用问题，即依据什么法律来确定争议事项是否具有可仲裁性。综观世界各国的商事仲裁立法和司法实践，以及有关商事仲裁的国际条约与《联合国国际商事仲裁示范法》的规定，在争议事项可仲裁性的法律适用问题上，主要存在以下四个方面的规则。

1. 依当事人合意选择的法律

如果当事人双方在商事仲裁协议中明确选择了确定争议事项可仲裁性的法律，则依当事人所选择的法律。这项规则已经为世界各国的国际私法和商事仲裁法、商事仲裁方面的国际条约，以及《联合国国际商事仲裁示范法》所普遍承认。如按中国澳门 1998 年《涉外商事仲裁专门制度》规定，商事仲裁协议的有效性（包括争议事项的可仲裁性），首先根据当事人所同意遵守的法律确定。①1958 年《纽约公约》、1961 年《欧洲国际商事仲裁公约》和《联合国国际商事仲裁示范法》也明确规定了这一规则。②

2. 依裁决地国家的法律

如果当事人没有选择确定争议事项可仲裁性的法律，则按裁决地国家的法律确定。1958 年《纽约公约》就一般地规定，当事人没有指明以何种法律作为确定商事仲裁协议有效的法律时，依裁决所在国的法律。③1961 年《欧洲国际商事仲裁公约》规定：除当事人的能力外，商事仲裁协议的其他问题的准据法，当事人在商事仲裁协议中没有约定的，依裁决地国家的法律；依裁决地国家的法律，商事仲裁协议无效者，可撤销商事仲裁裁决，并成为其他国家拒绝承认和执行裁决的理由。④《联合国国际商事仲裁示范法》的规定与《欧洲国际商事仲裁公约》相同。⑤

3. 依法院地国家的法律

这里所指的法院，是对一方当事人申请执行商事仲裁协议和另一方当事人对商事仲裁协议提出抗辩具有管辖权的法院，即对确认商事仲裁协议是否存在或有效享有管辖权的法院。对依据法院地国家的法律来确定争议事项可仲裁性的问题，1961 年《欧洲国际商事仲裁公约》作了明确的规定。其规则有两项：（1）按法院地国家的间接规范来确定争议事项可仲裁性的准据法。即在当事人没有约定商事仲裁协议所依据的法律而向法院提出争议，而且，还不能确定将在哪一国作出商事仲裁裁决时，应根据受理争议的法院所属国家的间接规范来确定准据法。（2）直接适用法院地国家的法律来确定有关争议事项是否具有可仲裁

---

① 参见中国澳门 1998 年《涉外商事仲裁专门制度》第 36 条第 1 款第 1 项。

② 1958 年《纽约公约》第 5 条第 1 款第 1 项，1961 年《欧洲国际商事仲裁公约》第 6 条第 2 款第 1 项，《联合国国际商事仲裁示范法》第 34 条第 2 款第 1 项、第 36 条第 1 款第 1 项。

③ 1958 年《纽约公约》第 5 条第 1 款第 1 项。

④ 1961 年《欧洲国际商事仲裁公约》第 6 条第 2 款第 2、3 项，第 9 条第 1 款第 1 项。

⑤ 《联合国国际商事仲裁示范法》第 34 条第 2 款第 1 项、第 36 条第 1 款第 1 项。

性。如果按照法院地国家的法律,该争议事项不能通过商事仲裁方式解决,法院就可以拒绝承认该商事仲裁协议的效力。[①]

4. 依申请撤销或申请拒绝承认与执行地国家的法律

商事仲裁裁决作出后,一方当事人以有关争议事项不具有可仲裁性为理由,申请撤销或申请拒绝承认与执行有关的商事仲裁裁决时,有关争议事项是否具有可仲裁性,就成了申请撤销地或申请拒绝承认与执行地国家管辖法院决定是否撤销或是否拒绝承认和执行有关商事仲裁裁决的先决条件。在这一阶段,决定争议事项是否具有可仲裁性的准据法通常是申请撤销或申请拒绝承认与执行地所在国的法律。1958 年《纽约公约》规定,申请承认和执行地国家主管机关,按照该国法律认定争议事项不能以商事仲裁方式解决的,可以拒绝承认和执行该有关的商事仲裁裁决。[②]1975 年《美洲国家国际商事仲裁公约》规定,如果被请求承认和执行商事仲裁裁决国家的主管机关依其国家的法律发现争议事项是不能以商事仲裁解决的事项,可以拒绝承认和执行。[③]《联合国国际商事仲裁示范法》规定:对撤销商事仲裁裁决具有管辖权的法院,根据本国法律认定争议事项不能通过商事仲裁方式解决的,得撤销该有关的商事仲裁裁决;对申请承认与执行商事仲裁裁决具有管辖权的法院,依本国法律认定争议事项不能通过商事仲裁方式解决的,得拒绝承认和执行该有关的商事仲裁裁决。[④]

---

① 1961 年《欧洲国际商事仲裁公约》第 6 条第 2 款第 3 项。

② 1958 年《纽约公约》第 5 条第 2 款第 1 项。

③ 1975 年《美洲国家国际商事仲裁公约》第 5 条第 2 款第 1 项。

④ 《联合国国际商事仲裁示范法》第 34 条第 2 款第 2 项、第 36 条第 1 款第 2 项。

第五章　商事仲裁的申请和受理

申请和受理是商事仲裁活动的重要环节。在这一阶段，申请人向被申请人提出了自己的主张，并要求商事仲裁机构予以审理、确定其主张，从而开始以商事仲裁的方式解决彼此间的争议，依据商事仲裁法形成一系列法律关系。在商事仲裁实务中，无论是当事人，还是商事仲裁机构或仲裁庭，都十分重视商事仲裁案件的申请和受理。商事仲裁开始阶段也涉及诸多理论问题，本章将分别讨论商事仲裁的当事人、仲裁申请与受理、答辩及反请求等问题。[①]党的二十大报告提出“推进多层次多领域依法治理，提升社会治理法治化水平”的重要论断，为加强诉源治理推动矛盾纠纷源头化解工作指明了前进方向，也对商事仲裁活动特别是申请和受理环节提出了新的要求。

第一节　商事仲裁的当事人

商事仲裁的当事人既是民商事法律争议的主体，更是商事仲裁程序中最为重要的主体，其存在是商事仲裁程序得以启动、运作的最基本要件之一；其行为对商事仲裁程序的启动、具体进行、中止、终止等，起着关键性的作用。

一、商事仲裁当事人的概念

所谓商事仲裁的当事人，简称当事人，是指因与他人发生民商事法律争议，而以自己的名义独立地提起或参加商事仲裁程序，并受商事仲裁裁决约束的利害关系人。

作为商事仲裁的当事人，必须具备下列条件：

（1）必须是商事仲裁协议的当事人。商事仲裁程序的开始和进行必须以存在商事仲裁协议为条件，与此相对应的是，提起或参与商事仲裁程序的当事人必须是商事仲裁协议的当事人。如果不是商事仲裁协议的当事人，甚至根本就不存在合法有效的商事仲裁协议，任何人都无权作为当事人提起商事仲裁程序，当然也不得作为当事人而被强制参与商事仲裁程序。

（2）必须与仲裁结果有着直接的法律上的利害关系。进行商事仲裁的各方当事人，是为了解决他们之间的民商事法律争议，因此，他们必定是与所争议的权利义务关系有直接的法律上利害关系的人。换言之，他们是所诉称权利的享有者或义务的承担人。当然，他们是否真正享有权利或承担义务，只有经过仲裁审理才能确定。如果与商事仲裁案件无法律上

① 本章的内容参照了黄进、宋连斌、徐前权所著的《仲裁法学》（中国政法大学出版社2002年修订版）之相关章节，特此说明。

的直接利害关系，不是为保护自己的合法权益而参与仲裁，则不能成为商事仲裁的当事人。

（3）必须是以自己的名义参加商事仲裁。当事人提起或参加商事仲裁，是为了维护自己的权益，所以必须以自己的名义进行。若以他人的名义提起或参加仲裁，则仲裁的后果由他人承担。如代理人参加仲裁就是这种情况，其以委托人的名义参加仲裁，行为后果也由委托人承担。

（4）必须受商事仲裁裁决的约束。商事仲裁管辖权虽然是以自愿为基础，但当事人一旦签署仲裁协议，就意味着承诺接受商事仲裁裁决的约束。商事仲裁的目的就是通过法律程序解决有关的商事法律争议，以确定当事人之间的权利与义务关系。作为商事仲裁的当事人，必须以服从仲裁庭作出的裁决为条件。以自己的名义参加商事仲裁程序但不受商事仲裁裁决约束的人，不是当事人，而是证人、鉴定人之类的商事仲裁程序的参与人。

二、商事仲裁当事人、仲裁参加人、仲裁参与人和第三人

对于商事仲裁当事人的称谓，在不同国家或不同的商事仲裁机构，都不尽相同。按照中国的商事仲裁实务，向仲裁委员会提出仲裁申请的人，称为申请人；申请人在仲裁申请书中主张权利的对象，即申请人的相对方当事人，也就是所提请求的义务人，称为被申请人。被申请人提起反请求时，就成了商事仲裁反请求的申请人；而原商事仲裁案件的申请人就成了商事仲裁反请求的被申请人。

当事人的称谓不只是表面上的称呼问题，而是直接关系到他们在商事仲裁关系中所处的法律地位，关系到他们在商事仲裁程序中所享有的程序上的权利和义务。例如，在商事仲裁程序中，申请人有权提出主张，被申请人则享有相应的答辩和提出反请求的权利。在存在反请求的情况下，原申请人作为商事仲裁反请求的被申请人，同样具有对反请求进行答辩的权利。作为申请人，如果经适当通知，无正当理由不出席开庭审理程序，可视为撤回仲裁申请；而作为被申请人，如果经适当通知，无正当理由不出席开庭审理程序，仲裁庭可以缺席审理并作出裁决。

商事仲裁当事人不同于商事仲裁参加人和商事仲裁参与人。商事仲裁参加人，除当事人外，还包括商事仲裁的代理人。商事仲裁参与人，除商事仲裁参加人外，还包括参与商事仲裁程序的证人、鉴定人、翻译人员等。

关于商事仲裁第三人的问题，一直都是仲裁理论界和实务界争论最多、分歧最大的一个问题，从商事仲裁第三人的概念、应否设立第三人制度，到在商事仲裁程序中接受或追加第三人以及如何追加等，均未达成共识、形成定论，更无统一制度。由于商事仲裁第三人的概念源自诉讼第三人，虽然两者由于诉讼和仲裁是两种性质不同的争议解决方式而在诸多方面存在差异，但还是具有一些共同的本质特征。如无论是仲裁第三人还是诉讼第三人，都是案外与争议本身或案件处理结果存在一定利害关系的人，包括有独立请求权的利害关系人和无独立请求权的利害关系人，[①] 这是决定其是否应加入或参与已有诉讼程序或仲裁程序

① 本书认为，基于商事仲裁第三人与案件实体存在的法律牵连或利害关系的不同，亦可比照诉讼第三人的分类将其分为两类，即有独立请求权的第三人（利害关系人）和无独立请求权的第三人（利害关系人）。

的前提条件和依据，一旦被接受或纳入，实体上的利害关系人就成为争议解决程序中的第三人，否则就只能置身程序之外成为一个有利害关系的案外人。基于前述对商事仲裁当事人的界定和分析，结合诉讼第三人的本质特征，本书对商事仲裁第三人的理解和界定是：因对仲裁标的有独立请求权或仲裁结果与其有法律上的利害关系而加入即将开始或已经开始的商事仲裁程序中，具有独立于原商事仲裁程序两方当事人的主体地位，独立享有和承担主体权利和义务的当事人。[①]

可见，与诉讼第三人一样，仲裁第三人也是基于与案件有利害关系而主动或被动加入商事仲裁程序并享有或承担相应权利和义务的独立一方，即所谓第三方当事人（the third-party），其实就是一种广义的当事人，但不同于商事仲裁协议的双方当事人（包括商事仲裁协议的表面签字人或虽非签字人但受商事仲裁协议的约束[②]）。不同的是，诉讼第三人可基于法律的规定以起诉的方式主动加入诉讼程序中去，或由受案法院准许或依职权追加进诉讼程序中去，[③]商事仲裁第三人则无法通过这种法定的强制方式加入商事仲裁程序中，这是由商事仲裁的契约性、民间性所决定的。对于商事仲裁案外的利害关系人能否加入商事仲裁程序而正式成为商事仲裁第三人，如何加入，不仅《联合国国际商事仲裁示范法》未作规定，各国商事仲裁立法和实践也不一致。总的来看，基于商事仲裁第三人加入商事仲裁程序的方式不同，可将其分为两类，即“合意仲裁第三人”和“非合意仲裁第三人”。前者是指同原商事仲裁协议双方当事人在三方协商一致的基础上达成了新的商事仲裁协议，从而加入商事仲裁程序中的第三人；后者是指同原商事仲裁协议双方当事人未达成新的商事仲裁协议，介入商事仲裁程序没有得到三方一致认可的第三人。[④]

尽管对于应否设立商事仲裁第三人制度，在理论上还多有分歧，[⑤]但从相关国家商事仲裁立法实践来看，承认和采纳的立法例并不鲜见。最有代表性的当属荷兰1986年《民事诉

---

① 参见孙玙：《仲裁第三人的内涵界定与理论定位》，载《北京仲裁》2010年第3辑（第73辑），第119页。

② 根据商事仲裁协议效力扩张理论，商事仲裁协议的效力在某些情况下（如法人的合并分立、合同中商事仲裁条款随合同的转让而自动转移、刺破法人面纱等），可以扩张至商事仲裁协议的非表面签字人，从而对该非表面签字人产生约束力。参见赵健：《长臂的仲裁协议：论仲裁协议对未签字人的效力》，载《中国国际私法与比较法年刊》（第三卷），法律出版社2000年版，第515～532页；萧凯、罗骁：《仲裁第三人的法理基础与规则制定》，载《法学评论》2006年第5期，第72～73页。

③ 他人之间已经开始的诉讼，称为本诉讼。在本诉讼进行当中，有独立请求权的第三人，随时可以向人民法院提起诉讼主动加入本诉讼中去；无独立请求权的第三人则可以自己向人民法院提出申请，亦可以由有关的一方当事人向人民法院提出申请，还可以由人民法院依职权通知其参加诉讼。有独立请求权的第三人提起诉讼，是以本诉讼的双方当事人为被告，从而居于原告的诉讼地位。无独立请求权的第三人，虽随一方当事人进行诉讼，但不是本诉讼的原告或被告，而是具有独立诉讼地位的诉讼参加人。

④ 参见孙玙：《仲裁第三人的内涵界定与理论定位》，载《北京仲裁》2010年第3辑（第73辑），第119～120页。

⑤ 赞成者主要认为，与诉讼第三人制度一样，商事仲裁第三人制度亦有利于关联争议的一揽子解决，避免多个程序分头解决，在降低争议解决成本的同时提高效率、避免矛盾仲裁裁决的产生，实现争议解决的经济性、一致性和公平性；反对者则认为，设立商事仲裁第三人制度直接违反了商事仲裁的契约性本质，有损商事仲裁的协议性、相对性和保密性，同时还可能因为第三人的介入增加争议解决的难度和复杂性，削弱原商事仲裁程序应有的快捷性和经济性，进而损害商事仲裁的公平性。参见宋连斌、杨玲：《论仲裁第三人》，载《仲裁研究》2005年第5辑，第20～22页；林一飞著：《商事仲裁实务精要》，北京大学出版社2016年版，第120～123页。

讼法典》[①] 第1045条中关于仲裁第三人的规定:(1)根据与商事仲裁程序的结果有利害关系的第三人的书面请求,仲裁庭可以允许该第三人参加或介入程序。仲裁庭应毫不迟延地将一份请求发送给当事人。(2)声称第三人应予赔偿的一方当事人可以将一份通知送达该第三人,并毫不迟延地发送给仲裁庭和其他当事人。(3)如果第三人根据他与商事仲裁协议的当事人之间的书面协议参加仲裁,其参加、介入或联合索赔仅可由仲裁庭在听取当事人意见后许可。(4)一俟仲裁庭准许了参加、介入或联合索赔的请求,第三人即成为商事仲裁程序的一方当事人。从上述规定来看,荷兰1986年《民事诉讼法典》下的商事仲裁第三人包括两种:一是"非合意仲裁第三人"——基于第三人的书面请求或商事仲裁协议一方当事人的主张而加入商事仲裁程序的第三人;二是"合意仲裁第三人"——基于与商事仲裁协议双方当事人达成了三方一致的新商事仲裁协议而加入商事仲裁程序的第三人,且须获仲裁庭许可。但是,对比荷兰2014年5月27日修订通过、2015年1月1日起生效实施的《民事诉讼法典》第1045条的规定,不难发现,该法已对商事仲裁第三人的加入设置了其与商事仲裁协议双方当事人之间达成了一项与适用于商事仲裁协议双方当事人之间商事仲裁协议一样的协议的要求,即不再承认"非合意仲裁第三人"的单边加入,而仅承认和保留"合意仲裁第三人"基于三方一致协议的加入。比利时《司法法典》中有关第三人的规定更严格,不仅要求第三人的加入须以其与商事仲裁协议各方当事人达成一个新的商事仲裁协议为前提,还须得到仲裁庭所有成员的一致同意。[②]

在中国,由于《仲裁法》或司法解释对商事仲裁第三人并未作出规定,实践中对于涉及商事仲裁第三人问题的处理,虽无明确或统一的制度和规则,但主流的观点还是否定性的。例如,在江苏省物资集团轻工纺织总公司(以下简称"轻纺公司")诉(香港)裕亿集团有限公司(以下简称"裕亿公司")、(加拿大)太子发展有限公司(以下简称"太子公司")侵权损害赔偿纠纷上诉案中,[③] 上诉人裕亿公司、太子公司因与被上诉人轻纺公司侵权损害赔偿纠纷一案,不服江苏省高级人民法院一审民事裁定,向最高人民法院提起上诉。原审江苏省高级人民法院经审理查明:1996年5月5日,原告轻纺公司与被告裕亿公司签订了CC960505号销售合同,约定由裕亿公司销售普通旧电机5 000吨给轻纺公司,每吨348.9美元。同年5月6日,轻纺公司与被告太子公司签订了CC960506号销售合同,约定由太子公司销售普通旧机电5 000吨给轻纺公司,每吨348.9美元。上述两份合同第8条均明确约定:"凡因执行本合约所发生的或与本合约有关的一切争议,双方可以通过友好协商解决;如果协商不能解决,应提交中国国际经济贸易仲裁委员会,根据该会的仲裁规则进行仲裁。仲裁裁决是终局的,对双方均有约束力。"货物到港后,经商检查明:货物总重量为9 586.323吨,"本批货物主要为各类废结构件、废钢管、废齿轮箱、废元钢等"。轻纺公司遂以裕亿公司和太子公司侵权给其造成损失为由提起诉讼。裕亿公司和太子公司在答辩期内提出管辖权异议称,本

① 荷兰《民事诉讼法典》第四编为有关仲裁的集中规定,也可将此部分称之为荷兰《仲裁法》。

② 参见2016年比利时《司法法典》第1709条。

③ 参见韩健、林一飞主编:《商事仲裁法律报告》(第1卷),中信出版社2005年版,第249~253页。

案当事人之间对合同纠纷已自愿达成商事仲裁协议,人民法院依法不应受理。

江苏省高级人民法院认为:本案是因欺诈引起的侵权损害赔偿纠纷。虽然原告轻纺公司和被告裕亿公司、太子公司之间的买卖合同中订有商事仲裁条款,但由于被告是利用合同进行欺诈,已超出履行合同的范围,构成了侵权。双方当事人的纠纷已非合同权利义务的争议,而是侵权损害赔偿纠纷。轻纺公司有权向法院提起侵权诉讼,而不受双方所订立的商事仲裁条款的约束。裕亿公司、太子公司所提管辖权异议,理由不能成立。据此,该院依照中国1991年《民诉法》第243条的规定,于1997年9月10日裁定驳回裕亿公司、太子公司对本案管辖权提出的异议。

一审宣判后,裕亿公司、太子公司不服,向最高人民法院提起上诉。裕亿公司和太子公司诉称:(1)轻纺公司诉讼状中的案由没有事实予以支持,故意混淆侵权责任和合同责任,企图规避法律规定和合同约定。根据案件内容,本案案由应为合同纠纷。当事人之间对合同纠纷已自愿达成商事仲裁协议,依照法律原审法院不应受理此案。(2)原审法院在程序审理过程中,未经实体审理,就对轻纺公司指控裕亿公司和太子公司进行"欺诈"的诉讼请求作出认定,是违法裁定。故请求撤销原审裁定,裁定人民法院不予受理本案。轻纺公司辩称:根据中国《仲裁法》的规定及有关商事仲裁惯例,商事仲裁机构只能审理订立商事仲裁协议双方当事人之间的争议,对与双方当事人之间发生的法律事实有利害关系的第三人则无管辖权,不能进行审理,其裁决也不能涉及第三人问题。就本案事实而言,本案并非单纯的合同纠纷,它涉及欺诈侵权及走私犯罪问题。相关的行为与结果,也直接涉及第三人问题。如果按商事仲裁程序审理此案,显然不利于查清案件事实,不利于维护当事人的合法权益。人民法院审理此案,可以根据法律所赋予的审判权,彻底查清事实,追究不法者的责任,维护当事人的合法权益。故请求维护原审裁定,驳回被告裕亿公司和太子公司的上诉。

最高人民法院认为:本案争议的焦点在于商事仲裁机构是否有权对当事人之间的侵权纠纷作出裁决。从被上诉人轻纺公司在原审起诉状中所陈述的事实和理由看,其所述裕亿公司和太子公司的侵权行为,都是在签订和履行CC96505号和CC96506号两份销售合同过程中产生的,同时也是在中国《仲裁法》实施后发生的。而该2份合同的第8条是明确的商事仲裁条款,根据中国《仲裁法》和中国贸仲《仲裁规则》的规定,中国贸仲有权受理侵权纠纷,因此本案应通过仲裁解决,人民法院无管辖权。原审法院认为轻纺公司提起侵权之诉,不受双方所订立的商事仲裁条款的约束,显然是与中国《仲裁法》和前述商事仲裁规则相悖的;况且原审法院在轻纺公司起诉称裕亿公司和太子公司利用合同进行欺诈的情况下,未经实体审理就以实体判决确认,并以裁定的方式认定二上诉人利用合同进行欺诈,违反了中国1991年《民诉法》第140条关于裁定适用范围的规定,在程序上也是错误的,上诉人的上诉理由成立,应予支持。本案双方当事人在合同中明确约定发生纠纷通过商事仲裁方式解决,在该合同未经有关机关确认无效的情况下,当事人均应受该合同条款的约束;即使本案涉及第三人,在仲裁庭不能追究第三人责任的情况下,轻纺公司可以以第三人为被告向人民法院另行提起诉讼,当事人的合法权益仍然可以得到维护。轻纺公司关于"本案涉及第三人……只有人民法院审理此案，才能查清事实，保护当事人合法权益”的答辩理由，不予采纳。综上所述，本案各方当事人均应受合同中订立的商事仲裁条款的约束，所发生的纠纷应通过商事仲裁解决，人民法院无管辖权。江苏省高级人民法院所作裁定适用法律错误，应予撤销。依照中国1991年《民诉法》第111条第2项、第257条第1款的规定，最高人民法院于1998年5月31日裁定：(1)撤销江苏省高级人民法院(1996)苏经初字第78-1号民事裁定；(2)驳回轻纺公司的起诉。

最高人民法院对该案所作裁定的意义，除了确认侵权争议的可仲裁性外，还就有关商事仲裁第三人的问题作了判定。该裁定表明：第三人如与商事仲裁当事人有利害冲突，不能参加商事仲裁程序以解决有关争议，仲裁庭不能追究第三人的责任。在这种情况下，当事人可以以第三人为被告向法院提起诉讼或采取其他方法解决争议，当事人的合法权益仍然可以得到维护。这种作法较好地协调了尊重当事人意思自治、效率与公正的问题。显然，在中国的司法实践中，商事仲裁第三人的概念尚未得到支持。

尽管如此，中国海仲《仲裁规则》(2000年)第45条却对案外利害关系人申请加入商事仲裁程序作出了如下规定：“对当事人的仲裁请求或反请求，当事人以外的关系人如认为案件处理结果同其有法律上的利害关系，经与双方当事人达成协议，并经仲裁庭同意，可以申请作为当事人参加仲裁。”其后，上海国际经济贸易仲裁委员会(上海国际仲裁中心)于2014年发布实施的全国首部《中国(上海)自由贸易试验区仲裁规则》在此问题上继续跟进，在第38条专门就案外人加入商事仲裁程序作出了规定：“在仲裁程序中，双方当事人可经案外人同意后，书面申请增加其为仲裁当事人，案外人也可经双方当事人同意后书面申请作为仲裁当事人。案外人加入仲裁的申请是否同意，由仲裁庭决定；仲裁庭尚未组成的，由秘书处决定。”[①]2018年《最高人民法院关于人民法院办理仲裁裁决执行案件若干问题的规定》(法释〔2018〕5号)虽未从设立商事仲裁第三人的角度对案外人加入商事仲裁程序作出规定，但首次在司法解释中对案外利害关系人申请不予执行商事仲裁裁决或调解书以维护其自身利益作出了规定。因此，商事仲裁第三人制度在中国仲裁立法与实践中未来的走向如何，仍有待观察。

三、商事仲裁的代理人

在商事仲裁实务中，有完全民事行为能力的当事人既可以亲自参加仲裁，也可以委托代理人特别是职业律师参与商事仲裁程序，代理人以委托人的名义参加仲裁，代理活动的后果由委托人承担。根据德国《民事诉讼法》的规定，仲裁当事人约定排斥律师作代理人的，其约定无效；日本《律师法》规定，只有执业律师，才能在商事仲裁中担任代理人。[②]不过，大多数国家都没有对商事仲裁代理人的身份作如此严格的要求。按照《中华人民共和国律师法》和中国《仲裁法》的规定，商事仲裁当事人委托的代理人可以是中国公民，也可以是外

① 该规定在该机构2015年修订后的仲裁规则中继续得到保留。

② 参见陈桂明：《仲裁法论》，中国政法大学出版社1993年版，第90页。

国公民。总的说来,中国商事仲裁法关于代理人的身份没有太多具体的要求,可以参照中国《民诉法》的有关规定办理。

一般而言,当事人如委托代理人参加仲裁,必须预先向商事仲裁机构提交有效的授权委托书,必要时此授权委托书也应送交其他当事人。授权委托书应载明接受委托的代理人的有关情况,如委托律师作为代理人,应写明受委托律师的姓名和律师事务所的名称、通信地址等基本情况,代理律师的权限及有效期。授权事项应尽可能明确,不应含糊地写作"全权代理"或"一般代理"。值得注意的是,代理人只能在法律规定或当事人授权的范围内进行代理活动,否则其代理行为的效力不及于当事人;如果代理人的越权活动给当事人造成损害,还应承担赔偿责任。所以授权范围问题不能忽视。授权委托分为一般授权和特别授权。一般授权是指仅授权代理人处分当事人的一般程序权利,如代为提起申请或作出答辩、参加庭审、接受文件等;特别授权是指涉及当事人实体权益的某些程序权利,必须一一列举,如代为承认、放弃、变更仲裁请求,进行和解,提起反请求、进行转委托等。

由于商事仲裁的特点以及商事仲裁案件通常涉及较为复杂的法律问题,更由于现代商事仲裁愈来愈制度化,尽管国际上一般并不排斥不具有执业律师资格的人担任商事仲裁代理人,但律师更为商事仲裁当事人所青睐。如在中国的司法实践中,有相当一部分诉讼案件是当事人亲自操作,没有委托律师作代理人;但在中国的商事仲裁实践中,没有委托律师作代理人的案件,是较为少见的。所以,本书主要是从律师的角度,来讨论商事仲裁中的代理人问题。

(一)律师在接受委托时应该审查的必要事项

律师在接受申请人的委托时,首先应该审查当事人之间是否订有商事仲裁协议。商事仲裁协议是当事人愿意将其争议提交商事仲裁解决的根据,是商事仲裁程序产生的前提条件,应予充分注意。律师在审查中,如果发现当事人之间无商事仲裁协议或商事仲裁协议不完备,应当在征得当事人同意的基础上,协助其订立或完善商事仲裁协议,否则,有关争议只能通过其他方式解决。其次,律师还必须帮助当事人明确其具体的仲裁请求以及事实与理由。这些问题,是决定当事人的仲裁请求能否得到仲裁庭支持的实体性的、决定性的问题。律师在接待当事人时,应对这些问题作必要的了解,并要求当事人提供支持其主张的证据或证据线索,从而对当事人请求的合法性和合理性作出初步判断。对请求明显没有道理或不合法的,要用适当方式提醒当事人注意。此外,律师还要审查当事人的请求事项是否属于仲裁委员会的受案范围。律师在进行上述审查并接受委托之后,应协助当事人拟定仲裁申请书,并准备有关材料。

律师在接受被申请人的委托时,也应当首先审查当事人之间是否订有商事仲裁协议、商事仲裁协议是否完备和有效。对商事仲裁协议的效力有异议的,应该视情况在必要时提出。答辩是被申请人的一项重要权利,是被申请人陈述自己观点的最佳途径,律师应提醒当事人不要放弃此项权利,尤其是在书面审理时不要放弃此项权利。那种不按时答辩,专等在开庭时陈述答辩意见以给对方突然袭击的作法，是不可取的，既影响商事仲裁程序的顺利进行，也可能导致本方当事人被视为放弃答辩，不利于仲裁庭对案件及时作出公正裁决。此外，被申请人享有提出仲裁反请求的权利，律师应提醒被申请人，并协助被申请人及时提出适当的仲裁反请求。

（二）律师在商事仲裁程序中应当协助当事人及时行使权利

商事仲裁区别于诉讼的一个重要特点是充分体现当事人意思自治原则。律师应当帮助当事人最大限度地反映自己的意志，实现自己的愿望。律师应该根据案件的性质、难易程度、标的多少及其影响大小，向当事人提出组庭方式的建议，并从仲裁员名册中向当事人推荐具有本案所涉专业特长、办事公道、业务能力强的仲裁员，供当事人选择。律师不仅应当自己注意，同时也应当提醒当事人注意，不能采用不符合商事仲裁规则的方法接近仲裁员，私自会见仲裁员，或者向仲裁员请客、送礼、行贿。同时，如果发现仲裁员有不良行为，应该配合当事人及时向仲裁委员会提出。

当事人在商事仲裁中还享有很多其他的自主权利，并且有些权利的行使受到一定期限的限制，律师应根据案情和商事仲裁程序的进展，提醒和协助当事人正确、及时地行使自己的权利，以免陷于被动。

同时，当事人在商事仲裁中还承担着相应的义务。不履行义务不仅妨碍商事仲裁程序的顺利进行，而且可能招致对其不利的后果，甚至影响案件的最终结果。律师应协助当事人妥善对待其在商事仲裁程序中所承担的义务。

此外，律师应当密切注意商事仲裁程序的进展情况，注意有无和解或调解的可能，如有，应及时向当事人提出建议。同时，律师还应为商事仲裁程序保密，不应向外界或任何案外人泄漏是否存在商事仲裁或商事仲裁程序进行的情况。

（三）律师可协助当事人及时申请撤销或执行商事仲裁裁决

收到商事仲裁裁决书后，律师应该仔细阅读裁决书，对其中的打印、计算错误或类似性质的错误，应及时提醒当事人申请仲裁庭予以更正。如果委托人的请求在裁决书中被遗漏，律师也应当及时提醒当事人申请仲裁庭作出补充裁决。

当事人收到商事仲裁裁决后，应当及时自动履行，一方不自动履行的，他方可以申请法院予以强制执行。如确有商事仲裁法规定的裁决可予撤销或不予执行的情形，当事人可及时提出申请撤销裁决或在执行程序中请求人民法院不予执行该裁决。也就是说，商事仲裁裁决作出后，律师作为代理人还可以视情况协助当事人处理上述有关问题。

律师代理商事仲裁是一项专业性很强的业务，有其自身的特点和内在的规律。特别是随着商事仲裁法的实施及民商事交往的扩大和深化，商事仲裁制度不断有新的发展，这对律师参与商事仲裁代理工作将提出更新、更高的要求。律师们应该注意深入学习和研究商事仲裁法律制度，有针对性地熟悉商事仲裁规则，不断总结参与商事仲裁的经验，以适应商事仲裁事业不断发展的需要。

第二节 商事仲裁的申请

在一些国家,申请人提出商事仲裁申请,商事仲裁程序即开始。而在另外一些国家,被申请人收到商事仲裁通知时,商事仲裁程序才被视为开始。无论如何,商事仲裁程序起因于当事人提出的商事仲裁申请。

一、商事仲裁申请得以提出的条件

商事仲裁申请,是有关当事人就他们之间已经发生的合同纠纷或其他财产权益纠纷,根据商事仲裁协议,依法提请有关的商事仲裁机构进行仲裁解决的书面请求。如根据中国《仲裁法》的规定,商事法律争议发生后,争议的任何一方均可按照双方在争议发生前或发生后订立的商事仲裁协议,向其选定的商事仲裁机构提出商事仲裁申请。

在国际社会商事仲裁实务中,对于商事仲裁申请得以提出的条件,一般都有较为明确的规定。如一般都要求:当事人必须初步证实存在有效的商事仲裁协议;需要提出明确的仲裁请求;需要陈述相应的事实和理由;并提供必要的证据和证据来源。对于商事仲裁庭的组成,也应该提供必要的建议或采取必要的行动,如选定仲裁员。例如,2020 年《伦敦国际仲裁院仲裁规则》第 1 条规定,当事人提出商事仲裁申请应该具备如下条件:有可援引的商事仲裁协议、争议性质和事实的陈述,并明确仲裁请求、有关仲裁事项的意见等。

中国《仲裁法》也仿照中国《民诉法》,在第 21 条列举了商事仲裁申请得以提出的条件,包括:

(一)有商事仲裁协议

商事仲裁的本质特征在于当事人自愿,而商事仲裁协议正体现了当事人将其商事法律争议提交仲裁解决的合意。当事人之间订有商事仲裁协议是申请仲裁的必备条件,通常情况下,没有商事仲裁协议,当事人就不能要求以商事仲裁方式解决其争议,商事仲裁机构也不会受理申请人提出的仲裁申请。

当然,在个别情况下,如果申请仲裁时当事人之间不存在商事仲裁协议,而当事人一方又坚决要求申请仲裁,商事仲裁机构在向其说明法律规定之后,可尝试予以受理并通知被申请人。如果被申请人明确表示不反对通过商事仲裁方式解决其争议,可通过当事人双方补签商事仲裁协议的方式,使商事仲裁程序继续进行;如果被申请人明示反对通过商事仲裁方式解决其争议,或者对仲裁申请不予理睬,则商事仲裁机构应该终止商事仲裁程序,撤销案件。

(二)有具体的商事仲裁请求和事实、理由

商事仲裁请求是指仲裁申请人对被申请人提出的权利主张。即申请人想通过商事仲裁解决什么问题,确定被申请人应履行什么义务,从而保护自己的什么合法权益。商事仲裁请求是申请人的具体要求,应当明确,不能是含糊或抽象的。例如,在一起工矿产品买卖合同纠纷中,卖方严格履行了合同,向买方交付了合同项下的产品,而买方却不按时向卖方支付

货款。卖方根据商事仲裁协议向商事仲裁机构申请仲裁，要求买方立即支付一定数额的货款，并承担延期付款的合理利息，这一要求就是申请人提出的具体的仲裁请求。

同时，申请人不仅要提出具体的仲裁请求，还必须有一定的事实、理由来证明自己的仲裁请求。事实是一种客观情况，主要指有关纠纷发生的经过。为此，申请人需要提供相关的证据。在此基础上，申请人还应该陈述理由，来说明自己提出的仲裁请求的合理性。理由是一种主观的认识，主要是指申请人对事实与相应的法规、所提的请求之间关系的理解，这种理解可能是正确的，也可能是部分正确的，还有可能是完全不正确的。当然，申请人的请求是否合理、事实是否真实、理由是否适当，尚需仲裁庭作出判断。

（三）属于商事仲裁机构的受理范围

在中国，当事人提请仲裁的事项，必须是中国《仲裁法》第 2 条所规定范围内的事项，并且不属于中国《仲裁法》第 3 条规定的不能仲裁的事项。具体而言，当事人申请仲裁的争议应当是平等主体的公民、法人和其他组织之间发生的合同争议和其他财产权益方面的争议；而不是婚姻、收养、监护、扶养、继承等方面的争议，也不是依法应当由行政机关处理的争议。

此外，如果法律对某类商事仲裁机构的权限有特别规定，或者某个商事仲裁机构对受案范围有自己的特殊规定，当事人提出的仲裁申请也不能超越相关规定。同时，接受仲裁申请的商事仲裁机构应当是当事人在商事仲裁协议中选定的商事仲裁机构，或者是根据商事仲裁协议所确定的商事仲裁机构，否则，仲裁申请也不能被接受。

二、商事仲裁申请书

从国际商事仲裁的实践来看，一方当事人提起商事仲裁程序，必须向对方当事人及其选定的商事仲裁机构（临时仲裁除外）发出书面通知，并初步陈述其主要相关的事实与理由。有些商事仲裁机构对商事仲裁申请书的内容要求较简短，但当事人随后需向仲裁庭提交详细的请求陈述书（statement of claims）。按照中国《仲裁法》的规定，当事人申请仲裁，应当向商事仲裁机构递交商事仲裁协议、仲裁申请书及副本。所谓仲裁申请书，是指有关争议的一方当事人向特定的商事仲裁机构提交的请求该机构对双方当事人之间的争议进行仲裁的书面文件。中国《仲裁法》的这一规定表明，申请仲裁必须采用书面形式。申请人向商事仲裁机构提交仲裁申请书时，还应根据被申请人的数量及仲裁庭成员的数目提交相应份数的副本。

根据中国《仲裁法》第 23 条的规定，仲裁申请书应载明下列事项：

（一）当事人的基本情况

这部分事项，具体包括：申请人和被申请人的姓名、性别、年龄、职业、工作单位、住所、联系方式等。当事人是法人或者其他组织的，则应包括其名称、住所和法定代表人或者主要负责人的姓名、职务以及联系方式。如果申请人委托了商事仲裁代理人，还应该在申请人基本情况之后写明代理人的基本情况，并附具有关的授权委托书。

应当特别指出的是，随着通信手段的不断进步，人们之间的联络变得越来越方便和快捷。商事仲裁申请书在列举当事人的基本情况时,应尽可能写明当事人的邮寄地址、邮政编码、电话、电报、电传、传真、电邮(E-mail)等资料,以便于仲裁机构与各方当事人及时联系。

(二)仲裁请求和事实、理由

这部分事项是仲裁申请书的主干,应尽可能做到明确提出仲裁请求,详细说明案情,准确援引法律和商事仲裁规则,说理充分,逻辑清楚。

应该特别注意的是,在商事仲裁实践中,由于当事人提出商事仲裁请求不具体或者不准确而被仲裁庭驳回申请的例子,并不少见。申请人或其委托代理人一定要认真分析争议的性质,提出的仲裁请求不能含糊,应尽可能明确请求的金额、币种,利息及违约金的计算必须有合理依据。当然,这只是要求申请人在准备仲裁申请书时尽量善加注意,不可滥用权利,明确具体也是相对而言。在商事仲裁程序中,申请人还有权作进一步的陈述,乃至变更仲裁请求,但仲裁庭认为其变更过于迟延的,可予以拒绝。

(三)证据和证据来源

中国《仲裁法》第43条规定,当事人应当对自己的主张提供证据。为此,申请人在提出仲裁申请时,应当同时提供必要的证据和证据来源。有证人时,包括证人的姓名及其住所。这样规定,一方面,能促使申请人提供真实的案件情况,防止申请人滥用权利;另一方面,也有利于仲裁庭对有关事实予以核实,必要时进行适当的调查,从而及时处理案件。

此外,商事仲裁申请书还应写明商事仲裁机构的名称、[①] 提交申请书的日期,并由申请人或其授权代理人签名或盖章。

第三节 商事仲裁的受理

商事仲裁的申请和受理是两个内容不同但又紧密联系的行为。申请是受理的前提,受理是申请的进一步发展。仅有申请不能进行仲裁,只有申请被商事仲裁机构受理后,商事仲裁程序才可以实质性地开始。

一、商事仲裁中受理的概念

从商事仲裁实务来看,案件的受理主要是针对商事仲裁机构而言。所谓受理,是指商事仲裁机构收到商事争议的当事人向其提交的仲裁申请书之后,经审查认为符合申请仲裁的条件,决定予以接受,并开始组织实施商事仲裁活动的行为。在临时仲裁中,如果某人不愿意担任仲裁员,当事人可以按约定或法定程序去另行组成仲裁庭,不存在是否受理案件的问题。

在机构仲裁中,各个商事仲裁机构受理仲裁案件的要求不完全相同。例如,在斯德哥尔

① 中国《仲裁法(修订意见稿)》第35条规定,“当事人应当向仲裁协议约定的仲裁机构申请仲裁。仲裁协议对仲裁机构约定不明确,但约定适用的仲裁规则能够确定仲裁机构的,由该仲裁机构受理;对仲裁规则也没有约定的,当事人可以补充协议;达不成补充协议的,由最先立案的仲裁机构受理。仲裁协议没有约定仲裁机构,当事人达不成补充协议的,可以向当事人共同住所地的仲裁机构提起仲裁;当事人没有共同住所地的,由当事人住所地以外最先立案的第三地仲裁机构受理”。

摩商会仲裁院，如果申请人在提交仲裁申请时或在秘书处限定的期限内未缴纳注册费，则秘书处将撤销其仲裁申请不予受理。[①] 而在荷兰仲裁协会，商事仲裁程序自收到申请人的仲裁申请书之日起开始，是否符合申请仲裁的条件完全由当事人自己决定，即使一方抗辩仲裁庭无管辖权，也不能排除协会对仲裁的管理。[②] 按照中国的仲裁法及早年的商事仲裁实践，当事人向商事仲裁机构提交仲裁申请书之后，商事仲裁程序并未开始。只有当商事仲裁机构收到当事人的仲裁申请并对其相关手续是否完备作出审查之后，向双方当事人发出仲裁通知之日，商事仲裁程序才真正开始。这种制度显然过于强调机构仲裁中商事仲裁机构对案件的管理权和审查权，不仅与国际社会普遍的商事仲裁实践存在脱节，更不能充分尊重当事人的意思自治，尤其不利于保护当事人的仲裁权。为此，自 2005 年之后，中国贸仲率先采纳了与国际接轨的新规定："商事仲裁程序自仲裁委员会或其分会收到仲裁申请书之日起开始。"[③] 中国贸仲《仲裁规则》（2015 年）第 11 条和《深圳国际仲裁院仲裁规则》（2020 年）第 11 条第 4 款作了完全相同的规定。不过，也还有一些商事仲裁机构延续了之前的规定，如《广州仲裁委员会仲裁规则》（2021 年）第 19 条第 3 款规定，"仲裁程序自本会受理仲裁申请之日开始"。

二、商事仲裁受理中的立案审查

根据中国《仲裁法》第 24 条的规定，商事仲裁机构收到仲裁申请书之日起 5 日内，认为符合受理条件的，应当受理，并通知当事人；认为不符合受理条件的，应当书面通知当事人不予受理，并说明理由。此处所指受理条件，也就是中国《仲裁法》第 21 条关于申请仲裁的 3 个条件。受理通知可以采用书面形式，也可以采用口头形式，但不予受理的通知应当采用书面形式，以确保申请人知道为什么仲裁申请不被受理，以便另外寻找其他途径解决纠纷。

对于决定是否受理申请人提出的仲裁申请，也就是所谓立案审查，在国际商事仲裁实务中，商事仲裁机构的作用并不明显，甚至没有立案审查这一说法。在中国的商事仲裁实践中，商事仲裁机构在决定是否受理申请人提出的仲裁申请时，通常需要对如下问题进行审查：

（一）是否存在商事仲裁协议

有效的商事仲裁协议是商事仲裁管辖权赖以确立的前提条件之一。不过，商事仲裁机构在这一阶段，应该主要只是审查是否存在形式上的商事仲裁协议。而对于商事仲裁协议效力的认定，应该在商事仲裁过程中进行。可以说，在立案审查时，商事仲裁机构只需要看当事人之间是否存在商事仲裁条款或者单独的商事仲裁协议书，或者在当事人往来的信函、电报、电传、传真、电邮或可以提供书面记录的其他通信中，是否包含有关于商事仲裁的约定。

① 参见 2017 年《斯德哥尔摩商会仲裁院仲裁规则》第 7 条。

② 参见 2015 年《荷兰仲裁协会仲裁规则》第 7 条和第 10 条。

③ 参见中国贸仲《仲裁规则》（2005 年）第 9 条。

当然，在某些时候，即使申请人不能提供存在商事仲裁协议的初步证据，商事仲裁机构在已经向其声明有关法律规定，而其仍然坚持要求立案的情况下，也可以尝试立案，如果被申请人不对商事仲裁管辖权提出异议，完全有可能在商事仲裁过程中达成商事仲裁协议，以弥补立案时的缺陷。

（二）全体仲裁当事人是否适格

在立案审查时，商事仲裁机构应该核实仲裁当事人、特别是申请人的主体资格。比如，他们是不是商事仲裁协议的当事人、有无法人资格、当事人名称是否前后一致以及在不一致的情况下是否有合法的原因等。

在仲裁当事人的主体资格审查方面，可能会涉及极为复杂的法律问题。作为商事仲裁机构，应尽量从宽审查，即只需要进行形式上的、初步的审查。只要申请人提供了初步证据和合理的说明，就应该予以立案；其他有关进一步的问题，应该留待仲裁当事人在仲裁过程中提出，并由仲裁庭去依法作出决定。

同时，由于在立案审查阶段，无法听取双方当事人的详细陈述，而且时间较短，对于复杂的主体问题，要作出正确的判断也是相当困难的。因此，在进行形式审查时，采取有利于当事人通过商事仲裁方式寻求救济，同时又要求申请人必须慎重行使此种商事仲裁权利的态度较为合适。商事仲裁机构不必过分地行使干预权。

（三）案件是否属于商事仲裁机构的受案范围

于 1995 年生效实施的中国《仲裁法》，统一了中国各商事仲裁机构受理案件的范围。根据这一法律及有关机构和部门所颁发的法律、法规文件，除了中国海仲作为专门的海事仲裁机构，专门受理海事海商仲裁案件以外，其他商事仲裁机构的受案范围已基本上得到了统一，既包括国内商事法律争议，也包括国际商事法律争议。也就是说，只要是商事法律争议，都可以受理。

需要特别强调的是，商事仲裁机构在审查立案时，应该主动询问当事人，确定有关商事法律争议是否曾经过其他商事仲裁或诉讼程序。因为基于一事不再理的原则，如果针对同一商事法律争议，已经存在有效的商事仲裁裁决或法院判决，商事仲裁机构就不应该再次立案受理申请人的有关仲裁请求。

（四）申请仲裁的手续是否完备

这主要是指申请人提供的商事仲裁申请书及副本、附件的份数是否足够，证据怎么提交，商事仲裁申请书是否已经签字或盖章，当事人及代理人的通信地址及方式是否准确、合适，等等。

（五）是否已缴纳仲裁费用

当事人要正式立案，必须按照商事仲裁机构的缴费通知缴纳仲裁费用。所以，商事仲裁机构接收或接受了申请人提交的申请仲裁的材料，并不等于商事仲裁机构就受理了案件；只有在申请人依照缴费通知缴纳了相关仲裁费用以后，案件才被正式受理。

以上只是根据中国商事仲裁法的规定及中国商事仲裁实践的情况，对商事仲裁受理中的立案审查环节作了简单的介绍。本书认为，商事仲裁机构在这个环节上的作用应该予以淡化。一般来说，对商事仲裁申请书的审查应该只是形式上的，如有关文件的份数是否足够，代理手续是否完备，依表面证据是否存在商事仲裁协议，有关案件是否曾经过商事仲裁或诉讼，等等。可以说，只要初步证实存在商事仲裁协议，且当事人愿意缴纳有关仲裁费用，商事仲裁机构就应该受理案件，给予立案，以切实保证仲裁当事人能充分行使其提起商事仲裁程序的权利。对于其他问题，则应该交由仲裁庭去依法作出处理。

三、商事仲裁案件受理后的准备工作

一旦决定受理案件，商事仲裁机构一般都是按照商事仲裁规则的规定及时通知全体当事人，并开始准备进行下一步的商事仲裁程序。按照中国《仲裁法》的规定，商事仲裁机构受理仲裁申请后，应当在商事仲裁规则规定的期限内将商事仲裁规则和仲裁员名册送达申请人；并将仲裁申请书副本和商事仲裁规则、仲裁员名册送达被申请人。按照国务院发布的《仲裁委员会仲裁暂行规则示范文本》第 11 条的规定，上述期限为 15 天。而各地商事仲裁机构的商事仲裁规则对此期限的规定不尽一致，最短的只有 5 天。较短期限的规定虽然会加重商事仲裁机构的工作负担，但有利于体现商事仲裁的快捷性。此外，应当指出的是，商事仲裁机构受理仲裁申请后还应当向各方当事人送达仲裁费用表。在商事仲裁实务中，各商事仲裁机构一般都是将自己的仲裁费用表附印于商事仲裁规则之后，与商事仲裁规则一并送达给各有关当事人。

除此之外，为方便商事仲裁程序的顺利进行，商事仲裁机构在向双方当事人发出仲裁通知时，应该提醒仲裁当事人及时履行相关的仲裁义务，如确定仲裁庭的组成方式、选定仲裁员、提交仲裁答辩书等。

第四节 商事仲裁的答辩

被申请人对申请人在仲裁申请书中提出的仲裁请求、事实及理由，有合理机会提出充分答辩，是被申请人极其重要的一项程序性权利，也是各国商事仲裁法律制度所公认的正当程序或自然公正（natural justice）的内容之一。世界各国的商事仲裁立法和各种商事仲裁规则都对此作了非常详尽的规定。

一、商事仲裁答辩的概念

商事仲裁答辩，是指商事仲裁案件中的被申请人，为了维护自己的权益，对申请人在仲裁申请书中所提出的仲裁请求和该项请求所依据的事实及理由，进行的答复和辩解。

商事仲裁答辩是商事仲裁过程中被申请人用以保障其权益的重要手段之一。实事求是地提出理由并进行充分的辩解，有利于仲裁庭在商事仲裁过程中查明事实、分清是非、公正合理而又及时准确地作出裁决，以维护各方当事人的合法权益。被申请人在进行答辩时，要

针对申请人提出的请求及依据一一进行，请求有理的，应予承认或不予辩解；请求无理的，应予反驳；部分有理的，可予部分承认、部分反驳。反驳的提出，要讲事实摆证据，根据法律或惯例，尊重依法成立的合同，阐明理由。此外，进行答辩时用语要平和，要做到有理有节，不能使用刺激性甚至侮辱性语言，以免扩大已有的矛盾。

根据各有关国家的商事仲裁立法和各有关商事仲裁规则的规定，商事仲裁案件中的被申请人，可以在仲裁庭开庭审理案件之前通过书面形式进行答辩，并且，都对被申请人这一权利的行使规定了明确的期限；同时，被申请人也可以在仲裁庭开庭审理案件时，通过书面形式或口头形式进行答辩。

如果被申请人不按期提交商事仲裁答辩书，意味着自愿放弃书面答辩的权利，不影响商事仲裁程序的继续进行。这一点，在中国的商事仲裁实践中，尤其应该提请仲裁当事人及其代理人注意。有的被申请人明明有事实、有理由反驳仲裁请求，却不按期向商事仲裁机构提交书面答辩，而专等仲裁庭开庭审理案件时提交答辩书或进行口头答辩，企图给对方当事人一个突然袭击，使对方当事人措手不及，这是不可取的。因为这样做的结果，只能使仲裁庭因无法全面了解被申请人的观点而可能作出对其不利的决定。而且，这种作法肯定会延迟商事仲裁程序的进行，降低仲裁庭开庭审理案件的效率，对及时解决有关的商事法律争议不利。

二、商事仲裁答辩书

当事人用以提交其商事仲裁答辩意见的书面文件，即商事仲裁答辩书。通常来说，对商事仲裁答辩书的要求和商事仲裁申请书类似，只是特别强调，答辩书的内容应该针对申请书的有关内容来确定。

以 2020 年的《伦敦国际仲裁院仲裁规则》为例。该规则第 1 条规定，商事仲裁申请书应包括以下内容：提交仲裁的请求、援引所依据的商事仲裁协议、当事人的全称及地址（如有仲裁代理人则包括代理人的姓名和地址）、寻求的救济或补偿、争议要点、请求的依据及证明的方式或方法。而按照该规则第 2 条的规定，商事仲裁答辩书应该包括：当事人的全称及地址（如有仲裁代理人则包括代理人的姓名和地址）、对申请人请求的承认或否认、争议要点、答辩的依据及证明的方式或方法。

此外，在商事仲裁实务中，被申请人往往还需要在答辩期内选定仲裁员或委托有关机构指定仲裁员、申请仲裁员回避、提出仲裁反请求、抗辩仲裁庭的管辖权等。这些事项的确定和提出，可以提交单独的文件，也可以附带在商事仲裁答辩书中。

根据中国《仲裁法》第 25 条的规定，被申请人收到仲裁申请书副本后，应当在商事仲裁规则规定的期限内向商事仲裁机构提交答辩书。商事仲裁机构收到答辩书后，应当在商事仲裁规则规定的期限内将答辩书副本送达申请人。而根据《仲裁委员会仲裁暂行规则示范文本》和一些商事仲裁机构的仲裁规则，上述前一期限大都为 15 天，而后一期限为 15 天或 7 天不等。中国贸仲《仲裁规则》规定提交答辩的时间为 45 天（国际案件）和 20 天（国内案件)。中国海仲《仲裁规则》规定提交答辩的时间为30天。两者对商事仲裁机构向申请人送达答辩书副本的时间都未作规定。《深圳国际仲裁院仲裁规则》(2020年)第14条规定,“被申请人应在收到仲裁通知之日起30日内提交答辩书”。《广州仲裁委员会仲裁规则》(2021年)第22条规定,“被申请人应当在收到仲裁通知之日起15日内向本会提交答辩书”,“本会在收到答辩书后5日内将答辩书发给申请人”。

在中国的商事仲裁实务中,被申请人应特别重视商事仲裁答辩书的准备和及时提交,不答辩是极不可取的。就商事仲裁答辩书的内容而言,应该针对仲裁申请作出回应,或反驳、或承认,阐明案情、说明理由、提供证据或证据线索。这样做显然更有利于维护自己的合法权益。不在规定的期限内提交商事仲裁答辩书,不利于仲裁庭迅速而全面地了解案情,作出合理判断。而且,会大大降低庭审程序的效率,可能无形中使被申请人自己的利益也受到损害。

第五节　商事仲裁的反请求

在商事仲裁中,与商事仲裁答辩一样,提出仲裁反请求是被申请人用以保障其利益的重要手段。允许被申请人提出仲裁反请求,既体现了当事人在商事仲裁中的地位平等,也有利于提高仲裁庭解决商事法律争议的效率。

一、商事仲裁反请求的概念与特点

商事仲裁反请求,是指在商事仲裁程序进行中,被申请人为了维护自己的权益,针对申请人提出的、与申请人的仲裁请求有直接联系的、独立的仲裁请求。被申请人提出商事仲裁反请求,主要是为了达到动摇、抵销或者吞并申请人的仲裁请求的目的。商事仲裁反请求在世界各国的商事仲裁法律制度中都有非常明确的规定。其存在的基础是申请人和被申请人之间联系的非单一性以及权利的交叉和重叠。商事仲裁反请求制度的实施,能有效地保护双方当事人的合法权益,节省商事仲裁中人、财、物的开支,提高商事仲裁的效率。

商事仲裁反请求是特定形式下的一种申请仲裁的作法,具有以下特点:

(1)仲裁反请求对象的特定性。仲裁反请求只能由被申请人针对申请人提出,即仲裁当事人的数目完全相同,既不增加,也不减少,只是申请人和被申请人在商事仲裁中的地位进行了对换。

(2)仲裁反请求的独立性。仲裁反请求虽然是以仲裁请求的存在为前提,没有仲裁请求就没有仲裁反请求,但仲裁反请求也是独立的请求。仲裁反请求具有仲裁请求的所有要素,被申请人应按提出仲裁申请的方式和程序向商事仲裁机构提出仲裁反请求。被申请人如果不在已经开始的商事仲裁程序中提出,可以另案申请仲裁。而且,仲裁反请求一经受理,不因申请人撤回了仲裁申请而终结,也不因申请人放弃仲裁请求而失效。

(3)仲裁反请求目的的对抗性。被申请人之所以提出仲裁反请求,目的在于对抗申请人的仲裁请求。这种对抗包括动摇、抵销或吞并申请人的仲裁请求,使申请人的仲裁请求部分或全部失去作用,甚至迫使申请人对被申请人履行一定的义务。由于仲裁反请求的这一特点,在国际商事仲裁实务中,仲裁反请求和抵销仲裁请求是同义的,并经常被交替使用。

(4)仲裁反请求理由的关联性。仲裁反请求是针对原来的仲裁请求提出来的,关联性十分明显。例如,在一起工矿产品购销合同争议中,购方依法作为申请人提出仲裁请求,要求作为被申请人的供方按照合同的约定提供货物;而供方提出仲裁反请求,要求申请人按合同的约定给付货款。此外,被申请人提出的仲裁反请求,也必须符合商事仲裁范围和商事仲裁协议的要求。如果两个请求毫无联系,仲裁反请求就不能成立。

二、商事仲裁反请求的提出和受理

在商事仲裁过程中,申请人可以放弃或者变更仲裁请求,被申请人可以承认或者反驳仲裁请求,还有权提出仲裁反请求。这是因为商事仲裁案件的双方当事人法律地位是平等的,并且提交仲裁的事项是当事人有权处分的,这些行为正是当事人行使或处分其权利的表现,所以是适当的。

当然,由于仲裁反请求所依据的是同一个商事仲裁协议,所以,被申请人的仲裁反请求,必须向同一商事仲裁机构提出,并且必须在商事仲裁程序法或商事仲裁规则规定的时限内提出。同时,被申请人提出的仲裁反请求,必须和仲裁请求有关联性。由于双方当事人地位的平等,一旦被申请人提出了仲裁反请求,申请人也有权对仲裁反请求进行答辩。也就是说,适用于申请人提出仲裁请求的原则和作法,同样适用于被申请人提出的仲裁反请求。至于申请人对仲裁反请求是否可以再提出仲裁反请求,只要符合提出仲裁反请求的条件,就不存在任何障碍,只是不必称作再反请求,视为申请人修改或增补相关的仲裁请求。

由于仲裁反请求的独立性,如果在商事仲裁过程中,被申请人提出了仲裁反请求,而申请人撤回了仲裁申请,此时商事仲裁程序并不因此而停止或结束,仲裁庭应对被申请人的仲裁反请求作出裁决。当然,如果申请人没有撤回原仲裁请求,仲裁庭可以对原仲裁请求和仲裁反请求进行合并审理,在裁决书中对原仲裁请求和仲裁反请求分别加以说明,并依法分别作出裁决。

根据《国际商会调解和仲裁规则》(2021 年)第 5 条第 1、5、6 款的规定:被申请人应当在收到秘书处转来的申请书之日起 30 日内提交答辩书。被申请人提出的任何反请求应当与答辩书一起提交,并载明以下内容:(1)引起反请求的争议的性质及情况,以及提出反请求的依据;(2)所请求的救济,连同任何已量化的反请求的数额以及对任何其他反请求可能得出的金额估值;(3)任何有关协议,特别是仲裁协议;(4)如果反请求是按照多项仲裁协议提出的,应写明每项反请求所依据的仲裁协议;(5)被申请人可以在提交反请求时,一并提交其认为适宜的或可能有助于有效解决争议的其他文件或信息。申请人应当在其收到秘书处发送的反请求起 30 天内提交书面答复;秘书处在将案卷移交仲裁庭之前,可以准予申请人延长提交书面答复的期限。

按照中国《仲裁法》第27条的规定，被申请人有权按照商事仲裁规则的规定提出仲裁反请求。《仲裁委员会仲裁暂行规则示范文本》第12条规定，商事仲裁机构应当在收到被申请人提出仲裁反请求申请书之日起15日内，将仲裁反请求申请书副本送达申请人。申请人应当自收到仲裁反请求申请书之日起15日内向商事仲裁机构提出书面答辩。未提出书面答辩的，不影响商事仲裁程序的进行。中国贸仲《仲裁规则》（2015年）第16条规定，“被申请人如有反请求，应自收到仲裁通知后45天内以书面形式提交”，“仲裁委员会仲裁院认为被申请人提出反请求的手续已完备的，应向双方当事人发出反请求受理通知。申请人应在收到反请求受理通知后30天内针对被申请人的反请求提交答辩”。《深圳国际仲裁院仲裁规则》（2020年）第15条规定，“被申请人如有反请求，应当自收到仲裁通知之日起30日内以书面形式提出”，“仲裁院认为被申请人提出反请求的手续已完备的，向当事人发出反请求受理通知”，“申请人对反请求的答辩，参照本规则第十四条的规定办理”。《广州仲裁委员会仲裁规则》（2021年）第23条规定，“被申请人提出反请求的，应当在收到仲裁通知之日起十五日内向本会提交反请求申请书”，“本会在受理反请求后五日内将反请求申请书和有关材料发送反请求被申请人”，“反请求被申请人应当按照本规则第二十二条第（一）款的规定向本会提交答辩书和有关材料”。

第六章　商事仲裁庭

商事仲裁庭是指由当事人选定，或者其他有权机构依据当事人的授权或依据法律或商事仲裁规则的规定所指定的仲裁员组成，具体负责对已交付商事仲裁的商事法律争议进行仲裁审理并作出裁决的组织。无论是在临时仲裁还是在机构仲裁中，商事仲裁庭都是案件的直接审理者和裁决者。特别是在机构仲裁的情况下，当事人所约定的常设仲裁机构的主要工作，只是依法进行商事仲裁程序的管理和服务，并不直接审理商事仲裁案件。而且，仲裁庭审理、裁决案件，不受任何机构（包括有关的常设仲裁机构）、组织、部门及个人的干预、控制和影响。

第一节　商事仲裁庭的成员

商事仲裁庭的成员是具有一定资格，并通过一定的方式，由仲裁双方当事人选定或相关机构指定，依法对具体商事仲裁案件进行审理和裁判的人员。

一、商事仲裁庭成员的资格

商事仲裁庭的成员就是仲裁员。在商事仲裁活动中，仲裁员是有关商事法律争议的直接裁判者，享有完全独立的自由裁量权和裁判权。商事仲裁庭的独立最终就落实在仲裁员的完全独立上。仲裁员参与审理、裁决仲裁案件，只忠实于法律，只忠实于公平和正义，不受任何机构（包括有关的常设仲裁机构，甚至其所在的商事仲裁庭）、组织、部门及个人（包括其所在仲裁庭的其他仲裁员）的干预、控制和影响。由此，要保证商事法律争议能获得公平、公正、合理、合法的解决，依法确定仲裁员的资格和素质就显得尤为关键。

综观世界各国的商事仲裁法律制度，有关仲裁员资格要求的规定主要涉及两个方面，即一般的资格要求和特殊的资格要求。

（一）一般的资格要求

仲裁员的一般资格，通常也称为法定资格，即由一国仲裁法作出的有关仲裁员资格的最低要求，属于强制性规定，不得突破或违反。按照一般资格，仲裁员必须是具有完全民事行为能力、具有人身自由的自然人。而且，一般还要求必须是未曾受过刑事处分或被开除公职的人。由此，无民事行为能力人、限制民事行为能力人和被剥夺了人身自由的人，都不得担任仲裁员。仲裁员具有完全的民事行为能力，是其实施任何有效的民事行为的基本要求；未曾受过刑事处分或者未被开除公职，则是其担任仲裁员在职业道德方面所必须具备的条件。[①] 例如，意大利 1994 年《民事诉讼法典》第 812 条第 2 款就曾规定："未成年人、无民事行为能力人和限制民事行为能力人、破产者以及被开除公职的人不得担任仲裁员。"芬兰 1992 年《仲裁法》（2015 年修正）第 8 条第 1 款亦规定："除非当事人另有约定，任何没有破产或其资格未受限制的成年人均可担任仲裁员。"此外，从理论上讲，仲裁员只能由自然人担任，而不能由法人担任。从世界各国的商事仲裁立法及商事仲裁实践来看，不仅从未有过不同的规定和做法，反而有不少国家明文规定，只有自然人才能充当仲裁员。例如，法国 2011 年《民事诉讼法典》第 1450 条规定："只有具有完全民事行为能力的自然人才享有担任仲裁员的权利。如果商事仲裁协议指定一个法人，则该法人只具有组织管理商事仲裁程序的权力。"

由于以商事仲裁方式所处理的商事法律争议中除国内的商事法律争议外，还包括大量的国际商事法律争议，因而各国商事仲裁法大都允许外国人担任仲裁员参加在本国进行的商事仲裁程序，以体现商事仲裁的公正性和国际性。例如，芬兰 1992 年《仲裁法》（2015 年修正）第 8 条第 2 款就规定："一个人即使不是芬兰公民亦可在芬兰担任仲裁员。"荷兰 2015 年《民事诉讼法典》第 1023 条则规定："任何有民事行为能力的自然人均可被指定为仲裁员。任何人不得因为国籍而被妨碍受到指定，除非当事人出于仲裁庭中立性和独立性的考虑而另有约定。"比利时 2013 年《司法法典》第 1685 条第 1 款亦规定："除非当事人另有约定，任何人不得因为国籍而使其担任仲裁员受到影响。"中国现行的商事仲裁法律制度和法律实务也都允许外国人在中国担任仲裁员。例如，中国贸仲和中国海仲自 20 世纪 80 年代末就已经开始聘请外国人士和中国港、澳、台地区的人士担任仲裁员参与商事仲裁，审理商事仲裁案件。这无疑有助于增强外国当事人和中国港、澳、台地区的当事人对中国商事仲裁的信心，有利于发展和扩大中国的对外民商事交往，同时还可以促进中国商事仲裁机构的办案质量和效率。[②]

由于世界各国的商事仲裁立法只规定了仲裁员资格的最低要求，并无职业方面的限制，从而产生了法官及某些履行公共职能的人员如检察官、公证员、财产登记员或证券经纪人等是否可以被当事人选定为仲裁员审理商事仲裁案件的问题。由于法官的特殊身份以及商事仲裁程序中诸多方面的问题，如商事仲裁协议效力的确认、保全措施的采取、仲裁裁决的撤销或执行等，都须通过法院行使司法监督权才能实现，如果现任法官参与了商事仲裁程序，就有可能使法院在行使司法监督权时陷入尴尬境地。再者，一旦现任法官参与商事案件的仲裁审理程序，难免会使法院对相关案件形成先入为主的看法，从而不利于法院公正地行使司法监督权。因此，许多国家的法律明确禁止现任法官担任仲裁员。但也有一些国家，如法国和美国，允许法官在一定条件下担任仲裁员。其主要理由是，法官所受的教育、经验和心

① 参见陈治东著：《国际商事仲裁法》，法律出版社 1998 年版，第 147 页。

② 参见韩健著：《现代国际商事仲裁法的理论与实践》（修订本），法律出版社 2000 年版，第 166 页。

理适于解决商事法律争议,他们通常能把法律和公平最佳地结合在一起,而这正是当事人诉诸商事仲裁的目的。另有一些国家,并不在商事仲裁立法中明确规定从事何种职业的人不得担任仲裁员,而是要取决于该国其他相关法律的规定。例如,西班牙 2003 年《仲裁法》第 13 条规定,任何具有完全民事行为能力的自然人均可以担任仲裁员,只要其并非从事法律不允许他这样做的某种职业。从中国《仲裁法》第 13 条规定的仲裁员应具备的条件之一,即“曾任法官满 8 年”的措辞来看,中国显然不允许现任法官担任仲裁员。

(二)特殊的资格要求

对于仲裁员特殊的资格要求,主要表现为两个方面:一方面是道德品质要求,另一方面是专业素质要求。[①] 法律对仲裁员最基本的要求就是公道正派,能够作出独立、公正的裁判。所以,作为仲裁员,首先必须具备公正、无私的个人品德和素质。其次,在具体的个案中,还特别要求仲裁员与仲裁当事人以及当事人的代理人之间不能具有亲属关系或利害关系,也不能具有可能影响其公正仲裁的其他关系,以切实保证有关仲裁员在进行商事仲裁审理和裁决时的独立与公正。

同时,由于有关的商事法律争议及其解决都具有很强的专业性,争议的解决会直接影响到当事人之间的权利义务关系,因此,在商事仲裁实务中,当事人在选定仲裁员时,大多还要考虑有关人士的专业知识和解决争议的能力与经验。一些国际格式合同,特别是船运和商品交易格式合同中的商事仲裁条款,一般都确定了争议发生时仲裁员候选人的资格要求。如有的格式合同仲裁条款规定,只有“从事贸易”的人才可以被选定为仲裁员,有的则把仲裁员和公断人的选择范围限定为“商业人士”(commercial men)。

此外,对于各种商事法律争议的处理,一般都会涉及相应的法律问题,需要精通法律的人士参与其中,才有可能保证商事仲裁程序的正当和法律适用的准确。由于大多数国家都不允许法官担任仲裁员,所以,专门从事法律服务的律师以及从事法学教育和法学研究的法学教师,便成为当事人或有关机构选定或指定仲裁员的首选对象。

在机构仲裁的情况下,各常设仲裁机构,如美国仲裁协会、日本商事仲裁协会、中国贸仲、中国海仲和上海仲裁委员会等,为了保证商事仲裁的质量,也为了能给当事人提供方便,一般都制定了自己的仲裁员名册,从本国或世界各国的专业人士中遴选出具有高尚道德品质,并在法律、工商、金融、科学技术等方面具有公认能力的人,列入其仲裁员名册中,供当事人选择。不过,为了更好地贯彻和体现当事人意思自治原则,增强商事仲裁机构自身的国际竞争力和吸引力,很多商事仲裁机构的仲裁员名册都是推荐性的而非强制性的,即实行开放式的仲裁员名册制度,允许当事人在商事仲裁机构的仲裁员名册之外选择更优秀或更为当事人所了解和信任的人士担任仲裁员。例如,中国贸仲早在其 2005 年修订的仲裁规则中规定了当事人可在仲裁委员会仲裁员名册之外选定仲裁员,但同时为确保仲裁员的质量,由当事人选定或根据当事人之间的协议指定的人士须经仲裁委员会主任依法确认后方可担任仲

---

① 参见谢石松著:《国际民商事纠纷的法律解决程序》,广东人民出版社 1996 年版,第 124 ~ 127 页。

裁员、首席仲裁员或独任仲裁员。[①]

由于仲裁员的特殊资格一般是由当事人根据案件的实际情况或其主观愿望自主协商确定的，本质上属于一种约定资格，不同于各国商事仲裁法中关于仲裁员资格的最低控制，因而难以也无必要通过立法作明确规定或统一要求。近年来，随着商事仲裁契约性的日益彰显，各国商事仲裁法已很少对仲裁员的资格再作严格的特殊要求。例如，在西班牙，其早年的商事仲裁法就曾规定只有执业律师才能被选定为仲裁员，[②]但到2003年，其修订后的商事仲裁法已取消这种规定。

中国《仲裁法》对仲裁员的资格则作了非常严格的规定，对仲裁员提出了特殊的资格要求。该法第13条第2款规定："仲裁员应当符合下列条件之一：（一）从事仲裁工作满八年的；（二）从事律师工作满八年的；（三）曾任审判员满八年的；（四）从事法律研究、教学工作并具有高级职称的；（五）具有法律知识、从事经济贸易等专业工作并具有高级职称或者具有同等专业水平的。"[③]以上对仲裁员资格方面的特别要求旨在保证仲裁员的专业素质。不过，从该条规定本身来看，虽然很注重仲裁员所应具备的法律素质，但对其在经济贸易及其他方面应具有的综合素质显然还强调得不够。[④]

二、商事仲裁庭成员的责任

当事人选择仲裁员处理他们之间的商事法律争议，是基于对仲裁员专业知识和道德素养的信赖。如果仲裁员在商事仲裁过程中行为不端或者出现过失，必然会影响相关商事仲裁裁决的公正性，给当事人造成不必要的损失。由此，便产生了仲裁员是否应该对他们在商事仲裁过程中给当事人造成损失的故意或过失行为承担民事责任的问题。世界各国的商事仲裁立法、司法实践以及商事仲裁实务和商事仲裁理论对于这一问题，一直都存在较大分歧。

（一）仲裁员责任豁免论

根据英国普通法，即使仲裁员违背了公正、谨慎、合理勤勉地实施商事仲裁行为的基本职责，也无需承担诸如损害赔偿之类的一般民事责任。[⑤]虽然在某些情况下，当事人可能会基于仲裁员的故意或过失，以失职为由，申请法院撤换仲裁员或将其作出的裁决发回重审或撤销，但终究不能通过诉讼的方式，要求法院责令仲裁员，对其不适当的商事仲裁行为给当事人造成的损失，承担任何个人的民事责任。这便是流行于普通法系国家的"仲裁员责任豁免论"。

仲裁员责任豁免论源自法官的"司法豁免论"。在英美等普通法系国家，商事仲裁程

① 参见中国贸仲《仲裁规则》（2005年）第21条第2款。

② 参见西班牙1988年《仲裁法》第12条第2款。

③ 在中国《仲裁法（修订意见稿）》中还专门增加了不得担任仲裁员的3种情形。

④ 参见郭寿康、赵秀文主编：《国际经济贸易仲裁法》，中国法制出版社1999年版，第188页。

⑤ Sutcliffe v Thackrah [1974] 1 Lloyd's Rep 318.

序被认为是一种“准司法”程序,仲裁庭必须在当事人提交给它的证据的基础上,依据法律作出公正、有拘束力的裁决。作为仲裁员,应该依法对有关的问题作出裁判。唐纳森(Donnaldson)法官甚至认为仲裁员同法官的职能一样,他说:“法院(法官)与仲裁员的业务相同,他们都是在执行法律。二者之间的唯一区别是:法院在公共领域执法,而仲裁员则是在私营工业领域执法。”① 由此,既然国家出于保证诉讼程序独立进行以及司法活动权威性和严肃性的考虑,不要求法官对其职务行为承担民事责任,那么对于实施与司法诉讼活动相近的“准司法”活动的仲裁员,其执法权也应该像法官那样受到保护,使之不受任意干扰。美国2000年《统一仲裁法》第14条第1款即明确规定:“仲裁员或商事仲裁机构在履行其职能时,如同本州法院法官行使其司法职能时一样享有相同的豁免,不负民事责任。”况且,一旦允许当事人对仲裁员提起诉讼或指控,败诉方当事人可能会滥用这一申诉权,随意指称仲裁员缺乏应有的小心或注意,而对仲裁员的裁判行为提出异议,并要求重新审理案件。这样,就必然会使仲裁员的裁判乃至整个商事仲裁庭对有关商事仲裁案件的裁决,处于不确定的干扰之中,客观上不利于仲裁员完全独立地行使自由裁量权,从而导致商事仲裁的质量下降,影响商事仲裁裁决的终审效力,直接损害商事仲裁的声誉,危及商事仲裁法律制度的存在和发展。而且,如果仲裁员面临承担个人民事责任的风险,他们还有可能因此而拒绝接受作为仲裁员的任命。②

此外,从世界各国的商事仲裁立法和各常设仲裁机构的仲裁规则来看,为了在仲裁员和当事人之间实现权利平衡,维护当事人合法权益,一般都规定了当事人可资援用的权利救济措施。这些救济措施足以使当事人因仲裁员的故意或过失行为造成的后果获得补救。如果允许当事人就仲裁员的过错行为对有关仲裁员主张民事损害赔偿责任,也会使这些程序的设置失去意义。

(二)仲裁员责任论

虽然仲裁员责任豁免论不乏其合理性,支持者和采纳者也不在少数,但持“仲裁员责任论”的学者也提出了很多反对采用仲裁员责任豁免理论的理由:③

(1)商事仲裁程序毕竟是不同于诉讼的“准司法”程序。仲裁员的权力来自当事人的协议,其职权与法官的职权是有差别的。这是因为:① 法官是由国家任命或选举产生的司法公务人员,其权力来源具有公法性质,其职务行为享受法律的特殊保护。仲裁员则只是基于其专业知识和个人品质得到当事人的信任而由当事人依法选定的,因而其权力来源具有私法性质,不应受到法律过多的保护。② 法官虽享有司法豁免权,但仍受选举、弹劾等制度的严格约束,这在某种程度上构成责任豁免的有效平衡。相比之下,仲裁员的纪律约束就远不如法官严格,更多的只能是依赖于仲裁员自身的道德和品格。③ 法官的司法活动要受到实体法和程序法的双重控制。在普通法系国家,法官还必须遵循先例。而仲裁员一般只需

① 参见[英]施米托夫著:《国际贸易法文选》,赵秀文选译,中国大百科全书出版社1993年版,第667页。

② 参见韩健著:《国际商事仲裁法的理论与实践》,法律出版社2000年版,第195页。

③ 参见沈伟:《仲裁员责任论》,载《仲裁与法律通讯》1996年第6期,第25页。

要受商事仲裁规则的指引，主要凭借个人经验和专业知识从事商事仲裁审理活动，没有固定的必须遵循的实体规则。④ 法官的司法审判活动除在特定情况下不公开进行外，一般都必须公开进行。而仲裁员的商事仲裁审理活动刚好相反，原则上不公开进行。这种程序上的区别，使得仲裁员在商事仲裁活动中所受到的监督和制约，比法官要小得多。

（2）为当事人规定的权利救济程序只是一种事后的补救措施，而非事前的预防措施。因此，这一权利救济程序不能从根本上阻止仲裁员故意或过失实施不公正或不适当的行为。而且，对于当事人来说，这些程序客观上只能排除不合适的仲裁员，并不能为受到侵害的当事人提供有效的损害补偿。而作为当事人，在发生有关的情势时，除了希望获得公正裁决之外，当然还希望其遭受的损失能够获得应有的赔偿。

（3）那种认为确立仲裁员责任制度会妨碍商事仲裁制度发展的想法只是一种主观推断。在现有的商事仲裁实践中，既没有出现当事人频繁起诉仲裁员，干扰仲裁员正常的商事仲裁活动的情形，也没有发生仲裁员因为被不适当起诉而辞职或有能力的专家拒绝出任仲裁员的实际个案。

（三）有限的仲裁员责任豁免论

不难看出，无论是“豁免论”还是“责任论”，都有其合理的成分，但又往往有失偏颇。为此，有学者提出了“有限的仲裁员责任豁免论”，即仲裁员在一定范围内可以享受责任豁免，超出一定范围则不免除责任。显然，该理论是“豁免论”和“责任论”的折中，吸收了两者的合理成分，不仅具有可操作性，而且具有现实性，因而已逐渐为一些国家所接受。

“有限的仲裁员责任豁免论”的基本观点是，仲裁员仅在一定范围内享有责任豁免，如果仲裁员因故意或者重大过失（gross negligence）而未能履行其接受指定时当事人所赋予的职责，则必须为其不当行为给当事人造成的损失承担法律责任。例如，英国虽一向坚持“仲裁员责任豁免论”，但近年来也作了一些改变。英国 1996 年《仲裁法》采纳的就是“有限的仲裁员责任豁免论”，即规定仲裁员在其作为或不作为是出于恶意或违反了诚信原则时不得免除责任，并将此类责任的主体扩大至仲裁员所雇佣的人、仲裁员的代理人，以及由当事人指定或任命的代其指定仲裁员的商事仲裁机构、其他机构或个人，还包括该商事仲裁机构、其他机构或个人的被雇佣人和代理人。[①]2001 年修订后的新加坡《国际仲裁法》也基于相同的理论选择作出了相似的法律规定。[②]

为使仲裁员不受司法干扰、独立地行使权力，从而提高商事仲裁的效率和质量，并增强裁决的终审效力，保留仲裁员的豁免权是很有必要的。但是，为了保证仲裁员能负责、公正地履行职责，减少仲裁员滥用职权的可能性，对于仲裁员的某些行为，如恶意欺诈、极不负责的敷衍行事、无正当理由的辞职甚至收受贿赂等，就不应该给予豁免。正如英国学者马斯蒂尔（Mustill）和博伊德（Boyd）所主张的，犯有过失但能诚实和善意履行职责的仲裁员可享

① 英国 1996 年《仲裁法》第 29 条、第 74 条。

② 参见新加坡 2001 年《国际仲裁法》第 25A 条。

有免除责任权,但完全背离职责的仲裁员无任何理由享有这一权利。[①] 雷德芬(Redfern)和亨特(Hunter)也指出:"要求未履行职责的仲裁员给予受害方以经济赔偿是必要的,它可以防止或纠正裁判不当。"[②]

在仲裁员享有有限责任豁免的情况下,仲裁员不仅应为他的一些明显故意的不法行为(如欺诈、收受贿赂等)承担责任,也应为他的一些重大过错行为承担责任,这主要包括以下两个方面:[③](1)程序上的过错行为。如仲裁员在处理与自己有利害关系的案件时,未按照商事仲裁规则的规定予以披露、申请回避;仲裁员无正当理由未能在商事仲裁规则规定的期限内作出裁决;等等。(2)契约上的过错行为。如仲裁员在商事仲裁过程中无正当理由退出仲裁,违反了其在接受指定时对当事人所承担的契约责任;仲裁员违反保密义务,泄露了当事人的商业秘密;等等。

(四)中国的仲裁员责任制度

中国《仲裁法》对仲裁员的责任问题规定得还不够完整和明确。该法第 38 条规定,仲裁员出现该法第 34 条第 4 项规定的情形,即私自会见当事人、代理人,或接受当事人、代理人的请客送礼,情节严重的,或者有该法第 58 条第 6 项规定的情形,即仲裁员在仲裁有关案件时,有索贿受贿、徇私舞弊、枉法裁决行为的,应当依法承担法律责任,仲裁委员会应当将其除名。而 2006 年《中华人民共和国刑法修正案(六)》第 20 条规定,"依法承担仲裁职责的人员,在仲裁活动中故意违背事实和法律作枉法裁决,情节严重的,处三年以下有期徒刑或者拘役;情节特别严重的,处三年以上七年以下有期徒刑"[④]。可见,在中国,仲裁员若有上述有关行为,须承担刑事责任。但对于仲裁员是否要承担民事责任,在什么情况下、什么范围内承担民事责任,立法上并不明确。对此,理论界和实务界主要存在两种观点:一是认为在一定程度上、一定范围内承认仲裁员的民事责任是应予肯定的;[⑤] 二是认为就中国目前的状况而言,即使将来制定有关仲裁员责任方面的法律,也不宜改变现状而刻意要求仲裁员承担民事责任。[⑥]

其实,从各国商事仲裁法律制度的规定和立法理由来看,无论是仲裁员责任豁免制度,还是仲裁员民事责任制度,其根本目的都在于保障商事仲裁活动的公正、有效,只是二者的

---

① Mustill & Boyd, *Commercial Arbitration* (1982), Butterworths, p.198.

② Redfern & Hunter, *Law and Practice of International Commercial Arbitration* (2nd ed, 1991), Sweet & Maxwell, p.271.

③ 参见沈伟:《仲裁员责任论》,载《仲裁与法律通讯》1996 年第 6 期,第 28 页;陈治东著:《国际商事仲裁法》,法律出版社 1998 年版,第 164 页。

④ 此即中国刑法新增的"枉法仲裁罪"。这一罪名的设立,曾遭致中国商事仲裁界的强烈反对,批判声一直持续不断。有学者指出,关于该罪名的适用范围及该罪名的具体含义本身存在严重分歧,现行规定的可操作性极差。同时,该罪名之所以设立,归根结底仍是商事仲裁观不正确使然,即不信任商事仲裁、以诉讼衡量商事仲裁、对商事仲裁的特殊性认识不足等,所引致的弊害将是更多更严地干预商事仲裁、限制商事仲裁,损害商事仲裁的契约性、民间性、独立性和终审性等。因此,对于这种本质上反商事仲裁而非支持商事仲裁且有滥用和浪费刑法资源之嫌的罪名应予取消。参见宋连斌:《枉法仲裁罪批判》,载《北京仲裁》第 62 辑,中国法制出版社 2007 年版,第 22 ~ 38 页。

⑤ 参见黄进主编:《国际私法与国际商事仲裁》,武汉大学出版社 1994 年版,第 114 页。

⑥ 参见陈敏:《仲裁员的行为规范》,载《仲裁与法律通讯》1994 年第 3 期,第 35 页。

侧重点有所不同。仲裁员责任豁免制度的主要功效在于保证仲裁员不受当事人的不当影响和司法干扰,维护仲裁员的独立性。仲裁员民事责任制度则更强调要求仲裁员认真负责地执行职务,减少仲裁员滥用职权的可能性。二者是一个问题的两个方面,实施过程中可能存在一些矛盾,但二者并不是相互对立的,过于强调其中的任何一个方面,都是不正确的和有害的。因此,绝对的仲裁员责任豁免和仲裁员民事责任制度都是行不通的。从目前世界各国的立法趋势来看,大多数国家都主张从完全的责任豁免或民事责任制度向有限的责任豁免制度靠近,至于具体侧重于豁免还是侧重于要求仲裁员承担责任,须视各国的立法目标而定。

据此,本书认为,在中国,为了保证仲裁员的独立性,可以对仲裁员在执行准司法职务过程中的行为予以豁免,但为了保证仲裁员的诚信和公正,这种豁免只限于仲裁员的一般过失行为。对于出于故意或重大过失的行为,仲裁员仍应承担民事责任。不过,要求仲裁员在一定条件下承担一定的民事责任的根本目的并不在于使当事人的损失实际得到赔偿。而且,由于在商事仲裁活动特别是国际商事仲裁活动中,仲裁员的行为给当事人造成的损失可能是多方面的,也可能是特别巨大的,仲裁员不可能给予完全的赔偿。所以,要求仲裁员承担一定民事责任的根本目的,应该确定为在保证仲裁员独立性的前提下,使仲裁员提高注意义务,确保商事仲裁的公正性。①

第二节 商事仲裁庭的组成

根据国际社会各商事仲裁立法和各商事仲裁规则的规定,商事仲裁庭的组成原则上依当事人的约定,只有在当事人没有约定的情况下,才依据各有关国家的商事仲裁法或者各有关商事仲裁机构的仲裁规则确定。

一、商事仲裁庭的成员人数

商事仲裁庭可以由 1 名或多名仲裁员组成,仲裁员的人数一般都是根据当事人的意见来确定。不过,也有一些国家的商事仲裁立法对此作了一些强制性的规定,如要求商事仲裁庭的组成人员必须是奇数。② 根据组成商事仲裁庭的仲裁员人数的不同,可以将其分为由 1 名仲裁员组成的独任仲裁庭、由 2 名仲裁员组成的两人仲裁庭和由 3 名或 3 名以上的仲裁员组成的合议仲裁庭。

(一) 由 1 名仲裁员组成独任仲裁庭

世界各国的商事仲裁立法都允许当事人约定和共同选定或共同委托有关机构指定 1 名仲裁员,即由所谓的独任仲裁员来组成独任仲裁庭。如果当事人没有就仲裁员的人数作出约定,仲裁庭的组成人数应为多少,各国商事仲裁立法的规定有所不同。从普通法系国家的

① 参见郭寿康、赵秀文主编:《国际经济贸易仲裁法》,中国法制出版社 1999 年版,第 213 ~ 214 页。

② 这类国家有巴西、哥伦比亚、哥斯达黎加、厄瓜多尔、伊拉克、意大利、西班牙、委内瑞拉、叙利亚、南斯拉夫等。

商事仲裁立法来看，大多规定如果当事人未约定组成仲裁庭的人数，仲裁庭应由1名独任仲裁员组成。[①]一些常设仲裁机构（如国际商会国际仲裁院、伦敦国际仲裁院）的商事仲裁规则也是采用这种方式来处理当事人没有作出明确约定时所产生的仲裁庭人数问题。[②]此外，在中国的商事仲裁实务中，各常设仲裁机构的商事仲裁规则都规定有简易程序制度，即都特别规定在有关仲裁案件的标的很小、低于一定的数额，或者虽然达到或超过了一定的数额，而案情比较简单的情况下，可由1名仲裁员组成独任仲裁庭，适用简易程序来审理和裁决案件。[③]

由1名独任仲裁员组成独任仲裁庭审理案件，最大的优点就在于快捷、经济。首先，就快捷来讲，采独任仲裁庭至少可以避免以下几方面的延误：一是组庭的延误，在仲裁庭由3名仲裁员组成的情况下，需按照一定的程序或规则分别指定，耗费的时间通常要比指定1名独任仲裁员长得多；二是协调合议庭各位仲裁员的日程安排导致的延误，这在独任仲裁庭的情况下完全不会发生；三是合议庭因程序或实体问题产生分歧而导致的延误，这在独任仲裁庭的情况下同样不会发生。总之，在效率的层面，采独任仲裁庭的最大好处就是，所有问题都由1名独任仲裁员说了算，如他可独自设定和掌控仲裁程序的节奏，无需跟其他仲裁员协调与配合；可独自迅速作出裁决，无需跟其他仲裁员磋商评议，还可避免因仲裁庭意见分歧无法形成多数意见导致的案件审理陷入僵局。而且，裁决一经独任仲裁员作出即可发布，无需其他仲裁员合署。实践证明，独任仲裁员审理案件平均花费的时间只有合议庭的45%，耗时缩短超过50%。[④]其次，就经济性来讲，采独任仲裁庭的话，当事人只需承担1名仲裁员的报酬和花销。采合议庭的话，相关费用则可能成倍增长，大大加重当事人的负担。

不过，需注意的是，实践中双方当事人往往很难就1名独任仲裁员的人选达成一致。因此，通过当事人协议指定独任仲裁员组成仲裁庭的情况较少，独任仲裁员大多是依法或依商事仲裁规则由有关机构或法院指定。[⑤]

（二）由2名仲裁员组成两人仲裁庭

从世界各国的商事仲裁立法和司法实践以及商事仲裁实务来看，由2名仲裁员组成的两人仲裁庭，主要存在于少数国家和一些国家的某个特别行业。例如，英国1996年《仲裁法》第22条第1款就对由2名仲裁员组成仲裁庭的情况作了规定：当事人约定有2名或2名以上仲裁员，但不设首席仲裁员或公断人的，亦可自由约定仲裁庭如何作出决定、命令和裁决。在商事仲裁实务中，如果该2名仲裁员在解决当事人提交的争议时能够达成一致，

---

① 这类国家如英国、美国、澳大利亚等。参见英国1996年《仲裁法》第15条、美国《联邦仲裁法》第5条、澳大利亚新南威尔士1984年《商事仲裁法》第6条。

② 参见2021年《国际商会仲裁规则》第12条第2款；2020年《伦敦国际仲裁院仲裁规则》第5条第8款。

③ 如2015年中国贸仲《仲裁规则》第58条、2018年中国海仲《仲裁规则》第63条、2018年《上海仲裁委员会仲裁规则》第60条。

④ Mihajlo DIKA & Aleksandra MAGANI, *Expedited Arbitration Proceedings: About Some Croatian Experiences*, 18 Croatian Arbitration Yearbook 9(2011), p9.

⑤ 参见韩健著:《现代国际商事仲裁法的理论与实践》（修订本），法律出版社2000年版，第154页。

就可依其一致意见作出决定、命令和裁决。如果他们不能就争议的解决达成一致，则须将争议交由他们共同指定的公断人，如同 1 名独任仲裁员一样进行裁决。

此外，国际上的一些商人或贸易组织或协会内部的贸易仲裁庭，也常常是由 2 名仲裁员组成。争议发生后，先由双方当事人各自选定 1 名对特定贸易有经验的仲裁员组成仲裁庭。如果该仲裁庭不能就争议的解决达成一致意见，再将争议提交给 1 名公断人，由公断人像独任仲裁员一样作出最后的商事仲裁裁决。争议被提交公断人后，原来的 2 名仲裁员将以各自当事人辩护人的身份参加后一阶段的仲裁，不再具有仲裁员的身份。采用这一方式的主要目的是将仲裁作为一种“友好”的解决争议的方法，具有快捷、不拘形式的特点。对于特定贸易争议或特定市场争议的解决，不失为一种有效的方式。①

（三）由 3 名仲裁员组成合议仲裁庭

由 3 名仲裁员组成合议仲裁庭来审理、裁决案件，是当今商事仲裁实务中最普遍采用的一种方式。《联合国国际贸易法委员会仲裁规则》即反映了这一趋势。该规则规定，各方当事人未事先约定仲裁员人数，并且在被申请人收到仲裁通知后 30 天内各方当事人未就只应指定 1 名仲裁员达成约定的，应指定 3 名仲裁员。②2006 年《联合国国际商事仲裁示范法》第 10 条亦作了类似规定：当事人可以自由确定仲裁员的人数。未作此确定的，仲裁员的人数应为 3 名。许多国家如中国、德国、俄罗斯、斯里兰卡、西班牙、奥地利、保加利亚的商事仲裁立法一般也都规定，除非当事人另有约定或法律另有规定，应由 3 名仲裁员组成仲裁庭。

由 3 名仲裁员组成合议仲裁庭来审理、裁决案件，是当今国际社会商事仲裁实务，特别是国际商事仲裁实务中最为有效的一种方式。虽然由 3 名仲裁员组成合议仲裁庭的费用要高于由 1 名仲裁员组成独任仲裁庭的费用，作出裁决的时间也可能要长于由 1 名仲裁员组成的独任仲裁庭，但 3 名仲裁员组成的合议仲裁庭可能是最合乎当事人意愿的。因为在大多数情况下，在案件审理过程中听取案情、发表意见的仲裁员中至少有 1 名是当事人自己选择的仲裁员，这无疑可以增强当事人对仲裁庭的信心。因此，此类仲裁庭作出的裁决通常更容易为当事人所接受。

二、商事仲裁庭成员的确定

对商事仲裁庭的成员，即仲裁员的确定，直接关系到案件的适当审理和当事人的切身利益。因此，由谁以及以何种方式来确定仲裁员，是商事仲裁程序中最为关键的事项之一。由于组成仲裁庭的仲裁员身份的不同，其确定方式也各不相同。而其中难度最大的主要还是独任仲裁员、公断人及首席仲裁员的确定问题。总的来看，由 2 名仲裁员组成两人仲裁庭，或由 3 名仲裁员组成合议仲裁庭时，通常都是由双方当事人各自选定或各自委托有关机构指定 1 名仲裁员。至于第 3 名仲裁员（即公断人或首席仲裁员）和组成独任仲裁庭的独任

---

① Redfern & Hunter, *Law and Practice of International Commercial Arbitration* (2nd, 1991), Sweet & Maxwell, p.199；韩健著：《现代国际商事仲裁法的理论与实践》（修订本），法律出版社 2000 年版，第 155～156 页。

② 参见 2010 年《联合国国际贸易法委员会仲裁规则》第 7 条第 1 款。

仲裁员的确定方法，主要有以下几种。

（一）由当事人选定

商事仲裁最重要的特点之一就是允许当事人将有关的商事法律争议提交给他们自己选择的仲裁员来解决。由当事人选定仲裁员时，有3个方面的要求：（1）双方当事人能够就该仲裁员的选择达成合意；（2）被选择的人接受当事人的选定；（3）被选择的人没有依法需要回避的情形。当事人有时甚至会预先在商事仲裁协议中选定仲裁员，但这一方式不能保证协议中被选定为仲裁员的人在争议实际发生时能够或愿意作为仲裁员审理案件。被选定的人有可能因为工作繁忙或健康状况欠佳等原因而不能胜任仲裁员的工作。而且，这种方式也不能保证被选定的人能够适合或胜任对特定争议的仲裁。因此，较为普遍的做法是在争议发生后，双方当事人拟订3～4名他们认为合适的人员名单，有时还附上相关人员的阅历和资格的简要介绍，经过相互交换讨论后确定最终人选。

实践证明，当事人之间要就独任仲裁员的人选达成协议往往比较困难。同样，在由3名仲裁员组成合议仲裁庭的过程中，双方当事人不容易就第3名仲裁员的选定达成一致。所以，独任仲裁员或第3名仲裁员的选定一般都需要通过特定的方式来进行。[①]

（二）由现有的仲裁员选定

在由2名仲裁员组成两人仲裁庭时，如果需要选定第3名仲裁员，一般都是由双方当事人各自选定的仲裁员来选定该第3名仲裁员。而就由3名仲裁员组成的仲裁庭而言，各仲裁机构普遍采用的仲裁员确定方式是先由双方当事人各自选定1名仲裁员，然后再由已被选定的2名仲裁员共同选定第3名仲裁员担任首席仲裁员。这种方式是较为合适的方式，因为由此产生的首席仲裁员，其学识、经验和判断能力一般都容易为双方当事人所信任和接受。

（三）由商事仲裁机构指定

在机构仲裁的情况下，各常设仲裁机构的商事仲裁规则一般都规定，在一定条件下，由该商事仲裁机构自己依据其商事仲裁规则指定仲裁员。例如，《国际商会仲裁规则》规定：如果双方当事人约定由1名独任仲裁员解决争议，他们可以协议提名独任仲裁员给仲裁院确认，如果他们在被申请人收到仲裁申请书之日起30日内，或在秘书处许可的延长期内，未能提名1名独任仲裁员，仲裁院将任命1名独任仲裁员处理案件；如果双方当事人约定由3人仲裁庭解决争议，每一方当事人均应各自在其申请书或答辩书中提名1名仲裁员以供确认，当事人未提名仲裁员的，由仲裁院任命；如果争议由3人仲裁庭审理，担任首席仲裁员的第3名仲裁员由仲裁院任命，除非双方当事人约定了另一种任命程序，通过双方当事人约定程序选定的第3名仲裁员应由仲裁院确认，在前2名仲裁员得到确认或指定后30日内按照双方当事人约定程序未能提名第3名仲裁员的，或在当事人约定或仲裁院确定的任何其他期限内未能提名第3名仲裁员的，第3名仲裁员由仲裁院任命。[②] 中国贸仲《仲裁规则》也

① 参见肖永平编著：《中国仲裁法教程》，武汉大学出版社1997年版，第51～52页。

② 2021年《国际商会仲裁规则》第12条第3、4、5款。

规定：申请人和被申请人应各自在收到仲裁通知后15天内选定或委托仲裁委员会主任指定1名仲裁员，当事人未在上述期限内选定或委托仲裁委员会主任指定的，由仲裁委员会主任指定；第3名仲裁员由双方当事人在被申请人收到仲裁通知后15天内共同选定或共同委托仲裁委员会主任指定，第3名仲裁员为仲裁庭的首席仲裁员；双方当事人未能共同选定首席仲裁员的，由仲裁委员会主任指定。[①] 中国海仲《仲裁规则》、《上海仲裁委员会仲裁规则》、《广州仲裁委员会仲裁规则》、《深圳国际仲裁院仲裁规则》也有基本相同的规定。[②]

近年来，国际上一些知名的商事仲裁机构先后引入了一项新的制度——紧急仲裁员制度，以满足实践中当事人在仲裁庭组成前寻求紧急救济措施的需要。最早采用该制度的为2009年《美国仲裁协会商事仲裁规则及调解程序》，随后，2010年《斯德哥尔摩商会仲裁院仲裁规则》、2010年《新加坡国际仲裁中心仲裁规则》、2012年《国际商会仲裁规则》、2013年《香港国际仲裁中心机构仲裁规则》也纷纷跟进，采纳了该制度。中国则是在2014年，由上海国际经济贸易仲裁委员会（上海国际仲裁中心）制定实施的《中国（上海）自由贸易试验区仲裁规则》首次引入该制度，随后的2015年中国贸仲《仲裁规则》和中国海仲《仲裁规则》以及2020年《深圳国际仲裁院仲裁规则》也对该制度作了规定。按照上述商事仲裁机构仲裁规则的规定，紧急仲裁员由商事仲裁机构指定，属于机构仲裁中商事仲裁机构管理和服务商事仲裁的一项重要职能。例如，2009年《美国仲裁协会商事仲裁规则及调解程序》规定，美国仲裁协会应在收到（申请紧急救济措施的）一方当事人发出的通知后1个工作日内，从专为应对紧急申请而设置的紧急仲裁员名单中指定1名独任紧急仲裁员。2010年《斯德哥尔摩商会仲裁院仲裁规则》附件二第4条第1款亦规定，理事会应在收到紧急仲裁员指定申请后24小时内指定紧急仲裁员。2010年《新加坡国际仲裁中心仲裁规则》附件一第2条、2012年《国际商会仲裁规则》附件五第2条第1款、2013年《香港国际仲裁中心机构仲裁规则》附件四第5条亦作了类似的规定。2015年中国贸仲《仲裁规则》附件三第2条第1款规定，如果决定适用紧急仲裁员程序，仲裁委员会仲裁院院长应在收到申请书及申请人预付的紧急仲裁员程序费用后1日内指定紧急仲裁员。2015年中国海仲《仲裁规则》附件三第2条第1款作了完全相同的规定。2020年《深圳国际仲裁院仲裁规则》第26条规定，仲裁院决定适用紧急仲裁员程序的，应在收到申请及申请人按规定预缴的紧急仲裁员费用后2日内指定紧急仲裁员，并将指定情况通知所有当事人。仲裁院应将申请人的申请材料及其附件同时转发被申请人。

（四）由国内法院指定

如果仲裁庭的组成未涉及任何商事仲裁机构，双方当事人又无法就仲裁员的任命达成协议，而且未明示授权某机构或某人作出这一任命，则必须考虑求助于某个有管辖权的法院，由法院依职权来任命仲裁员。在许多国家特别是商事仲裁法律制度比较完善的国家，一

① 2015年中国贸仲《仲裁规则》第27条。

② 2018年中国海仲《仲裁规则》第31条，2018年《上海仲裁委员会仲裁规则》第26条，2020年《深圳国际仲裁院仲裁规则》第30条，2021年《广州仲裁委员会仲裁规则》第33条。

般都是授权法院基于当事人的申请来任命仲裁员。例如,美国《联邦仲裁法》第 5 条规定,如果当事人在商事仲裁协议中约定了指定仲裁员或公断人的方法,就按约定的方法执行,如果没有约定或任何一方当事人无法按约定的方法行事或基于任何其他原因延误了指定仲裁员或公断人的时间,则法院应依据任何一方当事人的申请委任或指定仲裁员或公断人。此外,德国、瑞典、比利时、荷兰、英国、日本、印度和拉丁美洲一些国家,以及中国香港地区、中国澳门地区的商事仲裁立法也都作了类似的规定,授予法院在必要时任命仲裁员的权力。

中国是没有授予国内法院任命仲裁员权力的少数国家之一。中国《民诉法》和中国《仲裁法》都没有就这一问题作出任何规定。按照中国《仲裁法》的有关规定,关于国际商事法律争议,可以提交中国国际商事仲裁机构解决,由于中国国际商事仲裁机构的仲裁规则就仲裁庭的组成已有明确规定,因此不会在仲裁庭的组成问题上发生困难。但是,如果一项商事仲裁协议中约定了将争议提交中国某商事仲裁机构仲裁,并约定中国为仲裁地,但同时又约定不适用该商事仲裁机构的仲裁规则,而当事人又没有约定仲裁庭的组成方式,其结果将是,由于中国法律中没有就协助组成仲裁庭作出相应规定,该项商事仲裁协议在中国就会因仲裁庭无法组成而成为一项无法执行的商事仲裁协议。因此,从实现当事人仲裁解决纠纷的意愿出发,中国有必要通过立法授予特定管辖法院或特定机构协助组成仲裁庭的权力。①

(五)仲裁员名册制度

仲裁员名册制度是指把候选仲裁员的姓名及其专长,有时还包括其经验和阅历要点编制成册,提供给当事人、商事仲裁机构或其他指定机构选择,以确定仲裁员的一种制度。② 名册制度的采用主要有直接指定和间接指定两种方式。

直接指定,是指由双方当事人或有关机构直接或径直从仲裁员名册中确定仲裁员。间接指定,是指由双方当事人或有关机构从仲裁员名册中选择若干名人选后,交由双方当事人进行再选择,最后确定仲裁员。如果采用当事人间接指定的方式,双方当事人会各自把他们认为适合担任仲裁员的若干名人选编制成名单,然后交换名单以达成协议。这种互换具有很大的盲目性,因为同一仲裁员被列入双方当事人各自名单上的可能性非常小。《联合国国际贸易法委员会仲裁规则》采用的就是间接指定方式。根据该规则的规定,指定机构应尽速指定独任仲裁员,在进行指定时,除非双方当事人约定不使用名单法,或指定机构依据其自由裁量权决定该案件不宜使用名单法,否则指定机构应使用下述名单法:(1)指定机构应将至少列有 3 个人名的相同名单分送每一方当事人;(2)收到名单后 15 天内,每一方当事人可删除其反对的一个或数个人名并将名单上剩余的人名按其选择顺序排列之后,将名单送还指定机构;(3)上述期限届满后,指定机构应从送还名单上经认可的人名中,按照各方当事人所标明的选择顺序指定其中 1 人为独任仲裁员;(4)指定第 2 名仲裁员后 30 天内,2 名仲裁员未就首席仲裁员人选达成约定的,应由指定机构按照上述指定独任仲裁员的方式,

① 参见韩健著:《现代国际商事仲裁法的理论与实践》(修订本),法律出版社 2000 年版,第 164 页。

② 参见韩健著:《现代国际商事仲裁法的理论与实践》(修订本),法律出版社 2000 年版,第 160 ~ 162 页。

指定首席仲裁员。[①] 名册制度中的间接指定方式在任命仲裁员的速度方面显然没有直接指定方式迅速，但其优点在于为双方当事人提供了一定的选择范围。

在中国，中国贸仲、上海仲裁委员会、广州仲裁委员会、深圳国际仲裁院等一直采用的是名册制度中的直接指定方式，或称直接任命方式。即由当事人直接从仲裁员名册中选定仲裁员；由仲裁委员会主任行使代为指定仲裁员的职能时，也无需根据双方当事人所认可和确定的候选人先后次序，而是直接从仲裁委员会的仲裁员名册中指定独任仲裁员或首席仲裁员。[②] 但从 2005 年中国贸仲《仲裁规则》有关规定来看，中国贸仲在指定首席仲裁员方面增加了间接指定方式。即规定首先由双方当事人各自推荐 1～3 名仲裁员作为首席仲裁员人选，并将推荐名单提交到仲裁委员会；双方当事人的推荐名单中有 1 名人选相同的，为双方当事人共同选定的首席仲裁员；有 1 名以上人选相同的，由仲裁委员会主任根据案件的具体情况在相同人选中确定 1 名首席仲裁员，该名首席仲裁员仍为双方共同选定的首席仲裁员；推荐名单中没有相同人选时，由仲裁委员会主任在推荐名单之外指定首席仲裁员。[③] 2012 年和 2015 年中国贸仲《仲裁规则》将双方当事人可以各自推荐作为首席仲裁员人选的候选人人数从 1～3 名增加到 1～5 名，进一步扩大了当事人推荐名单的范围。[④]2020 年《深圳国际仲裁院仲裁规则》第 30 条更是增加了 4 种间接指定方式：(1) 当事人可以约定，仲裁院院长也可以决定，首席仲裁员由根据本条第 1 款已确定的 2 名仲裁员共同指定。除非当事人另有约定，在第 2 名仲裁员确定之日起 10 日内，该 2 名已确定的仲裁员对首席仲裁员人选未达成一致的，首席仲裁员由仲裁院院长指定。(2) 经双方当事人申请或同意，仲裁院院长可以推荐 3 名以上首席仲裁员候选名单，供双方当事人在收到候选名单之日起 5 日内按照各自意愿作先后排序。在推荐人选中，双方当事人叠加排序名列最前的，为双方当事人共同指定的首席仲裁员；叠加排序有 2 名或 2 名以上并列最前的，由仲裁院院长在并列人选中确定 1 名为双方当事人共同指定的首席仲裁员。(3) 经双方当事人申请或同意，仲裁院院长可以推荐 3 名以上首席仲裁员候选名单，供双方当事人在收到候选名单之日起 5 日内选择。在推荐人选中，双方当事人的选择有 1 名相同的，为双方当事人共同指定的首席仲裁员；有 2 名以上相同的，由仲裁院院长在相同人选中确定 1 名为双方当事人共同指定的首席仲裁员；没有相同人选的，由仲裁院院长在候选名单之外为双方当事人指定首席仲裁员。(4) 经双方当事人申请或同意，仲裁院院长可以推荐 3 名以上首席仲裁员候选名单。双方当事人在收到候选名单之日起 5 日内可以各排除 1 名或若干名候选人。首席仲裁员由仲裁院院长在剩余候选名单中指定；候选人均被排除的，由仲裁院院长在候选名单之外指定。

---

① 参见 2010 年《联合国国际贸易法委员会仲裁规则》第 8 条第 2 款、第 9 条第 3 款。

② 参见 2000 年中国贸仲《仲裁规则》第 24 条、第 25 条。

③ 参见 2005 年中国贸仲《仲裁规则》第 22 条第 3 款。

④ 参见 2012 年中国贸仲《仲裁规则》第 25 条第 3 款，2015 年中国贸仲《仲裁规则》第 27 条第 3 款。

三、商事仲裁庭成员的回避

作为商事仲裁庭成员的仲裁员如果存在不能参与特定案件审理的情况,应该主动或根据一方当事人提出的异议,退出对特定案件的审理。这就是商事仲裁中的仲裁员回避制度。仲裁员的回避,既可以是主动的,也可以是被动的。前者是指某个具体案件的仲裁员,在认为自己与案件存在利害关系,不适合担任该案的仲裁员时,主动请求回避;后者是指在一方当事人发现另一方当事人所选定的仲裁员、独任仲裁员、第三名仲裁员,存在某些情况,并对该仲裁员的公正性和独立性存有怀疑,从而提出回避要求时,经有关方面同意,该名仲裁员予以回避。

(一)仲裁员回避的理由

从世界各国的商事仲裁立法和各常设仲裁机构的商事仲裁规则来看,有关仲裁员回避的理由各种各样,但大体上可以分为两大类:第一类与民事诉讼法中法官回避的理由相同。第二类理由则较为复杂,可以归纳为3种情况:(1)仲裁员事先接触过一方当事人;(2)仲裁员的主体资格或行为能力不合法;(3)仲裁员在办案过程中不能勤勉谨慎地履行自己的职责。

各个国家的商事仲裁立法一般都有关于仲裁员回避问题的专门规定。例如,荷兰2015年《民事诉讼法典》第1033条第1款规定,如果存在对仲裁员的中立性或独立性产生合理怀疑的情形,可以对仲裁员提出异议。英国1996年《仲裁法》第24条则规定,商事仲裁程序的一方当事人,经通知另一方当事人、相关仲裁员和其他仲裁员,可以基于以下理由申请法院撤换仲裁员:存在导致当事人对该仲裁员的公正性产生具有正当理由的怀疑的事由;该仲裁员不具备商事仲裁协议所要求的资格;该仲裁员在体力上或精神上无力进行商事仲裁程序,或对其进行商事仲裁程序的能力存在具有正当理由的怀疑;该仲裁员拒绝或没有适当地进行商事仲裁程序或合理迅捷地进行商事仲裁程序或作出裁决,且已经或将对申请方产生实质性的不公正。

在各有关的商事仲裁规则中,也有关于仲裁员回避问题的规定。例如,《联合国国际贸易法委员会仲裁规则》规定:“如果存在可能对任何仲裁员的公正性或独立性产生有正当理由怀疑的情况,均可要求该仲裁员回避。”①《新加坡国际仲裁中心仲裁规则》也规定,如果存在对仲裁员的中立性或独立性产生合理怀疑的情形,或者仲裁员不具备当事人约定的资质,均可对仲裁员提出异议。②

中国《仲裁法》第34条规定了仲裁员应该回避的4种情形或者理由:(1)是本案当事人或者当事人、代理人的近亲属;(2)与本案有利害关系;(3)与本案当事人、代理人有其他关系,可能影响公正仲裁的;(4)私自会见当事人、代理人,或者接受当事人、代理人请客送礼的。其中,前3项理由借鉴了中国《民诉法》中关于审判人员回避理由的规定,第4项理

① 2010年《联合国国际贸易法委员会仲裁规则》第12条第1款。

② 2016年《新加坡国际仲裁中心仲裁规则》第14条第1款。

由是为保证仲裁员更公正地仲裁案件而专门作出的规定。中国贸仲和中国海仲的商事仲裁规则中也分别规定了仲裁员回避的理由。例如,2015 年中国贸仲《仲裁规则》第 32 条第 2 款规定,当事人对被选定或被指定的仲裁员的公正性和独立性产生具有正当理由的怀疑时,可以书面提出要求该仲裁员回避的请求,但应说明提出回避请求所依据的具体事实和理由,并举证。2018 年中国海仲《仲裁规则》第 36 条第 2 款和 2020 年《深圳国际仲裁院仲裁规则》第 33 条第 2 款亦作了完全相同的规定。相同的回避理由还适用于紧急仲裁员,中国贸仲《仲裁规则》附件三第 3 条第 5 款、中国海仲《仲裁规则》附件三第 3 条第 5 款和《深圳国际仲裁院仲裁规则》第 26 条第 4 款对紧急仲裁员回避理由的规定与上述规定也完全相同。对于仲裁员应当回避的情形,2021 年《广州仲裁委员会仲裁规则》第 38 条除在第 1 款明确规定了中国《仲裁法》第 34 条所规定的 4 种情形外,还特别就其中的第 3 种情形,即"与本案当事人、代理人有其他关系"这一情形作了更进一步的规定:"1. 与本案当事人、代理人有咨询与被咨询、管理与被管理关系,或者担任本案当事人、代理人的代理人、顾问的,但至组庭之日有关关系已经结束超过二年的除外;2. 与本案当事人、代理人现在同一单位工作的;3. 对本案所涉争议向当事人推荐、介绍过代理人的;4. 对本案所涉争议提供过咨询,或者担任过与本案所涉争议有关案件的证人、鉴定人、勘验人、翻译人员、辩护人、代理人的;5. 在本会正在审理的其他案件中,与本案当事人、代理人同为仲裁员的;6. 在本案当事人、代理人担任仲裁员的案件中,本案仲裁员恰好是该案当事人、代理人的,但至组庭之日案件已经审结超过二年的除外;7. 其他可能影响公正仲裁的情形。"

(二)申请仲裁员回避的期限

当事人申请仲裁员回避,应在一定期限内提出,否则将视为放弃申请回避的权利,逾期提出申请的,通常不会被有关仲裁机构所接受。国际社会各有关商事仲裁立法和商事仲裁规则,对申请仲裁员回避的期限所作的规定都不尽相同,但一般都要求当事人应在获知存在回避事由后立即或在较短期限内尽快提出回避申请。例如,德国 1998 年《民事诉讼法典》(2001 年修正)第 1037 条第 2 款规定,拟提出回避申请的一方当事人,应在得知仲裁庭的组成情况后或在得知第 1036 条第 2 款所述事由(即回避事由)后的 2 周内,向仲裁庭提交回避理由的书面陈述。2006 年《联合国国际商事仲裁示范法》第 13 条第 2 款规定,拟对仲裁员提出回避申请的一方当事人,应在他得知仲裁庭组成或得知第 12 条第 2 款所指的任何情况(即回避事由)后 15 日内,向仲裁庭提出书面陈述,说明提出回避的理由。2010 年《联合国国际贸易法委员会仲裁规则》第 13 条第 1 款也规定,拟对仲裁员提出回避申请的一方当事人,应在该仲裁员的任命通知书发给该方当事人后 15 日内,或在该方当事人得知第 11 条和第 12 条所指情况(即回避事由)后 15 日内,发出其回避申请通知书。

中国《仲裁法》也在第 35 条对当事人申请仲裁员回避的期限作了明确的规定:"当事人提出回避申请,应当说明理由,在首次开庭前提出。回避事由在首次开庭后知道的,可以在最后一次开庭终结前提出。"2015 年中国贸仲《仲裁规则》第 32 条第 1 款、第 3 款则规定:当事人收到仲裁员的声明书及 / 或书面披露后,如果以披露的事实或情况为理由要求该仲裁员回避,则应于收到仲裁员的书面披露后 10 天内书面提出,逾期没有申请回避的,不得以仲裁员曾经披露的事项为由申请该仲裁员回避;对仲裁员的回避请求应在收到组庭通知后 15 天内以书面形式提出,在此之后得知要求回避事由的,可以在得知回避事由后 15 天内提出,但应不晚于最后一次开庭终结。2018 年中国海仲《仲裁规则》第 36 条第 1 款、第 3 款亦作了与上述完全相同的规定。中国《仲裁法》及中国各商事仲裁机构的仲裁规则对仲裁员自行提出回避请求的时间都没有作明确的规定。不过,作为仲裁员,应当在知道自己有法律规定的回避情形时及时提出回避。事实上,在接受选定或指定时,仲裁员就应了解双方当事人的基本情况,如有应回避的情况,就不应该接受选定或指定。

此外,值得一提的是,当事人就仲裁员申请回避,未必一定只是针对另一方当事人所选定的仲裁员,有时还可能针对自己一方所选定或参与选定的仲裁员。而且,当事人对自己所选定的仲裁员提出异议的事由,一般都是在选定仲裁员后才发生或知悉的。如果当事人在选定仲裁员之前就已得知这些情况,一般都不会再选定该有关人员为仲裁员。而且,在选定该有关人员为仲裁员后,又以这些早已知悉的事由为依据对该仲裁员提出回避申请,这种异议往往不能成立。例如,2010 年《联合国国际贸易法委员会仲裁规则》第 12 条第 2 款规定:“一方当事人只能根据其指定仲裁员之后才得知的理由,对其所指定的仲裁员要求回避。”2016 年《新加坡国际仲裁中心仲裁规则》第 14 条第 2 款也规定:“对于当事人自己提名的仲裁员,只有回避事由是在该仲裁员被指定之后该当事人才得知的情形,该当事人才能申请自己提名的仲裁员回避。”

对于申请紧急仲裁员回避的期限,有关商事仲裁机构的仲裁规则也作了明确规定。例如,2013 年《美国仲裁协会商事仲裁规则及调解程序》第 38 条第 3 款规定,任何关于紧急仲裁员的质疑,须在当事人收到美国仲裁协会发出的关于紧急仲裁员的指定及其披露情况的通知之日起 1 个工作日内提出。2021 年《国际商会仲裁规则》附件五第 3 条第 1 款则规定,要求紧急仲裁员回避的申请,须自提出申请的当事人收到该紧急仲裁员任命通知起 3 日内提出,或者如果该当事人是在收到紧急仲裁员任命通知后才得知申请回避所依据的事实或情况,则须自其得知该事实或情况之日起 3 日内提出。2015 年中国贸仲《仲裁规则》附件三第 3 条第 4 款和第 6 款也规定:当事人收到紧急仲裁员的声明书及 / 或书面披露后,如果以紧急仲裁员披露的事实或情况为理由要求该仲裁员回避,则应于收到紧急仲裁员的书面披露后 2 日内书面提出,逾期没申请回避的,不得以紧急仲裁员曾经披露的事项为由申请回避;对紧急仲裁员的回避请求应在收到受理通知后 2 日内以书面形式提出,在此之后得知要求回避事由的,可以在得知回避事由后 2 日内提出,但应不晚于仲裁庭组成时。2018 年中国海仲《仲裁规则》附件三第 3 条第 4 款和第 6 款亦作了完全相同的规定。

(三)有权决定回避申请的机构

无论是仲裁员自行提出的回避请求,还是当事人提出的回避申请,都需要一定的机构或人员对此予以审查和处理,以作出该仲裁员是否回避的决定。世界各国的商事仲裁立法和各商事仲裁机构的仲裁规则都对此作了非常明确的规定,大体有两个途径:(1)由仲裁庭或商事仲裁机构来决定;(2)在当事人向仲裁庭或商事仲裁机构提出异议遭到否决后,当事人可以向有管辖权的法院起诉,再由法院来作出最终决定。

在20世纪70年代的东欧国家,关于仲裁员异议的问题,一般都是由该国对外贸易委员会的仲裁院作出最后决定。苏联就是采取这种做法。不过,现在俄罗斯的做法已有所改变。从俄罗斯1993年《联邦国际商事仲裁法》(2015年修正)第13条和第6条的规定来看,仲裁员是否应该回避,先由仲裁庭作出决定,如果当事人关于仲裁员回避的请求被仲裁庭驳回,当事人有权向有管辖权的法院提出申请,如果当事人的商事仲裁协议约定将争议提交一个常设仲裁机构进行管理,则当事人可以通过明确协议排除法院处理该回避问题的可能性。而依照2010年《联合国国际贸易法委员会仲裁规则》第13条第4款的规定,如果一方当事人对仲裁员提出回避申请,另一方当事人对回避表示不同意且被提出回避的仲裁员亦不辞职,则由仲裁员的任命机构对回避申请作出决定。照此规定,如果仲裁员的任命机构是法院,法院即有权对异议理由作出决定;如果仲裁员的任命机构是商事仲裁机构或其他机构,则应由该有关商事仲裁机构或其他机构来最终决定有关仲裁员的回避问题。

在中国,根据中国《仲裁法》第36条的规定,决定仲裁员回避问题的权力由仲裁委员会主任来行使,如果异议是针对作为仲裁员的仲裁委员会主任提出的,则由仲裁委员会集体决定。

商事仲裁中除了仲裁员的回避问题,应该还存在其他有关人员,如办案秘书、书记员、翻译人员、鉴定人员、勘验人员等的回避问题。这些人员虽不是严格意义上的商事仲裁庭的组成人员,但他们直接参与了商事仲裁活动,对有关商事仲裁案件的审理和裁决都有一定的影响。不过,目前各国的商事仲裁立法对这个问题都没有作出明确规定。本书认为,根据商事仲裁制度的本意和商事仲裁立法的精神,应该参照民事诉讼立法中有关回避问题的规定和商事仲裁法中有关仲裁员回避问题的规定,对上述人员的回避问题作出规定。而且,对这些人员的回避,由仲裁庭作出决定即可。

对于谁有权决定紧急仲裁员回避这一问题,有关商事仲裁机构的仲裁规则一般都是规定商事仲裁机构享有这一权力。例如,2021年《国际商会仲裁规则》附件五第3条第2款规定,在秘书处给予该紧急仲裁员和其他当事人在合理时间内提出书面评论的机会后,由仲裁院对是否支持回避申请作出决定。2015年中国贸仲《仲裁规则》附件三第3条第7款规定,紧急仲裁员是否回避,由仲裁委员会仲裁院院长决定;2018年中国海仲《仲裁规则》附件三第3条第7款作了完全相同的规定。

第三节　商事仲裁庭对仲裁管辖权的决定权

虽然商事仲裁庭的仲裁管辖权是商事仲裁庭得以合法审理、裁判商事仲裁案件的前提和基础,但对于其管辖权的决定权到底应该归谁享有的问题,目前的国际社会还没有一个完全统一的规定和做法。

一、商事仲裁管辖权的概念

商事仲裁管辖权（jurisdiction of arbitration），是指商事仲裁协议赋予商事仲裁庭对有关商事案件进行审理并作出裁决的权限。商事仲裁管辖权是商事仲裁机构或商事仲裁庭有权对特定的商事法律争议进行审理并作出有拘束力的裁决的依据。而且，即便是在机构仲裁的情况下，商事仲裁管辖权实际上也是商事仲裁庭的管辖权。在具体的商事仲裁实务中，仲裁员审理、裁决案件，都要成立商事仲裁庭，并以商事仲裁庭的名义来进行，故商事仲裁管辖权，从严格意义上讲，只能是商事仲裁庭的管辖权。

虽然商事仲裁与商事诉讼是并行的两种解决民商事法律争议的法律制度，但商事仲裁管辖权与诉讼管辖权有着根本性的区别。而且，这种不同主要体现在两种管辖权的取得依据上：商事仲裁管辖权源于当事人之间依法订立的商事仲裁协议，它以双方当事人的合意为基础，且不得超出有关法律规定的范围。也就是说，商事仲裁管辖权直接来源于双方当事人之间的商事仲裁协议，而不是国家法律的直接规定；① 而诉讼管辖权直接来源于国家法律的强制性规定，虽然在某些情况下允许当事人选择法院，但必须受到不得违反专属管辖等条件的限制，而且在双方当事人之间没有订立这种选择法院的协议时，法院依法享有当然的诉讼管辖权。

正是商事仲裁管辖权的契约性，使得商事仲裁管辖权的确定与商事仲裁协议效力的认定密不可分。对商事仲裁协议效力的认定，直接关系到商事仲裁庭对有关案件的管辖权。只有认定商事仲裁协议有效，商事仲裁庭对案件才有管辖权，否则商事仲裁庭对案件就没有管辖权。

二、商事仲裁庭管辖权自决原则

商事仲裁庭管辖权自决原则或称管辖权 / 管辖权原则，是指商事仲裁庭本身有权对商事仲裁协议的效力和商事仲裁庭是否拥有管辖权作出决定。商事仲裁庭管辖权自决原则，是 20 世纪 80 年代以后全面确立和发展起来的一项关于商事仲裁管辖权的原则，目前已在国际上得到广泛接受和采纳，并成为现代商事仲裁制度的一项基本原则。对此，有学者曾经评价道：商事仲裁庭有权对其自身的管辖权问题作出决定，是现代商事仲裁制度取得的一项重要成就。②

① 国家法律的规定只能是商事仲裁管辖权的间接依据。如果当事人之间没有订立合法有效的商事仲裁协议，有关的商事仲裁机构就没有管辖权。

② 帕尔森（Paulsson）为现代商事仲裁制度总结了 6 项成就，其余 5 项为：可以将未来的争议提交商事仲裁、可以在商事仲裁程序中指定仲裁员（当事人无需在商事仲裁协议中就指定仲裁员）、商事仲裁协议具有独立性、法院不审查商事仲裁裁决的实体以及商事仲裁程序可在国外进行。See Jan Paulsson, *Accepting Interntional Arbitration in Fact–and Not Only in Words*, in Eugene Cotran & Austin Amissah ed., Arbitration in Africa（1996）, Kluwer International, pp.31–45；参见赵健著：《国际商事仲裁的司法监督》，法律出版社 2000 年版，第 89 页。

（一）商事仲裁庭管辖权自决原则的确立

商事仲裁庭管辖权自决原则，赋予了商事仲裁庭对商事仲裁协议效力和商事仲裁庭是否拥有仲裁管辖权作出决定的权力。这无疑是对传统观点的否定和突破。根据传统观点，当事人对商事仲裁协议的效力及商事仲裁庭的管辖权发生的争议，应由法院而不是商事仲裁庭自己来决定，完全否认商事仲裁庭决定其自身管辖权的权力。

在商事仲裁庭管辖权自决原则被提出的早期，人们对于商事仲裁庭究竟是否应该拥有决定其自身管辖权的权力，或在多大限度内有权决定其自身的管辖权，换言之，对于是否应该接受商事仲裁庭管辖权自决原则这一问题，曾经发生过许多争论。这一时期，英国的德夫林（P.Devlin）法官，在克里斯托弗布朗有限公司诉奥地利森林木材合作社案（Christopher Brown Ltd v Genossenschafft Oesterreichischer Waldbesitzer Holzwirtschafbetriebe）中，曾阐述过自己的观点：任何一个商事仲裁程序开始时，一方或另一方当事人都有可能对仲裁员的管辖权提出异议，法律并未要求在当事人对仲裁员的管辖权提出异议时，仲裁员应立即拒绝或停止仲裁，直至有权作出最终判决的法院作出裁定；但法律也未要求仲裁员必须继续对争议事项作出裁定，不对管辖权异议作出实质性调查和裁定，而是把这个问题留给有权对此作出判决的法院去解决。如果这样做，他们就会白白浪费自己和他人的时间。因此，不应采取上述任何一种做法。仲裁员有权就自己对审理的案件有无管辖权的问题进行调查，这样做不是为了能够得出对双方当事人产生约束力的任何结论，因为他们并无此项权限，而是为了解决他们是否应该把商事仲裁程序继续下去的先决问题。①

目前，商事仲裁庭管辖权自决原则早已成为国际社会商事仲裁立法、司法实践，以及商事仲裁实务中普遍认可和遵循的一项重要原则。例如，在有关商事仲裁的国际立法和仲裁规则中，基本都有关于商事仲裁庭管辖权自决原则的规定。2006 年《联合国国际商事仲裁示范法》第 16 条第 1 款规定，仲裁庭可以对其自身的管辖权，包括对商事仲裁协议的存在或效力的任何异议作出裁定。1961 年《欧洲国际商事仲裁公约》第 5 条第 3 款规定，管辖权有问题的仲裁员，有权继续进行仲裁，并对自己的管辖权作出决定，并能决定商事仲裁协议或者包括此协议在内的合同是否存在或有无效力。2010 年《联合国国际贸易法委员会仲裁规则》第 23 条第 1 款也规定："仲裁庭有权对其自身管辖权作出裁定，包括对与商事仲裁协议的存在或效力有关的任何异议作出裁定。"

在国内的商事仲裁立法、司法实践以及商事仲裁规则中，商事仲裁庭管辖权自决原则亦是一项不可或缺的重要原则。法国即属于较早采纳商事仲裁庭管辖权自决原则的国家之一。法国 1981 年《民事诉讼法典》第 1466 条规定，如果一方当事人向仲裁员抗辩他的管辖权，不论是原则或范围，该仲裁员应决定其任职的效力和范围。法国 2011 年《民事诉讼法典》在第 1465 条对该原则作出了新的规定，"仲裁庭对有关其管辖权的抗辩享有排他的管辖权"。英国 1996 年《仲裁法》第 30 条第 1 款也规定，除非当事人另有约定，仲裁庭可裁定

① 参见［英］施米托夫著：《国际贸易法文选》，赵秀文选译，中国大百科全书出版社 1993 年版，第 646～647 页。

其实体管辖权。此外,德国、比利时、瑞士、荷兰、保加利亚、埃及等国也都采纳了商事仲裁庭管辖权自决原则。

(二)商事仲裁庭管辖权自决原则的内容

商事仲裁庭管辖权自决原则的确立,赋予了商事仲裁庭决定其自身管辖权的权力。据此,若当事人对商事仲裁庭的管辖权提出异议,应由商事仲裁庭自己进行调查并作出决定,而无须拒绝或停止商事仲裁程序以等待法院的决定。这不仅使商事仲裁庭的权力得到增强、趋于完整,而且大大减少了法院介入和干预商事仲裁的机会,使商事仲裁程序得以不受干扰地快捷、连续地进行。这也正是商事仲裁庭管辖权自决原则的价值所在。但是,这并非商事仲裁庭管辖权自决原则的全部内容。本书认为,法院在特定情况下对商事仲裁庭管辖权争议的直接管辖,以及法院对商事仲裁庭的管辖权决定进行必要的司法监督,同样是商事仲裁庭管辖权自决原则不可或缺的重要内容,它们与赋予商事仲裁庭决定其自身管辖权的权力一道,共同构成商事仲裁庭管辖权自决原则完整的内容体系。换言之,确立商事仲裁庭管辖权自决原则,赋予商事仲裁庭决定其自身管辖权的权力,并非绝对排除法院处理商事仲裁庭管辖权争议的权力,在某些特定情况下,法院仍须直接受理有关管辖权争议并作出裁定,以支持和协助商事仲裁。而且,虽然对商事仲裁庭的管辖权作出决定主要是一项程序性的权力,但由于这项权力的行使直接关系到商事仲裁庭对有关商事法律争议的解决究竟是否享有管辖权,亦即有关商事法律争议究竟是应通过商事仲裁还是诉讼或是其他方式解决的问题,而这无疑会直接影响到双方当事人的实体权利义务关系。因此,赋予法院对商事仲裁庭的管辖权决定进行司法监督的权力,也就十分必要了。

商事仲裁庭管辖权自决原则的确立,并不意味着任何情况下有关商事仲裁庭管辖权的争议都只能由商事仲裁庭来解决。某些时候,将有关商事仲裁庭管辖权的争议交由法院直接受理和管辖,可能会更适当、更合理,效果也更好。当然,允许法院直接处理有关商事仲裁庭管辖权的争议,无疑为法院介入商事仲裁打开了缺口,也为一方当事人利用向法院提出管辖权异议来恶意阻挠和拖延商事仲裁程序提供了机会。有鉴于此,一些国家的商事仲裁立法虽然保留了法院直接处理有关商事仲裁庭管辖权争议的权力,但同时又对这一权力的行使施加了诸多严格的限制。

三、中国的有关规定

商事仲裁庭管辖权自决原则虽已得到广泛的国际认可,但目前在中国仍未被普遍接受。除了于 1992 年批准加入的 1965 年《华盛顿公约》第 41 条中有关于商事仲裁庭管辖权自决原则的规定外,在中国《仲裁法》和中国各商事仲裁机构的仲裁规则中,都没有规定商事仲裁庭有权决定其自身的管辖权,而是将这一权力交给了人民法院和商事仲裁机构即仲裁委员会。

(一)关于人民法院直接处理商事仲裁庭管辖权争议的优先管辖权

根据中国《仲裁法》、中国各商事仲裁机构的仲裁规则以及最高人民法院发布的有关司法解释中的规定，人民法院对商事仲裁庭的管辖权争议享有直接的管辖权，而且与仲裁委员会的并存权力相比，人民法院的管辖权优先。[①]

中国《仲裁法》第 20 条第 1 款规定："当事人对仲裁协议的效力有异议的，可以请求仲裁委员会作出决定或者请求人民法院作出裁定。一方请求仲裁委员会作出决定，另一方请求人民法院作出裁定的，由人民法院裁定。"在中国《仲裁法》颁布后，几经修订的中国贸仲《仲裁规则》与中国海仲《仲裁规则》均吸纳了中国《仲裁法》的上述规定，亦明确赋予了人民法院直接处理商事仲裁庭管辖权争议的优先管辖权。[②] 此外，1998 年 10 月 21 日发布的《最高人民法院关于确认仲裁协议效力几个问题的批复》中，还对人民法院的这一优先管辖权作了进一步的解释：首先，当事人对商事仲裁协议的效力存有异议，一方当事人申请商事仲裁机构确认商事仲裁协议的效力，另一方当事人请求人民法院确认商事仲裁协议无效，如果商事仲裁机构先于人民法院接受申请并已作出决定，人民法院不予受理；如果商事仲裁机构接受申请后尚未作出决定，人民法院应予受理，同时通知商事仲裁机构终止商事仲裁程序。其次，一方当事人就合同纠纷或者其他财产权益纠纷申请仲裁，另一方当事人对商事仲裁协议的效力有异议，请求人民法院确认商事仲裁协议无效，并就合同纠纷或其他财产权益纠纷起诉的，人民法院受理后应当通知商事仲裁机构中止商事仲裁程序。人民法院依法作出商事仲裁协议有效或者无效的裁定后，应当将裁定书副本送达商事仲裁机构，由商事仲裁机构根据人民法院的裁定恢复商事仲裁程序或者撤销商事仲裁案件。人民法院对商事仲裁协议作出无效的裁定后，另一方当事人拒不应诉的，人民法院可以缺席判决；原受理仲裁申请的商事仲裁机构在人民法院确认商事仲裁协议无效后仍不撤销其商事仲裁案件的，不影响人民法院对案件的审理。

2006 年发布的《〈仲裁法〉司法解释》第 12 条则进一步明确了人民法院内部受理商事仲裁协议效力确认案件管辖权的分配依据："当事人向人民法院申请确认仲裁协议效力的案件，由仲裁协议约定的仲裁机构所在地的中级人民法院管辖；仲裁协议约定的仲裁机构不明确的，由仲裁协议签订地或者被申请人住所地的中级人民法院管辖。申请确认涉外仲裁协议效力的案件，由仲裁协议约定的仲裁机构所在地、仲裁协议签订地、申请人或者被申请人住所地的中级人民法院管辖。涉及海事海商纠纷仲裁协议效力的案件，由仲裁协议约定的仲裁机构所在地、仲裁协议签订地、申请人或者被申请人住所地的海事法院管辖；上述地点没有海事法院的，由就近的海事法院管辖。"该解释第 15 条还明确了人民法院审理此类案件的程序："人民法院审理仲裁协议效力确认案件，应当组成合议庭进行审查，并询问当事人。"第 16 条则就涉外商事仲裁协议效力确认案件的法律适用问题作了规定："对涉外仲裁协议的效力审查，适用当事人约定的法律；当事人没有约定适用的法律但约定了仲裁地的，适用仲裁地法律；没有约定适用的法律也没有约定仲裁地或者仲裁地约定不明的，适用法

---

① 不过，中国《仲裁法（修订意见稿）》在第 28 条对这一制度作了根本性的修改。

② 1995 年、1998 年、2000 年中国贸仲《仲裁规则》第 4 条，1995 年、2001 年中国海仲《仲裁规则》第 4 条。

院地法律。”[①]

赋予人民法院直接处理商事仲裁庭管辖权争议的优先管辖权，无疑是对商事仲裁庭管辖权自决原则的根本否定，这不仅表明中国的商事仲裁制度不够完善，对中国商事仲裁事业的健康发展也十分不利。党的二十大报告指出：“推进高水平对外开放……稳步扩大规则、规制、管理、标准等制度型开放。”在这一方针指导下，逐步取消中国商事仲裁法律制度中人民法院直接处理商事仲裁庭管辖权争议的优先管辖权，是推动中国商事仲裁制度发展完善、推进高水平对外开放的应有之义。

首先，由人民法院而不是商事仲裁庭直接处理商事仲裁庭管辖权争议，是对当事人仲裁意愿的不尊重，违背了当事人提请商事仲裁的初衷。当事人协议将争议提交商事仲裁而不是诉讼解决，表明当事人不愿意让法院过问他们之间的争议。这一争议不仅包括实体问题的争议，也包括程序问题的争议，当然也应该包括关于商事仲裁程序启动所依据的商事仲裁协议本身效力的争议，也就是关于商事仲裁庭管辖权的争议。

其次，允许人民法院优先直接处理商事仲裁庭管辖权争议，不仅会导致法院过多地介入和干预商事仲裁，使商事仲裁权实质上依赖于审判权，失去独立性、自主性，从而限制了商事仲裁庭权力的行使，而且容易给有意回避仲裁、拖延纠纷解决的一方当事人提供可乘之机。尤其根据上述最高人民法院的司法解释，一旦人民法院受理了当事人提出的商事仲裁庭管辖权异议，就会立即通知商事仲裁机构中止商事仲裁程序，直至人民法院作出最终裁定。在这种情况下，商事仲裁程序遭受延误的情况可能会更严重。

最后，由人民法院直接处理商事仲裁庭管辖权争议，不利于该争议快捷、经济的得到解决。商事仲裁庭作为受理当事人之间实体争议的权力主体，对于其自身是否就当事人所提交的实体争议享有管辖权的问题，通常要比法院了解得更清楚，而且调查起来也更容易、更便利，更节省时间和费用。况且，有些管辖权争议还可能涉及对实体争议的调查和审理。

基于上述理由，本书认为，应尽早取消中国商事仲裁法律制度中人民法院直接处理商事仲裁庭管辖权争议的优先管辖权。如果当事人直接向人民法院提出商事仲裁庭管辖权异议，人民法院应予拒绝并告知当事人应首先向商事仲裁庭提出申请。不过，这并不意味着人民法院在任何时候都不能直接受理当事人提出的管辖权异议。在满足必要条件的情况下，如当事人能够证明由人民法院直接处理商事仲裁庭管辖权争议更快捷、更节省费用，且各方当事人都同意并得到了商事仲裁庭的准许等，人民法院就应该毫不犹豫地接受当事人的异议申请，及时地为商事仲裁程序提供支持和协助。

无论是取消人民法院直接处理商事仲裁庭管辖权争议的优先管辖权，还是限制人民法院处理商事仲裁庭管辖权争议的直接管辖权，人民法院终究还是保留了在必要时决定商事仲裁庭管辖权的权力。至于人民法院在行使这项权力时出现错误应如何救济，是否允许当事人向上级人民法院提起上诉以纠正错误，维护其合法权益，中国《仲裁法》并未规定。根

① 关于涉外商事仲裁协议的法律适用问题，中国《法律适用法》第 18 条、《最高人民法院关于适用〈中华人民共和国涉外民事关系法律适用法〉若干问题的解释（一）》（2021 年）第 12 条也作了与该条基本一致的规定。

据中国《民诉法》中的相关规定，对于人民法院因涉及商事仲裁协议效力而作出的不予受理、驳回起诉、管辖权异议的裁定，当事人不服是可以提起上诉的。[①]

为规范和约束人民法院处理商事仲裁协议有效性及仲裁庭管辖权争议直接管辖权的行使，有效保护和促进中国商事仲裁的发展，最高人民法院在1995年8月28日发布了《最高人民法院关于人民法院处理与涉外仲裁及外国仲裁事项有关问题的通知》，[②] 就有关商事仲裁协议有效性认定的问题作出了必要和及时的规定："凡起诉到人民法院的涉外、涉港澳和涉台经济、海事海商纠纷案件，如果当事人在合同中订有仲裁条款或者事后达成仲裁协议，人民法院认为该仲裁条款或者仲裁协议无效、失效或者内容不明确无法执行的，在决定受理一方当事人起诉之前，必须报请本辖区所属高级人民法院进行审查；如果高级人民法院同意受理，应将其审查意见报最高人民法院。在最高人民法院未作答复前，可暂不予受理。" 这就是中国商事仲裁中特有的三级报核制度的起源。要求初审法院将其对商事仲裁协议有效性作出的否定性结论逐级上报，可以使辖区所属高级人民法院尤其是最高人民法院掌握和保留对下级人民法院认定商事仲裁协议有效性问题的必要审查权和最终控制权，防止和减少司法实践中出现不恰当损害商事仲裁的做法。不过，最初的报核制度显然仅适用于涉外商事仲裁协议和海事海商案件仲裁协议的审查，而不涉及国内商事仲裁协议。

2017年12月26日，最高人民法院终于就报核制度又发布了新的司法解释——《最高人民法院关于仲裁司法审查案件报核问题的有关规定》，并于2021年11月15日进行了修改，[③] 不仅将适用范围扩大到国内商事仲裁协议，更对相关问题作了更加完善的规定：(1) 各中级人民法院或者专门人民法院办理涉外涉港澳台仲裁司法审查案件，经审查拟认定商事仲裁协议无效，应当向本辖区所属高级人民法院报核。(2) 高级人民法院经审查拟同意的，应当向最高人民法院报核，待最高人民法院审核后，方可依最高人民法院的审核意见作出裁定。(3) 各中级人民法院或者专门人民法院办理非涉外涉港澳台仲裁司法审查案件，经审查拟认定商事仲裁协议无效，应当向本辖区所属高级人民法院报核，待高级人民法院审核后，方可依高级人民法院的审核意见作出裁定，高级人民法院经审查拟同意中级人民法院或者专门人民法院认定结论的，在案件当事人住所地跨省级行政区域的情形下，应当向最高人民法院报核，待最高人民法院审核后，方可依最高人民法院的审核意见作出裁定；该规定第2条第2款规定的非涉外涉港澳台仲裁司法审查案件，高级人民法院经审查，拟同意中级人民法院或者专门人民法院以违背社会公共利益为由不予执行或者撤销我国内地仲裁机构的仲裁裁决的，应当向最高人民法院报核，待最高人民法院审核后，方可依最高人民法院的审核意见作出裁定；依据该规定第2条第2款由高级人民法院审核的案件，高级人民法院应当

---

① 1991年、2007年中国《民诉法》第140条，2012年、2017年中国《民诉法》第154条，2021年中国《民诉法》第157条均规定：裁定适用于下列范围：(1) 不予受理；(2) 对管辖权有异议的；(3) 驳回起诉；……(11) 其他需要裁定解决的事项。对前款第1项至第3项裁定，可以上诉。

② 法发〔1995〕18号，自1995年8月28日起施行，2008年12月16日被修正。

③ (法释〔2017〕21号)，该规定自2018年1月1日起施行，2021年12月24日被修正。

在作出审核意见之日起15日内向最高人民法院报备。(4)对于人民法院因涉及商事仲裁协议效力而作出的不予受理、驳回起诉、管辖权异议的裁定,当事人不服提起上诉,二审人民法院经审查拟认定商事仲裁协议不成立、无效、失效、内容不明确无法执行的,须按照该规定第2条的规定逐级报核,待上级人民法院审核后,方可依上级人民法院的审核意见作出裁定。

(二)关于仲裁委员会对商事仲裁庭管辖权的决定权

在中国的机构仲裁实践中,由商事仲裁机构而非仲裁庭决定商事仲裁庭管辖权问题,最早规定在中国贸仲和中国海仲的商事仲裁规则中。1988年9月通过的中国贸仲和中国海仲的商事仲裁规则都在第2条第3款规定:"仲裁委员会有权就仲裁协议的有效性和仲裁案件的管辖权作出决定。"1994年3月和1995年9月由中国国际商会分别修订通过的中国贸仲和中国海仲的商事仲裁规则又都在第4条对仲裁委员会的上述权力作了进一步的拓展,使其不仅有权对商事仲裁协议的有效性和商事仲裁案件的管辖权作出决定,亦有权对商事仲裁协议是否存在的问题作出决定。仲裁委员会这一得到拓展的权力,在两个仲裁委员会于2000年及以后修订通过的仲裁规则中继续得到了保留并呈进一步扩张之势。例如,2004年中国海仲《仲裁规则》第4条规定:"仲裁委员会有权对仲裁协议的存在、效力以及仲裁案件的管辖权作出决定。当事人对仲裁协议的效力有异议的,如果一方申请仲裁委员会作出决定,另一方申请人民法院作出裁定,由人民法院裁定。但是,对仲裁协议效力的异议,如果仲裁委员会先于人民法院接受申请并已作出决定,以仲裁委员会的决定为准。"2005年、2012年、2015年中国贸仲《仲裁规则》第6条规定:仲裁委员会有权对商事仲裁协议的存在、效力以及商事仲裁案件的管辖权作出决定,如有必要,仲裁委员会也可以授权仲裁庭作出管辖权决定;如果仲裁委员会依表面证据认为存在由仲裁委员会进行仲裁的协议,则可根据表面证据作出仲裁委员会有管辖权的决定,商事仲裁程序继续进行,仲裁委员会依表面证据作出的管辖权决定并不妨碍其根据仲裁庭在审理过程中发现的与表面证据不一致的事实及/或证据重新作出管辖权决定。2015年、2018年中国海仲《仲裁规则》第6条亦先后作了完全相同的规定。两个仲裁委员会的商事仲裁规则赋予仲裁委员会的上述权力,在中国还得到了立法的认可,即中国《仲裁法》第20条第1款规定,当事人对商事仲裁协议的效力有异议的,可以请求仲裁委员会作出决定。由此,虽然中国贸仲2005年之后的商事仲裁规则及中国海仲2015年之后的商事仲裁规则,均规定仲裁委员会可以授权仲裁庭作出管辖权决定,但显然真正享有决定仲裁庭管辖权问题的法定管辖权主体是仲裁委员会而非仲裁庭。

中国这一由商事仲裁机构而非仲裁庭来决定商事仲裁庭管辖权问题的做法,受到了中外法学界和商事仲裁界的广泛批评。[①] 总的来看,这一做法主要存在以下几个方面的缺陷:

第一,不利于商事仲裁成本的节约和商事仲裁效率的提高。将决定商事仲裁庭管辖权问题的权力,交给仲裁委员会而不是仲裁庭,通常会导致以下不利后果:(1)如果为了防止商事仲裁程序中出现延误,而要求商事仲裁庭在仲裁委员会就管辖权问题作出决定之前继

① 不过,中国《仲裁法(修订意见稿)》在第28条肯定了仲裁庭的这一权力。

续商事仲裁审理程序，[①]一旦仲裁委员会认定商事仲裁庭无管辖权，已经进行的商事仲裁程序就会因此变成徒劳无功的浪费；(2)如果为了防止出现第一种情况中的浪费，要求商事仲裁庭在仲裁委员会就管辖权问题作出决定之前暂时停止商事仲裁审理程序，待仲裁委员会作出决定后再根据其决定结果终止或继续有关的商事仲裁程序，无疑又会导致商事仲裁程序的拖延，不利于商事仲裁效率的提高。针对上述两种情况，如果承认商事仲裁庭决定自身管辖权的权力，允许商事仲裁庭在当事人提出管辖权异议时有权作出认定，并自主决定是终止还是继续有关的商事仲裁程序，就不必停下来等待仲裁委员会作出决定，或担心因为仲裁委员会对管辖权的否定导致已进行的商事仲裁程序归于无效，显然更有利于维护当事人的合法权益，防止当事人的时间和金钱遭受无谓的浪费。

第二，仲裁委员会作为商事仲裁的事务管理机构，是商事仲裁庭行使仲裁权的服务机构，而非裁决机构。因此，仲裁委员会只能对当事人提交商事仲裁时是否有商事仲裁协议，以及是否可以按照本仲裁委员会商事仲裁规则规定的程序进行仲裁予以审查。至于有关商事仲裁协议是否真正存在、是否有效等管辖权争议，则只能由商事仲裁庭来认定。[②]如果由仲裁委员会对管辖权进行认定，不仅极具行政色彩，而且使商事仲裁庭的权力受到仲裁委员会的限制，同时也超出了仲裁委员会的权力范围，并使得商事仲裁庭的独立性和公正性受到怀疑。

第三，将决定商事仲裁庭管辖权的权力交给仲裁委员会，实际上等于将权力交给了另外一家不叫法院的“法院”，对于商事仲裁庭和商事仲裁程序而言，与由法院决定商事仲裁庭管辖权问题无异。况且仲裁委员会作出的管辖权决定还不是最终的，仍需接受法院的审查，法院有可能在随后的程序中将其推翻。若如此，将决定商事仲裁庭管辖权的权力交给仲裁委员会，还不如直接交给法院。[③]

第四，由商事仲裁庭对实体争议进行审理和裁决，却将对商事仲裁庭管辖权的决定权人为地分割出去交给仲裁委员会，造成了实体审理与管辖权问题由不同的人员操作的局面，很容易使管辖权决定与事实相背离，或者使管辖权决定与商事仲裁庭对实体问题作出的结论相冲突，尤其是在管辖权问题与实体争议不能截然分开的情况下。[④]有鉴于此，2005年中国贸仲《仲裁规则》第6条就作了这样的规定：如有必要，仲裁委员会也可以授权仲裁庭作出管辖权决定；仲裁委员会依表面证据作出的管辖权决定并不妨碍其根据仲裁庭在审理过程中发现的与表面证据不一致的事实及/或证据重新作出管辖权决定。[⑤]2015年中国海仲《仲裁规则》第6条也作了完全相同的规定。[⑥]

---

① 例如，自2000年之后，中国贸仲《仲裁规则》和中国海仲《仲裁规则》就已分别明确规定：对商事仲裁协议及/或商事仲裁案件管辖权提出异议不影响商事仲裁程序的继续进行。参见2000年、2005年、2012年、2015年中国贸仲《仲裁规则》第6条；2001年、2004年、2015年、2018年中国海仲《仲裁规则》第6条。

② 参见乔欣著：《仲裁权研究：仲裁程序公正与权利保障》，法律出版社2001年版，第191页。

③ 参见赵健著：《国际商事仲裁的司法监督》，法律出版社2000年版，第102页。

④ 参见康明：《临时仲裁及其在中国的现状和发展（上）》，载《仲裁与法律》2000年第3期，第14页。

⑤ 2012年、2015年中国贸仲《仲裁规则》第6条继续保留了该规定。

⑥ 2018年中国海仲《仲裁规则》第6条继续保留了该规定。

第五,由仲裁委员会决定商事仲裁庭管辖权问题存在许多实际困难。对商事仲裁庭管辖权问题作出决定,需要对当事人提交的大量的书面材料进行审理,需要进行充分的事实调查,而所有这一切,对于主要由兼职人员组成的仲裁委员会来说,恐难堪此任。[①]

综上所述,除有关仲裁委员会的商事仲裁规则已允许仲裁委员会在其认为必要时授权商事仲裁庭作出管辖权决定外,中国《仲裁法》是完全否定商事仲裁庭享有这一权力的。而将本属于商事仲裁庭享有的权力交由仲裁委员会掌握和行使,不仅与国际普遍实践不符,而且非常不利于中国商事仲裁的健康发展。因此,修改中国《仲裁法》的规定,取消仲裁委员会"家长式"的自决管辖权,将决定商事仲裁庭管辖权的权力由仲裁委员会交还给商事仲裁庭,确立真正意义上的商事仲裁庭管辖权自决原则,是一个亟待解决的问题。

第四节　商事仲裁庭的重组

如果仲裁员由于生病、死亡、辞职等原因而不能继续履行职责,或者当事人对仲裁员的异议被采纳,就会产生仲裁员更替和商事仲裁庭重组的问题。[②]

一、商事仲裁庭重组的方式

一般来说,重新任命或选择仲裁员、重新组建商事仲裁庭的方式,与原来任命或选择原仲裁员、组建商事仲裁庭的方式基本相同。在美国和英国,必须按照任命被替换的仲裁员的方式任命新的仲裁员。[③]2010年《联合国国际贸易法委员会仲裁规则》第14条第1款也规定,任命或选择一名替代的仲裁员,应适用任命或选择原仲裁员的程序。中国贸仲、中国海仲、广州仲裁委员会、深圳国际仲裁院等对替代仲裁员的确定,也采取了相同的做法。例如,2015年中国贸仲《仲裁规则》第33条第3款和2018年中国海仲《仲裁规则》第38条第3款规定,"在仲裁员因回避或更换不能履行职责时,应按照原选定或指定仲裁员的方式在仲裁委员会仲裁院规定的期限内选定或指定替代的仲裁员"。2020年《深圳国际仲裁院仲裁规则》第34条第3款规定:"被替换的仲裁员原来由当事人指定的,当事人应当按原指定仲裁员的方式自收到通知之日起5日内重新指定,逾期未重新指定的,由仲裁院院长指定;原来由仲裁院院长指定的,由仲裁院院长另行指定。"《解决投资争议国际中心仲裁规则》第11条第1款也规定:"由仲裁员资格不合、死亡、行为能力或辞职而产生的空缺应通过其被任命时相同方法及时填补之。"不过,需指出的是,该款的适用有一个例外,即为了防止当事人滥用任命权拖延商事仲裁进程,在因一方当事人任命的仲裁员辞职而产生空缺的情况下,不再由该当事人任命补缺人,而是由行政理事会主席任命补缺人,除非仲裁庭余下成员已另行达

① 参见赵健著:《国际商事仲裁的司法监督》,法律出版社2000年版,第102页。

② 参见谢石松著:《国际民商事纠纷的法律解决程序》,广东人民出版社1996年版,第135～138页。

③ 参见韩健著:《现代国际商事仲裁法的理论与实践》(修订本),法律出版社2000年版,第185页。

成一致意见。[①]

在临时仲裁中,双方当事人有时没有约定仲裁员空缺时应采用的补缺方法。当仲裁员出现空缺时,如果双方当事人仍不能达成一致意见,一般都由法院来决定有关仲裁员的选择或选择方法。此时因为已经组建过商事仲裁庭,仲裁地也大都已经确定,关于应由哪个国家或哪个地方的法院来处理仲裁员补缺的问题,也一般不会产生什么问题。重新任命或选择仲裁员的申请,可以直接向仲裁地法院提出。在大多数商事仲裁立法比较完备的国家,对此一般都有非常明确的规定。

二、商事仲裁庭重组后的影响

商事仲裁庭的重组属于商事仲裁程序中的特殊变化,这一变化通常会对商事仲裁审理程序产生一定的影响,其中最主要的问题就在于:商事仲裁庭重组后,以前已经进行过的全部或部分商事审理程序是否需要重新进行。

如果商事仲裁庭的重组发生于首次开庭审理之前,就案件审理而言,因为还没有进行过任何庭审程序,所有仲裁员包括新更替的仲裁员,都有参加所有庭审程序的机会,商事仲裁庭的裁决是在全体仲裁员听取了当事人的陈述和辩论之后作出的,因而通常不会涉及对于已经进行过的商事仲裁程序是否需要重新进行的问题。

如果商事仲裁庭的重组发生在首次开庭审理之后,新更替的仲裁员没有参加以前的庭审程序,对案件的了解程度就会明显有别于其他仲裁员。在这种情况下,重新组成的商事仲裁庭对以前已经进行过的庭审程序是否需要重新进行,世界各国的商事仲裁立法和各有关的商事仲裁规则一般都规定,应该由重新组成的商事仲裁庭自行决定。考虑到商事仲裁程序正当的要求,当事人有权在商事仲裁庭的庭审时进行充分陈述和辩论,也有权使其陈述和辩论意见被全体仲裁员所知悉。故如果商事仲裁庭中一位仲裁员没有参加先前进行的审理程序,没有听取当事人的陈述和辩论,没有听取有关证人的证词,当事人就可能基于程序不当而对裁决提出异议。因此,本书认为,除非征得双方当事人的同意,否则,重新组成的商事仲裁庭通常应该对以前进行过的审理程序重新进行,尤其是在独任仲裁员或者首席仲裁员被更替时,以前已经进行的庭审程序更应该重新进行。

中国《仲裁法》和中国贸仲《仲裁规则》、中国海仲《仲裁规则》、《广州仲裁委员会仲裁规则》、《深圳国际仲裁院仲裁规则》等,都对商事仲裁庭重组后已经进行过的商事仲裁程序是否需要重新进行的问题作了非常明确的规定。根据中国《仲裁法》和这些商事仲裁机构仲裁规则的规定,对于已经进行的商事仲裁程序是否重新进行,除当事人另有约定外,由商事仲裁庭决定。[②]不过,对于独任仲裁员或首席仲裁员被更替的特殊情况发生时应如何处理,中国《仲裁法》和这些仲裁规则都没有作出特别的规定。

---

① 参见《解决投资争议国际中心仲裁规则》第 11 条第 2 款第 1 项。

② 参见中国《仲裁法》第 37 条第 2 款,2015 年中国贸仲《仲裁规则》第 33 第 4 款,2018 年中国海仲《仲裁规则》第 37 条第 4 款,2020 年《深圳国际仲裁院仲裁规则》第 34 条第 4 款,2021 年《广州仲裁委员会仲裁规则》第 39 条第 4 款。

第七章　商事仲裁的审理程序

商事仲裁的审理程序是商事仲裁的中心环节，也是商事仲裁制度与商事审判制度相比较其优点体现得最为集中的地方。商事仲裁审理程序主要涉及：法律适用，特别是"非当地化"仲裁审理程序的法律适用；审理形式，包括书面审理和口头审理，以及新型的仲裁审理形式，即网上仲裁审理程序。此外，为了保证商事仲裁程序的顺利进行，也为了保证实体问题的查证以及将来的仲裁裁决得以顺利执行，通常还需要借助于商事仲裁保全程序，包括证据保全和财产保全等方面的内容。

第一节　商事仲裁审理程序的法律适用

商事仲裁审理程序的法律适用与商事仲裁庭审理实体问题时适用的法律不同，涉及的是商事仲裁程序本身的法律适用问题，主要在于确定商事仲裁程序本身的准据法，或者是确定商事仲裁程序是否合法的准据法。

一、商事仲裁审理程序法的概念

商事仲裁审理程序法是指通过国内立法或国际立法的方式所制定的、支配商事仲裁审理程序的法律原则、规则和规章制度的总称。如中国的商事仲裁审理程序法包括中国《仲裁法》、中国《民诉法》及有关的司法解释中涉及商事仲裁审理程序的相关内容。这种支配商事仲裁审理程序进行的法律规则，在西方国家通常被称为商事仲裁的"法庭法"或"仲裁法"；中国的一些学者将其称为"仲裁程序法"。① 而本书在此将其称为"商事仲裁审理程序法"，一方面区别于商事仲裁中裁判当事人之间的实体权利义务争议所适用的实体法，另一方面也区别于一般意义上的商事仲裁法。②

也就是说，本书这里所指的商事仲裁审理程序法，既不同于商事仲裁法，也不同于各商事仲裁机构所制定的商事仲裁规则。③

商事仲裁源于当事人之间依法订立的商事仲裁协议，并且受其援引的程序规则的支配，

---

① 参见韩健著：《现代国际商事仲裁法的理论与实践》（修订本），法律出版社 2000 年版，第 248 ~ 251 页。

② 一般意义上的"商事仲裁法"除了有关规定商事仲裁审理程序问题的法律规范以外，还包括规定商事仲裁机构的建立、商事仲裁裁决的承认与执行等内容的法律规范。

③ 参见谢石松：《论国际商事仲裁规则的有关法律问题》，载《国际商务研究》1999 年第 1 期。

但仍时常受到有关国家商事仲裁审理程序法的制约。一方面,商事仲裁审理程序的进行需要有国内法院的支持与协助;另一方面,虽然世界各国的商事仲裁法一般都允许当事人制定或选择详细的商事仲裁程序规则,但为了保持本国法律的统一性,各国的商事仲裁立法对当事人和仲裁庭必须遵循的程序规则也都有非常明确的规定。在商事仲裁审理程序不当或有损本国公共秩序时,又都赋予了法院对商事仲裁审理程序进行司法监督的权力。1976 年《联合国国际贸易法委员会仲裁规则》第 1 条第 2 款也明确规定:违反应适用的国内商事仲裁法的强制性规定,将给商事仲裁的有效性带来灾难性后果——商事仲裁裁决被撤销或被拒绝承认与执行。

商事仲裁庭在具体审理某一个商事仲裁案件时,除了要遵循有关当事人所选定的商事仲裁规则以外,还应该遵循或者不违反有关国家的商事仲裁审理程序法。有关的商事仲裁规则,不管是由常设仲裁机构为其所进行的机构仲裁而拟定的,还是由当事人临时约定的,都必须以有关国家的商事仲裁法,当然包括有关商事仲裁审理程序法为依据,或者是不违反该有关国家商事仲裁审理程序法的规定。而且,在机构仲裁中,商事仲裁机构和当事人一般直接遵循的是商事仲裁规则,包括当事人选定的商事仲裁规则或机构本身的商事仲裁规则,但在这种情形中,该有关的商事仲裁规则仍然必须符合商事仲裁审理程序法的基本原则和制度,否则会因商事仲裁规则与商事仲裁审理程序法不一致而导致商事仲裁裁决无效。而在临时仲裁中,当事人可以拟定与商事仲裁审理程序法相吻合的商事仲裁程序规则,仲裁庭也可以直接依据一国的商事仲裁审理程序法确定的原则进行商事仲裁审理。

二、商事仲裁审理程序的准据法

商事仲裁审理程序具体应该适用什么法律,是国际法还是国内法,或者是哪个国家的国内法作为准据法,一般都是通过当事人自选法或仲裁地法来确定。

（一）适用当事人选择的商事仲裁程序法

1923 年的《仲裁条款议定书》是国际社会最早专门规定商事仲裁的国际公约,该公约明确规定了确定商事仲裁程序法时的当事人意思自治原则。只是该公约在规定当事人意思自治的同时,还规定重叠适用仲裁地法。如该公约第 2 条规定:“商事仲裁程序,包括仲裁庭的组成在内,应当依照当事人的意志和仲裁进行地国家法律的规定。”

对于这一规定,有学者认为,虽然公约采用了重叠适用的原则,但两者在具体适用中的作用是不同的,应当将公约解释为:当事人的意思自治起主要作用,仲裁地法起次要的、辅助性的作用,只有在当事人无明示协议时,仲裁地法才支配商事仲裁程序。[①]

从理论上讲,国际商事仲裁的特殊性表现为当事人的自愿性和仲裁庭的民间性。在当事人自愿交付商事仲裁的情况下,当然的逻辑结果是商事仲裁的审理程序也应该适用当事

① See: Chukwumerije, *Choice of Law in International Commercial Arbitration* Westport, Conn.(1994), p.79.

人自行选择的程序法。只有在当事人双方对仲裁庭进行商事仲裁审理所应该依据的法律没有作出明确选择,或者当事人所选择的法律违反其他相关国家商事仲裁审理程序法中有关强制性规定的情况下,才可以考虑或者应该适用基于其他原则所确定的法律。基于商事仲裁当事人意思自治原则的基本精神,《联合国国际商事仲裁示范法》第 19 条第 1 款规定,"当事人各方可以自由地就仲裁庭进行仲裁所应遵循的程序达成协议"。当事人在不违背该《联合国国际商事仲裁示范法》强行规定的情况下,可自由地协议选择商事仲裁的程序,包括有关商事仲裁机构的商事仲裁规则以及某一特定国家的程序法,也包括当事人就其认为应予特别关注的程序事项专门达成的共识。法国《民事诉讼法典》第 1494 条也规定,"商事仲裁协议可以通过直接规定或援引一套商事仲裁规则来明确商事仲裁应遵循的程序,它也可以选择特定的程序法为准据法"。此外,1991 年《新加坡国际仲裁中心仲裁规则》、1991 年《美国仲裁协会国际仲裁规则》、1992 年《日内瓦工商会仲裁规则》等,都对当事人这一意思自治的权利作了充分的肯定,并在不同程度上都赋予当事人协议以优先权。①

在商事仲裁实践中,对于当事人应当在什么时间选择或决定有关商事仲裁应该适用的程序规则,以及当事人选择有关商事仲裁应该适用的程序法或程序规则的范围,还有选择的方式等,大多数国家的商事仲裁立法和商事仲裁规则都没有作出明确的限制。而在缺乏当事人的选择时,有关的商事仲裁庭可以直接适用仲裁举行地法,或适用基于其他原则所确定的法律。

不过,程序性的问题往往是比较复杂的,一方面它可以作为一般司法制度中的程序问题,另一方面正当程序常常又构成一国公共秩序的重要部分。违反了有关国家的正当程序原则的裁决,即使按照当事人所选择的商事仲裁程序法是合法的,都有可能被该有关国家、特别是裁决地国家的法院,基于程序不合法或以违背公共秩序为理由,而裁定不予执行、甚至撤销,如认为违反了仲裁地国家法律所设定的最低"正当程序"标准等。这是当事人选择仲裁地所在国以外的程序法时所必须面对的一个严峻问题。

值得特别注意的是,伊斯兰国家的商事仲裁立法严格规定,伊斯兰实体法和程序法对在伊斯兰国家举行的仲裁具有强行性质,必须予以适用,从而使得仲裁举行地法的适用具有了强制性。②

（二）适用仲裁地法

仲裁地法的适用主要有两种情况:一种情况是当事人没有明确选择有关商事仲裁审理程序应该适用的法律,有关商事仲裁庭依据一定的原则所确定应该适用的法律;③ 另一种情况是仲裁地国家的商事仲裁立法对某些程序性问题作了强制性规定,即使当事人明确选择了有关商事仲裁审理程序应该适用的法律,或有关商事仲裁庭基于一定的原则确定了以其他有关国家的商事仲裁程序法作为准据法,该有关的商事仲裁程序仍必须严格遵守仲裁地

① 参见程德钧、王生长主编:《涉外仲裁与法律》(第二辑),中国统计出版社 1994 年版,第 150 页。

② See: M.Rubion-Sammartano, *internationat Arbitrational law (1990)* ., pp.285-286.

③ 在商事仲裁实务中,这时一般都是适用仲裁地法。

法中这些强制性的规定。

也正是基于上述原因，基于“场所支配行为的原则”，像诉讼程序应受法院地法支配一样，商事仲裁审理程序应该受仲裁举行地国家的法律支配，已成为国际社会普遍接受的实践。通常情况下，商事仲裁审理过程中所发生的某些特定程序，如商事仲裁协议效力的认定、仲裁文书的送达、仲裁员的权利和义务、仲裁员的回避、临时措施的实施、证据的收集和使用等，都必须受仲裁地国家的商事仲裁审理程序法的支配。如果违反了仲裁举行地国家商事仲裁审理程序法中有关这些问题的规定，即使在裁决作出后，仍然可能在撤销程序或执行程序中受到仲裁地法院或执行地法院的司法审查。法院的司法监督主要还是限于对商事仲裁程序，特别是对商事仲裁审理程序的监督。

商事仲裁审理程序与仲裁地法具有非常密切的关系。因为各常设仲裁机构的商事仲裁规则一般都是基于当地的商事仲裁程序法制定的，所以，许多常设仲裁机构的商事仲裁规则都规定，凡当事人选择该商事仲裁机构仲裁的，就必须适用该商事仲裁机构的仲裁规则。这样可以确保有关的商事仲裁审理程序基本上能符合仲裁地国家法律的有关规定。当然，在商事仲裁审理过程中，对于有关商事仲裁规则所没有明确规定的内容，还是必须适用仲裁地法。

国际商事仲裁的司法权理论是主张适用仲裁地法的主要依据。根据这一理论，国家具有控制和管理发生在其管辖领域内的所有商事仲裁的权力。当事人有权合意将他们之间的商事法律争议交付商事仲裁而不诉诸法院解决，仲裁庭有权根据当事人之间有效的商事仲裁协议受理该有关争议，以及有关商事仲裁审理程序的具体进行，这都取决于特定国家法律的授权和认可。实际上很少有国家完全放弃对其境内所进行的商事仲裁的控制。仲裁地是商事仲裁程序法、特别是商事仲裁审理程序法得以适用的、最具决定性意义的连结因素。这种理论，被称为“所在地理论”(the “Seat” of theory)。①

商事仲裁审理程序适用仲裁举行地法，在国际商事仲裁实践中得到了广泛的确认，并得到了1923年《仲裁条款议定书》及1958年《纽约公约》的立法肯定。瑞士1989年《联邦国际私法》也有类似的规定。1995年颁布的中国《仲裁法》第65条明确规定：“涉外经济贸易、运输和海事中发生的仲裁适用本章的规定。本章没有规定的适用本法其他规定。”第73条规定：“涉外仲裁规则可以由中国国际商会依照本法和民事诉讼法的有关规定制定。”瑞典《仲裁法》也规定，依法在瑞典进行的一切仲裁，有关程序方面的问题，均受瑞典商事仲裁法的约束。不过，由于该法中有许多规定可以排除，在这个范围内，当事人可以同意商事仲裁程序受某一外国法的支配。②

三、“非当地化”理论与商事仲裁审理程序的法律适用

非国家性国际商事仲裁机构的存在和临时仲裁的存在，导致有关国际商事仲裁及其裁

① 参见李双元、谢石松著：《国际民事诉讼法概论》，武汉大学出版社1990年版，第538～539页。

② 参见《瑞典的仲裁》，周子亚等译，法律出版社1984年版，第46～47页。

决的国籍出现了不确定性。在讨论制定 1958 年《纽约公约》,确定其中有关“内外国商事仲裁裁决”的概念时,法国等一些国家并不承认在其境内所作出的某些商事仲裁裁决属于其内国商事仲裁裁决,从而出现了非内国商事仲裁和非内国商事仲裁裁决的问题。[①]

(一)“非当地化”理论的概念

20 世纪 80 年代,随着国际商事仲裁制度的发展,在商事仲裁程序的法律适用问题上,传统的“所在地法”理论越来越受到挑战,出现了一种试图使国际商事仲裁摆脱仲裁地法或任何特定国家国内商事仲裁程序法支配的规定和做法,被称为国际商事仲裁程序法适用上的“非当地化”理论。激进的观点甚至认为,裁决的强制执行效力并不必然来自仲裁地法,即使有关的商事仲裁程序违反了仲裁地法,甚至包括其强制性规则,有关的商事仲裁裁决在非仲裁地的其他国家仍具有强制执行的效力。这种试图使商事仲裁程序摆脱仲裁地国家法律支配的新动向,西方学者一般将之称为“非当地化”(delocalisation)或“非国内化”商事仲裁。这一理论的目的是期望建立一种不受仲裁地法,甚至不受任何特定国家国内法支配和约束的“非当地化”的商事仲裁体系。强调商事仲裁程序可以、甚至应当摆脱仲裁地国家法律的支配。该理论主张当事人可以在合同中约定,商事仲裁不受任何国家的程序法、冲突法规则或任何特定法律体系的实体法的约束,以达到当事人意思自治和符合当事人利益的目的。该理论认为商事仲裁取决于当事人的选择,而不是仲裁地的强制性程序规则。仲裁员可以适用一般法律规则或习惯法,而不适用任何特定国家法律体系的程序和实体规则。

从理论上讲,仲裁地法与支配商事仲裁程序的法律并非同一概念。如有关的商事仲裁在甲国举行,并在甲国作出裁决,即使甲国法允许法院对裁决行使司法管辖权,但并不能阻止乙国法院根据其本国法律强制执行该商事仲裁裁决。由此可见,仲裁地法并不是唯一赋予商事仲裁裁决强制执行效力的法律。[②] 此外,适用仲裁地法还会带来种种弊端,如仲裁地选择的偶然性,仲裁地法的差异性,仲裁地法的不充分性,仲裁地法对国际商事仲裁缺乏针对性等。

在国际商事仲裁的立法实践中,1961 年《关于国际商事仲裁的欧洲公约》第 4 条第 1 款明确规定,在临时仲裁时,当事人享有自由选定仲裁员或约定确定仲裁员的方式,以及决定仲裁地,并规定仲裁庭必须遵循的程序的权利。即使在当事人没有约定,仲裁庭也没有确定有关规则的情况下,该公约也并没有规定应当或必须适用仲裁地的程序法,而是授权被申请人所在地的商会会长或特定委员会,基于当事人的申请,来确定仲裁庭应当遵循的程序规则。1998 年《国际商会仲裁规则》也规定在当事人没有选择程序法时,不再要求仲裁员适用仲裁地国家的法律,而是由仲裁员自行确定。

在一些国家的国内立法上,也不同程度地出现了同样的规定,如法国《民事诉讼法典》

---

① 参见谢石松著:《国际民商事纠纷的法律解决程序》,广东人民出版社 1996 年版,第 173 ~ 175 页。

② See: J.Paulsson, Arbutratuib Unbourd: *Award Detached from the Law of its country of Origin*, (1981) 30 I.C.L.Q, pp. 363–364.

规定，当事人既可以自己约定可以适用于商事仲裁的程序规则，也可以约定适用现行的任何程序法，如果当事人未作出约定，仲裁员应直接确定商事仲裁程序法，或者援引法律或商事仲裁规则确定商事仲裁程序。法国《民事诉讼法典》排除了仲裁地在确定商事仲裁程序规则方面的特殊地位，没有把仲裁地作为一个特别重要的连结因素。瑞士 1989 年《联邦国际私法》第 182 条规定："当事人直接规定或通过援引商事仲裁规则的方式决定商事仲裁程序，也可约定使商事仲裁程序服从某一程序法。当事人未约定程序的，仲裁员在必要的范围内，可直接通过援引其法律或商事仲裁规则的方式确定商事仲裁程序。"

尽管拥有上述立法上的支持，各国学者在理论上对于"非当地化"理论仍存在认识上的分歧，支持者的理由有：仲裁地的选择往往具有偶然性，当事人选择某一仲裁地并不意味着有意适用仲裁地的程序法。依据一个纯属偶然的仲裁地来确定仲裁适用的程序法，是极不合理的。就目前各国商事仲裁立法的现状而言，各国商事仲裁法多是针对国内程序而制定的，一般不能满足现代国际商事仲裁的需要。有些国家的商事仲裁法尚不完善，甚至没有现代意义上的商事仲裁法。即使有必要对商事仲裁程序实施法律控制，这种控制也不应来自仲裁地国家，而应来自裁决申请执行地国家。各国商事仲裁法的内容多为程序规则，当事人完全可以自行制定这些规则。因此完全没有必要适用仲裁地国家或任何其他特定国家的商事仲裁程序法。

反对者的理由是：任何一种法律义务都不能独立于法律秩序，如果让商事仲裁脱离特定国家的法律体系，商事仲裁的法律地位将是不确定的。如果仲裁地国家对当事人之间所作的任何约定、选择都不能实施法律控制，有悖于国家主权。当商事仲裁脱离了特定国家的法律体系，若"非当地化"商事仲裁所作出的裁决严重违反了商事仲裁程序，受害方当然应有权申请撤销裁决，但向哪国法院请求就成了问题。与此同时，"非当地化"商事仲裁裁决的承认与执行问题，也引起了世界各国的广泛关注。由于此类裁决是基于一个完全自治的程序规则体系作出的，与任何国家的国内法都没有直接联系，属于一种无国籍裁决，它能否依据 1958 年《纽约公约》的规定在有关缔约国得到承认和执行，是各国所要解决的一个现实问题。而且，如果排除任何特定国家商事仲裁程序法的适用，则会使有关的商事仲裁丧失任何国家法院的司法监督。除非当事人的协议规定了一个司法监督体系，并且有关国家愿意接受这种监督管辖，否则，可能得不到有关国家法院的支持。虽然在实践中有部分国家的法院对"非当地化"商事仲裁裁决的承认与执行持明确的支持态度，但从整体上来说，"非当地化"商事仲裁裁决的承认与执行，仍然是一个不太确定的问题，当事人如欲进行"非当地化"商事仲裁，就必须承担该有关的商事仲裁裁决可能在有关国家得不到强制执行的风险。

（二）"非当地化"理论的实际运用

根据"非当地化"的理论，商事仲裁裁决可以不必只定位于仲裁地，可以是浮动的，其法律效力可以脱离仲裁地的法律而独立存在，即使它已经被裁决地法院撤销，在裁决地以外的国家也可能被执行。"非当地化"理论所援引的这方面的典型案例是南斯拉夫案（SEEE v.Yugoslavia）和戈特韦肯案（Gotaverken v.Libyan General National Maritime Transport）。

在南斯拉夫案中，申请人是在法国注册的公司（SEEE），1932 年 1 月 3 日与被申请人南斯拉夫政府签订了在南斯拉夫修建铁路的合同，支付期为 12 年。该合同中包括商事仲裁条款。铁路建成后，南斯拉夫政府未能如期付清应当支付的款项，这时原有的法郎贬值，双方在支付问题上发生争议，依照商事仲裁条款由两位仲裁员组成的仲裁庭在瑞士洛桑进行了仲裁。1956 年 7 月 2 日，这两位仲裁员依据合同中默示的货币稳定条款作出了缺席裁决，裁定由南斯拉夫政府向申请人支付 6 184 528 521 旧法郎。该裁决作出后，南斯拉夫政府在瑞士洛桑所在的沃州（Vaud）法院申请撤销此裁决，但裁定令将已经注册的裁决退回给在法院注册的一方当事人（SEEE）。南斯拉夫政府的理由是：根据《沃州民事诉讼法》第 516 条关于仲裁庭应当由奇数仲裁员组成的规定，本案仲裁员作出的决定不是商事仲裁裁决。即该裁决不是依据瑞士的商事仲裁法作出，因而不是瑞士裁决。尽管如此，法国里昂上诉法院最终还是承认了此项裁决的效力，并将此裁决作为在《纽约公约》另一缔约国作出的“非内国”裁决加以执行。[①] 该裁定得到了法国最高法院的确认。

在戈特韦肯案中，戈特韦肯公司（Gotaverken）是瑞典一家很大的造船厂，与利比亚海运公司（Libyan Maritime Co.）订立了为后者建造 2 条油轮的合同，合同规定了争议在巴黎依照国际商会国际仲裁院仲裁规则仲裁的条款。船舶造好后，利比亚海运公司仅支付了一半的费用，并拒绝接受已经造好的油轮，双方之间的争议按照合同的规定提交国际商会国际仲裁院解决。仲裁庭作出了利比亚海运公司败诉的裁决。利比亚海运公司对国际商会国际仲裁院仲裁庭的裁决不服，向法国上诉法院申请撤销此裁决，法国上诉法院于 1980 年 2 月 21 日作出裁定，驳回了利比亚海运公司请求撤销此项裁决的申请，认为尽管仲裁在巴黎进行，但所适用的是国际商会国际仲裁院的仲裁规则，而不是法国的商事仲裁法，因此，法国法院对此案无管辖权。另一方面，就在利比亚海运公司向法国申请撤销该商事仲裁裁决的同时，戈特韦肯公司在瑞典法院提出了执行此项裁决的申请。瑞典法院受理了此案，利比亚海运公司以它已在法国法院申请撤销此项裁决为由，请求法院中止执行该裁决。瑞典最高法院则判决：无论此裁决在法国的命运如何，均应立即执行。[②]

（三）“非当地化”理论与网上商事仲裁

网上商事仲裁打破了传统意义上的国界，传统意义上的仲裁地点的概念也随之消失。除非当事人对仲裁地点作出约定，难于判定仲裁作出地。由此带来了相应的“非当地化”理论即非内国商事仲裁案件的增多。按照“非当地化”的理论，既然商事仲裁裁决是根据当事人的商事仲裁协议作出的，因而该裁决作出后，当事人均应自动执行。如果当事人不自动履行该裁决所确定的义务，对方当事人可以向相关法院申请强制执行。“非当地化”理论的核心即“国际商事仲裁可以独立于任何国家的国内法，不受任何国家法院的监督，任何国家的

① 参见谢石松著：《国际民商事纠纷的法律解决程序》，广东人民出版社 1996 年版，第 173 ~ 175 页。

② 参见赵秀文：《论非内国仲裁》，2001 年国际经济法年会论文。

法院无权撤销国际商事仲裁裁决,对此裁决的唯一补救措施,是拒绝承认和执行该裁决"[①]。申请执行地国家的法院可以依据公约或者当地国家法律的规定,作出执行与否的决定。[②]

（四）"非当地化"理论的评析

综上所述,"非当地化"理论为仲裁庭适用仲裁地国家以外的商事仲裁审理程序法提供了理论依据,使当事人在偶然性选择仲裁地点时,免受仲裁地国家法律当然适用的束缚。随着商事仲裁制度国际化趋势的加强,仲裁地点的选择越来越具有偶然性,如果仲裁地国家与商事仲裁案件毫无关系,当事人选择其他程序法或仲裁庭决定适用非商事仲裁地国家的程序法,仲裁地国家就完全没有必要进行干预。仲裁员区别于法官的一个很重要的特点就在于法官的权力来源于国家,而仲裁员的权力来源于当事人的协议。作为仲裁员,可能经常要到其本国领域以外的国家去进行商事仲裁活动,有关的商事仲裁庭甚至可能完全由非仲裁地国家的公民组成,而他们也可能完全不熟悉仲裁地国家的商事仲裁程序法。[③] 此外,商事仲裁必须接受当地司法监督的说法也是没有说服力的,因为一些超国家的常设仲裁机构,本不属于某一特定的国家,缺乏相对应的司法监督机构。只有在涉及执行国时,这种审查监督才是必要的。例如,在国际商事仲裁裁决作出后,败诉方若不自动履行裁决所确定的义务,一般需要在败诉方所在国或其财产所在国申请承认与执行,此时执行地国家的法律对裁决的法律效力,才具有最终的影响。

不过,"非当地化"理论也存在缺陷。这种使商事仲裁脱离特定国家的国内法控制的做法,可能导致商事仲裁程序中法律适用的不确定性,从而飘浮于无法预料的各种商事法律制度之间。而且,在商事仲裁审理过程中,还有一些问题,如申请财产保全、采取强制措施等,一般都要依赖于有关国家的法院。如果没有有关国家的法院依据其所属国家的程序法律规则予以协助,[④] 有关的商事仲裁审理程序就没办法顺利进行。而在依据当事人自己约定的商事仲裁规则进行临时仲裁时,有关当事人在其商事仲裁协议中对商事仲裁程序规则的约定不可能完全的详尽无遗,也就是说,无法为仲裁庭提供完全充分的程序规则,从而也使得有关国家、特别是仲裁地国家商事仲裁审理程序法的补充成为必要。

国际商事仲裁的"非当地化"理论是从国家主权豁免和当事人的意思自治理论发展而来的,最初只适用于国家为仲裁一方当事人的国际商事仲裁中,后来扩展到所有领域。它克服了各国商事仲裁程序法的不统一性、不充分性以及适用仲裁地法的不合理性等弊端。而且它为网络商事仲裁中出现的问题及其他方面所出现的新问题的解决提供了理论依据和法律依据,具有一定的合理性。但与此同时,这一理论本身所存在的瑕疵也确实非常严重,需要当事人在选择这种方式仲裁时认真考虑、认真对待。

---

① 参见赵秀文:《论非内国仲裁》,2001 年国际经济法年会论文。

② 参见王生长:《外国仲裁裁决在中国的承认与执行》,载陈安主编:《国际经济法论丛》第 2 卷,法律出版社 1999 年版,第 475 页。

③ 参见陈治东著:《国际商事仲裁法》,法律出版社 1998 年版,第 214 ~ 215 页。

④ 因为各国法院一般都只适用其所属国家的程序法。

在"非当地化理论"适用中,最为关键的问题还是相关商事仲裁裁决的承认和执行问题。"非内国"商事仲裁裁决是世界各国在缔结1958年《纽约公约》,确定公约所要规范的"外国"商事仲裁裁决时,基于各国之间的妥协所提出的一个概念。即一方面,将在一个国家作出而在另一个国家请求承认和执行的商事仲裁裁决定义为公约所规定的"外国商事仲裁裁决",适用公约的规定;另一方面,将在一个国家境内作出而在这个国家不认为是内国商事仲裁裁决的商事仲裁裁决也定义为公约所规定的"外国商事仲裁裁决",在该国请求承认和执行时,也适用公约有关承认和执行"外国商事仲裁裁决"的规定。① 而在参加《纽约公约》的169个缔约方中,有80个国家提出了互惠保留,即只承认和执行与其有互惠关系国家的商事仲裁裁决。"非内国"商事仲裁裁决作为一个没有国籍的国际商事仲裁裁决,在提出了互惠保留的国家就会存在承认和执行障碍。

第二节　商事仲裁的书面审理

商事仲裁庭依法审理案件时,可以采用书面审理或口头审理(又称开庭审理)的方式,也可以采用书面审理和口头审理相结合的方式。

一、商事仲裁书面审理的概念

书面审理是指仲裁庭仅根据当事人提交的有关书面材料和证据,对案件的事实情况进行审理的一种商事仲裁审理方式。②

对于商事仲裁审理的方式,除英国等少数国家外,大多数国家都允许由当事人双方通过协议确定。只有在当事人没有就审理方式问题作出明确约定时,才授权仲裁庭依法作出决定。③ 中国《仲裁法》第39条规定:"仲裁应当开庭进行。当事人协议不开庭的,仲裁庭可以根据仲裁申请书、答辩书以及其他材料作出裁决。"2000年的中国贸仲《仲裁规则》第32条规定:"仲裁庭应当开庭审理案件。但经双方当事人申请或者征得双方当事人同意,仲裁庭也认为不必要开庭审理的,仲裁庭可以只依据书面文件进行审理,并作出裁决。"2012年中国贸仲《仲裁规则》第33条第2款,以及2015年中国贸仲《仲裁规则》第35条第2款都明确规定:"仲裁庭应开庭审理案件,但双方当事人约定并经仲裁庭同意或仲裁庭认为不必开庭审理并征得双方当事人同意的,可以只依据书面文件进行审理。"

2012年《上海仲裁委员会仲裁规则》第45条第1、2款也明确规定:"仲裁庭应当开庭审理案件。当事人协议不开庭的,应当向仲裁委员会提交书面协议。仲裁庭可以根据仲裁申请书、答辩书以及证据材料进行书面审理并作出裁决。"而且,与中国贸仲《仲裁规则》所作的规定不同,上海仲裁委员会的仲裁规则没有规定有关"仲裁庭也认为不必要开庭审理"

① 参见1958年《纽约公约》第1条的规定。

② 参见谢石松著:《国际民商事纠纷的法律解决程序》,广东人民出版社1996年版,第143页。

③ 参见李双元主编:《国际私法学》,北京大学出版社2000年版,第649页。

（2000年中国贸仲《仲裁规则》）或“仲裁庭认为不必开庭审理并征得双方当事人同意的”（2012年中国贸仲《仲裁规则》）这样的条件，更注重对当事人双方意思自治的尊重。此外，2020年《深圳国际仲裁院仲裁规则》第36条除了规定“仲裁庭认为不必开庭审理，并经征得当事人同意的，仲裁庭可以依据书面文件进行审理”以外，还在规定“当事人约定书面审理的，从其约定”的同时，特别规定“但仲裁庭认为有必要开庭审理的，可以开庭审理”，特别强调了仲裁庭的主导权利。

尽管英国不允许当事人约定审理的方式，但仍然允许书面审理和口头审理两种方式。在1991年《伦敦海事仲裁员协会仲裁规则》中，还专门规定了小额索赔程序可以进行书面审理。①

二、商事仲裁书面审理的程序

根据目前国际社会各国家的商事仲裁立法和各商事仲裁规则的规定，商事仲裁的书面审理程序可以基于当事人的约定或授权而开始；也可以基于仲裁庭的提议，在征得各仲裁当事人同意的情况下开始。在商事仲裁实践中，书面审理的比率还是较高的，如在伦敦海事仲裁中，有80%的案件都是依照文件和书面意见进行书面审理的。②

在进行书面审理时，仲裁庭仅根据商事仲裁机构转来的由双方当事人提交的材料进行审查，并可随时要求双方当事人在限期内提交必要的解释或答辩文件以及证据材料等。在裁决作出前，仲裁庭一般都会确定一个期限，给双方当事人一个陈述意见、提交材料的最后机会。

至于书面审理的具体程序，在临时仲裁和机构仲裁中各不相同，而且在不同常设仲裁机构所进行的商事仲裁程序中也都各有差异。如1997年《伦敦海事仲裁员协会仲裁规则》为伦敦海事仲裁提供了一套较为全面的书面审理程序。该规则附件二规定，书面材料等文件的交换应直接在当事人之间进行，所有书面材料、意见和文件的副本必须同时提交给仲裁庭，一方当事人与仲裁庭之间交换意见的所有文件都必须抄送另一方当事人。申请人应在双方当事人达成采用书面审理程序的协议或仲裁庭作出命令之日起28日内，向被申请人送达《仲裁申请书》以及辅助文件副本，并同时抄送仲裁庭。被申请人在《仲裁申请书》送达之日起28日内，应将其《答辩书》连同可以依据的文件副本送达申请人，并抄送仲裁庭。仲裁庭应在将其准备作出裁决的意图通知当事人之后再作出裁决。

三、商事仲裁书面审理的意义

书面审理可以缩短周期，快速结案，同时还可以节省双方当事人往返旅途的时间和费用。有学者认为，“在实践中，一般不常进行书面审理。通常，只有那些争议金额小，案情简

① 《伦敦海事仲裁员协会仲裁规则》最早颁布于1987年，历经1991年、1994年、1997年、2002年、2006年、2012年多次修改，但都承认书面审理这一形式。

② 参见邓杰著:《伦敦海事仲裁制度研究》，法律出版社2002年版，第271页。

单明了,事实清楚的案件才进行书面审理”[①]。当然,这只是中国的商事仲裁实践。中国的商事仲裁规则和商事仲裁法都规定,书面审理的必备前提条件是双方当事人申请或者征得双方当事人同意。至于案件的争议金额、类型则并不是必备条件。

事实上,商事仲裁仅依书面文件去审理,对双方当事人以及对仲裁员、仲裁机构来说都是一件十分划算的事,它在实践中不应该受到冷落,“不常进行书面审理”是不妥当的。据有关方面的统计,在英国、香港地区的海事仲裁中,每5件仲裁案中,就有4件是通过书面形式进行审理的,只有1件是要开庭的。[②]

书面审理对当事人而言,费用低、节约时间、不伤和气,但要注意不要遗漏了对自己有利的证据。对那些主要涉及对法律条款理解的案件,即使金额很大,也最适合书面审理。对许多有经验的仲裁员来说,很多争议其实在某种程度上是对之前案件的重复,如海事仲裁中的航速争议、延滞费争议等。即使案子没有开庭,仲裁员也知道案件如何处理,许多情况下昂贵的开庭审理并未改变他们一直的想法和决定。有经验的当事人,也越来越多地认识到了这一问题。而且,虽然在海事仲裁中,书面审理已经越来越多,但仍然有仲裁员抱怨开庭过多且作用不大,只是增加了仲裁的费用,要求进一步限制开庭审理的申请。

四、网上商事仲裁的书面审理程序

网上商事仲裁的书面审理是指网上仲裁庭根据当事人通过网络提交的有关书面材料和证据,对案件的情况进行审理的一种新型的商事仲裁审理方式。它是由当事人通过电子邮件向商事仲裁机构提供各种信息、文件和证据,商事仲裁机构再通过电子邮件方式提供给仲裁庭的仲裁员,仲裁员可以通过电子邮件随时要求当事人提交必要的解释或答辩文件以及证据等。通过电子邮件传递的材料和证据,可以是一般性的材料和证据,也可以是声音与图像并具的文件。如果仲裁庭认为材料已经充足,可以结束审理,通过网络聊天室、网络会议等进行合议和裁决。网络聊天室是通过敲击由网络联结起来的计算机键盘,实现仲裁员之间的对话,表达各自的真实观点和看法的一种方式。典型的聊天软件只能交换文件,而网络的数据传送功能可以使参加仲裁的仲裁员既能看到仲裁员之间的画面,也能听到他们的声音,这便是网络会议。当然,这需要一些较好的音像设施来装备计算机。当合议与裁决需要秘密进行时,还需要运用加密技术或数字上的数据密码等手段。

第三节 商事仲裁的口头审理

就目前中国的商事仲裁实践而言,口头审理是商事仲裁最基本的审理方式,各商事仲裁机构所裁决的案件绝大部分都是通过口头审理的方式进行的。

---

① 参见李双元主编:《国际私法学》,北京大学出版社2000年版,第650页。

② 参见杨良宜著:《国际商务与海事仲裁》,大连海运学院出版社1994年版,第50页。

一、商事仲裁口头审理的概念

口头审理，又叫开庭审理，是指仲裁庭在仲裁当事人及其他仲裁参与人的参加下，对案件的事实情况进行面对面审理的一种方式。[①] 它与书面审理的根本区别在于仲裁当事人及其他仲裁参与人需要直接到仲裁庭去参与庭审程序。

二、商事仲裁口头审理的程序

各国商事仲裁立法和商事仲裁规则大都规定，当事人双方可以自由选定口头审理或书面审理，在当事人没有作出约定时，采用口头审理的方式进行。如《日本商事仲裁协会商事仲裁规则》《美国仲裁协会国际仲裁规则》都原则上采用口头审理的方式。一旦确定需要开庭审理，商事仲裁机构应根据商事仲裁规则的规定，确定开庭日期和地点，并在开庭前的一定时间内向当事人送达开庭通知。如一方当事人有正当理由，可以在开庭前一定时间内提出延期开庭的请求。由于仲裁地点对仲裁审理极为重要，各商事仲裁机构的仲裁规则对其都有详细规定。如 1976 年《联合国国际贸易法委员会仲裁规则》第 16 条规定："仲裁庭得在当事人各方已同意的国家内决定仲裁地点。仲裁庭在考虑案件的相关情况以后得在它认为适当的任何地点听取证言或由其成员举行协商会议。仲裁庭得在它认为适当的任何地点举行会议以检验货物、其他财产或文件，并应在充分的时间以前通知各方当事人，使其能准时到场。" 2010 年《联合国国际贸易法委员会仲裁规则》第 18 条作了类似的规定。

具体的庭审程序一般按如下流程进行：首先由首席仲裁员主持查明双方当事人的出庭人员，询问双方当事人代理人的代理权限，并询问各方当事人对对方当事人的出庭人员有无异议；然后是宣布仲裁庭的组成人员，并告知双方当事人有要求仲裁员回避的权利；如果双方当事人对组成仲裁庭的仲裁员没有异议，首席仲裁员就宣布庭审程序正式开始。正式开始后，先由申请人陈述其仲裁请求，由被申请人进行答辩，然后进行举证和质证，再由仲裁庭提问。事实调查结束后，由双方当事人围绕案件的焦点问题进行辩论，并发表最后陈述。最后由仲裁庭总结开庭情况。如认为案情清楚，仲裁庭可以进行裁决；如认为还需要双方当事人补充提交相关证据材料，应向双方当事人提出并规定提交相关证据材料的具体期限；如认为还需要再次开庭审理，也可向双方当事人宣布。在开庭时，仲裁庭应做好开庭笔录和录音，并由双方当事人的出庭人员在开庭笔录上签字。

以中国的商事仲裁实务为例，口头审理程序一般依次包括准备、调查、辩论、合议 4 个主要环节。

（一）准备环节

这一环节是开庭审理的最初阶段，其任务是对案件的审理作好有关程序方面的准备。主要工作有：

① 参见李双元、欧福永主编：《国际私法学》（第 5 版），北京大学出版社 2018 年版，第 490 页。

1. 确定开庭日期和开庭地点，并依法通知各仲裁当事人

在仲裁庭确定开庭日期后，由仲裁委员会办事机构或秘书局在商事仲裁规则规定的期限内，将开庭日期通知双方当事人。如果当事人有正当理由不能出庭，在商事仲裁规则规定的期限内可以请求延期审理，是否延期由仲裁庭决定。如中国贸仲《仲裁规则》（2015 年）第 37 条第 1 款规定："开庭审理的案件，仲裁庭确定第一次开庭日期后，应不晚于开庭前二十天将开庭日期通知双方当事人。当事人有正当理由的，可以请求延期开庭，但应于收到开庭通知后五天内提出书面延期申请；是否延期，由仲裁庭决定。"该条没有规定请求延期的具体理由，从实践中的情况来看，主要有：当事人或其代理人因疾病以及其他不可抗力等无法出庭、更换了代理人需要充足的准备时间等。

仲裁庭开庭审理案件的地点原则上应该由仲裁当事人来确定。但由于当事人通常都没有就仲裁庭开庭地点的确定作出特别的约定，所以，商事仲裁实务中一般都是以当事人在商事仲裁协议中所约定的商事仲裁机构所在地，作为开庭地点。如中国贸仲《仲裁规则》（2015 年）第 36 条第 1 款规定，"当事人约定了开庭地点的，仲裁案件的开庭审理应当在约定的地点进行，但出现本规则第八十二条第（三）款规定的情形的除外"；第 2 款规定，"除非当事人另有约定，由仲裁委员会仲裁院或其分会 / 仲裁中心仲裁院管理的案件应分别在北京或分会 / 仲裁中心所在地开庭审理；如仲裁庭认为必要，经仲裁委员会仲裁院院长同意，也可以在其他地点开庭审理"。《上海仲裁委员会仲裁规则》（2013 年）第 45 条第 5 款规定："开庭审理地点由仲裁委员会决定。当事人另有约定或当事人共同要求并经仲裁委员会同意的，可以在其他地点进行。由此增加的费用，由当事人负担。"此外，即使在仲裁当事人约定或商事仲裁规则规定了仲裁庭开庭地点的情况下，此时的开庭地点仍有一定的抽象性，还需要仲裁庭与商事仲裁机构的秘书部门商定更为具体的开庭地点，如某个庭室，并通知各仲裁当事人。

2. 确定商事仲裁使用的语言文字

在中国进行的商事仲裁，一般应以汉语为正式语言。在少数民族聚居或者多民族共同居住的地区，仲裁庭应当使用当地通用的语言文字进行仲裁和发布有关文书。对不通晓当地民族通用语言文字的当事人，仲裁庭应为其提供翻译。[①]

3. 决定案件是否公开审理

一般情况下，仲裁庭口头审理的案件不公开进行。如中国贸仲《仲裁规则》（2015 年）第 38 条第 1 款规定："仲裁庭审理案件不公开进行。双方当事人要求公开审理的，由仲裁庭决定是否公开审理。"《上海仲裁委员会仲裁规则》（2013 年）第 45 条第 3 款也规定：仲裁庭开庭审理案件，不公开进行。当事人协议公开开庭审理的，应当在首次开庭的 5 日前向仲裁委员会提交书面协议，除涉及国家秘密外，可以公开进行。

关于仲裁庭口头审理案件是否公开进行的问题，国际社会的各商事仲裁规则一般也都

① 参见单国军著：《中国仲裁实务》，中国发展出版社 1998 年版，第 106 页。

规定除当事人双方同意公开审理外，商事仲裁审理应该不公开进行。如《伦敦国际仲裁院仲裁规则》（2020 年）第 19 条第 4 款规定：所有会议及庭审都应秘密进行，除非当事人另有协议。1976 年《联合国国际贸易法委员会仲裁规则》第 25 条规定：除当事人另有相反意见外，听证应当秘密进行。2010 年《联合国国际贸易法委员会仲裁规则》第 28 条第 3 款规定：各方当事人未另有约定的，审理不公开进行。

4. 正式开始实体审理前的工作

正式开始实体审理前，由首席仲裁员或独任仲裁员主持查明双方当事人的出庭人员，并宣布仲裁庭的组成。首席仲裁员或独任仲裁员告知双方当事人所享有的权利和必须承担的义务，特别是要确定双方当事人是否需要对仲裁庭的组成人员提出回避申请。

（二）调查环节

调查环节是指仲裁庭依照法定程序，在庭上向双方当事人及其他仲裁参与人全面调查案件事实和核定各种证据的阶段。这一阶段是对案件进行实体审理的主要阶段，是开庭审理的中心环节。通过这一阶段可以全面调查案件事实，特别是通过双方当事人之间的举证、质证，仲裁庭可以审查、核实各种证据，为正确解决争议打下坚实的基础。具体而言，仲裁庭的调查一般应该按照下列顺序进行：

（1）当事人陈述。其顺序一般是先申请人，后被申请人。

（2）出示物证、书证、视听资料，并相互进行质证。对于涉及国家机密、商业机密和个人隐私的证据应当保密。

（3）证人出庭作证，双方当事人和仲裁庭分别对证人进行询问。

（4）宣读鉴定意见及宣读勘验检查笔录。

在这一阶段，当事人可以提出新的证据，可以向证人、鉴定人、勘验人发问，可以要求重新调查、鉴定、勘验。中国贸仲《仲裁规则》（2015 年）第 43 条第 1 款规定："仲裁庭认为必要时，可以调查事实，收集证据。" 此外，在涉外商事仲裁案件中，关于外国法律的性质问题认识不一，有法律说与事实说之争。在实践中也需要收集查明。2011 年 4 月 1 日开始实施的中国《法律适用法》第 10 条第 1 款规定："涉外民事关系适用的外国法律，由人民法院、仲裁机构或者行政机关查明。当事人选择适用外国法律的，应当提供该国法律。"

如果仲裁庭认为证据已经得到核实，案情已经基本查清，即可终结庭审调查而转入当庭辩论环节。

（三）辩论环节

辩论环节是指在仲裁庭的主持下，双方当事人根据仲裁庭已经审查、核实的证据和事实，就如何认定事实和适用法律，如何正确处理相互之间的有关商事法律争议进行言词辩论的阶段。通过这一阶段的辩论，使案件事实及当事人之间的是非曲直进一步趋于明朗，使双方当事人各自的责任进一步明确，为仲裁庭准确认定案件事实、正确适用法律、公正处理当事人之间的商事法律争议打下基础。同时，辩论权也是仲裁当事人一项非常重要的程序性权利，不能随意剥夺。辩论环节的顺序为：

（1）申请人及其代理人发言。

（2）被申请人及其代理人发言。

（3）互相辩论。

辩论通常不受时间限制，可以进行多个来回。若遇到需要调查的问题，特别是在当事人提出了新的事实、新的证据时，还可以回归到调查阶段。调查完毕后，再回到辩论阶段。辩论终结时，仲裁庭应该按照申请人和被申请人的顺序征询双方当事人的最后意见。

在庭审程序结束时，仲裁庭一般应该就双方当事人可以庭后补充提交证据和提交代理词的时间作出明确的指定；并询问双方当事人是否可以在仲裁庭认为不需要开庭的情况下，对双方庭后补充提交的证据材料进行书面审理。最后，仲裁庭应该询问双方当事人，对商事仲裁机构及仲裁庭自该案立案之日起至庭审程序结束时已经进行的所有程序，是否有异议。

（四）合议环节

仲裁庭辩论终结后，调解不成的，应由仲裁庭作出裁决。在合议仲裁庭作出终审裁决之前，应该先行合议。仲裁庭合议案件，应该制作合议笔录，所有仲裁员的意见都必须记入笔录。

以上所介绍和探讨的只是一般情况下的开庭审理程序。事实上，在商事仲裁实务中，还会经常发生延期审理（即开庭后的延期），或者再次开庭审理的情形。如遇到有新的证据、新的事实情况需要调查；或者仲裁员、当事人、证人等突发重大疾病等情况，使开庭审理无法继续进行，必须等当事人提供了新的证据材料或者待这些阻碍情况消除以后，才能恢复开庭审理程序。

此外，在开庭审理中还会经常发生缺席审理的情形，即在被申请人或其代理人接到开庭通知后没有正当理由拒不到庭，或未经许可中途退庭时，仲裁庭可以在该被申请人或其代理人不在场的情况下进行或者继续进行有关的庭审程序。各商事仲裁立法和商事仲裁规则对此都有明确规定。如 1976 年《联合国国际贸易法委员会仲裁规则》第 28 条第 2 款规定："如果一方当事人，经按照本规则如期、合法通知后，无充分理由而不出席听证会，仲裁庭应继续进行其商事仲裁程序。"

三、商事仲裁口头审理的意义

口头审理有助于进一步查清复杂的事实和法律问题。当事人要求开庭审理的常见理由是：案件中存在需要经过当面口头审理有关证据和书面意见后才能认定的复杂事实和法律问题。例如，案件情况复杂，涉及大量的文书、证据且相互之间矛盾较多，当事人提供的与事实证据不相符合的口头证据比较关键等。对于这些问题，口头审理比书面审理更具独特的意义。仲裁庭一般不能拒绝当事人关于开庭审理的要求，这是当事人享有的一项程序权利。[①] 因此，在通常情况下，即使一方当事人要求开庭审理的理由不够充分和正当，仲裁庭也不能限制，至多只能通过裁决该方当事人承担这笔不必要的费用去进行惩戒。不过，英国

① Ritchie UJacks (1992) 10LIL Report 519 at 520.

1996年《仲裁法》第33条第2款也规定,仲裁庭可以根据具体情况采用适当的程序,以避免不必要的延迟和花费。基于这项规定,在没有必要开庭审理的案件中,仲裁庭有权拒绝当事人关于开庭审理的要求。但是,本书认为,不管是基于对仲裁当事人商事仲裁程序权利的尊重,还是考虑到各个国家在对商事仲裁裁决进行司法审查时的严格要求,仲裁庭最好不要拒绝当事人关于开庭审理的要求。

口头审理有助于发挥双方当事人的积极性。口头审理程序具有严格的步骤规定,如开庭准备环节、调查环节、辩论环节、合议环节等,许多做法与法院的审判相类似,严格的程序和步骤有助于调动和发挥双方当事人参与商事仲裁程序的积极性和主观能动性,有助于双方当事人监督作用的发挥。

四、网上商事仲裁的口头审理程序

网上商事仲裁作为一种特殊的商事仲裁方式,其口头审理的程序与一般的商事仲裁方式相比,自然会有很多特殊的内容。

(一)网上商事仲裁口头审理程序的概念

网上商事仲裁的口头审理程序,是指网上仲裁庭在仲裁当事人及其他仲裁参与人的参加下,通过计算机网络对商事仲裁案件的事实情况进行审理的一种新型的商事仲裁审理方式。它是利用计算机网络技术,以电子方式进行商事仲裁机构、仲裁员、仲裁当事人及仲裁参与人之间的信息交换、仲裁文书及证据资料的提交与传递等,同时利用音频与视频会议实现网上虚拟庭审以及仲裁员之间的网上虚拟会议等。

就国际商事仲裁而言,商事仲裁机构已经出现在因特网上,环球仲裁与调解协会(GAMA)即充当了网上国际商事仲裁的先锋角色,率先在网上提供国际商事仲裁服务。目前中国国内各仲裁委员会等传统商事仲裁机构也制定了相关规则,提供网上商事仲裁服务。如2015年广州仲裁委员会制定了《广州仲裁委员会网络仲裁规则》,2016年广州仲裁委员会"受理全部通过线上处理案件11 621件,选择全流程网上处理的商事仲裁案件逐步增多,特别是网络贷款等新型电子商务纠纷"[①]。2020年1月1日起施行的《中国海事仲裁委员会网上仲裁规则》,规定了网络视频庭审等内容。中国贸仲于2020年4月28日发布了《关于新冠肺炎疫情期间积极稳妥推进仲裁程序指引(试行)》,规定了在线开庭等。

网上商事仲裁所采用的方式主要有:

(1)电子邮件通信。网上商事仲裁过程中产生的大量文字和声像信息可以通过电子邮件瞬间传递到分散在世界各地的当事人。

(2)视频会议方式审理。互联网上的视频会议可以作为一个模拟的仲裁庭现场,使双方当事人在审理过程中完成举证、质证、辩论等行为;可以使所有仲裁参与人都可以通过屏

---

① 参见李双元、欧福永主编:《国际私法学》(第5版),北京大学出版社2018年版,第517页。

幕实现对话等。

（3）网上电子会议。

（4）数字审理。开庭之前，文件和材料在当事人及仲裁庭之间以安全、快捷、保密的方式传递。开庭审理时，各方坐在自己的电脑前参与审理。审理终结后，整个程序被完整地记录下来，可以随时查阅。

此外，网上商事仲裁的口头审理程序中也存在缺席审理的情形，即当事人不参加网上通信、视频会议、网上电子会议等网上商事仲裁形式，或中途退出。这种情况可以比照各商事仲裁法关于口头审理的规定处理。由于口头审理除非当事人有相反意见，应采用不公开审理方式，故网上口头审理应注意采取必要的加密措施。

（二）网上商事仲裁口头审理的机制

目前，国际社会各主要网上商事仲裁机构都基于其自身的专业特点，规定有自己的网上商事仲裁口头审理机制。

1. 世界知识产权组织网上商事仲裁的口头审理机制

世界知识产权组织（WIPO）仲裁与调解中心已经修订了商事仲裁规则，以便使之适用于网上商事仲裁。[①] 根据该中心修订后的商事仲裁规则，当事人如果要通过网上商事仲裁解决纠纷，应按照该中心的电子文本格式提交材料，以电子形式传送文件，通过加密的在线频道交换信息。中心的网上设备具有自动回复功能，并能提供文件归档处理的数据库。中心收到仲裁申请的日期为仲裁开始日期。被申请人必须向中心提交答辩，《答辩书》中可以提出反请求或对仲裁请求进行抗辩。[②] 当事人可于庭后，在由当事人自行约定或仲裁庭决定的时限内提交庭后补充材料。如果仲裁庭认为当事人双方已被给予充分的机会提交材料、出示证据，仲裁庭应宣布程序结束。在裁决作出前，仲裁庭如认为有必要，在特殊情形下，可以应当事人的请求或自行决定恢复案件程序继续进行审理。

2. 加拿大萨博裁判庭网上商事仲裁的口头审理机制（Cyber Tribunal Arbitration）

萨博裁判庭专门制定有自己的网上商事仲裁规则，该规则以《联合国国际贸易法委员会仲裁规则》和《国际商会仲裁规则》为蓝本制定，同时兼顾了网上商事仲裁的特殊性。[③] 该规则的特点在于它要求当事人使用强制性的通信格式：凡有强制性格式，当事人必须使用该格式；没有固定格式的，当事人可以用电子邮件与秘书处和仲裁庭联系。在收到秘书处的仲裁通知后，被请人应提交答辩。《仲裁申请书》《仲裁答辩书》《仲裁反请求申请书》《仲裁反请求答辩书》等将由秘书处存入所涉商事仲裁案件的网址，当事人及仲裁员只有用秘书处提供的密码方可访问该网站信息。[④] 此外，当事人作为证据所意欲提交的所有文件、报告、物证、有关事实及信息均应提交至所涉商事仲裁案件网址。除非仲裁庭另有决定，证人证言

① 参见李虎：《在线仲裁初探》，载陈安主编：《国际经济法论丛》第5卷，法律出版社2002年版，第583页。

② 参见1998年《世界知识产权组织网上快速仲裁规则》第42条第3款。

③ 参见李虎：《在线仲裁初探》，载陈安主编：《国际经济法论丛》第5卷，法律出版社2002年版，第580页。

④ 《萨博裁判庭通用仲裁程序》第1条第6款和第5条第4款。

应通过电子形式提供，当事人提交的计算机化的文件必须附具可靠性保证书，该保证书包括的内容有：(1)有关系统文件数据由某一具有责任心的人负责输入；(2)文件传送加密技术的使用情况；(3)采取了合理的安全措施；(4)运行系统的合理维护。在审阅了当事人提交的书面材料的基础上，仲裁庭可以决定以电话会议或视频会议的方式举行网上听证会。如果当事人已被给予机会陈述主张，出示证据，则仲裁庭应结束听证会。

3. 美国国家自动信息检索中心网上商事仲裁的口头审理机制

该中心自1996年3月开始运营，由美国仲裁协会主办，负责解决信息传递、邮政、商标侵权等相关方面的争议，申请人通过电子邮件向中心提出申请书，述明争议的性质、争议双方当事人的名称和地址、电子邮件的地址、所寻求的补救措施及依据等。如果双方当事人都同意参加此项程序，将由美国仲裁协会负责从特别有能力解决特定争议的名册中选择适当的仲裁员，对每一个已经受理的案件设立一个信息传递中心或新闻小组，所有的程序都在网上进行。仲裁员与当事人之间的通信，都通过电子邮件的方式进行。该中心规则中没有涉及的程序性事项，适用美国仲裁协会的商事仲裁规则和一般的公平原则。[①]

4. 中国域名争议解决中心网上商事仲裁的口头审理规则

为了及时妥善地解决有关域名争议，保护域名持有人和其他权利所有人的正当权益，2000年12月正式成立了中国贸仲域名争议解决中心，并于2001年1月1日起正式对外受理商事仲裁案件。该域名争议解决中心于2005年同时启用“网上争议解决中心”名称，2009年发布了《网上仲裁规则》(2014年修订)，为当事人提供网上商事仲裁服务。

有关域名争议的当事人可以按照《中国互联网络信息中心域名争议解决程序规则》[②]等规定，按照中国贸仲网站(www.cietac.org.cn)发布的申请书格式提出仲裁申请。供争议双方当事人选择的专家应充分掌握网络等专业知识，专家名单由争议解决机构负责确定。

在文件的制作与送达等问题上，中国贸仲域名争议解决中心《域名争议解决程序规则(试行)》第4条规定：“域名争议解决中心有责任采取有效措施，确保被投诉人实际收到投诉书。被投诉人实际收到投诉书，或者域名争议解决中心为使被投诉人实际收到投诉书而实施以下行为后，上述责任即视为解除：(一)按照域名注册管理机构及域名注册服务机构的域名查询服务WHOIS数据库中记录的域名管理联系人、技术联系人、承办人和缴费联系人的所有邮政通信及传真地址，向被投诉人传送投诉书的；以及(二)按照域名注册管理机构及域名注册服务机构域名查询服务数据库中记录的域名管理联系人、技术联系人、承办人和缴费联系人的电子邮件地址，或者当域名对应于一个网站时，按照该网站联系方式中提供的电子邮件地址向被投诉人传送电子形式投诉书(包括可按照相关格式送达被投诉人的附

① Michael E.Schneider and Christopher Kuner, *Dispute Resolution in International Electronic Commerce*, J.Int'l Arb.1997, No.3, p.23.

② 《中国互联网络信息中心域名争议解决程序规则》，是根据中国互联网络信息中心《中国互联网络信息中心域名争议解决办法》的规定而制定的。《中国互联网络信息中心域名争议解决程序规则》共9章、52条，自2007年10月8日起施行。

件）的；以及（三）按照被投诉人自行选择并通知域名争议解决中心的其他通信地址，及在可行范围内由投诉人提供的所有其他地址向被投诉人传送了投诉书的。”

《域名争议解决程序规则（试行）》第5条规定：“除前条规定的情形外，依本规则向投诉人或被投诉人传送的任何文件均应根据投诉人或被投诉人指定的方式进行。当投诉人或被投诉人没有指定时，通过选择以下三种方式进行：（一）通过传真方式传送，并经确认；（二）通过邮政快递方式传送，邮资预付并索要收据；（三）通过网络以电子形式传送，并保存传送记录。”第6条规定：“除与域名争议解决中心另有约定外，投诉人或被投诉人依照本规则向域名争议解决中心或专家组提交的投诉书或答辩书及其他可以提交或应要求提供的任何文件，可以下述方式提交并应遵守本规则第十一条和第十九条的相应规定：（一）通过传真方式传送，并经确认；或（二）通过域名争议解决中心电子邮件地址传送（即 domain@cietac.org.cn）；或（三）双方同意，通过域名争议解决中心案件档案管理系统传送。”

（三）网上商事仲裁口头审理应注意的问题

由于网上商事仲裁口头审理受到远程、虚拟、地址分散等方面的影响，需要特别注意如下普通商事仲裁所没有的一些问题。

1. 文书的制作

《仲裁申请书》、证人证言、物证等证据及其他信息材料均应以电子文本形式通过网络提交，从技术上可以通过扫描将所需提交的材料予以数字化。[①] 不过，值得注意的是，如何防止当事人一方利用扫描技术提供伪证。

2. 程序安全

网上商事仲裁提高了商事仲裁的效率，降低了成本，但同时增加了商事仲裁文书在传送过程中被截获并加以篡改或被滥用的风险。为此，网上商事仲裁需要有切实可行的安全保密措施，否则当事人宁愿选择普通商事仲裁。

通常采用的安全保密措施有：（1）信息加密。常见有采用公用密钥加密等形式，在文件送收、在线会议与开庭、电子档案等环节中，均需做好这一步骤。（2）身份鉴别。如何确定发送和接收信息者的身份，需要采用鉴别技术，如“第三次握手、为用户创建特定数字签名、第三方认证机构检验、管理并发放数字身份证”等方式和技术。联合国贸易和发展会议1996年《电子商务示范法》及新加坡1998年《电子商务示范法》等为以上方式作出了相应的规定。[②] 如新加坡为了妥善解决技术的发展可能对法律的前瞻性带来的挑战，一方面规定电子签名的一般效力，另一方面又对以公共密钥技术为基础的电子签名作出了特别规定，并建立了相应的认证机制。（3）资料送达。这首先要保证资料的完整性，不能造成任何破坏和损伤。通常可以运用数字签字或数字签章等方式来解决。另外要解决的问题是如何防止失利的当事人在自动确认功能不统一的现实情况下以文件未能送达为由拖延商事仲裁程序。在这方面，中国贸仲《域名争议解决程序规则（试行）》作了相关的规定：如当一方当事

① 参见刘春长著：《电子商务》，中心城市出版社1999年版，第12页。

② 参见郑成思、薛虹：《国际电子商务立法状况》，载《电子知识产权》2000年第4期。

人实际收到文书，或争议解决机构为使其收到文书而按照对方当事人提供的该方当事人的电子通信方式或该方当事人网站中所提供的电子邮件地址，或该方当事人自行提供的电子通信方式，将有关仲裁文书向该方当事人作了传送，该有关文书即视为已经送达。

3. 网上商事仲裁仲裁地点的确定

在网上商事仲裁中，不存在任何仲裁地或者说存在许多仲裁地，因为一方面，争议双方处在不同的地方；另一方面，仲裁员也处在不同的地方。解决这一问题的方式大致有：（1）以独任仲裁员或主要仲裁员所在地为仲裁地。该方案的缺陷在于忽略了只有在仲裁庭组成以后才能确定仲裁地。（2）以商事仲裁机构所在地为仲裁地。该方案的缺陷在于，对于临时仲裁来说，往往不如机构仲裁那样行得通。（3）以网址为标准确定仲裁地。以上 3 种方案各有优劣，还有待进一步深入的比较和探讨。中国贸仲《网上仲裁规则》（2014 年修订）第 8 条第 1 款规定："当事人约定仲裁地的，从其约定。当事人未作约定的，以仲裁委员会所在地为仲裁地。"

4. 商事仲裁的形式文件如何符合 1958 年《纽约公约》的要求

要使网络通信文件符合 1958 年《纽约公约》第 2 条第 2 款"书面"的要求，必须对该条款作出扩大的解释。事实上，1958 年《纽约公约》制定时即考虑到了当时的通信技术状况——电报是大量商业通信最快捷的方式，它代表了当时投入商业运用的最现代化的通信技术，它被包含在"书面"的含义中，表明公约的起草者们并不排除争议双方以未来更先进的技术手段缔结协议的可能性。罗马国际统一私法协会 1988 年制定的《国际保理公约》给"书面"下了一个现代的定义："为本条约的目的，书面告知，包括但不限于电报、电传和其他一切能够以有形形式复制的方式。"这一规定无疑已经将网络通信方式包括在内。

第四节　商事仲裁保全

因为受到商事仲裁机构自身性质的限制，商事仲裁保全，包括商事仲裁的证据保全和商事仲裁的财产保全，一般都只能通过各有关国家的司法机构，特别是法院来协助实施。

一、商事仲裁的证据保全

商事仲裁的证据保全主要涉及商事仲裁中相关证据的范围、保全证据所必须遵循的程序和适用的法律等方面的问题。

（一）商事仲裁中证据的收集

通说认为，证据是指能够证明案件真实情况的客观事实。在普通法国家的证据理论中，将证据分为两种情况：从狭义和通用意义上讲，"证据"意味着使争议事实得到证明的手段；从广义的意义上讲，"证据"是用于说明一切可能被证明的事实。[①]

---

① 参见屈广清著：《国际民事程序统一法研究》，中国经贸出版社 2001 年版，第 69 页。

在商事仲裁中，证据的收集、审查判断和运用是商事仲裁活动的中心环节，是商事仲裁审理和作出公正裁判的客观依据。

在一个国家的商事仲裁实务中，仲裁员很大程度上受本国法律传统的影响，仲裁庭可以，而且也一般都是运用本国的证据规则来收集审查和判断证据。然而，在国际商事仲裁中，仲裁当事人来自不同的国家和地区，仲裁员亦是如此，其证据理念明显存在差异，证据的判断标准各有不同，[①] 无法适用统一的证据规则，从而在证据规则的适用方面赋予了仲裁员较大的自由裁量权。[②] 为防止这种自由裁量权的滥用，一些国际性的组织起草了一些统一性的证据规则，如国际律师协会于 1993 年制定了《国际律师协会支配国际商务仲裁提供及采纳证据的补充规则》，对证据的提供、证人、仲裁员的权力等作了明确规定。

1. 当事人提供证据

“谁主张谁举证” 原则在商事仲裁中仍然适用。当事人可以主动提供证据，也可以应仲裁庭的要求而提供。各商事仲裁机构的仲裁规则对此都有相应的规定，如《联合国国际贸易法委员会仲裁规则》第 24 条规定:（1）当事人各方对其申请或答辩所依据的事实负举证责任。（2）如果仲裁庭认为适当，得要求一方当事人在规定的限期内将其意图提出支持其《申请书》或《答辩书》内所陈述的争议事实的有关文件摘要或其他证据提交仲裁庭和另一方当事人。（3）在商事仲裁程序进行中的任何时期，仲裁庭得要求当事人在规定的限期内提供书证、物证和其他证据。

2. 证人证言

多数国家的诉讼立法和商事仲裁立法都明确规定，仲裁庭只能传唤自愿作证的证人，只能提取证人自愿提交的证据，仲裁庭无权强迫证人作证或出示有关证据，只能在必要时请求法院予以协助。

3. 专家鉴定

专家鉴定，又称专家证据，是指在仲裁中具有专门知识的人员根据当事人或仲裁庭的请求，就争议所涉专业性问题提出的看法。[③] 大多数商事仲裁规则都规定仲裁庭有权指定专家，如《联合国国际贸易法委员会仲裁规则》第 27 条规定：仲裁庭得指定专家一人或数人对有待该庭决断的某些争论问题提出书面报告。专家鉴定在国际商事仲裁中具有重要的作用，这里的专家，可以是个人，也可以是机构，如中国进出口商品检验局、美国保险人实验室等。

4. 仲裁庭自行取证

一些商事仲裁规则，如《美国仲裁协会商事仲裁规则》《伦敦国际仲裁院仲裁规则》都规定，在必要时，仲裁庭可以自行调查证据。而且，虽然《国际商会仲裁规则》等没有这样的规定，如果一方当事人合理地指出另一方当事人拥有对判明争议具有实质性意义的证据而拒

① 参见艾宏、刑修松:《国际商事仲裁程序中的证据规则》，载《仲裁与法律通讯》1996 年第 3 期。

② 参见陈治东著:《国际商事仲裁法》，法律出版社 1998 年版，第 189 页。

③ 参见郭寿康、赵秀文主编:《国际经济贸易仲裁法》，中国法制出版社 1995 年版，第 120 页。

绝提供，则仲裁庭会得出对该拒绝提供证据的当事人不利的结论。[①]

5. 法院协助取证

法院协助取证可以分为两种情况：一是应一方当事人的申请，法院对涉案的证据采取保全措施；二是应仲裁庭的请示，强迫非当事人的证人出庭作证或亲自询问证人。当然，关于法院能否强迫证人作证，世界各国的诉讼立法和商事仲裁立法并没有一致的规定。[②]

（二）商事仲裁中证据保全程序的一般规定

商事仲裁中的证据保全是指在商事仲裁进行中，遇有证据可能灭失或以后难于取得的情况时，由当事人提出申请或由商事仲裁机构将当事人的申请转交法院，由仲裁庭或法院对证据依法进行固定和保护的措施。

证据保全是一种强制措施，在证据的运用过程中非常重要，世界各国的商事仲裁法律制度都对其作了明确的规定。只是因为具体情况的不同，其内容也就存在差异。

英国 1996 年《仲裁法》是一部对证据保全问题规定得比较明确和详细的法律。该法第 34 条第 1 款规定：仲裁庭在尊重当事人意思自治原则的前提下，有权决定所有的程序事项和证据事项。第 38 条第 6 款规定，除非当事人另有约定，仲裁庭有权针对在一方当事人保管或控制之下的任何证据命令采取保全措施。第 44 条还规定，法院在双方当事人约定的范围内，有权针对商事仲裁程序中的证据，命令采取保全措施。法院在行使这种权力时分为两种情况：在案情紧急时，法院可以在一方当事人提出申请并认为确有必要时采取证据保全；在案情不紧急时，法院只能在一方当事人提出申请，并获得仲裁庭准许或其他当事人书面同意后，方可采取保全措施。

中国贸仲《仲裁规则》（2015 年）所规定的证据保全内容较少，只在第 23 条规定了保全及临时措施，这里的保全应当包括证据保全。中国《仲裁法》第 46 条和第 68 条分别规定了国内商事仲裁和国际商事仲裁当事人申请证据保全的做法。即凡在证据可能或以后难于取得的情况下，当事人可以申请证据保全。当事人申请证据保全的，如属国内商事仲裁案件，仲裁委员会应当将当事人的申请提交证据所在地的基层人民法院；如属国际商事仲裁案件，仲裁委员会应当将当事人的申请提交证据所在地的中级人民法院。此外，中国 2021 年《民诉法》第 84 条规定："在证据可能灭失或者以后难以取得的情况下，当事人可以在诉讼过程中向人民法院申请保全证据，人民法院也可以主动采取保全措施。因情况紧急，在证据可能灭失或者以后难以取得的情况下，利害关系人可以在提起诉讼或者申请仲裁前向证据所在地、被申请人住所地或者对案件有管辖权的人民法院申请保全证据。证据保全的其他程序，参照适用本法第九章保全的有关规定。"

比较世界各国关于证据保全措施的规定，一般都包含有下列内容：

1. 证据保全的条件

商事仲裁中，申请证据保全应该具备的条件包括：（1）在商事仲裁程序进行中方可提出

① 参见吴焕宁、李敏：《国际商事仲裁中证据的获取和法院的协助》，载《仲裁与法律通讯》1997 年第 3 期。

② 参见陈治东著：《国际商事仲裁法》，法律出版社 1998 年版，第 194 页。

证据保全。商事仲裁程序开始前需要证据保全的，由公证机关或其他有权机构，如法院来进行。（2）证据可能灭失。如物品证据将腐坏、变质，人证患有重大疾病将要死亡等。（3）证据在以后难于取得。如证人将出国定居，证据可能被转移等。

2. 证据保全的管辖

如在中国的商事仲裁实务中，证据保全的管辖因国内商事仲裁和国际商事仲裁而有所不同。国内商事仲裁中的证据保全由基层人民法院管辖，国际商事仲裁中的证据保全则由中级人民法院管辖。

3. 证据保全的程序

对于证据保全的具体程序，在不同的国家有不同的规定。但首先应由当事人向受理案件的商事仲裁机构提出申请。当事人的证据保全申请应采用书面形式。（1）在一些国家，仲裁庭可以直接采取证据保全措施，如英国、加拿大等。不过，如果当事人在仲裁庭作出保全措施后拒不履行，申请人往往仍需向法院申请强制实施，仲裁庭不得采取任何强制性行动。[①]（2）在一些国家，如瑞典，法院不能采取证据保全措施，但在特殊情况下，地区法院可以协助取证。仲裁庭可以采取证据保全措施，仲裁庭也可指令一方保存特定证据材料，或者以其他方式将该证据保全至程序后期。如仲裁庭可指令专家在建筑物的缺陷被水泥掩盖前保全该缺陷证据。但“瑞典法院无权指定独立专家检查在建工程。即使仲裁庭同意法院取证，地区法院也不可根据《瑞典仲裁法》第 26 条的规定以此种方式保全证据，因为根据该条规定，法院只能协助专家听证，而非根据《瑞典司法程序法》第 40 章第 1 条的规定指定法院专家”。[②]（3）此外，也有一些国家规定，只有法院才有权决定是否可以采取证据保全措施，如奥地利、希腊、日本、新西兰等。[③] 其具体做法一般是，通过商事仲裁机构向有管辖权的法院提交申请。若需要保全的证据在两个或两个以上的法院辖区，应分别向两个或两个以上的法院递交申请，而不能只向一个法院申请。法院只能根据有关商事仲裁机构所提交的仲裁当事人的书面申请，决定是否采取保全措施。对不符合条件的保全申请，法院应通过商事仲裁机构通知有关当事人不予受理。当事人对不予受理不服的，可以申请复议一次，复议期间不停止裁定的执行。对于符合条件的申请，则由法院依法采取适当的保全措施。如对于物证，可采用绘图、拍照、摄像、鉴定等方式进行；对于人证应采用制作笔录、录音、录像等方式进行。

4. 证据保全的法律适用

证据保全制度最早存在于教会法中，目前绝大多数国家的诉讼程序法典中都规定了这一制度，并适用于商事仲裁程序中。不过，在国际商事仲裁中，证据保全还涉及法律适用的问题。考虑到一国法律只能规定其本国法院或其他机构的职能这样一个事实，法院只有在依其本国法律有权进行证据保全时，才能进行证据保全，所以证据保全只能适用法院地法。

---

① 参见陈治东著：《国际商事仲裁法》，法律出版社 1998 年版，第 180 页。

② 参见［瑞典］拉斯·休曼著：《瑞典仲裁法：实践和程序》，顾华宁译，法律出版社 2012 年版，第 260 页。

③ Mauro Bunino-sammartano, *International Arbitration Law*, Kluwer, 1991, pp.345-348.

二、商事仲裁的财产保全

商事仲裁中的财产保全是指法院或商事仲裁机构根据商事仲裁案件当事人的申请,就有关当事人的财产作出临时性的强制措施,以保全申请人的权益,保证将来作出的商事仲裁裁决能够得到执行。商事仲裁中的财产保全具有强制性和临时性,具体措施包括:查封、扣押、冻结、责令提供担保或法律允许的其他方法。财产一经保全,当事人就不能再行处分。只有被申请人提供了有效的担保,或案件已经审结并执行完毕,或原申请人申请撤销,财产保全措施才应该解除。商事仲裁中的财产保全,一般是由有关当事人在提出仲裁申请时一并提出,也可以在仲裁审理过程中提出。而英国等一些国家的商事仲裁法规定,有关当事人也可以在申请仲裁前提起财产保全程序。

世界各国的商事仲裁立法和司法实践,以及各有关的商事仲裁规则大都规定了财产保全制度,但略有差异。有些国家,如澳大利亚、瑞士等,规定只能由法院作出财产保全措施;有些国家,如美国、日本等,则规定由商事仲裁机构作出财产保全的决定;也有一些国家规定可以由法院或仲裁庭分别作出财产保全的决定。而且,在财产保全的具体内容方面,世界各国的有关规定也不尽相同。关于保全措施的范围问题,考虑到采取保全措施的目的在于保证商事仲裁裁决的顺利执行,使裁决所确定的当事人权益能够得到实现,所以通常只能限于仲裁请求范围以内或与商事仲裁案件有关的财物,超出仲裁请求范围或与商事仲裁案件无关的财物都不能作为财产保全措施的标的。

(一)国际商事仲裁规则和国际法律文件中有关财产保全的规定

目前国际社会的主要国际商事仲裁规则和法律文件都在不同程度上规定了财产保全的条款,以下列举几项:

1.《联合国国际贸易法委员会仲裁规则》

1976年《联合国国际贸易法委员会仲裁规则》第26条有关临时性保全措施中,就已经详细规定了财产保全的内容,包括:(1)应当事人任何一方的要求,仲裁庭认为有必要时,得对争议标的采取任何临时措施,包括成为争议标的的货物的保存在内,诸如将货物交由第三者保存或出售易损的货品。(2)这种临时措施得以临时性裁决的方式为之,仲裁庭有权要求为这些措施的费用提供担保。(3)当事人中任何一方向司法机关要求采取临时性措施,不得被认为与商事仲裁协议的规定有抵触或认为系对该协议的放弃。2010年《联合国国际贸易法委员会仲裁规则》第26条对临时性保全措施作了更加详细的规定。

2.《联合国国际商事仲裁示范法》

1985年《联合国国际商事仲裁示范法》第9条规定:在商事仲裁程序开始前或进行期间,当事一方可以请求法院采取临时性保全措施。

3.《世界知识产权组织仲裁和调解中心网上加速仲裁规则(草案)》

1998年《世界知识产权组织仲裁和调解中心网上加速仲裁规则(草案)》第46条也明

确规定:(1) 应一方当事人的请求,仲裁庭可以作出其认为必要的命令或采取认为必要的措施,包括发出临时禁令以及对构成争议标的物一部分的货物采取临时保全措施,如责令将货物交第三人保管或出售易变质货物。仲裁庭可以在请求方提供适当担保的条件下允许采取此类措施。(2) 应一方当事人的请求,仲裁庭如果认为在特殊情况下有此必要,可命令对方当事人以其确定的形式对请求或反请求以及第 72 条所指费用提供担保。(3) 本条所述的措施或命令可采取临时裁决的形式。(4) 一方当事人请求司法机关采取临时性保全措施或要求对方当事人提供请求或反请求担保,或执行仲裁庭作出的此类措施或命令,不应视为与商事仲裁协议相抵触或放弃商事仲裁协议。

(二) 英国商事仲裁立法中有关财产保全的规定

与国际社会其他各主要国家的商事仲裁法律制度相比较,英国商事仲裁立法在财产保全方面的规定较为全面。

1. 英国 1996 年《仲裁法》生效以前的财产保全

在英国 1996 年《仲裁法》生效以前,商事仲裁中的财产保全只能提请法院来作出决定,仲裁庭并不享有作出财产保全决定的权力。《伦敦海事仲裁员协会规则》也没有就仲裁庭的这种权力作出规定。因此,仲裁当事人只能根据英国 1950 年《仲裁法》第 12 条第 6 款的规定,申请英国法院命令实施一定的救济措施。法院为支持商事仲裁程序而采取的保全措施,大体上与诉讼保全措施相同或类似,[①] 如马瑞瓦禁令(The Mareva Injunction)、扣船等。

(1) 马瑞瓦禁令。马瑞瓦这个名称来源于马瑞瓦一案,因为在该案中首次确立了这种禁令。该禁令是一种禁止当事人转移或处分或者导致其他当事人转移或处分其财产的强制措施。马瑞瓦禁令对于担心对方当事人转移、隐匿或处分其财产以逃避执行商事仲裁裁决义务的一方当事人来说,是一种极其有效的救济措施。

早在英国 1875 年《审判条例》及 1925 年《最高法院审判条例》中,就根据衡平法的准则赋予了法院可以在公平适当的情况下,签发禁止令的权利。不过,法院正式签发保全性质的禁止令是从 1975 年的马瑞瓦禁令开始的。[②] 这一制度的产生是由于当时的英国法律不允许在判决之前先行扣押或冻结当事人的财产与资金,在马瑞瓦禁令签发以后,这种先行扣押、冻结才成为可能。马瑞瓦禁令的基本内容是:当债权人的权利在法院实体判决或仲裁实体裁决作出以前,或实体权利的实现因债务人的行为而受到威胁时,可申请法院发布一道禁止令,通过扣押或冻结等强制措施,阻止债务人转移财产。它不仅适用于海事案件,也适用于其他类型的案件。

马瑞瓦禁令的产生是基于英国法院 1975 年 6 月 22 日审理的马瑞瓦海运有限公司诉国际散装船公司案(Mareva Compania Naviera SA v International Bulkcarriers SA)。英国法院后来的司法实践表明,马瑞瓦禁令适用的范围很广泛。而且,自 1993 年的切罗·腾罗(Channel Tunnel)仲裁案后,英国法院开始对英国以外的债务人的财产签发禁止令,虽然某

① 参见李双元主编:《国际私法学》,北京大学出版社 2000 年版,第 658 页。

② 参见司玉琢等著:《新编海商法学》,大连海事大学出版社 1999 年版,第 556 页。

一外国法院未必能够接受,而且这种禁令在商事仲裁中已超出了仲裁地的范围,但这表现了马瑞瓦禁令新的发展。根据英国法院的长期实践,马瑞瓦禁令的基本内容主要包括如下几个方面:第一,马瑞瓦禁令的效力。该禁令在仲裁请求和仲裁反请求中都可能被启用。马瑞瓦禁令一旦发布,其效力及于商事仲裁中所涉及的被申请人的所有财产,而且,任何知情人都应该遵守和服从。对禁令的故意违反或破坏,将导致被指控为藐视法庭。第二,申请的时间。当事人一般是在申请仲裁之前就提请法院发布马瑞瓦禁令。不过,马瑞瓦禁令也可能针对一项将来可能得不到切实执行的预期权利而发布。而且,由于马瑞瓦禁令通常要持续到终局裁决作出后的一定时期,因此,申请人必须在禁令失效之前及时申请法院延长禁令的效力期间。第三,发布禁令的原则。一般情况下应满足下列两个条件:一是申请人持有对其有利的证据,而且在争议中拥有胜诉的优势;二是被申请人确有转移、隐匿或处分其特定财产的可能。第四,申请禁令的方式。申请马瑞瓦禁令的方式是由一方当事人向法院单方面提出。而且,为了支持申请人的请求,法院还可以针对第三人的财产发布马瑞瓦禁令,但必须有证据证明该第三人参与了被申请人对抗裁决的策划,或者对于有关财产究竟为被申请人所有还是为第三人所有难于确定。这种针对第三人的马瑞瓦禁令,与全球性的马瑞瓦禁令一样,属于两种特殊的马瑞瓦禁令。[①]

(2)扣船。扣押被申请人的船舶是英国商事仲裁中另一种常见的保全措施。其适用范围规定在英国1981年《最高法院法》第20条中,主要包括:对涉及船舶或船舶造成的损害,船载货物的灭失或损害主张的索赔;与船舶货物运输有关或船舶使用或者租赁有关的协议;等等。

英国1981年《最高法院法》第20条具体规定的扣船的争议有:有关船舶所有权和占有权的争议;船东之间的争议;银行借贷抵押争议;船舶造成损害导致的索赔;货损货差争议;因运输合同或租约而产生的争议和索赔;拖带合同争议;有关供应船舶物料服务的索赔;与船舶建造、修理及船舶设备供应有关的索赔;海难救助争议;共同海损争议;等等。在海事仲裁中,为保证即将作出的裁决能得到有效执行,当事人也会在提起商事仲裁之前向法院申请扣船。针对这种情况,英国1982年《民事管辖权和判决法》以及1996年《仲裁法》规定,如海事诉讼因争议应提交商事仲裁而中止,且在诉讼程序中财产已被扣押或为阻止或获准解除扣押财产,已提供保释金或其他担保,同意中止的,法院可以:命令该被扣押财产留作担保以保证对有关上述争议的商事仲裁所作出裁决的执行,或者命令提供相当的担保作为中止诉讼的条件以保证对上述裁决的执行。

(3)其他的财产保全措施。第一,对争议财产的保全。根据英国1950年《仲裁法》第12条第6款第4项的规定,法院有权命令对商事仲裁中的争议货物进行查封、扣押或拍卖。第12条第6款第9项则规定法院有权命令对商事仲裁争议财产或物品进行扣押、保管或检验以及对有关财产进行强占和没收。第二,对特定基金的保全。这项权利只能在诸如商事仲裁涉及认定当事人在一项特定基金中享有何种权利的争议等特殊的场合才能得到行使。

① Polly Peck V Nadir(No.2)(1992)4 All ER769.

至于诸如损害赔偿、请求支付之类的一般争议，当事人都只能向法院寻求其他形式的保全措施。

2. 英国1996年《仲裁法》规定的财产保全制度

英国1996年《仲裁法》对商事仲裁中的财产保全制度作了全新的规定。明确赋予了仲裁庭采取财产保全措施的权力。

（1）仲裁庭权力的新规定。英国1996年《仲裁法》第38条在关于仲裁庭可以行使的一般权力中规定，仲裁庭有权在一定范围内命令查封、扣押或保管商事仲裁中的争议财产。但仲裁庭没有强制执行这些命令的权力。[①] 第39条规定，当事人可以自由约定仲裁庭是否有权在终审裁决中对发布的任何救济措施作出临时性的命令，包括关于当事人之间的金钱支付或财产处分的命令，以及对仲裁费用一部分进行中间支付的命令。

（2）法院对仲裁庭权力的保证和补充。英国1996年《仲裁法》第42条规定，除非当事人有约定，法院可以发布命令要求当事人遵从仲裁庭作出的强制性命令。第44条规定，法院为支持商事仲裁程序，可以就任何程序中涉及的有关财产事项作出保全命令。但在任何情况下，法院只能在仲裁庭或当事人授予此项权力的商事仲裁机构、其他机构或个人无权或暂时不能有效地行使此项权力时，才能行使此项权力。如果法院已经作出命令，那么在有权行使该项权力的商事仲裁庭、商事仲裁机构、其他机构或个人就法院的命令所涉及的事项作出命令后，法院根据本条作出的命令应全部或部分失去效力。此外，法院还被允许在仲裁庭缺乏强制力或迟延行使其权力时介入[②]。第44条第7款还规定，针对本条项下法院的决定提起上诉应取得法院的准许。该条的规定进一步强化了法院的权力保障能力。

（3）其他规定。英国1996年《仲裁法》还在其他一些地方就财产保全作了明确的规定。如第11条规定，如海事诉讼因争议应提交商事仲裁而中止，且在诉讼担保中财产已被扣押或者为阻止或获准解除扣押财产，已提供保释金或其他担保，同意中止的法院可以命令该被扣押财产留作担保，以保证执行对有关上述争议的商事仲裁所作出的裁决；或命令提供相当担保作为中止诉讼的条件，以保证对上述裁决的执行。

（三）瑞典商事仲裁立法中有关临时措施的规定

根据瑞典《仲裁法》第4条第3款的规定，法院可以在商事仲裁程序开始前和程序进行中裁定采取临时措施。商事仲裁协议不能构成驳回临时措施申请的理由，除非需要采取的临时措施涉及实体问题。根据瑞典《仲裁法》第25条第4款的规定，仲裁庭可以应一方当事人的申请，在商事仲裁程序中指令对方采取特定措施，保全仲裁庭将进行裁定的索赔对象。仲裁庭不能自行安排采取措施。仲裁庭可以要求申请临时措施的一方就措施可能给对方造成的损害提供合理担保。

瑞典《司法程序法》第15章第7条规定，申请人提起商事仲裁前已取得扣押令或者其他临时措施的，应在1个月内提交仲裁申请。否则，临时措施令立即被取消。值得注意的

① 参见李双元、谢石松著：《国际民事诉讼法概论》，武汉大学出版社2001年版，第552页。

② 参见李双元、谢石松著：《国际民事诉讼法概论》，武汉大学出版社2001年版，第554页。

是，在不能确定商事仲裁协议效力的情况下，取得扣押令的当事人对采取诉讼还是商事仲裁的形式难以确定的，如当事人提起商事仲裁，仲裁庭认为自己没有管辖权，根据瑞典《司法程序法》的规定，法院应立即解除临时措施令。

（四）中国商事仲裁立法中有关财产保全的规定

在中国有关商事仲裁的法律制度中，规定商事仲裁财产保全的主要有：中国《仲裁法》、中国《民诉法》，以及《最高人民法院关于海事法院诉讼前扣押船舶的规定》等法律及司法解释。中国《仲裁法》第 28 条规定："一方当事人因另一方当事人的行为或者其他原因，可能使裁决不能执行或者难以执行的，可以申请财产保全。当事人申请财产保全的，仲裁委员会应当将当事人的申请依照民事诉讼法的有关规定提交人民法院。申请有错误的，申请人应当赔偿被申请人因财产保全所遭受的损失。"

中国《民诉法》第九章"保全和先予执行"规定了保全问题（第 103～108 条），第 103 条、104 条、105 条、107 条、108 条都是有关"保全"的规定，没有限定是财产保全。如第 105 条规定："保全限于请求的范围，或者与本案有关的财物。"该条的规定就没有限定是财产保全。而第 106 条限定的是财产保全，该条规定："财产保全采取查封、扣押、冻结或者法律规定的其他方法。人民法院保全财产后，应当立即通知被保全财产的人。财产已被查封、冻结的，不得重复查封、冻结。"

另外该法其他部分也有相关规定，如第 279 条规定："当事人申请采取保全的，中华人民共和国的涉外仲裁机构应当将当事人的申请，提交被申请人住所地或者财产所在地的中级人民法院裁定。"此外，在中国贸仲《仲裁规则》、中国海仲《仲裁规则》、《上海仲裁委员会仲裁规则》等各常设仲裁机构的商事仲裁规则中，也有关于商事仲裁中财产保全的类似规定。

根据中国商事仲裁法律制度和商事仲裁实务中的有关规定，商事仲裁中的财产保全制度主要包括如下内容：[①]

（1）商事仲裁中的财产保全程序只能由商事仲裁案件的当事人依法提起，有关的商事仲裁庭和商事仲裁机构，以及人民法院都无权主动作出财产保全的决定。

（2）商事仲裁程序中的当事人申请财产保全要有正当理由，即由于一方当事人的恶意行为或其他客观原因可能使将来所作出的商事仲裁裁决难于执行。

（3）商事仲裁程序中的当事人申请财产保全时，一般都要提供担保，包括现金担保、银行担保、资信担保、保险人提供担保函担保、实物担保等。而且，申请人应该提供担保而拒不提供担保的，驳回其申请。

（4）中国的商事仲裁机构无权作出实施财产保全的决定，有关的商事仲裁庭也不能享有该项权利。[②] 不过，在 1982 年《民事诉讼法（试行）》施行前，中国一直是由商事仲裁机

① 不过，根据中国《仲裁法（修订意见稿）》第 42 条、第 46 条、第 47 条第 48 条和第 49 条的规定，仲裁保全除财产保全、证据保全外，还可以有"行为保全"和"仲裁庭认为有必要的其他短期措施"；而且，当事人除可以向人民法院提出保全请求以外，还可以向仲裁庭提出保全请求。

② 参见赵秀文著：《国际商事仲裁及其适用法律研究》，北京大学出版社 2002 年版，第 140 页。

构来决定是否采取财产保全措施。1954 年 5 月 6 日，政务院通过的《中央人民政府政务院关于在中国国际贸易促进委员会内设立对外贸易仲裁委员会的决定》第 8 条规定："仲裁委员会审理争议案件时，为保全当事人的权利，对与当事人有关的物资、产权等得规定临时办法。" 1958 年 11 月 12 日，国务院在《关于在中国国际贸易促进委员会内设立海事仲裁委员会的决定》中更是明文规定："对于海事仲裁委员会有权审理的案件，委员会主席可以作出保全措施的决定。" 1982 年《民事诉讼法（试行）》第 194 条规定："中华人民共和国的涉外仲裁机构根据当事人的申请，认为需要采取保全措施，应当提请被申请人财产所在地或者仲裁机构所在地的中级人民法院裁定。" 自此，决定采取财产保全的权力交给了人民法院。之后的中国《民诉法》、中国《仲裁法》等都作出了类似的规定。

（5）商事仲裁程序中的有关当事人要提出财产保全申请时，首先必须向受理或审理有关商事仲裁案件的商事仲裁机构或商事仲裁庭提出申请；然后再由该有关的商事仲裁机构或商事仲裁庭将当事人的该项申请转交给有管辖权的法院；再由该管辖法院依法进行审理或审查以后作出裁定。很显然，在这一过程中，无疑多出了一个不必要的中间环节。尤其是当事人申请财产保全大多都发生在紧急情况下，因而在经商事仲裁机构转至法院的这一过程中，很可能会贻误财产保全的时机，这一做法甚至可能导致错误的裁定。因为这一做法将具体审理有关商事仲裁案件的审理机构与就这一商事仲裁案件的审理过程中是否需要采用财产保全措施的决定机构相分离，就会很容易发生如下情况：要么就是由于后一机构（即法院）需要对有关请求和情况进行重复审理或审查，从而导致时间上的延误；要么就是由于后一机构没有进行"必要的"重复审理或审查，草率作出裁定，从而导致错误的裁定。所以，本书认为，最好是将裁定商事仲裁程序中的财产保全的权力直接交给具体负责审理有关商事仲裁案件的商事仲裁庭。因为该商事仲裁庭比有关的商事仲裁机构或法院，更易直接了解和掌握当事人提出的财产保全的理由是否成立、是否妥当等相关情况，并且更加能够在较短的时间内作出决定。

（6）中国现行的商事仲裁法律制度，就有关商事仲裁协议的当事人能否在提请商事仲裁之前直接向人民法院申请财产保全的问题，作了非常明确的规定。根据中国《民诉法》第 104 条第 1 款的规定：利害关系人因情况紧急，不立即申请保全将会使其合法权益受到难以弥补的损害的，可以在申请商事仲裁前向被保全财产所在地、被申请人住所地或者对案件有管辖权的人民法院申请采取保全措施。而且，根据第 104 条第 2 款的规定：人民法院接受申请后，必须在 48 小时内作出裁定；裁定采取保全措施的，应当立即开始执行。不过，根据第 104 条第 3 款规定：申请人在人民法院采取保全措施后 30 日内不依法申请仲裁的，人民法院应当解除保全。

（7）中国商事仲裁法律制度中有关财产保全的规定，都只考虑了被申请人的住所地或财产所在地在中国的情况。如 2021 年修正后的《民诉法》第 279 条规定："当事人申请采取保全的，中华人民共和国的涉外仲裁机构应当将当事人的申请，提交被申请人住所地或者财产所在地的中级人民法院裁定。" 而在国际商事仲裁、特别是国际海事仲裁中，经常会出现被申请人的住所地或财产所在地在中国以外的情况。

（8）中国《仲裁法》第28条和中国《民诉法》第108条都只是规定：申请有错误的，申请人应当赔偿被申请人因财产保全所遭受的损失。而对于财产保全给第三人造成的损失应如何处理却没有明确的规定。

（9）中国海事仲裁中的财产保全。海事请求保全是海事法院根据海事请求人的申请，为保全其请求权，对被申请人的船舶及有关财产采取的强制性措施。仲裁申请人申请海事请求保全的，应当由仲裁委员会将当事人的申请提交海事法院裁定，而不能自行作出财产保全的裁定。海事请求权的范围多为与海运船舶的建造、买卖、租赁、营运、操作、救助和船舶的所有权、抵押权以及船舶优先权有关的或者由此产生赔偿请求的权利。其主要表现形式为扣船、扣押船上燃油、船载货物等其他财产。海事请求人申请诉前保全，一般不受当事人之间事先商事仲裁协议的约束，在地域上也没有严格的限制。但2018年修订的中国海仲《仲裁规则》第23条规定："当事人在仲裁程序开始前申请海事请求保全或其他财产保全的，应当依照《中华人民共和国海事诉讼特别程序法》的规定或其他有关规定，直接向被保全的财产所在地海事法院或其他有管辖权的法院提出。"

第八章　商事仲裁的和解与调解

意思自治不仅是商事实体法的基石，也是商事程序法的基础。基于程序自治，当事人不仅有权选择解决争议的程序类别，还有权决定程序的过程，即享有程序启动和运行的控制权。在商事仲裁中，双方当事人通过谈判达成和解协议，自主处分其实体上和程序上的权利，是契约自由和私法自治原则在商事仲裁中的体现。当双方当事人无法通过谈判达成和解协议时，调解也是一种非常有效的争议解决方式。相较于仲裁裁决的零和博弈，不论是和解还是调解，都更有利于双方当事人达成双赢的结果。推进商事法律争议解决方式的多元化，也是对习近平在中央全面依法治国工作会议上提出的“坚持把非诉讼纠纷解决机制挺在前面”重要指示的贯彻落实。

第一节　商事仲裁和解

商事仲裁和解作为解决商事法律争议的一种重要方法，得到了各国商事仲裁立法的充分肯定。如中国《仲裁法》第49条明确规定，当事人申请仲裁后可以自行和解。

一、商事仲裁和解的概念和特征

商事仲裁和解，是指在商事仲裁机构受理商事法律争议案件之后，商事仲裁庭作出商事仲裁裁决之前，双方当事人在自愿的基础上协商一致，庭外达成和解协议以解决案件争议，从而终结商事仲裁程序的一种商事法律争议解决方式。[①] 商事仲裁和解是当事人自主处分其实体性权利和程序性权利的表现。

具体而言，商事仲裁和解具有以下特征：

1. 自愿性

商事仲裁中的和解，是商事仲裁程序进行过程中双方当事人的自愿行为，无需任何第三人的参与。作为双方当事人在商事仲裁程序中自行解决彼此间商事法律争议的方式，商事

---

① 中国《仲裁法（修订意见稿）》第69条所规定的“当事人在仲裁庭组成前达成调解协议的，可以请求组成仲裁庭，由仲裁庭根据调解协议的内容制作调解书或者裁决书；也可以撤回仲裁申请”，也应该属于商事仲裁和解的范畴。此外，第70条规定，“当事人根据仲裁协议申请仲裁机构对调解协议进行仲裁确认的，仲裁机构应当组成仲裁庭，仲裁庭经依法审核，可以根据调解协议的内容作出调解书或者裁决书”。这里规定的应该是当事人在商事仲裁机构受理商事仲裁案件之前达成的“调解协议”，同样应该属于与仲裁调解无关的“和解协议”的范畴。

仲裁和解是私法自治原则和意思自治原则在商事仲裁法律制度中的具体体现。

2. 自主性

商事仲裁和解是商事仲裁程序中双方当事人的自主行为,双方当事人完全根据自己的意愿来处理彼此之间的商事法律争议,不受任何第三方的干预,也无需征求任何第三方的意见。这里的自主性,主要体现在以下几个方面:(1)当事人可以自主决定是否进行和解;(2)当事人可以自主决定和解的方式和程序;(3)当事人达成和解协议后,可以自主决定是通过撤回仲裁申请还是请求仲裁庭制作裁决书的方式来终结有关商事仲裁程序。

3. 要式性

商事仲裁中的和解作为当事人自行解决案件争议的活动,须双方当事人达成书面的和解协议。书面和解协议的作用主要体现在两个方面:(1)将双方当事人的和解意愿固定下来,避免产生新的争议;(2)为当事人日后履行和解协议,或商事仲裁庭制作裁决书或调解书提供依据。

4. 时限性

商事仲裁和解需在商事仲裁机构受理案件之后,商事仲裁庭作出仲裁裁决之前进行。如果双方当事人在商事仲裁机构受理商事法律争议案件之前达成和解,则不属于商事仲裁中的和解。[①] 如果商事仲裁庭业已作出仲裁裁决,则意味着该商事法律争议已经得到仲裁解决,当事人无需再通过和解解决。在实践中,即使商事仲裁庭已经就案件的处理形成了合议意见,只要裁决书尚未作出,甚至是已经做好但尚未发出,当事人仍可以和解方式解决彼此之间的商事法律争议。

二、商事仲裁和解的原则

商事仲裁和解作为商事仲裁程序中一种特殊的争议解决方式,其具体实施既涉及商事仲裁双方当事人的实体权利和程序权利,也涉及有关商事仲裁机构的利益,甚至还会涉及国家、社会和第三人的利益,因此,在商事仲裁程序中,如双方当事人意欲通过和解方式解决涉案商事法律争议,必须遵循一定的原则,以确保有关各方的合法权益能得到切实有效的保护。

1. 自愿原则

在商事仲裁和解过程中,从是否进行协商和解到和解的具体内容、范围和方式,再到最后是否达成和解协议,都必须由当事人自主决定,任何一方或第三方都不得采用任何胁迫或强制手段来达到和解的目的。如果双方当事人在自愿的基础上达成了书面和解协议,则可请求商事仲裁机构依照和解协议作出仲裁裁决书或仲裁调解书,或者请求撤回申请。如双方当事

① 根据《深圳国际仲裁院仲裁规则》(2020年)第49条有关“当事人尚未申请仲裁或仲裁庭尚未组成的,如当事人请求依照和解协议作出裁决书或调解书,除非当事人另有约定,仲裁院院长应指定一名独任仲裁员组成仲裁庭,由仲裁庭按照其认为适当的程序进行审理并作出裁决书或调解书,具体程序和期限不受本规则其他条款限制”的规定,对于当事人在商事仲裁程序开始前所达成的和解协议,如果需要获得商事仲裁和解的效力,必须经过商事仲裁审理程序。此外,《广州仲裁委员会仲裁规则》(2021年)第61条第1款也作了同样的规定。

人经协商未达成和解协议，则由商事仲裁庭依法继续进行商事仲裁程序并作出仲裁裁决。

2. 合法原则

商事仲裁和解的内容、范围和方式必须合法，不得违反法律的强制性和禁止性规定。对于商事仲裁中的和解，商事仲裁机构或商事仲裁庭通常仅作一般性审查，即审查和解协议是否存在明显的违法内容以及和解程序和方式是否存在禁止的因素，而对双方当事人的权利处分和自主约定则不做具体审查和限制。也就是说，只要双方当事人的商事仲裁和解活动不违反法律的强制性或禁止性规定，不损害国家、集体和第三人的合法权益，当事人意思表示的效力优于相关法律的规定。

3. 公平原则

公平与公正、合理、正义等概念相近，是基本的法律价值理念。[①] 商事仲裁和解所要解决的是平等主体之间的契约性和非契约性商事法律争议，尤其强调公平。在商事仲裁和解过程中，双方当事人在权利、义务与责任的承担上，应体现公平原则，兼顾各方当事人的利益。公平与否的判断，应当从民商事法律规范的基本精神出发，以一般交易习惯和人们的一般观念为标准。

4. 平等互利原则

平等互利强调法律地位上的平等和经济上的互利。在商事仲裁和解过程中，双方当事人的法律地位一律平等，无论是自然人还是法人，无论其经济实力强弱，无论所有制性质如何，任何一方当事人都没有凌驾于另一方当事人之上的特权。当事人所选择和进行的商事仲裁和解程序应对彼此有利，不应只对一方当事人有利，更不应损害对方当事人的利益。

三、商事仲裁和解后的处理

对于双方当事人在商事仲裁程序中依法进行和解后的处理程序，各国商事仲裁立法和各商事仲裁机构仲裁规则的规定不尽相同。

中国《仲裁法》第 49 条规定：当事人申请仲裁后，可以自行和解。达成和解协议的，可以请求仲裁庭根据和解协议作出裁决书，也可以撤回仲裁申请。中国贸仲《仲裁规则》（2015 年）第 47 条规定：当事人经调解达成或自行达成和解协议的，可以撤回仲裁请求或反请求，也可以请求商事仲裁庭根据当事人和解协议的内容作出裁决书或制作调解书……当事人在商事仲裁程序开始之前自行达成或经调解达成和解协议的，可以依据由仲裁委员会仲裁的商事仲裁协议及其和解协议，请求仲裁委员会组成仲裁庭，按照和解协议的内容作出仲裁裁决。除非当事人另有约定，仲裁委员会主任指定 1 名独任仲裁员成立仲裁庭，由仲裁庭按照其认为适当的程序进行审理并作出裁决。《联合国国际商事仲裁示范法》第 30 条规定：如果在商事仲裁程序中当事各方和解解决争议，仲裁庭应终止商事仲裁程序，而且如果当事各方提出请求而仲裁庭又无异议，则应按和解的条件以仲裁裁决书的形式记录此和解。

① 参见魏振瀛主编：《民法》（第 7 版），北京大学出版社、高等教育出版社 2017 年版，第 26 页。

根据和解的条件作出的仲裁裁决应按照本法第 31 条的规定作出，并说明它是一项裁决。《国际商会仲裁规则》（2021 年）第 33 条规定：若当事人在案卷按第 16 条规定移交商事仲裁庭之后达成和解，经当事人要求并经仲裁庭同意，应将其和解内容以和解裁决的形式录入裁决书。《美国仲裁协会国际仲裁规则》（2014 年）第 32 条规定：如当事人在裁决作出前达成和解，商事仲裁庭应终止仲裁，并可根据各方当事人的要求，按照其所同意的条款以裁决的形式将和解作成记录。商事仲裁庭对此类裁决无需附具理由。

通过上述国内外商事仲裁立法及商事仲裁机构仲裁规则的规定，可以发现，在商事仲裁中，如果双方当事人自行在庭外和解并达成商事仲裁和解协议后，一般可以作出两种处理：

其一，撤回仲裁申请或仲裁反请求申请。如果双方当事人庭外达成和解协议，可以直接向商事仲裁庭申请撤回仲裁申请或仲裁反请求申请。商事仲裁庭经过审查后，如准许当事人撤回仲裁申请或仲裁反请求申请，则会产生如下两个方面的法律后果：（1）商事仲裁庭无须对该案件再进行审理并无须作出仲裁裁决；（2）终结相关的商事仲裁程序。

其二，请求商事仲裁庭根据商事仲裁和解协议作出仲裁裁决书或仲裁调解书。在商事仲裁庭对双方当事人之间的商事法律争议案件作出仲裁裁决之前，如果双方当事人在自愿的基础上经协商达成商事仲裁和解协议，双方当事人可以请求商事仲裁庭根据该商事仲裁和解协议的内容作出仲裁裁决书或仲裁调解书。在商事仲裁实践中，当事人通常会在商事仲裁和解协议中注明"双方同意将和解协议提交商事仲裁机构制作成仲裁裁决书或仲裁调解书，以供双方共同执行"等字样。

对于是请求商事仲裁庭根据商事仲裁和解协议作出仲裁裁决书或仲裁调解书，还是申请撤回商事仲裁申请或仲裁反请求申请，商事仲裁机构是否退回案件受理费等问题也会成为当事人考虑的因素。某些商事仲裁机构的商事仲裁规则或商事仲裁收费办法规定：如果当事人在商事仲裁庭组成前自行达成和解协议并撤回仲裁申请，商事仲裁机构会全部退回案件受理费；如果当事人在商事仲裁庭组成后自行达成和解协议并撤回仲裁申请，商事仲裁机构则会根据实际情况部分退回案件受理费。

四、商事仲裁和解的法律效力

商事仲裁和解的法律效力，会因为商事仲裁和解后双方当事人所选择的不同处理程序而各不相同。

撤回仲裁申请或仲裁反请求申请，不具有彻底终结商事仲裁程序或法律解决程序的法律效力。如果双方当事人在自愿的基础上经过协商达成商事仲裁和解协议后，采取撤回仲裁申请的处理方式，虽然暂时解决了彼此之间的商事法律争议，重新确定了双方当事人之间的权利义务关系，但这种方式并未获得确定的法律效力。如果一方当事人不履行和解协议项下的义务，对方当事人无法依照商事仲裁和解协议向法院申请强制执行。如中国《仲裁法》第 50 条规定："当事人达成和解协议，撤回仲裁申请后反悔的，可以根据仲裁协议申请仲裁。"在此情况下，一方当事人可以根据既有的商事仲裁协议向商事仲裁机构另行提起仲裁。在商事仲裁实践中，为了避免商事仲裁程序的重复或拖延，一方当事人通常会在对方当事人主动履行和解协议同时或之后撤回仲裁申请或仲裁反请求申请。

请求商事仲裁庭根据和解协议作出商事仲裁裁决书或商事仲裁调解书，则具有彻底终结相关商事仲裁程序或法律解决程序的法律效力。如果当事人在达成商事仲裁和解协议后请求商事仲裁庭根据商事仲裁和解协议的内容作出商事仲裁裁决书或商事仲裁调解书，该商事仲裁裁决书或商事仲裁调解书的法律效力与仲裁庭按照商事仲裁程序依法行使仲裁权所作出的商事仲裁裁决书或商事仲裁调解书的效力完全一样。如《联合国国际商事仲裁示范法》第 30 条第 2 款规定："这种裁决应与根据案情作出的任何其他裁决具有同等的地位和效力。" 该种处理程序的法律效力主要体现在以下 3 个方面：(1) 对基于相同事实和理由的案件，任何一方当事人不得再向商事仲裁机构申请仲裁，也不得向法院起诉；(2) 对于商事仲裁庭依照商事仲裁和解协议内容制作的商事仲裁裁决书或商事仲裁调解书，非经法定撤销程序，任何机构都不得变更其内容；(3) 该商事仲裁裁决书或商事仲裁调解书具有法定的强制力，当事人必须自觉履行，如一方当事人不履行该商事仲裁裁决书或商事仲裁调解书所确定的义务，对方当事人可以申请有管辖权的法院强制执行。《〈仲裁法〉司法解释》第 28 条规定：当事人请求不予执行根据当事人之间的和解协议作出的商事仲裁裁决书的，人民法院不予支持。基于最高人民法院这一司法解释的规定，商事仲裁庭根据商事仲裁和解协议所作出的商事仲裁裁决书或商事仲裁调解书，甚至具有比其他的商事仲裁裁决书更强的法律效力，因为在这里直接、绝对排除了当事人申请不予执行该类商事仲裁裁决书的可能。

第二节 商事仲裁调解

商事仲裁调解是解决商事法律争议的另外一种重要方法。作为中国多元化纠纷解决机制中的重要解纷方式之一，商事仲裁调解不仅是实现党的二十大报告中 "国家治理体系和治理能力现代化深入推进" 目标任务的重要载体，同样得到了各国商事仲裁立法和各常设仲裁机构仲裁规则的充分肯定。1988 年中国贸仲《仲裁规则》第 37 条规定："仲裁委员会和仲裁庭可以对其受理的案件进行调解。经调解达成和解协议的案件，仲裁庭应当根据双方当事人和解协议的内容，作出裁决书。" 该规则是我国首次对商事仲裁调解作出的明确规定，使商事仲裁调解走向了规范化、制度化。随后颁布的中国 1994 年《仲裁法》第 51 条规定："仲裁庭在作出裁决前，可以先行调解。当事人自愿调解的，仲裁庭应当调解。调解不成的，应当及时作出裁决。调解达成协议的，仲裁庭应当制作调解书或者根据协议的结果制作裁决书。调解书与裁决书具有同等法律效力。" 该条款以立法的形式对商事仲裁调解的实践做法作了确认。

一、商事仲裁调解的概念

商事仲裁调解，是指在商事仲裁程序中，根据双方当事人的申请或者征得双方当事人同意，在仲裁庭的主持下，双方当事人就其商事法律争议中的实体权利义务内容协商一致，达成调解协议，以解决争议案件，从而终结商事仲裁程序的一种商事法律争议解决方式。

随着商事仲裁制度的演进和发展，在商事仲裁实践中，形成了众多与商事仲裁调解相关的方式，概括起来，大体有以下几种表现形式：

1. 先调解后仲裁（Med–Arb）

先调解后仲裁，又被称为商事仲裁前调解，即双方当事人在争议发生后，先启动调解程序进行调解，调解不成或调解成功后再启动商事仲裁程序进行仲裁。在这种方式中，调解员和仲裁员一般不是同一个人，调解机构和商事仲裁机构也是两个不同的机构。[①]

2. 影子调解（Shadow Mediation）

影子调解，即双方当事人在争议发生后，先启动商事仲裁程序进行仲裁，在商事仲裁程序的适当时候，启动平行的调解程序进行调解。如果调解成功，则争议得到解决；如果调解不成功，平行的商事仲裁程序则可最终解决争议。在这种方式中，调解员和仲裁员不是同一个人，调解机构和商事仲裁机构也不相同。

3. 商事仲裁中调解（Arb–Med）

商事仲裁中调解，即双方当事人为解决商事法律争议，先启动商事仲裁程序，在商事仲裁程序的适当时候，再启动商事仲裁调解程序，由商事仲裁庭进行调解，在商事仲裁调解成功或商事仲裁调解不成后，再恢复进行商事仲裁程序。在这种方式中，调解员和仲裁员为同一个人，调解机构与商事仲裁机构为相同机构。

4. 调解仲裁共存（Co–Med–Arb）

调解仲裁共存，是一种融合调解、影子调解和仲裁诸因素的程序变体。调解员和仲裁员相分立，仲裁员不参加调解员的私下会晤，调解员向仲裁员披露在调解中所获悉的秘密。在商事仲裁程序中，调解员全程参与旁听，并可在适当的时候对当事人进行调解。

5. 商事仲裁后调解（Med–Post–Arb）

商事仲裁后调解，即在商事仲裁程序终结后，运用调解程序解决商事仲裁裁决执行中的问题，在商事仲裁裁决执行过程中遇到困难和阻力时，当事人可以寻求调解以达成执行和解。[②]

本书这里所探讨的商事仲裁调解，只是上述的"商事仲裁中调解"，是商事仲裁实践中采用最多，而且是最为典型的一种商事仲裁调解方式，同时也是理论上和实践中争议最大的一种方式。

商事仲裁调解作为双方当事人在商事仲裁过程中解决其商事法律争议的一种活动和方式，主要包含以下两层含义：（1）商事仲裁调解从性质上看是一种商事仲裁活动，它是在商

---

① 商事仲裁前调解还有一种情形：商事仲裁机构受理商事仲裁案件之后，在组成商事仲裁庭之前，如果双方当事人要求调解，商事仲裁机构即指定其秘书长或副秘书长负责调解。如果调解成功，案件即告结束，不必组成商事仲裁庭进行审理；如果调解失败，则组成商事仲裁庭审理案件。参见唐厚志：《中国的调解》，载《中国对外贸易》2001 年第 3 期。

② 参见王生长著：《仲裁与调解相结合的理论与实务》，法律出版社 2001 年版，第 78 ~ 79 页。

事仲裁庭的主持下,双方当事人就其商事法律争议进行协商的活动。如果调解成功,双方当事人之间的商事法律争议就此解决,商事仲裁庭可根据调解协议作出商事仲裁裁决书或者商事仲裁调解书,终结有关的商事仲裁程序;如果调解不成功,则商事仲裁庭继续进行商事仲裁审理并作出裁决。(2)商事仲裁调解是一种解决商事法律争议的方式。在商事仲裁庭根据商事仲裁调解协议作出商事仲裁调解书或商事仲裁裁决书后,双方当事人之间的商事法律争议就可以得到最终的处理。在有关商事仲裁裁决书作出后或者有关商事仲裁调解书生效后,当事人必须自觉遵守该商事仲裁裁决书或者商事仲裁调解书所确定的权利义务,任何一方都不得反悔,更不得拒绝执行,否则,另一方当事人可以向有管辖权的法院申请强制执行。

与商事仲裁和解一样,商事仲裁调解也是以当事人的自愿为基础,以终结商事仲裁程序为目的的。但二者同时又分属于两种不同的商事法律争议解决方式,其区别主要在于:(1)两者的性质不同。商事仲裁调解是商事仲裁庭行使职权的活动,因此商事仲裁调解都是在商事仲裁庭的主持下进行;而商事仲裁和解是双方当事人对自己权利的自由处分,是双方当事人自行协商达成协议以解决相关商事法律争议的活动,不需要任何第三方的参与。[①](2)两者的法律后果不同。商事仲裁和解协议达成后,可能产生两种法律后果:如果双方当事人请求仲裁庭根据商事仲裁和解协议制作商事仲裁裁决书或商事仲裁调解书,该商事仲裁裁决书或商事仲裁调解书具有终审效力,当事人不得违反,也不得以相同的事实和理由再申请仲裁或提起诉讼;如果相关当事人依商事仲裁和解协议撤回仲裁,则该商事仲裁和解协议只具有一般的合同效力,当事人不能申请法院强制执行,当事人反悔的,可以重新申请仲裁。而商事仲裁调解不同,当事人达成商事仲裁调解协议后,商事仲裁庭应当制作商事仲裁调解书或依据商事仲裁调解协议的内容制作商事仲裁裁决书,无论是生效的商事仲裁调解书还是商事仲裁裁决书,都具有终审裁决的效力,当事人不得违反,也不得以相同的事实和理由再申请仲裁或提起诉讼。

商事仲裁调解对于商事法律争议的处理具有十分重要的意义,归纳起来主要体现在以下3个方面:(1)有利于商事法律争议的迅速、友好解决。商事仲裁调解方式可以不受商事仲裁程序规范的严格限制,只要双方当事人在商事仲裁庭的主持下达成商事仲裁调解协议,双方当事人之间的商事法律争议即可解决。商事仲裁调解具有更为快捷、更为友好的特点,更有利于有关民商事法律争议的合理解决。(2)有利于双方当事人自觉履行商事仲裁调解书或商事仲裁裁决书所确定的义务。由于商事仲裁调解协议的内容是由双方当事人经过协商一致确立的,表明双方当事人愿意接受这一结果。商事仲裁调解协议的达成往往是双方当事人互谅互让、相互妥协的结果,相对于商事仲裁庭所作出的商事仲裁裁决而言,当事人可能更愿意履行基于商事仲裁调解协议内容所制作且生效的商事仲裁调解书或商事仲裁裁决书。(3)有利于保护双方当事人的合法权益,保障民商事活动的正常运转。

① 参见马德才主编:《仲裁法》,厦门大学出版社2014年版,第138页。

二、商事仲裁调解的特征

商事仲裁调解将仲裁和调解各自的优点紧密结合起来,不仅有助于解决当事人之间的商事法律争议,而且有助于保持当事人之间的友好合作关系,具有很大的灵活性和便利性。商事仲裁调解被誉为“东方经验”,引起了国际商事仲裁界的广泛关注。具体而言,商事仲裁调解具有以下几个方面的特征:①

1. 商事仲裁调解是一种复合式的争议解决方式

商事仲裁调解以商事仲裁为依托,使当事人既可以通过商事仲裁的方式解决争议,也可以通过商事调解的方式解决争议,还可以交叉或共同运用商事仲裁和商事调解两种方式解决争议。商事仲裁调解的复合性是它与单纯的商事仲裁和单纯的商事调解的最大区别。

2. 商事仲裁调解中的调解员兼具商事仲裁庭仲裁员身份

在商事仲裁调解中,仲裁员担任调解员,调解终止后调解员又恢复仲裁员身份,从而实现调解员和仲裁员角色的互换。同一人在解决同一争议过程中,可以担任仲裁员和调解员两种角色,进行商事仲裁和商事调解两种活动。例如,中国香港《仲裁条例》第 32 条规定,如任何商事仲裁协议规定委任调解员,倘在调解程序中未能够达成各方接受的和解,即由该名调解员出任仲裁员。并且,任何人都不得仅因为该仲裁员原本担任过调解员而对仲裁员的资格提出异议。②

3. 商事仲裁调解程序相对独立

商事仲裁调解不是商事仲裁过程的必经程序,更不是商事仲裁庭作出商事仲裁裁决的前提条件。在商事仲裁过程中,是否进行商事仲裁调解完全取决于当事人的意志,只有经双方当事人同意,商事仲裁庭才能进行调解。在商事仲裁调解过程中,任何一方当事人可以随时决定不参加商事仲裁调解或要求终止商事仲裁调解,商事仲裁庭不得强制继续进行商事仲裁调解。调解不成或终止调解的,商事仲裁庭应当继续进行商事仲裁审理程序并及时作出裁决。

4. 商事仲裁调解是商事仲裁方式和商事调解方式的有机组合

商事仲裁调解不是与商事仲裁平行的程序,也不是商事仲裁和商事调解机械分开的程序,而是把两者有机结合在一起,使之相互兼容的程序。在商事仲裁过程中,当事人可以随时请求商事仲裁庭进行商事仲裁调解。调解终止或调解不成时,商事仲裁庭必须及时恢复商事仲裁程序,继续进行商事仲裁审理,不得因商事仲裁调解而妨碍商事仲裁。在商事仲裁调解中,商事仲裁调解的范围可以和商事仲裁的范围相同,也可以小于甚至超出商事仲裁的范围。

---

① 参见张冬主编:《仲裁法教程》,对外经济贸易大学出版社 2007 年版,第 181 ~ 182 页。

② 参见张斌生主编:《仲裁法新论》(第 4 版),厦门大学出版社 2010 年版,第 397 页。

三、商事仲裁调解的原则

商事仲裁庭在主持商事仲裁调解时应遵循哪些原则，中国《仲裁法》未作规定。与其他形式的调解一样，商事仲裁调解作为一种商事法律争议解决方式，只有遵循一定的调解原则，才能确保商事仲裁调解活动的正常进行，才能取得良好的调解效果，并避免对当事人正当权益或商事仲裁程序的顺利进行造成不应有的损害。概括而言，商事仲裁调解一般应遵循自愿、合法和公平原则。

1. 自愿原则

自愿原则是商事仲裁调解的首要原则。商事仲裁庭对案件进行商事仲裁调解时，必须建立在双方当事人完全自愿的基础上，当事人有权决定自己是否行使商事仲裁调解权，任何一方或第三方不得采用任何胁迫或强制手段来达到商事仲裁调解的目的。

当事人的处分权既是商事仲裁调解的生命，也是其内在的制约机制。保证商事仲裁调解程序的关键在于切实保证双方当事人的自治，当事人的自愿是贯穿整个商事仲裁调解过程的一个显著特征。[①] 作为商事仲裁调解的基础，自愿原则包含两个方面的含义：

（1）程序上的自愿，即商事仲裁调解程序的启动和终止必须遵循双方当事人的意愿。只有在双方当事人一致同意的情况下，商事仲裁庭才能进行调解。商事仲裁庭不能在只有一方当事人请求或同意调解的情况下进行调解，更不能未经双方当事人同意自行依职权进行调解或强迫当事人接受调解。在商事仲裁调解进程中，任何一个阶段的强迫调解都是对商事仲裁调解本意的违背，都会造成对双方当事人程序选择权利的侵犯。双方当事人同意进行调解的意思表示必须是明确的，其可以采用书面协议或口头方式表达调解的意愿。必要时，商事仲裁庭也可以书面或口头征询双方当事人有无调解的意愿。双方当事人不仅可以随时请求或同意商事仲裁庭对案件进行调解，也可随时请求终止调解或不再参加调解。一旦一方或双方当事人请求终止调解或不再参加调解，商事仲裁庭就必须立即终止商事仲裁调解程序，并及时恢复商事仲裁审理程序。

（2）实体上的自愿，即双方当事人能否达成商事仲裁调解协议以及达成什么样的商事仲裁调解协议完全取决于双方当事人的真实意愿。商事仲裁调解协议直接关系双方当事人权利义务的分配，商事仲裁调解协议的内容直接涉及双方当事人的权利义务关系。所以能否达成商事仲裁调解协议应当由双方当事人自行决定，商事仲裁调解协议的内容应当反映双方当事人的真实意思，权利义务应当由双方当事人按照自己的意愿进行处分。[②] 在商事仲裁调解过程中，商事仲裁庭可以提供参考意见，帮助或引导当事人达成协议，但不得强迫或变相强迫一方当事人作出让步或放弃权利，也不得强迫或变相强迫一方或双方当事人接受其调解意见。商事仲裁庭只有充分尊重当事人的处分权，严格遵守自愿原则，才能使双方当事人之间所达成的商事仲裁调解协议切实满足当事人的需求，才能保证商事仲裁调解协议

① 参见尹力著：《国际商事调解法律问题研究》，武汉大学出版社 2007 年版，第 87 页。

② 参见沈志先主编：《诉讼调解》（第 2 版），法律出版社 2014 年版，第 62 页。

最终得到充分、自觉的履行，才能从根本上彻底解决双方当事人之间的相关商事法律争议。

2. 合法原则

合法原则是指商事仲裁庭主持的调解活动和双方当事人达成的调解协议都应当符合法律的规定。一般认为，合法原则包括程序上的合法和实体上的合法两个层面的含义。程序上的合法，是指商事仲裁庭主持的调解活动应当严格按照法定程序进行。实体上的合法，是指双方当事人达成的商事仲裁调解协议的内容不得违反法律的强制性和禁止性规定，不得损害国家利益、集体利益和其他第三人的合法权益。

（1）调解程序合法。商事仲裁庭主持调解必须符合法定的程序，应当在查明事实、分清是非的基础上有针对性地进行，同时应当依法明确法律责任，不能置法律于不顾，一味地“和稀泥”。[①] 在商事仲裁调解过程中，仲裁员不应代表任何一方当事人的利益，而应公平对待双方当事人，保障各方当事人平等行使权利，并为双方当事人提供对等的机会和手段，不偏袒任何一方当事人。只有程序合法、公正，才有利于创造互谅互让的氛围，才可能达成双方当事人都能接受的商事仲裁调解协议。

（2）商事仲裁调解协议内容合法。由于商事仲裁调解协议是双方当事人在商事仲裁庭的主持下自愿处分权利义务的产物，因此对其合法性的要求与对仲裁裁决合法性的要求是不同的。各国通常只对商事仲裁调解协议的内容作一般性审查，仅审查其有无明显的违法内容以及是否存在禁止的因素，而对当事人的权利处分和自主约定则不作具体审查和限制。在中国，对商事仲裁调解协议的审查，除了对于“违反法律禁止性规定，侵害国家利益、社会利益和第三人合法权益”等合法性事实需要查明并分清是非外，即使商事仲裁调解协议的内容与法律上严格认定的权利义务关系不完全一致，也应当予以认可。

3. 公平原则

公平在法律上并不仅仅指公允，还包含“公正”“正当”“恰当”之意。公平原则要求商事仲裁调解应考虑双方当事人具体权利义务之间的公平、公正，必须在事实清楚的基础上进行，力求达到双方当事人实体权利义务的平衡。这是正确解决双方当事人之间商事法律争议的基础和客观要求。虽然商事仲裁调解协议的达成可能存在一方当事人作出让步的因素，但商事仲裁调解协议应满足双方当事人的不同要求，双方当事人在商事仲裁调解过程中应该互谅互让，不能一味要求一方当事人作出妥协和让步，当事人作出妥协和让步应该以公平合理为限。

四、商事仲裁调解的程序

对于商事仲裁调解的程序规则，各国商事仲裁立法并未作明确规定。根据各国商事仲裁法的立法精神和原则，结合商事仲裁的实践，商事仲裁调解一般应按以下程序进行：

---

① 参见李广辉、王瀚著：《仲裁法》，对外经济贸易大学出版社 2011 年版，第 245 页。

1. 商事仲裁调解的启动

中国《仲裁法》第 51 条规定：仲裁庭在作出裁决前，可以先行调解。当事人自愿调解的，仲裁庭应当调解。可见，商事仲裁调解的启动主要基于以下两种情况：(1) 商事仲裁庭自行调解。商事仲裁庭在取得对争议案件的审理和裁决权后，可以根据解决案件的实际需要决定是否先行调解或确定调解开始的时间。商事仲裁庭在依职权启动调解程序时，应主动向双方当事人提出调解建议，在征得双方当事人同意的基础上进行。(2) 基于仲裁当事人的请求开始商事仲裁调解程序。中国贸仲《仲裁规则》(2015 年)第 47 条规定：双方当事人有调解愿望的，或一方当事人有调解愿望并经商事仲裁庭征得另一方当事人同意的，商事仲裁庭可以在商事仲裁程序中对案件进行调解。商事仲裁调解的开始是基于争议双方当事人的自愿，根据私法自治原则，争议双方当事人可以就其争议的权利义务行使处分权，其中包括申请商事仲裁庭以调解方式来解决彼此之间争议的权利。由当事人启动商事仲裁调解程序包括以下两种情形：第一，双方当事人经协商同意进行调解并向商事仲裁庭提出调解请求；第二，一方当事人向商事仲裁庭申请调解，商事仲裁庭在征得另一方当事人同意的基础上进行调解。无论在上述何种情形下，对于当事人提出的调解申请，商事仲裁庭都不得拒绝。

2. 商事仲裁调解的进行

在商事仲裁活动中，无论商事仲裁调解的开始是基于当事人的自愿申请还是商事仲裁庭的自行决定，当商事仲裁庭主持调解时，双方当事人或其代理人都应当积极参与商事仲裁调解程序，以更好地解决彼此之间的相关商事法律争议。商事仲裁调解的程序，在采用独任仲裁庭进行仲裁的场合，由独任仲裁员主持进行；在采用合议仲裁庭进行仲裁的场合，则由合议仲裁庭的全体仲裁员共同进行调解，实践中也可由合议仲裁庭委托其中一名仲裁员以仲裁庭的名义主持调解。需要特别注意的是，不论商事仲裁庭采取何种形式进行调解，商事仲裁调解活动都应当尊重当事人的意愿，不得进行强制调解。

在商事仲裁调解过程中，商事仲裁庭应耐心倾听双方当事人的陈述与辩论，努力营造宽松友好的氛围，以促成当事人相互谅解和相互让步。商事仲裁庭可以按照其认为适当的方式进行商事仲裁调解。例如，商事仲裁庭可以根据案件的具体情况决定采取“面对面”调解或“背靠背”调解方式：前者是指商事仲裁庭在双方当事人在场的情况下，听取双方当事人的陈述与解决方案，调解他们之间的争议；后者是指商事仲裁庭分别与一方当事人单独会谈，听取当事人对案件的主张，分别对当事人做调解工作。实践证明，“背靠背”调解方式是较为有效的商事仲裁调解方式，它可以有效消除或减弱双方当事人之间的对立情绪，有利于促成双方达成商事仲裁调解协议。

3. 商事仲裁调解的结束

在商事仲裁调解过程中，如果出现一定的事由，将导致商事仲裁调解程序的结束或终止。根据各国商事仲裁立法和商事仲裁实践，商事仲裁调解程序的结束主要基于以下两种情形：

（1）以仲裁当事人达成商事仲裁调解协议而结束。在商事仲裁庭的主持下，双方当事人经充分协商就彼此之间业已发生的商事法律争议的解决达成了一致的协议，即可结束有关的商事仲裁调解程序。通过商事仲裁调解达成协议的，商事仲裁庭应当制作商事仲裁调解书，或者根据商事仲裁调解协议的具体内容制作仲裁裁决书，商事仲裁调解程序在双方当事人签署商事仲裁调解协议时结束，整个商事仲裁审理程序也随之结束。商事仲裁调解基于双方当事人达成商事仲裁调解协议而结束，这既是双方当事人所希望达到的结果，也是商事仲裁庭主持调解的目的。

（2）因仲裁当事人未能达成商事仲裁调解协议而结束。在商事仲裁调解过程中，如果双方当事人之间的分歧太大，难以就有关商事法律争议的调解解决达成一致协议，商事仲裁庭应当及时宣布调解结束。如果一方或双方当事人向商事仲裁庭提出终止调解程序或不再继续进行调解的申请，商事仲裁庭可据此宣布终止调解；或者商事仲裁庭认为调解不可能或没有必要进行下去，经与双方当事人协商后，宣布终止调解程序。在上述情形下，商事仲裁调解程序自商事仲裁庭宣布之时结束。

商事仲裁调解程序的结束并不意味着商事仲裁审理程序的终结，相反在许多情况下意味着商事仲裁审理程序的恢复。因此，商事仲裁庭对争议案件的调解应该适当，不能久调不决，在商事仲裁调解程序结束后应根据情况及时行使裁决权，对双方当事人之间的争议案件经过审理后依法作出裁决。

经过商事仲裁调解不能达成协议的，任何一方当事人都不得在其后的商事仲裁审理和裁决程序、司法程序以及其他任何程序中援引对方当事人或商事仲裁庭在商事仲裁调解过程中所发表过、提出过、建议过、承认过以及愿意接受过或否定过的任何陈述、意见、观点或建议作为其请求、答辩及或仲裁反请求的依据。同时，商事仲裁庭也不能以双方当事人在商事仲裁调解程序中所发表过、提出过、建议过、承认过以及愿意接受过或者否定过的任何陈述、意见、观点或建议作为其作出仲裁裁决的依据。

五、商事仲裁调解书

1. 商事仲裁调解书的概念

商事仲裁调解书是商事仲裁庭依据双方当事人就彼此之间商事法律争议的实体权利义务关系所达成的调解协议内容，依法制作的法律文书。商事仲裁调解书必须依据商事仲裁调解协议制作，反映商事仲裁调解协议的内容。它不同于双方当事人之间达成的调解协议，双方当事人之间达成的调解协议，是在商事仲裁调解程序中双方当事人经过协商达成一致，自愿处分其权利义务的一种文书。双方当事人之间达成的调解协议本身并不具有可以强制执行的法律效力。

2. 商事仲裁调解书的制作

商事仲裁调解书应当载明双方当事人的仲裁请求和答辩，以及双方当事人之间达成的调解协议内容。从商事仲裁的实践来看，商事仲裁调解书一般包括以下内容：（1）首部。商事仲裁调解书的首部主要写明商事仲裁调解书的标题、案件的编号、当事人及其代理人的基本情况。(2)商事仲裁程序部分。该部分主要写明商事仲裁案件从立案、送达文书、组庭到开庭及庭审结束的整个过程。(3)案情部分。该部分主要写明仲裁申请人的仲裁请求和被申请人的仲裁答辩等双方当事人争议的主要事实。(4)商事仲裁调解协议的内容。该部分主要写明双方当事人在商事仲裁庭主持下所达成的调解协议的具体内容。(5)商事仲裁庭意见。该部分主要写明商事仲裁庭对双方当事人所达成的商事仲裁调解协议的合法性的认定。(6)商事仲裁调解决定。该部分主要写明商事仲裁庭对双方当事人争议的实体权利义务的最终处理及仲裁费用的承担。(7)尾部。该部分主要包括商事仲裁调解书发生法律效力的时间、仲裁员的签名,并加盖仲裁委员会的印章;制作商事仲裁调解书的时间和地点。

3. 商事仲裁调解书的法律效力

在商事仲裁程序中,商事仲裁庭依据双方当事人之间达成的商事仲裁调解协议制作商事仲裁调解书后,该商事仲裁调解书一经送达,即与商事仲裁裁决书具有同等的法律效力。生效的商事仲裁调解书具有以下法律效力:

(1)具有确定商事仲裁双方当事人之间实体权利义务关系的效力。商事仲裁调解书对双方当事人之间所发生的商事法律争议作了实体上的处理,明确了双方当事人的实体权利义务关系。商事仲裁调解书一经生效,表明双方当事人对曾经发生的商事法律争议已经取得共识并得到法律的确认。这是商事仲裁调解书在实体法上的效力。

(2)具有终结商事仲裁程序及其他法律程序的效力。双方当事人的商事仲裁调解协议是在商事仲裁庭的主持下自愿达成的,商事仲裁庭根据商事仲裁调解协议制作商事仲裁调解书,是在法律上对双方当事人调解协议的确认。商事仲裁调解书一经生效,双方当事人之间的商事法律争议在法律上即已得到解决,任何一方当事人不得以同一事实和理由再向商事仲裁机构申请仲裁,也不得向法院提起诉讼。这是商事仲裁调解书在程序法上的效力。

(3)具有强制执行的效力。商事仲裁调解书一经送达即发生法律效力,同商事仲裁裁决书一样对双方当事人具有法律约束力,当事人必须自觉履行。任何一方当事人如不履行商事仲裁调解书所确定的义务,对方当事人即有权依据商事仲裁调解书所确定的权利向有管辖权的法院申请强制执行,以保障其合法权益。

需要特别注意的是,商事仲裁调解书与商事仲裁裁决书发生法律效力的时间不同。商事仲裁裁决书自仲裁员签字之日起发生法律效力,而商事仲裁调解书自送达之日起发生法律效力。对于送达商事仲裁调解书时当事人反悔的,视为商事仲裁当事人无法达成商事仲裁调解协议,商事仲裁庭应及时依法对双方当事人之间的商事法律争议继续进行仲裁审理,并及时作出裁决。

第九章　商事仲裁的裁决程序

在商事仲裁审理过程中，如果仲裁当事人不能通过商事仲裁和解或者商事仲裁调解的方式解决彼此之间的商事法律争议，仲裁庭就需要通过作出商事仲裁裁决来终结商事仲裁审理程序。商事仲裁审理程序终结后，仲裁庭依据一定的法律规范或原则，对仲裁当事人双方提交商事仲裁的有关商事法律争议作出实质性裁决，以确定当事人之间具体的实体权利义务关系的过程，对整个商事仲裁案件的处理具有决定性的意义。①

第一节　商事仲裁裁决的依据

商事仲裁裁决是指商事仲裁庭对仲裁当事人交付仲裁的争议事项进行审理后，对争议的实体问题所作出的结论性意见。作出商事仲裁裁决是商事仲裁程序中的最后一个环节，仲裁庭作出终局裁决后，整个商事仲裁程序即告终结。商事仲裁裁决的依据是指仲裁庭对争议的实质性问题应当依据什么实体规范作出裁决。商事仲裁裁决的依据所强调的是作为裁决依据的实体规则的类型，如国内实体规范和国际实体规范、法律性实体规范和非法律性的实体规范（如商业惯例或规则）等。

确定商事仲裁裁决的依据是作出仲裁裁决的先决问题。由于商事仲裁制度赋予仲裁双方当事人以高度的自治权，在确定商事仲裁裁决的依据问题上，当事人意思自治原则也同样起着非常重要的指导作用，对商事仲裁裁决的作出将会产生非常直接的影响。肯定这一点，有助于我们对确定商事仲裁裁决的依据获得更为深刻的认识。

从商事仲裁裁决是否应该依据法律规范作出，可以将商事仲裁分为“友好仲裁”（Amiable Composition）和依法仲裁两种情况。在这两种商事仲裁裁决方式中，商事仲裁裁决的依据截然不同。

一、友好仲裁的依据

友好仲裁，是指商事仲裁庭经仲裁双方当事人授权，在认为适用严格的法律规范会导致不公平结果的情况下，不依严格的法律规范，而是依据它所认为的公平标准作出对双方当事

① 当然，在具体的商事仲裁程序中，也会经常发生需要仲裁庭在商事仲裁审理过程中作出中间裁决，以及在审理过程中或审理程序终结后需要对程序问题进行裁决的情况。但就整体而言，商事仲裁的裁决程序主要还是涉及商事仲裁审理程序终结后，对有关实体法律争议的裁决问题。

人都有约束力的裁决的一种商事仲裁方式或者商事仲裁裁决方式。[①]

从大多数国家的商事仲裁立法、各商事仲裁机构的仲裁规则以及商事仲裁实践来考察，友好仲裁适用的是一个十分弹性化的裁决依据，即“公平善意”原则。在这种商事仲裁和商事仲裁裁决方式中，商事仲裁庭可以完全不受有关法律规范的约束，依据一定的公平标准或原则对争议的实体问题作出裁决。不过，友好仲裁必须受两个条件的限制：（1）必须以仲裁双方当事人明确授权为前提。否则，会因为商事仲裁裁决的依据违反当事人意思自治，而使该有关的商事仲裁裁决无效。（2）友好仲裁不能违反仲裁地国家的公共秩序。过去，以法国为代表的大陆法系国家普遍承认友好仲裁的合法性。如法国《民事诉讼法典》第 1497 条规定：“如果当事人已合意授权仲裁员，仲裁员应作为友好仲裁员裁决争议。”国际社会目前的商事仲裁实践，大多也都肯定友好仲裁的效力。如根据《联合国国际商事仲裁示范法》第 28 条第 4 款的规定，如果当事人明确授权仲裁庭，仲裁庭可作为友好仲裁人或依公平或善意原则作出裁决。《联合国国际贸易法委员会仲裁规则》（2010 年）第 35 条第 2 款、《关于国际商事仲裁的欧洲公约》第 7 条第 2 款也都对友好仲裁作了充分的肯定，并承认友好仲裁的裁决可以依据“非法律”的规则作出。

在英美法系国家传统的商事仲裁立法和司法实践中，一般都不承认友好仲裁的合法性。英国法院的倾向是：“在进行商事仲裁时，仲裁员一般必须适用已确定的和得到承认的法律体系……而不能允许他们适用一些不同的准则，诸如个别仲裁员或首席仲裁员有关公正或公平原则的抽象意见。”[②] 但英国后来的商事仲裁立法已有所变化。如英国 1979 年《仲裁法》授予了当事人订立“排除协议”的权利，使得商事仲裁裁决可以免除法院的司法审查。这就意味着，对于实质性问题，仲裁员可以依据公平标准作出裁决。在美国的商事仲裁实践中，因为商事仲裁庭没有义务说明商事仲裁裁决的理由，这给仲裁庭寻找商事仲裁裁决的依据留有了余地，不能排除仲裁庭依据“非法律”标准作出裁决的可能性。

二、依法仲裁的依据

依法仲裁，是指商事仲裁庭严格按照有关实体性法律规范，对仲裁当事人之间争议的实体法律问题作出裁决的一种商事仲裁方式或者商事仲裁裁决方式。如 2021 年《国际商会仲裁规则》第 21 条第 1 款规定：“当事人双方得自由确定仲裁员裁决争议所适用的法律。”又如 2010 年《联合国国际贸易法委员会仲裁规则》第 35 条第 1 款也规定：“仲裁庭应适用当事人双方预先指定的适用于处理实体争议问题的法律。”以下主要以美国和瑞典的商事仲裁实践为例，进一步考察依法仲裁的依据问题。

（一）美国的商事仲裁实践

在美国的商事仲裁实践中，商事仲裁裁决的依据问题，实际上主要涉及如下四个方面：

第一，商事仲裁庭应该在何种范围内作出裁决。在美国，商事仲裁与商事诉讼虽属不

① 参见韩健著：《现代国际商事仲裁法的理论与实践》（修订本），法律出版社 2000 年版，第 26 页。

② See Eagle Star Insurance Co · Led v Yuval Insrnce Co · Ltd, 94 *The Law Quarterly Review*, 1978, p.537.

同性质的争议解决程序，但在决定争议的实体范围方面，商事仲裁与商事诉讼有很多类似之处，"商事仲裁庭的权力范围受仲裁申请内容的限制"①；对于商事仲裁当事人没有提出仲裁请求的问题，即使存在，商事仲裁庭也没有权力加以裁决。据此，商事仲裁庭在作出商事仲裁裁决时，首先应以当事人的请求为依据。

第二，商事仲裁庭应该依据什么事实和证据作出裁决。根据美国的商事仲裁立法和司法实践，"商事仲裁庭在未取得双方当事人同意的情况下，擅自通过独立调查收集外界的证据，是属于失职的行为"②。据此，商事仲裁庭只能依据商事仲裁双方当事人质证过的事实和证据作出裁决。

第三，商事仲裁庭应该依据法律的规定还是其他规则作出裁决。在这一问题上，仲裁当事人的意思自治起着决定性的作用。如果仲裁当事人双方在其商事仲裁协议中约定商事仲裁庭必须按照法律规定进行裁决，商事仲裁庭就只能依法作出裁决。而只有在仲裁当事人双方没有限定商事仲裁庭必须按照法律原则进行仲裁时，有关的商事仲裁庭才可以撇开法律，根据其自身的司法见解进行裁决。③而且，虽然美国的商事仲裁法律制度授予了法院根据当事人申请撤销有关商事仲裁裁决的权力，但法定撤销原因基本上都属于程序性规定，商事仲裁庭在适用法律方面一般都不受司法干预。由此可见，商事仲裁庭对于实体法律争议作出商事仲裁裁决时，也不必固守法律。

第四，商事仲裁庭应该依据何种表决结果作出裁决。即使确定了商事仲裁庭据以作出裁决的事实依据和法律依据，也不能保证商事仲裁庭的所有仲裁员对实体法律争议问题会有一致性的裁决意见。而如果各位仲裁员对于有关商事仲裁裁决的内容发生分歧，就会发生应该按照何种表决规则和表决结果作出裁决的问题。当各位仲裁员对其应该作出裁决的内容产生意见分歧时，美国商事仲裁法律制度采用多数票决定制。如美国《统一仲裁法》第4条规定，除协议或本法另有规定外，商事仲裁庭以多数票行使其权力。

由此可见，美国商事仲裁法律制度对于商事仲裁裁决的依据，采取了较为广泛的理解，既包括事实上的依据，也包括法律上的依据，并强调仲裁当事人双方所签订的商事仲裁协议对商事仲裁裁决依据的确定具有决定性作用。

（二）瑞典的商事仲裁实践

在商事仲裁裁决的依据问题上，瑞典的商事仲裁立法和司法实践以及商事仲裁理论与实务，特别强调以下原则：

1. 依法裁决原则和公平合理原则

瑞典的商事仲裁实践一般都遵循依法裁决原则，要求商事仲裁庭对于实体问题的争议，依据有效的法律作出裁决。不过，仲裁双方当事人可以通过特别协议来排除依法裁决原则的适用。而且，仲裁双方当事人还可以通过协议特别授权商事仲裁庭依照"公平合理"（ex aequo et bono）的原则来对商事仲裁案件作出裁决，或者特别授权商事仲裁庭以"友好调

①②③ 参见［美］罗伯特·N. 科利：《美国的商事仲裁》，吴金留译，载《国外法学》1985年第3期。

解人”（amiable compositeurs）的身份行事。但是，如果商事仲裁协议没有作出这种约定，商事仲裁庭就必须严格按照法律规定来作出裁决。

同时，在瑞典的商事仲裁法学理论中，有不少学者对把“公平合理”原则作为裁决依据这一做法提出了批评，认为：(1)“公平合理”是一个抽象而模糊的概念，并没有明确而具体的规则，对其含义的理解会因人而异，无固定标准可循。以此作为商事仲裁裁决的依据，无疑会鼓励商事仲裁庭随心所欲地作出裁决。(2) 一般而言，仲裁当事人都希望按照法律规则来作出裁决。因为，依照“公平合理”原则进行仲裁，会使仲裁当事人无法预见商事仲裁裁决的结果，必将导致仲裁当事人控制和调节商事仲裁的自治能力的削弱和丧失。(3) 完全依据“公平合理”原则来支配商事仲裁的裁决，也使当事人无法预见其自身行为的后果。在这种情况下，有时还会使当事人因在商事仲裁中的某种不适当做法导致对其不利的后果。

不过，在商事仲裁的立法和司法实践中，瑞典的商事仲裁法律不允许当事人就商事仲裁庭对于实体争议问题所作出的裁决向法院提出上诉，这就使得商事仲裁庭有了依据“公平合理”的标准作出商事仲裁裁决的可能。

2. 依当事人的请求范围和所提供的事实进行裁决的原则

瑞典的商事仲裁法律对于商事仲裁庭作出商事仲裁裁决的范围和依据作了严格的限定，规定有如下原则：(1) 商事仲裁裁决不能超出当事人请求的范围。即商事仲裁庭不能超出仲裁当事人申请仲裁和答辩的范围作出裁决。(2) 商事仲裁庭应该依据仲裁当事人所提供的事实作出裁决。即商事仲裁庭只能依据当事人为支持其仲裁请求和答辩而提出的事实和证据作出裁决。如果仲裁庭不遵守这些规则作出裁决，则构成程序违法，当事人可对有关商事仲裁裁决的有效性提出异议。

3. 全部处理原则

全部处理原则即商事仲裁庭必须对仲裁当事人所提交商事仲裁的全部争议事项，进行处理。如有遗漏，商事仲裁庭应该在法律规定或当事人约定的期限内，对遗漏事项作出补充性裁决。不过，根据瑞典商事仲裁法的规定，全部处理原则并不排除商事仲裁庭在某种情况下，作出部分裁决、中间裁决和临时裁决。

第二节　国际商事仲裁实体法的适用

在商事仲裁实务中，在商事仲裁庭需要依法裁决的时候，只要涉及两个或两个以上国家的商事关系和商事仲裁关系，就不可能像国内商事关系和国内商事仲裁关系那样只需要适用一个国家的实体法律规范。而且，由于国际商事仲裁的特殊性质，国际商事仲裁中实体法的适用比国际民事诉讼中实体法的适用具有更加复杂的内容。

一、国际商事仲裁实体法适用的特殊性

通过国际商事仲裁处理国际商事法律争议时，必须解决争议实体法的选择和适用问题。

但是，国际商事仲裁实体法的选择和适用远比国际民事诉讼中选择和适用实体法特殊和复杂得多，主要表现在：

（1）在确定解决国际商事法律争议的实体法时，国际民事诉讼中的法院完全依赖于冲突规则的援引或指定；而在国际商事仲裁中，冲突规则并不是确定解决国际商事法律争议实体法的唯一根据，商事仲裁庭还可以基于当事人的授权无须借助任何冲突规则直接决定应该适用的实体法。

（2）即使是通过冲突规则确定解决国际商事法律争议的实体法，国际民事诉讼中的法庭只需解决实体法之间的冲突，即所谓“一级冲突”（Conftict“an premierderge degre”），因为每一个国家的法院在处理国际商事法律争议时，只需适用法院地国家的冲突规则来确定适用的实体法律。而国际商事仲裁中的商事仲裁庭还需要解决“二级冲突”（Cnflict“an premier degre”），即冲突法规则的选择和适用的问题。这是因为，商事仲裁庭没有自己应该固定适用的冲突法规则，也没有义务适用仲裁地国家的冲突法规则。因此，由国际商事仲裁案件的跨国性质所决定，商事仲裁庭面临众多可供选择的冲突法规则体系。在依据冲突法规则确定解决国际商事法律争议的实体法时，商事仲裁庭的选法过程包含两个相关的步骤：先要确定适用某一国家的冲突规则；然后再确定适用该冲突规则所选定要适用的实体法，[①]而法庭没有必要实施前一个步骤[②]。

（3）虽然“当事人意思自治”已被世界各国公认为确定解决国际商事法律争议实体法的普遍原则，但这一原则在国际民事诉讼和国际商事仲裁中有不同的适用方法和条件。在通过国际民事诉讼解决争议时，除法院地的国际私法另有规定外，“意思自治”原则一般只适用于解决合同争议的实体法，并且当事人的选择协议要受到法院地冲突法规则在选择时间、方式、范围和适用规范的类型等多方面的严格限制，通常也只允许有限制的意思自治，即当事人协议选择的实体法必须与争议有一定的合理联系。当事人违反法院地冲突规则而作出的选择，会被认为是无效的。而在国际商事仲裁方面，由商事仲裁的自治性所决定，“意思自治”原则被作为最为重要和最基本的法律选择根据。只要存在当事人选择法律的协议，商事仲裁庭一般都会予以尊重，无须依仲裁地国家的冲突法规则作出审查，并且这一原则既可以适用于“契约性”的商事仲裁案件，也可以适用于“非契约性”的商事仲裁案件。在国际商事仲裁实践中，普遍允许当事人“绝对的”“意思自治”，当事人选择的法律可不必与争议存在合理的联系。而且，除仲裁当事人选择的法律不能与仲裁地国家的公共政策相违背以外，当事人选择法律的协议一般也不受仲裁地国家冲突法规则的限制。

（4）法院在处理争议时还可以适用某些统一实体法的规则，凡是法院地国家缔结或参加的国际条约中存在某些适合于解决争议的实体规则时，法院应当予以适用，并且这种实体性规则居于优先适用的地位。而商事仲裁庭属于民间性的机构，无义务遵守仲裁地国家缔结或参加的统一实体法条约。商事仲裁庭的管辖权是由商事仲裁协议授予的，除当事人约

① 参见韩健著：《现代国际商事仲裁法的理论与实践》，法律出版社1993年版，第225页。

② 采用反致制度时属例外的情况。

定适用某一特定的统一实体法规则以外,它没有必须适用的义务。

(5)法院通过自己所属国家的冲突法规则所确定的解决国际商事法律争议的实体法,一般都是国内规则(本国实体法或外国实体法)。而商事仲裁庭所适用的实体法,除国内规则以外,在许多案件(如国家作为一方当事人的争议案件)中,还可以适用国际规则(如国际法,包括国际惯例、一般法律原则等)。特别是在处理一些特殊商事仲裁案件时,商事仲裁庭还可以根据需要适用所谓"并存法"(Concurrent Law,或称"混合法"),[①] 即将国际惯例或一般法律原则同特定国家的国内法结合起来加以适用。

(6)法院适用的解决国际商事法律争议的实体法,主要限于具有"法律"意义或属于法律范畴的实体规则;而商事仲裁庭所适用的法律,除此之外,还包括由当事人协议决定或由其授权经商事仲裁庭决定适用的不属于严格意义上的"法律范畴"的、"非法律性"的实体规则,如国际贸易惯例、一般法律原则、商事习惯法(Lex Mercatoria)、合同条款以及公平与善意原则等。在国际民事诉讼中,虽然也可以适用国际贸易惯例,但一般都是作为补充性的适用规则,是否予以适用还要由法官决定,并常常被施加一定限制,如不能违反法院地法的强制性规则或公共政策等。而在国际商事仲裁中,国际商事惯例是商事仲裁庭据以作出裁决的最为重要的根据之一。

(7)由于国际民事诉讼中的法院是代表国家行使审判权,其司法权属于国家主权的组成部分,所以,法院对案件的判决必须依据法律作出。而国际商事仲裁是具有高度自治性的国际商事法律争议解决机制,经当事人授权或同意,商事仲裁庭对于国际商事法律争议的案件可不依据任何法律规则作出裁决,如友谊仲裁;或者在合同条款详尽和完备时,无需选择争议的实体法,只依据合同条款作出裁决。

通过以上比较分析可以看出,由于国际商事仲裁具有高度的自治性,且无固定必须适用的冲突法规则体系的约束,所以,在有关实体法的选择问题上,要比国际民事诉讼中有关实体法的确定更加灵活、特殊和复杂得多。

二、国际商事仲裁实体法的确定方法

根据国际商事仲裁的实践和世界各国国内商事仲裁立法以及国际条约的规定,国际商事仲裁中实体法的确定主要有以下几种方法:

(一)依据当事人意思自治原则来确定

在国际商事仲裁中,给予当事人协议选择实体法的权利,几乎是世界各国普遍一致的做法,也为国际商事仲裁公约和国际性商事仲裁规则所承认。而且,只要当事人表明了选择某个法律体系的意图,商事仲裁庭往往并不需要援引特定国家的国际私法规则,而直接承认当事人选择的法律效力。

如瑞士1989年《联邦国际私法》第187条规定:商事仲裁庭裁决时依据当事人所选择

① 参见李双元主编:《国际私法》,北京大学出版社1991年版,第513页。

的法律规则。其他如美国、日本、英国、法国、奥地利、比利时、德国、瑞典、西班牙、意大利、希腊、荷兰等国也都充分肯定了当事人意思自治的权利。此外，1961 年《关于国际商事仲裁的欧洲公约》第 10 条第 3 款规定：双方当事人应自行通过协议决定仲裁庭适用于解决实质争议的法律。1965 年《华盛顿公约》第 42 条第 1 款也规定：仲裁庭应依照双方当事人可能同意的法律规则判定一项争议。1985 年《联合国国际商事仲裁示范法》第 28 条第 1 款规定，商事仲裁庭应依照当事人各方选定的适用于解决实体法律争议的法律规则对国际商事法律争议作出裁决。《国际商会仲裁规则》（2021 年）第 21 条第 1 款也允许当事人自由确定商事仲裁庭裁决实体法律争议所应该适用的法律。可以说，当事人意思自治原则已成为世界各国普遍接受的、决定商事仲裁实体法的首要原则。

至于在国际商事仲裁中，当事人意思自治的范围是否要受法律限制，还存在理论上的争议。索瑟—霍尔（Sauser-Hall）认为，商事仲裁具有契约性和司法性双重性质，强调当事人在选择可适用法律方面不存在无限制的自由，而是必须服从法院地的冲突法体系。[①] 曼恩（F.A. Mann）也认为，当事人意思自治原则和商事仲裁一样，都有赖于某一国家的法律体系，否则不能成立。而卢尤（J.　Lew）认为：在国际商事仲裁中，当事人的意思自治是没有限制的；没有理由拒绝当事人选择国内法以外的法律或非法律标准，如国际贸易法的一般原则、特定贸易的一般惯例等。[②] 雷德芬（A. Redfern）和亨特（M. Hunter）则主张给予当事人更为广泛和自由的选择范围，认为当事人可以选择法律的范围包括国内法、国际法、国际发展法、一般法律原则、并存法（Concurrent Laws）、竞争性法律（Competing Laws）、国际贸易法、商事习惯法、公平与善意等。[③] 而且，从现代国际商事仲裁的实践和发展趋势来看，允许当事人享有更广泛的法律选择自由，已经是比较普遍的做法。

在国际商事仲裁领域，当事人选择法律，并不限于特定的国内法体系，还可以扩展到非国内法体系或规则，如跨国法规则、贸易惯例、商事习惯法、国际法、一般法律原则等。

（二）依据冲突法规则来确定

在当事人没有明示的法律选择时，商事仲裁庭就肩负着选择商事仲裁实体法的任务。由于商事仲裁庭与法院不同，属于民间性的机构，商事仲裁庭是依据当事人的授权来行使商事仲裁的权力，也与法院处于不同的法律地位，因此，商事仲裁庭没有必须服从仲裁地国家冲突法的法律义务。在这种情况下，商事仲裁庭面临多种可供挑选的冲突法体系和冲突规则，必须决定运用哪一个冲突法体系来决定商事仲裁的实体法。从国际商事仲裁实践的角度来考察，主要有以下四种选择：（1）适用仲裁地国家的冲突规则；（2）适用仲裁员本国的冲突规则；（3）适用裁决执行国的冲突规则；（4）适用与争议有最密切联系国家的冲突规则。分述如下：

---

① Carlo Croff, *The Applicable Law in an International Arbitration Is It Still a Conflict of Laws Problems?* , International Lawyer, 1982. p.617.

② J Lew. *Applicable Law in International Commercial Arbitration*. 1978. p.111.

③ A.Redfern and M.Hunter, *Law Practice of International Commercial Arbitration*, 1991, p.101.

1. 适用仲裁地国家的冲突规则

传统的观点认为，在当事人未作法律选择的场合，商事仲裁庭应当适用仲裁举行地或商事仲裁庭所在地的国际私法规则。[①] 国际法学会执行员索瑟·霍尔（Sauser Hall）指出，当事人有权指定商事仲裁庭作出商事仲裁裁决所依据的法律，但这一权力只能在商事仲裁庭所在国法律许可的范围内行使。如果当事人未能就法律适用达成协议，商事仲裁庭将适用其所在地国家的有关法律规则，解决相关的法律冲突问题。[②] 这种论点被称为"领域理论"（Territorial Theory）。[③] 该理论强调仲裁地与商事仲裁之间的有机联系，要求商事仲裁庭像法庭那样，有义务适用仲裁地的冲突规则。[④]"领域理论"的优点是具有可预见性和统一性。此外，这也体现了尊重当事人的意愿。因为当事人能够自由地选择仲裁地，由此也就间接地选择了可适用的冲突规则。

但是，"领域理论"在实践中也会遇到一些难以克服的困难，不少学者对此提出了批评意见：

（1）它过分夸大了仲裁地与实体法律争议之间的联系，以及仲裁地法的重要性。由于商事仲裁具有自治的性质，商事仲裁庭也不同于法庭的特殊地位，因此，商事仲裁庭没有法律义务适用仲裁地国家的冲突规则。此外，仲裁地的选择一般多出于中立和便利考虑，无论是当事人选择的仲裁地，还是商事仲裁庭选择的仲裁地都具有偶然性，在主观和客观上与争议并无实际联系，基于这一偶然因素适用的冲突规则所选择的商事仲裁实体法自然也带有偶然性。

（2）商事仲裁庭适用仲裁地国家的冲突规则来确定商事仲裁实体法，也存在难以解决的问题。例如，在不同国家举行商事仲裁，仲裁地难以确定；仲裁地发生变更，也会发生对仲裁地的识别困难，从而影响商事仲裁实体法的确定。

（3）按仲裁地决定适用的冲突规则，也会导致对商事仲裁实体法的不可预见性。因为在仲裁地确定之前，当事人对怎样选择法律，以及该法律的内容是无法知悉的。

由于这种方法存在以上缺陷，很少被世界各国的商事仲裁立法和司法实践以及商事仲裁实务所采用。当然，也有一些例外，如国际商会曾经在个别商事仲裁案件中适用过仲裁地国家的冲突法来确定国际商事法律争议的实体法。在美国和英国，也时常把仲裁地的选择解释为默示选择了仲裁地法，从而适用仲裁地法律的冲突规则来确定商事仲裁实体法。[⑤]

2. 适用仲裁员本国的冲突规则

一些学者提出，在当事人未作明示的法律选择时，由于仲裁员对其本国法律较为熟悉，可以适用仲裁员本国的冲突规则。[⑥]但是，这种方法具有不确定性，实际适用起来也会出现

①⑤　Ole Lando, *The Law Applicable to the Merits of the Disputes*, in Essays on International Commercial Arbitration, 1989.p.137.

②　J Lew. *Applicable Law in International Commercial Arbitration*.1978.p.111.

③　参见韩健著:《现代国际商事仲裁法的理论与实践》,法律出版社 1993 年版,第 226 页。

④　O.Chukwunerjie, *Choice of Law in International Commercial Arbtration*, 1994, p.126.

⑥　I.I.Dore, *Theory and Practice of Multiparty Commercial Arbitration*.1990.p.98.

不少麻烦。国籍是一个可变性连接因素，仲裁员的国籍出现冲突时，无论是积极的国籍冲突还是消极的国籍冲突，都会对选定冲突规则造成困难。再者，如果仲裁员被撤换，是否意味着争议的商事仲裁实体法也要随之发生变更，也是一个问题。[①] 此外，在国际商事仲裁中，商事仲裁庭往往由不同国籍的仲裁员组成，适用哪一位仲裁员所属国家的冲突规则，就是一个极为棘手的问题。由于这些缺陷所致，在国际商事仲裁实践中，采用仲裁员本国的冲突规则的立法和司法实践还十分少见。

3. 适用裁决执行国的冲突规则

有些学者主张，应当适用承认和执行裁决地国家的冲突规则来决定实体法律争议的准据法。其理由是，商事仲裁庭依据裁决执行地国家的冲突规则来确定商事仲裁实体法，可以保证商事仲裁裁决的可执行性。否则，商事仲裁庭适用依据其他方式确定的商事仲裁实体法作出的裁决，有可能因某些原因而被裁决执行国的法院拒绝。[②] 实际上，这一主张也不尽合理，因为：(1) 根据 1958 年《纽约公约》的规定，各缔约方在承认和执行裁决时，对商事仲裁庭适用的冲突规则并不审查，是否适用裁决执行地国家的冲突规则，并不影响裁决的可执行性。(2) 要求商事仲裁庭在确定解决国际商事法律争议的实体法时，就考虑执行地国家的冲突规则并不现实。因为，在这一阶段，商事仲裁庭难以预料是否会出现裁决要求在外国强制执行和在哪一个国家强制执行的情况；此外，商事仲裁裁决需要在若干国家执行时，也会遇到适用哪一个执行地国家冲突规则的困难。

4. 适用与争议有最密切联系国家的冲突规则

最密切联系原则在国际私法中，被各国普遍认为是用来确定解决国际民商事争议准据法的最为灵活、实用的方法。由于在法律选择问题上，法院有义务适用本国的冲突规则，不存在冲突规则的选择问题，因此，不可能把“最密切联系原则”适用于法院选择冲突规则上。在国际商事仲裁实践中，却可以把它作为确定可适用的冲突规则的方法。如巴黎国际商会在仲裁一起案件时，商事仲裁庭即以意大利法律体系与争议有最密切联系为由，适用了意大利的冲突规则。[③]

不过，虽然“最密切联系原则”是确定国际商事法律争议实体法的合理方法，但用于国际商事仲裁中确定冲突规则的方法却未必合理。因为适用与争议有最密切联系国家的冲突规则所确定的商事仲裁实体法，不见得与争议本身有最密切联系，而如果出现这种情况，就有悖于“最密切联系原则”的原意。再者，商事仲裁庭面对众多可供选择的冲突法体系，究竟哪一个冲突法体系与争议有最密切联系，也是一个难以作出决定的问题。

在国际商事仲裁实践中，根据冲突规则确定解决国际商事法律争议的实体法，是一种传统的方法。尽管这种方法被世界各国所普遍采用，但它也有不少缺陷：(1) 在商事仲裁中适

---

① M.Rubino Sammartno. *International Arbitration Law*.1990.p.261.

② Carlo Croff, *The Applicable Law in the International Commercial Arbitration; Is It Still a onflict of Laws Problems*? Vol.16. International Lawyer, 1982.p.628.

③ 参见韩健著：《现代国际商事仲裁法的理论与实践》，法律出版社 1993 年版，第 231～232 页。

用冲突规则来确定解决国际商事法律争议的实体法，必须要先对冲突规则本身作出选择，这会增加商事仲裁庭的负担。（2）怎样选择冲突规则并不存在可资依据的统一标准，难以避免商事仲裁庭主观臆断，以及由此造成的不确定、无法预见等不合理性。（3）世界各国在商事仲裁实践中提出的以上几种适用冲突规则的方法，都存在不少缺陷和不足之处，难以在实践中运用并发挥实际作用。（4）冲突规则的适用，排除了“非法律性”的实体规则的运用。因为没有哪一个国家的冲突规则会指向适用“非法律性”的实体规则。[①] 这又难以适应国际商事仲裁实践发展的需要，难以提供充足的可适用的实体规则的来源。

（三）直接适用国内法的实体规则

最近几十年来，在国际商事仲裁实践中，出现了“直接适用国内法实体规则”的方法，即商事仲裁庭不必确定和依靠冲突规则，而是根据案情需要，直接确定应适用的商事仲裁实体法规则。这既可以使商事仲裁庭摆脱确定和适用冲突规则的麻烦，又能满足国际商事仲裁自身对商事仲裁实体法的需要，扩展了适用实体规则的范围。这一方法得到了许多学者的支持。法国最高法院前任首席法官贝勒（Bellet）就曾指出：“现代的观点是，商事仲裁庭不必受严格的冲突法规则的约束。”[②] 卢尤则认为，在实践中适用冲突规则决定支配交易的实体法，常常是不必要和不方便的。许多仲裁员都发现，国际私法的实际适用，既麻烦、又复杂。[③] 著名学者图普（Toope）则更明确地指出，支持商事仲裁庭适用国际冲突法规则，实际倒不如允许商事仲裁庭选择其希望适用的任何商事仲裁实体法。[④] 另一位学者德兰也反对在商事仲裁中采用传统的冲突法方法。他更进一步强调指出，在当事人未作选择时，商事仲裁庭应当直接适用它认为适当的法律规则，这更符合现代国际商事仲裁实践，即商事仲裁庭常常并不首先基于冲突规则，而是通过更直接的方式选择商事仲裁实体法。[⑤]

直接适用商事仲裁实体法的方法能够适应国际商事仲裁实践发展的需要，已被许多国家在商事仲裁立法和司法实践以及商事仲裁实务中所采用。

在国内立法方面，法国 1981 年《民事诉讼法典》第 5 篇第 1496 条规定，当事人未作法律选择时，商事仲裁庭“应根据它认为适当的规则决定争议”。加拿大 1986 年《国际商事仲裁法案》第 28 条第 3 款规定：“当事人没有指定任何法律的，商事仲裁庭应考虑案件所有情况后适用它认为适当的法律规则。”值得注意的是，瑞士《联邦国际私法》第 187 条第 1 款要求商事仲裁庭直接适用与争议有最密切联系的法律规则来进行裁决。

在新近颁布的国际商事仲裁规则中，也普遍引入了直接适用商事仲裁实体法的方法。如 1991 年、1997 年和 2021 年的《美国仲裁协会国际仲裁规则》都规定，在当事人未指定解

① Vitek Danilowicz, *the Choice of Applicable Law in International Arbitration*, 9 Hustings.International and Comparative Law Review.1986.p.268.

② P.Bellet, “foreword”,(1984), *16 Law and Ploicy in International Bussiness*.p.637.

③ J Lew.*Applicable Law in International Commercial Arbitration*.1978.p.371.

④ S.J.Toope, *Mixed International Arbitration*, 1990, p.51.

⑤ *Commission Report*, A/40/17; *Summary Record*, A/CN.9/sr.p.326.

决国际商事法律争议的商事仲裁实体法时，“商事仲裁庭应当适用它认为适当的一个或几个法律”。1985 年、1998 年和 2020 年的《伦敦国际仲裁院仲裁规则》也都规定，商事仲裁庭有权决定管辖或者适用于当事人之间合同、商事仲裁协议或者国际商事法律争议的法律。《意大利米兰仲裁院国际仲裁规则》第 41 条第 2 款也规定，商事仲裁庭应依其认为适当的原则判定国际商事法律争议。

一些国际公约也对“直接适用商事仲裁实体法”的方法作了充分的肯定。如 1965 年《华盛顿公约》第 42 条第 1 款就规定，在当事人未作法律选择时，法庭应适用争议一方缔约国的法律（包括其关于冲突法的规则）以及可适用的国际法的规则。

综上所述，直接适用商事仲裁实体法的方法，抛弃了传统的冲突规则的适用，适应了国际商事仲裁实践发展的需要。从某种意义上说，它是对国际商事仲裁实体规则适用方法的一种革新，因此获得了许多国家商事仲裁立法、国际公约、国际商事仲裁规则以及有关国家司法判例的确认和肯定。其突出特点表现在：

（1）商事仲裁实体法选择程序的简便性。直接适用商事仲裁实体法的规则赋予了商事仲裁庭根据案件需要直接确定国际商事法律争议实体法的权力，使其摆脱了冲突规则的选择和适用上的困难，大大简化了选择商事仲裁实体法的过程，有助于商事仲裁程序朝着简便、迅速、及时的方向发展。

（2）商事仲裁实体法适用的灵活性和广泛性。在商事仲裁实践中，传统的冲突法适用方法将选择法律的范围限定在国内法规则上，难以满足审理国际商事仲裁案件的实际需要，也常常使国际商事法律争议的案件无法获得合理的解决。引入直接适用法律的方法，使选择法律的狭隘界限被打破，商事仲裁庭除了可以直接适用国内法中的实体规则以外，还可以直接适用许多“非国内法”和“非法律性”的实体规则，如国际贸易法、商事习惯法、一般法律原则等，大大增加了国际商事仲裁可适用的商事仲裁实体法的来源，这对商事仲裁庭依据不同个案的情况，有针对性地灵活适用实体规则作出裁决是十分有益的。这种法律适用方法，能使国际商事仲裁增强解决各种不同类型案件的能力，提高其在解决国际商事法律争议案件中的作用。

当然，这种方法也有一些不合理性，主要反映在：（1）它赋予商事仲裁庭在决定商事仲裁实体法方面以过分宽泛的自由裁量权，适用何种实体规则，全凭商事仲裁庭的主观判定，而无任何客观标准可循。因此，它是一种主观随意性十分浓厚的法律适用方法，容易造成对商事仲裁案件的主观裁断。（2）直接适用实体法的方法欠缺确定的法律适用标准，使仲裁当事人无法预知商事仲裁适用的实体法，从而会导致商事仲裁裁决结果的不可预见性。

三、“非国内法”或“非法律性”实体规则的适用

在国际商事仲裁实践中，大多数案件的商事仲裁裁决是适用某一国家国内法的实体规则作出的。但有时，国内规则的适用并不适宜。例如，某些案件具有特殊性，国内法体系欠缺适合解决案件的实体规则；某些国家立法不够发达和完善，缺乏处理实体商事法律争议的

立法规定；有些跨国商事仲裁案件，牵涉特殊主体（如主权国家），单纯适用一国国内规则裁决案件未必合适。尤其是在国家契约中，如选择适用作为国家一方当事人的本国法，将无法阻止该作为国家一方的当事人通过修改、废止或重新颁布法律，变更或取消当事人的合同权利。[①] 所以，为了弥补一国国内规则的不足，在现代国际商事仲裁实践中，出现了适用"非国内法"实体规则、甚至"非法律性"实体规则的趋势，即由商事仲裁庭根据个案的不同情况，适用国际法、一般法律原则、国际贸易法、商业习惯法、合同条款等"非国内法"实体规则或"非法律性"实体规则来对有关商事法律争议作出裁决。其也是直接适用的方法，即商事仲裁庭无须考虑冲突规则，直接决定适用的规则。

（一）统一商事法

统一商事法是指由世界各国缔结或共同参加的调整国际经济贸易活动的国际条约构成的统一实体规范体系。制定这种统一商事法的目的在于避免因各国法律互异而产生的法律冲突，以及因国内法的变动带来的法律规则的不确定性。统一商事法已经广泛涉及国际货物买卖、[②] 国际货物运输、[③] 国际票据、[④] 知识产权 [⑤] 等领域。

在国际商事仲裁中适用统一商事法，已成为世界各国的普遍实践。可以由当事人在协议中明示指定适用某个特定国际条约的实体法规则，也可以由商事仲裁庭依据案件处理的实际需要予以适用。

（二）国际法

国际法是调整国家之间关系的各种原则、规则和规章、制度的总称。国际法原则上只适用于解决国家之间的争议，不适用于国际商事仲裁案件。但是，现代国际商事仲裁实践已经证实，国际法也可以处理某些特殊类型的国际商事仲裁案件，这些案件主要涉及国家作为一方当事人而与私人之间所发生的商事法律争议。如 1958 年沙特阿拉伯美国石油公司案的最终裁决就是选择国际法作为裁决的准据法。[⑥] 又如，1958 年伊朗泛美石油公司的协议也规定选择国际法作为协议的准据法。中东国家的某些石油法也规定可以选择国际法作为商事仲裁的准据法。[⑦] 在国际商事仲裁实践中，适用国际法来解决涉及国家作为当事一方的国际商事法律争议，为国际社会多数国家所承认。

（三）一般法律原则

根据《国际法院规约》第 38 条的规定，一般法律原则是国际法院裁判国家之间争端的法律根据，属于国际法的一种渊源。一般法律原则尚无统一定义，通常是指所谓"为文明国家公认的一般原则"。在国际商事仲裁实践中，有时也把一般法律原则与一国国内法规则结

---

① A.Redfern and M.Hunter, *Law and Practice of International Commercial Arbitration*, 1978, p.1.

② 如 1980 年《联合国国际货物买卖合同公约》。

③ 如 1924 年《统一提单的若干法律规则的国际公约》、1929 年《统一国际航空运输某些规则的公约》。

④ 如 1930 年《日内瓦统一汇票、本票公约》。

⑤ 如 1883 年《保护工业产权巴黎公约》、1886 年《保护文学和艺术作品的伯尔尼公约》。

⑥ Case material from 27.International Law Reports, 1963, p.117.

⑦ 参见姚梅镇著:《国际投资法》(修订版),武汉大学出版社 1987 年版,第 420 页、507 页。

合在一起，用来解决涉及国家当事方的国际商事仲裁案件。如在 1963 年萨费尔国际石油有限公司诉伊朗国家石油公司案（Sapphire International Petroleums Ltd. v National Iranian Oil Co.）中，当事人订立的商事仲裁协议中规定有“善意原则”，但却没有明示规定适用什么实体法。商事仲裁庭推定应适用一般法律原则，其中包括：协议必须遵守原则、一方不履行契约义务就解除了对方的义务并使对方产生要求赔偿损失权利的原则、尊重既得权利原则、充分补偿包括补偿实际损失和预期可得利益损失的原则。①

不过，需要特别注意的是，一般法律原则不是一个独立的法律体系，也没有明确具体的法律规范，各国学者所列举的规则也很不一致，大多都是内容空泛和抽象的法律原则，如公平善意、既得权保护、禁止悔言、约定必须信守等，难以在国际商事仲裁实践中广泛适用。

（四）并存的法律规则

并存的法律规则，是指同时适用的既包括一国国内法规则，又包括国际法规则的综合性规则。在国际商事仲裁实践中，把国际法规则与一国国内法规则结合起来加以适用的这种适用法律的方法，被称作“并存法”（Concurrent Law）。并存的法律规则经常被用于解决发展中国家与西方国家私人之间基于合同产生的投资争议。按照西方国家的观点，其私人公司与发展中国家签订的投资契约是一种“国际协议”，应当适用国际法作为准据法，并可以通过外交求偿解决争议。不过，这种观点遭到了发展中国家的强烈反对。与之相反，发展中国家认为这种契约是属于国内法性质的契约，应当适用东道国法律作为准据法，并且应该通过当地司法救济手段来解决投资争议。作为一种妥协的结果，在国际商事仲裁实践中，在解决这种争议时，既不能绝对适用国际法，也不能绝对适用一国的国内法，而是将两者结合在一起，一并予以适用。一些国际条约也采用这种做法。如 1965 年《华盛顿公约》就是采纳“并存法”的典型。该公约第 42 条第 1 款规定，在缺乏当事人选择的法律时，仲裁庭应该适用包括其冲突规则在内的东道国法律以及可适用的国际法规则。1985 年《多边投资担保机构公约》附件二第 4 节也规定，仲裁庭应该适用本公约条款、争议双方之间的有关协议、机构的公约细则和规定、可适用的国际法规则、有关会员国的国内法以及投资合同的条款。

“并存法”作为确定国际商事仲裁实体法的一种方法，是应当予以肯定的。其作用在于：一方面适用作为当事人一方的国家的国内法，承认国家一方当事人主权地位的重要性；另一方面又要参照国际法原则，为合同私人当事人一方提供一定的保护，保证国内法对外国投资者或其他人的待遇不低于国际标准。其实质就是在一国国内法与国际法之间介入一种平衡力量。② 在国际商事仲裁实践中，既要处理好并存的法律规则中一国国内法与国际法之间的补充与被补充的关系，也要坚持尊重国家主权原则，维护国家的立法主权。

不过，在采用这种“并存法”来确定商事仲裁庭应该适用的法律规则时，也出现了一些在理论上和实践中都存在争议和分歧的问题，如：在这种并存的法律规则中，国际法规则与一国国内法规则的关系如何；两者出现抵触时应该怎样处理；两者在适用时的优先次序如

① *13 International and Comparative Law qarterly*, 1952, p.250.

② A.Redfern and M.Hunter, *Law Practice of International Commercial Arbitration*, 1986, pp.88-89.

何确定，等等。

（五）商事习惯法

商事习惯法，不是指特定国家颁布的商法典或商事法律，而是指在长期的国际商事交往中所逐步形成、具有具体规范的贸易惯例和商业规则。商事习惯法一般由商业团体编纂，其本身并没有约束力，属于任意性规范，只有当事人在合同中约定适用某项商业惯例时，才对当事人之间产生约束力。故一些学者称之为"自发法"(Spontaneous Law)。[1]商事习惯法属于"非法律性"的实体规则。不过，需要特别强调的是，虽然它不是严格意义上的法律，但可以起到类似于商事实体法规则的作用。目前国际社会所通行的、主要的商事习惯法有：国际法协会1932年制订的《华沙—牛津规则》、国际商会于2010年修订的《国际贸易术语解释通则》、国际商会于2007年修订的《跟单信用证统一惯例》(即国际商会600号出版物)、国际商会1995年制订的《托收统一规则》(即国际商会522号出版物)等。

此外，在国际商事仲裁实践中，除当事人明示约定适用商事习惯法以外，商事仲裁庭也可以直接参照有关的商事习惯法作出裁决，这也已经为许多国家的商事仲裁立法和国际条约所确认。

（六）友谊仲裁

友谊仲裁(amiable compostion)是指在国际商事仲裁中，商事仲裁庭基于当事人的授权，可以作为友好调解人，基于公平善意原则对实体商事法律争议作出裁决。

仲裁当事人通过协议授权商事仲裁庭以"公平善意"对商事法律争议作出裁决，意味着商事仲裁庭可以解除严格适用法律规则解决商事法律争议的责任，也同时意味着当事人要承受商事仲裁庭不按任何法律规则作出裁决的后果。

友谊仲裁为一些国际条约所确认，在国际商事仲裁实践中适用得较为普遍。最早在1907年《关于和平解决国际争端的公约》中即已将公平善意原则作为解决国际争端的根据，后被引入国际商事仲裁领域。目前，1961年《国际商事仲裁的欧洲公约》、1965年《华盛顿公约》、2021年《国际商会仲裁规则》、2021年《美国仲裁协会国际商事仲裁规则》，以及瑞士、荷兰、法国、比利时、罗马尼亚、埃及等国的国内商事仲裁立法，都允许商事仲裁庭基于当事人的授权，依公平善意原则裁决国际商事仲裁案件。

由于基于公平善意原则作出商事仲裁裁决，给了商事仲裁庭十分广泛的自由裁量权，所以，为了防止其滥用权利和专断裁决，以保证商事仲裁裁决的有效性，许多国家同时在其商事仲裁立法中，对商事仲裁庭行使这一权力施加了必要的限制。如法国法律虽然允许商事仲裁庭依公平善意原则作出仲裁裁决，但不能变更争议事项或修改商事仲裁协议；有些国家则要求商事仲裁庭给予仲裁当事人充分的听审和提交任何必要证据的机会；等等。在起草1985年《联合国国际商事仲裁示范法》的过程中，一些代表也提出，应该对友谊仲裁施加必要的限制：(1)商事仲裁庭即使作为友好调解人，在作出商事仲裁裁决时也应依据合同条

---

① 参见《中国大百科全书(法学卷)》，中国大百科全书出版社1984年版，第828页。

款，并考虑可适用的贸易惯例；（2）要求商事仲裁庭努力保证商事仲裁裁决在与争议有重要联系的国家具有可执行性；（3）要求商事仲裁庭遵守有关国家为维护其国际公共秩序所规定的强制性规则。

不过，虽然友谊仲裁在法律适用上有相当的灵活性，但由于公平善意原则是一个主观、抽象的标准，在实践中完全取决于商事仲裁庭的判断，难以避免商事仲裁裁决的主观任意性，因此，许多国家对采用这种国际商事仲裁做法仍持十分的谨慎的态度。

第三节　商事仲裁裁决的基本类型

根据国际社会有关商事仲裁的立法和司法实践以及商事仲裁实务，商事仲裁裁决可以依据不同标准划分为不同的种类。如从总体上来划分，可以分为临时裁决和终局裁决两大类型。临时裁决又可以分为若干种，主要有部分裁决和中间裁决等。为便于讨论，本书从不同角度对商事仲裁裁决作出分类，分别予以研究。

一、对席裁决和缺席裁决

从仲裁当事人及其代理人是否出席商事仲裁庭的仲裁审理程序和是否行使了辩论权的角度，可以将商事仲裁裁决划分为对席裁决和缺席裁决。对席裁决是指商事仲裁庭在仲裁双方当事人或其代理人都依法出席了整个庭审程序、行使了辩论权的基础上所作出的商事仲裁裁决。而缺席裁决（default award）是指商事仲裁庭在被申请人（包括仲裁反请求中的被申请人）及其代理人都没有依法出席庭审程序或者没有出席整个庭审程序、没有行使辩论权的基础上所作出的商事仲裁裁决。

缺席裁决必须同时具备以下两个条件：（1）商事仲裁机构已经将开庭的具体日期、时间和地点依法通知了双方当事人或其代理人。（2）被申请人（包括仲裁反请求中的被申请人）及其代理人无正当理由不到庭，或者未经商事仲裁庭许可中途退庭。此外，如果双方当事人协议对争议案件进行书面审理，被申请人（包括仲裁反请求中的被申请人）及其代理人未按商事仲裁庭要求提出答辩书时，商事仲裁庭也可以按照缺席裁决处理。

根据世界各国的商事仲裁立法和各商事仲裁规则的规定，一方当事人没有参加或拒绝参加商事仲裁审理程序，并不影响商事仲裁程序的进行。在此情况下，商事仲裁庭可以而且必须继续进行仲裁审理，并作出缺席裁决。如荷兰《民事诉讼法典》第 1040 条第 2 款规定：如果被申请人无正当理由，不顾已被给予的合理机会，未能提出其答辩，仲裁庭可以径行作出裁决。保加利亚《国际商事仲裁法》第 34 条也规定：被申请人未就申请书提出答辩的，仲裁庭应审理争议；不答辩不作为承认索赔对待。该法第 35 条还规定：即使当事人一方或双方不出席开庭，仲裁庭仍应继续进行程序并根据现有证据作出裁决。再如，瑞典 1988 年《斯德哥尔摩商会仲裁院仲裁规则》第 23 条规定：如果当事人一方无正当理由不出席庭审或者违反仲裁庭的命令，将不影响仲裁庭继续仲裁程序并作出裁决。中国贸仲《仲裁规则》

(2015年)和《深圳国际仲裁院仲裁规则》(2020年)都在第39条第2款规定:被申请人无正当理由开庭时不到庭的,或在开庭审理时未经仲裁庭许可中途退庭的,仲裁庭可以进行缺席审理并作出裁决;被申请人提出反请求的,可以视为撤回反请求。《广州仲裁委员会仲裁规则》(2021年)也在第71条第2款对此作了相同的规定。其他如《联合国国际贸易法委员会仲裁规则》(2010年)第30条、《国际商会仲裁规则》(2021年)第26条第2款也都有类似的规定。

二、中间裁决、部分裁决和终局裁决

以裁决的内容和作出裁决的时间为标准,可以将商事仲裁裁决划分为中间裁决(interlocutory award)、部分裁决(partial award)和终局裁决(final award)。

(一)中间裁决

中间裁决,是指在商事仲裁程序进行过程中对某些方面的问题所作出的临时性裁决,所以又称临时裁决。此外,在一些国家的商事仲裁实践中,中间裁决只决定程序性问题,如仲裁庭的管辖权、仲裁中的财产或证据保全、仲裁可适用的法律等。

从中国商事仲裁的实践来看,中间裁决主要决定如下事项:(1)要求当事人合作或采取措施,保存或出售容易腐烂、变质、贬值的货物,以防止损失进一步扩大。(2)要求当事人合作或采取措施,为仲裁庭亲自或委派专家监督设备调试和试产提供保障条件。(3)要求当事人合作或采取措施,组织清算委员会对合资企业的债权、债务进行清算,为责任划分和损害赔偿的确定打下基础。[①]可见,中国商事仲裁实践中的中间裁决也只是一种程序性决断,一般并不涉及争议的实体问题,有别于通常意义上的商事仲裁裁决。不过,根据中国《仲裁法(修订意见稿)》第74条有关“仲裁庭仲裁纠纷时,其中有争议事项影响仲裁程序进展或者需要在最终裁决作出前予以明确的,可以就该问题先行作出中间裁决”“部分裁决和中间裁决有履行内容的,当事人应当履行”“部分裁决或者中间裁决是否履行不影响仲裁程序的进行和最终裁决的作出”的规定,这里的中间裁决应该是涉及实体争议问题的裁决。在瑞典的商事仲裁法中,中间裁决又称“暂时裁决”(interimitisk-dom)。其含义是,先对一个争讼点作出裁决,而把以该争讼点为处理基础的另一个争讼点留待以后的裁决解决。如对违约赔偿案件,先作出中间裁决确定违约责任,对由此引起的赔偿金额问题,可以留待以后裁决。[②]显而易见,这里所规定的中间裁决,从某种意义上说,也具有临时性和程序性的特点,是为仲裁庭作出终局裁决服务的。

此外,中间裁决不是终局性的,当事人不履行中间裁决一般不会影响终局裁决的作出。目前,许多国家的商事仲裁立法和国际社会有关的商事仲裁规则都赋予了商事仲裁庭根据需要作出中间裁决的权力。如英国1950年《仲裁法》第14条规定,在仲裁员或公断人认为合适时,可以作出临时裁决。瑞士1969年《联邦仲裁协约》第32条也规定:

---

① 参见王存学主编:《中国经济仲裁和诉讼实用手册》,中国发展出版社1993年版,第314页。

② 参见陈桂明著:《仲裁法论》,中国政法大学出版社1993年版,第117页。

除当事人另有约定外,仲裁庭裁判时,可以分为几次裁决。又如《联合国国际贸易法委员会仲裁规则》(2010 年)第 34 条第 1 款规定:“仲裁庭可在不同时间对不同问题分别作出裁决。”

(二)部分裁决

在有些国家,部分裁决又被称为初步裁决(preliminary award)或先行裁决,指商事仲裁庭在审理案件过程中,如果认为案件的部分事实已经查明,并且有必要先行作出裁决的,就该部分事实所作出的裁决。中国《仲裁法》第 55 条规定:“仲裁庭仲裁纠纷时,其中一部分事实已经清楚,可以就该部分先行裁决。”著名学者格洛斯内尔(Ottoarndt Glossner)基于德国商事仲裁法的观点对部分裁决评论道:“在部分裁决中就争议的一部分作出决定是可能的。在可以先决定争议的一部分,而对其余部分的决定需要相当长时间的情况下,可能出现部分裁决。部分裁决必须符合终审裁决的正式要求,也可以作为终审裁决得到执行。”[①] 这一观点基本揭示了部分裁决的性质和特征:(1)部分裁决是对整个争议中的某一个或某几个方面的问题所作出的实质性裁决。(2)部分裁决也是终审性质的裁决,部分裁决一经作出即对双方当事人发生效力,它具有终审裁决的一般属性。(3)部分裁决具有强制执行力。如《新加坡国际仲裁中心仲裁规则》第 27 条第 6 项规定:“仲裁庭可以在不同时间就不同的争议问题分别作出单独的最终裁决……这样的裁决可以强制执行。”中国贸仲《仲裁规则》(2015 年)第 50 条第 1 款和《深圳国际仲裁院仲裁规则》(2020 年)第 52 条都明确规定:仲裁庭认为必要或当事人提出请求并经仲裁庭同意的,仲裁庭可以在作出最终裁决之前,就当事人的某些请求事项先行作出部分裁决。部分裁决是终局的,对双方当事人均有约束力。《广州仲裁委员会仲裁规则》(2021 年)则在第 86 条第 1 款将这种形式的商事仲裁裁决规定为“先行裁决”:“当事人申请并经仲裁庭同意,或者仲裁庭认为有必要的,仲裁庭可以就当事人的部分请求事项先行裁决。先行裁决为最终裁决的组成部分,具有法律效力。”

在商事仲裁实践中,部分裁决主要适用于以下情形:(1)对当事人提交商事仲裁的多宗请求中的某一请求或某些请求,商事仲裁庭已经审理清楚。[②](2)对当事人提交商事仲裁的某一请求,商事仲裁庭能够根据已查明的事实作出原则性裁决(如确定违约责任的归属),但要具体裁决(如确定赔偿金额)还需要进一步作出审理。(3)根据已经查清的事实,商事仲裁庭已能够确定一方当事人法律责任的最低限度,但要准确确定该方当事人的法律责任尚需作出进一步审理。

部分裁决与中间裁决的主要区别在于:中间裁决通常是指对有关程序问题和证据问题所作出的裁决,[③] 因此,中间裁决一般都具有程序性的特点,一般不涉及对实体商事法律争议的判定;而部分裁决通常是对整个商事法律争议的部分实体问题所作出的判定,具有实体性的特点。

---

① See Ottoarndt Glossner. In International Handbook on Commercial Abitration(P. Sanders ed). Fed. Rep. of Ctermany-13.

② 瑞典的部分裁决只适用于此种情况。参见陈桂明著:《仲裁法论》,中国政法大学出版社 1993 年版,第 116 页。

③ 参见韩健著:《现代国际商事仲裁法的理论与实践》(修订本),法律出版社 2000 年版,第 331 页。

此外，对于是否允许商事仲裁庭作出部分裁决，世界各国的商事仲裁立法和司法实践以及各有关国家的商事仲裁实务所作的规定都不尽相同，主要可以分为以下三种情况：

（1）允许作出部分裁决。如瑞士1989年《联邦国际私法》第188条规定：除当事人另有约定外，商事仲裁庭可以作出部分裁决。中国、英国、法国、德国、澳大利亚、意大利等国的商事仲裁法和商事仲裁规则也都承认部分裁决。

（2）在一定条件下允许商事仲裁庭作出部分裁决。例如，按照日本商事仲裁法的规定，只有当事人在商事仲裁协议中有明示约定的情况下，商事仲裁庭才可以作出部分裁决。

（3）不允许作出部分裁决。如《欧洲与阿拉伯国家商会调解、仲裁和鉴定规则》就是采取这种做法。

（三）终局裁决

终局裁决，又称作最终裁决或最后裁决，是指商事仲裁庭在商事仲裁案件审理终结后，就提交商事仲裁的争议的全部问题所作的最后裁决。由于世界各国的商事仲裁立法一般都规定，商事仲裁是一裁终审，所以，终局裁决具有终审裁决的性质。终局裁决作出后，即发生法律约束力，整个商事仲裁案件也随即终结。而且，当事人不得就终局裁决向法院上诉，也不能通过其他机构对裁决作出变更。

终局裁决的特点表现为：（1）终结性。终局裁决一经作出，整个商事仲裁的审理程序即告终结。（2）强制性。终局裁决具有强制执行力，如果商事法律争议当事人不自动履行商事仲裁裁决，对方当事人有权申请强制执行。（3）排斥性。终局裁决作出后，同一当事人即丧失了就同一实体商事法律争议提出诉讼或商事仲裁的权利，法院或商事仲裁机构无权就该项争议进行诉讼或者商事仲裁。

终局裁决和部分裁决都是实体性裁决，并且也都具有终审性效力和强制执行力。但两者仍然是有区别的：（1）部分裁决是商事仲裁庭在商事仲裁审理过程中，为了及时保护当事人的利益或有利于继续审理其他问题，对已经审理清楚的一部分实体商事法律争议所作出的商事仲裁裁决。如中国《仲裁法》第55条规定："仲裁庭仲裁纠纷时，其中一部分事实已经清楚，可以就该部分先行裁决。"而终局裁决是商事仲裁庭在案件审结时，就当事人交付商事仲裁的全部争议事项所作出的终局性决断。两者的关系是部分与整体之间的关系，部分裁决在整体上只是终局裁决的组成部分，两者之间在内容上不能出现抵触。凡部分裁决已决定的争议事项，终局裁决一般不会再作处理；终局裁决一般只是就尚未裁决的争议事项作出决定。（2）部分裁决只是整个商事仲裁程序的阶段性的仲裁结果，因此，部分裁决并不影响此后的商事仲裁审理程序的继续进行。而终局裁决是对全部商事法律争议事项所作出的、最后的、结论性的决定，意味着商事仲裁庭已经履行其职责，商事仲裁庭与当事人之间在商事仲裁进行期间存在的特别关系已告终止。[①] 很显然，终局裁决具有终结全部商事仲裁程序的法律效果。

① 参见韩健著：《现代国际商事仲裁法的理论与实践》，法律出版社1993年版，第257页。

三、合意裁决与非合意裁决

从裁决是否反映了双方当事人的合意的角度，又可以将商事仲裁裁决划分为合意裁决（consent award）和非合意裁决（un-consent award）。合意裁决，是指商事仲裁庭依据仲裁双方当事人所达成的和解协议或者仲裁调解协议所作出的商事仲裁裁决。从相对意义上来说，凡是商事仲裁庭不依当事人达成的和解协议或者在商事仲裁中达成的调解协议作出的裁决，即属于非合意裁决。

在商事仲裁审理过程中，当事人可以通过达成和解协议或调解协议来处理其有关的商事法律争议。这种和解协议或者调解协议都可以起到终止商事仲裁程序的作用。如果双方当事人达成和解协议或者调解协议，彼此都能够按照协议履行各自的义务，就可以达到解决争议的目的。但在许多场合，当事人出于稳妥和安定的考虑，也会要求商事仲裁庭在当事人无异议的情况下根据当事人达成的和解协议或者调解协议的内容作成商事仲裁裁决书结案，从而形成合意裁决。

如果当事人不能达成这种和解协议或者调解协议，有关的商事仲裁庭就只能依职权对有关商事法律争议作出裁决，而从严格意义上讲，一般的商事仲裁裁决的内容不可能与争议双方的和解内容相契合，它至多能同一方当事人的意愿相契合。因此，合意裁决并非严格意义上的裁决，它反映的不是商事仲裁庭处理商事法律争议的意思，而只是双方当事人的和解协议或者调解协议，它只不过是借用了商事仲裁裁决的形式。①

在商事仲裁实践中，依据当事人自行达成的和解协议或者在商事仲裁庭的主持下所达成的调解协议的内容作出裁决是完全可取的：（1）它有助于激励仲裁当事人通过协商自行达成协议来实现解决争议的目的。（2）它能赋予当事人的和解协议或调解协议以强制执行的效力。由于商事仲裁裁决具有终审效力，用商事仲裁裁决书将和解协议或者调解协议的内容记载下来以后，和解协议或者调解协议即从性质上转化为一项确定的商事仲裁裁决，这显然要比一般的和解协议或者调解协议更能促使当事人自动履行其义务。如果一方当事人拒不履行和解协议或者调解协议所确定的义务，对方当事人可以通过适当的途径申请强制执行该项合意裁决。从法律效力上来说，合意裁决与仲裁庭作出的其他裁决并无不同。

有鉴于合意裁决的合理性，世界各国的商事仲裁立法和司法实践以及有关的商事仲裁规则都对合意裁决的效力作了充分的肯定。例如，《联合国国际贸易法委员会仲裁规则》（2010 年）第 36 条第 1 款规定，在作成裁决前，如当事人双方就有关争议取得一项解决办法，商事仲裁庭得发出终止商事仲裁的命令，如经双方要求并为该庭接受时，亦得用商事仲裁裁决的形式或根据同意的条款将和解制作成记录，商事仲裁庭对这类裁决无需提出理由。再如，《联合国国际商事仲裁示范法》第 30 条也规定，当各方在商事仲裁程序中和解解决了争议，商事仲裁庭应该终止商事仲裁程序。而且，如果当事各方提出请求，商事仲裁庭也并

---

① 参见谭兵主编：《中国仲裁制度研究》，法律出版社 1995 年版，第 243 页。

无异议，则应按和解的条件以商事仲裁裁决书的形式记录此项和解……这种裁决与根据案情作出的任何其他裁决具有同等的效力和地位。中国《仲裁法》第 51 条第 2 款和中国贸仲《仲裁规则》(2015 年)第 47 条也都对合意裁决作出了明确而肯定的规定。

四、附具事实和理由的裁决与不附具事实和理由的裁决

依商事仲裁裁决书内容是否写明事实和理由来分类，商事仲裁裁决又可以分为附具事实和理由的裁决与不附具事实和理由的裁决。

通常商事仲裁裁决书中都写明仲裁请求、争议事实、裁决理由、裁决结果、仲裁费用、裁决日期、地点等，这是附具事实和理由的商事仲裁裁决。由于商事仲裁是一种高度自治化和高度保密性的争议解决方式，在争议双方当事人同意的情况下，商事仲裁裁决书也可以不载明事实和理由。如中国《仲裁法》第 54 条规定："裁决书应当写明仲裁请求、争议事实、裁决理由、裁决结果、仲裁费用的负担和裁决日期，当事人协议不愿写明争议事实和裁决理由的，可以不写。"

五、补充裁决和被补充裁决

如果以商事仲裁裁决之间的补充与被补充关系为根据，还可以将商事仲裁裁决区分为补充裁决和被补充裁决。商事仲裁庭通过一定的程序，就其遗漏的商事仲裁请求事项补充作出的商事仲裁裁决叫作补充裁决。附有补充裁决的商事仲裁裁决叫作被补充裁决。在通常情况下，商事仲裁庭会在案件审结前就当事人交付仲裁的全部争议事项作出裁决，不存在补充裁决的问题。但是，由于商事仲裁庭的疏忽，也会出现漏裁现象，从而使补充裁决的制度成为必要。为弥补商事仲裁中出现的缺漏，不少商事仲裁立法和商事仲裁规则都规定了补充裁决的制度。如《联合国国际商事仲裁示范法》第 33 条所规定的"追加裁决"和《伦敦国际仲裁院仲裁规则》(2020 年)第 27 条第 3 款所规定的"附加裁决"等，都属于补充裁决的范畴。其中，《伦敦国际仲裁院仲裁规则》(2020 年)第 27 条第 3 款规定：除非当事人另有约定，一方当事人于收到裁决书之日起 28 日内，经通知另一方或另几方当事人，要求商事仲裁庭就其在商事仲裁程序中提出的、裁决中未加处理的请求作出附加裁决。如果商事仲裁庭认为该要求理由正当，它应在 56 日内作出附加裁决。又如，《联合国国际贸易法委员会仲裁规则》(2010 年)第 38 条第 1 款也规定：在收到裁决书后 30 天内，任何一方当事人，经通知他方，得申请商事仲裁庭就其在商事仲裁程序中已经提出而在商事仲裁裁决内遗漏未提及的要求事项作出补充裁决。中国《仲裁法》第 56 条规定："对裁决书中的文字、计算错误或者仲裁庭已经裁决但在裁决书中遗漏的事项，仲裁庭应当补正；当事人自收到裁决书之日起三十日内，可以请求仲裁庭补正。"中国的商事仲裁规则也对补充裁决制度作了充分肯定。如中国贸仲《仲裁规则》(2015 年)第 54 条第 1、2 款明确规定："如果裁决书中有遗漏事项，仲裁庭可以在发出裁决书后的合理时间内自行作出补充裁决。任何一方当事人可以在收到裁决书后 30 天内以书面形式请求仲裁庭就裁决书中遗漏的事项作出补充裁决；如

确有漏裁事项，仲裁庭应在收到上述书面申请后30天内作出补充裁决。该补充裁决构成裁决书的一部分。”《深圳国际仲裁院仲裁规则》（2020年）在54条作了类似的规定。《上海仲裁委员会仲裁规则（2018年）》第58条规定：对裁决书中的文字、计算错误或者仲裁庭已经裁决但在裁决书中遗漏的事项，仲裁庭应当补正；当事人自收到裁决书之日起30日内，可以请求仲裁庭补正。该裁决书的补正可以采用决定的形式作出。《广州仲裁委员会仲裁规则》（2021年）甚至还在第89条第2款规定：“对当事人申请仲裁的事项遗漏裁决的，仲裁庭应当作出补充裁决。仲裁庭认为有必要开庭审理的，可以就遗漏裁决的事项进行开庭审理。”

第四节　商事仲裁裁决的形式和内容

商事仲裁裁决的可执行性，首先取决于商事仲裁裁决形式和内容的合法性。这是因为，商事仲裁裁决的形式和内容直接涉及裁决的效力问题。一方面，商事仲裁裁决只有在形式上符合仲裁地国家法律的规定，才具备形式上的有效性；该有效裁决也只有在形式上不违反执行地国家法律的规定，也才可以在该国得到承认和执行。另一方面，在内容上，商事仲裁裁决书记载了商事仲裁案件的程序事项和实体裁决。它既是对仲裁当事人争议事项的裁定，成为确定双方当事人权利和义务的根据，又是当事人自动履行义务或法院强制执行的根据。为此，绝大多数国家的商事仲裁立法和各有关的商事仲裁规则都对商事仲裁裁决的形式和内容作了非常明确的规定，分述如下。

一、商事仲裁裁决的形式

关于商事仲裁裁决的形式，除在极个别国家存在例外规定以外，绝大多数国家的商事仲裁立法和各有关的商事仲裁规则都一致肯定：商事仲裁裁决必须以书面形式作成。而且，即便是在允许采用其他非书面方式作出商事仲裁裁决的国家，也都是在极为例外的情况下，才允许用非书面的方式作出商事仲裁裁决。例如，在英国的商事仲裁法律制度中，并不排除口头裁决，但该有关的口头裁决如果需要执行，还必须由法院根据裁决的内容作出判决。[1]

用书面形式作出商事仲裁裁决时，还应该严格遵循有关格式上的要求，如应该明确记载作出商事仲裁裁决的日期和地点，并要求有仲裁员签名。在芬兰等国的商事仲裁立法和司法实践中，甚至把这些格式上的要求规定为有关商事仲裁裁决书发生法律效力的要件。此外，在美国有些州的商事仲裁立法中还规定，商事仲裁裁决书必须有公证的印鉴才能符合商事仲裁裁决的形式要求。

商事仲裁裁决应该有仲裁员的签名，这是世界各国商事仲裁立法和司法实践的一致要求。但是，对于是否要求全体仲裁员签名的问题，在世界各国的商事仲裁立法和司法实践以及商事仲裁实务中，没有一个统一的规定。多数国家的规定为：以全体仲裁员签名为原则，

① 参见陈桂明著：《仲裁法论》，中国政法大学出版社1993年版，第122～123页。

以多数仲裁员签名为例外，但要求对未签名的仲裁员的情况予以注明。如《法兰西共和国仲裁法令》第33条规定，商事仲裁裁决由全体仲裁员签字，如有少数仲裁员拒绝签字，其余的仲裁员应对此加以注明。《联合国国际贸易法委员会仲裁规则》（2010年）第34条第4款，以及《美洲国家商事仲裁委员会仲裁规则》第32条第4款也都明确规定，如果3名仲裁员中有1人未能在裁决书上签名，则应该在裁决书中说明未能签名的原因。芬兰的商事仲裁法律制度也十分详尽地规定，即使商事仲裁裁决未经全体仲裁员签名也仍然有效，只要大部分仲裁员签名并证明该仲裁裁决，同时提交一份证明文书说明没有签字的仲裁员也参加了仲裁裁决的合议，裁决即为有效。少数仲裁员的意见可以作成记录附卷或在裁决书中写明，以此证明不签名的仲裁员也参加了案件的审理。比较有典型意义的是瑞典1929年《仲裁法》第17条和第20条对商事仲裁裁决的形式所作的更为严格的规定，强调商事仲裁裁决书应当由仲裁员签名，在商事仲裁裁决书由多数仲裁员签名的情况下，只有在该裁决书上附有没有签名的仲裁员曾参加仲裁裁决的证明时，该裁决才属有效。

在中国的商事仲裁实践中，根据中国贸仲《仲裁规则》第49条的规定，商事仲裁裁决书在形式上有如下要求：除非裁决依首席仲裁员意见或独任仲裁员意见作出并由其署名，裁决书应由多数仲裁员署名；持有不同意见的仲裁员可以在裁决书上署名，也可以不署名；作出裁决书的日期，即为裁决发生法律效力的日期；裁决书应加盖“中国国际经济贸易仲裁委员会”印章。

二、商事仲裁裁决的内容

商事仲裁裁决的内容是指商事仲裁裁决书中所必须载明的事项，包括有关当事人的情况、仲裁程序事项（包括仲裁庭受理案件的根据、仲裁庭的组成和仲裁审理的情况）、案情和裁决事项、裁决所依据的理由以及裁决结果等。世界各国的商事仲裁立法和各有关的商事仲裁规则对于商事仲裁裁决书的内容都有各种不同的规定，基本上可以归纳为以下几方面：

（一）首部

首部应载明商事仲裁机构的名称和地址、仲裁员的姓名和地址、双方当事人的姓名和地址及其他参与人的相关情况。

（二）引言

该部分主要包括以下3项内容：

（1）仲裁庭受理案件的依据。应载明仲裁庭受理案件所依据的合同中的商事仲裁条款，或争议发生前或争议发生后双方当事人达成的商事仲裁协议，以及申请人提出书面仲裁申请的各方面情况。

（2）仲裁庭的组成。即说明仲裁庭是独任仲裁庭还是合议仲裁庭，以及独任仲裁员、首席仲裁员和其他仲裁员产生的根据和情况。

（3）商事仲裁审理情况。即说明当事人申请、答辩、反请求以及提交书面文件和证明材料的各种情况。并载明何时开庭审理或者书面审理，以及当事人及其代理人出庭或者缺席的情况。

（三）案件事实

该部分内容包括下列事项：

（1）申请人的仲裁请求及其理由。

（2）被申请人的答辩。

（3）事实经过。应载明仲裁庭认定争议的主要事实和证据，包括仲裁双方合同所约定的、与争议有关的主要内容，争议发生的时间、地点和经过，以及双方存在的主要争议等。

（四）裁决理由

该部分主要载明仲裁庭根据认定的事实和适用的法律对双方当事人的主张及其理由的意见，对双方当事人责任的分析以及如何承担损失的判断等。

（五）裁决结果

裁决结果应载明仲裁庭对案件的处理决定，以及仲裁费用的数额和负担情况等。

（六）尾部

这部分一般应该包括下列3项内容：

（1）写明“本裁决为终审裁决”，以及生效的时间。

（2）仲裁员签名。

（3）裁决书作出的时间和地点，以及商事仲裁机构加盖的印章。

第五节 商事仲裁裁决的作出

通过商事仲裁的审理，由商事仲裁庭对于当事人提交商事仲裁的案件作出裁决是商事仲裁程序的基本任务。商事仲裁裁决的作出主要涉及以下三个方面的问题：期限、方式和地点。

一、作出商事仲裁裁决的期限

商事仲裁程序的一个突出特点就是实行“一裁终审制”，只要商事仲裁庭对争议案件作出终局裁决，整个商事仲裁程序即告终结，裁决即行生效。此后，任何一方当事人都不能就同一事实和理由再行提请商事仲裁或提起其他的法律解决程序。而且当事人对于商事仲裁裁决的效力和执行发生的一切争执，也都只能通过司法程序予以解决。而对于商事仲裁庭应该在其组成以后的什么期限内作出裁决的问题，世界各国的商事仲裁立法和各有关的商事仲裁规则的具体规定都不尽一致。这些差异主要表现在，世界各国的商事仲裁法律制度和仲裁规则对于商事仲裁庭作出商事仲裁裁决期限的长短、计算该期限的方式和起点等方面的规定有所不同，大体上可以分为以下几种做法：

（一）约定期限

即允许当事人通过商事仲裁协议具体约定作出商事仲裁裁决的时间，商事仲裁庭应当在当事人约定的期限内作出商事仲裁裁决。如美国《统一仲裁法》第8条第2款规定，仲裁当事人双方可以通过协议自行约定裁决作出的期限，如果双方当事人没有约定，应当由有管辖权的法院应任何一方当事人的请求加以指定。仲裁双方当事人还可以在其约定或法院指定的期限届满前或届满后，用书面形式延长期限。

如果商事仲裁裁决书没有在规定的期限内作成，则任何一方当事人都可以在该项裁决书送达前通知有关商事仲裁庭，对该项裁决的期限表示异议。但只有当有关当事人依法对此明确表示异议时，才可以认为他已否定这一裁决期限。否则，该项裁决仍应视为有效裁决。

（二）法定期限

法定期限，是指由商事仲裁法或商事仲裁规则直接规定的商事仲裁庭应该作出商事仲裁裁决的期限。世界各国的商事仲裁立法和有关的商事仲裁规则都明确规定了商事仲裁庭应该作出商事仲裁裁决的时间，以及该时间计算的起点和方法；商事仲裁庭只能在规定期限内作出裁决，否则，仲裁当事人可以对该有关的商事仲裁裁决的效力提出异议。但世界各国所规定的有关商事仲裁庭应该作出商事仲裁裁决的具体时间及其起算点、计算方法等都各有不同。有些国家规定，商事仲裁裁决自当事人提出仲裁申请之日起一定期限内作出。例如，瑞典法律规定，当事人双方都居住在瑞典时，应于仲裁申请之日起6个月内作出裁决。有些国家则规定，商事仲裁裁决自案件审理终结后一定期限内作出。例如，《日本商事仲裁协会商事仲裁规则》第35条规定，商事仲裁庭应该在审理终结后35天内作出裁决。《新加坡国际仲裁中心仲裁规则》第27条第1款规定：仲裁庭应在开庭结束之日起45天内作出书面裁决。此外，还有一些国家规定，应该在指定最后一名仲裁员或者组成仲裁庭后一定期限内作出裁决。例如，泰国《仲裁法》第21条规定，除非当事人另有约定，否则必须在最后一名仲裁员或公断人被合法指定之日起180天内作出裁决。又如，中国贸仲《仲裁规则》（2015年）第48条规定，仲裁庭应在组庭后6个月内作出裁决书。经仲裁庭请求，仲裁委员会仲裁院院长认为确有正当理由和必要的，可以延长该期限。《广州仲裁委员会仲裁规则》（2021年）第85条规定："（一）仲裁庭应当在组成后四个月内作出裁决，本规则另有规定的除外。（二）有特殊情况需要延长的，由首席仲裁员或者独任仲裁员在期满前提出书面申请，经本会主任批准可以适当延长。（三）鉴定期间、中止期间、公告期间、提请专家咨询期间、双方当事人共同申请延期开庭审理或者调解/和解的时间不计算在内。"

（三）约定期限与法定期限相结合

许多国家采用约定期限与法定期限相结合的方式。先由当事人约定商事仲裁裁决的期限，商事仲裁裁决在此约定期限内作出；当事人没有此项约定的，则在商事仲裁法或商事仲裁规则规定的期限内作出。如葡萄牙《仲裁法》第19条规定：（1）当事人可以在第一位仲裁员接受任命之前达成的商事仲裁协议或书面文件中确定商事仲裁庭作出裁决书的时间或确定设定这种期间的方法；（2）如当事人之间没有这样的协议，作出裁决的期间应为6个月。再如，埃及《国际商事仲裁法案》第48条第1款也规定：商事仲裁庭应该在当事人约定的期限内作出终止争议的裁决；如果没有这样的约定，应自开始商事仲裁程序之日起 12 个月内作出。在任何情况下，商事仲裁庭可以两次延长此期限，但每次延长不得超过 3 个月，当事人另有约定的除外。

二、作出商事仲裁裁决的方式

由于商事仲裁庭可以有不同的组成方式，各种不同形式的商事仲裁庭作出商事仲裁裁决的方式也就会有所不同。在采取独任仲裁庭审理方式时，独任仲裁庭由独任仲裁员一人组成，独任仲裁员根据自己认定的事实，适用有关法律独自作出裁决，不存在以何种表决方式裁决争议的问题。但在商事仲裁实践中，当事人通常都会因为争议数额较大、案情复杂、牵涉复杂的法律冲突和法律选择等方面的原因，而采用合议仲裁庭审理的方式。而且，合议仲裁庭一般都是由 3 名仲裁员组成。如果 3 名仲裁员对作出的裁决结果没有不同意见，作出裁决自然不会存在困难。但是，如果各位仲裁员对作出裁决存在意见分歧，裁决的作出就会产生问题。为了解决这一问题，世界各国的商事仲裁立法或者商事仲裁规则都规定有仲裁员的表决规则，来对合议仲裁庭的裁决进行调整。具体来说，这种表决规则大致可以概括为下列几种：

（一）多数票裁决规则

根据多数票裁决规则作出裁决，是国际社会商事仲裁的普遍实践，同时也是各国商事仲裁机构的通行做法。所谓“多数票裁决”，是指在合议仲裁庭对于仲裁结果作出决定时，应该由多数仲裁员对裁决书的内容取得一致意见，并根据该多数仲裁员的一致意见作出裁决。例如，《意大利仲裁协会仲裁规则》第 26 条第 1 款规定：裁决无论是部分裁决还是终局裁决，都应由仲裁员按照适用法的规则作出；且在商事仲裁受到意大利《民事诉讼法典》管辖的情况下，仲裁员应亲自面晤，并应根据多数投票决定裁决。有意见分歧的仲裁员应有义务签署裁决。他只能要求指出，裁决是由多数投票决定的。又如，《美国仲裁协会国际仲裁规则》第 27 条第 1 项规定，商事仲裁庭的任何裁决、决定或者裁定在有 1 名仲裁员以上时应由仲裁员的多数作出。中国贸仲《仲裁规则》（2015 年）第 49 条和《深圳国际仲裁院仲裁规则》（2020 年）第 51 条也都规定：由 3 名仲裁员组成的仲裁庭审理的案件，裁决依全体仲裁员或多数仲裁员的意见作出。少数仲裁员的书面意见应附卷，并可以附在裁决书后，该书面意见不构成裁决书的组成部分。裁决书应由多数仲裁员署名。持有不同意见的仲裁员可以在裁决书上署名，也可以不署名。多数票裁决规则也为一些国际性的商事仲裁规则和商事仲裁方面的法律性文件所采纳。例如，《联合国国际贸易法委员会仲裁规则》（2010 年）第 33 条第 1 款、《联合国国际商事仲裁示范法》第 29 条都有类似的规定。

（二）首席仲裁员裁决规则

多数票裁决规则虽为各国实践所通用，但有时也会遇到一些例外情况。例如，商事仲裁庭不能形成多数意见，3 位仲裁员对作出裁决都持不同意见时，如果绝对适用多数票裁决规则，就无法作出裁决。所以，为补救该规则的不足，很多国家在肯定多数票裁决规则的基础上，兼采首席仲裁员裁决规则作为补充，实际上采用了多数票裁决规则与首席仲裁员裁决规则相结合的方式。即规定，原则上应该以多数仲裁员的一致意见作出裁决，而在不能形成多数仲裁员的一致意见时，应该以首席仲裁员的意见作出裁决。例如，《国际商会仲裁规则》（2021 年）第 32 条第 1 款规定：商事仲裁庭由 3 名仲裁员组成时，裁决得依多数票决定之。如达不到多数时，应由仲裁庭主席单独作出。瑞典《斯德哥尔摩商会仲裁院规则》第 25 条也规定：举行表决时，以多数人意见为准；如果没有产生多数，则以首席仲裁员的意见为准。又如，日本《商事仲裁规则》第 32 条规定，如果票数相等，则首席仲裁员的表决是决定性的。中国的商事仲裁规则也采纳了首席仲裁员裁决规则。如中国贸仲《仲裁规则》（2015 年）第 49 条第 6 款和《深圳国际仲裁院仲裁规则》（2020 年）第 51 条第 4 款也都规定：仲裁庭不能形成多数意见时，裁决依首席仲裁员的意见作出；其他仲裁员的书面意见应附卷，并可以附在裁决书后，但该书面意见不构成裁决书的组成部分。

不过，需要强调的是，有些商事仲裁规则，在采用首席仲裁员裁决规则时，限定了作出裁决的范围，即规定只能在程序问题上依首席仲裁员的意见作出裁决。如《联合国国际贸易法委员会仲裁规则》（2010 年）第 33 条规定：（1）在有 3 名仲裁员的情况下，任何仲裁或其他决定应由仲裁员的多数作出；（2）关于程序问题，在未取得多数的情况下或由仲裁庭授权时，首席仲裁员得单独作出决定，但应遵从仲裁庭的可能修正。再如，《联合国国际商事仲裁示范法》第 29 条也同样规定："在有 1 名以上仲裁员的商事仲裁程序中，除非当事人另有协议，商事仲裁庭的任何决定，均应由其全体成员的多数作出。但是，如果有当事各方或商事仲裁庭全体成员的授权，首席仲裁员可以就程序问题作出决定。"

上述两个商事仲裁规则和商事仲裁示范法，实际上是将商事仲裁裁决中的实体问题与程序问题区分开来，分别适用了不同的裁决规则：对于实体问题，严格要求适用多数票裁决规则；对于程序问题，则是采用多数票裁决规则与首席仲裁员裁决规则相结合的方法。对程序问题的裁决，原则上适用多数票裁决规则；不能形成多数票时，适用首席仲裁员裁决规则。显而易见，这里所适用的首席仲裁员裁决规则同前述首席仲裁员裁决规则是有所不同的。对此应予区别，以免混淆。

（三）当事人合意裁决规则

当事人合意裁决规则即根据仲裁当事人达成的和解或者调解协议的内容作出商事仲裁裁决的规则。在商事仲裁实践中，仲裁当事人达成和解或者调解协议，即具有终止商事仲裁程序的效果，多数国家的商事仲裁立法和各常设仲裁机构的商事仲裁规则都允许当事人在商事仲裁程序进行过程中达成和解或者调解协议，以此终止相关的商事仲裁程序。按照各商事仲裁规则的规定，当事人达成和解或者调解协议，能够阻断商事仲裁审理程序，但并不妨碍商事仲裁庭就该案件依照当事人的和解或者调解协议作成一项裁决。只不过是该项裁决是根据双方当事人都一致同意的内容作出的，是以商事仲裁裁决的形式对仲裁当事人所达成的和解或者调解协议的一种确认。这种商事仲裁裁决具有与商事仲裁庭在通常情况下作出的商事仲裁裁决同等的效力。如《国际商会仲裁规则》（2021 年）

第 33 条规定：如果双方当事人……达成和解，该和解应以双方当事人同意的商事仲裁裁决形式记载之。中国贸仲《仲裁规则》（2015 年）第 47 条第 5 款和《深圳国际仲裁院仲裁规则》（2020 年）第 48 条第 5 款也都规定：当事人经调解达成或自行达成和解协议的，可以撤回仲裁请求或仲裁反请求，也可以请求仲裁庭根据当事人和解协议的内容作出裁决书或制作调解书。

三、作出商事仲裁裁决的地点

从大多数国家的商事仲裁立法和各有关的商事仲裁规则的规定来看，当事人可以通过合同中的商事仲裁条款或书面的商事仲裁协议自主选择仲裁地点。在国际商事仲裁实践中，仲裁地点是一个能够起到多重作用的要素，它对决定商事仲裁程序问题和商事仲裁实体问题适用的法律和规则都将产生积极的影响。确定仲裁地点的意义主要表现在：

（一）影响商事仲裁协议准据法的确定

商事仲裁协议能否有效成立，不仅仅涉及当事人是否有权将某一特定争议提交仲裁解决，还直接牵制着商事仲裁裁决的确定、商事仲裁裁决的有效性以及商事仲裁裁决的可执行性等方面的问题。所以，商事仲裁协议成为商事仲裁中的核心问题。对于国际商事仲裁案件，要判明商事仲裁协议是否合法有效，就必须确定商事仲裁协议的准据法。根据世界各国的商事仲裁立法和各有关的商事仲裁规则的规定，当事人可以协议选择商事仲裁协议的准据法，而在当事人无此明示选择时，国际上通行的做法是以仲裁地法，即商事仲裁裁决作出地国家的法律作为商事仲裁协议的准据法。[①]1958 年《纽约公约》第 5 条第 1 款、1961 年《关于国际商事仲裁的欧洲公约》第 6 条第 2 款以及 1975 年《美洲国家间关于国际商事仲裁的公约》第 5 条第 1 款都肯定和确认了这一规则。

（二）影响商事仲裁程序法的确定

国际商事仲裁程序与商事诉讼程序的一个明显区别，就是程序问题的准据法的确定方式不同。“商事诉讼程序依法院地法”已成为世界各国一致遵循的普遍原则。按照这一原则，有关商事诉讼程序方面的问题依据管辖法院所在地国家的程序法来调整。至于商事仲裁程序的准据法，一般适用当事人意思自治原则，由当事人自主决定商事仲裁程序所应该适用的程序法。而在当事人无此明示约定时，常适用仲裁地法。而且，即便是当事人协议选择了商事仲裁应该适用的程序法，也不能与仲裁地法的强制性规则相抵触。因为，无论是商事仲裁立法还是商事仲裁实践都强调，仲裁地法的任何强制性条款都必须得到遵守。[②]

（三）影响商事仲裁实体法的确定

承认当事人有权自己决定可适用于合同的法律，是当今国际社会所普遍承认和采用的一项原则。[③] 商事仲裁庭在对仲裁当事人所争议的实体问题作出实质性裁决时，应首先考虑适用当事人协议选定的实体法。而如果仲裁当事人之间没有这一明示约定，世界各国所采

---

①② 参见韩健著：《现代国际商事仲裁法的理论与实践》，法律出版社 1993 年版，第 91、199、165 页。

③ 参见董立坤著：《国际私法论》，法律出版社 1988 年版，第 309 页。

取的补充确定方式，虽然各不相同，但从国际商事仲裁的实践来看，仲裁地点是确定商事仲裁实体法最为重要的因素。

（1）有些国家受“领域理论”影响，明确规定，应该根据仲裁地国家的冲突规则确定解决国际商事法律争议的准据法。①

（2）也有少数国家允许商事仲裁庭，在当事人无明示约定解决国际商事法律争议的准据法时，可以直接适用仲裁地的实体法对国际商事法律争议事项作出裁决。

（3）在适用最密切联系原则作为确定商事仲裁实体法的补充性原则时，仲裁地仍然是有关方面所考虑的最为重要的连结因素之一。

（四）影响商事仲裁裁决国籍的确定

一项商事仲裁裁决究竟是内国裁决还是外国裁决，甚至是哪一个外国的裁决，在承认和执行外国仲裁裁决的场合就成为必须考虑和解决的问题。就世界各国的商事仲裁实践来看，仲裁地成为界定内外国商事仲裁裁决以及确定有关商事仲裁裁决国籍的决定性因素。特别是在适用 1958 年《纽约公约》时，仲裁地的确定具有非常重要的意义。

虽然仲裁地的确定在商事仲裁程序中具有至关重要的意义，但对于应该怎样明确仲裁地的确切含义，是商事仲裁法理论和实践中还存在很大争议的问题。具体争议包括：

（1）仲裁地国家是指有关商事仲裁裁决中所指明的作出该项裁决的所在地国家，还是指商事仲裁进行地国家。在国际商事仲裁实践中，经常会发生商事仲裁程序在某一国进行，却未必在该国作出裁决这样的情况。这就产生了对“仲裁地”的识别问题。不过，总的说来，商事仲裁庭通常都会把当事人约定的仲裁地或当事人委托解决争议的商事仲裁机构指定的仲裁地或商事仲裁庭授权指定的仲裁地，作为商事仲裁裁决作出地，一般不会出现商事仲裁进行地和裁决作出地分为不同国家的情况。因此，一般都认为，商事仲裁裁决作出地国家也是指仲裁地国家。②

（2）仲裁地国家是指商事仲裁裁决作出地国家，还是商事仲裁庭的开庭审理地国家。应当强调，仲裁地点和开庭地点这两者之间有着本质的区别。仲裁地点可以由当事人在争议发生之前或程序开始之前的任何时候自由地通过协议来确定。而开庭地点可以在任何适当的地方进行。例如，根据中国贸仲《仲裁规则》（2015 年）第 36 条的规定：该商事仲裁机构通常应当在北京，或其仲裁分会会址所在地的深圳或者上海，进行仲裁审理；经仲裁委员会主任批准，也可以在其他地点进行审理。根据这一规定，中国常设仲裁机构受理案件的仲裁地点一般都在中国，如果仅仅只是开庭在某外国进行，则该有关的商事仲裁裁决仍然属于中国的商事仲裁裁决。③ 在这种情况下，商事仲裁裁决作出地是中国，而不是外国。

---

① See O.Chukwumerjie, *Choice of Law in International Commercial Arbitration*, 1994, p.126.

② 参见韩健著：《现代国际商事仲裁法的理论与实践》，法律出版社 1993 年版，第 92 页。

③ 参见王存学主编：《中国经济仲裁和诉讼实用手册》，中国发展出版社 1993 年版，第 319 页。

第六节　商事仲裁裁决的效力

商事仲裁裁决的效力问题，主要涉及商事仲裁裁决的既判力和既判力的渊源，以及这种既判力的形成时间等方面的问题。

一、商事仲裁裁决的既判力

既判力原本是西方国家民事诉讼法理论中的一个概念。[①] 从西方国家的法律来看，既判力是指形成确定的终局判决内容的判断的通用力，也称为实质性（或内部的）确定力。[②] 既判力的实质在于通过法律程序对当事人的争议作出终局性的判决。具有既判力的判决无论是对当事人还是法院，都发生强制性的通用力。对当事人来讲，当终局判决作出后，当事人就不得以同一问题作为标的重新提起诉讼，并且，在其他诉讼中所运用的攻击或防御性方法，也不得与该确定的判决相抵触；而对法院来说，终局判决作出后，亦不得再就已裁判的法律关系作出相反的判决。如果当事人再就已裁判的法律关系提出诉讼，则法院应以其诉讼违背一事不再理原则为由，裁定驳回其诉讼。

运用既判力的概念来阐释生效商事仲裁裁决对争议法律关系的确定效力是合适的。因为，尽管商事仲裁与商事诉讼之间存在多方面的差异，但是生效的商事仲裁裁决和生效的商事诉讼判决在确定争议法律关系上却是一致的。所以说，承认生效商事仲裁裁决的既判力，有助于建立对商事仲裁裁决权威性的认识。商事仲裁裁决的既判力体现在，商事仲裁裁决一经作出，任何一方当事人都无权向法院起诉或请求其他机构变更裁决；法院和任何其他机构都必须承认该项裁决是对本案中已决事项所作的正确的处理；而且，除非双方当事人一致同意，任何一方都无权不理会或否定该项裁决。具体说来，商事仲裁裁决的既判力至少应该包括以下几项内容：

（一）商事仲裁裁决的稳定性

商事仲裁裁决的稳定性是指商事仲裁裁决一旦形成既判力，原作出该项商事仲裁裁决的商事仲裁机构就不能再次处理已经审结的案件，也不得重新审查和变更自己已经作出的裁决。不过，根据国际社会一些商事仲裁立法或商事仲裁规则的规定，商事仲裁裁决的稳定性存在如下两个方面的例外。

其一，有些国家的商事仲裁立法或商事仲裁规则都允许商事仲裁庭在作出终局裁决后，应一方当事人或双方当事人的请求，或由商事仲裁庭自行决定，对裁决中印刷、书写或计算上的错误予以更正或补充。英国 1950 年《仲裁法》就授权仲裁员或公断人纠正商事仲裁裁决中任何笔误或因任何偶然过错或疏忽产生的错误，除非商事仲裁协议中有相反的意思表示。德国的商事仲裁法律则规定，如果商事仲裁裁决中遗漏了某一需要作出的决定或关于

---

① 参见邓辉辉著:《民事诉讼既判力研究》，中国政法大学出版社 2014 年版，第 6～20 页。

② 参见［日］兼子一、竹下宋夫等著:《民事诉讼法》，白绿铉译，法律出版社 1995 年版，第 155～156 页。

费用的决定，商事仲裁庭可以增补该裁决。[①] 荷兰1986年《仲裁法》第1060条第1款专门规定：裁决的修改和更正，在不迟于裁决交存地方法院登记官之日起30天内，一方当事人可以书面请求商事仲裁庭修改裁决中明显的计算或打印错误。中国贸仲《仲裁规则》（2015年）第53条和《深圳国际仲裁院仲裁规则》（2020年）第54条都明确规定：任何一方当事人均可以在收到仲裁裁决书之日起30天内就仲裁裁决书中的书写、打印、计算上的错误或其他类似性质的错误，书面申请仲裁庭作出更正；如确有错误，仲裁庭应当在收到书面申请之日起30天内作出书面更正，仲裁庭也可以在发出仲裁裁决书之日起30天内自行以书面形式作出书面更正。该书面更正构成裁决书的一部分。

其二，有些国际社会的商事仲裁规则授予仲裁庭解释已作出的终局裁决的权力。在各国国内商事仲裁立法方面，一般都不允许当事人提出解释最终裁决的请求，但也有极少数例外。如保加利亚和瑞典的商事仲裁法规定，在无法院命令的情况下，应一方当事人或双方当事人请求，商事仲裁庭可以对最终裁决作出解释。[②]

在国际社会的商事仲裁规则方面，有关商事仲裁庭是否有权对于商事仲裁裁决进行纠正或解释的规定差异很大。如《伦敦国际仲裁院仲裁规则》（2020年）虽授予商事仲裁庭纠正偶然错误或遗漏的权力，但并未授予商事仲裁庭解释裁决的权力。《美国仲裁协会商事仲裁规则》则在纠正裁决错误和裁决解释方面都无具体条文规定。而瑞典《斯德哥尔摩商会仲裁院规则》和《联合国国际贸易法委员会仲裁规则》既允许商事仲裁庭可以应当事人请求纠正裁决中的错误，也允许商事仲裁庭对裁决作出书面解释。瑞典《斯德哥尔摩商会仲裁院仲裁规则》第20条规定：如一方当事人在接到裁决书后60天内要求对裁决进行解释，商事仲裁庭应给予书面的解释。对于任何明显的计算错误或誊写错误，商事仲裁庭应给予更正，必须给双方当事人以申述其意见的机会，除商事仲裁庭另有决定外，已作成的裁决书应予执行。《联合国国际贸易法委员会仲裁规则》（2010年）第37条和第38条规定：任何一方当事人在收到裁决后30天内，经通知他方，得要求商事仲裁庭就该裁决作出解释；或者要求商事仲裁庭更正计算上的错误、任何誊写或打字上的错误，或其他类似性的错误。商事仲裁庭应在一定期限内作出解释或更正。

中国的商事仲裁立法和中国各商事仲裁机构的仲裁规则，除对商事仲裁裁决的错漏作了仲裁庭应该予以补正的规定外，并没有规定商事仲裁庭可以或者应当对最终裁决作出解释的制度。

（二）商事仲裁裁决的排他性和预决性

商事仲裁裁决作出后即对仲裁当事人产生排他性的法律约束力。商事仲裁裁决解决了当事人之间的商事法律争议，排除了同一当事人就同一事实和理由重新要求商事仲裁的可能，也排除了商事仲裁庭对同一争议重新审理的可能。进而言之，商事仲裁裁决一经发生法律效力，同一争议的当事人不能对同一标的、同一事实和理由再次提出商事仲裁，即使

---

①② See International Handbook on Commercial Arbitration（P.sanders.ed）.

是当事人再次提请仲裁,商事仲裁庭也无权受理。许多商事仲裁立法和商事仲裁规则都充分肯定已发生既判力的商事仲裁裁决的排他性。例如,葡萄牙1986年《仲裁法》第26条第1款规定,将商事仲裁裁决通知当事人,并且如果需要,根据第24条的规定存放在法院之后,商事仲裁裁决就获得了既判力,并从那时起不可以再上诉。比利时1985年《司法法典》第1703条规定:除非裁决违反公共秩序或争议不能仲裁解决、商事仲裁裁决在其按照第1702条第1款被通知时即具有既判力,不得再向商事仲裁庭进行抗辩。波兰1964年《民事诉讼法》第711条第1款也规定,已发生既判力的商事仲裁裁决,"不允许(当事人)对商事仲裁裁决提起上诉"。中国贸仲《仲裁规则》第49条第9款也规定:"裁决是终局的,对双方当事人均有约束力。任何一方当事人均不得向法院起诉,也不得向其他任何机构提出变更仲裁裁决的请求。"不过,根据《深圳国际仲裁院仲裁规则》(2020年)第51条第8款有关"裁决是终局的,对各方当事人均有约束力;但当事人约定适用选择性复裁程序的,裁决效力依本规则第六十八条及《深圳国际仲裁院选择性复裁程序指引》确定"的规定,在适用"选择性复裁程序"的情况下,有关商事仲裁裁决的既判力可能不具有排他性。

至于商事仲裁裁决的预决性,主要是针对具有可诉性的商事仲裁裁决而言的。从商事仲裁裁决作出后,是否允许仲裁当事人对该项裁决提出上诉或其他解决程序的角度,商事仲裁裁决可以分为不具有可诉性质的商事仲裁裁决和具有可诉性质的商事仲裁裁决。多数国家的法律都赋予商事仲裁裁决不可诉性的法律效力,裁决作出后,当事人不得对已生效的商事仲裁裁决向法院提起诉讼。也有极少数国家承认可诉性的商事仲裁裁决。例如,根据法国《民事诉讼法典》第1482条的规定,除非当事人在商事仲裁协议中放弃了他们的上诉权,商事仲裁裁决可以上诉。但是,如果仲裁员被授权以友好调停人行事,裁决是不可以上诉的,除非当事人在商事仲裁协议中明确地保留了上诉的权利。这就意味着,当事人如在商事仲裁协议中约定对商事仲裁裁决上诉的权利,商事仲裁庭作出的裁决则成为可诉性裁决。应强调指出,即便存在可诉性的商事仲裁裁决,商事仲裁裁决的既判力也具有预决性。这主要表现在,对于已经生效的商事仲裁裁决所确定的事实或法律关系,不容许在其他争议解决程序中提出异议或重新审核。换言之,已为生效商事仲裁裁决所确认的事实,在后发的争议解决程序中属于不需要证明的事实,可直接作为裁判的根据;对生效商事仲裁裁决确认的法律关系,其后的裁判也不得与之抵触。[①] 从少数承认可诉性商事仲裁裁决的国家的法律中还可以看出,即使允许当事人对商事仲裁裁决提起诉讼,受理的法院一般也只是对该裁决进行程序问题的形式审查,而不涉及对商事仲裁裁决认定事实或适用法律是否正确的实质性审查。

(三)商事仲裁裁决的强制执行性

商事仲裁裁决既判力的强制执行性主要体现在如下两个方面:

其一,商事仲裁裁决具有强制执行力。商事仲裁裁决一经作出即告生效,负有履行义务

① 参见谭兵主编:《中国仲裁制度研究》,法律出版社1995年版,第249页。

的当事人应当按照裁决书所写明的期限自动履行。如不自动履行，另一方当事人可以按照法律的规定，向法院申请强制执行。商事仲裁裁决的既判力可构成法院承认和执行该项裁决的法律基础和根据。许多国家的法律及有关商事仲裁规则都赋予了商事仲裁裁决强制执行力。

在国内商事仲裁立法方面，如中国《仲裁法》第 62 条规定："当事人应当履行裁决。一方当事人不履行的，另一方当事人可以依照民事诉讼法的有关规定向人民法院申请强制执行。受申请的人民法院应当执行。"又如葡萄牙《仲裁法》第 26 条第 2 款也规定，商事仲裁裁决应同"法院的判决一样根据相同的条件强制执行"。

在国际商事仲裁立法和有关的商事仲裁规则方面，如《联合国国际商事仲裁示范法》第 35 条第 1 款规定：商事仲裁裁决不论在何国境内作出，都应承认具有约束力；而且经向主管法院提出书面申请，即应予以执行。中国贸仲《仲裁规则》（2015 年）第 55 条也明确规定："当事人应当依照仲裁裁决书写明的期限自动履行裁决；仲裁裁决书未写明期限的，应当立即履行。一方当事人不履行裁决的，另一方当事人可以依法向有管辖权的法院申请执行。"《广州仲裁委员会仲裁规则》（2021 年）在第 87 条对商事仲裁裁决的"效力和履行"作了更加明确、具体的规定："（一）裁决书自作出之日起发生法律效力。（二）裁决书作出后，当事人应当按照裁决书确定的履行期限履行裁决。未确定履行期限的，应当立即履行。（三）一方当事人不履行本会裁决的，另一方当事人可以依照中华人民共和国有关法律规定，向有管辖权的人民法院申请执行。（四）被执行人或者其财产在中华人民共和国香港特别行政区、澳门特别行政区或者台湾地区的，当事人可以依照相关安排和有关规定，向有管辖权的当地法院申请认可与执行。（五）被执行人或者其财产不在中华人民共和国领域内的，当事人可以依照联合国《承认及执行外国仲裁裁决公约》或者中华人民共和国缔结、参加的其他双边、多边国际条约，向有管辖权的外国法院申请承认与执行。"自 2021 年 1 月 1 日起生效的《国际商会仲裁规则》第 35 条也对裁决的终审性质和强制执行性作了规定。

其二，商事仲裁裁决既判力的强制执行性对当事人变更裁决既判力作了严格的限制。商事仲裁裁决作出后，当事人不得对既判力进行自由处分；抛弃既判力或合意变更既判力均属无效。举例来说，由某一商事仲裁机构对甲、乙两公司之间的契约争议作出商事仲裁裁决后，除非该裁决的既判力为法院消除，否则，甲、乙两公司都不得抛弃该裁决的既判力，改订向其他商事仲裁机构申请仲裁同一商事法律争议的另一个商事仲裁协议。由此可见，商事仲裁裁决的既判力对当事人抛开已生效的商事仲裁裁决另订商事仲裁协议的意思自治权利作出了限制，反映了商事仲裁同其他民间性争议解决机制之间的差异。不过，在有些国家，商事仲裁裁决既判力的这一效力却只具有相对性。例如，瑞士的观点就是：双方当事人可以不理裁决，或者把裁决推翻，但前提是当事人必须就此达成协议。其理由是：裁决的效力本来就来自当事人的商事仲裁协议，那么当事人协议的效力应高于商事仲裁裁决。[①]

① 参见陈桂明著：《仲裁法论》，中国政法大学出版社 1993 年版，第 118 页。

二、商事仲裁裁决既判力的渊源

商事仲裁裁决的既判力必须基于一定的因素才能形成，这些因素即构成既判力的渊源。一般来说，在商事仲裁领域，商事仲裁裁决的既判力主要来源于两个方面：

（一）仲裁当事人的合意

争议双方当事人通过商事仲裁条款或者商事仲裁协议书，所表达的将有关争议提交仲裁解决，并服从商事仲裁裁决的共同意愿，是商事仲裁裁决既判力的渊源。简言之，有效商事仲裁协议的存在是商事仲裁裁决对双方当事人具有既判力的根本原因。而且，由于商事仲裁协议的有效存在是直接决定商事仲裁管辖权和商事仲裁裁决有效性的最基本条件，也是商事仲裁裁决产生强制执行力的前提要件，所以，仲裁当事人的合意是商事仲裁裁决既判力的基本渊源。

（二）国家法律的规定

有关国家的商事仲裁立法对商事仲裁裁决效力的规定，是构成商事仲裁裁决既判力的另一个重要渊源。商事仲裁协议只是形成商事仲裁裁决既判力的基础条件，如果没有相应的法律对商事仲裁裁决的终审效力或既判力作出明确而肯定的规定，商事仲裁裁决就不会形成具有强制性的约束力。而且，商事仲裁协议具有契约的性质，它可以成为商事仲裁裁决对缔约双方形成既判力的决定性因素，但如果欠缺法律对商事仲裁裁决效力的确定，商事仲裁裁决就难以对仲裁当事人之外的其他主体形成约束力。因此可以说，当事人的合意构成商事仲裁裁决既判力的内部要素，有关商事仲裁裁决效力的立法规定则构成商事仲裁裁决既判力的外部要素。应该特别提及的是，在实行商事仲裁裁决司法确认制度的国家，司法机关对商事仲裁裁决有效性的确认，实际上也成为商事仲裁裁决形成既判力的原因。

三、商事仲裁裁决既判力形成的时间

对于商事仲裁裁决自何时起发生既判力的问题，也就是商事仲裁裁决书从何时起发生法律效力的问题，从世界各国的商事仲裁立法和各常设仲裁机构的商事仲裁规则的规定来看，大体上可归纳为以下两种情况：

（一）自商事仲裁裁决作出之日起形成

有关商事仲裁裁决自裁决作出之日起形成的规定，强调商事仲裁裁决自裁决书作出之日，而不管是否已经送达给仲裁当事人，即发生法律效力。这种规定的优点就是能够保证商事仲裁裁决即时生效，能够提高商事仲裁裁决的履行效果。多数国家的商事仲裁立法和各常设仲裁机构的商事仲裁规则都普遍采用商事仲裁裁决自作出时起生效的原则，以防止在商事仲裁庭作出商事仲裁裁决后、裁决书送达双方当事人之前出现商事仲裁裁决书内容的变动，以保障商事仲裁裁决的稳定性。如法国《民事诉讼法典》第 1476 条规定：商事仲裁裁决自其作出之日起对于它决定的争议具有既判力。荷兰 1986 年《仲裁法》第 1059 条第 1 款也规定：只有终局裁决或部分裁决才能获得既判力。裁决自其作出之日起具有既判力。

还有一些商事仲裁规则虽表述得不够明确，但也表达了相同的意思。如《伦敦国际仲裁院仲裁规则》（2020年）第22条第2款规定，一经同意按照本规则仲裁，当事人就承担了毫不迟延地履行裁决的义务，并放弃了任何形式的上诉或诉诸法院或其他司法机构的权利，只要这种放弃是可以有效作出的，裁决应当是终审的，并且自作出之日起对所有当事人具有约束力。中国贸仲《仲裁规则》（2015年）第49条第8款和《深圳国际仲裁院仲裁规则》（2020年）第51条第6款都明确规定：作出裁决书的日期，即为裁决发生法律效力的日期。

（二）自商事仲裁裁决送达之日起形成

有关商事仲裁裁决自裁决送达之日起形成的规定，强调商事仲裁裁决不应该自裁决书作出之日，而是应该自裁决书送达之日起发生法律效力。如瑞士《联邦国际私法》第190条规定：裁决自送达之日起即为终审的。再如葡萄牙《仲裁法》第26条第1款也规定：将仲裁裁决通知当事人，并且如果需要，根据第24条的规定存放法院之后，仲裁裁决获得了既判力，并从那时起不再可以上诉。

需要特别强调的是，根据中国的商事仲裁立法和中国一些商事仲裁机构的仲裁规则的规定，商事仲裁庭根据仲裁当事人之间商事仲裁和解协议和商事仲裁调解协议制作的商事仲裁调解书，"与裁决书具有同等法律效力"。[①] 但是，这种"商事仲裁调解书"的既判力的形成时间，与商事仲裁庭基于一般的商事仲裁审理程序之后作出的商事仲裁裁决，以及基于仲裁当事人之间商事仲裁和解协议和商事仲裁调解协议作出的商事仲裁裁决不同。这种"商事仲裁调解书"的既判力的形成时间，为"商事仲裁调解书"的送达之日，而非作出之日。如中国《仲裁法》第52条第2款规定："调解书经双方当事人签收后，即发生法律效力。"此外，《广州仲裁委员会仲裁规则》（2021年）第63条第2款也明确规定："调解书由仲裁员签名，加盖本会公章，送达双方当事人，经双方当事人签收即发生法律效力。"

---

① 中国《仲裁法》第51条第2款；《广州仲裁委员会仲裁规则》（2020年）第63条第1款。

第十章　商事仲裁的司法监督

商事仲裁的司法监督，也即商事仲裁与法院的关系问题，是商事仲裁一个重要的理论与实践问题，事关商事仲裁法律制度的完善和健康发展，亦与党的二十大报告所强调的“营造市场化、法治化、国际化一流营商环境”总体要求密切相关。法院与商事仲裁的关系，大致经历了法院不干预、法院过度干预与控制，到现在的适度监督三个历史发展阶段。由于商事仲裁独特的法律特征，一方面商事仲裁当事人不希望法院过度地干预他们之间的商事仲裁，另一方面当事人也需要法院对商事仲裁给予一定的监督与支持。目前，商事仲裁与法院的关系，不是商事仲裁要不要受法院监督的问题[①]，而是需要法院给予什么样的监督的问题。[②]

第一节　商事仲裁司法监督概述

虽然世界各国都明确规定了商事仲裁的司法监督制度，但是，对于商事仲裁司法监督的含义及其内容、商事仲裁司法监督的范围等问题，基于各个国家程序法律制度，特别是商事仲裁程序法律制度的不同而不尽相同。

一、商事仲裁司法监督的概念

在商事仲裁领域，“司法监督”在不同的情况下有不同的表述，有的称之为“法院干预”（court intervention），有的称之为“法院协助和监督”（court assistance and supervision），[③]有的称之为“司法审查”（judicial review），[④]甚至还有的直接称之为“司法帮助”（judicial assistance）。[⑤]由此可以看出，商事仲裁司法监督主要有狭义和广义两种概念。狭义的观点认为，商事仲裁司法监督专指法院对商事仲裁的审查和控制；广义的观点认为，商事仲裁司法监督不仅包括法院对商事仲裁的审查和控制，还包括法院对商事仲裁的支持与协助，也即

---

① 中国《仲裁法（修订意见稿）》第 10 条规定：“人民法院依法支持和监督仲裁。”

② 参见赵健著：《国际商事仲裁的司法监督》，法律出版社 2000 年版，前言第 1 页。

③ Andreas Bucher, *Court Intervention in Arbitration*, in Richard B. Lillich & Charles N. Brower ed. , *International Arbitration in the 21st Century: Towards "Judicialization" and Uniformity?* *Transnational Publishers*, Inc. 1994, p.29.

④ 参见［英］施米托夫著：《国际贸易法文选》，赵秀文译，中国大百科全书出版社 1993 年版，第 675 页。

⑤ Margaret L. Moses, *The principles and Practice of International Commercial Arbitration*, chapter five is "Judicial Assistance for Arbitration", Cambridge University Press, 2008, p.84.

法院的监督,既有消极否定的一面,也有积极肯定的一面。[①] 一般而言,法院对商事仲裁的支持,包括但不限于:认定商事仲裁协议的效力、确定商事仲裁管辖权、指定或撤换仲裁员、采取中间措施如财产保全和证据保全、承认和执行商事仲裁裁决。法院对商事仲裁的监督,主要表现为撤销商事仲裁裁决、拒绝承认和执行商事仲裁裁决等。[②] 尽管将商事仲裁司法监督区分为法院对商事仲裁的支持和法院对商事仲裁的监督两个方面,但在实践中难以清晰地分开,在很多情况下,二者是融合在一起的,监督中有支持,支持中有监督,都是为了促进商事仲裁及商事仲裁法律制度的完善和健康发展。

本书在这里所探讨的商事仲裁司法监督采广义的概念,是指一国法院依据其国内法律或有关国际条约的规定,对商事仲裁程序中有关商事仲裁协议、商事仲裁庭的组成、商事仲裁的审理和裁决程序,以及商事仲裁裁决的承认与执行等事项进行审查,以决定是否给予支持和协助的行为。[③]

二、商事仲裁司法监督的必要性

商事仲裁作为一种解决商事法律争议的方法,具有高度的自主性、灵活性以及快捷便利等特点。但是,当事人的意思自治并不是毫无限制的,其订立的商事仲裁协议必须符合法律的规定,商事仲裁程序的进行必须合法,商事仲裁裁决只能由法院强制执行。这些都体现了法院对商事仲裁的监督与支持。商事仲裁司法监督的必要性主要体现在以下几个方面:

首先,商事仲裁的性质决定了商事仲裁司法监督的必要性。虽然在商事仲裁的性质问题上存在一定的分歧,商事仲裁法学理论界主要是从契约论、司法权论、混合论和自治论等各种理论的角度来考察商事仲裁的性质,而本书是从商事仲裁与行政仲裁、国际仲裁以及商事诉讼等的关系的角度来探讨商事仲裁的性质问题,但无论如何,就严格的法律性质而言,商事仲裁具有任意的和民间的性质,充其量也不过是一种"准司法"的程序。所以,在整个商事仲裁过程中,它既缺乏必要的强制性权力和物质手段以保障商事仲裁程序的顺利进行,更无相应的强制力确保商事仲裁裁决的执行,在这些方面,商事仲裁都需要得到法院的支持与协助。[④]

其次,商事仲裁所追求的价值目标要求有商事仲裁司法监督。商事仲裁不仅追求公平,同时追求效益。为了确保实现商事仲裁的公平价值,由法院对商事仲裁进行监督,能有效防止仲裁员的武断,纠正商事仲裁活动中的程序性错误,保障社会公平的实现,从而实现商事仲裁公平。在商事仲裁制度所追求的效益价值方面,由法院行使国家强制力来对商事仲裁给予支持与协助,在保全证据和保全财产、强制执行仲裁裁决等方面给予司法监督,可以有效保证商事仲裁目的的实现,从而提高商事仲裁的效率,实现商事仲裁的效益。[⑤]

---

① 参见赵健著:《国际商事仲裁的司法监督》,法律出版社 2000 年版,第 1 页。

② 参见黄进、宋连斌、徐前权著:《仲裁法学》,中国政法大学出版社 2008 年版,第 205 页。

③ 参见朱克鹏:《论国际商事仲裁中的法院干预》,载《法学评论》1995 年第 4 期。

④ 参见赵健著:《国际商事仲裁的司法监督》,法律出版社 2000 年版,第 4 页。

⑤ 参见李祖军、王嘎利:《论我国仲裁司法监督制度的完善》,载《仲裁研究》第 3 期。

再次，商事仲裁的相关制度要求有商事仲裁司法监督。商事仲裁司法监督是商事仲裁各项制度发挥有效作用的重要保障。（1）协议仲裁制度需要相应的司法监督。商事仲裁的基石是当事人意思自治，商事仲裁庭根据当事人自愿达成的商事仲裁协议取得仲裁管辖权。但是意思自治若任意泛滥，势必导致权力的滥用，所以世界各国对意思自治原则均予以限制。（2）一裁终审制度需要相应的司法监督。为了实现商事仲裁制度的快捷与效率，克服诉讼程序周期长、效率低等缺陷，商事仲裁一般采取一裁终审制度。但是，一裁终审制度也存在相当的风险，即仲裁员由于主客观条件的限制作出错误的裁决，或者由于仲裁员武断、枉法裁决而导致当事人无法进行申诉或纠正错误。为了尽可能减少和及时纠正商事仲裁活动中可能出现的错误，有必要将商事仲裁司法监督作为救济措施，保证商事仲裁公平价值的实现。（3）商事仲裁不公开审理制度需要相应的司法监督。商事仲裁与商事诉讼不同，是以不公开审理为原则，从而使得商事仲裁活动的透明度大大降低，社会监督难度加大。因此，为保证商事仲裁的合法公正，有必要建立完善的商事仲裁司法监督制度。①

最后，商事仲裁的相关实践需要有商事仲裁司法监督。对商事仲裁进行司法监督也基于社会现实的需要。仲裁员一方面会受到自身学识、实践经验、主观认识局限性等因素的影响，另一方面还会受到社会现实中各种不良思想的影响，从而错裁、误裁，甚至枉法裁决。在这种情况下，对商事仲裁的司法监督是国家保证商事仲裁公正的最后一道屏障，具有十分重要的作用。在商事仲裁实践中，无论是仲裁地的法院，还是裁决地的法院，都没有完全放弃对商事仲裁活动的司法监督。另外，法院代表国家行使审判权，负有维护社会公正以及保障国家法律统一的职责。在商事仲裁活动中，商事仲裁庭依照商事仲裁协议，通过一定的程序，根据法律的规定或者按照公允善良原则，对相关商事法律争议作出裁决，划分当事人之间的权利义务。商事仲裁的程序尤其是商事仲裁的结果，既关乎当事人的切身利益，又维系着社会的公正问题；商事仲裁庭是否适用法律以及如何理解和适用法律，还关系到一国法律的适用是否统一、完整。因此，法院不可能让商事仲裁完全放任自流，不可能不实施必要的审查和控制。②

最高人民法院前院长肖扬曾指出：由于商事仲裁具有“民间性”的特点，需要司法的监督与支持。一方面，法院对商事仲裁进行监督，可以有效防止仲裁员的武断，纠正商事仲裁活动中的错误，实现社会公正；另一方面，法院行使强制力，在传唤证人、保全财产和保全证据、执行仲裁裁决等方面对商事仲裁给予支持，可以有效保障商事仲裁程序的顺利进行，提高商事仲裁效率，切实维护当事人的合法权益。此外，他还认为，司法监督对于维护商事仲裁裁决的权威，确保商事仲裁公正，维护国家法制统一和法律权威，科学地发挥商事仲裁制度的作用与功能等都有着十分重要的意义。③

---

① 参见杨陈睿：《法院对仲裁监督探析》，载高顺龄主编：《当代中国仲裁制度若干问题研究》，武汉出版社 2004 年版，第 186 页。

② 参见赵健著：《国际商事仲裁的司法监督》，法律出版社 2000 年版，第 6 ~ 7 页。

③ 参见高菲：《中国法院对仲裁的支持与监督：访最高人民法院院长肖扬》，载《中国仲裁》2001 年第 4 期。

三、商事仲裁司法监督的法律依据

无论是商事仲裁地国法院还是商事仲裁裁决执行地国法院，在对商事仲裁进行司法监督时，主要是依据该国的国内法进行，也适用该国缔结或参加的国际条约。

例如中国，在国内法方面主要是中国《仲裁法》和中国《民诉法》。中国《仲裁法》是中国制定的第一部商事仲裁法，适用于平等主体的公民、法人和其他组织之间发生的合同争议和其他财产权益争议，确立了民商事法律争议或裁或审、一裁终审的原则，它的实施有利于促进和维护商事仲裁自治、效益、公正、公平的价值观念的实现。[①] 该法对商事仲裁司法监督作了比较系统的规定，是中国法院进行商事仲裁司法监督的主要法律依据。从实际情况看，自中国《仲裁法》颁布实施以来，各级人民法院严格遵守法律的规定，及时审理涉及商事仲裁的各种案件，依法认真执行了商事仲裁裁决，维护了商事仲裁裁决的权威。[②] 而中国《民诉法》主要是在商事仲裁管辖权、商事仲裁中的证据保全和财产保全，以及商事仲裁裁决的承认与执行等问题上作了若干规定。

在有关商事仲裁的国际立法方面，中国是 1958 年《纽约公约》的缔约国。根据该公约，中国法院对请求承认与执行的外国仲裁裁决有权进行司法监督，决定是否给予承认与执行。

此外，最高人民法院一系列的司法解释及有关通知，对商事仲裁的司法监督发挥着极其重要的指导作用。由于历史的局限，中国《仲裁法》的某些规定未能体现支持商事仲裁的精神，某些规定缺乏可操作性，同时对国际上普遍采用的一些旨在支持商事仲裁的制度还付之阙如，在某些方面不符合司法与商事仲裁关系发展的一般趋势。随着时间的推移和实践的发展，中国《仲裁法》关于商事仲裁司法监督的规定的一些弊端逐步显现出来。为此，最高人民法院及时总结审判经验，通过司法解释和个案批复等方式，对中国《仲裁法》拾遗补阙，推动着我国商事仲裁司法监督制度实践的发展。特别是 2006 年起施行的《〈仲裁法〉司法解释》，对中国商事仲裁司法监督制度作了重要的推动发展。[③]2017 年以后，最高人民法院又相继颁布了一个通知和三个司法解释，即《最高人民法院关于仲裁司法审查案件归口办理有关问题的通知》（法〔2017〕152 号）、《最高人民法院关于仲裁司法审查案件报核问题的有关规定》（法释〔2017〕21 号，2021 年修正）、《最高人民法院关于审理仲裁司法审查案件若干问题的规定》（法释〔2017〕22 号）以及《最高人民法院关于人民法院办理仲裁裁决执行案件若干问题的规定》（法释〔2018〕5 号）。以上四份文件，对中国商事仲裁司法审查制度作出了重大革新，对商事仲裁司法审查案件实行归口办理并履行报核程序，对商事仲裁司法审查案件的管辖权、处理依据等操作性问题、商事仲裁协议准据法的确定、统一司法尺度、商事仲裁裁决撤销

---

① 参见张潇剑：《论商事仲裁的司法监督》，载《清华法学》2002 年第 1 期。

② 参见高菲：《中国法院对仲裁的支持与监督：访最高人民法院院长肖扬》，载《中国仲裁》2001 年第 4 期。

③ 参见万鄂湘、于喜福：《我国仲裁司法监督制度的最新发展——评最高人民法院关于适用仲裁法的司法解释》，载《法学评论》2007 年第 1 期。

与不予执行程序的衔接等问题予以明确界定。为遏制虚假仲裁,还引入了案外人申请不予执行商事仲裁裁决的做法。[①] 这些司法解释体现了人民法院充分尊重当事人的商事仲裁意愿、鼓励和支持商事仲裁发展的态度,成为中国法院对商事仲裁进行司法监督的重要法律依据。

需要特别指出的是,某些法院为了支持特殊区域的商事仲裁案件,制定了对商事仲裁案件司法审查的意见。尽管这些意见是否具有法律性质有待商榷,但其也是该法院对特殊区域的商事仲裁案件进行司法监督的依据。例如,2014 年 5 月 4 日,上海市第二中级人民法院制定了《上海市二中院关于适用〈中国(上海)自由贸易试验区仲裁规则〉仲裁案件司法审查和执行的若干意见》,该意见指出:上海市第二中级人民法院是上级法院指定管辖上海国际经济贸易仲裁委员会(上海国际仲裁中心)所仲裁案件的司法审查单位。为服务中国(上海)自由贸易试验区的建设和发展,充分发挥商事仲裁制度在解决纠纷中的重要作用,依法履行商事仲裁司法审查和执行商事仲裁裁决职能,根据中国《仲裁法》、中国《民诉法》及相关司法解释的规定,结合本院工作实际,提出该意见。该意见的基本原则是:商事仲裁司法审查和执行应当遵循依法原则,支持商事仲裁制度发展与创新原则,尊重当事人意思自治原则,公正、便捷、高效原则。该意见在商事仲裁司法监督方面提出了很多创新做法。[②]

四、商事仲裁司法监督的内容和范围

商事仲裁司法监督的内容是指法院应该对商事仲裁活动中哪些方面进行监督。根据商事仲裁活动的运行过程,可以将商事仲裁司法监督划分为三个方面的监督:一是对商事仲裁管辖权的监督,主要包括对商事仲裁协议效力的认定、对商事法律争议的可仲裁性的认定,以及商事仲裁庭是否在当事人约定的范围内行使仲裁管辖权的认定;二是对商事仲裁过程的监督,主要包括对仲裁员的指定和撤销、中间措施、证据的获取等方面的监督;三是对商事仲裁裁决的监督,主要包括对商事仲裁裁决的撤销、不予执行,以及商事仲裁裁决的承认与执行等方面的监督。

商事仲裁司法监督的范围是指法院应该对多大范围的商事仲裁进行监督的问题,即是只对商事仲裁程序问题进行监督,还是应对商事仲裁实体问题进行监督。据此,可以将商事仲裁司法监督划分为程序审查和实体审查。程序审查主要是指对商事仲裁程序是否具有正当性和合法性进行的审查,即“商事仲裁程序是否遵守了自然正义(natural justice)的要求,以及按照当事人适用的法律,该商事仲裁协议是否有效”等;[③] 实体审查主要是指对商事仲裁裁决的是非曲直进行的审查,一般包括对事实部分的审查和法律适用部分的审查。以上两种司法监督又可称为程序性监督和实体性监督。

在中国,目前商事仲裁法律区分了国际商事仲裁与国内商事仲裁,并采取了内外有别的

① 参见宋连斌:《仲裁司法监督制度的新进展及其意义》,载《人民法治》2018 年第 3 期。

② 参见上海法院网。

③ 参见[英]施米托夫著:《国际贸易法文选》,赵秀文译,中国大百科全书出版社 1993 年版,第 675 页。

商事仲裁司法监督机制。因此，以程序性监督和实体性监督为基础，同时综合考虑到国内商事仲裁和国际商事仲裁的司法监督机制，中国内地的商事仲裁司法监督可以分为四种类型，即统一全面监督论、双轨程序监督论、单轨程序监督论，以及修正的全面监督论。

1. 统一全面监督论

统一全面监督论主张对国际商事仲裁和国内商事仲裁一视同仁地实行程序运作和实体内容的双重监督。其主要理由有:（1）将国内商事仲裁监督与国际商事仲裁监督分轨，不是国际社会的普遍做法。有学者在考察了一些国家的商事仲裁监督机制后指出，这些国家的立法都对其本国境内作出的国内商事仲裁裁决与国际商事仲裁裁决实行“一视同仁”的监督，而不实行“内外有别”的分流机制，都是既监督程序也审查实体。（2）从公平性角度考虑，对于已经发生法律效力的国际商事仲裁裁决，只要当事人提出确凿证据足以证明该商事仲裁裁决确有重大错误或重大违法情事，则不论其为程序上的错误或违法，抑或实体上的错误或违法，都属于法院应当依法实行商事仲裁监督之列。（3）中国《仲裁法》第 34 条和第 38 条所规定的商事仲裁监督制度，不足以保障实体内容的正确性。①

2. 双轨程序监督论

双轨程序监督论主张区分国际商事仲裁与国内商事仲裁，对国际商事仲裁的监督应仅限于商事仲裁程序问题，不应过问商事仲裁裁决的实体内容。其主要理由有:（1）对国际商事仲裁与国内商事仲裁作出区分是国际社会的普遍做法。（2）关于法院对国际商事仲裁的监督，各国的普遍做法不是扩大法院的监督范围，而是缩小司法监督范围，弱化法院对商事仲裁的监督。（3）允许法院对国际商事仲裁进行实质审查，无异于使商事仲裁程序从属于法院的诉讼程序，不利于维护商事仲裁裁决的终审性质。②

3. 单轨程序监督论

单轨程序监督论主张统一国内商事仲裁与国际商事仲裁的司法监督范围，将之限定在程序审查上。其主要理由有:（1）国内商事仲裁和国际商事仲裁的区别不是商事仲裁本质上的差异，而只是商事仲裁形式上的差异。（2）对商事仲裁进行实体监督有悖于商事仲裁的本质，无论是对国内商事仲裁案件，还是对国际商事仲裁案件，法院都应只对商事仲裁实行程序监督。（3）中国不同性质的仲裁委员会的商事仲裁管辖权正在趋于融合，趋于一体化，采取双轨制将使法院的监督复杂化。（4）主张商事仲裁监督范围的统一性，并不是否定国际商事仲裁的特殊性，并不是否定在立法上针对国际商事仲裁所作出的特殊规定。③

4. 修正的全面监督论

修正的全面监督论不区分国内商事仲裁和国际商事仲裁，都要对程序性事项和实体性事项进行监督；但是不同于统一全面监督论，它在监督实体事项时有所限制。英国 1996 年

① 参见陈安:《中国涉外仲裁监督机制申论》，载《中国社会科学》1998 年第 2 期。

② 参见肖永平:《内国、涉外仲裁监督机制之我见——对〈中国涉外仲裁监督机制评析〉一文的商榷》，载《中国社会科学》1998 年第 2 期。

③ 参见张斌生主编:《仲裁法新论》，厦门大学出版社 2004 年版，第 383 ~ 384 页。

《仲裁法》中的商事仲裁司法监督即采用该做法，在监督范围上，虽然仍赋予法院对商事仲裁裁决中的实体问题进行审查的权力，但同时规定了当事人可以约定排除这种审查，并对当事人提请法院就法律问题进行审查设置了一系列的条件。[①]

目前，尽管各国法律对商事仲裁司法监督事项的规定有趋同的势头，但由于各国在文化背景、法律传统、民族习惯等方面的差异，有些国家的法院只审查程序方面的事项，而另一些国家的法院既审查程序事项，也审查实体事项。[②]中国商事仲裁的司法监督区分国内商事仲裁和国际商事仲裁，对国内商事仲裁实行全面监督，对国际商事仲裁实行程序监督。本书认为，为了促进中国商事仲裁事业的发展，考虑到各国商事仲裁司法监督立法的发展趋势，中国应该在国内商事仲裁法制得到较充分的发展以后，将对国内商事仲裁和国际商事仲裁的两种监督机制并轨，但并轨的目的不是扩大法院的监督范围，而是缩小法院的监督范围，也就是将国内商事仲裁监督机制向国际商事仲裁监督机制靠拢。[③]

第二节 商事仲裁管辖权的司法监督

商事仲裁管辖权，是指商事仲裁协议赋予商事仲裁庭对有关商事仲裁案件进行审理并作出裁决的权限。商事仲裁管辖权的确定，与对商事仲裁协议效力的认定密不可分。因为如果认定商事仲裁协议有效，商事仲裁庭对有关的仲裁案件就具有管辖权；相反，如果认定商事仲裁协议无效，商事仲裁庭对有关仲裁案件就没有管辖权。所以，对商事仲裁管辖权进行司法监督主要包含两个方面的内容：一是法院在受理当事人商事诉讼请求时，审查当事人之间是否有商事仲裁协议，如果有则驳回起诉，告之到商事仲裁机构申请仲裁；二是应当事人的申请，就商事仲裁机构对某一具体案件是否具有仲裁管辖权进行审查。据此，对商事仲裁管辖权的司法监督，主要包括对商事仲裁协议效力的认定和对提交仲裁的有关商事法律争议是否具有可仲裁性的认定。

一、认定商事仲裁协议效力的监督

有效的商事仲裁协议是商事仲裁管辖权的基础，同时也是排除法院诉讼管辖权的依据。法院对商事仲裁协议效力的认定在司法实践中主要有两种情形。

一种情形是在商事仲裁程序开始前，具有商事仲裁协议的一方当事人就有关的商事法律争议向法院提起诉讼，另一方当事人要求法院将争议提交仲裁。1958年《纽约公约》第2条第3款规定了此种情形，即如果缔约国的法院受理一个案件，就该案件所涉及的事项，当事人已经达成本条意义内的商事仲裁协议，除非该法院查明该项商事仲裁协议是无效的、未生效的或不可能实行的，否则应该依一方当事人的请求，令当事人把案件提交仲裁。也就是

① 参见邓瑞平等著：《国际商事仲裁法学》，法律出版社2010年版，第414页。

② 参见宋连斌：《论中国仲裁监督机制及其完善》，载《法制与社会发展》2003年第2期。

③ 参见肖永平：《也谈我国法院对仲裁的监督范围》，载《法学评论》1998年第1期。

说，存在商事仲裁协议无效、未生效、内容含糊不清、无法执行等情形时，法院具有诉讼管辖权。反之，如果存在合法有效的商事仲裁协议，法院应当终止诉讼，要求当事人将相关商事法律争议提交仲裁解决。在这种情形下，商事仲裁与商事诉讼出现了明显的冲突。毫无疑问，法院必须对商事仲裁协议的效力加以认定。法院在认定商事仲裁协议是否有效时，对其司法审查的范围有所不同：有的国家采取对案件的事实和涉及情形进行全面审查，有的国家则只采取形式审查。在美国，两种方法都存在。适用全面审查旨在避免有缺陷的商事仲裁协议，如果不实行全面审查，可能会导致商事仲裁庭根据该商事仲裁协议作出的裁决无效，使得商事仲裁庭在商事仲裁程序中的努力白费，浪费商事仲裁庭的时间与资源。实行形式审查旨在阻止当事人对案件的拖延。①

另一种情形是一方当事人申请商事仲裁，另一方当事人向法院提起商事诉讼。在此种情况下，是商事仲裁庭，还是由法院来确定商事仲裁协议的效力，值得关注。从国际社会有关商事仲裁的实践来看，商事仲裁机构和法院都有权确定商事仲裁协议的效力。商事仲裁庭有权对自身的管辖权作出决定，即商事仲裁庭管辖权自裁原则，亦称管辖权 / 管辖权理论。

例如，《联合国国际商事仲裁示范法》第 16 条规定，仲裁庭对其管辖权作出裁定的权力：(1) 仲裁庭可以对其管辖权，包括对仲裁协议的存在或效力的任何异议作出裁定。为此目的，构成合同一部分的仲裁条款应视为独立于合同其他条款的一项协议。仲裁庭作出关于合同无效的决定，不应在法律上导致仲裁条款无效。(2) 有关仲裁庭无权管辖的抗辩不得在提出答辩书之后提出。当事一方已委任或参与委任仲裁员的事实，不妨碍其提出此种抗辩。有关仲裁庭超越其权力范围的抗辩，应在仲裁程序中被指越权的情事出现后立即提出。在这两种情况下，仲裁庭如认为有正当理由，均可准许推迟提出抗辩。(3) 仲裁庭可以根据案情将本条第(2)款所指抗辩作为一个初步问题裁定或在实体裁决中裁定。如果仲裁庭作为一个初步问题裁定它有管辖权，当事任何一方均可在收到裁定通知后 30 天内要求第 6 条规定的法院对这一问题作出决定，该决定不容上诉；在等待对这种要求作出决定的同时，仲裁庭可以继续进行仲裁程序和作出裁决。《联合国国际贸易法委员会仲裁规则》(2010 年)第 23 条也作出了同样的规定。世界各国的商事仲裁立法和各常设仲裁机构的商事仲裁规则，也都对商事仲裁机构或商事仲裁庭就商事仲裁协议效力问题的裁决权作了专门的规定。如中国《仲裁法》第 20 条规定："当事人对仲裁协议的效力有异议的，可以请求仲裁委员会作出决定或者请求人民法院作出裁定。一方请求仲裁委员会作出决定，另一方请求人民法院作出裁定的，由人民法院裁定。当事人对仲裁协议的效力有异议，应当在仲裁庭首次开庭前提出。"

如果商事仲裁机构就商事仲裁协议的有效性作出的决定与法院对此问题作出的裁定相抵触，法院的裁定优先。否则，依照该项有争议的商事仲裁协议所作出的商事仲裁裁决，在

---

① Margaret L. Moses, *The principles and Practice of International Commercial Arbitration*, Cambridge University Press, 2008, p.86.

日后的承认与执行问题上便会遇到麻烦。[①] 例如,中国《仲裁法》第 20 条第 1 款规定:“当事人对仲裁协议的效力有异议的,可以请求仲裁委员会作出决定或者请求人民法院作出裁定。一方请求仲裁委员会作出决定,另一方请求人民法院作出裁定的,由人民法院裁定。”但是,该条规定存在一定的模糊性,为了解决谁是有权确定商事仲裁协议效力的机构这一问题,1998 年 11 月 5 日发布施行的《最高人民法院关于确认仲裁协议效力的几个问题的批复》(法释〔1998〕27 号)进一步作出了如下具体的规定:“……三、当事人对仲裁协议的效力有异议的,一方当事人申请仲裁机构确认仲裁协议效力,另一方当事人请求人民法院确认仲裁协议无效,如果仲裁机构先于人民法院接受申请并已做出决定,人民法院不予受理;如果仲裁机构接受申请后尚未做出决定,人民法院应予受理,同时通知仲裁机构终止仲裁。四、一方当事人就合同纠纷或者其他财产权益纠纷申请仲裁,另一方当事人对仲裁协议的效力有异议,请求人民法院确认仲裁协议无效并就合同纠纷或者其他财产权益纠纷起诉的,人民法院受理后应当通知仲裁机构中止仲裁。人民法院依法做出仲裁协议有效或者无效的裁定后,应当将裁定副本送达仲裁机构,由仲裁机构根据人民法院的裁定恢复仲裁或者撤销仲裁案件……”该批复还强调:“人民法院依法对仲裁协议做出无效的裁定后,另一方当事人拒不应诉的,人民法院可以缺席判决;原受理仲裁申请的仲裁机构在人民法院确认仲裁协议无效后仍不撤销其仲裁案件的,不影响人民法院对案件的审理。”

从大多数国家的立法来看,商事仲裁庭虽然有权就其自身的商事仲裁管辖权作出决定,但仍然要受到法院的控制,法院有最终的决定权。这是因为,商事仲裁庭作出的决定以后还会因对商事仲裁裁决的异议而受到法院的重新审查。如法院经审查决定撤销裁决,所进行的商事仲裁程序可能是在浪费时间。为了防止这一问题出现,较为普遍的做法是,商事仲裁庭必须对商事仲裁管辖权异议以初步裁决形式作出,这样当事人可在较早时间内得到商事仲裁管辖权问题的最终决定。[②] 例如,《联合国国际商事仲裁示范法》第 16 条第 3 款规定:仲裁庭可以根据案情将本条第 2 款所指抗辩作为一个初步问题裁定或在实体裁决中裁定。如果商事仲裁庭作为一个初步问题裁定它具有商事仲裁管辖权,当事任何一方均可在收到裁定通知后 30 天内要求第 6 条规定的法院对这一问题作出决定,该决定不容上诉;在等待对这种要求作出决定的同时,商事仲裁庭可以继续进行商事仲裁程序和作出裁决。

二、认定可仲裁事项的监督

可仲裁事项是指当事人之间约定在日后或已经发生争议时,依法可以通过商事仲裁方式加以解决的事项。由于各国社会、经济制度与所处的社会发展阶段的不同,对内实施的公共政策迥异,且 1958 年《纽约公约》亦未给可仲裁事项划定统一的范围,而将该权利赋予商

① 参见张潇剑:《论商事仲裁的司法监督》,载《清华法学》2002 年第 1 期。

② 参见郭寿康、赵秀文主编:《国际经济贸易仲裁法》,中国法制出版社 1999 年版,第 364 页。

事仲裁裁决的执行地国法院，[①] 所以，各国关于可仲裁事项的规定，就不可能完全一致，在一国被认为是可仲裁的事项，在另一国则可能完全相反。例如，各国对于反垄断争议、证券争议等的可仲裁性认定不一。此时，在确定可仲裁事项问题上就需要国家法院的介入，以进行监督审查。如果一项争议不具有可仲裁性，则商事仲裁庭就会失去仲裁管辖权。同时，依据一国法律认定仲裁事项不可仲裁，则该商事仲裁协议即被认定无效。进一步地，依据该商事仲裁协议作出的商事仲裁裁决将可能被相关国家的法院予以撤销，执行地国法院亦可能按照 1958 年《纽约公约》第 5 条第 2 款第 1 项的规定拒绝承认与执行该项商事仲裁裁决。由此可见，争议事项的可仲裁性，对商事仲裁机构的仲裁管辖权、商事仲裁协议的效力以及商事仲裁裁决的承认与执行均具有重大的意义。[②] 从根本意义上讲，争议事项的可仲裁性是商事仲裁管辖权的基础。[③]

商事仲裁中的可仲裁性问题主要涉及对商事的界定问题，只有商事法律争议才能提交仲裁，商事仲裁机构才能取得仲裁管辖权，进而影响到商事仲裁协议的有效性以及商事仲裁裁决的承认与执行问题。国际社会以及各国对于什么是商事理解不一，但一般倾向于作广义的解释。1958 年《纽约公约》第 1 条第 3 款规定：任何国家得于签署、批准或加入本公约时，或于本公约第 10 条通知推广适用时，均可根据对等原则声明该国适用本公约，以承认及执行在另一缔约国领土内所作成的裁决为限。任何国家亦得声明，该国唯于争议起于法律关系，不论其为契约性质与否，而依提出声明国家的国内法认为系属商事关系者，始适用本公约。该条就是所谓的商事保留条款，其并没有对商事和商事法律关系做出界定，而留给各国国内法解决。也就是说，根据 1958 年《纽约公约》，在该公约缔约国内申请承认与执行一项外国商事仲裁裁决时，必须查明该缔约国国内法对于商事的定义。该项争议，如果该缔约国国内法认定为商事关系，即使不是商事合同关系，如侵权关系，也属于公约的范围，可以依据公约进行承认与执行。如果该缔约国国内法不认为是商事关系，承认与执行该项仲裁裁决的申请将会遭到拒绝。联合国国际贸易法委员会在起草《联合国国际商事仲裁示范法》的过程中，对于什么是“商事”难以达成一致意见，无法形成正式条文，只好对“商事”一词做出注释性说明：对“商事”一词应作广义解释，使其包括不论是契约性或非契约性的一切商事性质的关系所引起的争议事项。商事性质的关系包括但不限于下列交易：供应或交换货物或服务的任何贸易交易，销售协议，商事代表或代理，保理，租赁，建造工厂，咨询，工程，使用许可，投资，筹资，银行，保险，开发协议或特许，合营和其他形式的工业或商业合作，空中、海上、铁路或公路的客货载运。

在一般情况下，大多数国家的国际商事仲裁实践，如美国、法国等，都对“商事”作了广义的解释。在中国，法律没有明文规定什么是“商事”。中国《仲裁法》第 2 条以及第 3 条从正反两个方面对于争议事项的可仲裁性作了原则性规定。第 2 条规定了平等主体的公

①② 参见杜新丽著:《国际商事仲裁理论与实践专题研究》,中国政法大学出版社 2009 年版,第 3 页。

③ 参见宋连斌著:《国际商事仲裁管辖权研究》,法律出版社 2000 年版,第 117 页。

民、法人和其他组织之间发生的合同纠纷和其他财产权益纠纷，可以仲裁。第 3 条规定了婚姻、收养、监护、扶养、继承纠纷以及依法应当由行政机关处理的行政争议不能仲裁。1987 年《最高人民法院关于执行我国加入的〈承认和执行外国仲裁裁决公约〉的通知》中说明，根据中国加入该公约时所作的商事保留声明，中国只对按照中国法律属于契约性和非契约性商事法律关系所引起的争议适用该公约。所谓“契约性和非契约性商事法律关系”，具体是指由于合同、侵权或者根据有关法律规定而产生的经济上的权利义务关系，如货物买卖，财产租赁，工程承包，加工承揽，技术转让，合资经营，合作经营，勘探开发自然资源，保险，信贷，劳务，代理，咨询服务，海上、民用航空、铁路、公路的客货运输以及产品责任，环境污染，海上事故和所有权争议等，但不包括外国投资者与东道国政府之间的争端。明显地，中国对于“商事”一词也是持一种较为广义的解释。

尽管国际社会对于商事仲裁中的可仲裁性问题有不同的理解，但在全球化进程的带动下，商事交往日趋广泛化与相关化，各国对商事仲裁所实施的监督与审查标准趋于统一，争议事项的可仲裁性问题也呈现普遍采用对商事仲裁发展有利的立场来解释争议事项的可仲裁性的趋势，其结果是可仲裁事项的范围日渐扩大。在传统上被视为不可仲裁的事项，也逐步被相关国家认为可以提交仲裁。另外，随着国际商业客体对象的扩大，不断涌现的新经济现象也扩展了可仲裁事项的范围。

三、中国相关司法审查制度的发展

如前所述，《〈仲裁法〉司法解释》体现了人民法院充分尊重当事人的仲裁意愿、鼓励和支持商事仲裁发展的态度，成为中国法院对商事仲裁进行司法监督的重要法律依据。该解释对商事仲裁管辖权的司法监督（包括商事仲裁协议效力的司法审查以及可仲裁事项的司法审查）作了新的发展，主要体现在以下几个方面：

（1）对商事仲裁协议的书面形式作了宽泛界定。中国《仲裁法》第 16 条对商事仲裁协议的其他书面形式并没有作出严格界定。该解释第 1 条则明确规定，“其他书面形式”的商事仲裁协议，包括以合同书、信件和数据电文（包括电报、电传、传真、电子数据交换和电子邮件）等形式达成的提交仲裁的协议。该规定几乎将所有现代通信手段囊括进来，减少了商事仲裁协议效力和商事仲裁庭管辖权被否定的机会。

（2）对解决的争议事项作了宽泛的解释。一般而言，商事仲裁协议对于争议事项仅笼统规定“本合同发生的争议”或“本合同或与本合同有关的一切争议”应提交仲裁，各商事仲裁机构的示范条款也是作如此规定，如上海仲裁委员会的示范仲裁条款是“因本合同发生的争议，应当协商解决，协商不成的，提请上海仲裁委员会按照其仲裁规则进行仲裁”。法院在审查商事仲裁协议的效力时，如何解释这些概括性措辞，一定程度上决定了商事仲裁协议的效力范围。该解释第 2 条明确规定：“当事人概括约定仲裁事项为合同争议的，基于合同成立、效力、变更、转让、履行、违约责任、解释、解除等产生的纠纷都可以认定为仲裁事项。”这种宽泛的解释，使尽可能多的商事法律争议被纳入商事仲裁协议的范围，体现了支持商事仲裁的精神。[①]

（3）对约定仲裁机构的规定作了软化处理。中国《仲裁法》第16条规定，“选定的仲裁委员会”是商事仲裁协议效力的必备要件。在实践中，当事人对于商事仲裁机构的约定往往出现模糊或不明确的情况，导致商事仲裁协议的效力被否定。该解释从支持商事仲裁的角度出发，对中国《仲裁法》硬性要求选定商事仲裁机构作了软化处理。其第3条规定，商事仲裁协议约定的商事仲裁机构名称不准确，但能够确定具体的仲裁机构的，应当认定选定了商事仲裁机构。例如，当事人约定了“武汉市仲裁委员会”，但在武汉市只有武汉仲裁委员会，若严格按照中国《仲裁法》的规定，该商事仲裁协议将因仲裁机构约定不明确导致无效。但根据该解释，因武汉只有一个商事仲裁机构，能够确定具体的仲裁机构，商事仲裁协议是有效的。其第4条规定，商事仲裁协议仅约定纠纷适用的仲裁规则的，视为未约定商事仲裁机构，但当事人达成补充协议或者按照约定的仲裁规则能够确定商事仲裁机构的除外。其第5条规定，商事仲裁协议约定两个以上商事仲裁机构的，当事人可以协议选择其中的一个商事仲裁机构申请仲裁；当事人不能就商事仲裁机构选择达成一致的，商事仲裁协议无效。其第6条规定，商事仲裁协议约定由某地的商事仲裁机构仲裁且该地只有一个商事仲裁机构的，该商事仲裁机构视为约定的商事仲裁机构。该地有两个以上商事仲裁机构的，当事人可以协议选择其中的一个商事仲裁机构申请仲裁；当事人不能就商事仲裁机构选择达成一致的，商事仲裁协议无效。

（4）对或裁或审仲裁条款的效力采取了灵活的做法。在商事仲裁实践中，当事人常常约定，或向法院诉讼，或向商事仲裁机构申请仲裁，按照中国《仲裁法》的要求，这类商事仲裁协议无效。但是该解释采取了灵活的做法。其第7条规定：“当事人约定争议可以向仲裁机构申请仲裁也可以向人民法院起诉的，仲裁协议无效。但一方当事人向仲裁机构申请仲裁，另一方当事人未在仲裁法第二十条第二款规定期间内提出异议的除外。”根据中国《仲裁法》第20条第2款的规定，当事人对商事仲裁协议的效力有异议，应当在商事仲裁庭首次开庭前提出。也就是说，对于此类或裁或审的条款，只要当事人没有在商事仲裁庭首次开庭前明确提出异议，应该认定为有效的商事仲裁协议。

（5）对商事仲裁协议的继承问题作了明确规定。该解释第8条、第9条主要规定了3种情形：其一，当事人订立商事仲裁协议后合并、分立的，商事仲裁协议对其权利义务的继受人有效；其二，当事人订立商事仲裁协议后死亡的，商事仲裁协议对承继其仲裁事项中的权利义务的继承人有效；其三，债权债务全部或者部分转让的，商事仲裁协议对受让人有效，但当事人另有约定、在受让债权债务时受让人明确反对或者不知有单独仲裁协议的除外。这些规定扩大了商事仲裁协议的效力范围，体现了支持商事仲裁的精神。

（6）对商事仲裁协议自治原则的适用范围作了扩大。中国《仲裁法》第19条第1款规定，商事仲裁协议独立存在，合同的变更、解除、终止或者无效，不影响商事仲裁协议的效力。

① 参见万鄂湘、于喜福：《我国仲裁司法监督制度的最新发展——评最高人民法院关于适用仲裁法的司法解释》，载《法学评论》2007年第1期。

中国《仲裁法》仅仅规定四种不影响商事仲裁协议效力的形式，但是在实践中，还会出现其他情况。该解释第 10 条作了进一步规定，合同成立后未生效或者被撤销的，商事仲裁协议效力的认定适用中国《仲裁法》第 19 条第 1 款的规定。当事人在订立合同时就争议达成商事仲裁协议的，合同未成立不影响商事仲裁协议的效力。

（7）对通过援引方式达成商事仲裁协议的效力作了有效规定。在商事仲裁司法实践中，当事人常常会约定争议解决条款见合同的背面，或约定争议解决适用其他合同、文件中的仲裁条款。对于此种情形，该解释第 11 条明确规定，合同约定解决争议适用其他合同、文件中的有效仲裁条款的，发生合同争议时，当事人应当按照该仲裁条款提请仲裁。涉外合同应当适用的有关国际条约中有仲裁规定的，发生合同争议时，当事人应当按照国际条约中的仲裁规定提请仲裁。

（8）对商事仲裁协议效力异议权的默示放弃制度作了规定。商事仲裁协议效力异议权的默示放弃制度要求当事人必须在进行商事仲裁的首次实体答辩前提出对商事仲裁协议效力的异议。该解释第 13 条对中国《仲裁法》第 20 条第 2 款进一步作了明确规定：强调当事人在商事仲裁庭首次开庭前没有对商事仲裁协议的效力提出异议，而后向人民法院申请确认商事仲裁协议无效的，人民法院不予受理；商事仲裁机构对商事仲裁协议的效力作出决定后，当事人向人民法院申请确认商事仲裁协议效力或者申请撤销商事仲裁机构的决定的，人民法院不予受理。当然，该条规定还是存在一定的问题，其规定与国际社会普遍实行的首次实体答辩前提出不同，而是采取了商事仲裁庭首次开庭前提出。但在商事仲裁实践中还会出现有关案件不进行开庭审理，直接进行书面审理的情况，所谓的“商事仲裁庭首次开庭前”就不存在。尽管有此问题，其毕竟明确肯定了商事仲裁协议异议权的默示放弃制度，有利于维护商事仲裁协议效力的稳定。

（9）对国际商事仲裁协议效力的法律适用作了规定。商事仲裁协议独立于主合同而存在，需要单独规定国际商事仲裁协议所应适用的法律。该解释第 16 条的规定，弥补了中国《仲裁法》的不足。其规定：对涉外商事仲裁协议的效力审查，适用当事人约定的法律；当事人没有约定适用的法律但约定了仲裁地的，适用仲裁地法律；既没有约定应适用的法律也没有约定仲裁地或者仲裁地约定不明的，适用法院地法律。该规定为中国此后的立法打下了基础。如 2011 年 4 月 1 日开始施行的中国《法律适用法》第 18 条就作了类似的规定：“当事人可以协议选择仲裁协议适用的法律。当事人没有选择的，适用仲裁机构所在地法律或者仲裁地法律。”

2017 年最高人民法院颁布了《最高人民法院关于仲裁司法审查案件归口办理有关问题的通知》和《最高人民法院关于审理仲裁司法审查案件若干问题的规定》，对商事仲裁仲裁管辖权的司法监督，主要还是延续上述司法解释的做法，并作出了一些改变。

根据《最高人民法院关于仲裁司法审查案件归口办理有关问题的通知》的规定，归口办理主要有以下做法：（1）各级人民法院审理涉外商事案件的审判庭（合议庭）作为专门业务庭负责办理商事仲裁司法审查案件（第 1 条）。（2）当事人申请确认商事仲裁协议效力的案件,申请撤销中国内地商事仲裁机构仲裁裁决的案件,申请认可和执行香港特别行政区、澳门特别行政区、台湾地区商事仲裁裁决的案件、申请承认和执行外国商事仲裁裁决等商事仲裁司法审查案件,由各级人民法院专门业务庭办理。专门业务庭经审查裁定认可和执行香港特别行政区、澳门特别行政区、台湾地区商事仲裁裁决,承认和执行外国商事仲裁裁决的,交由执行部门执行(第2条)。(3)一审法院作出的不予受理、驳回起诉、管辖权异议裁定涉及商事仲裁协议效力的,当事人不服该裁定提起上诉的案件,由二审人民法院专门业务庭办理(第3条)。

《最高人民法院关于审理仲裁司法审查案件若干问题的规定》明确了商事仲裁司法审查案件的具体类型,包括:(1)申请确认商事仲裁协议效力案件;(2)申请撤销中国内地商事仲裁机构的仲裁裁决案件;(3)申请执行中国内地商事仲裁机构的仲裁裁决案件;(4)申请认可和执行香港特别行政区、澳门特别行政区、台湾地区商事仲裁裁决案件;(5)申请承认和执行外国商事仲裁裁决案件;(6)其他商事仲裁司法审查案件。其中,第(1)项就是关于商事仲裁管辖权方面监督的案件。

该规定对于商事仲裁司法审查案件的管辖问题,仍然按照中国《仲裁法》及其司法解释的规定办理,但也作出了两个方面新的规定:(1)改变了《〈仲裁法〉司法解释》对申请确认国内和涉外商事仲裁协议区分不同的连结因素确定管辖法院的做法,并对涉及海事海商纠纷仲裁协议作出了由海事法院管辖的规定。《最高人民法院关于审理仲裁司法审查案件若干问题的规定》第2条规定,对于确认商事仲裁协议效力的案件,不再区分国内案件还是涉外案件,由统一的管辖权标准来确定,即"申请确认商事仲裁协议效力的案件,由商事仲裁协议约定的仲裁机构所在地、仲裁协议签订地、申请人住所地、被申请人住所地的中级人民法院或者专门人民法院管辖。涉及海事海商纠纷仲裁协议效力的案件,由商事仲裁协议约定的仲裁机构所在地、仲裁协议签订地、申请人住所地、被申请人住所地的海事法院管辖;上述地点没有海事法院的,由就近的海事法院管辖。"(2)增加了基于关联案件的需要,对承认外国商事仲裁裁决的效力管辖的规定,即"外国仲裁裁决与人民法院审理的案件存在关联,被申请人住所地、被申请人财产所在地均不在我国内地,申请人申请承认外国商事仲裁裁决的,由受理关联案件的人民法院管辖。受理关联案件的人民法院为基层人民法院的,申请承认外国商事仲裁裁决的案件应当由该基层人民法院的上一级人民法院管辖。受理关联案件的人民法院是高级人民法院或者最高人民法院的,由上述法院决定自行审查或者指定中级人民法院审查。外国商事仲裁裁决与我国内地商事仲裁机构审理的案件存在关联,被申请人住所地、被申请人财产所在地均不在我国内地,申请人申请承认外国商事仲裁裁决的,由受理关联案件的商事仲裁机构所在地的中级人民法院管辖"。

此外,该规定对于涉外商事仲裁协议的准据法问题,规定了以下情形:(1)当事人协议选择确认涉外商事仲裁协议效力适用的法律,应当作出明确的意思表示,仅约定合同适用的法律,不能作为确认合同中仲裁条款效力适用的法律。(2)人民法院根据中国《法律适用法》第18条的规定,确定确认涉外商事仲裁协议效力适用的法律时,当事人没有选择适用的法律，适用商事仲裁机构所在地的法律与适用商事仲裁地的法律将对商事仲裁协议的效力作出不同认定的，人民法院应当适用确认商事仲裁协议有效的法律。如果商事仲裁协议未约定仲裁机构和仲裁地，但根据商事仲裁协议约定适用的仲裁规则可以确定商事仲裁机构或者仲裁地的，应当认定其为中国《法律适用法》第 18 条中规定的商事仲裁机构或者仲裁地。（3）人民法院适用 1958 年《纽约公约》审查当事人申请承认和执行外国商事仲裁裁决案件时，被申请人以商事仲裁协议无效为由提出抗辩的，人民法院应当依照该公约第 5 条第 1 款第 1 项的规定，确定确认商事仲裁协议效力应当适用的法律。

除上述规定之外，《最高人民法院关于审理仲裁司法审查案件若干问题的规定》还对于商事仲裁司法审查案件的受理问题、管辖权异议的问题、商事仲裁协议和商事仲裁裁决涉外性质判断标准问题、商事仲裁司法审查的依据问题、商事仲裁司法审查裁定的终局性问题、涉及港澳台商事仲裁司法审查案件的问题，均作出了明确的规定。

第三节　商事仲裁程序的司法监督

一般而言，商事仲裁程序主要由商事仲裁机构、仲裁庭以及仲裁双方当事人共同推进。但由于商事仲裁机构的民间性，商事仲裁庭不同于法庭，没有强制执行权，所以在商事仲裁程序中，包括商事仲裁庭的组成、发布中间措施以及合并仲裁等方面，仍然需要法院的支持与监督。

一、指定仲裁员的监督

在通常情况下，指定仲裁员和组成商事仲裁庭是根据当事人之间达成的商事仲裁协议和商事仲裁机构的仲裁规则，或当事人选择的任何其他商事仲裁规则进行的，无需法院介入。但在当事人指定仲裁员或者商事仲裁庭组成发生困难时，应当事人请求，法院有权协助指定仲裁员以及组成商事仲裁庭。[①]

大多数国家的商事仲裁立法和 1985 年《联合国国际商事仲裁示范法》都规定了法院在指定仲裁员方面拥有的权力。如法国《民事诉讼法典》第 1493 条规定，在法国进行的商事仲裁，或者仲裁地虽不在法国、但是当事人协商适用法国仲裁法的，如果商事仲裁庭的组成出现困难，除非有相反的规定，任何一方当事人都可以向巴黎大审法院院长申请指定仲裁员。第 1454 条还规定，当事人指定偶数人数仲裁员的，商事仲裁庭应由一名仲裁员补全。该仲裁员按照当事人设想的机制选定，或者无此机制的，由已指定的仲裁员选定，或者他们之间没有协议的，最终由巴黎大审法院院长指定。瑞士《联邦国际私法》第 179 条规定：（1）仲裁员，依照当事人的协议予以指定、撤销或者变更。（2）无前述协议时，可将此问题提交商事仲裁庭所在地的法院处理。该法院应类推适用各州法律中关于指定、撤销、更换仲

① 参见赵健著:《国际商事仲裁的司法监督》，法律出版社 2000 年版，第 116 页。

裁员的规定。(3)法院被要求指定仲裁员时,即应做出此项指定,除非根据审查表明当事人之间不存在任何商事仲裁协议。

英美法系国家在协助当事人指定仲裁员以及组成商事仲裁庭方面,赋予了法院更为广泛的权限。如英国1996年《仲裁法》第18条、第21条分别就法院指定仲裁员和公断人作了规定。其第18条规定,当事人可以自由决定指定仲裁员的程序未获得遵守时所采取的补救措施,如果当事人对此未作约定,那么,商事仲裁协议的任何一方当事人经通知另一方当事人后,可以向法院提出申请,请求法院对作出任何必要的指定发出指令;或者请求法院作出命令,命令仲裁员应当由已经指定的仲裁员组成;或者请求法院直接指定仲裁员。其第21条规定,在当事人约定设有公断人的情况下,如果商事仲裁庭对有关仲裁事项不能达成一致,且未将此情况通报,或其中任何一名仲裁员未参与通报,则商事仲裁程序中的任何一方当事人经通知另一方当事人和商事仲裁庭,得向法院提出申请,法院可以命令公断人代替其他仲裁员,行使商事仲裁庭作出决定、裁定和裁决的权力,就如同其为独任仲裁员。美国《联邦仲裁法》第5条也规定,如果协议中已经规定指定仲裁员或仲裁长的方法,应当按照这个方法指定。如果没有规定,或者有规定而当事人不履行,或者由于任何原因拖延指定或者拖延补充缺额,法院根据任何一方当事人的请求,应当依照需要指定仲裁员或者仲裁长。由法院指定的仲裁员或者仲裁长处理案件,与协议所指定者有同样的权力和效力,除协议另有规定外,应当由仲裁员一人仲裁。①

根据《联合国国际商事仲裁示范法》的规定,当事人可自由约定指定仲裁员的程序,但是在下述情况下,由有关法院或其他机构指定:(1)当事人没有约定指定仲裁员程序,在仲裁员为3人的商事仲裁案件中,当事一方在规定期限内未指定仲裁员的,或者双方当事人分别选定的仲裁员在规定的期限内未指定首席仲裁员的,则经一方当事人的请求,应由有关法院或者其他机构指定。(2)当事人没有约定指定独任仲裁员的程序,在商事仲裁程序中,又未对独任仲裁员的人选达成一致的,则由有关法院或其他机构指定。(3)各方当事人虽然约定了指定仲裁员的程序,但是一方当事人未按该程序的规定行事、或者双方当事人或双方当事人指定的2名仲裁员未能按照此程序达成预期的协议、或者第三者(包括机构)未履行双方当事人在该程序中委托给它的职责的,则任何一方当事人均可请求有关法院或者其他机构协助指定仲裁员。②

法院协助当事人指定仲裁员和组成商事仲裁庭必须由当事人提出请求,法院一般无权主动进行,且法院协助的情况大多出现在临时仲裁,当事人没有就选定仲裁员达成一致,或者没有就选定仲裁员的程序作出完备细致的约定,或者虽有约定却无法执行,此时就需要法院的协助。在机构仲裁中,商事仲裁机构一般都有完备的商事仲裁规则,对仲裁员的选定往往做出了详细的规定,一般不需要法院的协助。

根据中国《仲裁法》第18条的规定,在有关商事仲裁协议效力的条款中,将商事仲裁协

① 仲裁长即公断人,是指在两位仲裁员意见不同时被邀请作出决定的第三人,不同于首席仲裁员。

② 参见赵健著:《国际商事仲裁的司法监督》,法律出版社2000年版,第116~117页。

议是否约定或明确约定了商事仲裁机构，作为认定商事仲裁协议有效的标准之一。也就是说，中国现行商事仲裁法律制度不允许临时仲裁，也就不存在法院协助指定仲裁员的情形。

二、中间措施的监督

在商事仲裁程序开始前或进行期间，或者在作出商事仲裁裁决前，一方当事人往往请求法院或商事仲裁机构对于与争议有关的财产或行为采取中间措施，旨在避免因财产损耗，被申请人隐匿、变卖与转移财产等原因而导致将来的商事仲裁裁决得不到执行。

中间措施（interim measure）在不同的法律规范体系和不同的商事仲裁规则体系中有不同的称谓，有的称为临时性保全措施或临时性措施，在英国的实践中称为马瑞瓦禁令，中国《民诉法》和中国《仲裁法》一般称为证据保全措施或财产保全措施。中间措施一般是指法院或商事仲裁庭在特定情况下发布的证据保全、财产保全或通过其他方式在商事仲裁程序结束前保持现状的裁定。

《联合国国际商事仲裁示范法》第 17 条第 2 款规定：临时措施是以裁决书为形式的或另一种形式的任何短期措施，商事仲裁庭在发出最后裁定争议的裁决书之前的任何时候，以这种措施责令一方当事人实施以下任何行为：（1）在争议得以裁定之前维持现状或恢复原状；（2）采取行动防止目前或即将对商事仲裁程序发生的危害或损害，或不采取可能造成这种危害或损害的行为；（3）提供一种保全资产以执行后续裁决的手段；（4）保全对解决争议可能具有相关性和重要性的证据。中国商事仲裁机构的仲裁规则一般都规定有证据保全措施和财产保全措施。2014 年《中国（上海）自由贸易试验区仲裁规则》甚至以专门的第三章规定临时措施，其第 18 条规定：当事人可以根据临时措施执行地所在国家 / 地区的法律向仲裁委员会及 / 或具有管辖权的法院提出如下一种或数种临时措施的申请：（1）财产保全；（2）证据保全；（3）要求一方作出一定行为及 / 或禁止其作出一定行为；（4）法律规定的其他措施。其规定基本上与《联合国国际商事仲裁示范法》第 17 条第 2 款的规定类似，也将中间措施分为财产保全、证据保全、行为保全与其他法律规定的措施。

目前，中间措施发布决定权的归属主要有三种模式：法院专属权利、仲裁庭排他行使、仲裁庭与法院并存权力。

由于中间措施本质上是具有强制力的措施，一般由法院单独行使。法院对商事仲裁中间措施的决定权，来源于国家法律的授权，公权力进入商事仲裁，不仅可以支持商事仲裁程序的顺利进行，对商事仲裁中间措施这种严厉地处置当事人权益的强制性措施亦可起到潜在的监督作用。且不论其究竟是监督还是支持，只要这种决定权通过合理的程序在适当范围内采取，在国家允许的条件下进行，就不是对商事仲裁协议的违背。[①] 相对而言，商事仲裁庭只是依据当事人之间的协议而组成的民间性机构，缺乏强制执行力，即便是商事仲裁庭拥有发布中间措施的决定权，终究还是要依靠司法机关的协助方能执行。因此法院的介入是

---

① 参见乔欣、段莉：《仲裁财产保全决定机构之辩证与重构》，载《仲裁研究》2004 年第 1 期。

必需的,为使商事法律争议得以顺利解决,法院是中间措施发布决定权的最适合的主体。①

随着商事仲裁的不断发展,20 世纪 70 年代中期以来,商事仲裁独立性理论得到了发展,出现了排除法院诉讼管辖权的倾向,认为应由商事仲裁庭决定中间措施的观点逐渐为一些国家所接受。例如,经韩国最高法院 1986 年修正的《韩国商事仲裁院商事仲裁规则》第 40 条规定:在任何一方当事人提出申请的基础上,商事仲裁庭可以在不损害对方当事人利益、不影响争议解决结果的前提下决定采取必要的保全措施以保护仲裁项下的财产。此外,2006 年修订的《联合国国际商事仲裁示范法》还规定了一种由仲裁当事人选择法院或者商事仲裁庭发布临时措施的制度,在主要规定了当事人可以请求商事仲裁庭下令采取临时措施的同时,还明确规定,"法院发布与商事仲裁程序有关的临时措施的权力应当与法院在法院诉讼程序方面的权力相同,不论商事仲裁程序的进行地是否在本国境内;法院应当根据自己的程序,在考虑到国际商事仲裁的具体特征的情况下行使这一权力","在商事仲裁程序开始前或进行期间,一方当事人请求法院采取临时保全措施和法院准许采取这种措施,并不与商事仲裁协议相抵触"。《联合国国际商事仲裁示范法》的规定充分尊重当事人的意思自治,当事人可以直接选择向法院或商事仲裁庭申请作出有关中间措施的裁定。这种做法具有较灵活的实践操作性,得到了采用或原则上采用《联合国国际商事仲裁示范法》国家的肯定。不过,虽然英国 1996 年《仲裁法》也采用仲裁庭与法院权力并存的做法,但其未采用《联合国国际商事仲裁示范法》的自由选择的做法,而是规定法院发布商事仲裁中间措施的权力须经双方当事人的合意授予,否则发布中间措施的决定权由商事仲裁庭行使。

需要指出的是,按照有关国家的商事仲裁立法与司法实践,尽管商事仲裁庭有发布中间措施的决定权,但此项决定的执行权仍然在法院,商事仲裁庭无此项权力。

根据中国《民诉法》和中国《仲裁法》的规定,发布中间措施的决定权,属于法院的专属权力。在财产保全方面,中国《仲裁法》第 28 条规定:"一方当事人因另一方当事人的行为或者其他原因,可能使裁决不能执行或者难以执行的,可以申请财产保全。当事人申请财产保全的,仲裁委员会应当将当事人的申请依照民事诉讼法的有关规定提交人民法院。申请有错误的,申请人应当赔偿被申请人因财产保全所遭受的损失。"在证据保全方面,中国《仲裁法》第 46 条规定,"在证据可能灭失或者以后难以取得的情况下,当事人可以申请证据保全。当事人申请证据保全的,仲裁委员会应当将当事人的申请提交证据所在地的基层人民法院"。第 68 条规定,"涉外仲裁的当事人申请证据保全的,涉外仲裁委员会应当将当事人的申请提交证据所在地的中级人民法院"。中国《民诉法》第 279 条没有区分财产保全和证据保全,统一规定:"当事人申请采取保全的,中华人民共和国的涉外仲裁机构应当将当事人的申请,提交被申请人住所地或者财产所在地的中级人民法院裁定。"从中国的上述规定来看,人民法院是发布中间措施的唯一机构。中国大多数商事仲裁机构的仲裁规则,在关于财

① 参见杜新丽著:《国际商事仲裁理论与实践专题研究》,中国政法大学出版社 2009 年版,第 150 页。

产保全和证据保全方面的规定，都没有突破中国《仲裁法》和中国《民诉法》的上述规定。不过，中国《仲裁法(修订意见稿)》第 43～49 条在这方面作了突破性的规定。

三、合并仲裁的监督

合并仲裁是指在商事仲裁中，商事仲裁庭将仲裁标的为同一种类或者有关联的两个或两个以上的案件，合并进行审理的情况。在商事交易中，连环合同或者关联合同情况比较多见。在商事诉讼中，法院可以运用第三人参与诉讼的制度将所有相关当事人的争议通过一次诉讼进行解决，避免矛盾的判决。但在商事仲裁中，除非当事人另有协议，大部分国家不允许合并仲裁。例如，英国 1996 年《仲裁法》第 35 条规定：当事人可以自由约定一个商事仲裁程序应与其他商事仲裁程序合并，或者“同步”开庭；除非当事人授权，否则，商事仲裁庭无权命令合并商事仲裁或者同步开庭。当然，也有的国家在当事人没有相反约定的条件下命令合并仲裁。例如，荷兰 1986 年《民事诉讼法典》第 1046 条规定：如果在荷兰的商事仲裁庭进行的一个商事仲裁程序所涉及的主要争议与在荷兰的商事仲裁庭进行的另一商事仲裁程序所涉及的主要争议相关联，除非当事人另有协议，任何当事人均可请求阿姆斯特丹地区法院院长作出合并程序的命令。也有的国家或地区规定，法院在某些情况下可以命令合并仲裁。例如，美国加利福尼亚州《民事诉讼法典》第 1281 条规定，商事仲裁协议的一方当事人可向法院申请合并各自独立的商事仲裁程序，法院在某些情况下可以命令合并商事仲裁程序。

中国商事仲裁仲裁立法和大多数商事仲裁机构的仲裁规则对合并仲裁没有规定。当然，中国也有一些商事仲裁机构的仲裁规则规定了商事仲裁的“合并审理”制度。如广州仲裁委员会 2015 年之前的仲裁规则中并无“合并审理”的规定，但是，2015 年《广州仲裁委员会仲裁规则》第 56 条和 2021 年《广州仲裁委员会仲裁规则》第 68 条都明确规定了“合并审理”制度：“(一)仲裁庭对同时符合以下条件的案件，可以合并审理：1. 案件标的为同一种类或者有关联；2. 仲裁庭组成相同；3. 经一方当事人申请并征得其他当事人同意，或者由仲裁庭征得双方当事人同意。(二)合并审理的案件，仲裁庭可以根据案件情况决定合并审理的具体程序。”

第四节　商事仲裁裁决的司法监督

商事仲裁裁决作为商事仲裁庭对仲裁当事人交付仲裁的商事法律争议进行审理后所作出的结论性裁判，一般来说，原则上都具有终审裁决的性质，对双方当事人均有约束力。但是，如果有关商事仲裁裁决确实存在问题，作为例外，有关当事人可以申请法院撤销有问题的商事仲裁裁决；或者在一方当事人申请法院强制执行时，另一方当事人可以申请法院不予执行有问题的商事仲裁裁决。

一、撤销商事仲裁裁决的监督

撤销商事仲裁裁决，是指认为商事仲裁裁决存在问题的一方当事人，依法向有管辖权的法院提出申请，并经法院审查后裁定撤销该商事仲裁裁决的制度。这一概念包括以下四个方面的含义：第一，撤销商事仲裁裁决是管辖法院的行为，商事仲裁机构无权撤销已作出的商事仲裁裁决。第二，法院无权主动撤销商事仲裁裁决，它只能根据当事人提出的撤销商事仲裁裁决的申请，经审查后作出结论。第三，法院撤销商事仲裁裁决的权力是有限的，只能根据法律所规定的撤销事由进行撤销。第四，对于当事人提出的申请，法院必须审查并核实其理由，只有符合法定情形，才能宣告撤销商事仲裁裁决。[①]

商事仲裁实行一裁终审制度，商事仲裁裁决一经作出，即发生法律效力，对争议各方当事人均有法律约束力。在正常情况下，当事人应当在商事仲裁裁决规定的期间内自动履行裁决书所确定的义务。然而，对于某些商事仲裁裁决，法律规定当事人可以申请撤销商事仲裁裁决。

建立撤销商事仲裁裁决制度的目的是加强司法对商事仲裁的监督，以保证商事仲裁裁决的公正性和合法性，维护当事人的合法权益，督促仲裁员公正仲裁，而非否定一裁终审制度。撤销商事仲裁裁决的程序并不是所有商事仲裁案件的必经程序，而只是在商事仲裁裁决确实存在违反法律规定的情况下方可适用的程序。一般来说，如果商事仲裁裁决被仲裁地国家有管辖权的法院撤销，则该商事仲裁裁决无效，该商事仲裁裁决当然在本国得不到执行，在其他国家也不会得到执行，即本国撤销商事仲裁裁决的裁定具有域外效力。1958 年《纽约公约》第 5 条第 1 款规定："被请求承认或执行裁决的管辖当局只有在作为裁决执行对象的当事人提出有关下列情况的证明时，才可以根据该当事人的要求，拒绝承认和执行该裁决：……（五）裁决对当事人还没有约束力，或者裁决已经由作出裁决的国家或据其法律作出裁决的国家的管辖当局撤销或停止执行。"也就是说，商事仲裁裁决一旦被裁决地国法院撤销，一般情况下便不能在其他国家得到承认与执行。当然，也有法国等少数国家的法院存在承认与执行被仲裁裁决作出地国法院撤销的商事仲裁裁决的实践。不过，这种做法只是例外，而且已经受到了不少学者的批评，并没有成为普遍的做法。

综观各国商事仲裁立法以及有关国际条约的规定，法院可以撤销商事仲裁裁决的事由正逐步趋于一致。《联合国国际商事仲裁示范法》第 34 条第 2 款规定，商事仲裁裁决仅在下列情况下才可以被第 6 条规定的法院撤销：（1）提出申请的当事一方提出证据证明有下列情形之一：第一，第 7 条所指商事仲裁协议的当事人有某种无行为能力情形；或根据当事各方所同意遵守的法律，或未指明何种法律，则根据本国法律，该商事仲裁协议是无效的；第二，提出申请的当事一方未接获有关委任仲裁员或参与商事仲裁程序的适当通知，或因他故其不能陈述案件；第三，裁决所处理的争议非为提交仲裁的标的或不在其条款之列，或裁

① 参见黄进、宋连斌、徐前权著：《仲裁法学》，中国政法大学出版社 2008 年版，第 141 页。

决载有关于交付仲裁范围以外事项的决定，但交付仲裁事项的决定可与未交付仲裁事项的决定划分时，仅可撤销对未交付仲裁事项所作决定的部分裁决；第四，商事仲裁庭的组成或商事仲裁程序与当事各方的协议不一致，除非此种协议与当事各方不能背离的本法规定相抵触，或当事各方无此协议时，与本法不符。（2）法院认定有下列情形之一：第一，根据本国的法律，争议事项不能通过仲裁解决；第二，该商事仲裁裁决与本国的公共政策相抵触。

根据《联合国国际商事仲裁示范法》及有关国家商事仲裁立法的规定，一般地，撤销商事仲裁裁决的事由大体上有：（1）缺乏有效的商事仲裁协议；（2）商事仲裁程序违反正当程序；（3）商事仲裁庭无权或越权仲裁；（4）商事仲裁庭的组成或商事仲裁程序的进行与当事人的协议不一致，或违反了应予遵守的法律与规则；（5）商事仲裁裁决形式上不合法；（6）裁决的事项不具有可仲裁性；（7）违反公共政策。

在上述 7 项事由中，除最后两项可能涉及实体内容外，其余都是程序性事项。此外，也有一些国家的商事仲裁立法将一些实体问题归入撤销商事仲裁裁决的事由，主要有：（1）认定的主要证据不足；（2）裁决根据的证据是伪造的；（3）对方隐瞒了足以影响公正裁决的证据；（4）适用法律确有错误；（5）仲裁员在仲裁时有索贿受贿、徇私舞弊、枉法裁决的行为；（6）法院认为裁决违反其公共政策。

在商事仲裁裁决中，法院只审查程序问题而不审查实体问题是一项为绝大多数国家所接受和遵守的基本原则，尤其在国际商事仲裁中更是如此。例如，英国 1996 年《仲裁法》第 68 条第 1 款规定了当事人可基于商事仲裁管辖权的缺陷及商事仲裁中存在严重不规范行为，对商事仲裁裁决提出异议。第 2 款随后列举了“严重不规范”的 9 种情况，即：（1）商事仲裁庭违反其一般义务；（2）商事仲裁庭超越其权力范围；（3）商事仲裁庭未根据当事人同意的程序进行仲裁；（4）商事仲裁庭未审理当事人请求的所有事项；（5）由当事人授予有关商事仲裁程序或商事仲裁裁决权力的商事仲裁机构、其他机构或个人超越其授权范围；（6）商事仲裁裁决的效力不确定或模棱两可；（7）商事仲裁裁决因欺诈行为作出，所作的商事仲裁裁决或作出商事仲裁裁决的方式违背公共秩序；（8）商事仲裁裁决的形式不符合要求；（9）进行商事仲裁程序及商事仲裁裁决中存在不正常行为，且为商事仲裁庭或当事人授予其相关权力的商事仲裁机构、其他机构或个人无可否认。上述事由中，除第 6、7 项可能直接涉及对案件的实体审查，且被附加了极为严格的适用条件外，其他都属于程序性问题。

关于提起撤销商事仲裁裁决申请的期限，各国商事仲裁立法的规定都比较短。当事人提起撤销商事仲裁裁决之诉行使的撤销权，其性质为一种具有破坏性的权利，法律关系因之而发生变动。在该权利行使前，当事人之间的权利义务关系陷于浮动状态，为了尽快确定当事人之间的法律关系，应当对当事人行使撤销权的期间予以限制，当事人如不按期提起，则是权利的“睡眠者”，法律也无保护的必要。凡采纳撤销制度的，对当事人提起撤销之诉的时间均有限制。[①] 例如，英国 1996 年《仲裁法》第 70 条规定，申请撤销的期限为裁决作出

① 参见赵健著：《国际商事仲裁的司法监督》，法律出版社 2000 年版，第 246 页。

之日起28天内。《联合国国际商事仲裁示范法》第34条规定，当事人应自收到商事仲裁裁决书起3个月内提出撤销商事仲裁裁决的申请。韩国2002年《仲裁法》第36条也规定，撤销商事仲裁裁决的申请须在提出申请的一方当事人收到生效裁决书之日起的3个月内。中国《仲裁法》第59条则规定，当事人申请撤销裁决的，应当自收到裁决书之日起6个月内。[①]中国的法律规定较大多数国家规定的时限要长。

关于申请撤销商事仲裁裁决的后果，中国《仲裁法》和中国《民诉法》规定了3种处理方式：(1)通知仲裁庭重新仲裁。这是中国《仲裁法》2017年修正时增加的做法，即其第61条规定，"人民法院受理撤销裁决的申请后，认为可以由仲裁庭重新仲裁的，通知仲裁庭在一定期限内重新仲裁，并裁定中止撤销程序。仲裁庭拒绝重新仲裁的，人民法院应当裁定恢复撤销程序"。这一规定在未减损法院对商事仲裁的监督力度的同时，尽可能让商事仲裁庭弥补缺陷，而不轻易撤销一项商事仲裁裁决，体现了支持商事仲裁的政策。但是，该条规定过于简单，《〈仲裁法〉司法解释》第21条、第22条、第23条对其进一步作了细化，主要内容为：第一，中止撤销程序并通知重新仲裁适用的情形是商事仲裁裁决所依据的证据是伪造的，或者对方当事人隐瞒了足以影响公正裁决的证据。第二，人民法院在通知商事仲裁庭重新仲裁时，必须说明要求重新仲裁的具体理由。第三，如果商事仲裁庭在法院通知的期限内开始重新仲裁，人民法院应终止撤销程序；如果当事人对重新仲裁结果不服，可以向法院提出新的撤销程序。(2)撤销商事仲裁裁决。根据中国《仲裁法》第60条规定，人民法院受理撤销商事仲裁裁决的申请后，经审查核实当事人提出申请所依据的理由成立的，应当在受理撤销裁决申请之日起2个月内裁定撤销该商事仲裁裁决。如果当事人提出的理由只有部分成立，而商事仲裁裁决的各项内容可以分割开来，则法院只应部分撤销该商事仲裁裁决。《〈仲裁法〉司法解释》第19条对此作了规定："当事人以仲裁裁决事项超出仲裁协议范围为由申请撤销仲裁裁决，经审查属实的，人民法院应当撤销仲裁裁决中的超裁部分。但超裁部分与其他裁决事项不可分的，人民法院应当撤销仲裁裁决。"商事仲裁裁决被法院依法撤销后，当事人之间的纠纷并没有得到解决，当事人可以重新寻求解决纠纷的方法，或重新达成商事仲裁协议，提交仲裁进行解决，或向有管辖权的法院提起诉讼。(3)驳回撤销商事仲裁裁决的申请。根据中国《仲裁法》第60条规定，人民法院受理撤销商事仲裁裁决的申请后，经审查未发现商事仲裁裁决具有法定可撤销的理由，应当在受理撤销商事仲裁裁决申请之日起2个月内作出驳回申请的裁定。

二、不予执行商事仲裁裁决的监督

不予执行商事仲裁裁决，是指认为商事仲裁裁决存在问题的一方当事人，在对方当事人申请法院强制执行该商事仲裁裁决时，请求法院审查裁定不予执行的一种制度。这是针对作为一方当事人执行根据的商事仲裁裁决而规定的一种消极补救措施，其消极表现在只否

---

① 中国《仲裁法(修订意见稿)》第78条规定，"当事人申请撤销裁决的，应当自收到裁决书之日起三个月内提出。"

定商事仲裁裁决的强制执行力，而不改变商事仲裁裁决的内容。[①] 中国《民诉法》第 244 条和第 281 条分别对不予执行国内商事仲裁裁决和不予执行国际商事仲裁裁决的情形作了规定。第 244 条规定："对依法设立的仲裁机构的裁决，一方当事人不履行的，对方当事人可以向有管辖权的人民法院申请执行。受申请的人民法院应当执行。被申请人提出证据证明仲裁裁决有下列情形之一的，经人民法院组成合议庭审查核实，裁定不予执行：（一）当事人在合同中没有订有仲裁条款或者事后没有达成书面仲裁协议的；（二）裁决的事项不属于仲裁协议的范围或者仲裁机构无权仲裁的；（三）仲裁庭的组成或者仲裁的程序违反法定程序的；（四）裁决所根据的证据是伪造的；（五）对方当事人向仲裁机构隐瞒了足以影响公正裁决的证据的；（六）仲裁员在仲裁该案时有贪污受贿，徇私舞弊，枉法裁决行为的。人民法院认定执行该裁决违背社会公共利益的，裁定不予执行。裁定书应当送达双方当事人和仲裁机构。仲裁裁决被人民法院裁定不予执行的，当事人可以根据双方达成的书面仲裁协议重新申请仲裁，也可以向人民法院起诉。"第 281 条规定："对中华人民共和国涉外仲裁机构作出的裁决，被申请人提出证据证明仲裁裁决有下列情形之一的，经人民法院组成合议庭审查核实，裁定不予执行：（一）当事人在合同中没有订有仲裁条款或者事后没有达成书面仲裁协议的；（二）被申请人没有得到指定仲裁员或者进行仲裁程序的通知，或者由于其他不属于被申请人负责的原因未能陈述意见的；（三）仲裁庭的组成或者仲裁的程序与仲裁规则不符的；（四）裁决的事项不属于仲裁协议的范围或者仲裁机构无权仲裁的。人民法院认定执行该裁决违背社会公共利益的，裁定不予执行。"中国《仲裁法》第 63 条和第 71 条直接援引了中国《民诉法》的上述条文，完全保留了中国《民诉法》对仲裁裁决不予执行的相关规定。根据中国《民诉法》第 244 条和第 282 条规定，商事仲裁裁决被人民法院裁定不予执行的，当事人可以根据双方达成的书面仲裁协议重新申请仲裁，也可以向人民法院起诉。

此外，国际社会的商事仲裁立法还特别针对外国商事仲裁裁决规定了拒绝承认和执行的制度。如 1958 年《纽约公约》第 5 条明确规定了拒绝承认和执行外国商事仲裁裁决的理由：（1）被请求承认或执行裁决的管辖当局在作为裁决执行对象的当事人提出有关下列情况的证明之一时，可以根据该当事人的要求，裁定拒绝承认和执行该裁决：第一，第 2 条所述的协议的双方当事人，根据对他们适用的法律，当时是处于某种无行为能力的情况之下；或者根据双方当事人选定适用的法律，或在没有这种选定时，根据作出裁决国家的法律，下述协议是无效的；第二，作为裁决执行对象的当事人，没有被给予指定仲裁员或者进行仲裁程序的适当通知，或者由于其他情况而不能对案件提出意见；第三，裁决涉及仲裁协议所没有提到的，或者不包括仲裁协议规定之内的争执；或者裁决内含有对仲裁协议范围以外事项的决定；但是，对于仲裁协议范围以内事项的决定，如果可以和对于仲裁协议范围以外事项的决定分开，那么，这一部分决定仍然可予以承认和执行；第四，仲裁庭的组成或仲裁程序同当

① 参见车丕照主编：《仲裁法学》，吉林大学出版社 1999 年版，第 148 页。

事人间的协议不符，或者当事人间没有这种协议时，同进行仲裁地国家的法律不符；第五，裁决对当事人还没有约束力，或者裁决已经由作出裁决地国家或据其法律作出裁决的国家的管辖当局撤销或停止执行。（2）被请求承认和执行仲裁裁决的国家管辖当局如果查明有下列情况之一，也可以拒绝承认和执行：第一，争执的事项，依照这个国家的法律，不可以用仲裁方式解决；第二，承认或执行该项裁决将和这个国家的公共秩序相抵触。其第 1 款规定了必须由被申请人举证证明的拒绝承认和执行的 5 个理由；第 2 款规定了法院可以依职权直接查明并裁定拒绝承认和执行的 2 个理由。

应该指出的是，中国对商事仲裁裁决的司法监督，规定了撤销裁决和裁定不予执行裁决两种方式。而且，法律规定的撤销裁决和裁定不予执行裁决的条件是一致的。根据有关规定，认为有关商事仲裁裁决存在问题一方当事人既可以向有管辖权的法院申请撤销商事仲裁裁决，也可以向执行法院申请裁定不予执行商事仲裁裁决。但是，由于法律对裁定撤销和裁定不予执行两种监督的关系未作规定，实践中存在着对同一商事仲裁裁决实施双重监督的可能。有的当事人在撤销商事仲裁裁决的申请被驳回后，又在执行程序中申请法院裁定不予执行相关商事仲裁裁决，如果执行法院仍然对不予执行申请进行审查，既浪费司法资源，也存在作出相互矛盾的处理结果的可能。[①] 为此，《〈仲裁法〉司法解释》第 25 条、第 26 条作了专门规定。第 25 条规定："人民法院受理当事人撤销仲裁裁决的申请后，另一方当事人申请执行同一仲裁裁决的，受理执行申请的人民法院应当在受理后裁定中止执行。" 第 26 条规定："当事人向人民法院申请撤销仲裁裁决被驳回后，又在执行程序中以相同理由提出不予执行抗辩的，人民法院不予支持。" 上述规定，理顺了两种监督之间的关系，避免了对商事仲裁裁决的双重监督，也消除了作出矛盾处理结果的可能，体现了支持商事仲裁的精神。2018 年《最高人民法院关于人民法院办理仲裁裁决执行案件若干问题的规定》进一步明确了撤销与执行程序的衔接问题。

三、中国商事仲裁裁决监督的"双轨制"

中国在商事仲裁裁决的监督方面，采取了对国内商事仲裁裁决与国际商事仲裁裁决内外有别的司法监督机制，即所谓的"双轨制"。

（一）"双轨制"的沿用

"双轨制"的沿用，即对于国内商事仲裁裁决的司法审查，主要依据中国《仲裁法》第 58 条、63 条和中国《民诉法》第 244 条的规定；而对于国际商事仲裁裁决的司法审查，主要依据中国《仲裁法》第 70 条、71 条和中国《民诉法》第 281 条的规定。比较上述规定，与对国际商事仲裁裁决的司法审查不同，对于国内商事仲裁裁决的司法审查，除审查程序事项外，还会审查如下三个方面：（1）裁决所根据的证据是伪造的；（2）对方当事人隐瞒了足以影响公正裁决的证据的；（3）仲裁员在仲裁该案时有索贿受贿、徇私舞弊、枉法裁决行为。

① 参见万鄂湘、于喜福：《我国仲裁司法监督制度的最新发展——评最高人民法院关于适用仲裁法的司法解释》，载《法学评论》2007 年第 1 期。

从比较中可以得知，对国内商事仲裁裁决的司法审查涉及商事仲裁的程序问题、实体问题以及仲裁员的行为等各个方面，使得商事仲裁裁决的终审性质因此受到了严重挑战。同为中国商事仲裁机构所作出的商事仲裁裁决，甚至是同一个商事仲裁机构所作出的商事仲裁裁决，因其国内、国际的不同而在司法监督上存在如此巨大的差异，似乎没有合理的基础。[①] 但在《最高人民法院关于审理仲裁司法审查案件若干问题的规定》中，仍然沿用"双轨制"，其第 17 条规定：人民法院对申请执行我国内地仲裁机构作出的非涉外仲裁裁决案件的审查，适用中国《民诉法》第 244 条的规定。人民法院对申请执行我国内地仲裁机构作出的涉外仲裁裁决案件的审查，适用中国《民诉法》第 281 条的规定。对于中国《仲裁法》第 58 条第 1 款第 6 项和中国《民诉法》第 244 条第 2 款第 6 项规定的仲裁员在仲裁该案时有索贿受贿、徇私舞弊、枉法裁决行为，最高人民法院作出了限制性解释，指已经由生效刑事法律文书或者纪律处分决定所确认的行为。

（二）从报告制度到报核制度

为了避免法院执法不严的情况，1995 年 8 月 29 日，最高人民法院发布了《最高人民法院关于人民法院处理与涉外仲裁及外国仲裁事项有关问题的通知》（法发〔1995〕18 号），对人民法院不认定国际商事仲裁协议效力及拒绝承认和执行国际商事仲裁裁决的裁定建立了报告制度。

关于不认定国际商事仲裁协议效力的监督，强调"凡起诉到人民法院的涉外、涉港澳和涉台经济、海事海商纠纷案件，如果当事人在合同中订有仲裁条款或者事后达成仲裁协议，人民法院认为该仲裁条款或者仲裁协议无效、失效或者内容不明确无法执行的，在决定受理一方当事人起诉之前，必须报请本辖区所属高级人民法院进行审查；如果高级人民法院同意受理，应将其审查意见报最高人民法院。在最高人民法院未作答复前，可暂不予受理"。

关于对拒绝承认和执行国际商事仲裁裁决的监督，规定"凡一方当事人向人民法院申请执行我国涉外仲裁机构裁决，或者向人民法院申请承认和执行外国仲裁机构的裁决，如果人民法院认为我国涉外仲裁机构裁决具有民事诉讼法第二百六十条[②] 情形之一的，或者申请承认和执行的外国仲裁裁决不符合我国参加的国际公约的规定或者不符合互惠原则的，在裁定不予执行或者拒绝承认和执行之前，必须报请本辖区所属高级人民法院进行审查；如果高级人民法院同意不予执行或者拒绝承认和执行，应将其审查意见报最高人民法院。待最高人民法院答复后，方可裁定不予执行或者拒绝承认和执行"。

此外，最高人民法院 1998 年 4 月 23 日发布了《最高人民法院关于人民法院撤销涉外仲裁裁决有关事项的通知》（法发〔1998〕第 40 号），对人民法院撤销国际商事仲裁裁决建立了报告制度。其内容为："一、凡一方当事人按照仲裁法的规定向人民法院申请撤销我国涉外仲裁裁决，如果人民法院经审查认为涉外仲裁裁决具有民事诉讼法第二百六十条[③] 第一款规定的情形之一的，在裁定撤销裁决或通知仲裁庭重新仲裁之前，须报请本辖区所属高级

① 参见宋连斌：《论中国仲裁监督机制及其完善》，载《法制与社会发展》2003 年第 2 期。

②③ 现为中国《民诉法》第 267 条。

人民法院进行审查。如果高级人民法院同意撤销裁决或通知仲裁庭重新仲裁，应将其审查意见报最高人民法院。待最高人民法院答复后，方可裁定撤销裁决或通知仲裁庭重新仲裁。二、受理申请撤销仲裁裁决的人民法院如认为应予撤销裁决或通知仲裁庭重新仲裁的，应在受理申请后三十日内报其所属的高级人民法院，该高级人民法院如同意撤销裁决或通知仲裁庭重新仲裁的，应在十五日内报最高人民法院，以严格执行仲裁法第六十条的规定。”

报告制度是最高人民法院为了遏制国际商事仲裁监督方面不严肃执法的现象，通过司法解释创设的法院系统内部的监控措施。从其实施的客观效果上看，体现了对国际商事仲裁的大力支持。然而，报告制度的本质就是最高人民法院将下级人民法院认定不予执行或撤销国际商事仲裁裁决、拒绝承认及执行外国商事仲裁裁决的权力收归己有。而且，报告制度缺乏透明度，在具体案件中，下级法院是否履行了报告制度，当事人不得而知；假如下级法院没有履行报告制度而作出了对申请人或原告不利的裁定，按照最高人民法院的司法解释，当事人无权上诉，不能申诉，人民检察院也不能提起抗诉，当事人没有合理的救济渠道。这种做法的公平性，很难得到国内外当事人的认同。报告制度是最高人民法院处理司法与商事仲裁管辖的现实选择，却未必是最佳选择。[①] 本书认为，报告制度有如下不合理之处：（1）这一报告制度不符合《中华人民共和国宪法》第 126 条和第 127 条第 2 款，《中华人民共和国法院组织法》第 4 条、第 10 条、第 11 条、第 12 条以及第 17 条，中国《民诉法》第 6 条和第 10 条等法条的规定；（2）这一报告制度不符合一般的诉讼法理论；（3）这一报告制度事实上是让三级法院合审一个案件，是对中国正在进行的司法审判制度改革的一种违背，甚至是一种倒退。因此，应该彻底废除这一报告制度，以“两审终审”的正常监督程序制度取而代之；规定由中级人民法院行使对商事仲裁活动的一审监督权，由高级人民法院行使二审监督权。[②]

最高人民法院在 2017 年通过司法解释的形式，即《最高人民法院关于仲裁司法审查案件报核问题的有关规定》（法释〔2017〕21 号，2021 年修正），将报告制度转变为报核制度，并将报核制度延伸适用于无涉外因素的国内仲裁，其主要规定如下：

首先，与《最高人民法院关于审理仲裁司法审查案件若干问题的规定》一致，《最高人民法院关于仲裁司法审查案件报核问题的有关规定》（以下简称“《报核规定》”）第 1 条明确了仲裁司法审查案件的具体类型，即：（1）申请确认商事仲裁协议效力案件；（2）申请撤销中国内地商事仲裁机构的仲裁裁决案件；（3）申请执行中国内地商事仲裁机构的仲裁裁决案件；（4）申请认可和执行香港特别行政区、澳门特别行政区、台湾地区商事仲裁裁决案件；（5）申请承认和执行外国商事仲裁裁决案件；（6）其他商事仲裁司法审查案件。

其次，在吸收报告制度的基础上，将报核制度扩大至非涉外涉港澳台商事仲裁的司法审查。《报核规定》第 2 条第 1 款是涉外涉港澳台商事仲裁司法审查案件报核的规定，即“各中级人民法院或者专门人民法院办理涉外涉港澳台仲裁司法审查案件，经审查拟认定仲裁

① 参见黄进、宋连斌、徐前权著：《仲裁法学》，中国政法大学出版社 2008 年版，第 196 ~ 197 页。

② 参见谢石松：《论我国商事仲裁法制的价值取向》，载《上海仲裁》2011 年第 2 期。

协议无效，不予执行或者撤销我国内地仲裁机构的仲裁裁决，不予认可和执行香港特别行政区、澳门特别行政区、台湾地区仲裁裁决，不予承认和执行外国仲裁裁决，应当向本辖区所属高级人民法院报核；高级人民法院经审查拟同意的，应当向最高人民法院报核。待最高人民法院审核后，方可依最高人民法院的审核意见作出裁定”。《报核规定》第2条第2款是非涉外涉港澳台商事仲裁司法审查案件报核的规定，即“各中级人民法院或者专门人民法院办理非涉外涉港澳台仲裁司法审查案件，经审查拟认定仲裁协议无效，不予执行或者撤销我国内地仲裁机构的仲裁裁决，应当向本辖区所属高级人民法院报核；待高级人民法院审核后，方可依高级人民法院的审核意见作出裁定”。涉外涉港澳台商事仲裁司法审查案件报核与非涉外涉港澳台商事仲裁司法审查案件报核不同的是，前者需要报核至最高人民法院，后者只需要报核至高级人民法院。但后者也有规定例外情形，需要报核至最高人民法院。《报核规定》第3条规定：“本规定第二条第二款规定的非涉外涉港澳台商事仲裁司法审查案件，高级人民法院经审查，拟同意中级人民法院或者专门人民法院以违背社会公共利益为由不予执行或者撤销我国内地仲裁机构的仲裁裁决的，应当向最高人民法院报核，待最高人民法院审核后，方可依最高人民法院的审核意见作出裁定。”最高人民法院之所以作出如上例外规定，主要是为了打破商事仲裁审查中的地方保护主义以及适用公共秩序条款上的一贯审慎的立场。[①] 而且，其第4条进一步规定：“依据本规定第二条第二款由高级人民法院审核的案件，高级人民法院应当在作出审核意见之日起十五日内向最高人民法院报备。”

最后，将报核制度规范化，一方面保障商事仲裁发展，另一方面减轻法院的司法负担。下级人民法院报请上级人民法院审核的案件，应当将书面报告和案件卷宗材料一并上报。书面报告应当写明审查意见及具体理由（《报核规定》第5条）。上级人民法院收到下级人民法院的报核申请后，认为案件相关事实不清的，可以询问当事人或者退回下级人民法院补充查明事实后再报（《报核规定》第6条）。上级人民法院应当以复函的形式将审核意见答复下级人民法院（《报核规定》第7条）。在民事诉讼案件中，对于人民法院因涉及商事仲裁协议效力而作出的不予受理、驳回起诉、管辖权异议的裁定，当事人不服提起上诉，第二审人民法院经审查拟认定商事仲裁协议不成立、无效、失效、内容不明确无法执行的，须按照本规定第2条的规定逐级报核，待上级人民法院审核后，方可依上级人民法院的审核意见作出裁定（《报核规定》第8条）。

四、中国商事仲裁裁决执行规则的变革

最高人民法院于2018年2月发布了《最高人民法院关于人民法院办理仲裁裁决执行案件若干问题的规定》（法释〔2018〕5号，以下简称“《仲裁裁决执行规定》”），全面规定了人民法院办理商事仲裁裁决执行案件制度，对中国商事仲裁裁决执行规则作出了重要的变革。其主要规定如下：

---

① 参见宋连斌：《仲裁司法监督制度的新进展及其意义》，载《人民法治》2018年第3期。

1. 厘清了不予执行商事仲裁裁决案件的审查标准

中国《民诉法》第244条规定了被申请人提出不予执行商事仲裁裁决的情形，包括：（1）当事人在合同中没有订有商事仲裁条款或者事后没有达成书面商事仲裁协议的；（2）裁决的事项不属于商事仲裁协议的范围或者商事仲裁机构无权仲裁的；（3）商事仲裁庭的组成或者商事仲裁的程序违反法定程序的；（4）裁决所根据的证据是伪造的；（5）对方当事人向商事仲裁机构隐瞒了足以影响公正裁决的证据的；（6）仲裁员在仲裁该案时有贪污受贿，徇私舞弊，枉法裁决行为的。人民法院认定执行该裁决违背社会公共利益的，裁定不予执行。裁定书应当送达双方当事人和仲裁机构。商事仲裁裁决被人民法院裁定不予执行的，当事人可以根据双方达成的书面仲裁协议重新申请仲裁，也可以向人民法院起诉。由于中国《民诉法》第244条的规定比较笼统，在实践中容易出现审查尺度不统一的问题。为了统一审查尺度，《仲裁裁决执行规定》对中国《民诉法》的相关规定作了进一步解释，明确了无权仲裁、违反法定程序、伪造证据以及隐瞒证据的具体含义，使之更加具有操作性。对裁决的事项不属于商事仲裁协议的范围或者商事仲裁机构无权仲裁的，其第13条规定了以下4种情形：（1）裁决的事项超出商事仲裁协议约定的范围；（2）裁决的事项属于依照法律规定或者当事人选择的商事仲裁规则规定的不可仲裁事项；（3）裁决内容超出当事人仲裁请求的范围；（4）作出裁决的商事仲裁机构非商事仲裁协议所约定。对商事仲裁庭的组成或者商事仲裁的程序违反法定程序的情形，《仲裁裁决执行规定》第14条第1款将其界定为违反仲裁法规定的仲裁程序、当事人选择的仲裁规则或者当事人对仲裁程序的特别约定，可能影响案件公正裁决。其第14条第2款还进一步规定：当事人主张未按照商事仲裁法或仲裁规则规定的方式送达法律文书导致其未能参与仲裁，或者仲裁员根据商事仲裁法或仲裁规则的规定应当回避而未回避，可能影响公正裁决，经审查属实的，人民法院应当支持；商事仲裁庭按照商事仲裁法或仲裁规则以及当事人约定的方式送达仲裁法律文书，当事人主张不符合民事诉讼法有关送达规定的，人民法院不予支持。同时，《仲裁裁决执行规定》第14条第3款是放弃异议条款，这是中国首次作出如此规定，即“适用的仲裁程序或仲裁规则经特别提示，当事人知道或者应当知道法定仲裁程序或选择的仲裁规则未被遵守，但仍然参加或者继续参加仲裁程序且未提出异议，在商事仲裁裁决作出之后以违反法定程序为由申请不予执行仲裁裁决的，人民法院不予支持”。对裁决所根据的证据是伪造的，其第15条规定依以下条件进行认定：（1）该证据已被商事仲裁裁决采信；（2）该证据属于认定案件基本事实的主要证据；（3）该证据经查明确属通过捏造、变造、提供虚假证明等非法方式形成或者获取，违反证据的客观性、关联性、合法性要求。对对方当事人向商事仲裁机构隐瞒了足以影响公正裁决的证据的，《仲裁裁决执行规定》第16条第1款规定依以下条件进行认定：（1）该证据属于认定案件基本事实的主要证据；（2）该证据仅为对方当事人掌握，但未向仲裁庭提交；（3）仲裁过程中知悉存在该证据，且要求对方当事人出示或者请求仲裁庭责令其提交，但对方当事人无正当理由未予出示或者提交。但是，对己方隐瞒证据的，第16条第2款还作出特别规定，当事人一方在仲裁过程中隐瞒己方掌握的证据，商事仲裁裁决作出后以己方所隐瞒的证据足以影响公正裁决为由申请不予执行商事仲裁裁决的，人民法院不予支持。

2. 明确了撤销与执行程序的衔接

根据中国《仲裁法》和中国《民诉法》的规定，申请撤销商事仲裁裁决与不予执行商事仲裁裁决两者是并行不悖的，且提出申请的法定事由基本一致。如果对两者的衔接不予以明确与细化，会造成司法资源的浪费，影响商事仲裁司法审查的效率。对此，《仲裁裁决执行规定》第 7 条、第 8 条、第 20 条、第 21 条对两者之间的衔接作出了明确规定：（1）当事人向人民法院申请撤销商事仲裁裁决被驳回后，又在执行程序中以相同事由提出不予执行申请的，人民法院不予支持；当事人向人民法院申请不予执行被驳回后，又以相同事由申请撤销商事仲裁裁决的，人民法院不予支持。（2）在不予执行商事仲裁裁决案件审查期间，当事人向有管辖权的人民法院提出撤销商事仲裁裁决申请并被受理的，人民法院应当裁定中止对不予执行申请的审查；商事仲裁裁决被撤销或者决定重新仲裁的，人民法院应当裁定终结执行，并终结对不予执行申请的审查；撤销商事仲裁裁决申请被驳回或者申请执行人撤回撤销商事仲裁裁决申请的，人民法院应当恢复对不予执行申请的审查；被执行人撤回撤销商事仲裁裁决申请的，人民法院应当裁定终结对不予执行申请的审查，但案外人申请不予执行商事仲裁裁决的除外。（3）人民法院裁定驳回撤销商事仲裁裁决申请或者驳回不予执行商事仲裁裁决、仲裁调解书申请的，执行法院应当恢复执行。

3. 增加了案外人申请不予执行制度

为了防止实践中个别当事人的恶意仲裁或虚假仲裁，保障案外人的合法权益，保护商事仲裁以及司法的公信力，《仲裁裁决执行规定》第 9 条和第 18 条规定了案外人申请不予执行的程序条件和实质审查标准。第 9 条规定："案外人向人民法院申请不予执行仲裁裁决或者仲裁调解书的，应当提交申请书以及证明其请求成立的证据材料，并符合下列条件：（1）有证据证明仲裁案件当事人恶意申请仲裁或者虚假仲裁，损害其合法权益；（2）案外人主张的合法权益所涉及的执行标的尚未执行终结；（3）自知道或者应当知道人民法院对该标的采取执行措施之日起 30 日内提出。"第 18 条规定："案外人根据本规定第 9 条申请不予执行仲裁裁决或者仲裁调解书，符合下列条件的，人民法院应当支持：（1）案外人系权利或者利益的主体；（2）案外人主张的权利或者利益合法、真实；（3）仲裁案件当事人之间存在虚构法律关系，捏造案件事实的情形；（4）仲裁裁决主文或者仲裁调解书处理当事人民事权利义务的结果部分或者全部错误，损害案外人合法权益。"

4. 适当调整了商事仲裁裁决执行的管辖法院

就一般情况而言，当事人对商事仲裁机构作出的商事仲裁裁决书或者仲裁调解书申请执行的，由被执行人住所地或者被执行的财产所在地的中级人民法院管辖。为了节省司法资源，《仲裁裁决执行规定》对此进行了适当的调整，即符合下列条件的，经上级人民法院批准，中级人民法院可以参照中国《民诉法》第 39 条的规定指定基层人民法院管辖：（1）执行标的额符合基层人民法院一审民商事案件级别管辖受理范围；（2）被执行人住所地或者被执行的财产所在地在被指定的基层人民法院辖区内。被执行人、案外人对商事仲裁裁决执行案件申请不予执行的,负责执行的中级人民法院应当另行立案审查处理;执行案件已指定基层人民法院管辖的,应当于收到不予执行申请后3日内移送原执行法院另行立案审查处理。

5. 界定了商事仲裁裁决书和仲裁调解书给付内容不明确的情形

首先,《仲裁裁决执行规定》第3条规定的不明确的具体情形有:(1)权利义务主体不明确;(2)金钱给付具体数额不明确,或者计算方法不明确导致无法计算出具体数额;(3)交付的特定物不明确或者无法确定;(4)行为履行的标准、对象、范围不明确。如果以上情形之一导致无法执行的,人民法院可以裁定驳回执行申请;导致部分无法执行的,可以裁定驳回该部分的执行申请;导致部分无法执行且该部分与其他部分不可分的,可以裁定驳回执行申请。其次,《仲裁裁决执行规定》第4条规定了通过裁决书补正以及查阅案卷等方式解决内容不明确问题,即对商事仲裁裁决书主文或者仲裁调解书中的文字、计算错误以及商事仲裁庭已经认定但在商事裁决书主文中遗漏的事项,可以补正或说明的,人民法院应当书面告知商事仲裁庭补正或说明,或者向商事仲裁机构调阅商事仲裁案卷查明。商事仲裁庭不补正也不说明,且人民法院调阅仲裁案卷后执行内容仍然不明确具体无法执行的,可以裁定驳回执行申请。再次,《仲裁裁决执行规定》第5条规定了申请执行人对人民法院作出的驳回执行申请裁定不服的,可以自裁定送达之日起10日内向上一级人民法院申请复议。最后,《仲裁裁决执行规定》第6条规定了商事仲裁裁决书或者仲裁调解书确定交付的特定物确已毁损或者灭失的,人民法院可以通过终结执行等方式处理。

第十一章　商事仲裁裁决的执行

商事仲裁裁决的承认与执行,是商事仲裁制度的核心问题之一。商事仲裁裁决的作出标志着商事仲裁程序的终止,商事仲裁庭也就完成了它的使命。但此时,商事仲裁裁决书所确定的仲裁当事人的权利义务并未真正实现。如果说当事人将争议提交仲裁的目的是使其争议得以迅速解决,那么要实现这一目的,关键在于商事仲裁庭作出的裁决能否在有关国家或地区得到承认和执行。通常情况下,基于商事仲裁协议的效力,商事仲裁裁决当事人能自动履行商事仲裁裁决。但是由于各种原因,败诉方不履行商事仲裁裁决的情况也时有发生。此时,胜诉方就需要采取措施,申请强制执行该商事仲裁裁决。[①] 在这种情形下,由于商事仲裁机构本身不具有强制执行商事仲裁裁决的职权,且作出裁决的商事仲裁庭在商事仲裁裁决作出后亦不复存在,胜诉方只能提请有管辖权的法院承认和强制执行该商事仲裁裁决。由于各国国内法及各国内部不同法域之间对于承认和执行商事仲裁裁决的规定不一,当一项商事仲裁裁决需要在他国或他法域寻求承认和执行时,就需要以 1958 年《纽约公约》等国际条约及有关国家的国内法为依据,通过国际或区际间的司法协助得以实现。

第一节　商事仲裁裁决的履行与执行

商事仲裁裁决的履行,是指商事仲裁裁决作出后,败诉方自动履行商事仲裁裁决所规定的义务。商事仲裁裁决的执行,是指在败诉方不自动履行商事仲裁裁决所规定的义务时,胜诉方依法申请强制执行的行为或者制度。在商事仲裁实务中,败诉方自动履行是常态,败诉方不自动履行则属于例外情形。

一、商事仲裁裁决的履行

商事仲裁裁决的履行是商事仲裁当事人在商事仲裁庭作出商事仲裁裁决后,自愿、自动履行裁决中所规定的有关义务的行为。自动履行商事仲裁裁决的法律基础为商事仲裁裁决的效力,即商事仲裁裁决的执行力。对商事仲裁裁决执行力的广义理解,应包含两个方面的含义:一是指“作为裁决履行根据的效力”;二是指“作为强制执行根据的效力”。[②] 商事仲

---

① 本书所指“胜诉方”是指其仲裁请求或者仲裁反请求得到了仲裁裁决支持的一方当事人;“败诉方”是指其仲裁请求或者仲裁反请求没有得到仲裁裁决支持的一方当事人。

② 参见刘想树著:《中国商事仲裁裁决制度与学理研究》,法律出版社 2001 年版,第 188 页。

裁裁决的执行力作为自动履行商事仲裁裁决的法律基础，主要表现为：商事仲裁裁决一经商事仲裁庭作出，对当事人来说，除非双方一致同意，任何一方都无权不理会或否定该项裁决。[①] 除非权利人放弃自己的权利，义务人应自动履行商事仲裁裁决所规定的义务，否则，将承担延迟履行的责任。

如果进一步去探究商事仲裁裁决执行力的效力源泉和根据，应该认为它来自有关国家商事仲裁法的规定。从商事仲裁本身的性质及构成要素来看，关于商事仲裁的效力依据，至今还没有一种能为国际社会所普遍接受的统一观点，多数学者对商事仲裁效力依据的认定主要集中在契约论、司法权论、混合论和自治论等方面。但是，本书认为，从效力依据方面来讲，在当前这样一个还存在国家划分的法治社会，任何社会制度的效力都来源于一个国家的法律制度，而任何一个国家的任何一项法律制度都是基于其社会发展的客观需要而制定出来的。所以，商事仲裁的效力依据当然只能是一个国家的商事仲裁法律制度，就像商事诉讼的效力依据只能是一个国家的商事诉讼法律制度一样。而且，从目前国际社会的商事仲裁法制现状来看，商事仲裁法律制度与商事诉讼法律制度一样，都是一个国家基于现实生活中调整民商事关系、解决民商事法律争议的实际需要而经过严格的立法程序制定出来的。而世界各国的商事仲裁立法和有关商事仲裁的国际条约都明确规定，各方当事人应保证毫不延迟地履行商事仲裁裁决。因此，商事仲裁是以国家法律确认和保证实施的一种解决民商事法律争议的法律制度，商事仲裁裁决的自动履行也正是基于有这种商事仲裁法律制度作为法律保障和后盾。商事仲裁的权威性、商事仲裁裁决的效力，当然取决于有关国家的法律。暂且不论法院作为国家权威机构在承认和执行商事仲裁裁决中的作用，就商事仲裁裁决的自动履行来看，商事仲裁本身的法律性质和效力依据，是使得商事仲裁裁决在仲裁当事人内心产生强制力的不可忽视的一个因素。

由此可见，从理论上来说，商事仲裁以其自身的法律性质和效力依据为商事仲裁裁决的自动履行提供了法律基础。实践也表明，在国际商事仲裁实践中，当事人在订立商事仲裁协议时，大都约定商事仲裁裁决的约束力，而且，绝大多数商事仲裁裁决也都得到了当事人的自动履行。[②] 这既是商事仲裁价值目标得以实现的具体体现，也是商事仲裁制度得以健康发展的基础。

二、商事仲裁裁决的执行

当商事仲裁裁决的败诉方拒绝自动履行相关仲裁裁决所规定的义务时，商事仲裁裁决的执行就成为商事仲裁法律制度中最后也是最为重要的制度内容。

（一）商事仲裁裁决的执行的含义

商事仲裁裁决的执行（Enforcement of Arbitral Award）是指在承认商事仲裁裁决的基础

① 参见李双元、谢石松著：《国际民事诉讼法概论》，武汉大学出版社 1990 年版，第 576 页。

② 国际商会国际仲裁院（ICC）统计的数字显示，90% 以上的商事仲裁裁决是由败诉方自觉履行的。See Hans van Houtte, *The Law of International Trade*, Sweet and Maxwell 1995, p. 413.

上，通过国家强制力，使已经发生法律效力并取得了执行力的商事仲裁裁决得以实施的司法行为。法院强制执行商事仲裁裁决的法律手段有多种形式，包括扣押财产或其他资产、拍卖财产、查封及没收银行账户，甚至在极特殊的情况下采取限制人身自由等强制措施。

尽管商事仲裁裁决的效力本身要求当事人自动履行商事仲裁裁决，但是，由于种种原因，执行义务人拒绝履行商事仲裁裁决的现象也时有发生，在此情况下，执行权利人欲实现商事仲裁裁决中所规定的权利，便需要采取措施促使商事仲裁裁决得到强制执行。由于商事仲裁程序本质上属于一种特殊的法律程序，尽管世界各国的商事仲裁立法赋予了商事仲裁机构通过仲裁庭对商事法律争议进行裁判的权力，但未赋予其强制执行的权力及其他相关权力。故执行商事仲裁裁决并不属于商事仲裁机构或仲裁庭的职权范围。执行权利人需要向法院申请商事仲裁裁决的强制执行，以最终实现其仲裁意愿。从世界各国的商事仲裁立法来看，大都规定了强制执行商事仲裁裁决要根据国内立法及国际条约的规定，由司法机关进行。

（二）商事仲裁裁决的承认与执行的关系

商事仲裁裁决的承认与执行是既有联系又有区别的两个法律概念和两种司法行为。

一方面，商事仲裁裁决的承认与执行在性质上具有同一性，在操作上具有关联性。在一些国家的商事仲裁立法和相关的国际条约（如 1958 年《纽约公约》）中，商事仲裁裁决的“承认”（Recognition）和“强制执行”（Enforcement）往往是作为一个术语并列使用的，[①] 通常是指使商事仲裁裁决发生诉讼法上的效力，并且实施裁决所确定实体权利与义务的司法活动。

从性质上看，商事仲裁裁决的承认与执行都是一个国家的司法机关行使司法职权的行为。从实际操作层面来看，承认是执行的前提，一项商事仲裁裁决只有在获得法院承认的基础上，才能取得法律上的强制执行力，从而有可能进一步采取措施予以执行；而执行裁决是承认裁决的必然结果。在多数情况下，执行权利人要求法院承认一项商事仲裁裁决，是为了保证对其有利的该项裁决最终得到执行，以实现裁决中所确定的事项及权利。

另一方面，商事仲裁裁决的承认与执行，又是两个不同的法律概念和司法行为。在某些情况下，在商事仲裁裁决已经作出，而商事仲裁一方当事人（一般为执行义务人）又就商事仲裁裁决中已裁定的争议标的物向法院提起诉讼时，便会产生承认问题。从严格意义上来说，商事仲裁裁决的承认（Recognition of Arbitral Award）是指有关国家的法院对商事仲裁机构所作出的具有约束力的裁决予以认可，并赋予其强制执行力的司法行为。此时，商事仲裁中的执行权利人，可以裁决为依据，排除法院受理此案的诉讼管辖权，这同时意味着执行权利人认为商事仲裁裁决具有既判力，并要求法院承认该商事仲裁裁决。在该种情况下，并未涉及商事仲裁裁决的执行程序。由此可见，承认商事仲裁裁决是一国法院认可商事仲裁裁

---

① 有学者指出，有关商事仲裁裁决的“承认与执行”（recognition and enforcement）在 1958 年《纽约公约》等国际条约中常作为一组概念出现，而《关于解决国家与他国国民间投资争端公约》则还使用了“execution”（执行）一词，但就其含义而言，侧重于执行裁决的具体措施或方式。参见宋航著：《国际商事仲裁裁决的承认与执行》，法律出版社 2000 年版，第 205 页。

决效力的行为，是一种防御程序，其主要作用是抵销执行义务人从法院那里获得一项新的判决。而执行商事仲裁裁决是要求法院，在承认商事仲裁裁决效力的基础上，采取有关法律手段使商事仲裁裁决所确定的实体权利得以实现和完成。因此，如果说商事仲裁裁决的承认是一种对裁决效力认可的静态行为，商事仲裁裁决的执行则是需要国家司法机关采取强制性措施，以实现裁决所确定的权利的动态行为。

在司法实践中，承认与执行商事仲裁裁决这一司法行为的完成，实际上存在着"承认"与"执行"两个前后相互独立的阶段。而有时二者是可以相分离的，即只需"承认"，而无需"执行"。因为商事仲裁裁决要取得既判力和执行力必须得到法院的承认，而与此同时又并非所有的商事仲裁裁决都需要经过执行程序，只有含有给付内容且执行义务人不自动履行的商事仲裁裁决才需要强制执行。如《联合国国际商事仲裁示范法》对商事仲裁裁决的承认与执行的概念也有明确的区分，该法第 35 条第 1 款规定，一商事仲裁裁决，无论其在何国作出，其约束力都应予以承认。其后的第 36 条又提及"承认或强制执行"，表明商事仲裁裁决的约束力并不依赖于商事仲裁裁决的实际履行。

此外，在商事仲裁实务中，绝大多数的商事仲裁裁决，特别是那些执行义务人拒绝自动履行的商事仲裁裁决，一般都含有给付内容，在执行义务人拒绝自动履行该有关商事仲裁裁决时，都需要经过强制执行程序。事实上，在商事仲裁案件，特别是国内商事仲裁案件中，有关当事人一般都是直接申请执行有关的商事仲裁裁决，而不是申请承认有关的商事仲裁裁决。

也正是基于上述原因，本书在本章中，主要是从商事仲裁裁决的执行这一角度去设计相关的章节名称，也主要是从这一角度去探讨相关的法律制度和法律问题。

（三）商事仲裁裁决在大陆法系国家的执行

如果仲裁当事人在商事仲裁裁决作出地国家申请强制执行一项商事仲裁裁决，则关于强制执行商事仲裁裁决的程序规则及条件应依照该国家的法律规定。在大陆法系国家，一般情况下，需要强制执行的商事仲裁裁决只有获得一项强制许可（exequatur）后方可得到强制执行。[①] 从下列一些大陆法系国家的法律规定中，我们可以对商事仲裁裁决在大陆法系国家的强制执行制度有一个概略的了解。

德国《仲裁法》系德国《民事诉讼法典》中的第 10 编。[②] 于 1998 年 1 月 1 日起生效的德国《仲裁法》在许多法律规定和制度上显示了对《联合国国际商事仲裁示范法》的支持态度。如该法采用了《联合国国际商事仲裁示范法》中"地域原则"，以替代先前法律所适用的"程序性理论"。在该地域原则下，所有在德国境内作成的商事仲裁裁决均被视为国内商事仲裁裁决，而一国内商事仲裁裁决只有在获得强制执行许可声明（a declaration of enforceability）后方可得到强制执行。如果商事仲裁裁决存在德国《仲裁法》所规定的可予以撤销的情形，强制执行申请应予驳回，裁决应予以撤销。如果在一方当事人提出强制执行

① 参见李虎著：《国际商事仲裁裁决的强制执行》，法律出版社 2000 年版，第 51 页。

② 尽管德国《民事诉讼法典》经历过一系列的修改，但其中的仲裁编却保持着高度的稳定性。

申请时，另一方当事人以商事仲裁裁决存有法定予以撤销的情形为由要求撤销裁决的申请最后被法院拒绝，或当事人一方未在法定期限内申请撤销裁决，则撤销裁决的理由不再被予以考虑。①

在荷兰，一项商事仲裁裁决得以强制执行的前提条件是：将该商事仲裁裁决的正本提交其存档注册的地区法院院长，并由该院长应一方当事人的请求签发强制执行许可令。荷兰 1986 年《民事诉讼法典》第四编（即荷兰《仲裁法》）第 1062 条规定：如所涉商事仲裁裁决未提交存档，强制执行许可将被记录在正本裁决中或记载在一项单独决定里。这样的裁决或决定将由法院人员毫不迟延地送达给当事人。一旦签发了强制执行许可，撤销商事仲裁裁决便成了被申请人可援用的唯一的追诉方式。裁决撤销可导致强制执行许可无效。第 1063 条还规定：通常情况下，只有商事仲裁裁决或其作出方式明显与公共政策或善良风俗相抵触时，地区法院院长才可拒绝强制执行。一旦强制执行申请被拒绝，申请人可在拒绝执行决定作出之日起 2 个月内分别向上诉法院或最高法院上诉。

瑞士关于强制执行商事仲裁裁决有其独特的做法。根据瑞士《联邦国际私法》第 12 章关于国际商事仲裁的规定，在瑞士强制执行商事仲裁裁决无需获得强制执行许可。而且，应商事仲裁一方当事人的请求，不仅法院可以确认商事仲裁裁决的可强制执行性，商事仲裁庭也可以确认商事仲裁裁决系依据瑞士商事仲裁法而作出。该种确认具有与商事仲裁裁决存档相同的效果。② 它有助于商事仲裁裁决的执行，但并不是商事仲裁裁决强制执行的必要条件。在瑞士强制执行商事仲裁裁决，需要先区分裁决是一方当事人支付款项，还是采用其他解决争议的方法。对于前种情况而言，执行程序依联邦法，或依照有关国际条约；而如果属于后种情况，执行问题将依有关州法。③

根据意大利《民事诉讼法典》中关于商事仲裁的规定，仲裁一方当事人欲强制执行一项商事仲裁裁决，应将该商事仲裁裁决提交仲裁地所在区的地方法院注册。地方法官在审查商事仲裁裁决所有形式要求后，通过签发强制执行许可令强制执行裁决。当事人可在得到不予执行通知后 30 日内向一审法院提出申请，对不予执行裁定提出异议。一审法院在经庭审后作出终审裁定，当事人不得提出上诉。④

根据比利时 2013 年《司法法典》中关于仲裁的规定，为使商事仲裁裁决具有既决案件的权威性，应满足以下三项条件：符合公共秩序；存在的争议已通过商事仲裁渠道解决；商事仲裁裁决通告不应再受去仲裁员处上诉的约束。⑤ 关于强制执行问题，比利时《司法法典》第 1719～1721 条作了具体的规定。根据第 1919 条和第 1920 条的规定，在比利时有权决定承认与执行商事仲裁裁决的机关为初审法院（Court of First Instance）。第 1921 条则是在采

---

① 参见德国《民事诉讼法典》（亦即 1998 年德国《仲裁法》）第 1060 条。

② 参见瑞士 1989 年《联邦国际私法》第 193 条第 2 款和第 3 款。

③ See RenéDavid, *Arbitration in International Trade*, Kluwer Law and Taxation Publishers 1985, p. 389.

④ 参见意大利《民事诉讼法典》第四卷第八篇仲裁（亦即 1994 意大利《仲裁法》）第 840 条。

⑤ 参见丁建忠编著：《外国仲裁法与实践》，中国对外经济贸易出版社 1992 年版，第 24 页。

纳了《联合国国际商事仲裁示范法》和1958年《纽约公约》的基础上，对拒绝承认和执行商事仲裁裁决的事由作了明确规定。比利时《司法法典》较特别之处在于，其允许法院基于法律适用错误而拒绝承认与执行商事仲裁裁决。这在一定程度上扩大了传统的标准，即程序性错误标准。

在1982年以前的瑞典，当事人寻求强制执行商事仲裁裁决，需向一行政机关提出申请。[①] 如果一方当事人不主动履行一瑞典的商事仲裁裁决，执行权利人通常可向"专职执行官"申请强制执行裁决。该执行官强制执行商事仲裁裁决的权限，来自瑞典1981年《强制执行程序法典》。执行官将对商事仲裁裁决进行简易审查，以判定商事仲裁裁决根据瑞典商事仲裁法是否无效，然后根据其审查的结果分别作出驳回强制执行申请和裁定所涉商事仲裁裁决像法院的确定判决一样得以强制执行。而当事人双方均可就执行官的决定，无论是准予执行还是拒绝执行，向上诉法院并继而向最高法院上诉。此外，对于复杂案件，执行官有权拒绝接受处理强制执行事宜。在这种情况下，执行权利人只能向法院申请强制执行相关商事仲裁裁决。[②]

法国2011年《民事诉讼法典》赋予外国商事仲裁裁决及在法国作出的国际商事仲裁裁决，较国内商事仲裁裁决而言，在强制执行方面以特殊地位，这使得法国的商事仲裁裁决执行制度具有独特性。根据该法第四编（即《仲裁法》）第3章和第4章"外国裁决或国际裁决的承认和强制执行及补救措施"的规定，要强制执行这些商事仲裁裁决，首先需要从执行官处获得执行许可。根据该法第1514条规定，如果援引商事仲裁裁决的当事人证明它存在并且承认裁决不明显违反国际公共政策，商事仲裁裁决应予承认。基于同样的条件，该商事仲裁裁决应以执行判决宣布在法国境内可以执行。再根据该法第1525条，当事人可就拒绝承认和或执行商事仲裁裁决的决定提起上诉。而准许对强制执行外国商事仲裁裁决的裁定进行上诉的情形仅包括第1520条所例明的5种情形：无商事仲裁协议或商事仲裁协议无效或过期；商事仲裁庭组成不当或独任仲裁员指定不当；仲裁员以违反授予他职权的方式作出决定；商事仲裁违反正当程序及违反公共秩序。[③]

（四）商事仲裁裁决在英美法系国家的执行

英美法系国家常常把外国商事仲裁裁决视为合同之债加以解决。这些国家把外国商事仲裁裁决看作是在"普通法仲裁"（common law arbitration）中作出的裁决，强制执行外国商事仲裁裁决要由当事人基于相关外国商事仲裁裁决提起普通民事诉讼。执行法院把外国商事仲裁裁决视为双方当事人之间设立的一种债务契约，依据可以适用的法律审查该契约是否有效、强制执行该契约是否会违反执行地国的公共秩序。在一些普通法系国家，对所要强

① See René David, *Arbitration in International Trade*, Kluwer Law and Taxation Publishers 1985, p. 369.

② 参见李虎著:《国际商事仲裁裁决的强制执行》，法律出版社2000年版，第53页。

③ 参见法国《民事诉讼法典》第1498条、1501条、1502条。参见程德钧、王生长主编:《涉外仲裁与法律》（第二辑），中国统计出版社1994年版，第35~36页。

制执行的内国商事仲裁裁决也视为契约处理。[①] 当然,将商事仲裁裁决作为合同之债通过在法院提起诉讼程序而得以强制执行,是普通法系国家的惯常做法而非法定做法。就这些国家专门的商事仲裁裁决执行制度来看,通常需要先对商事仲裁裁决予以司法确认,然后才可以以法院判决的形式得到强制执行。

根据英国 1996 年《仲裁法》,经法院签发执行许可的商事仲裁裁决,可以依据执行法院判决或裁定同样的方式,得到强制执行并取得相同的效果。一旦法院签发了强制执行许可,商事仲裁裁决可被转化为法院判决。[②] 该法规定,强制执行申请通常应该在一审法院提出。无论仲裁地是否在英国境内,当事人都可申请强制执行相关商事仲裁裁决。将商事仲裁裁决转化为法院判决的好处在于,可以增加在英国境外另行强制执行商事仲裁裁决的可能性。除非被强制执行人能证明商事仲裁庭缺乏作出商事仲裁裁决的实体管辖权,强制执行许可应予以签发。如果商事仲裁裁决出现商事仲裁庭缺乏实体管辖权且未对管辖权提出异议的情形,法院可裁定变更商事仲裁裁决,或全部或部分地撤销商事仲裁裁决。

在美国早期的司法判例中,美国法院对外州的商事仲裁曾采取一种否定的态度,认为有关的商事仲裁协议排除了法院的管辖权,是违反公共政策的,因此对这种协议不予执行,如米咸诉詹姆斯顿、富兰克林、克利菲尔德铁路公司案(Meacham V. Jameston, Franklin and Clearfield R. R. Co.)便是其中一个典型的案例。在该案中,纽约州上诉法院判定该种协议的规定是无效的,因为它旨在排除法院的管辖权。[③] 但其后,这种观点被 1921 年的《纽约州仲裁法》及 1925 年美国《联邦仲裁法》所改变。根据美国《联邦仲裁法》,如当事人在商事仲裁协议中约定商事仲裁裁决应转化为法院判决(即判决转化条款,the entry of judgment clause)并经法院予以确定,任何一方当事人都可以在商事仲裁裁决作出之日起 1 年内的任何时候向有关法院申请裁定确认该商事仲裁裁决。法院必须签发裁定确认相关商事仲裁裁决,除非该相关商事仲裁裁决被撤销、更改或补正。如果当事人未在商事仲裁协议中具体确定管辖法院,当事人应向商事仲裁裁决作出地的地区法院提出申请以确认商事仲裁裁决。[④] 美国《联邦仲裁法》第 207 条还规定,联邦法院将在商事仲裁裁决作出后 3 年内确认该商事仲裁裁决为有效,有依 1958 年《纽约公约》所规定的拒绝承认或执行的理由之一时,则属例外。近年来,美国商事仲裁裁决强制执行制度的实践表明:美国对强制执行商事仲裁裁决时的司法审查显示了较为宽松的态度,只有在法院认为有关商事仲裁裁决严重违反公共政策时,才会拒绝承认与执行。[⑤]

---

① 参见韩健著:《现代国际商事仲裁法的理论与实践》,法律出版社 1993 年版,第 301 页。

② 英国 1996 年《仲裁法》第 66 条第 1 款、第 2 款。

③ 参见韩德培、韩健著:《美国国际私法(冲突法)导论》,法律出版社 1994 年版,第 310 ~ 311 页。

④ 美国 1925 年《联邦仲裁法》第 9 条。

⑤ See Robert T. Gerig and Inna Reznik, *Current Developments in Enforcement of Arbitration Awards in the United States*, *The Journal of The Chartered Institute of Arbitration*, Vol 67, November 2, May 2001, pp. 120–137.

（五）商事仲裁裁决在中国的执行

商事仲裁裁决在中国的执行，同样是基于中国境内四个法域的不同而各不相同，分别涉及在中国内地、中国香港、中国澳门、中国台湾的执行问题。

1. 商事仲裁裁决在中国内地的执行

中国《仲裁法》第62条规定：当事人不自觉履行商事仲裁裁决的，另一方当事人可以依照《民事诉讼法》的有关规定向人民法院申请执行；接受申请的人民法院应当执行。由此可见，对于此类国内商事仲裁裁决，无需经过承认审查程序，直接进入强制执行阶段。中国《仲裁法》也没有为国内商事仲裁裁决的强制执行规定特别的诉讼程序，只是要求按照民事诉讼法的有关规定提出申请，说明商事仲裁裁决适用与民事判决完全相同的申请执行程序。

在执行条件方面，自2018年1月1日起施行并于2021年修正的《最高人民法院关于仲裁司法审查案件报核问题的有关规定》规定，人民法院对申请执行中国内地商事仲裁机构作出的非涉外商事仲裁裁决案件的审查，适用中国《民诉法》第244条的规定。而2021年中国《民诉法》第244条通过否定清单的形式规定了拒绝执行国内商事仲裁裁决的条件，包括以下6种情形：（1）当事人在合同中没有订有仲裁条款或者事后没有达成书面仲裁协议的；（2）裁决的事项不属于仲裁协议的范围或者仲裁机构无权仲裁的；（3）仲裁庭的组成或者仲裁的程序违反法定程序的；（4）裁决所根据的证据是伪造的；（5）对方当事人向仲裁机构隐瞒了足以影响公正裁决的证据的；（6）仲裁员在仲裁该案时有贪污受贿，徇私舞弊，枉法裁决行为的。以上各项情形需由当事人提出证据证明。此外，该条还规定了人民法院可自行裁定不予执行商事仲裁裁决的情形，即执行有关商事仲裁裁决可能会违背社会的公共利益。而且，根据上述司法解释的规定，中国《仲裁法》第58条第1款第6项和中国《民诉法》第244条第2款第6项规定的仲裁员在仲裁该案时有索贿受贿、徇私舞弊、枉法裁决行为，是指已经由生效刑事法律文书或者纪律处分决定所确认的行为。

在执行程序方面，自2018年1月1日起施行并于2021年修正的《最高人民法院关于仲裁司法审查案件报核问题的有关规定》规定：各中级人民法院或者专门人民法院办理非涉外涉港澳台商事仲裁司法审查案件，经审查拟认定不予执行中国内地商事仲裁机构的商事仲裁裁决，应当向本辖区所属高级人民法院报核；待高级人民法院审核后，方可依高级人民法院的审核意见作出裁定；而且，上述非涉外涉港澳台商事仲裁司法审查案件，高级人民法院经审查拟同意中级人民法院或者专门人民法院认定不予执行中国内地商事仲裁机构的商事仲裁裁决，在下列情形下，应当向最高人民法院报核，待最高人民法院审核后，方可依最高人民法院的审核意见作出裁定：商事仲裁司法审查案件当事人住所地跨省级行政区域；以违背社会公共利益为由不予执行中国内地商事仲裁机构的商事仲裁裁决。

此外，自2018年3月1日起施行的《最高人民法院关于人民法院办理仲裁裁决执行案件若干问题的规定》，针对商事仲裁裁决在中国内地执行时涉及的执行管辖、商事仲裁裁决或者商事仲裁调解书的执行内容具有相关情形导致无法执行、案外人向人民法院申请不予执行商事仲裁裁决或者商事仲裁调解书等一系列程序和实体问题，作了更加详细、具体的规定。[①]

2. 商事仲裁裁决在中国香港的执行

根据2011年修订前的中国香港《仲裁条例》(Arbitration Ordinance)(以下简称"旧《仲裁条例》")，其商事仲裁裁决分为"内国裁决"与"外国裁决"两大类。[②] 旧《仲裁条例》并未对"内国裁决"作出明确定义，通常是指除一般外国裁决和1958年《纽约公约》裁决以外的其他裁决。而"内国裁决"下又分本地商事仲裁裁决与国际商事仲裁裁决两类。本地商事仲裁裁决与国际商事仲裁裁决的主要区分标准是仲裁方式选用的不同。根据本地商事仲裁协议按照本地商事仲裁方式或者根据国际协议选用本地商事仲裁方式所作的裁决为本地商事仲裁裁决；而依据国际协议或者本地协议选用国际商事仲裁方式所作的裁决就是国际商事仲裁裁决。

旧《仲裁条例》对于构成"内国商事仲裁裁决"的本地商事仲裁裁决和国际商事仲裁裁决的执行方式和内容，分别作了规定：

(1) 本地商事仲裁裁决的执行。香港地区的本地商事仲裁裁决具有当然的法律效力，故免于承认程序。旧《仲裁条例》对本地商事仲裁裁决的执行问题仅作了简单的规定。首先，由商事仲裁庭在商事仲裁程序中或就商事仲裁程序作出或发出的裁决、命令或指示，与法院的判决、命令或指示具有同等法律效力，其强制执行的方式也相同。其次，上述裁决、命令和指令若需要强制执行，须得到法院或法院大法官的许可，并由法院或大法官按该裁决、命令或指示作出内容相同的判决。[③] 旧《仲裁条例》中并没有规定拒绝执行本地商事仲裁裁决的条件。

(2) 国际商事仲裁裁决的执行。旧《仲裁条例》第34C(1)规定，香港国际商事仲裁适用《联合国国际商事仲裁示范法》第1～7章的规定。同时，旧《仲裁条例》第IA部是专门适用"本地商事仲裁及国际商事仲裁的条文"，因此，其中的第2GG条同样适用于国际商事仲裁裁决的执行。故香港地区的国际商事仲裁裁决与本地商事仲裁裁决在法律效力及具体执行程序上基本相同。由此可见，香港地区包括本地商事仲裁裁决与国际商事仲裁裁决在内的"内国商事仲裁裁决"，具有与法院判决或决定相同的法律效力，在法院允许的条件下，可以用与法院判决或决定相同的方式保证其执行，或者在法院同意的情况下，将裁决的内容转变为法院判决予以执行。[④]

值得一提的是，新修订的中国香港《仲裁条例》(以下简称"新《仲裁条例》")已于2011年6月1日生效，对于旧《仲裁条例》作出了较大的改变。如前所述，旧《仲裁条例》是区分本地商事仲裁和国际商事仲裁的。但是新《仲裁条例》摒弃了这种做法，在充分采纳《联合国

① 具体请参见最高人民法院网站。

② 除另有指明，本书所引中国香港《仲裁条例》为2011年6月1日实施之修订版，即新《仲裁条例》。

③ 参见中国香港旧《仲裁条例》第2GG条规定。

④ 参见董立坤著：《香港法的理论与实践》，法律出版社1990年版，第295页。

国际商事仲裁示范法》的基础之上，采取了适应于多类商事仲裁的单一商事仲裁制度。这样修改的目的在于使新《仲裁条例》更好地与国际接轨，进一步提升香港地区作为商事仲裁争议解决地的国际竞争力。与此同时，考虑到衔接问题，新《仲裁条例》于附表 2 中依“选用条款”的方式，保留了部分旧《仲裁条例》的本地商事仲裁制度。此类条文包括：“仲裁员预设数目”“仲裁的合并处理”“向法院申请初步法律问题的决定”“以严重不当事件为由向法院上诉”“就仲裁裁决的法律问题向法院上诉”等。

就商事仲裁在中国香港的强制执行而言，新《仲裁条例》并没有作实质内容上的根本性修改，只是在立法体例上作了更新。在新《仲裁条例》第 10 部的 4 个部分中，分别就“一般仲裁裁决”“《纽约公约》仲裁裁决”“中国内地裁决”和“澳门裁决”的强制执行作了更细致的规定。例如，对“一般仲裁裁决”而言，在不区分内地裁决与否的基础之上，新《仲裁条例》修改并解决了旧《仲裁条例》未能规定拒绝执行本地商事仲裁裁决条件的问题；而在其他类型裁决的执行方面，新《仲裁条例》沿用了旧《仲裁条例》的模式，对各类商事仲裁裁决基本采取了相同的强制执行程序。可以说，新《仲裁条例》为各种类型的商事仲裁裁决在香港地区的强制执行进一步构建了完善的法律制度保障。

3. 商事仲裁裁决在中国澳门的执行

在中国澳门地区的商事仲裁制度中，澳门 1996 年《内部仲裁法》和 1998 年《涉外商事仲裁法》分别对澳门本地商事仲裁和澳门国际商事仲裁进行了规定。澳门《内部仲裁法》没有涉及本地商事仲裁裁决的承认程序，也没有就商事仲裁裁决的拒绝执行作出任何规定，仅对本地商事仲裁裁决的强制执行问题作了两条原则性的规定：（1）商事仲裁裁决由普通管辖法院按照民事诉讼法的规定执行；（2）被执行人可以按照民事诉讼法的规定反对商事仲裁裁决的执行。

关于澳门地区国际商事仲裁裁决的执行，在《涉外商事仲裁法》第 36 条中有所规定。该条对拒绝承认或执行澳门地区国际商事仲裁裁决的依据作了具体规定，包括两种情形：

第一种情形是需要由当事人举证的法定条件，具体包括：（1）依商事仲裁协议的当事一方或根据当事人所同意遵守的法律，或未订明任何此种法律而根据作出商事仲裁裁决的国家或地区的法律，该协议无效；（2）援用商事仲裁裁决的一方当事人未获关于指定或任命仲裁员或参与商事仲裁程序的适当通知，或因其他理由不能行使其权利；（3）商事仲裁裁决涉及的争议非为商事仲裁协议的标的，或商事仲裁裁决内含有对商事仲裁协议范围以外事项的决定；但如在商事仲裁裁决内，对提交商事仲裁的事项的决定，可以与对未提交商事仲裁的事项的决定分开，则仅可拒绝承认或执行商事仲裁裁决中含有与对未提交商事仲裁的事项所作的部分决定；（4）商事仲裁庭的组成或商事仲裁程序与当事人的协议不符，或当事人无此协议时，与进行仲裁地的国家或地区的法律不符；（5）商事仲裁裁决尚未对当事人有约束力，或作出商事仲裁裁决的国家或地区的管辖法院，或依其法律作出商事仲裁裁决的国家或地区的管辖法院已将商事仲裁裁决撤销或中止。

第二种情形是法定理由，无须当事人证明，而经法院依职权认定，即可裁定拒绝对有关商事仲裁裁决的承认与执行，其理由包括：（1）根据澳门地区的法律规定，争议标的不得通过仲裁解决；（2）承认或执行有关商事仲裁裁决与公共秩序相抵触；（3）作出商事仲裁裁决的国家或地区也会拒绝承认或执行在澳门地区作出的商事仲裁裁决。

4. 商事仲裁裁决在中国台湾的执行

根据中国台湾地区 2002 年"仲裁法"规定，凡在中国台湾地区之外作出的商事仲裁裁决，或在中国台湾地区根据"外国法"作出的商事仲裁裁决，都被视为"外国商事仲裁裁决"。[①] 可见，中国台湾地区对"内国商事仲裁裁决"与"外国商事仲裁裁决"的划分，同时适用裁决地标准和准据法标准，而只有重叠适用裁决地和准据法标准都不属于"外国裁决"的商事仲裁裁决，才属于"内国裁决"。

就中国台湾地区关于"内国商事仲裁裁决"的执行制度来看，包括下列内容：

（1）中国台湾地区 2002 年"仲裁法"规定，商事仲裁裁决在当事人之间具有与生效的法院判决同等的法律效力，[②] 即通过商事仲裁立法直接认定商事仲裁裁决效力，免于承认程序。同时，2002 年"仲裁法"并未就"内国商事仲裁裁决"的承认问题作出任何规定。

（2）2002 年"仲裁法"规定了两种强制执行的方式：一种是先向法院申请执行裁定，然后强制执行。另一种是直接申请强制执行，但必须由当事人双方书面约定商事仲裁裁决无须经法院裁定即可实施强制执行，前提是必须同时具备以下两项条件，包括以给付金钱或其他代替物或有价证券之一定数量为标的者，以及以给付特定的动产为标的者。

（3）2002 年"仲裁法"规定了拒绝执行"内国商事仲裁裁决"的 3 项法定理由，包括：第一，商事仲裁裁决与商事仲裁协议的标的无关，或超出商事仲裁协议的范围。但是除去该部分裁决仍能够成立，其余部分不在此限。第二，商事仲裁裁决书没有附上依法应附的理由。但经商事仲裁庭补正后不在此限。第三，商事仲裁裁决的内容是要求当事人为法律上所不允许为的行为。[③]

第二节 商事仲裁裁决执行的区际司法协助

在多法域国家，因为受到裁决地法域与执行地法域彼此独立的立法权和司法权限制，所以，在商事仲裁实务中，商事仲裁裁决的强制执行与法院判决的强制执行一样，都只能由被请求执行地法域的有权机关协助执行。

一、商事仲裁裁决执行中区际司法协助的一般理论与实践

在目前的国际社会中，有些国家采取单一的法律体制，在其国内只存在一个独立的法律

① 中国台湾地区 1998 年"仲裁法"已于 2002 年 7 月 10 日完成修订，除非另有写明，本书以该修正案为准。参见中国台湾地区"仲裁法"第 47 条规定。

② 参见中国台湾地区"仲裁法"第 37 条第 1 款规定。

③ 参见中国台湾地区"仲裁法"第 38 条规定。

体系，但也有不少国家，如美国、英国、瑞士、加拿大和澳大利亚等，在其主权国家内部存在数个具有独特法律制度的地区——法域，这种具有数个法域的国家，通常被称为“复合法域国家”，或者“复数法制国家”，或者“多法域国家”。[①] 从有关多法域国家的法律规定来看，各法域享有独立的立法权和司法权。在这些多法域国家中，各法域对于商事仲裁裁决的承认和执行制度会有不同规定。因此，当在某一法域作出的商事仲裁裁决需要到另一法域申请承认和执行时，便会发生商事仲裁裁决执行中的区际司法协助问题。而从世界各国在这一问题上的商事仲裁立法和司法实践来看，都有着各不相同的做法。

美国各州关于外州商事仲裁裁决的承认和执行问题，大都是在成文法规中作出规定，应先将外州商事仲裁裁决转换成法院判决，然后就可享受充分信任的待遇。不过，在符合一定条件的情况下，虽未转换成法院判决，仍然可以得到强制执行。《美国第二次冲突法重述》第220条规定，外州商事仲裁裁决将在其他州得到执行，但必须符合下列条件：(1) 该商事仲裁裁决在支配它的本地法所属州内可以执行；该商事仲裁裁决由对申请人享有属人管辖权的商事仲裁庭作出；被申请人得到了关于该程序的合理通知以及合理的申辩机会。(2) 法院地对被告或其财产享有司法管辖权，而且商事仲裁裁决所依据的诉因不违反法院地的公共政策。[②]

从瑞士的情况来看，瑞士1874年《联邦宪法》第64章对联邦与州的司法管辖权作了划分，原则上赋予各州民事诉讼管辖权。而在强制执行商事仲裁裁决方面，其管辖权明示地保留给联邦。瑞士各州都制定有商事仲裁法。瑞士1989年《联邦国际私法》第12章是对国际商事仲裁的规定，其176条第2款明确规定，当事人已书面排除本章条款的适用而同意只适用州仲裁法的程序规定的，本章条款则不适用，以此进一步明确了各州商事仲裁法适用的效力。1969年8月，瑞士联邦议会批准了商事仲裁协约(CIA)，这是一个包括商事仲裁统一法的州际协议。瑞士大部分的州都是该商事仲裁协约的成员。[③] 通过商事仲裁协约，各州的商事仲裁法得到更广泛的统一，并且，该商事仲裁协约也为各州之间在承认和执行商事仲裁裁决的区际司法协助方面提供了法律基础。

如何有效地解决中国内地与中国香港、澳门、台湾地区之间相互承认与执行商事仲裁裁决的问题，无疑也是中国区际司法协助中一项极为重要的内容。

对于中国内地与中国香港、澳门、台湾地区之间相互承认与执行商事仲裁裁决的问题，除了中国内地分别与中国港、澳、台地区签署了相关协议或者安排以外，中国内地的相关立法和司法解释，还就涉及港澳台地区的商事仲裁裁决在中国内地的执行统一规定了特殊的制度。如根据《最高人民法院关于仲裁司法审查案件报核问题的有关规定》，各中级人民法院或者专门人民法院办理涉外涉港澳台商事仲裁司法审查案件，经审查拟认定不予执行或者撤销中国内地商事仲裁机构的商事仲裁裁决，不予认可和执行香港特别行政区、澳门特别行政区、台湾地区商事仲裁裁决，应当向本辖区所属高级人民法院报核；高级人民法院经审

① 参见韩德培主编：《国际私法新论》，武汉大学出版社2003年版，第301页。

② 参见韩德培、韩健著：《美国国际私法（冲突法）导论》，法律出版社1994年版，第311页。

③ 参见丁建忠编著：《外国仲裁法与实践》，中国对外经济贸易出版社1992年版，第31页。

查拟同意的，应当向最高人民法院报核；待最高人民法院审核后，方可依最高人民法院的审核意见作出裁定。根据自2018年1月1日起施行的《最高人民法院关于审理仲裁司法审查案件若干问题的规定》的规定，申请执行或者撤销我国内地商事仲裁机构作出的涉及香港特别行政区、澳门特别行政区、台湾地区商事仲裁裁决的案件，参照适用涉外商事仲裁司法审查案件的规定审查。

二、商事仲裁裁决在中国内地与香港地区之间的协助执行

中国政府对香港恢复行使主权之前，中国内地与香港地区之间相互承认和执行商事仲裁裁决的法律基础是1958年《纽约公约》，并以各自的商事仲裁法律制度为依据。

根据中国香港新《仲裁条例》的规定，内地的国际商事仲裁裁决需要在香港申请执行时，申请人需向香港高等法院提交：经正式认证的裁决书正本或经正式认证的裁决书副本；商事仲裁协议的正本或经正式认证的副本；如果裁决书或仲裁协议非英文撰写，必须同时提供经公务员、翻译员、外交代表或领事人员认证的译本。除下列情况外，中国内地的商事仲裁裁决不得被拒绝执行：(1) 根据适用于他的法律，商事仲裁协议一方当事人没有行为能力；(2) 根据各方当事人选择的法律，或者没有此种选择时，根据仲裁地，即中国内地的法律，商事仲裁协议无效；(3) 当事人未接获关于指定仲裁员或关于仲裁程序的适当通知，或者因此无法陈述案情；(4) 裁决所处理的争议超出了商事仲裁协议的范围，或者商事仲裁裁决的决定超出了当事人提交仲裁的范围；(5) 商事仲裁机构的组成或仲裁程序不符合各方当事人之间的协议，或者在没有这种协议的情况下，不符合仲裁地的法律；(6) 裁决对各方当事人尚未发生约束力，或根据作成商事仲裁裁决地的法律，有关主管机关已经撤回或撤销该裁决。① 上述规定的情形与1958年《纽约公约》第5条的规定极为相似。

在中国政府对香港恢复行使主权以前，由于两地都以1958年《纽约公约》作为法律基础，双方对于对方的国际商事仲裁裁决仅作形式上的审查，着重于商事仲裁协议和仲裁程序。1989年6月29日，中国香港地区法院依据1958年《纽约公约》的规定，认定中国贸仲于1988年7月12日作出的商事仲裁裁决为“公约裁决”，故判决强制执行，这是中国内地国际商事仲裁裁决第一次在香港地区获得承认和执行。由于香港地区的普通法传统，香港地区高等法院的此项判决成为先例。② 在此之后的一段时间里，内地陆续有150余件商事仲裁裁决依1958年《纽约公约》在香港地区得到了承认和执行。③ 在此期间，香港地区法院尚未有一例以“违反公共秩序”为由拒绝承认和执行中国贸仲裁决的判例。④ 与此同时，中国

---

① 参见新《仲裁条例》第92～95条。

② 参见韩健、宋连斌：《试论1997年后内地国际商事仲裁裁决在香港的执行》，载《司法协助研究》，法律出版社1996年版，第370页。

③ 参见程德钧：《中国国际经济贸易仲裁委员会第十三届委员会工作报告》，载《仲裁与法律通讯》1998年4月。

④ 参见全国人大常委会法制工作委员会民法室、中国国际经济贸易仲裁委员会秘书局编著：《中华人民共和国仲裁法全书》，法律出版社1995年版，第128～129页。

内地各地方的中级人民法院也受理或执行了香港国际仲裁中心或临时仲裁庭作出的商事仲裁裁决。据有关部门统计，截至中国政府对香港恢复行使主权，共有13件香港商事仲裁裁决在内地得到了承认和执行。①

在中国政府对香港恢复行使主权前夕，中国政府声明，在1997年7月1日之后，1958年《纽约公约》将扩大适用至中国香港特别行政区。自1997年7月1日之后，中国香港特别行政区适用1958年《纽约公约》执行其他缔约方商事仲裁裁决的法律依据是中国政府所作的声明。同时，对于香港特别行政区而言，中国内地的商事仲裁裁决不再被视为外国仲裁裁决。在此情况下，对于内地商事仲裁机构所作出的商事仲裁裁决或者香港仲裁机构所作出的商事仲裁裁决，因其属于一个国家内部不同地区的裁决，两地法院不能再依照1958年《纽约公约》的规定处理相互间的承认和执行事宜，同时又由于两地之间法律制度的差异，不能按照处理各自区域内商事仲裁裁决的方式予以处理。这样，便产生了中国内地和香港特别行政区的商事仲裁裁决在对方法域无法得到执行的“真空期”。

一方面，香港特别行政区高等法院曾在其判决中明确表示，内地商事仲裁裁决在香港特别行政区既不属于公约裁决，也不属于本地裁决，执行内地商事仲裁裁决的申请，香港法院无法受理。例如，香港特别行政区高等法院于1998年年初一审时驳回了承认和执行中国贸仲商事仲裁裁决的申请。② 法院驳回执行申请的理由主要为：(1)中国政府对香港恢复行使主权以后，内地作成的欲在香港特别行政区申请执行的商事仲裁裁决不属于1958年《纽约公约》项下的商事仲裁裁决，不能依该公约得到承认和执行；(2)上述裁决书也不能按照香港特别行政区当时《仲裁条例》的规定通过将裁决书转化为简易判决书的方式加以执行，因为这种方式仅适用于在香港特别行政区本地进行的商事仲裁。该判决书同时指出，在内地执行香港特别行政区作出的商事仲裁裁决也会有困难。③

另一方面，就香港特别行政区的商事仲裁裁决到内地申请承认和执行而言，虽然自1997年7月1日以后，中国政府对香港恢复行使主权，香港成为中国的一个特别行政区，但基于“一国两制”的原则，香港特别行政区已经成为中国一个相对独立的法域，其原有法律体制和司法制度将基本保留和维持原状。在这种情况下，内地某一法院承认和执行香港特别行政区的商事仲裁裁决的程序就不能完全等同于执行内地其他地区作成的商事仲裁裁决的程序，而应考虑到其特殊性。

这种状况引起了中国内地和香港特别行政区各界的关注。为了使上述问题得到彻底解决，经过一年多的协商，1999年6月21日，最高人民法院与香港特别行政区代表根据《中华人民共和国香港特别行政区基本法》和“一国两制”的原则，正式签署了《最高人民法院关于内地与香港特别行政区相互执行商事仲裁裁决的安排》（以下简称“《内地与香港的安

① 参见张宪初：《香港内地相互执行商事仲裁裁决机制的建立及其相关的若干问题》，载《仲裁与法律》2002年第2期。

② 中国国际经济贸易仲裁委员会编：《仲裁研究所简报》第5卷，1998年3月16日。

③ 参见陈治东著：《国际商事仲裁法》，法律出版社1998年版，第344页。

排》”)。《内地与香港的安排》是中国政府对香港恢复行使主权后,内地与香港特别行政区在司法协助领域签署的又一重要文件,是两地司法协助法律制度的重要组成部分,是一个主权国家内不同法律区域间的司法安排。根据《中华人民共和国香港特别行政区基本法》第95条的规定,双方在讨论研究过程中,既按照“一国两制”原则规范两地的互助行为,又充分考虑了香港特别行政区与内地不同法律制度的实际情况。这对于切实维护包括香港同胞在内的两地当事人的合法权益,及时、公正地执行对方的商事仲裁裁决具有十分重要的意义。[①]2000年1月24日,最高人民法院以司法解释的形式将《内地与香港的安排》在内地予以公布,并规定自2000年2月1日起施行。2020年11月9日,最高人民法院审判委员会第1815次会议通过了《最高人民法院关于内地与香港特别行政区相互执行仲裁裁决的补充安排》(以下简称“《内地与香港的补充安排》”),并于2020年11月26日公告。其中第1条和第4条自2020年11月27日起施行;[②]第2条和第3条由香港特别行政区完成有关程序,自2021年5月19日起施行。[③]《内地与香港的安排》基本上采纳了1958年《纽约公约》的规定,共有11个条款;《内地与香港的补充安排》共有5条。《内地与香港的安排》《内地与香港的补充安排》的主要内容如下:

1. 根据《中华人民共和国香港特别行政区基本法》第95条的规定,并通过最高人民法院和香港特别行政区政府相互协商,香港特别行政区法院同意认可和执行由内地商事仲裁机构依照中国《仲裁法》作成的商事仲裁裁决;内地同意认可和执行在香港特别行政区依照《仲裁条例》作成的商事仲裁裁决。

2. 一方当事人未执行商事仲裁裁决时,不论该商事仲裁裁决是在内地还是在香港特别行政区作成,另一方当事人都可以在被申请执行人住所地或其财产所在地有关法院申请执行该商事仲裁裁决。《内地与香港的安排》中所指具体执行商事仲裁裁决的“有关法院”,对内地而言,是指被申请执行人住所地或其财产所在地的中级人民法院;而对香港特别行政区而言,是指香港特别行政区高等法院。如果被申请人在内地和香港特别行政区均有住所地或者可供执行财产的,申请人可以分别向两地法院申请执行。应对方法院要求,两地法院应当相互提供本方执行仲裁裁决的情况。两地法院执行财产的总额,不得超过裁决确定的数额。

3. 在向有关法院申请执行商事仲裁裁决时,申请人应提交执行申请书、商事仲裁裁决书、商事仲裁协议等文件。有关法院在受理执行仲裁裁决申请之前或者之后,可以依申请并按照执行地法律规定采取保全或者强制措施。在向内地或香港特别行政区有关法院提出执行商事仲裁裁决申请时的时效,应受该当地有关时效法律制度的支配。在收到申请人的执行申请后,有关法院应根据该执行地的法律程序处理执行申请和执行商事仲裁裁决。

4.《内地与香港的安排》还规定了拒绝执行有关商事仲裁裁决的条件,包括:内地或者香港特别行政区作出的商事仲裁裁决,被申请人接到通知后,提出证据证明有下列情形之一

① 参见《内地与香港就相互执行仲裁裁决问题达成一致》,载《人民日报》1999年6月22日第4版。

②③ 参见最高人民法院官网。

的，经审查核实，有关法院可裁定不予执行：

（1）商事仲裁协议当事人依对其适用的法律属于某种无行为能力的情形；该项商事仲裁协议依约定的准据法无效；未指明以何种法律为准时，依商事仲裁裁决地的法律是无效的协议。

（2）被申请人未接到指派仲裁员的适当通知，或者因其他原因而未能陈述意见。

（3）裁决所处理的争议不是交付仲裁的标的或者不在商事仲裁协议之内，或者裁决载有关于交付仲裁范围以外事项的决定；但交付仲裁事项的决定可与未交付仲裁的事项划分时，裁决中关于交付仲裁事项的决定部分应当予以执行。

（4）商事仲裁庭的组成或者仲裁程序与当事人之间的协议不符，或者在有关当事人没有这种协议时与仲裁地的法律不符。

（5）裁决对当事人尚无约束力，或者业经仲裁地的法院或者按仲裁地的法律撤销或者停止执行。

该项规定基本上参照了 1958 年《纽约公约》第 5 条规定的内容，通过否定清单方式列举了拒绝执行有关商事仲裁裁决的条件，并将举证的责任加于被申请人方面。与此同时，《内地与香港的安排》还规定，如果有关法院发现，根据执行地法律有关争议事项不能通过商事仲裁方式处理，该有关法院可以拒绝执行商事仲裁裁决。执行商事仲裁裁决的有关内地法院或者香港特别行政区法院如认为商事仲裁裁决的执行与其公共利益相违背，也可以拒绝执行商事仲裁裁决。

5.《内地与香港的安排》还对其适用作了具体规定。在 1997 年 7 月 1 日以后对在内地或在香港特别行政区作成的商事仲裁裁决提出的执行申请，应按照《内地与香港的安排》的规定进行。在 1997 年 7 月 1 日以后到《内地与香港的安排》生效之前这一期间，如果执行裁决申请由于某种原因不被内地法院或香港特别行政区法院所接受，申请人是法人或任何其他组织的，执行裁决申请可在该安排生效后 6 个月内提出，申请人是自然人的，执行裁决申请可在该安排生效后 1 年内提出。对于内地或香港特别行政区法院，在 1997 年 7 月 1 日以后到《内地与香港的安排》生效之前这一期间拒绝处理或执行的商事仲裁裁决，有关当事人可以重新提出执行申请。《内地与香港的安排》的制定具有极其重要的意义，成为两地之间相互执行商事仲裁裁决的重要法律依据。一方面，《内地与香港的安排》的制定和实施结束了两地商事仲裁裁决无法得到相互执行的“真空期”；另一方面，其也为今后解决内地与澳门地区、台湾地区之间商事仲裁裁决的执行问题提供了一个很好的范例。[①] 当然，在执行《内地与香港的安排》的过程中仍然有些问题需要厘清，主要包括“安排范围是否限于商事仲裁”“安排所规定的司法审查较为原则”等。以“安排范围是否限于商事仲裁”为例，因香港地区采取的是民事与商事并存的仲裁体制，而《内地与香港的安排》仅限于商事领域，这可能导致其无法适应香港地区和内地日益密切的民事交往，并最终影响到商事仲裁在民事

① 参见刘晓红主编：《国际商事仲裁专题研究》，法律出版社 2009 年版，第 516 页。

纠纷中的适用。对此，有学者呼吁对《内地与香港的安排》作更为宽泛的解释为宜。[①] 但是无论如何，《内地与香港的安排》对中国内地和香港特别行政区商事仲裁制度的完善和发展起到了重要的推动作用。

三、商事仲裁裁决在中国内地与澳门地区之间的协助执行

中国政府对澳门恢复行使主权之前，中国内地与澳门地区之间尚无相互承认与执行商事仲裁裁决的先例，且两地的法律都未涉及这一问题。就澳门地区的商事仲裁制度而言，其多年来也一直处于滞后状态。澳门地区商事仲裁制度最早可追溯至葡萄牙 1961 年的《民事诉讼法典》。该法典于 1963 年 1 月 1 日起开始适用于澳门地区，第 4 章是关于商事仲裁的规定。尽管澳门地区从此有了自己的商事仲裁制度，但并未发挥应有的作用，表现是澳门地区在较长时间里几乎未曾有过商事仲裁的案例，也未曾建立起正规的商事仲裁机构。因此，澳门地区一度主要是通过诉讼程序来解决民商事争议的。1987 年中国、葡萄牙签署联合声明，确认中国将于 1999 年 12 月 20 日对澳门恢复行使主权。葡萄牙为使澳门地区可以着手建立其相对独立的司法体系，完善澳门地区的法律体系，随后于 1989 年和 1991 年对其相关法律进行修改。随着中国政府对澳门恢复行使主权日益临近，澳门政府为了发展本地商事仲裁事业，使其与国际商事仲裁发展趋势接轨，在参考有关国家商事仲裁立法和有关国际公约的规定，并考虑本地区实际情况的前提下，于 1996 年 6 月 11 日颁布了澳门《内部仲裁法》，对其原有的商事仲裁制度予以修订，重新确立了澳门地区本地的商事仲裁制度。1998 年，澳门世界贸易仲裁中心（The World Trade Center Macau Arbitration Center）得以建立。

不过令人遗憾的是，该商事仲裁法仅适用于澳门地区的内部商事仲裁，并未涉及外国商事仲裁裁决的承认和执行问题。葡萄牙政府虽然于 1995 年加入了 1958 年《纽约公约》，但它并未将该公约扩展适用于澳门地区。因此，外国商事仲裁裁决在澳门地区的承认和执行及澳门地区商事仲裁裁决在有关国家的承认和执行都不能以 1958 年《纽约公约》为基础。为弥补澳门《内部仲裁法》的上述不足，1998 年 11 月澳门地区又核准通过了《涉外商事仲裁法》。该商事仲裁法以《联合国国际商事仲裁示范法》为蓝本，全面吸收了示范法中的各项原则。相较澳门《内部仲裁法》，《涉外商事仲裁法》是一部较为先进的商事仲裁立法，其标志着澳门地区涉外商事仲裁立法开始走向国际化。

就中国政府对澳门恢复行使主权之前关于商事仲裁裁决的承认和强制执行制度来看，澳门本地裁决需依照澳门《内部仲裁法》及民事诉讼法典的有关规定执行。而根据《涉外商事仲裁法》第 35 条和第 36 条的规定，国际商事仲裁裁决的承认与执行则按与《联合国国际商事仲裁示范法》相同的程序予以承认和执行，或按与《联合国国际商事仲裁示范法》相

① 参见詹思敏：《区际商事仲裁裁决的相互承认与执行——从执行内地与香港〈安排〉若干问题谈起》，载《仲裁研究》2005 年第 1 期。

同的不予执行的理由拒绝承认和执行。[①]

中国政府对澳门恢复行使主权以后，情况发生了较大改变。一方面，中国政府将1958年《纽约公约》的互惠保留扩展适用于澳门特别行政区。这样，外国商事仲裁裁决在澳门特别行政区的承认与执行，以及澳门特别行政区的商事仲裁裁决在外国的承认与执行，可以依照1958年《纽约公约》来进行。另一方面，继前述《内地与香港的安排》后，2007年9月，最高人民法院又通过了《最高人民法院关于内地与澳门特别行政区相互认可和执行仲裁裁决的安排》（以下简称"《内地与澳门的安排》"）。得益于香港特别行政区的实践探索，除在一些具体条文上有所不同以外，《内地与澳门的安排》采取了与《内地与香港的安排》相同的模式。[②]

《内地与澳门的安排》自2008年1月1日起开始实施。该安排是继内地与澳门特别行政区2001年签署《最高人民法院关于内地与澳门特别行政区法院就民商事案件相互委托送达司法文书和调取证据的安排》、2006年签署《内地与澳门特别行政区关于相互认可和执行民商事判决的安排》之后，司法协助领域又一重大成果。该安排的签署，标志着两地司法向更紧密协助关系迈进，相互协助的范围从民商事文书送达、调查取证、判决的认可和执行方面向更加广泛的领域扩展。《内地与澳门的安排》的签署，为保护两地当事人合法权益，维护两地司法权威，以及为内地与澳门地区法律界关系的进一步发展及未来司法层面的更大合作奠定了基础。

四、商事仲裁裁决在中国大陆与台湾地区之间的协助执行

商事仲裁裁决在中国大陆与台湾地区之间的协助执行随着海峡两岸关系的进一步深化，有了很好的发展。

（一）中国大陆商事仲裁裁决在中国台湾地区的承认和执行

中国台湾地区有关承认和执行商事仲裁裁决的规定，主要集中于1998年6月颁布的"仲裁法"及该法的后续修正案中。台湾地区2002年修正后的"仲裁法"第47条规定：凡在台湾地区之外作出的商事仲裁裁决，或在台湾地区根据"外国法"作出的商事仲裁裁决，都被视为"外国裁决"。"内国的商事仲裁裁决"与法院的判决具有同一法律效力，经申请法院作出执行裁定后，能够强制执行。而"外国商事仲裁裁决"必须申请法院裁定承认后才能予以执行，因而存在"外国商事仲裁裁决"的承认与执行问题。而且，该"仲裁法"对"外国商事仲裁裁决"的承认与执行采取了互惠原则：如果仲裁发生地不承认台湾地区的商事仲裁裁决，台湾地区也将拒绝承认该地裁决。同时，如果"外国商事仲裁裁决"违反台湾地区的公共秩序或善良风俗，或所涉争议根据台湾地区的商事仲裁立法不具有可仲裁性，也不能在台湾地区得到承认和执行。[③]

---

① 参见米健、李丽如主编：《澳门论学：澳门回归一周年纪念文集（第1辑）》，法律出版社2001年版，第491页。

② 参见刘晓红：《论我国商事仲裁裁决执行的区际司法协助》，载《政法论丛》2010年第1期。

③ 参见中国台湾地区"仲裁法"第49条第1款。

经过双方的共同努力，中国大陆和台湾地区之间相互承认和执行商事仲裁裁决的问题，已取得积极的进展。双方也都在各自的相关立法中对对方的商事仲裁裁决在其境内的承认和执行作了一些相应的规定。

如在中国台湾地区于1992年颁布的“台湾地区与大陆地区人民关系条例”第74条规定：“在大陆地区作成之民事确定裁判，民事仲裁判断，不违背台湾地区公共秩序或善良风俗者，得申请法院裁定认可……前项经法院裁定认可之裁判或判断，以给付为内容得为执行名义。”当然，该条适用的前提条件是大陆法院要承认和执行台湾地区的商事仲裁裁决。之后该条例历经8次修正，其中，1997年4月18日的修正涉及第74条，在保持原有规定的基础上增加了第3款：“前两款规定，以在台湾地区作成之民事确定裁判、民事仲裁裁判，得申请大陆地区法院裁定认可或为执行名义者，始适用之。”该条款实际上是规定台湾地区认可和执行大陆的民事仲裁裁决须以互惠和对等为原则。[①] 此后，为配合这一修改，与“台湾地区与大陆地区人民关系条例”相配套的“台湾地区与大陆地区人民关系条例实施细则”（1998年修正）第54条还规定，依本条例第74条规定，申请法院裁定认可之民事确定裁判，民事仲裁判断，应经台湾地区行政管理机构设立或指定之机构或委托之民间团体验证。[②] 上述规定对两岸商事仲裁裁决的认可和执行而言，在一定意义上是种突破。因为它们对大陆作出的商事仲裁裁决在台湾地区获得认可和执行的可能性作了充分的肯定。

（二）中国台湾地区商事仲裁裁决在中国大陆的承认和执行

就中国台湾地区的商事仲裁裁决在大陆地区的承认和执行来看，长期以来，“中华民国商务仲裁协会”是中国台湾地区唯一的一家商事仲裁机构，其作出的商事仲裁裁决一般都称为“中华民国商务仲裁协会仲裁裁决”。而按照“一个中国”的原则，这类带有“中华民国”字样的商事仲裁裁决，自然不能在内地得到承认和强制执行。由于台湾地区在商事仲裁裁决执行方面所采取的互惠原则，上述这一原因曾经是两岸在相互承认和执行商事仲裁裁决方面的最大障碍。“中华民国商务仲裁协会”后来更名为“中华民国仲裁协会”，并于1999年7月1日再次更名为“中华仲裁协会”，从而为两岸之间在相互承认和执行商事仲裁裁决方面扫除了政治上的障碍。

关于台湾地区的商事仲裁裁决如何在大陆地区得到承认和执行的问题，首先应确定商事仲裁裁决的性质。我国有关法律采取商事仲裁机构所在地与商事仲裁裁决作成地两种标准来区分“内国商事仲裁裁决”和“外国商事仲裁裁决”。很显然，在台湾地区作成的商事仲裁裁决不应算作“外国商事仲裁裁决”，但又不能视为一般的“内国商事仲裁裁决”。就台湾地区的商事仲裁裁决在大陆的承认和执行来看，大陆在这方面一度缺乏明确的法律规定，但从目前现有的有关法律、司法文件及司法实践来看，台湾地区的民事判决在大陆的执行也已经具有法律依据。

---

① 参见刘晓红：《海峡两岸仲裁裁决相互认可与执行制度之检视与修正》，载《法学》2011年第12期。

② 本处的民间团体是指我国台湾地区行政管理机构大陆委员会委托的民间团体财团法人海峡交流基金会（海基会）。

早在 1991 年 4 月 3 日，最高人民法院原院长任建新即在第七届全国人大第四次会议上所作的《最高人民法院工作报告》中明确指出：“台湾居民在台湾地区的民事行为和依据台湾地区法规所取得的民事权利，如果不违反中华人民共和国法律的基本原则，不损害社会公共利益，可以承认其效力。”同时他还强调，对台湾地区法院的民事判决，也将根据这一原则，分不同的情况，具体解决承认其效力的问题。这表明，大陆地区法院在审理涉台民商事案件的司法实践中，已经有条件地承认台湾地区民事法规的效力，这无疑为海峡两岸司法协助关系的建立奠定了基础。1998 年 5 月 22 日，最高人民法院发布了《最高人民法院关于人民法院认可台湾地区有关法院民事判决的规定》（以下简称“《规定》”），不仅允许大陆法院认可台湾地区的民事判决，也同样适用于在大陆法院申请承认和执行台湾地区商事仲裁机构在台湾地区所作的商事仲裁裁决。[①] 根据《规定》，如果有关商事仲裁裁决一方当事人的住所地、经常居住地或被执行财产所在地位于大陆，另一方当事人可向大陆有管辖权的人民法院申请认可该商事仲裁裁决；被执行人住所地、经常居住地或被执行财产所在地的中级人民法院是受理承认台湾地区商事仲裁裁决的管辖法院。申请人在申请承认和执行台湾地区的商事仲裁裁决时，应向人民法院提交书面申请书，并附具不违反“一个中国”原则的商事仲裁裁决书正本或业经证明无误的裁决书副本及其他证明文件。其申请应该在裁决生效之日起 1 年内提出。[②]

但需要指出的是，《规定》的制定主要基于解决台湾地区法院判决在大陆的执行问题，并未充分考虑到认可台湾地区商事仲裁裁决情形下的具体情况，某些内容上显然不适用于商事仲裁裁决的承认和执行。因此，由于该文件对承认和执行商事仲裁裁决的某些具体问题未作规定，在大陆法院执行台湾地区的商事仲裁裁决实践中仍可能出现无法律可依循的情况。[③] 针对这种情况，2009 年 5 月 14 日，最高人民法院发布了《最高人民法院关于人民法院认可台湾地区有关法院民事判决的补充规定》（以下简称“《补充规定》”）。根据《补充规定》第 2 条第 2 款，申请认可台湾地区商事仲裁机构裁决的，适用《规定》与《补充规定》。

（三）两岸互相执行商事仲裁裁决制度中存在的问题与展望

虽然两岸方面分别以单边立法的形式对彼此商事仲裁裁决的执行作了肯定的回答，但从相关条款的实际操作性来看，仍然存在一些问题，主要体现在以下几个方面：

（1）关于商事仲裁裁决的性质和范围问题。尽管两岸均出台了一系列法律规范，但仍然未能明确回答两个问题：其一，究竟是按照“领域标准”还是“商事仲裁机构标准”来确定可被对方认可和执行的商事仲裁裁决的范围；其二，商事仲裁裁决仅指机构裁决还是也包括临时裁决。举例说明：对前者而言，由于大陆在判定商事仲裁裁决国籍方面采取的是“商事仲裁机构标准”，这导致其他国国家或地区、国际组织的商事仲裁机构在台湾地区作出的商

① 参见《最高人民法院关于人民法院认可台湾地区有关法院民事判决的规定》第 19 条。

② 参见《最高人民法院关于人民法院认可台湾地区有关法院民事判决的规定》第 2、3、4、5、17 条。

③ 参见李双元主编：《国际私法》，北京大学出版社 2011 年版，第 488 页。

事仲裁裁决，要在大陆得到认可和执行缺乏法律上的依据；对后者而言，大陆地区并没有允许临时仲裁，而台湾地区允许，这导致台湾地区的临时仲裁裁决欲在大陆得到认可与执行可能存在困难。①

（2）关于可仲裁事项范围问题。台湾地区将大陆作出的商事仲裁裁决定义为“民事”商事仲裁裁决，但其内容究竟如何，应作广义理解还是狭义理解，是否应包括“商事”商事仲裁裁决在内，还未明确。从我国商事仲裁法的有关规定来看，国际商事法律争议系指包括国际经济贸易法律争议和海商海事法律争议在内的各类争议，可见其大多数为商事法律争议。在大陆，婚姻、收养、监护、扶养、继承等民事法律争议，则不属于可仲裁法律争议之列。由此看来，台湾地区所强调的“只能在台湾地区执行的民事仲裁”与大陆广义的“商事仲裁”之间的界定矛盾，将会是大陆作出的商事仲裁裁决在台湾地区申请执行时的一大障碍。

（3）关于“商事仲裁调解”的可执行性问题。例如，台湾地区对于在大陆作出的“商事仲裁调解”能否在台湾地区得到执行并未加以规定。商事仲裁调解的效力及法律意义在两岸有着不同的含义。在大陆，“商事仲裁调解”是商事仲裁的一个可经程序，根据我国商事仲裁法的规定，“商事仲裁调解书”与“商事仲裁裁决书”具有同等的法律效力；而在台湾地区，调解是与仲裁相并列的一种争议解决方式。就目前大陆的商事仲裁实践来看，商事仲裁调解解决在商事仲裁案件中占有较大的比例。而台湾地区仅规定在大陆作成的“民事商事仲裁裁决”可以在台湾地区申请执行，其中是否应包括大陆作出的“商事仲裁调解”，这也将会是在实践中经常涉及的问题。②

（4）关于商事仲裁裁决的既判力和执行力问题。理论上，商事仲裁裁决生效后，即具有既判力和执行力。通过研究两岸关于商事仲裁裁决执行力的法律条款，本书发现一个共同点，即两岸均对彼此的商事仲裁裁决设置了独立的认可程序，并将它作为“执行”的前置程序。而这可能导致若干问题，包括“审查范围不明确”“双重标准冲突”“影响仲裁效率”“削弱仲裁裁决公信力”等。③

（5）关于公共秩序的问题。公共秩序保留是相互承认和执行商事仲裁裁决领域中保护执行国国家或地区基本道德准则和政策的最后防线。④ 两岸在上述法律规范中，也均有采取公共秩序保留条款。但是，因为种种原因，这导致了一些问题。例如，两岸在立法措辞上均未采取国际上慎用公共秩序保留的趋势；两岸适用公共秩序保留的具体标准不同；两岸的公众秩序条款过于原则，适用容易缺乏可预测性；等等。⑤

时至今日，两岸已积累了较多的实践经验。党的二十大报告提出的“促进两岸经济文化交流合作，深化两岸各领域融合发展”共同愿景，也促使着商事仲裁裁决在中国大陆与中国台湾地区之间的协助执行进一步深入发展。考虑到目前两岸在立法上为相互承认和执行商事仲裁裁决所作的努力，包括制定单边性立法和2009年的《海峡两岸共同打击犯罪及司法

①③⑤　参见刘晓红：《海峡两岸仲裁裁决相互认可与执行制度之检视与修正》，载《法学》2011年第12期。

②　参见刘晓红主编：《国际商事仲裁专题研究》，法律出版社2009年版，第520页。

④　参见陈治东、沈伟：《国际商事仲裁裁决承认与执行的国际化趋势》，载《中国法学》1998年第2期。

互助协议》[①]，我们有理由相信，海峡两岸将会在求同存异的基础上，进一步修改和完善相关立法，尽早消除法律上的某些障碍，最终于不远的将来彻底实现两岸相互承认和执行商事仲裁裁决的正常化。

第三节 商事仲裁裁决执行的国际司法协助

在通常情况下，法院承认和执行本国商事仲裁裁决时不会存在困难，因为世界各国的商事仲裁立法都承认商事仲裁裁决的法律效力。商事仲裁裁决作出后，应一方当事人的申请，经法院司法审查，认为商事仲裁庭在仲裁程序中遵守了法律规定及正当程序等要求，并且执行有关商事仲裁裁决不违反本国公共秩序时，即可按法定方式承认和执行该有关的商事仲裁裁决。与执行本国商事仲裁裁决相比，外国商事仲裁裁决的强制执行较为复杂。目前，在承认和执行外国商事仲裁裁决方面，世界各国通行的做法是，以对等互惠为原则，或者按照两国之间签订的或共同参加的国际条约为条件。在调整强制执行外国商事仲裁裁决的有关公约中，1958 年《纽约公约》是最为成功且影响最大的一个国际公约。目前的国际社会，主要还是依据 1958 年《纽约公约》来相互承认和执行外国商事仲裁裁决。因此，1958 年《纽约公约》是承认和执行外国商事仲裁裁决的国际司法协助的主要法律基础，是国际商事仲裁制度得以稳健发展的基石。此外，《联合国国际商事仲裁示范法》这一由联合国国际贸易法委员会起草通过的非强制性规范，通过对有关承认和执行外国商事仲裁裁决的规定，使那些尚未参加 1958 年《纽约公约》的国家在进行商事仲裁的国内立法时充分参考，在某种程度上为国际商事仲裁裁决的强制执行提供了可以统一的法律基础。

一、商事仲裁裁决在 1958 年《纽约公约》框架下的协助执行

1958 年《纽约公约》已经有 169 个缔约方，是目前国际社会在国际商事仲裁方面适用范围最为广泛的一个国际公约，对国际商事仲裁裁决在各缔约方之间的相互承认和执行作了非常明确、具体的规定。

（一）1958 年《纽约公约》中外国商事仲裁裁决的范围

1958 年《纽约公约》第 1 条规定的可被缔约方法院承认和执行的外国商事仲裁裁决包括：(1) 由于自然人或法人之间的争议而引起的商事仲裁裁决；(2) 在非执行地国家领土上作成的或执行国不认为是本国裁决的商事仲裁裁决。

由于商事仲裁裁决的国籍与裁决的撤销、承认、执行等方面关系重大，世界各国都采用了一定的标准来认定商事仲裁裁决的国籍，将内国商事仲裁裁决和外国商事仲裁裁决区别对待。有些国家以裁决作成地作为认定标准；而另一些国家则以“非内国仲裁裁决”(Non-domestic arbitral award)标准，将凡是依据内国法律认为不属于内国裁决的商事仲裁裁决视

① 其第 10 条规定：双方同意基于互惠原则，于不违反公共秩序或善良风俗之情况下，相互认可及执行民事确定裁判与仲裁判断（仲裁裁决）。

为外国商事仲裁裁决。[①] 很显然，1958 年《纽约公约》在确定国际商事仲裁裁决的国籍时，也是以领域标准为主，但同时将“非内国仲裁裁决”标准作为补充。1958 年《纽约公约》在一定程度上考虑到了各国之间所存在的分歧，最终兼容了两种不同的认定标准，是典型的采用混合标准的国际公约。[②] 与领域标准不同，“非内国仲裁裁决”标准并不是一个理论标准，而是一个实践先行的由 1958 年《纽约公约》所创设的确定何为 1958 年《纽约公约》范围内可执行的商事仲裁裁决的一项认定标准[③]。1958 年《纽约公约》将这一标准最终纳入正式条文，主要是一些大陆法系国家（如德国和法国）极力倡导的结果，其目的在于扩大公约的适用范围[④]。当然，由于“外国商事仲裁裁决”的不确定性，特别是在认定非内国仲裁裁决问题上更加缺乏明确的指引，从而在承认和执行国际商事仲裁裁决的实践中也产生一些相关的问题。

此外，1958 年《纽约公约》第 1 条第 3 款还规定了两项保留条款：互惠保留条款和商事保留条款。互惠保留条款是允许各缔约方在加入公约时声明，在承认和执行外国商事仲裁裁决时，须以互惠为条件，即只承认和执行缔约方所作出的商事仲裁裁决，对非缔约方领土内所作出的商事仲裁裁决，将不按公约的规定办理。而商事保留条款是允许各缔约方声明只对根据本国法律属于商事关系，不论是否为契约关系，所引起的法律争议所作出的仲裁裁决适用公约。根据 1958 年《纽约公约》的规定，商事关系的确定由各国国内法律决定，因此，对于何为商事关系没有统一的定义，各国法院都可以依据本国法律作出或宽或窄的解释。

从以上 1958 年《纽约公约》的适用范围来看，其关于承认和执行仲裁裁决的范围是相当宽泛的。从商事仲裁裁决的作成国来看，只要仲裁裁决是在一国领域外作出或在其领域内作出而本国又不认为是内国裁决的商事仲裁裁决，都可以归入公约的适用范围。而且，可被承认和执行的裁决既包括缔约方的商事仲裁裁决，又包括非缔约方的商事仲裁裁决。而从公约所适用仲裁裁决的争议性质来看，公约不仅适用于传统的因契约争议所作出的商事仲裁裁决的承认和执行，也适用于因非契约性争议所作出的商事仲裁裁决。这说明公约充分考虑到了诸如知识产权侵权、不正当竞争等非契约性争议越来越多选择商事仲裁程序解决的趋势。

（二）申请执行外国商事仲裁裁决的程序和方式

1958 年《纽约公约》第 3 条规定：各缔约方应承认商事仲裁裁决具有拘束力，并依援引裁决地的程序规则及下列各条所载条件执行。承认和执行适用本公约的商事仲裁裁决时，不得较承认和执行本国商事仲裁裁决附加更苛刻的条件或征收更多的费用。这一规定表明，执行外国商事仲裁裁决的程序规则应依援引裁决地（通常为申请执行地）国的法律。这

---

① 参见韩德培主编：《国际私法》，高等教育出版社、北京大学出版社 2000 年版，第 542 页。

② 参见刘晓红主编：《国际商事仲裁专题研究》，法律出版社 2009 年版，第 496 页。

③ 参见刘晓红：《非内国仲裁裁决的理论与实证论析》，载《法学杂志》2013 年第 5 期。

④ 参见宋航著：《国际商事仲裁裁决的承认与执行》，法律出版社 2000 年版，第 37 页。

已经成为一条普遍规则。

根据该条的规定，缔约方负有义务依据其内国程序规则强制执行公约所规定的商事仲裁裁决。执行条件则受公约相应规则专属管辖。因此，执行程序规则主要涉及执行申请书的格式和适当的法院等，而不涉及执行申请的实质条件。加入公约的国家也负有义务认可公约裁决的约束力。而且，公约缔约方在承认和执行公约裁决时，不应比承认和执行其本国商事仲裁裁决附加更加苛刻的条件和征收更高的费用。

公约将执行程序规则留给了执行地国家的法律。综观世界各国的相关立法，可将调整执行公约裁决的程序规则分为 3 种模式：

（1）对公约裁决的执行在立法上予以特别规定，使公约裁决的执行程序有别于承认和执行一般的外国商事仲裁裁决。英国、美国、澳大利亚、丹麦、印度等国采取这种做法。

（2）将公约裁决视为一般的外国商事仲裁裁决。德国、希腊、意大利等国采取这种模式。

（3）对公约裁决的执行采取与国内商事仲裁裁决的执行相同的程序。这种模式只有少数国家采取，如日本。

由此可见，依据 1958 年《纽约公约》执行外国商事仲裁裁决的具体程序规则，在各缔约方的实施存在一定的差异。尽管如此，无论各国采取的执行方式有何不同，都不能对外国商事仲裁裁决的承认和执行，附加较本国商事仲裁裁决的承认和执行以更加苛刻的条件和更高的费用。这便是 1958 年《纽约公约》第 3 条所附加给各缔约方在公约框架下承认和执行商事仲裁裁决的义务，体现了公约的精神。

（三）承认和执行外国商事仲裁裁决的条件

根据 1958 年《纽约公约》第 4 条的规定，为了获得对商事仲裁裁决的承认和执行，申请承认和执行商事仲裁裁决的当事人应该在申请时提供：（1）经正式认证的商事仲裁裁决正本或经正式证明的副本；（2）属公约范围的商事仲裁协议正本或正式证明的副本；（3）如果有关商事仲裁裁决和商事仲裁协议不是用承认和执行地国家的官方文字写成，申请承认和执行商事仲裁裁决的当事人应当提供这些文件的这种文字译本。译本应该由一个官方或宣过誓的翻译员或者外交或领事人员证明。

一旦公约所要求的必要条件已经具备，寻求执行的一方当事人便拥有了表面上使之有权获得执行裁决的证据。被申请人如果要拒绝执行该项商事仲裁裁决，则必须证明公约中列举的不予执行的情形存在。

（四）拒绝承认与执行外国商事仲裁裁决的理由

1958 年《纽约公约》除了在第 4 条规定了有关当事人在申请承认和执行商事仲裁裁决时应该具备的条件外，还在第 5 条通过否定清单的方式列举了可以拒绝承认和执行商事仲裁裁决的情形。1958 年《纽约公约》第 5 条第 1 款涉及 5 项可以由被执行人主张并举证予以证实的情形，即这些情形作为内国法院拒绝承认和执行所涉商事仲裁裁决的理由，其举证责任在被执行人方面；第 5 条第 2 款则是关于可由相关法院依职权自行适用的 2 种情形。

1958年《纽约公约》第5条第1款规定，如果执行程序的被申请人能够举证证明外国商事仲裁裁决有下列情形之一者，被请求执行的法院可以依据被申请人的请求，拒绝予以承认和执行：(1)商事仲裁协议的当事人无行为能力，或根据商事仲裁协议选择的准据法，或根据作出裁决国家的法律，该商事仲裁协议无效；(2)被执行人未得到关于指定仲裁员或进行仲裁程序的适当通知，或由于其他原因不能对案件提出意见；(3)商事仲裁裁决的事项超出商事仲裁协议所规定的范围；(4)商事仲裁庭的组成或仲裁程序与当事人的协议不相符合，或在双方当事人无协议时，与仲裁地国家的法律不相符合；(5)商事仲裁裁决对当事人尚未发生约束力，或者商事仲裁裁决已被仲裁地国家的有关当局撤销或停止执行。

上述5项可以作为拒绝承认和执行外国商事仲裁裁决的理由，都属于程序性事项。很显然，对于一些涉及实体方面的事项，包括事实不清、认定事实有误或者适用法律不当等问题，不得作为被申请人向法院提出要求拒绝承认和执行有关商事仲裁裁决的理由。

1958年《纽约公约》第5条第2款规定，如果被请求承认和执行商事仲裁裁决的国家当局认为，按照该国的法律，商事仲裁裁决中的争议事项不适合以仲裁方式处理，或者认为承认和执行相关商事仲裁裁决有违该国的公共秩序，法院也可以拒绝承认和执行该项商事仲裁裁决。该款所列举的可拒绝承认和执行商事仲裁裁决的事项，应由法院认定。

首先，就争议事项的可仲裁性(Arbitrability)来看，是指根据应适用的法律，所涉争议能否通过仲裁方式解决。[①] 这实际上可视为国家对商事仲裁的一种公共政策限制。世界各国都根据其经济和社会政策的具体情况来决定何种争议可通过仲裁方式解决，以及何种争议不能通过仲裁方式解决。根据大多数发达国家的商事仲裁立法和商事仲裁法学理论，凡争议双方可就争议事项自行协商和解者，此类法律争议可通过仲裁解决，包括了大量的当事人有自由处分权的平等主体之间的商事法律争议。至于纯属纵向行政关系的法律争议及涉及公共利益的法律争议事项，如行政法律争议、证券法律争议、消费法律争议及婚姻家庭法律争议等，则不具有可仲裁性。但是，若干国家关于可仲裁性问题的立法和司法实践表明，1958年《纽约公约》所确立的可仲裁性事项有扩大化的趋势，传统的不可仲裁事项中出现了向可仲裁事项的演变。[②] 诸如反托拉斯法律争议、知识产权法律争议、证券法律争议、破产法律争议及消费者权益法律争议等特殊商事法律争议，都出现了可仲裁性趋势。而且，这一趋势正逐渐由国际商事仲裁向国内商事仲裁发展。1958年《纽约公约》关于争议事项可仲裁性的规定是非常灵活的，取决于有关国家国内法的规定。

其次，公共秩序保留问题也是1958年《纽约公约》第5条第2款中规定的可由法院主动审查的事项。公共秩序(Public Order)，是大陆法系国家的概念，在英美法系国家则被称为公共政策(Public Policy)，是拒绝承认和执行外国商事仲裁裁决的重要依据。它是指当外国商事仲裁裁决的承认和执行，与承认和执行地国家的重大利益、基本政策、基本道德观念

① 参见杜新丽主编：《国际民事诉讼与商事仲裁》，中国政法大学出版社2009年版，第299页。

② 参见陈治东著：《国际商事仲裁法》，法律出版社1998年版，第305页。

或法律的基本原则相抵触时，拒绝承认和执行该外国商事仲裁裁决的一种制度。由于世界各国在政治、经济制度和法制传统等方面的不同，对公共秩序内涵的理解和认定标准也存在较大的差异。不过，尽管如此，随着国际社会对法律适用合理性要求的加强，在公共秩序的界定上也出现了从严掌握的趋势。已有学者将公共秩序区分为国际公共秩序和国内公共秩序。①

由于1958年《纽约公约》没有对公共秩序的含义、范围以及具体内容作出规定和解释，在具体案件中，有关商事仲裁裁决是否违反公共秩序，完全由各国法院依据其所属国家的法律自由裁量。不过，从世界各国的相关实践来看，尤其是近年来，各国为了促进国际商事仲裁的发展，对公约规定的公共秩序条款一般都予以狭义的解释和适用，并表示出对公约予以特别的支持。

由此可见，公约关于拒绝承认和执行外国商事仲裁裁决的理由的基点是：各国法院应承认和执行其他缔约方所作出的商事仲裁裁决，除非被申请人能举证证明存在1958年《纽约公约》第5条第1款所列举的可以拒绝承认和执行的情形，否则，接受申请执行的所在国法院就不应该主动审查。但涉及裁决事项不具有可仲裁性及裁决内容违反公共秩序时，可由法院主动认定。上述规定在一定程度上反映了公约"先予执行"的倾向，表明公约的目的在于加强和促进世界各国在外国商事仲裁裁决的承认与执行方面的国际司法协助。

二、商事仲裁裁决在《联合国国际商事仲裁示范法》框架下的执行

《联合国国际商事仲裁示范法》，作为联合国国际贸易法委员会推荐给国际社会加强其商事仲裁立法的示范法律文本，也对国际商事仲裁裁决在国际社会各个国家和地区之间的相互承认和执行，作了非常明确、具体的规定，对国际社会相关国际商事仲裁立法产生了非常积极的影响。

（一）《联合国国际商事仲裁示范法》规定的执行裁决的范围及程序规则

《联合国国际商事仲裁示范法》第35条第1款规定：商事仲裁裁决不论在何国境内作出，均应承认具有约束力，而且经向主管法院提出书面申请，即应予执行，但需服从本条和第36条的规定。可见，《联合国国际商事仲裁示范法》的规定与1958年《纽约公约》有一定的区别。《联合国国际商事仲裁示范法》不是像1958年《纽约公约》那样，将商事仲裁裁决区分为"外国"商事仲裁裁决和"内国"商事仲裁裁决，而是将商事仲裁裁决划分为"国际"商事仲裁裁决和"非国际"商事仲裁裁决。而且，对"外国"商事仲裁裁决和"本国"商事仲裁裁决一视同仁，采取了统一的承认和执行机制。其主要目的在于"淡化国际商事仲裁中仲裁地的作用，以进一步统一各国的商事仲裁立法和增强国际商事仲裁的生命力"。这种方式曾在起草《联合国国际商事仲裁示范法》的过程中遭到反对，因为1958年《纽约公约》中的

① 参见韩德培主编：《国际私法新论》，武汉大学出版社2003年版，第572页。

许多条款都是建立在"互惠"的基础上，因此，一些代表提出《联合国国际商事仲裁示范法》关于承认和执行商事仲裁裁决的条款也应建立在"互惠"基础上，但在起草工作小组和贸易法委员会对该问题进行讨论时，大家都认为对该原则的过多强调会阻碍国际商事仲裁的发展。[①]

《联合国国际商事仲裁示范法》所采取的这一新的分界线是以实质理由，而非领土边界为依据。其主要理由在于，在国际商事仲裁案件中，仲裁地点的重要性有限，不适宜作为依据。因此，承认和执行"国际"商事仲裁裁决，而不论其为"外国"商事仲裁裁决或"本国"商事仲裁裁决，应受相同规定约束。[②]在具体关于承认和执行商事仲裁裁决的程序规则上，《联合国国际商事仲裁示范法》第35条没有作出明确的规定，显然是承袭了1958年《纽约公约》第3条所规定的原则，没有统一商事仲裁裁决的承认和执行程序，而是将商事仲裁裁决的承认和执行程序规则留给国内立法者处理，由被请求承认和执行裁决地国家的法律来决定。

（二）《联合国国际商事仲裁示范法》规定的执行裁决的条件

在执行商事仲裁裁决的条件方面，《联合国国际商事仲裁示范法》第35条第2款规定：当事人在申请执行时，应提交业经正式认证的商事仲裁裁决书正本或经正式认证的裁决书副本及商事仲裁协议正本或经正式认证的商事仲裁协议副本。如果商事仲裁裁决和商事仲裁协议不是用执行国的正式语言作成，则申请执行该商事仲裁裁决的当事人一方应提供这些文件译成执行国正式语言的经正式认证的文本。此外，《联合国国际商事仲裁示范法》在其第35条第2款最后还增加了一个脚注：本款所列的条件是想订出一个最高标准，因此，即使一国保留了更为简单的条件，也不致与示范法所要取得的协调一致相对抗。可见，该脚注使得《联合国国际商事仲裁示范法》35条第2款的规定更为宽松，旨在给予执行商事仲裁裁决主管机关的国内立法以更大的自由度和灵活性。

（三）《联合国国际商事仲裁示范法》规定的拒绝承认和执行的依据

《联合国国际商事仲裁示范法》所规定的可据以拒绝承认和执行商事仲裁裁决的理由与1958年《纽约公约》第5条所列的理由相同。所涉商事仲裁裁决只有在被执行人举证证明存在下述情形时，方可被裁定不予执行：（1）仲裁主体一方或双方存有某些资格缺陷；（2）商事仲裁协议依据其准据法无效；（3）被执行人未得到指定仲裁员或参与仲裁程序的适当通知，或由于其他原因未能陈述其案情；（4）争议超出商事仲裁协议约定的范围；（5）商事仲裁庭组成不当；（6）裁决尚未具有约束力，或作出裁决的国家的法院，或根据其法律作出裁决的国家的法院已将裁决撤销或中止执行。此外，法院也可以根据裁决执行地国家的法律规定争议事项不具有可仲裁性和裁决的执行将违反法院地国家的公共政策，而

---

① See Howard M. Holtzmann and Joseph E. Neuhaus: *A Guide To The UNCITRAL Model Law On International Commercial Arbitration*, Kluwer Law and Taxation Publishers, pp.1007–1009.

② 参见中国国际商会仲裁研究所编译：《国际商事仲裁文集》，中国对外经济贸易出版社1998年版，第233页。

依职权决定拒绝承认和执行有关的商事仲裁裁决。

总之,《联合国国际商事仲裁示范法》关于商事仲裁裁决的承认和执行,是以1958年《纽约公约》为基础的。这是因为《联合国国际商事仲裁示范法》并不是一部国际公约,它也无意取代1958年《纽约公约》,其目的只是使那些尚未参加1958年《纽约公约》的国家,在进行国内商事仲裁立法时充分考虑《联合国国际商事仲裁示范法》的规定,可以为其参加1958年《纽约公约》开辟道路。《联合国国际商事仲裁示范法》通过设立与1958年《纽约公约》类似的有关强制性执行规则,对无论是在何地作出的国际商事仲裁裁决,都加以同样标准,从而为国际商事仲裁裁决的强制执行立法提供了一个可以统一的基础,大大促进商事仲裁裁决在国际范围内的强制执行。

三、国际商事仲裁裁决在中国的执行

在中国的有关商事仲裁立法中,并没有直接采用"国际商事仲裁"一词,而且,中国的商事仲裁立法也至今都没有规定确定商事仲裁裁决国籍的标准。本书这里所使用的"国际商事仲裁裁决"这一概念,包括需要在中国申请强制执行的中国商事仲裁机构所作出的含有国际因素的商事仲裁裁决,即中国的国际商事仲裁裁决,以及外国的商事仲裁裁决。[①]

(一)中国的国际商事仲裁裁决在中国的执行

中国的国际商事仲裁裁决在中国的执行,是指中国各类商事仲裁机构,即国内商事仲裁机构和国际商事仲裁机构,所作出的含有国际因素的商事仲裁裁决,通过人民法院,在中国的强制执行。

1. 关于中国的国际商事仲裁裁决的认定

鉴于中国《民诉法》以受理案件的"商事仲裁机构"的性质作为划分仲裁裁决是否属于国际商事仲裁裁决的标志[②],而中国最高人民法院对于国际案件的认定是以当事人国籍、法律关系(法律事实)以及争议标的是否具有国际因素作为确定标准。这样,中国《民诉法》的规定与最高人民法院关于国际商事仲裁裁决的认定标准产生了差异。加上根据中国《仲裁法》及有关法律文件,中国的国内商事仲裁机构也在受理国际商事仲裁案件,从而使得中国在对"国际商事仲裁裁决"进行认定时陷于混乱状态。1997年3月26日,最高人民法院发布了《最高人民法院关于实施〈中华人民共和国仲裁法〉几个问题的通知》,其中第3条明确规定,"对依照《仲裁法》组建的仲裁机构所作出的涉外商事仲裁裁决,当事人申请执行的,人民法院应当依法受理"。按照该通知,可以将中国的国际商事仲裁裁决广义地界定为:中国商事仲裁机构所作出的含有国际因素的商事仲裁裁决。

---

① 我们把含有国际因素的商事仲裁裁决,包括中国商事仲裁立法中所规定的"涉外"商事仲裁裁决都统称为"国际商事仲裁裁决"。

② 参见中国《民诉法》第280条规定。

2. 中国执行中国国际商事仲裁裁决的法律体制

中国国际商事仲裁裁决在中国申请承认和执行的法律体制由下列法律规范构成：中国《仲裁法》第 71 条；中国《民诉法》第 280 条、第 281 条和第 3 编“执行程序”中的有关规定；最高人民法院发布的有关司法解释。

中国《民诉法》第 280 条规定：“经中华人民共和国涉外仲裁机构裁决的，当事人不得向人民法院起诉。一方当事人不履行商事仲裁裁决的，对方当事人可以向被申请人住所地或者财产所在地的中级人民法院申请执行。”该条规定了受理国际商事仲裁裁决执行申请的管辖法院。

中国《仲裁法》第 71 条规定：“被申请人提出证据证明涉外商事仲裁裁决有民事诉讼法第二百五十八条第一款规定的情形之一的，经人民法院组成合议庭审查核实，裁定不予执行。”该条并没有直接规定在中国申请执行国际商事仲裁裁决的程序、条件等事项，而是援引了旧《民诉法》第 258 条的规定，即现行的 2021 年中国《民诉法》第 281 条的规定。

3. 中国执行中国国际商事仲裁裁决的条件

中国《民诉法》第 281 条第 1 款，采用与 1958 年《纽约公约》相同的否定清单的立法方式，规定了不予执行的条件。对中国国际商事仲裁机构所作出的国际商事仲裁裁决，被申请人提出证据证明有关商事仲裁裁决有下列情形之一的，经人民法院组成合议庭审查核实，裁定不予执行：(1) 当事人在合同中没有订立商事仲裁条款或者事后没有达成书面仲裁协议；(2) 被申请人没有得到指定仲裁员或者进行仲裁程序的通知，或者由于其他不属于被申请人负责的原因未能陈诉意见；(3) 商事仲裁庭的组成或者仲裁的程序与仲裁规则不符；(4) 裁决的事项不属于商事仲裁协议的范围或者商事仲裁机构无权仲裁。

以上 4 项为被申请人负举证责任的情形。此外，中国《民诉法》第 281 条第 2 款还规定：人民法院认定执行该裁决违背社会公共利益的，裁定不予执行。该款是由人民法院主动认定的情形。

上述规定，与中国国内商事仲裁裁决的不予执行事由相比，主要差别在于：中国人民法院在强制执行商事仲裁裁决的程序中，对中国国内商事仲裁裁决，既审查商事仲裁程序是否公正，也审查案件的有关实体问题，而对中国的国际商事仲裁裁决，只审查程序性事项，从而与 1958 年《纽约公约》的规定接轨。不过，尽管中国《民诉法》第 281 条与 1958 年《纽约公约》第 5 条非常相似，但仍然存在许多差异，如：中国《民诉法》第 281 条只是规定了没有商事仲裁协议的情形，并没有像 1958 年《纽约公约》所规定的，还涉及商事仲裁协议无效的情况；此外，1958 年《纽约公约》将所涉争议的可仲裁性认定问题作为承认和执行地所在国法院主动认定的情形，而中国《民诉法》第 281 条则将其归入要求当事人举证的事项范围，无疑不适当地加重了当事人的举证责任。总的来说，中国有关商事仲裁立法对于不予执行中国国际商事仲裁裁决的理由规定得较为宽泛，而 1958 年《纽约公约》则对商事仲裁裁决不予执行的各种情形进行了严格的限制。

4. 中国国际商事仲裁裁决的执行期限和方式

就执行期限而言,中国国际商事仲裁裁决与国内商事仲裁裁决并无差异。根据中国《民诉法》第 246 条的规定,申请执行的期间为 2 年。申请执行时效的中止、中断,适用法律有关诉讼时效中止、中断的规定。前款规定的期间,从法律文书规定履行期间的最后一日起计算;法律文书规定分期履行的,从规定的每次履行期间的最后一日起计算;法律文书未规定履行期间的,从法律文书生效之日起计算。

就执行方式而言,如果执行程序的被申请人没有举证证明有关国际商事仲裁裁决具有不予执行的情形,人民法院应作出裁定,由法院的执行庭对被执行人的财产采取冻结、划拨银行存款,查封、扣押、拍卖、变卖被执行人应当履行义务部分财产等方式予以执行。

(二)外国商事仲裁裁决在中国的执行

外国商事仲裁裁决在中国的执行,是指在中国境外各类商事仲裁机构,即常设仲裁机构和临时仲裁机构,所作出的商事仲裁裁决,通过中国法院,在中国的强制执行。

1. 中国执行外国商事仲裁裁决的法律体制

中国关于承认和执行外国商事仲裁裁决的法律体制由下列法律规范构成:中国加入的 1958 年《纽约公约》;最高人民法院发布的《最高人民法院关于执行我国加入的〈承认及执行外国商事仲裁裁决公约〉的通知》;自 2018 年 1 月 1 日起施行的《最高人民法院关于审理仲裁司法审查案件若干问题的规定》;中国《民诉法》第 290 条的规定。

中国《民诉法》第 290 条规定:"国外仲裁机构的裁决,需要中华人民共和国人民法院承认和执行的,应当由当事人直接向被执行人住所地或者其财产所在地的中级人民法院申请,人民法院应当依照中华人民共和国缔结或者参加的国际条约,或者按照互惠原则办理。"①

中国于 1986 年决定加入 1958 年《纽约公约》,并在加入公约时,作了商事保留和互惠保留。该公约于 1987 年 4 月 22 日对中国生效。1958 年《纽约公约》的实施,标志着中国商事仲裁体制开始与国际接轨。就在公约正式对中国生效之前,最高人民法院于 1987 年 4 月 10 日发布了《最高人民法院关于执行我国加入的〈承认及执行外国商事仲裁裁决公约〉的通知》。该通知虽然是以司法解释的形式出现,但在效果上无异于 1958 年《纽约公约》的实施法。鉴于 1958 年《纽约公约》的缔约方已达到 169 个国家和地区,因而在中国发生的外国商事仲裁裁决的承认和执行问题,大部分都属于 1958 年《纽约公约》规定的裁决的承认和执行的问题。至于对非公约缔约方商事仲裁裁决的承认和执行,则都是根据中国有关法律的规定,按照互惠原则办理。

2. 中国承认和执行 1958 年《纽约公约》裁决的具体制度

中国承认和执行 1958 年《纽约公约》裁决的具体制度,主要是由中国《民诉法》的规定和最高人民法院一系列相关司法解释的规定构成。

---

① 中国《仲裁法(修订意见稿)》第 87 条作了类似的规定。

（1）中国承认和执行 1958 年《纽约公约》裁决的范围

中国在参加 1958 年《纽约公约》时作了互惠保留声明和商事保留声明。根据互惠保留，中国只承认和执行在该公约对中国生效后另一缔约国领土内作出的外国商事仲裁裁决。根据商事保留，中国只承认和执行属于契约性或非契约性商事法律争议范围的外国商事仲裁裁决。根据《最高人民法院关于执行我国加入的〈承认及执行外国商事仲裁裁决公约〉的通知》的规定，所谓"契约性和非契约性商事法律关系"，具体是指由于合同、侵权或者根据有关法律规定而产生的经济上的权利义务关系。值得提出的是，由于 1958 年《纽约公约》将常设仲裁机构作出的外国商事仲裁裁决和临时仲裁机构作出的外国商事仲裁裁决都作为可以申请执行的对象，尽管中国《仲裁法》等相关法律并没有明确表示出对临时仲裁机构作出的外国商事仲裁裁决的态度，但中国作为 1958 年《纽约公约》的缔约国，承担了承认和执行其他缔约国作出的外国商事仲裁裁决的义务，而不论该外国商事仲裁裁决是由常设仲裁机构作出的外国商事仲裁裁决，还是由临时仲裁机构所作出的外国商事仲裁裁决。①

（2）中国承认和执行 1958 年《纽约公约》裁决的程序

根据 1958 年《纽约公约》第 4 条的规定，一方当事人在中国申请承认和执行外国商事仲裁裁决，须向人民法院提出申请书，并应附上原外国商事仲裁裁决书的正本或其正式副本，商事仲裁协议的正本或者其正式副本；如果外国商事仲裁裁决和商事仲裁协议所用文字不是中文，则申请人应提供中文译本。译本应由一个官方或宣过誓的翻译员或外交或领事人员证明。

至于执行公约裁决的方式等，完全按照与执行中国内地商事仲裁裁决一样的方式进行。

（3）申请承认和执行《纽约公约》裁决的期限及管辖法院

前述中国《民诉法》第 246 条的规定，同样适用于 1958 年《纽约公约》裁决在中国的承认和执行。根据该条的规定，申请承认和执行公约裁决的期限，与上述申请承认和执行中国国际商事仲裁裁决的期限相同。

从管辖法院来看，根据《最高人民法院关于执行我国加入的〈承认及执行外国商事仲裁裁决公约〉的通知》，当事人一方申请中国法院承认和执行公约裁决时，应向被执行自然人的户籍所在地或居所地、法人的主要办事机构所在地或被执行人的财产所在地的中级人民法院提起。被执行人在中国无住所、居所或者主要办事机构，但其财产在中国的，当事人一方可以向其财产所在地的中级人民法院提起。

（4）承认和执行 1958 年《纽约公约》裁决的条件

根据 1958 年《纽约公约》第 5 条和《最高人民法院关于执行我国加入的〈承认及执行外国商事仲裁裁决公约〉的通知》，中国有管辖权的人民法院在接到一方当事人的申请后，应对申请承认和执行的外国商事仲裁裁决进行审查。审查的事项限于 1958 年《纽约公约》

① 中国的司法实践中已经有了依照 1958 年《纽约公约》规定承认和执行临时仲裁机构作出的商事仲裁裁决的案例。如广州海事法院承认和执行英国伦敦临时仲裁机构作出的商事仲裁裁决一案便是其中一例。参见最高人民法院中国应用法学研究所编：《人民法院案例选》，人民法院出版社 1997 年版，第 2174 ~ 2178 页。

第5条规定的事项：一是根据被执行人的主张和提供的证据，审查裁决是否具有1958年《纽约公约》第5条第1款所列的情形。在被执行人没有举证证明相关外国商事仲裁裁决具有这些情形时，中国法院在任何情况下都不得主动对相关外国商事仲裁裁决进行审查。二是主动审查相关外国商事仲裁裁决是否具有1958年《纽约公约》第5条第2项所规定的情形。

经审查，有关外国商事仲裁裁决不具有1958年《纽约公约》第5条所列的应拒绝承认和执行的情形之一的，中国人民法院应作出裁定，承认其效力，并按照现行中国《民诉法》规定的程序执行。

（三）中国承认和执行国际商事仲裁裁决的实践

首先，就中国内地承认和执行国际商事仲裁裁决的实践来看，尽管已经建立起了较为完整的法律框架，但是中国《民诉法》第281条等相关法律对于拒绝执行国际商事仲裁裁决的理由只是一些原则上的规定，而且某些规定还具有模糊性。这就使得有关法院运用有关法律条文，具体执行国际商事仲裁裁决时会出现某些错误和偏差。就某些错误和偏差产生的原因来看，不得不承认与法官对商事仲裁的支持度和认同感有着直接的关系。随着国际商事仲裁制度的不断发展，世界各国对商事仲裁的态度都已由敌视转为友善和大力支持。然而，在此背景下，中国少数法院还未能正确处理好商事仲裁与司法诉讼的关系，主要表现为：法院对商事仲裁存在认识上的误区，尚缺乏对商事仲裁的认同。从而出现了诸如法院积极或消极地对待商事仲裁、片面强调司法对商事仲裁的监督作用，甚至滥用监督的权力，将商事仲裁裁决等同于法院的“一审判决”，从“二审角度”对商事仲裁进行全面干涉等现象，造成商事仲裁的司法障碍。[①] 就一些法院的具体操作来看，在国际商事仲裁裁决的承认和执行方面存在的问题主要集中在以下两个方面：

（1）不恰当地强调“社会公共秩序”，以拒绝执行国际商事仲裁裁决。由于中国《民诉法》第281条第2款将“社会公共秩序”作为可以由法院主动认定的不予执行有关裁决的情形，一些法院为了本地企业的利益，随意宽泛地解释“社会公共秩序”，从而将此作为推行地方保护主义的方法。

（2）将程序审查变相为实体审查，从而达到拒绝执行有关国际商事仲裁裁决的目的。如前所述，不予执行国际商事仲裁裁决的事由与不予执行国内商事仲裁裁决的事由相比，其主要差别是：对国内商事仲裁裁决，既审查商事仲裁程序问题，也审查案件的有关实体问题；而对于国际商事仲裁裁决，只审查程序性事项。在中国内地法院执行国际商事仲裁裁决的实践中，却不乏对其进行实体审查，从而拒绝执行有关国际商事仲裁裁决的案例。[②]

---

① 参见徐清宇、杨咏梅：《仲裁发展的障碍问题探析》，载《政法论坛》2000年第3期。

② 如香港华兴发展公司在厦门中级人民法院申请执行由中国国际经济贸易仲裁委员会作出的被执行人为厦门东风橡胶制品厂的裁决一案。参见最高人民法院中国应用法学研究所编：《人民法院案例选》，人民法院出版社1997年版，第2157页。

其次，在中国人民法院承认和执行1958年《纽约公约》裁决时，作为1958年《纽约公约》实施法的《最高人民法院关于执行我国加入的〈承认及执行外国商事仲裁裁决公约〉的通知》通过直接援引1958年《纽约公约》条文的方式，采纳了公约所设定的强制执行外国商事仲裁裁决的机制。但该通知与1958年《纽约公约》相比，在具体措辞上缺乏弹性和灵活性。根据该通知规定，只要被执行人能证明所涉外国商事仲裁裁决存在公约规定的不予执行的理由，裁决就会被拒绝执行，而排除了1958年《纽约公约》中执行法院可忽略裁决所涉及的商事仲裁程序轻微不当而仍准予执行的自由裁量权。

考察中国承认和执行外国商事仲裁裁决的实践，也存在一定的问题：某些法院的法官缺少对1958年《纽约公约》的理解，导致执行程序上法律适用的错误，如主动审查应由仲裁当事人举证的某些不予执行的情形；[①] 某些法院有意或无意地拖延执行程序，缺乏执行效率。此外，在承认和执行外国商事仲裁裁决时，同样存在地方保护主义和盲目排外的观念和做法，影响了中国作为1958年《纽约公约》缔约国依照公约规定承担承认和执行公约裁决的国际义务。特别需要指出的是，1958年《纽约公约》的顺利实施有赖于处理执行事务的法院有关司法人员对于公约条文及其内在精神准确适度的理解和把握，更重要的是，要建立和形成支持和保护商事仲裁的思想意识和客观外在的社会环境。

有鉴于中国各级人民法院在执行国际商事仲裁裁决或承认和执行外国商事仲裁裁决过程中出现的诸多问题，最高人民法院于1995年8月28日颁布了《最高人民法院关于人民法院处理与涉外仲裁和外国仲裁事项有关问题的通知》，建立了法院处理国际商事仲裁裁决及外国商事仲裁裁决的“内部报告制度”；自2018年1月1日起施行并经2021年修正的《最高人民法院关于仲裁司法审查案件报核问题的有关规定》，再一次肯定了这一“内部报告制度”，并扩大了其适用范围。根据这些司法解释的规定，凡一方当事人向法院申请承认和执行外国商事仲裁裁决，如果法院认为申请承认和执行的外国商事仲裁裁决不符合中国参加的国际公约的规定或不符合互惠原则的，在裁定拒绝承认和执行之前，必须报请所属高级人民法院进行审查；如果高级人民法院同意拒绝承认和执行，应将其审查意见报最高人民法院，待最高人民法院答复同意后，方可拒绝承认和执行。这一规定，实际上取消了地方法院对拒绝承认和执行外国商事仲裁裁决的决定权，而将该问题的最终决定权提到了最高人民法院，从而使得最高人民法院和高级人民法院在一定程度上有机会监督各地法院严格执行和正确适用中国关于承认和执行外国商事仲裁裁决的法律制度，有效地控制和规范了各地方法院拒绝承认和执行外国商事仲裁裁决的行为。不过，该“内部报告制度”虽然对中国承认和执行国际商事仲裁裁决的实践产生了一定的积极影响，但存在法理上的错误，同时也损害了中国现行的司法审判制度。[②]

---

① 参见前述广州海事法院承认和执行英国伦敦临时仲裁机构作出的商事仲裁裁决一案。最高人民法院中国应用法学研究所编：《人民法院案例选》，人民法院出版社1997年版，第2174～2178页。

② 参见谢石松：《论我国商事仲裁法制的价值取向》，中国国际私法学会1999年（长沙）学术年会论文。

此外，近年来，随着国外商事仲裁机构开始将目光瞄准中国市场，这些商事仲裁机构在中国进行诉讼仲裁活动而作出商事仲裁裁决，并申请在中国法院承认与执行的案件已出现。其中，宁波市中级人民法院于2009年4月依据1958年《纽约公约》第1条第1款的规定，将国际商会仲裁院在北京作出的有关"德高钢铁公司案件"①中的仲裁裁决认定为"非内国裁决"；同时认为不存在拒绝承认和执行所涉商事仲裁裁决的理由，由此裁定，承认和执行国际商会仲裁院的此项商事仲裁裁决②。这是中国法院首次将外国商事仲裁机构在中国国内作出的商事仲裁裁决认定为1958年《纽约公约》项下的"非内国裁决"，并予以承认和执行。虽然宁波市中级人民法院的此项终审裁决曾在中国商事仲裁理论和实务界引起较大争议，但2013年3月最高人民法院作出的《最高人民法院关于申请人安徽省龙利得包装印刷有限公司与被申请人BP Agnati S.R.L.申请确认仲裁协议效力案的复函》③中，认可选择国际商会仲裁院仲裁、管辖地为上海的商事仲裁协议有效。尽管最高人民法院对该案的商事仲裁裁决是否应为"非内国裁决"以及其在中国能否执行并未给予明确答复，但该复函为国际商会仲裁院等境外商事仲裁机构在中国进行商事仲裁活动扫清了主要的法律障碍，对中国向境外商事仲裁机构开放其商事仲裁业务市场具有里程碑意义，展现了党的二十大报告中强调的中国"坚持对外开放基本国策"和"坚持高水平对外开放"的决心。

四、中国商事仲裁裁决的域外执行

中国《仲裁法》第72条和中国《民诉法》第287条第2款都明确规定，如果一方当事人申请执行商事仲裁机构作出的已经发生法律效力的商事仲裁裁决，而被执行人或其财产不在中国境内，应直接向有管辖权的外国法院申请承认和执行。这是中国商事仲裁裁决中的有关当事人，向有关国外法院申请承认和执行该裁决的法律依据。

由于中国是1958年《纽约公约》的缔约国，中国商事仲裁机构作出的商事仲裁裁决在公约缔约国申请承认和执行时，应按1958年《纽约公约》的规定办理。有关公约缔约国在执行中国商事仲裁机构作出的商事仲裁裁决时，也会依据1958年《纽约公约》规定的条件办理。虽然各国国内法在具体执行程序上有不同的规定，但法院对商事仲裁裁决的审查都应该严格按照1958年《纽约公约》第5条的规定办理。

至于中国有关商事仲裁裁决在非公约缔约国申请承认和执行时，则应依照中国与对方国家存在的互相承认和执行商事仲裁裁决的双边条约或者互惠原则处理。中国目前已经同世界上许多国家和地区签订有双边贸易协定以及投资保护协定，在这些协定中，一般都含有通过仲裁方式解决贸易争议的规定，并且大多数协定都约定，缔约双方应设法保证由被申请执行商事仲裁裁决的国家主管当局根据适用的法律规定，承认并执行商事仲裁裁决。此外，

① ICC第14006/MS/JB/JEM号仲裁裁决案。

② (2008)甬仲监字第4号民事裁定书。

③ (2013)民四他字第13号。

在中国与许多国家签订的有关民商事司法互助的协定中，也都包含了相互承认和执行商事仲裁裁决的条款。

自中国于 1987 年加入 1958 年《纽约公约》以来，在实践中，中国的商事仲裁裁决主要是通过 1958 年《纽约公约》在中国境外得以申请承认和执行。据中国贸仲秘书局统计的数据，依据 1958 年《纽约公约》，中国的商事仲裁裁决在 2000 年的时候，就已经在包括美国、英国、加拿大、新西兰、澳大利亚、新加坡、德国、意大利、法国、以色列和日本等国在内的 20 多个国家成功地得到了承认和强制执行。[①]

① 参见李虎著：《国际商事仲裁裁决的强制执行》，法律出版社 2000 年版，第 155 页。

第二版后记

本书第一版至今已经有将近20年的时间，在这段时间内，中国社会经济得到了更加飞速的发展，商品经济更为发达，国际国内的商事活动更加频繁，由此而带来的商事法律争议也日益增多。商事仲裁作为解决商事法律争议的一种非常重要的方式，因其自主性、灵活性、快捷性和必要的强制性等特点，越来越受到社会各界的普遍欢迎。与此同时，虽然中国商事仲裁立法没有太多实质性的改变，还是适用1995年颁布实施的《中华人民共和国仲裁法》（2009年、2017年两次修正），但中国有关商事仲裁的司法实践和商事仲裁实务却有了长足的发展。特别是通过最高人民法院颁布的一系列有关商事仲裁的司法解释，在商事仲裁管辖权方面，更加注重对当事人商事仲裁意思自治的尊重；在商事仲裁的司法监督方面，更加注重对商事仲裁这种争议解决方式的大力支持。中国各商事仲裁机构，特别是中国贸仲和北、上、广、深等头部商事仲裁机构，通过对其商事仲裁规则的不断修改，推动中国商事仲裁制度日趋完善。本次修订主要结合中国有关商事仲裁司法实践和商事仲裁实务的发展，对商事仲裁法学理论作了全面的更新。2022年10月，党的二十大召开，提出了诸多重要指示，对商事仲裁领域发展意义重大。本书根据党的二十大精神，对相关内容作了小幅修订，适当融入了党的二十大报告相应内容。

本书于2002年被教育部列入"普通高等教育'十五'国家级教材规划"，是其中唯一的商事仲裁法学方面的教材，也是当时中国体例最为新颖、内容最为丰富、研究最为深入的一部商事仲裁法学新著。通过本次修订，辅之以各位作者近20年来的商事仲裁法学研究心得和商事仲裁实务工作经验，使得上述特点更加突出。

本书作者皆为法学博士，均具有副教授以上职称、商事仲裁员资格，并在我国知名法学院校和各有关商事仲裁机构长期从事商事仲裁法的教学、研究与实务工作，对商事仲裁法律制度有着非常全面、系统、深入的研究。在本书的修改过程中，因为个人原因，湖南大学法学院的郑远民教授（第一版第八章的作者）和北京大学法学院的张潇剑教授（第一版第十章的作者）没有再参与本书的修改工作，宋连斌教授也放弃了对第三章的修改。在征得相关作者同意后，主编特别邀请徐伟功教授、王承志副教授和梁丹妮副教授重新撰写了相关章节，不过，特别保留了主编在第一版统稿时所修改、增加的内容。本书第二版的具体分工如下：

谢石松：第一章

史　飚：第二章

梁丹妮：第三章
邓瑞平：第四章
宋连斌、邓杰：第五章
邓　杰：第六章
屈广清：第七章
王承志：第八章
王　瀚：第九章
徐伟功：第十章
刘晓红：第十一章

需要特别提及的是，由于目前商事仲裁法学理论界和实务届对许多问题的认识都还存在很多分歧，本书的各位作者在相关问题的认识上也不可避免地存在一定的差异，主编在审稿、统稿的过程中，不仅在表达方式上作了统一的调整和修改，而且对全书的所有内容，包括各位作者在相关问题上的认识和观点都作了相当大的改动，如果书中有什么不妥甚至错误之处，完全由主编负责。

本书的完成，包括第一版和第二版，得到了教育部高等教育司、高等教育出版社及其之前的文科分社和现在的法学分社、上海仲裁委员会、中山大学、西北政法大学、大连海事大学、西南政法大学、中南财经政法大学、中国政法大学、北京大学、武汉大学、湖南大学、华东政法大学、上海师范大学、泉州师范学院、上海政法学院、中国国际经济贸易仲裁委员会、深圳国际仲裁院、广州仲裁委员会等单位的大力支持；第一版时，时任高等教育出版社文科分社首席策划的王卫权先生、副编审曾敬女士、责任编辑梁汇娟女士，以及第二版时高等教育出版社法学分社姜洁社长、杨丽云责任编辑等，为本书的编辑出版付出了辛勤的劳动，一并在此深表谢意！

最后，需要特别强调的是，虽然本书经过了主编、副主编和作者们的反复斟酌、反复修改，大部分章节都是几易其稿，但还是由于受到时间、精力以及水平的局限，不完善之处在所难免，恳请读者们随时给予批评指正，以帮助我们及时进行修订。

谢石松
2022年2月于广州中山大学康乐园
2023年12月修订

后　　记

自中国内地开始实施市场经济建设以来，商品经济更为发达，国际国内的商事活动更加频繁，由此而带来的商事法律争议也日益增多，商事仲裁作为解决商事法律争议的一种重要的法律解决方式，由于其自主性、灵活性、快捷性和必要的强制性等特点，而越来越受到社会各界的普遍欢迎。但与此同时，中国内地的商事仲裁立法和司法实践及商事仲裁实务还存在不少问题，相关的法律制度仍然很不完备。急需加强对商事仲裁法律制度的研究，也急需加强对商事仲裁法律知识的普及。

为此，我们应高等教育出版社的邀请，从2000年开始策划本书的编写工作。于2001年3月开始撰写初稿，并于2001年6月在中山大学法学院召开了有高等教育出版社曾敬副编审和本书作者谢石松教授、屈广清教授、王瀚教授、邓瑞平教授、邓杰博士参加的编写工作会议，最后统一审定了编写大纲和编写规范。各位作者在2001年12月完成了本书初稿的撰写工作，之后在主编和各位作者之间进行了几个回合的修改，并于2002年8月在西北政法学院再次召开了有高等教育出版社文科分社王卫权首席策划、曾敬副编审，和本书作者谢石松教授、屈广清教授、王瀚教授、邓瑞平教授、史飚老师参加的集体审稿会议。在这次会议上，与会作者又对全书的体例和内容都作了全面的审查、修改和调整。会后，主编、三位副主编还分别对全书进行了更详细的审阅；并在此基础上再次返回给各位作者再作修改；然后再由主编对全书逐字逐句地进行了最后的审查和修改。现在呈现给读者的是经过本书作者反复斟酌、反复修改的书稿，是各位作者集体努力和辛勤工作的成果。

本书于2002年5月被教育部列入"十五"国家级教材规划，是教育部这次审定的"普通高等教育'十五'国家级规划教材"中唯一的一部商事仲裁法学方面的教材，同时也是目前中国体例最为新颖、内容最为丰富、研究最为深入的一部商事仲裁法学新著。

本书作者大都具有法学博士学位、副教授以上职称、商事仲裁员资格，都在中国名牌大学法学院和各有关的商事仲裁机构长期从事商事仲裁法的教学、研究与实务工作，对商事仲裁法律制度都有非常全面、系统、深入的研究。本书中的具体分工如下：

谢石松：第一章

史　飚：第二章

宋连斌：第三章、第五章

邓瑞平：第四章

邓　杰：第六章

屈广清：第七章

郑远民：第八章

王　瀚：第九章

张潇剑：第十章

刘晓红：第十一章

需要特别提及的是，由于目前的商事仲裁法学理论界对许多问题的认识都存在很多的分歧，本书的各位作者在相关问题的认识上也不可避免地存在一定的差异，主编在审稿、统稿的过程中，不仅在表达方式上作了统一的调整和修改，而且对全书的所有内容，包括各位作者在相关问题上的认识和观点都作了相当大的改动，如果书中有什么不妥甚至错误的地方，完全由主编负责。

本书的完成，得到了教育部高等教育司、高等教育出版社及其文科分社、上海仲裁委员会、中山大学、西北政法学院、大连海事大学、西南政法大学、中南财经政法大学、中国政法大学、北京大学、武汉大学、湖南大学、华东政法学院等单位的大力支持，高等教育出版社文科分社的王卫权首席策划、曾敬副编审、梁汇娟责任编辑为本书的编辑出版付出了辛勤的劳动，特别在此深表谢意！

最后，需要特别强调的是，虽然本书经过了主编、副主编和作者们的反复斟酌、反复修改，大部分章节都是六易其稿，但还是由于受到时间、精力以及水平的局限，不完善之处在所难免，恳请读者们随时给予批评指正，以帮助我们及时进行修订。

谢石松

2002年11月于广州